U0669057

中国法治实施报告

（2024）

总第十一卷

Chinese Law Enforcement Report

主编 / 江必新

副主编 / 蒋建湘　董治良　王红霞

中南大学　中国行为法学会 / 主办

中南大学出版社
www.csupress.com.cn
·长沙·

图书在版编目（CIP）数据

中国法治实施报告 . 2024：总第十一卷 ／ 江必新主编 . —长沙：中南大学出版社，2024.6

ISBN 978-7-5487-5857-0

Ⅰ. ①中… Ⅱ. ①江… Ⅲ. ①社会主义法治—研究报告—中国—2024 Ⅳ. ①D920.0

中国国家版本馆 CIP 数据核字（2024）第 107269 号

中国法治实施报告（2024）·总第十一卷

ZHONGGUO FAZHI SHISHI BAOGAO（2024）·ZONG DI-SHIYI JUAN

江必新　主编

□出 版 人	林绵优
□责任编辑	沈常阳　杨　贝　谢金伶　舒文杰
□责任印制	李月腾
□出版发行	中南大学出版社
	社址：长沙市麓山南路　　　　邮编：410083
	发行科电话：0731-88876770　　传真：0731-88710482
□印　　装	广东虎彩云印刷有限公司

□开　　本	710 mm×1000 mm 1/16	□印张 45	□字数 804 千字
□版　　次	2024 年 6 月第 1 版	□印次 2024 年 6 月第 1 次印刷	
□书　　号	ISBN 978-7-5487-5857-0		
□定　　价	158.00 元		

图书出现印装问题，请与经销商调换

中国法治实施报告(2024)·总第十一卷
创作团队

主　编　江必新

副主编　蒋建湘　董治良　王红霞

报告撰稿人（按写作章节顺序）

王红霞　中南大学法学院副教授

张　翔　北京大学法学院教授

谢　勇　中华司法研究会理事

许常海　最高人民法院民三庭法官

顾功耘　华东政法大学教授

鲍彩慧　上海证券交易所博士后研究人员

胡建淼　中央党校(国家行政学院)教授

刘　威　农业农村部管理干部学院助理研究员

管　斌　华中科技大学法学院副教授

孙　晋　武汉大学法学院教授

叶静漪　北京大学法学院教授

张　宝　中南财经政法大学法学院副院长、教授

胡云腾　最高人民法院咨询委员会委员

余秋莉　安徽师范大学讲师

景汉朝　全国人大常委、社会建设委员会副主任委员

黄先雄　中南大学法学院教授

宋功德　中共中央办公厅法规局局长、机关党委书记

邓联荣　中共湖南省委党校(湖南行政学院)副校(院)长
李仕豪　湖南工商大学马克思主义学院教师
陈云良　广东外语外贸大学法学院院长、教授
湛中乐　北京大学法学院教授
王春晖　浙江大学网络空间安全学院教授
张　建　首都经济贸易大学法学院副教授

年度事件点评名家（按写作章节顺序）

秦前红　武汉大学法学院教授，中国法学会法学期刊研究会
　　　　副会长
张新宝　中国人民大学法学院教授，中国法学会网络与信息
　　　　法学研究会副会长
姜明安　北京大学法学院教授，中国法学会行政法学研究会
　　　　学术委员会主任
姚　莉　中南财经政法大学法学院教授，中国刑事诉讼法学
　　　　研究会副会长
姜　伟　中国法学会副会长
黄文艺　中国人民大学法学院院长、教授，中国法学会法理
　　　　学研究会副会长
朱慈蕴　深圳大学特聘教授，清华大学法学院教授，中国法
　　　　学会商法学研究会常务副会长
刘俊海　中国人民大学法学院教授，中国法学会消费者权益
　　　　保护法研究会副会长兼秘书长
孙佑海　天津大学法学院院长、讲席教授，中国法学会环境
　　　　资源法学研究会学术委员会主任
郭　禾　中国人民大学法学院教授，中国法学会知识产权法
　　　　学研究会副会长

以高水平法治实施
保障新质生产力发展

（代序言）

江必新

　　高质量发展是全面建设社会主义现代化国家的首要任务，发展新质生产力是推动高质量发展的内在要求和重要着力点。2023 年 7 月以来，习近平总书记提出了"新质生产力"这一新范畴并加以系统论述，进一步发展了马克思主义生产力理论，为当前和今后中国式现代化建设指明了方向。

　　新质生产力以科技创新为主导、依靠创新驱动形成，区别于高度消耗资源能源的传统生产力发展方式，是一种高效能、高质量的生产力。新质生产力是数字时代具有创新性、融合性、先导性的新质态，它通过直接和间接等多维路径推动高质量发展。新质生产力的发展呼唤生产关系的因应革新，需要体制机制适应性变革，探索适应发展新质生产力的新体制机制，化解阻碍新质生产力形成的结构性障碍。因此，必须充分释放法治的引领与保障作用，以高水平法治实施护航新质生产力快速发展。

一、探索数据权益高效配置，保障生产要素适配的关键力量

　　发展新质生产力，数据成为关键生产要素并注定对要素系统产生重塑效应。第一，需要加快探索有关要素权属配置的科学制度安排，以更有利于解放和发展新质生产力的标准来构建权益体系基本规则，切实提高要素配置效率。第二，在司法实践中捕捉、甄别新问题、新情况，在事实依据与法律准绳内将促进新质生产力发展作为考量因素，发挥个案的示范引领效应，释放

目　录

第三编　法治实施专题报告

第四编　2023 年度中国法治实施十大事件评析

附　录

2023 年中国法治实施总体回顾与 2024 年展望

王红霞

一、2023 年中国法治实施总体情况述要

2023 年，是全面贯彻党的二十大精神的开局之年，是三年新冠疫情防控转段后经济恢复发展的一年。这一年，中国法治实施各领域取得诸多新进展。①

（一）关于司法工作

2023 年，全国法院收案 4557.37 万件，相比于 2022 年，增长 15.62%；结案 4526.8 万件，增长 13.42%。其中，诉前调解成功案件 1199.81 万件，增长 31.97%。各类审判执行案件收案 3357.6 万件，增长 10.72%；结案 3327 万件，增长 7.95%。审判执行案件中，刑事案件收案 174.98 万件，增长 15.7%；结案 176.32 万件，增长 16.45%。民商事案件收案 2004.8 万件，增长 10.55%；结案 1997.7 万件，增长 8.39%。行政案件收案 70.47 万件，增长 1.27%；结案 69.74 万件，下降 1.17%。执行案件收案 999.45 万件，增长 11.32%；结案 976 万件，增长 6.37%；执行到位金额 2.26 万亿元，增长 13.1%。

（二）关于检察工作

2023 年，全国检察机关共办理各类案件 425.3 万件，同比上升 28.9%。其中，批准和决定逮捕各类犯罪嫌疑人 72.6 万人；不捕 48.4 万人，不捕率 40.7%。决定起诉 168.8 万人，不起诉 57.8 万人，不诉率 25.5%。全国检察

---

① 本报告中相关数据如无特殊说明，均来自中国人大网、最高人民法院官网、最高人民检察院官网、中国政府网、司法部政府网、中央纪委国家监委官网发布的 2023 年《全国人民代表大会常务委员会工作报告》《最高人民法院工作报告》《最高人民检察院工作报告》《政府工作报告》，以及《司法部 2023 年法治政府建设年度报告》《中央纪委国家监委 2023 全国纪检监察机关监督检查、审查调查情况通报》等。

机关对公安机关开展立案和撤案监督 14.5 万件；对侦查活动违法行为提出纠正 52.6 万件次；提出抗诉 7876 件；纠正刑事审判活动违法 2 万件次；开展各类刑事执行检察工作 53.35 万次。2023 年，全国检察机关共办结民事生效裁判监督案件 7.5 万件，办结行政生效裁判监督案件 2.2 万件；立案办理公益诉讼案件 19 万件，提起公益诉讼 1.3 万件。

（三）关于司法行政

2023 年，全国各级司法行政机关新收行政复议案件 31.5 万件，同比增长 17.1%；办结行政复议案件 29.3 万件，同比增长 14.45%。2023 年，全国各级行政复议机构通过调解、和解方式结案 3.7 万件，一大批行政争议得到实质性化解；作出撤销、变更、确认违法和责令履行决定等纠错决定 2.73 万件，纠错率达 12.83%。全国共制发行政复议意见书、建议书 3800 余份。2023 年，全国人民调解组织调解矛盾纠纷达 1720 万件。全国各级司法行政机关办理法律援助案件 158.5 万件。

（四）关于纪检监察

2023 年，全国纪检监察机关共接收信访举报 345.2 万件次，其中检举控告类信访举报 105.7 万件次。处置问题线索 173.3 万件，其中谈话函询 36.3 万件次。立案 62.6 万件，处分 61 万人，其中党纪处分 49.8 万人、政务处分 16.2 万人；处分省部级干部 49 人，厅局级干部 3144 人，县处级干部 2.4 万人，乡科级干部 8.2 万人，一般干部 8.5 万人，农村、企业等其他人员 41.7 万人。运用"四种形态"批评教育帮助和处理共 171.8 万人次。立案行贿人员 1.7 万人，移送检察机关 3389 人。

（五）关于制度完善

2023 年，全国人大及其常委会制定法律 6 件、修改法律 8 件、作出有关法律问题和重大问题的决定 7 件；终止审议法律案 1 件；决定批准或加入条约、重要协定 10 件。2023 年，国务院制定行政法规 7 件，修改行政法规 18 件，废止行政法规 3 件。最高人民法院制定司法解释 15 件，发布指导性案例 13 件、典型案例 57 批 610 件。最高人民检察院制定司法解释和司法解释性质文件 28 件，发布指导性案例 33 件。

2023 年，全国人大常委会对《安全生产法》《科学技术进步法》《种子法》《湿地保护法》《特种设备安全法》等 5 部法律的实施情况开展执法检查。

二、2023 年中国法治实施的主要特点与不足

(一) 2023 年中国法治实施的主要特点

总体来看，2023 年中国法治实施呈现出如下突出特点。

一是法治实施的制度基础更为牢固。2023 年，重大法律制度密集修订，配套制度规则不断健全；环境、卫生、教育、社会领域加快新法制定，为法治实施提供了更科学更完备的规则基础。

二是法治实施的精细化趋势愈发增强。2023 年，执法和司法办案一方面更加注重"相同情况相同对待"，努力寻求法律实施的横向公平，另一方面着力探索"不同情况不同对待"，从分级分类监管，到裁量精细精准，从认罪认罚从宽、首微违法轻免，到恶性违法行为的重点打击，法治实施的精确性、精准性显著增强。

三是人民群众法治素养快速提升。2023 年，指导性案例、典型案例、社会热点案例经由各类媒体生动有效地发挥了普法宣法的功效，人民群众关注法治动态、议论法治热点、参与法治活动的热情与能力显著增强。

四是数字时代新痛点成为法治实施重点。2023 年，数字经济、数字社会以及数实融合引发的新问题成为法治实施的重点关切。2023 年，公安机关、检察机关、司法机关采取切实措施针对电信网络诈骗开展系统治理与严厉打击，进一步加大力度惩治网络谣言、网络暴力，有效回应社会痛点、百姓关切。积极应对人工智能飞速发展带来的风险，深入推进数据、算法与平台治理，进一步强化个人信息保护。

五是法治实施效率效能全面改善。2023 年，借力数字技术的飞速发展和广泛应用，法律实施机关全维度探索高效实施。全国一体化政务平台建设统筹线上线下政务服务，全国法院"一张网"建设加快推进，各领域监管向法治监管、信用监管、智慧监管的现代化监管体系推进，法律实施效能显著提升。

(二) 2023 年中国法治实施中的问题与挑战

2023 年，各类违法特别是涉网违法行为的技术性、隐蔽性愈发增强，网络领域不正当竞争行为规制乏力，零工市场的劳动者权益保护、新消费领域消费者权益保护任重道远。社会整体的数字化加快了人们的生活节奏，也加强了人民群众对行政、司法效率的更迫切的期待。有限的行政、司法资源与日益增长的法治需求的矛盾仍是高效法治实施的基本矛盾，"严格立法、普遍违法、选择性执法"在多领域发生。法治日趋专业化进一步凸显专业领域

法治人才的严重短缺。大规模频密修法对制度体系的内部协调性提出了更高要求。严格执法总要求带来的机械执法个案不断，做实做深能动司法仍有广大的努力空间。

三、2024 年中国法治实施展望

2024 年是新中国成立 75 周年，也是实现"十四五"规划目标任务的关键一年。法治实施尤需围绕进一步全面深化改革、推动高质量发展、加快形成新质生产力、巩固中国经济回升向好态势等充分释放作用。

加快完善法律制度，破解新业态、新模式相关法律制度供给不足；着力提升修法科学性，实现法律制度的系统整合。持续提升政务服务和行政执法效率与水平；调动各方面力量加强诉源治理；加快构造便捷、普惠、全面覆盖，惠民、利民、保障民生的现代公共法律服务体系。《治安管理处罚法》的修订仍将备受瞩目，新《公司法》实施中面临的问题和挑战将进一步暴露。各类企业合规建设普遍化趋势将进一步强化市场主体的守法用法。检察公益诉讼在环境法实施、反垄断法实施和消费者权益保障等社会整体利益维护领域大有可为。持续强化监督、严厉打击腐败是党的十八大以来法治取得长足进步的重要经验之一，也必将成为法治中国建设的常态举措与"标准配置"。

撰稿专家

王红霞，辽宁鞍山人，博士。中南大学法学院副教授、博士生导师，主要从事转型法治、商法、经济法、信息与网络法等方面的科研和教学；兼任中国法治实施研究中心执行主任、《中国法治实施报告》副主编、《经济法论丛》主编，中国行为法学会、中国法学会经济法学研究会、中国法学会网络与信息法学研究会理事等职。主持国家社科基金、教育部、司法部课题多项；在《中国社会科学》《法商研究》《法学评论》《政法论坛》《法制与社会发展》等核心期刊发表学术论文数十篇，多篇被人大复印资料、《中国社会科学文摘》等转载；独著、合著专著 5 部；多次在全国性学术论文竞赛、各类教学竞赛获奖。

第二编　宪法与各部门法实施报告

- 2023 年宪法实施报告
- 2023 年民商法实施报告
- 2023 年行政法实施报告
- 2023 年经济法实施报告
- 2023 年社会法实施报告
- 2023 年刑法实施报告
- 2023 年诉讼法实施报告

第一章 2023 年宪法实施报告

张 翔

报告要旨

2023 年是我国宪法实施与监督工作取得标志性进展的一年。在宪法实施方面，全国人大修改《立法法》，进一步完善了立法权限与立法程序规定，丰富和发展了依宪立法制度。全国人大及其常委会继续加强重点领域、新兴领域、涉外领域立法，推动国家机构改革，加快完善以宪法为核心的中国特色社会主义法律体系，推进国家治理体系和治理能力现代化。在宪法监督方面，《立法法》以基本法律的形式确立了我国的合宪性审查制度；《关于完善和加强备案审查制度的决定》以立法性决定的形式确认了备案审查制度建设成果，为备案审查工作提供了更高位阶、更明确的法律依据。宪法监督具体工作虽然正走向普遍化与规范化，但在精细化与公开化方面仍显不足。宪法解释程序机制的缺失，已成为制约宪法实施与监督工作高质量发展的主要障碍。

核心建议

1. 严格遵循宪法修改基本法律，较大幅度的修改应提请全国人大审议。

2. 建立合宪性咨询机制，实现对法律以外规范性文件的事前合宪性控制。

3. 增强备案审查制度刚性，适时激活全国人大常委会作出审查决定的程序。

4.健全常态化的备案审查工作案例发布机制，并重点公开合宪性审查案例。

5.尽快落实宪法解释程序机制，推动审查工作精细化，强化审查说理。

为落实党的二十大关于"健全保证宪法全面实施的制度体系""完善和加强备案审查制度"的重要精神，2023 年全国人大及其常委会积极行使宪法所赋予的各项职权，我国宪法实施和监督工作取得丰硕成果。一些已被实践验证的成功做法开始获得立法确认，上升为正式的法律制度，相关工作走向常态化与规范化。2022 年 12 月，习近平总书记在署名文章《谱写新时代中国宪法实践新篇章——纪念现行宪法公布施行 40 周年》中指出，要"坚持宪法实施、宪法解释、宪法监督系统推进"①。宪法实施、宪法解释与宪法监督三者相互关联，共同构成依宪治国的基本内涵。其中宪法在社会现实中切实得到贯彻落实是依宪治国的最终目标；这一目标的实现则需要有效的宪法监督制度予以保障；而无论是宪法实施还是宪法监督，都不可避免涉及对宪法规范含义的理解，这就需要健全的宪法解释程序机制。基于此，本报告将分"2023 年宪法实施情况"与"2023 年宪法监督情况"两部分对 2023 年我国依宪治国工作进行系统梳理。至于宪法解释，相关程序机制的落实尚不明朗，可见的一些具体进展也主要依附于宪法监督工作，因此本报告将在总结 2023 年宪法监督情况时，对宪法解释的相关问题作出评述。

一、2023 年宪法实施情况

尽管我国宪法实施具有"多渠道、多方式、多主体"②的特点，但全国人大及其常委会依据宪法制定法律或作出决定仍是主要的实施形式。2023 年，根据《宪法》《选举法》《全国人大组织法》的有关规定，十四届全国人大代表的选举工作顺利完成。2023 年 2 月 24 日，全国人大常委会发布公告，公布经审查确认资格有效的 2977 名十四届全国人大代表名单。2023 年 3 月，新产生的十四届全国人大举行第一次会议，依据《宪法》和有关法律的规定选

① 习近平：《谱写新时代中国宪法实践新篇章——纪念现行宪法公布施行 40 周年》，载《人民日报》2022 年 12 月 20 日，第 1 版。

② 沈春耀：《健全保证宪法全面实施的体制机制》，载《中国人大》2019 年第 22 期，第 13 页。

举产生新一届全国人大常委会等国家机构领导人员和组成人员。

宪法是国家一切法律法规的总依据、总源头,具有最高的法律地位、法律权威、法律效力。2023年,新一届全国人大及其常委会积极行使国家立法权,共制定法律6件,分别为《青藏高原生态保护法》《无障碍环境建设法》《对外关系法》《外国国家豁免法》《爱国主义教育法》《粮食安全保障法》,对我国《宪法》关于生态保护、人权保障、对外政策、爱国主义教育、土地制度、厉行节约反对浪费等规定作出具体展开与丰富;修改法律8件,其中包括《立法法》《刑法》《民事诉讼法》《慈善法》等多部基本法律。

2023年全国人大及其常委会共作出有关法律问题和重大问题的决定12件,涉及诉讼制度、特别行政区制度、国家机构改革、环境保护等事项。其中比较重要的决定包括《全国人民代表大会常务委员会关于军队战时调整适用〈中华人民共和国刑事诉讼法〉部分规定的决定》《第十四届全国人民代表大会第一次会议关于国务院机构改革方案的决定》《全国人民代表大会常务委员会关于设立全国人民代表大会常务委员会代表工作委员会的决定》《全国人民代表大会常务委员会关于完善和加强备案审查制度的决定》(以下简称《关于完善和加强备案审查制度的决定》)。其中《关于完善和加强备案审查制度的决定》主要涉及宪法监督,故置于本报告第二部分进行评述。

(一)修改《立法法》,完善我国立法体制

我国《宪法》仅规定了立法权限、立法程序的核心事项,完整的立法体制则由《立法法》以《宪法》为依据进行系统性搭建。这是通过法律实施宪法有关规定的典型体现。2023年3月13日,十四届全国人大一次会议通过《关于修改〈中华人民共和国立法法〉的决定》,对《立法法》进行了2015年首次修改后的第二次修改。此次修改吸收了党的十八大以来党中央关于全面依法治国的一系列重大理念,总结了新时代立法工作的新成果新经验,进一步丰富和发展了《宪法》关于立法体制的规定。除写入监察法规、浦东新区法规、海南自由贸易港法规等新的法规类型,将基层立法联系点、区域协同立法等经实践确认有效的立法制度法律化以外,加强"依宪立法"也是此次《立法法》修改的重点内容。

首先,在立法的指导思想与原则上,明确立法应当坚持中国共产党的领导,坚持以马克思列宁主义、毛泽东思想、邓小平理论、"三个代表"重要思想、科学发展观、习近平新时代中国特色社会主义思想为指导;应当坚持以经济建设为中心,坚持改革开放,贯彻新发展理念;应当符合宪法的规定、原则和精神,依照法定的权限和程序;应当坚持和发展全过程人民民主,尊重和保障人权，保障和促进社会公平正义；应当倡导和弘扬社会主义核心价值观；应当适应改革需要，坚持在法治下推进改革和在改革中完善法治相统一。

其次，在具体的立法权限、立法形式与立法程序上，明确规定"全国人民代表大会和全国人民代表大会常务委员会根据宪法规定行使国家立法权"；将全国人大近几年在完善特别行政区制度时所采用的"全国人大决定+全国人大常委会立法或修法"的做法制度化，增加规定"全国人民代表大会可以授权全国人民代表大会常务委员会制定相关法律"；明确"全国人民代表大会及其常务委员会作出有关法律问题的决定，适用本法的有关规定"。

此外，此次修改《立法法》，还加入了法律草案审议过程中的合宪性审查要求，并对备案审查相关规定进行了丰富与完善。因为这些修改主要涉及宪法监督制度，所以将在本报告第二部分进行评述。

(二)修改《刑法》，加强对民营经济的平等保护

2023年12月29日，十四届全国人大常委会第七次会议通过《刑法修正案(十二)》。此次对《刑法》的修改主要包括以下两个方面的内容：一方面，整体上加大了对贿赂犯罪的惩治力度。一是提高了单位受贿罪、对单位行贿罪、单位行贿罪的法定最高刑；二是增加规定对多次行贿、向多人行贿、国家工作人员行贿等六类情形从重处罚。另一方面，增加惩治民营企业内部人员腐败相关犯罪，加强对民营企业和民营企业家权益的平等保护。我国《刑法》第165条、第166条和第169条分别规定了国有公司、企业相关人员非法经营同类营业罪、为亲友非法牟利罪和徇私舞弊低价折股、出售国有资产罪。这次修改在上述三个条文中各增加一款，将现行对"国有公司、企业"等相关人员适用的犯罪扩展到民营企业，规定民营企业内部人员具有上述相应行为，故意损害民营企业利益，造成重大损失的，也要追究刑事责任。

我国《宪法》第11条规定："在法律规定范围内的个体经济、私营经济等非公有制经济，是社会主义市场经济的重要组成部分。国家保护个体经济、私营经济等非公有制经济的合法的权利和利益。国家鼓励、支持和引导非公有制经济的发展，并对非公有制经济依法实行监督和管理。"长期以来，民营经济在促进我国经济发展方面发挥了积极的作用，是推动高质量发展的重要主体。但相对于国有企业，民营企业在产权保护、参与市场竞争方面长期面临各种形式的阻碍。此次修改《刑法》，将民营企业的相关工作人员损害企业利益的一些行为犯罪化，有利于打击民营企业内部腐败，加强对民营企业和民营企业家权益的平等保护，为民营经济发展提供健康的法治环境。

（三）修改《民事诉讼法》、调整适用《刑事诉讼法》，完善我国诉讼制度

2023 年 2 月 24 日，十三届全国人大常委会第三十九次会议决定，军队战时开展刑事诉讼活动，遵循《刑法》《刑事诉讼法》确定的基本原则、基本制度、基本程序，适应战时刑事诉讼特点，保障诉讼当事人合法权益，维护司法公平正义，可以调整适用《刑事诉讼法》关于管辖、辩护与代理、强制措施、立案、侦查、起诉、审判、执行等部分具体规定。具体由中央军事委员会规定。关于军队适用《刑事诉讼法》，此前中央军事委员会已于 2022 年制定《关于军队执行〈中华人民共和国刑事诉讼法〉若干问题的规定》。尽管该规定的内容尚未对外公开，但从其名称中的"执行"二字以及其前身《关于军队执行〈中华人民共和国刑事诉讼法〉若干问题的暂行规定》的内容来看，该规定并不涉及战时"调整"适用《刑事诉讼法》的问题。

2023 年 9 月 1 日，十四届全国人大常委会第五次会议通过修改《民事诉讼法》的决定。此次对《民事诉讼法》共作了 26 项修改，其中 19 项涉及涉外民事诉讼，主要是为了贯彻落实党中央关于统筹推进国内法治和涉外法治的决策部署，着重对涉外民事诉讼程序制度进行修改完善，有利于进一步提升涉外民事案件审判质效，更好地保障当事人的诉讼权利和合法权益，更好地维护我国主权、安全和发展利益。

《民事诉讼法》与《刑事诉讼法》确立了我国基本民事诉讼制度与基本刑事诉讼制度，均为全国人大制定的基本法律。但对于《民事诉讼法》，全国人大常委会直接作出了修改；对于《刑事诉讼法》，全国人大常委会则仅作出调整适用的决定，并授权中央军事委员会确定具体内容。"调整适用"实质上构成对《刑事诉讼法》有关规定的修改。《刑事诉讼法》作为全国人大通过的基本法律，全国人大常委会的修改权本就受到限制，仅能在全国人大闭会期间作不与《刑事诉讼法》基本原则相抵触的部分补充和修改。在这种情况下，全国人大常委会能否以作出决定的形式将变动《刑事诉讼法》有关规定的权力实质授权给中央军事委员会，不无疑问。

当然，全国人大常委会此前也曾多次作出类似调整适用有关法律的决定，这也并非全国人大常委会首次调整适用基本法律，2018 年《关于国务院机构改革涉及法律规定的行政机关职责调整问题的决定》便曾涉及对有关国家机构组织法的调整适用。但不同的是，在全国人大常委会 2018 年作出调整决定之前，全国人大已经批准了《国务院机构改革方案》，全国人大常委会对有关国家机构组织法的调整适用是以《国务院机构改革方案》为依据的，并未授权其他机关去确定具体内容，因此并无合宪性疑问。

　　此外，相比以往对法律的调整适用，此次调整适用的原因较为特殊。对法律的调整适用自然是由于涉及的事项具有"特殊性"，但这种"特殊性"的产生原因却可以是不同的。此前的调整适用决定所涉及事项的特殊性多因相关改革而生，如股权发行注册制改革、自由贸易试验区改革、军官制度改革。此次调整所涉及的战时刑事诉讼事项却并未与某种改革有直接关联，而是该事项本身便具有一定的特殊性。这种区别在文本中体现为：此前的调整适用决定多明确指出，改革措施成熟或实践证明可行后应及时修改完善有关法律，此次调整却并无类似表述。因此，此次对《刑事诉讼法》的调整适用能否以当时生效的《立法法》第13条（2023年修改后的《立法法》第16条）[1]为依据，也并非毫无疑问。

　　如果再考虑到对《立法法》《刑法》《慈善法》的修改，2023年对基本法律的修改十分频繁，且采取了四种不同的形式：全国人大作出修改决定；全国人大常委会通过修正案；全国人大常委会作出修改决定；全国人大常委会作出调整适用决定，并授权其他机关作出调整。全国人大修改基本法律，自无问题；全国人大常委会修改基本法律，则应谨慎选择修改时间与形式，严格控制修改程度。对此，我国尚无更为细致、具有可操作性的规则，实践中也尚未形成稳定、成熟的做法。

　　但是，基本法律与非基本法律的区分问题已经开始受到关注。2023年编制的《十四届全国人大常委会立法规划》，其中一大亮点就是首次对提请全国人民代表大会审议的法律案进行专题研究并作出统筹考虑。[2] 在修改《慈善法》的过程中，有意见指出，全国人大常委会不宜在基本法律通过后的较短时间内对基本法律作全面修订。最终，全国人大常委会采用修正方式对《慈善法》的部分内容进行了修改完善。此外，宪法和法律委员会在关于《国务院组织法（修订草案）》修改情况的汇报中指出，《国务院组织法》是贯彻实施宪

---

　　① 2023年修改前的《立法法》第13条规定："全国人民代表大会及其常务委员会可以根据改革发展的需要，决定就行政管理等领域的特定事项授权在一定期限内在部分地方暂时调整或者暂时停止适用法律的部分规定。"2023年修改后的《立法法》第16条规定："全国人民代表大会及其常务委员会可以根据改革发展的需要，决定就特定事项授权在规定期限和范围内暂时调整或者暂时停止适用法律的部分规定。暂时调整或者暂时停止适用法律的部分规定的事项，实践证明可行的，由全国人民代表大会及其常务委员会及时修改有关法律；修改法律的条件尚不成熟的，可以延长授权的期限，或者恢复施行有关法律规定。"

　　② 参见全国人大常委会法制工作委员会宪法室：《2023年全国人大及其常委会加强和创新宪法实施情况报告》，载中国人大网，http://www.npc.gov.cn/c2/c30834/202402/t20240223_434718.html，2024年2月24日访问。

法制度、规定国务院组织制度和工作制度的重要的基本法律,根据《宪法》和《立法法》的有关规定,由全国人民代表大会修订《国务院组织法》是必要的、适当的。[①] 未来应区分不同情形,明确基本法律的修改规则,全国人大常委会修改基本法律应严格依照宪法规定进行,必要时提请全国人大审议。

(四)作出国家机构改革相关决定,推进国家治理体系和治理能力现代化

1. 全国人大批准《党和国家机构改革方案》

党的十八大以来,深化党和国家机构改革是推进国家治理体系和治理能力现代化的一项重要任务,而国务院作为统领全国行政工作的最高国家行政机关,其机构改革一直是国家机构改革的重中之重。改革开放以来,国务院已进行9轮机构改革,保持每5年1次的频率。2023年国务院机构改革落实党的二十大对深化党和国家机构改革作出的重要部署,贯彻二十届二中全会审议通过的《党和国家机构改革方案》,重点加强科学技术、金融监管、数据管理、乡村振兴、知识产权、老龄工作等领域的机构职责优化和调整。其主要内容包括:重新组建科学技术部,划转科学技术部具体管理职责;组建国家金融监督管理总局作为国务院直属机构,不再保留中国银行保险监督管理委员会;深化地方金融监管体制改革,建立以中央金融管理部门地方派出机构为主的地方金融监管体制;将中国证券监督管理委员会由国务院直属事业单位调整为国务院直属机构;统筹推进中国人民银行分支机构改革;完善国有金融资本管理体制;加强金融管理部门工作人员统一规范管理;组建国家数据局,负责协调推进数据基础制度建设,统筹数据资源整合共享和开发利用,由国家发展和改革委员会管理;优化农业农村部职责;完善老龄工作体制;完善知识产权管理体制;将国家信访局由国务院办公厅管理的国家局调整为国务院直属机构;精减中央国家机关人员编制。

《宪法》第86条第3款规定:"国务院的组织由法律规定"。《国务院组织法》第8条规定:"国务院各部、各委员会的设立、撤销或者合并,经总理提出,由全国人大决定;在全国人大闭会期间,由全国人大常委会决定"。据此,十四届全国人大一次会议批准了该国务院机构改革方案。改革后,除国务院办公厅外,国务院设置组成部门仍为26个。此外,《国务院组织法》将迎来1982年通过之后的首次修改。2023年10月、12月,十四届全国人大常委会对《国务院组织法(修订草案)》进行了两次审议,决定将修订草案提请

---

① 参见黄庆畅:《国务院组织法修订草案进入二审 进一步突出以人民为中心的理念》,载《人民日报》2023年12月26日,第4版。

十四届全国人大二次会议审议。

2. 全国人大常委会作出《关于设立全国人民代表大会常务委员会代表工作委员会的决定》

2012年，党的十八大报告明确提出，在人大设立代表联络机构，完善代表联系群众制度。2022年，党的二十大报告提出，加强人大代表工作能力建设，密切人大代表同人民群众的联系。2023年2月26日至28日，党的二十届二中全会在北京举行，会议通过《党和国家机构改革方案》，明确提出组建全国人大常委会代表工作委员会。2023年6月28日，十四届全国人大常委会第三次会议通过决定，正式设立全国人大常委会代表工作委员会。

作为全国人大常委会的工作机构，全国人大常委会代表工作委员会的主要职责是：负责全国人大代表名额分配、资格审查、联络服务有关工作；承担代表集中视察、专题调研、联系群众有关制度制定和指导协调工作；负责全国人大代表议案建议工作的统筹管理；负责全国人大代表履职的监督管理；负责全国人大代表学习培训的统筹规划和管理；指导省级人大常委会代表工作；承担全国人大常委会代表资格审查委员会的具体工作；承办全国人大常委会交办的其他事项。

人民代表大会制度是我国的根本政治制度，是国家治理体系的重要组成部分。设立全国人大常委会代表工作委员会，有助于提高人大代表工作能力，加强人大代表同人民群众的联系，保障人大代表更好依法履职，是充分发挥人民代表大会制度优势、提升国家治理能力的重大举措。

二、2023年宪法监督情况

2023年，全国人大常委会积极行使监督宪法实施的职权，继续开展宪法监督具体工作，在拓宽监督对象、规范监督程序与提高监督效果方面取得重大进展；继续加强相应的制度和能力建设，在将实践经验法律化方面成果显著，保证了我国宪法监督工作的推进在法治轨道上进行。本部分为对宪法监督情况的报告，将首先总结制度建设的主要进展，然后对具体工作开展情况进行评述。

(一)宪法监督制度建设成果法律化

随着近年来我国宪法监督工作的稳步推进，全国人大常委会法工委已经积累了一系列经实践证明切实可行的工作机制。2023年，全国人大及其常委会通过修改法律与作出决定的形式，将这些工作机制法律化，在固定已经取得的实践成果的同时，也为未来继续推进宪法监督工作提供了法律依据。

1. 新《立法法》以基本法律的形式确立合宪性审查制度

2023 年修改《立法法》的工作，重点之一便是完善我国宪法监督相关规定。首先，此次修改明确地将法律制定过程中的合宪性审查要求写入了《立法法》，增加规定：在法律案起草和审议过程中，法律草案的说明应当包括涉及合宪性问题的相关意见；对法律案中涉及的合宪性问题，宪法和法律委员会应当在修改情况的汇报或者审议结果报告中予以说明。事实上，对法律草案的合宪性控制在实践中长期存在，且随着近年来党和国家对宪法实施与监督工作的重视，此种立法过程中的合宪性控制实践越来越多。但是，这一机制一直没有明确的法律依据。此次修改《立法法》，将对法律草案合宪性问题的说明规定为有关机关的法律义务，对于推动立法过程中合宪性审查的普遍化与规范化具有重要意义。

其次，此次修改完善了规范性文件的备案审查制度。在"有关国家机关提出审查要求条款"与"全国人大专门委员会、常委会工作机构审查条款"中，在"同宪法或者法律相抵触"之后增加规定、"或者存在合宪性、合法性问题"。尽管这一修改并未带来审查基准的变动，毕竟"同宪法或者法律相抵触"与"存在合宪性、合法性问题"并无实质性区别，至多只是程度或论证难度上的差异，但如学者所言，这一修改可以降低有关国家机关提起审查要求、全国人大专门委员会与法工委提出审查意见的"心理门槛"[①]。尤其是在实践中尚未出现国家机关提出审查要求和审查机关进行纠正主要依靠与制定机关沟通的现实背景下，这一修改无疑体现了立法者的鼓励与督促态度。此外，新《立法法》总结实践经验，写入了"专项审查""备案审查衔接联动机制"等内容，为备案审查工作中一些具体做法提供了明确的法律依据。

2.《关于完善和加强备案审查制度的决定》以立法性决定的形式固定备案审查实践成果

尽管新《立法法》对备案审查相关规定进行了完善，但仍需进一步细化、补充以增强其可操作性。全国人大常委会委员长会议制定的《法规、司法解释备案审查工作办法》虽较为具体，但只是全国人大内部规定。为了切实贯彻党的二十大关于"完善和加强备案审查制度"的重要精神，2023 年 12 月 29 日十四届全国人大常委会第七次会议通过《关于完善和加强备案审查制度的决定》。《关于完善和加强备案审查制度的决定》以《立法法》《监督法》所

---

① 参见郑磊：《完善和加强备案审查制度的进路：政策、法律与案例》，载《地方立法研究》2023 年第 6 期，第 7 页。

确立的基本制度为前提，以全国人大常委会委员长会议此前制定的《法规、司法解释备案审查工作办法》的主要内容为基础，对备案审查的指导思想与原则、方式与内容、具体纠正程序作出系统规定。《关于完善和加强备案审查制度的决定》作为立法性决定，被称为"小备案审查法"，为推动备案审查工作高质量发展提供了更高位阶、更明确的法律依据。围绕"备案—审查—纠正"三个核心环节，该决定既总结经验对已取得的实践成果进行确认，也作出了一系列创新规定。

首先，在推动"有件必备"方面，决定重申了备案审查对象的普遍性，明确将监察法规、浦东新区法规、海南自由贸易港法规纳入全国人大常委会备案范围，并特别强调了对香港特别行政区和澳门特别行政区本地法律的备案审查。

其次，在推动"有备必审"方面，决定完善了审查方式，细化了审查内容，强调不同审查方式的综合运用，并新规定了全国人大常委会工作机构在发现法规、规章、司法解释等规范性文件存在涉及其他机关备案审查工作职责范围的共性问题时，与其他机关的联合审查方式。在依申请审查方面，决定规定了地方各级监察委员会、人民法院、人民检察院在监察、审判、检察工作中发现法规、司法解释同宪法或者法律相抵触，或者存在合宪性、合法性问题时，逐级上报至国家监察委员会、最高人民法院、最高人民检察院，由国家监察委员会、最高人民法院、最高人民检察院向全国人大常委会提出审查要求的机制。此外，决定明确了审查的重点内容，规定在审查工作中，应当重点审查以下内容：是否符合宪法规定、宪法原则和宪法精神；是否符合党中央的重大决策部署和国家重大改革方向；是否超越权限，减损公民、法人和其他组织权利或者增加其义务；是否违反上位法规定；是否违反法定程序；采取的措施与其目的是否符合比例原则。引入比例原则是决定的一大亮点，有助于推动审查工作更加科学、精准，使得出的审查结论更具有说服力。

再次，在推动"有错必纠"方面，决定对《立法法》规定的审查后的处理程序进行了补充与细化，确立了"专门委员会、法工委与制定机关沟通——专门委员会、法工委提出书面审查意见——全国人大常委会作出纠正和撤销决定"的处理程序，以确保审查发现的问题得到真正解决。尤其是对于制定机关未按照书面审查意见作出修改或废止时，全国人大常委会如何处理，决定作出了具体安排，规定全国人民代表大会专门委员会、常务委员会工作机构可以依法提出下列议案、建议，由委员长会议决定提请常务委员会会议审议决定：①确认有关法规、司法解释与宪法、法律相抵触或者违背宪法、法律的原则和精神，要求制定机关限期修改或者废止；②要求制定机关自行修改完善有关法规、司法解释，或者要求制定机关进行清理；③依法予以撤销；④依法作出法律解释。

最后，决定专门强调推进合宪性审查工作，明确了开展合宪性审查的工作思路和重点。决定指出，在备案审查工作中应注重审查法规、司法解释等规范性文件是否存在不符合宪法规定、宪法原则、宪法精神的内容，认真研究涉宪性问题，及时督促纠正与宪法相抵触或者存在合宪性问题的规范性文件；在备案审查工作中落实健全宪法解释工作程序的要求，准确把握和阐明宪法有关规定和精神，回应社会有关方面对涉宪问题的关切。此外，决定将"是否符合宪法规定、宪法原则和宪法精神"列为重点审查内容的第一项，体现出对合宪性审查的重视。在目前我国备案审查工作仍以合法性审查为主，合宪性审查工作的推进相对缓慢的现实背景下，决定的出台对推动合宪性审查工作的全面开展具有重要意义。

（二）宪法监督具体工作情况

除持续推动制度建设外，2023年全国人大专门委员会、法工委继续开展具体的宪法监督工作，对法律草案以及接受备案的规范性文件进行合宪性审查。

1. 立法过程中的合宪性审查情况

在审议法律草案的过程中实施合宪性审查，实现宪法对立法的"事前"控制，是我国区别于西方"司法性"违宪审查制度的重要特色。2023年，新《立法法》将该制度法律化，明确规定：提出法律案，其中法律草案的说明应当包括"涉及合宪性问题的相关意见"；对"涉及的合宪性问题"，宪法和法律委员会应当在修改情况的汇报或者审议结果报告中予以说明。

自"法律委员会"更名为"宪法和法律委员会"以来，每年都有关于法律或决定草案的审议报告涉及对合宪性问题的说明。[①] 2023年宪法和法律委员会继续对法律或决定草案的合宪性、涉宪性问题进行研究与审查，并在修改情况汇报或审议报告中作出相应说明。例如，在修改《慈善法》的过程中，有的常委委员提出，《慈善法》由全国人民代表大会制定，是慈善领域的基本

[①] 例如，2019年，全国人大常委会作出决定授权国家监察委员会制定监察法规，对于全国人大常委会是否有权作出这一授权决定，存在较大争议，宪法和法律委员会在审议报告中专门对此作了回应；2020年，对于全国人大常委会作出决定推迟召开十三届全国人大三次会议是否符合宪法，宪法和法律委员会也在审议报告中作了回应；2021年，在《人口与计划生育法（修正草案）》审议报告中，宪法和法律委员会更是对《宪法》中的计划生育条款作了较为详细的说明；2022年，在《关于中国人民解放军现役士兵衔级制度的决定（草案）》审议报告中，宪法和法律委员作出了草案"符合宪法的精神和要求"的整体性评价。

法，施行时间不太长。对于大会通过的法律，常委会进行修改是可以的，但须遵循宪法的有关规定。从多年来的实践看，对大会通过的法律进行修改，多数情况下以采取修正方式为宜，没有在法律通过后较短时间内由常委会进行全面修订的先例，常委会采用修订方式修改慈善法应当慎重。对此，宪法和法律委员会在《关于〈中华人民共和国慈善法（修订草案）〉修改情况的汇报》中作出说明，建议不采用修订方式对现行慈善法作全面修改，而采用修正方式对现行法的部分内容进行修改完善，在保持现行法基本制度总体稳定的前提下，总结实践经验，对较为成熟或者有基本共识的内容作出必要修改。①

再如，《国务院组织法（修订草案）》增加规定，国务院组成人员中包括"中国人民银行行长"。对于该规定是否与《宪法》第86条相抵触，法工委经研究认为，《国务院组织法（修订草案）》在总结多年来宪法实践基础上，与有关法律和决定相一致，明确将中国人民银行行长包括在国务院组成人员范围内，符合实际，符合宪法规定、宪法原则和宪法精神。宪法和法律委员会在关于《国务院组织法（修订草案）》修改情况的汇报中专门就该问题向常委会进行了报告说明。②

当然，有的法律草案修改情况汇报或审议结果报告并未提及合宪性、涉宪性问题，但这并不意味着宪法和法律委员会没有作合宪性审查。在新《立法法》通过后，本届宪法和法律委员会全体会议审议法律案，增加了听取关于合宪性、涉宪性问题研究意见环节，依法对审议的法律草案进行合宪性审查。③ 对于一些重要的法律，如对外关系法、爱国主义教育法等，在起草审议过程中，还会逐条审查法律草案是否符合宪法。④ 可见，立法过程中的合宪性审查工作一直在进行，且正走向普遍化与规范化。

实践中，对于法律审议过程中的合宪性审查，已形成一整套工作流程：一是法工委委务会在讨论法律草案时，听取宪法室对草案的合宪性研究意

---

① 《全国人民代表大会宪法和法律委员会关于〈中华人民共和国慈善法（修订草案）〉修改情况的汇报》，载《全国人民代表大会常务委员会公报》2024年第1号，第69页。

② 全国人大常委会法制工作委员会宪法室：《2023年全国人大及其常委会加强和创新宪法实施情况报告》，载中国人大网，http://www.npc.gov.cn/c2/c30834/202402/t20240223_434718.html，2024年2月24日访问。

③ 参见信春鹰：《扎实推进合宪性审查 努力开创宪法实施新境界》，载《中国人大》2023年第23期，第10页。

④ 参见刘嫚：《全国人大常委会法工委法规备案审查室主任严冬峰：不仅有"牙"也要有"咬合力" 备案审查工作要推动问题真正解决》，载《南方都市报》2023年12月30日，第A15版。

见；二是宪法和法律委员会召开会议统一审议法律草案时，一并听取关于法律草案合宪性、涉宪性问题研究意见的报告，并根据不同情况在法律案的说明、修改情况的汇报、审议结果的报告、修改意见的报告以及参阅资料等文件中予以说明；三是在全国人民代表大会会议和常委会会议审议法律案时，根据需要和工作情况，将部分合宪性审查意见作为参阅文件或资料印发会议，为代表和委员审议法律案提供参考。①

不过，目前《立法法》所规定的事前合宪性审查的对象主要为提交全国人大或全国人大常委会审议的法律案。这自然与全国人大及其常委会自身享有宪法解释权与宪法监督权，便于在立法过程中同时对草案进行合宪性控制有关，而且也可在一定程度上填补法律事后合宪性审查机制的缺失。但是，其他机关在制定法规、司法解释、规章等各种规范性文件的过程中，也会遇到宪法问题。此时，制定机关虽可基于自己对宪法的理解对草案作初步审查②，但若出现较为复杂的合宪性争议，就应向具有宪法解释权的全国人大常委会提出咨询。实际上，这种咨询甚至不应限于抽象性规范制定程序，有关国家机关只要在行使职权的过程中，对如何理解与适用宪法存在疑问，就应向全国人大常委会提出咨询请求。③ 未来在全面开展对法律草案的合宪性审查的同时，也应建立健全合宪性咨询机制，间接对法律以外的规范性文件进行事前的合宪性控制。

2. 备案审查情况

备案审查是一项具有中国特色的宪法监督制度，是对规范性文件进行事后合宪性审查的重要制度依托。党的十八大以来，我国备案审查工作取得长足进步，备案审查的制度和能力建设不断加强。2017 年以来，全国人大常委会法工委每年年底都会向全国人大常委会报告当年的备案审查工作情况，备案审查工作已实现显性化、制度化、常态化。本部分将首先根据《全国人民代表大会常务委员会法制工作委员会关于 2023 年备案审查工作情况的报告》（以下简称《2023 年备案审查报告》）介绍 2023 年备案审查总体情况，然

---

① 全国人大常委会法制工作委员会宪法室：《2023 年全国人大及其常委会加强和创新宪法实施情况报告》，载中国人大网，http://www.npc.gov.cn/c2/c30834/202402/t20240223_434718.html，2024 年 2 月 24 日访问。

② 例如，根据《行政法规制定程序条例》，国务院法制机构对行政法规送审稿进行审查时，"是否符合宪法规定"便是审查内容之一。

③ 对合宪性咨询问题的研究，可参见朱学磊：《论我国合宪性咨询制度的建构方法》，载《中共中央党校(国家行政学院)学报》2023 年第 2 期。

后专门对备案审查中的合宪性审查工作情况进行评述。

（1）备案审查总体情况。

2023年全国人大常委会办公厅收到报送备案的法规、司法解释等规范性文件共1319件。其中，行政法规24件，省、自治区、直辖市地方性法规422件，设区的市、自治州地方性法规664件，自治条例和单行条例100件，经济特区法规41件，浦东新区法规3件，海南自由贸易港法规8件，司法解释10件，特别行政区本地法律47件。共收到公民、组织提出的审查建议2827件，其中，书面寄送的2282件，通过备案审查在线提交平台提出的545件。没有收到国家机关提出的审查要求。接收司法部等其他备案审查工作机构移送的审查工作建议90件。移送不属于全国人大常委会审查范围的审查工作建议163件。梳理《2023年备案审查报告》，我国备案审查工作取得了以下新进展：

第一，审查对象类型与事项性质更为多样。本年度的报告披露了10件审查案例，既涵盖了地方性法规、单行条例、司法解释等《立法法》明确规定的备案审查对象，也涉及省级法院、检察院、公安局、司法局就办理某类犯罪案件联合发文以及市辖区议事协调机构发布的通告等规范性文件。就事项而言，涉及国家机关权限、公民权益保护、环境保护、民族文化等多个领域。审查对象与事项的多样性，意味着备案审查工作已全面铺开。

第二，增强审查刚性，确保问题得到彻底解决。首先，在新《立法法》通过以及《关于完善和加强备案审查制度的决定》出台后，备案审查工作获得了更高位阶的法律依据，制度约束力增强。其次，在具体工作中，法工委通过丰富审查方式、开展跟踪监督等手段推动问题的全面发现与彻底解决。在主动审查、依申请审查及移送审查之外，法工委组织开展了涉及黄河保护、青藏高原生态保护的法规、规章、规范性文件集中清理工作，并探索开展联合审查，对审查发现地方性法规和地方政府规章存在的带有普遍性的问题，与司法部共同研究提出审查意见，协调和推动解决有关问题。此外，审查机关的工作并不止于提出审查意见，还会对以往审查和集中清理工作中发现的问题开展跟踪监督，继续督促有关制定机关及时完成修改工作。

第三，案例公开与指导工作取得进展。此前，除在年度备案审查报告中简单披露一些案例外，法工委还通过出版《规范性文件备案审查案例选编》、"备审动态"微信公众号推送的方式进行过案例公开。但这种公开体现得更多的是一种工作推介与交流，而非正式的公开机制。2023年1月13日，法工委通过中国人大网发布了《关于地方物业管理条例限制业主共同管理权有关规定的审查研究案例》。与之前几种公开方式相比，此次公开在形式上更为正式，内容上更为详细，结构上更为规范，具体包括"案例基本情况""审查研究工作情况""审查研究意见"三部分，"审查研究意见"的说理性也更强。2023年8月9日，法工委以同样的形式公布了第2件工作案例。工作案例发布的常态化与规范化，对推动建立备案审查案例指导制度具有重要意义。

（2）备案审查中的合宪性审查工作进展。

合宪性审查是备案审查的重要组成部分。尽管备案审查工作近年来取得长足进步，但合宪性审查一直存在隐而不显的问题。起初几年的备案审查报告甚至有意回避"宪法"字眼。[①] 情况在2020年有所改变，当年的备案审查报告将"积极、稳妥处理合宪性、涉宪性问题"单独列出，并披露了3件案例，且在其中一件案例中作出地方性法规的有关规定与宪法第19条第5款关于国家推广全国通用的普通话的规定和国家通用语言文字法、教育法等有关法律的规定不一致的认定。此后，2021年与2022年的备案审查报告中都有披露新的合宪性审查案例。

2023年的备案审查报告继续介绍合宪性审查工作情况，披露了2件合宪性审查案例，分别涉及国家机关权限问题与公民基本权利问题，对应了宪法的两项主要内容。其中一件案例涉及上级人民检察院统一调用辖区内的检察人员办理案件的问题。法工委在2022年的报告中公开了该案例，并给出了原则性意见。2023年法工委对这个问题进一步深入研究，根据宪法和有关法律的规定、原则和精神，形成《关于调用检察人员及其任免问题的有关情况和研究意见》，对被决定调用的检察人员是否须经调入地人大常委会任命的问题，区分不同情形提出具体的、明确的规范意见。

据此，2023年9月最高人民检察院出台《关于上级人民检察院统一调用辖区的检察人员办理案件若干问题的规定》，其中明确规定："被调用检察人员以检察官身份代表办理案件的人民检察院履行出庭支持公诉等职责的，应当由办理案件的人民检察院检察长提请本级人民代表大会常务委员会按照法定程序任命为本院的检察员。案件办结或者上级人民检察院作出终止调

---

① 例如，2019年的备案审查工作情况报告在介绍有的地方性法规规定公安机关交通管理部门调查交通事故时可以查阅、复制当事人通讯记录这一明显违反《宪法》第40条的案例时，只是指出"该规定不符合保护公民通信自由和通信秘密的原则和精神；对公民通信自由和通信秘密保护的例外只能是在特定情形下由法律作出规定，有关地方性法规所作的规定已超越立法权限"，尽管《宪法》第40条的规定已呼之欲出，但报告仍未明确援引。至于全国人大常委会近年来所作的最重要的一项审查，即对收容教育制度的废止，也回避提及"宪法"，可说是"只字不提宪法的合宪性审查"。

用决定的，按照法定程序免去其前述检察员职务。人民代表大会常务委员会作出任命前，被调用检察官可以以检察官助理身份协助办理案件。"规定还明确了可以不履行检察官任免程序的三种调用情形：上级人民检察院的检察官被调用至辖区的下级人民检察院的；上级人民检察院调用本院的分院、派出检察院的检察官至本院或者本院的其他分院、派出检察院的；依照法律规定不需要经人民代表大会常务委员会任免检察官的。这种处理方式既考虑了公诉力量不足的现实背景，也保证了检察机关依宪依法履职的规范要求，体现出备案审查工作对推动相关制度完善的实质性作用。

另一件案例涉及有的市辖区议事协调机构发布通告，对涉某类犯罪重点人员近亲属在受教育、就业、社保等方面的权利进行限制的问题。实践中，对违法犯罪人员的近亲属的权利进行限制并不鲜见，各地不时出现父母犯罪影响子女升学等合法权益的规定。对此，法工委经审查认为，任何违法犯罪行为的法律责任都应当由违法犯罪行为人本人承担，而不能株连或者及于他人，这是现代法治的一项基本原则；有关通告对涉罪人员近亲属多项权利进行限制，违背罪责自负原则，不符合宪法第二章关于"公民的基本权利和义务"规定的原则和精神，也不符合国家有关教育、就业、社保等法律法规的原则和精神。

值得注意的是，在本案中，法工委将《宪法》第二章关于"公民的基本权利和义务"规定的原则和精神作为了审查依据。这意味着，一切规范性文件不仅不能与具体的宪法规定相抵触，也必须符合宪法原则和精神。对比2019年的"限制公民通信案"，即便地方性法规的相关规定明显违反了《宪法》第40条，但法工委在当年的报告中并未援引该条款，甚至回避了"宪法"字眼，由此可见我国合宪性审查工作的实质进展。实际上，回顾历年备案审查报告，审查机关对于合宪性审查的态度转变有迹可循。从2017年报告"不涉及合宪性审查工作"，到2018、2019年报告"出现涉宪性案例但回避提及宪法"，再到2020年报告"专门介绍合宪性审查工作并援引宪法具体规定"，最后到2023年报告"将宪法原则和精神作为审查依据"，审查机关对合宪性审查的态度越来越积极。

不过，将宪法原则和精神作为审查依据，一方面是对规范性文件提出了更高的要求，另一方面也侧面反映出我国合宪性审查工作一直存在的论证不足问题。既然对犯罪人员近亲属受教育、就业、社保等方面权利的限制涉及公民基本权利问题，那完全可以依据《宪法》中的受教育权、劳动权、社会保障权等具体的基本权利条款进行审查。但如此一来，论证难度就会加大，因为规范一旦具体，适用范围就会随之缩小。即便审查机关并无此意，但认定有关通告"不符合《宪法》第二章关于'公民的基本权利和义务'规定的原则和精神"客观上确实可以减轻论证负担。

事实上，审查机关也已认识到审查说理不足的问题，在2022年的备案审查报告中将"强化审查说法说理"作为下一年工作重点之一。2023年通过的《关于完善和加强备案审查制度的决定》明确写入"比例原则"，则为加强审查说理提供了文本依据与工具支持。相对于立法过程中对法律草案的合宪性审查，备案审查中合宪性审查的对象是正在发生效力的规范性文件，因此更应加强说理，谨慎认定。

而说理离不开对宪法规范的解释。尽管党的十九届四中全会明确提出"落实宪法解释程序机制"，但相关工作目前仍未实质性推进，可见的进展仅止于全国人大宪法和法律委员会、法工委在不同场合以不同形式对宪法条文内涵的说明。2019年，在《外商投资法》通过后，法工委宪法室在中国人大网及《中国人大》期刊上发表《对外开放与我国宪法》《我国外商投资立法与宪法第十八条规定含义的与时俱进》两篇文章，对《宪法》第18条的内涵作了十分详细的说明。2021年，宪法和法律委员会在关于《人口与计划生育法（修正草案）》的审议报告中对《宪法》第25条的内涵进行了说明。但由于缺少全国人大常委会的最终决定，上述对宪法规定内涵的说明很难被视为正式的宪法解释，更多只是一种解释性研究意见。宪法解释程序机制的缺失，已成为制约合宪性审查工作高质量推进的主要因素。应尽快贯彻党的十九届四中全会要求，落实宪法解释程序机制，明确宪法解释请求的提起、审议与通过程序。

除说理不足以外，合宪性审查案例的公开工作也进展缓慢。尽管法工委此前曾通过出版案例选编、微信公众号推送等方式公开过大量审查案例，但基本均为全国人大常委会以及地方人大常委会的合法性审查案例。2023年通过中国人大网以"工作案例"这一新形式公开的两件案例，也都不涉及合宪性审查。

这可能与目前对案例公开目的的理解有关。考察历年备案审查报告，法工委均在汇报对地方人大备案审查工作的指导工作时，提及案例交流、案例指导等内容。可见，目前审查案例的主要功能在于指导地方人大开展备案审查工作。由于地方人大并不具备合宪性审查权，案例公开以合法性审查案例为主也顺理成章。但是，审查案例公开的功能显然并不限于指导地方人大审查工作。首先，案例公开有助于对全国人大专门委员会、法工委合宪性审查工作的监督；其次，案例公开有助于其他机关在制定法规、司法解释等规范性文件的过程中进行自我合宪性控制。未来应借助工作案例这一新机制，加快推进合宪性审查案例公开工作。

三、结论

"实践成果法律化"可以作为关键词，总结 2023 年的宪法实施与监督工作。修改后的《立法法》将全国人大授权全国人大常委会制定法律、区域协同立法、基层立法联系点等实践做法上升为法律制度；写入法律审议过程中的合宪性审查要求，完善备案审查制度，为宪法监督工作的开展提供明确的法律依据。《关于完善和加强备案审查制度的决定》总结备案审查实践经验，梳理相关工作办法，系统规定了备案审查的指导思想、基本原则与具体机制。制度建设上的"法律化"推动了具体工作的规范化与普遍化。"依宪立法"成为立法机关的实际行动，立法过程中对法律草案的合宪性审查越来越普遍，涉及的宪法问题越来越全面，除草案内容是否合宪以外，基本法律修改权等立法权限问题也得到关注。备案审查工作继续稳步推进，审查对象类型、事项性质越来越多样，审查方式越来越丰富。然而，宪法监督工作仍然存在不够精细与公开的问题，主要表现为审查意见相对简单、说理性不足以及审查案例的发布不全面、不及时。前一问题很大程度上与宪法解释程序机制缺失有关，未来应尽快贯彻党的十九届四中全会精神，落实宪法解释程序机制，进而推进合宪性审查的精细化。对于后一问题，则可借助 2023 年新出现的"工作案例"公开形式，建立常态化的备案审查案例发布机制，不断扩大公开范围。

撰稿专家

张翔，1976 年出生，甘肃张掖人，法学博士。北京大学法学院教授、博士生导师，北京大学宪法实施研究中心主任。兼任中国法学会宪法学研究会副会长兼秘书长，国家监察委员会特约监察员，全国人大常委会法工委备案审查专家委员会委员。第八届全国十大杰出青年法学家。主要研究领域包括中国宪法学、比较宪法学、法学方法论。曾在《中国社会科学》《法学研究》《中国法学》等刊物发表论文 50 余篇，其中多篇被人大复印报刊资料、《中国社会科学文摘》与《高等学校文科学术文摘》转载。独著《宪法释义学：原理·技术·实践》《基本权利的规范建构》《具体法治中的宪法与部门法》，主编《德国宪法案例选释》系列著作。

第二章 2023 年民商法实施报告

2023 年民法实施报告*

谢 勇

报告要旨

  2023 年，新冠疫情结束，人们生活重归正常状态。民法实施围绕"公正与效率"主题，通过公正审判、多元解纷、诉源治理、典型案例等多重手段，在保护民生、发展经济、弘扬社会主义核心价值观等多个方面取得成绩。在实施制度上，《最高人民法院关于适用〈中华人民共和国民法典〉合同编通则若干问题的解释》进一步补齐《民法典》配套司法解释；在实施方法上，诉源治理、执源治理和访源治理成为民法实施的重要方式；在实施目标上，加强对残疾人、老年人、未成年人、妇女、消费者、民营企业和民营企业家等主体权益保护成为民法实施的重要目标。《民法典》总则实施的重点仍然是弘扬社会主义核心价值观、准确认定民事行为的效力等，其中准确认定公序良俗的范围是当前亟待解决的问题。《民法典》人格权编实施的热点是网络环境下人格权保护和企业家人格权保护等。《民法典》物权编实施面临的重要问题是公示公信原则在执行异议之诉中越发受到挑战、抵押权效力虚化等问题，有必要探索改革商品房预售制度和完善不动产登记制度。以柔性手段解决建筑物区分所有权导致的物业管理纠纷则是《民法典》物权编实施的一大亮点。

  * 本报告撰写过程中，广西壮族自治区高级人民法院民一庭汪源同志和中国政法大学比较法学院博士研究生喻钊参与了核校工作，谨此致谢。

《民法典》合同编实施的重点领域仍然是合同效力、预约合同、民间借贷合同、房地产开发合同、建设工程合同、劳动合同、消费合同等领域。2023年，民法实施中的一件大事是最高人民法院制定《最高人民法院关于适用〈中华人民共和国民法典〉合同编通则若干问题的解释》，不仅填补了合同法实施制度的空白，还进一步完善了合同法实施制度。《民法典》婚姻家庭编和继承编实施的重点是持续推进《反家庭暴力法》和《家庭教育促进法》的实施，在婚姻家庭领域中深入推进移风易俗，加强遗产管理人诉讼权利保障等。遗嘱形式要件的认定标准是实践中亟待解决的问题。《民法典》侵权责任编实施的重点是网络侵权责任的认定、侵权责任中因果关系的认定和校园霸凌的责任形式等。

核心建议

1. 大力弘扬社会主义核心价值观。坚持把社会主义核心价值观融入民法实施全过程、各方面，在裁判文书释法说理中弘扬社会主义核心价值观的理念和精神，充分发挥司法裁判的规则引领和价值导向作用。

2. 做实"公正与效率"主题。开展诉源治理、优化管理指标、保护弱势群体、服务经济发展，做实"公正与效率"。要防止将手段作为目的，为诉源治理而诉源治理，为数据而数据，破除民法实施中的形式主义和官僚主义。

3. 物权法实施要在治标基础上加快推进治本。要改革商品房预售制度，完善和构建全国统一、便捷高效的不动产登记和查询制度，夯实民法实施的基础。

4. 继续深入推进家事审判改革。家事审判应当围绕问题"诊断"、情感"修复"、心理建设来设计制度，实现案结事了，家和事兴。

5. 为促进消费和投资提供良好法治环境。通过实施物权法等法律，让人民群众勤劳致富获得的财产得到有效保障；通过实施合同法等法律，让市场主体获得稳定交易预期；通过实施消费者权益保护法等法律，构建消费者友好型社会。

6. 平等保护各类市场主体。无论是行政执法机关还是司法审判机关，都应保持对所有主体平等对待、对所有服务对象充分尊重，推动民法实施进步。

一、2023 年民法实施的总体情况

（一）2023 年民法实施简况

1. 民生保护是民法实施的重要方面

办好民生"小"案、厚植执政根基，是 2023 年民法实施的重要方面。2023 年，全国法院审结一审民商事案件 1747.7 万件，其中涉及教育、就业、医疗、养老、食品安全等民生案件 539.1 万件。[①] 全年，最高人民法院在民生司法领域共发布涉高额彩礼、反家暴、"知假买假"、新业态用工、网络消费等 13 批次共 140 则典型案例。通过保障老旧小区既有住宅依法加装电梯，解决老年人、残疾人、孕妇、婴幼儿等群体的上楼下楼难题；通过依法支持返还高价彩礼的诉讼请求，防止贫困家庭因给付彩礼和情感、婚姻纠纷而陷入"人财两空"的境地，引导社会移风易俗，让婚姻始于爱，让彩礼归于"礼"；通过明确在合理消费范围内依法保护"知假买假"，发挥群众对食品领域违法行为的监督作用，遏制"敲诈勒索""恶意索赔"等不当干扰生产经营的行为，保护群众"舌尖上的安全"，保障社会经济高质量发展；发布新业态劳动争议典型案例，对重点行业、重点用工模式劳动关系等认定标准予以明确，对通过订立民事合作协议或者采取"连环外包"形式规避用人单位义务、"假外包真用工"、诱导劳动者注册个体工商户等违法用工行为予以纠正，切实维护劳动者合法权益。

2. 诉源治理成为民法实施的重要目标

2023 年民法实施的关键词之一是"诉源治理"。"诉源治理"涉及审判工作的各个方面，考虑到民事案件在全部案件中占比最大，"诉源治理"的主战场在民法实施领域。"执源治理""访源治理"的根源仍然在"诉"。"诉"的质量高了，"诉源治理"好了，"执源治理""访源治理"就有了基础。2023 年诉

---

① 《〈最高人民法院工作报告〉解读系列全媒体直播访谈活动第六场直播实录》，https://topics. gmw. cn/2024-03/11/content_37196325. htm，2024 年 3 月 11 日访问。

源治理在民法领域的主要表现有：

一是深入推进多元解纷。最高人民法院会同全国总工会、全国工商联、国家金融监管总局等 13 家单位建立矛盾纠纷预防化解机制，携手发挥行业专业调解优势，努力把各类纠纷化解在成讼之前。全国法院通过委托人民调解、行政调解、行业专业调解组织等成功调解纠纷 1199.8 万件，同比增长 32%，占同期诉至法院民事行政案件总量的 40.2%。①

二是发挥典型案例示范作用。2023 年，最高人民法院在民法实施方面发布的典型案例超过 100 件，涉及高额彩礼、反家暴、"知假买假"、新业态用工、网络消费、弘扬社会主义核心价值观等多个方面，争取达到办理一案、治理一片的效果。

三是强调实质化解纠纷。防止程序空转是 2023 年民法实施的重要理念之一。与之相对应的词语是"案件比"，更通俗的表述可以是"诉案比"，即同一个诉讼纠纷会产生多少个案件，通过防止"一案结而多案生"提高审判质效。这一指标与一审上诉率、申请再审率相关，但更能准确反映司法效率。"案件比"越高，解决同一纠纷经过的程序就越多，司法效率就越低。"案件比"不仅是司法效率指标，也是司法质量指标。"案件比"越高，说明一个案件一审和二审被当事人认可的概率越低。防止程序空转、实质化解纠纷与程序正义等程序的制度价值如何有效衔接是当前民法实施中需要深入研究的问题。

四是充分发挥司法建议的作用。司法建议是将司法审判主动融入国家治理、社会治理，是审判职能的延伸。法院不仅要办好案，更要针对个案、类案发生的原因，主动向有关部门提出司法建议，强化综合治理，通过完善国家治理、社会治理，从根本上减少案件发生。提出司法建议的主要目标是堵制度漏洞、补治理短板。早在 2012 年 3 月，最高人民法院就印发了《关于加强司法建议工作的意见》。2023 年，最高人民法院又制定了《关于综合治理类司法建议工作若干问题的规定》，从制度上推进司法建议工作。2023 年全年，最高人民法院制发了 1 至 5 号司法建议，各级法院跟进发出 9429 件司法建议，在法治轨道上推进国家治理和社会治理。安徽滁州法院针对物业纠纷大幅增长情况，向职能部门发出司法建议，府院联动开展专项整治，使 2023 年该类案件同比下降 58.6%。②

---

① 张军：《最高人民法院工作报告（2024 年）》，最高人民法院官方微博，2024 年 3 月 11 日访问。

② 张军：《最高人民法院工作报告（2024 年）》，最高人民法院官方微博，2024 年 3 月 11 日访问。

3.调解成为民法实施的重要方式

2023 年 10 月 8 日，最高人民法院、司法部在北京联合召开全国调解工作会议。会议强调，要坚持和发展新时代"枫桥经验"，把诉调对接的"调"向前延伸，主动融入党委领导下的社会治理体系和诉源治理大格局，支持开展"无讼"村（社区）等创建，关注、研析类案多发高发、大幅上升的原因并提出司法建议，通过典型案例教育警示、引领社会法治意识形成、进步。要汇聚化解合力，既"走出去"指导、支持人民调解、行业专业调解、法院特邀调解等解纷力量，又结合实际把解纷资源"引进来"参与成讼案件化解工作。要完善诉调对接，做好诉前引导，健全委派委托人民调解工作机制，做实调解平台"三进"工作，提升纠纷化解效果。要加强对指导人民调解工作的组织领导，通过组织人民调解员旁听庭审、开展业务培训、制发指导案例等实现常态化业务指导，完善业务协同和信息共享，把党的领导和我国社会主义制度优势转化为做实指导和支持调解职能、促进完善国家治理和社会治理的效能优势，从源头上预防和减少矛盾纠纷发生。要将矛盾纠纷实质化解作为根本任务，在预防排查上采取硬实措施，抓好基层、重点行业领域、涉企涉外等矛盾纠纷化解，切实把问题解决在基层、化解在萌芽状态。要坚持分类指导，加强人民调解规范化建设，健全行政调解工作体制，完善行业性专业性调解制度规则，进一步深化以人民调解为基础、各类调解衔接联动的调解工作格局。[①]

2023 年 11 月 6 日，纪念毛泽东同志批示学习推广"枫桥经验"60 周年暨习近平总书记指示坚持发展"枫桥经验"20 周年大会在北京召开。会议要求，要坚持和发展新时代"枫桥经验"，牢牢把握新时代"枫桥经验"的科学内涵和实践要求，坚持和贯彻党的群众路线，依靠基层组织和广大群众，立足于预防、调解、法治、基层，做到预防在前、调解优先、运用法治、就地解决，实现"小事不出村、大事不出镇、矛盾不上交"。[②]

调解成为化解民事纠纷的重要方式。2023 年 9 月 8 日，最高人民法院办公厅与住房和城乡建设部办公厅联合印发《关于建立住房城乡建设领域民事纠纷"总对总"在线诉调对接机制的通知》，要求建立健全住房城乡建设领域民事纠纷在线诉调对接机制，明确了住房城乡建设领域民事纠纷在线诉调对

---

① 白龙飞、赵婕：《最高人民法院、司法部联合召开全国调解工作会议》，https://www.chinacourt. org/article/detail/2023/10/id/7564651. shtml，2024 年 3 月 12 日访问。

② 陈文清：《坚持和发展新时代"枫桥经验" 提升矛盾纠纷预防化解法治化水平》，https://www.gov.cn/yaowen/liebiao/202311/content_6914036. htm，2024 年 3 月 12 日访问。

接机制具体工作内容，包括两部门职责分工、工作流程及调解组织建设等，并对音视频调解，调解组织和调解员的选任、管理，以及调解员培训和业务指导等工作提出具体要求。为解决诉前调解中的鉴定程序等问题，2023年7月5日，最高人民法院还制定了《关于诉前调解中委托鉴定工作规程(试行)》。随着调解工作制度的完善，调解工作成效亦明显提升。2023年，全国法院通过委托人民调解、行政调解、行业专业调解组织等成功调解纠纷1199.8万件，同比增长32%，占同期诉至法院民事行政案件总量的40.2%。2023年全年，最高人民法院组织培训调解员47.2万人。[①]

4.人案矛盾成为民法实施的重大挑战

2013年以来，全国法院案件总量以年均13%的增幅快速上涨，10年增加2.4倍;法官年人均办案由2017年187件增至2023年357件，人案矛盾日益突出。[②] 这是所有案件的数量统计。考虑到民事案件所占比重高，民事法官的人均办案数肯定不低。法官人均办案数达到357件，即使法官全年不休息，基本上每天需要办理一件案件。每件案件一般都需要经过受理、开庭、起草审理报告、合议(独任审判除外)、文书起草校对和送达等程序，而法官尤其是高级法院和最高人民法院法官还面临大量其他工作任务。如果再考虑到结构性问题，例如发达地区和欠发达地区法官人均办案数差异较大，年轻法官与年龄大的法官(由于体力和精力等)办案数也可能存在差异，在领导岗位上的法官因承担较重的管理职责，办案数相对更低，发达地区办案一线法官的人均办案数还会更高。

任何劳动者的绝对劳动时间都是有限的，人案矛盾必然导致分配到每个案件的单位劳动量减少。如何在高效完成办案任务的同时确保案件质量和司法公正，是当下民法实施不能回避的问题。在高强度工作压力下，法官面临事业与家庭之间的矛盾、收入与工作量之间的落差，部分法官尤其是年轻骨干力量会选择转行到其他行业，部分优秀大学生也可能会因为高强度工作压力而被"劝退"。如何建设高水平法官队伍是不可回避的问题。法律适用毕竟是专业性很强的工作，司法公正需要以一支怀揣梦想、心存公正、业务精湛、砥砺奋进的法官队伍为基础。

---

① 张军:《最高人民法院工作报告(2024年)》，最高人民法院官方微博，2024年3月12日访问。

② 张军:《最高人民法院工作报告(2024年)》，最高人民法院官方微博，2024年3月11日访问。

(二)民事法律和民事司法解释

1. 民事法律

2023 年，对民法实施具有重大影响的立法事件如下。

第一，修正《中华人民共和国民事诉讼法》。

《中华人民共和国民事诉讼法》(以下简称《民事诉讼法》)于 1991 年制定，于 2007 年、2012 年、2017 年、2021 年、2023 年进行了五次修正。2023 年的修改除进一步完善我国对涉外民商事案件的管辖规则外，对民法实施影响较大的修改有以下几方面：

一是完善审判组织的规定，将《民事诉讼法》第四十条修改为："人民法院审理第一审民事案件，由审判员、人民陪审员共同组成合议庭或者由审判员组成合议庭。合议庭的成员人数，必须是单数。适用简易程序审理的民事案件，由审判员一人独任审理。基层人民法院审理的基本事实清楚、权利义务关系明确的第一审民事案件，可以由审判员一人适用普通程序独任审理。人民陪审员在参加审判活动时，除法律另有规定外，与审判员有同等的权利义务。"

二是完善虚假诉讼认定规则，将《民事诉讼法》第一百一十五条修改为："当事人之间恶意串通，企图通过诉讼、调解等方式侵害国家利益、社会公共利益或者他人合法权益的，人民法院应当驳回其请求，并根据情节轻重予以罚款、拘留；构成犯罪的，依法追究刑事责任。当事人单方捏造民事案件基本事实，向人民法院提起诉讼，企图侵害国家利益、社会公共利益或者他人合法权益的，适用前款规定。"一方面，进一步明确侵害法益范围，将虚假诉讼侵害法益从"他人合法权益"扩展至"国家利益、社会公共利益或者他人合法权益"，坚决防止虚假诉讼行为损害国家利益、社会公共利益；另一方面，明确单方虚假诉讼情形，突出虚假诉讼本质特征，在"双方恶意串通"情形之外，增加"单方捏造基本事实"的情形，准确界定虚假诉讼外延，压缩虚假诉讼存在空间。

三是完善应诉管辖制度。应诉管辖也被称为拟制合意管辖或默示管辖，是指原告起诉后，被告没有提出管辖异议，并应诉答辩的，视为受理案件的法院具有管辖权的一种管辖制度。2023 年修正的《民事诉讼法》第一百三十条第二款规定："当事人未提出管辖异议，并应诉答辩或者提出反诉的，视为受诉人民法院有管辖权，但违反级别管辖和专属管辖规定的除外。"将提出反诉也作为应诉管辖的情形。

四是增加指定遗产管理人案件。原《继承法》没有遗产管理人制度，也未规定遗产管理人的指定。《民法典》第一千一百四十六条新增了遗产管理人的指定制度规定："对遗产管理人的确定有争议的，利害关系人可以向人民法院申请指定遗产管理人。"《民事诉讼法》对标《民法典》本条规定，在第十五章"特别程序"第三节后增加一节，即第四节规定指定遗产管理人案件，并就指定遗产管理人、变更遗产管理人的相关程序作出规定，实现实体法与程序法的有效衔接，推动实现保护遗产安全和完整、保障继承人和债权人合法权益的制度价值。

第二，修正《中华人民共和国公司法》。

2023年，《中华人民共和国公司法》（以下简称《公司法》）对我国公司制度作了较为全面的修改。对民法实施的影响主要有：

一是修正后的《公司法》对民事主体制度作了完善。首先，原《公司法》规定一人有限责任公司的股东只能是一个自然人或者一个法人，但修正后的《公司法》对一人有限责任公司的股东未作限制。其次，原《公司法》规定一个自然人只能投资设立一个一人有限责任公司，但修正后的《公司法》规定一个自然人可设立多个一人有限责任公司。最后，原《公司法》规定不能设立一人股份有限公司，但修正后的《公司法》规定一个自然人就可以设立一家股份有限公司。

二是修正后的《公司法》取消无户名股，对股票代持、执行异议之诉等纠纷的民事审判产生影响。按照反洗钱有关要求，并根据我国股票发行的实际，修正后的《公司法》取消了无户名股。在民事审判中，"名实不符"问题主要体现在房屋和股权上。修正后的《公司法》体现的这一立法精神，对今后处理类似纠纷具有指导意义。

三是增设简易注销制度，将使股东承担连带责任的纠纷增多。修正后的《公司法》第二百四十条规定："公司在存续期间未产生债务，或者已清偿全部债务的，经全体股东承诺，可以按照规定通过简易程序注销公司登记。通过简易程序注销公司登记，应当通过国家企业信用信息公示系统予以公告，公告期限不少于二十日。公告期限届满后，未有异议的，公司可以在二十日内向公司登记机关申请注销公司登记。公司通过简易程序注销公司登记，股东对本条第一款规定的内容承诺不实的，应当对注销登记前的债务承担连带责任。"为降低企业退出成本，修正后的《公司法》增设简易注销制度。适用简易注销需要满足的条件包括：①公司当前没有任何债权债务关系，②全体股东就此作出承诺。这一做法在实践中早已存在，司法实践一般会根据股东承诺判决其对公司解散前未清偿债务承担连带责任。修正后的《公司法》将这一实践做法制度化，在保护期权人利益的基础上降低了公司注销成本。公司启动简易注销的，无须启动清算程序，应在国家企业信息公示系统公告二十日以上，若公告期满不存在异议即可申请注销登记。需要注意的是，常规的公司注销程序，若合法合规地进行清算，外部债权人需要自接到通知书之日起三十日内，未接到通知书的自公告之日起四十五日内，向清算组申报其债权。若债权人未及时申报债权，则股东依旧受公司有限责任制的保护。由于没有经过清算，股东申请简易注销应当提交《全体投资人承诺书》，并且要承诺债权债务已结清、税费已缴纳、工资等均已发放。有观点认为，如果股东承诺不实，应当对注销登记前的债务承担连带责任，这突破了股东的出资额有限责任。实践中一般认为这一责任基础既在于其未经清算而注销公司的行为，更在于其对公司债务承担连带责任的承诺。

第三，制定《中华人民共和国无障碍环境建设法》。

《中华人民共和国无障碍环境建设法》（以下简称《无障碍环境建设法》）以加强无障碍环境建设，保障残疾人、老年人平等、充分、便捷地参与和融入社会生活，促进社会全体人员共享经济社会发展成果，弘扬社会主义核心价值观为目标。《无障碍环境建设法》会从多个方面影响民法实施。

一是在建设工程合同和侵权责任方面，《无障碍环境建设法》第十六条规定："工程施工、监理单位应当按照施工图设计文件以及相关标准进行无障碍设施施工和监理。住房和城乡建设等主管部门对未按照法律、法规和无障碍设施工程建设标准开展无障碍设施验收或者验收不合格的，不予办理竣工验收备案手续。"第二十一条规定："新建、改建、扩建公共建筑、公共场所、交通运输设施以及居住区的公共服务设施，应当按照无障碍设施工程建设标准，配套建设无障碍设施；既有的上述建筑、场所和设施不符合无障碍设施工程建设标准的，应当进行必要的改造。"第二十三条规定："新建、改建、扩建和具备改造条件的城市主干路、主要商业区和大型居住区的人行天桥和人行地下通道，应当按照无障碍设施工程建设标准，建设或者改造无障碍设施。城市主干路、主要商业区等无障碍需求比较集中的区域的人行道，应当按照标准设置盲道；城市中心区、残疾人集中就业单位和集中就读学校周边的人行横道的交通信号设施，应当按照标准安装过街音响提示装置。"第二十四条规定："停车场应当按照无障碍设施工程建设标准，设置无障碍停车位，并设置显著标志标识。无障碍停车位优先供肢体残疾人驾驶或者乘坐的机动车使用。优先使用无障碍停车位的，应当在显著位置放置残疾人车辆专用标志或者提供残疾人证。在无障碍停车位充足的情况下，其他行动不便的残疾人、老年人、孕妇、婴幼儿等驾驶或者乘坐的机动车也可以使用。"建设工程施工合同违反上述规定是否会导致合同无效，建筑、道路建设者违反上述规定导致残疾人伤亡是否应当承担赔偿责任，其他人占用无障碍设施损害残疾人利益是否应当承担赔偿责任等问题，均是需要研究的民法实施问题。

二是在物业管理和相邻关系方面，《无障碍环境建设法》第二十二条规定："国家支持城镇老旧小区既有多层住宅加装电梯或者其他无障碍设施，为残疾人、老年人提供便利。县级以上人民政府及其有关部门应当采取措施、创造条件，并发挥社区基层组织作用，推动既有多层住宅加装电梯或者其他无障碍设施。房屋所有权人应当弘扬中华民族与邻为善、守望相助等传统美德，加强沟通协商，依法配合既有多层住宅加装电梯或者其他无障碍设施。"本条规定为处理加装电梯纠纷提供了指引。根据《民法典》第二百七十八条规定，老旧小区既有住宅加装电梯属于业主共同决定事项，应当由专有部分面积占比三分之二以上的业主且人数占比三分之二以上的业主参与表决。决定前款第六项至第八项规定的事项，应当经参与表决专有部分面积四分之三以上的业主且参与表决人数四分之三以上的业主同意。民法实施过程中存在争议的问题是，加装电梯往往只涉及某一单元或者某一楼栋业主利益，此处的"双三分之二"要求，是应当以所涉单元的业主为限，还是以整个小区的业主为限；加装电梯必然会使用少量绿地、道路等共有部分，其他业主对此是否具有适度的包容义务；不同意加装电梯的业主在电梯加装好后，是否有权请求在补缴加装费的情况下使用电梯等。《无障碍环境建设法》第二十二条第一款规定彰显的为残疾人、老年人提供便利的立法精神，以及第三款规定的业主义务，为处理上述问题提供了指引。

第四，制定《中华人民共和国粮食安全保障法》。

涉农民法实施问题在实践中较为复杂。2023年，立法机关制定《中华人民共和国粮食安全保障法》（以下简称《粮食安全保障法》）。对民法实施影响较大的内容主要有：

一是规定国家建立严格的耕地质量保护制度，加强高标准农田建设，按照量质并重、系统推进、永续利用的要求，坚持政府主导和社会参与、统筹规划与分步实施、用养结合与建管并重的原则，健全完善投入保障机制，提高建设标准和质量。

二是规定县级以上地方人民政府应当因地制宜、分类推进撂荒地治理，采取措施引导复耕。家庭承包的发包方可以依法通过组织代耕代种等形式将撂荒地用于农业生产。

三是规定国家推动盐碱地综合利用,制定盐碱地综合利用相关规划和财政支持政策,鼓励、引导社会资本投入,挖掘盐碱地开发利用潜力,分区分类开展盐碱耕地治理改良,加快选育耐盐碱特色品种,推广改良盐碱地有效做法,遏制耕地盐碱化趋势。

2. 民事司法解释

2023年,民事领域相关司法解释主要有:

第一,制定《最高人民法院关于适用〈中华人民共和国民法典〉合同编通则若干问题的解释》(以下简称《民法典合同编通则司法解释》)。

2020年根据《民法典》的规定清理司法解释时,《最高人民法院关于适用〈中华人民共和国合同法〉若干问题的解释》(以下简称《合同法司法解释一》)、《最高人民法院关于适用〈中华人民共和国合同法〉若干问题的解释(二)》(以下简称《合同法司法解释二》)被废除,但未制定新的民法典合同编司法解释。《合同法司法解释一》和《合同法司法解释二》的规定是否还能适用,是民法实施过程中面临的问题。2021年,最高人民法院制定《全国法院贯彻实施民法典工作会议纪要》,解决了部分问题。在旧解释删除、新解释未制定的情况下,实践中仍在裁判说理中"适用"旧解释相关条文精神,但一般不将旧解释规定作为裁判依据。

2023年,《民法典合同编通则司法解释》发布,解决了上述问题。在承继《合同法司法解释一》《合同法司法解释二》《担保法司法解释》等已废除司法解释条文的基础上,《民法典合同编通则司法解释》主要完善了以下制度:

一是完善了债的保全制度。《民法典合同编通则司法解释》对代位权诉讼、撤销权诉讼的管辖、当事人等作了大量具体操作性规定。首先,《民法典》扩大了代位权的行使范围。《民法典合同编通则司法解释》第三十三条对原《合同法司法解释一》第十三条作了修改,对于债权人可以代位行使的债务人的债权不再限定为"具有金钱给付内容的到期债权",同时根据《民法典》的规定相应增加"与该债权有关的从权利"为可以代位行使的权利。其次,完善防止债务人"逃废债"的规定。《民法典合同编通则司法解释》第四十一条规定,债权人提起代位权诉讼后,债务人对其债权的处分行为应当受到相应限制,如不能无正当理由减免相对人的债务等;第四十三条在《民法典》第五百三十九条规定的基础上进一步补充了债权人可以行使撤销权的不合理交易的类型,包括以明显不合理的价格实施互易财产、以物抵债等,其目的是防止债务人"逃废债"。再次,针对适用债的保全制度面临的新问题统一了裁判规则。《合同法司法解释一》《合同法司法解释二》施行以来,人民法院在适用合同保全制度时遇到了一些新的突出问题。例如，债务人与相对人订有仲裁协议时，债权人能否对相对人提起代位权诉讼。这一问题在适用2004年《最高人民法院关于审理建设工程施工合同纠纷案件适用法律问题的解释》第二十六条时也会遇到。《民法典合同编通则司法解释》第三十六条规定："债务人或者其相对人不能以双方之间的债权债务关系订有仲裁协议为由对法院主管提出异议，但是债务人或者其相对人在首次开庭前申请仲裁的，人民法院可以依法中止代位权诉讼。"这一规定既有利于统一裁判尺度，又能满足债权人保护的需求，最大限度尊重仲裁协议，兼顾各方利益。最后，减少当事人诉累。《民法典合同编通则司法解释》第四十六条规定："债权人在撤销权诉讼中同时请求债务人的相对人向债务人承担返还财产、折价补偿、履行到期债务等法律后果的，人民法院依法予以支持。债权人请求受理撤销权诉讼的人民法院一并审理其与债务人之间的债权债务关系，属于该人民法院管辖的，可以合并审理。不属于该人民法院管辖的，应当告知其向有管辖权的人民法院另行起诉。债权人依据其与债务人的诉讼、撤销权诉讼产生的生效法律文书申请强制执行的，人民法院可以就债务人对相对人享有的权利采取强制执行措施以实现债权人的债权。债权人在撤销权诉讼中，申请对相对人的财产采取保全措施的，人民法院依法予以准许。"该条以降低债权人保全债权的成本为目标，尽可能方便债权人行使代位权和撤销权，有利于让债权人少"走程序"，更加快捷地获得救济。

二是明确了违反预约合同的违约责任。关于违反预约合同的违约责任，历来存在"应当磋商说"和"必须缔约说"两种不同的观点。前者旨在落实意思自治，认为预约合同仅产生继续磋商义务，不能强制当事人订立本约；后者则旨在防止不诚信行为，认为预约合同可产生意定强制缔约的效力，可由法院的判决代替当事人的意思表示，并赋予强制执行的效力。《民法典合同编通则司法解释》仅规定当事人一方违反预约合同须承担损失赔偿的责任，没有规定当事人违反预约合同是否可以采取强制履行的救济方式，主要是考虑到民事强制执行法仍在起草过程中，现行法并无对意思表示进行强制执行的规定，且既然当事人在签订预约合同后仍然保留了对是否订立本约的决策权，从合同自由的原则出发，也不应以法院判决的方式来代替当事人的意思表示。[1]

---

[1] 《最高人民法院民二庭、研究室负责人就民法典合同编通则司法解释答记者问》，https://www.court.gov.cn/zixun/xiangqing/419402.html，2024 年 3 月 2 日访问。

三是完善了导致民事法律行为无效的强制性规定的认定标准。我国民事立法、司法发展以经济从计划经济向市场经济转型为基础，随着社会主义市场经济体制的建立，关于合同无效的规定也逐步限缩。在改革开放早期，经济社会中仍存在大量管理性规定，民事行为尤其是交易行为，只要违反这些规定一般都会被认定无效。这种民法实施规则显然不利于发挥人民群众的积极性，不利于鼓励和保护交易，不利于市场经济发展。2007 年《中华人民共和国合同法》（以下简称《合同法》）第五十二条将影响合同效力的强制性规定严格限定为法律、行政法规的强制性规定，将部门规章、地方性规章等规定排除在导致合同无效的规定之外。2009 年《合同法司法解释二》第十四条又进一步将导致合同无效的强制性规定限制为效力性强制性规定。这也导致民法实施中面临一个长期有争议的问题：哪些规定属于效力性强制性规定，哪些规定属于管理性强制性规定，或者说以什么标准来区分效力性强制性规定和管理性强制性规定。实践中，也有人对这一区分质疑，主要理由是人民法院不应对强制性规定是否属于效力性强制性规定作出判断，而且对某一具体规定是否属于效力性强制性规定容易产生争议。在《民法典》编纂过程中，对于是否要区分效力性强制性规定和管理性强制性规定也产生了不同认识。最终，《民法典》第一百五十三条第一款规定："违反法律、行政法规的强制性规定的民事法律行为无效。但是，该强制性规定不导致该民事法律行为无效的除外。"该条规定形式上未采用效力性强制性规定和管理性强制性规定之区分，但司法实践中仍面临判断哪些强制性规定会导致合同无效的问题。针对这一问题，《民法典合同编通则司法解释》表述了未采用效力性强制性规定和管理性强制性规定的主要考虑有：①虽然有的强制性规定究竟是效力性强制性规定还是管理性强制性规定十分清楚，但是有的强制性规定的性质却很难区分。问题出在区分的标准不清晰，没有形成共识，特别是没有形成简便易行、务实管用的可操作标准，导致审判实践中有时裁判尺度不统一。②在有的场合，合同有效还是无效，是裁判者根据一定的因素进行综合分析的结果，而不是其作出判决的原因。③自效力性强制性规定的概念提出以来，审判实践中出现了望文生义的现象，即大量公法上的强制性规定被认为属于管理性强制性规定，而不是效力性强制性规定。根据《民法典》第一百五十三条第一款的表述，《民法典合同编通则司法解释》没有采取《合同法司法解释二》第十四条将强制性规定区分为效力性强制性规定和管理性强制性规定的做法，而是采取了直接对《民法典》第一百五十三条第一款规定的"但书"进行解释的思路，以回应广大民商事法官的现实需求。①

《民法典合同编通则司法解释》在总结司法实践经验基础上，列举了违反强制性规定不影响合同效力的五种情形：①强制性规定虽然旨在维护社会公共秩序，但是合同的实际履行对社会公共秩序造成的影响显著轻微，且认定合同无效将导致案件处理结果有失公平公正。这是比例原则在民法上的适用。②强制性规定旨在维护政府的税收、土地出让金等国家利益或者其他民事主体的合法利益而非合同当事人的民事权益，认定合同有效不会影响该规范目的的实现。例如，开发商违反《城市房地产管理法》第三十九条第一款规定未按照出让合同约定已经支付全部土地使用权出让金即签订转让土地使用权的协议。该规定并非为了保护当事人的民事权益而是为了维护政府的土地出让金利益，且即使认定合同有效，通常也不会影响这一规范目的的实现。③强制性规定旨在要求当事人一方加强风险控制、内部管理等，对方无能力或者无义务就合同是否违反强制性规定进行审查，认定合同无效将使其承担不利后果。例如，银行违反《商业银行法》第三十九条规定的资产负债比例发放贷款，因该规定旨在要求银行加强内部管理和风险控制，借款人无从获知银行是否违反该规定，自然不应仅因银行违反该规定就认定合同无效，否则借款人的交易安全将无法获得有效保障。④当事人一方虽然在订立合同时违反强制性规定，但是在合同订立后其已经具备补正违反强制性规定的条件却违背诚信原则不予补正。例如，开发商未取得预售许可证明即签订商品房买卖合同，但在合同订立后，其已经具备申请预售许可证明的条件却违背诚信原则不向行政管理部门提交申请，而是因房价上涨受利益的驱动主张合同无效，就不应获得支持。这一规则在之前的司法解释中已有规定。例如，2018 年《最高人民法院关于审理建设工程施工合同纠纷案件适用法律问题的解释（二）》第二条规定："当事人以发包人未取得建设工程规划许可证等规划审批手续为由，请求确认建设工程施工合同无效的，人民法院应予支持，但发包人在起诉前取得建设工程规划许可证等规划审批手续的除外。"⑤法律、司法解释规定的其他情形。例如，当事人订立房屋租赁合同后，未依法办理备案登记，依据《民法典》第七百零六条的规定，不应影响房屋租赁

---

① 《最高人民法院民二庭、研究室负责人就民法典合同编通则司法解释答记者问》，https://www.court.gov.cn/zixun/xiangqing/419402.html，2024 年 3 月 2 日访问。

最高人民法院制定《关于商品房消费者权利保护问题的批复》后,"五权顺位"权利效力链条尚欠缺一环,即被拆迁人对拆迁还房的权利与商品房消费者对所购房屋的债权请求权之间的效力顺位问题。这一问题是通过"执行异议之诉司法解释",还是通过指导性案例或者其他方式解决,尚有待观察。

第三,制定《最高人民法院关于综合治理类司法建议工作若干问题的规定》。

司法建议是人民法院参与社会治理、延伸审判职能的重要手段。2012 年 3 月,最高人民法院印发《关于加强司法建议工作的意见》(法〔2012〕74 号),就司法建议的制发程序、管理考核、文书规范等作出规定,对全国法院开展司法建议工作发挥指导作用。各级人民法院运用司法建议推动被建议单位改进工作、完善治理,取得了积极效果。但是,当前的司法建议工作还存在一些薄弱环节,比如,深化诉源治理的作用发挥不够充分、办理程序不够规范等,影响了人民法院在促进国家和社会治理方面功能作用的发挥。这些问题的存在,表明当前的司法建议工作,特别是综合治理类司法建议的制发,与人民群众对法院工作的期待,距离做实为大局服务、为人民司法的要求,还有一定差距。为推动各级人民法院在法治轨道上有序开展综合治理类司法建议工作,最高人民法院经过慎重研究和广泛征求意见,结合人民法院审判执行工作职责,制定了《最高人民法院关于综合治理类司法建议工作若干问题的规定》。①

《最高人民法院关于综合治理类司法建议工作若干问题的规定》的主要内容有:一是第三条明确向有关主管机关提出的司法建议,一般应当遵循同级本地原则,向本院辖区范围内的同级主管机关提出。该条同时规定,发现的综合治理问题需要异地主管机关采取措施的,可以提出工作建议,层报相应的上级人民法院决定。二是强调调研沟通。本规定第五条强调,人民法院提出司法建议前,应当结合审判执行工作中发现的问题充分调查研究,并积极与被建议单位进行沟通,听取其意见,切实贯彻"坚定的原则,柔软的身段,商量的口吻"的工作思路,严格确保建议的准确性和可行性。三是注重协同落实。充分发挥司法建议推动国家和社会治理的作用,必须做到"没完没了抓落实"。本规定第八条规定,要抓好司法建议的落实,需要被建议单位高度重视、采取措施,也需要人民法院支持配合,实现良性互动,抓好协同落实,实现双赢多赢共赢。

---

① 《最高人民法院发布〈关于综合治理类司法建议工作若干问题的规定〉》,https://www.chinacourt.org/article/detail/2023/11/id/7638878.shtml,2024 年 3 月 5 日访问。

（三）民事司法政策

2023年，对民法实施具有重大影响的司法政策有：

1. 最高人民法院制定《关于优化法治环境　促进民营经济发展壮大的指导意见》

该指导意见贯彻落实《中共中央、国务院关于促进民营经济发展壮大的意见》精神，共27条，从总体要求、依法保护民营企业产权和企业家合法权益、维护统一公平诚信的市场竞争环境、运用法治方式促进民营企业发展和治理、持续提升司法审判保障质效、加强组织实施6个方面对审判执行工作提出明确要求。

在保护民营经济主体合法权益方面，该指导意见提出要研究制定司法解释加大对民营企业工作人员腐败行为惩处和追赃追缴力度，健全常态化冤错案件纠正机制，依法保护民营经济主体申请国家赔偿的权利。严格区分经济纠纷与违法犯罪，严格规范采取刑事强制措施的法律程序。加强对当事人、案外人合法权益的保护，尽可能减轻司法活动给生产经营带来的不利影响，畅通案外人在刑事追赃追缴程序中表达诉求的渠道。

在保护民营企业家合法权益方面，该指导意见特别强调对民营企业和企业家人格权的保护，充分发挥人格权侵害禁令制度功能，及时制止侵害人格权的违法行为。

在维护统一公平诚信的市场竞争环境方面，该指导意见强调依法保障市场准入的统一，遏制滥用行政权力排除、限制竞争行为，加强对平台企业垄断的司法规制，依法打击不正当竞争行为，进一步加大知识产权保护力度。针对恶意"维权"侵犯民营企业合法权益、扰乱正常市场秩序行为，以及利用虚假、恶意诉讼侵害民营企业和企业家合法权益的行为，该指导意见提出要依法予以严厉打击。

在规范股东行为方面，该指导意见要求依法追究控股股东、实际控制人实施关联交易"掏空"企业、非经营性占用企业资金、违规担保向企业转嫁风险等滥用支配地位行为的法律责任，以法治手段破解"代理成本"问题，提高"内部人控制"的违法犯罪成本，维护股东所有权与企业经营权分离的现代企业管理制度。

2. 最高人民法院制定《关于加强和规范案件提级管辖和再审提审工作的指导意见》

为加强人民法院审级监督体系建设，做深做实新时代能动司法，推动以审判工作现代化服务保障中国式现代化，最高人民法院根据相关法律和司法解释的规定，结合审判工作实际，就加强和规范人民法院案件提级管辖、再审提审工作，制定了《关于加强和规范案件提级管辖和再审提审工作的指导意见》。一方面，该意见完善了提级管辖机制，明确了下级人民法院应当报请上一级人民法院审理的案件类型。除经常强调的涉及重大国家利益、社会公共利益，具有统一法律适用规则意义，疑难复杂新型等案件类型外，意见专门强调，具有诉源治理效应，有助于形成示范性裁判，推动同类纠纷统一、高效、妥善化解的案件，也应当提级管辖。这体现 2023 年民法实施对诉源治理的高度重视。另一方面，意见细化、完善了民事、行政再审提审机制。对民法实施影响较大的规定有两条。其中，第十五条规定："上级人民法院对下级人民法院已经发生法律效力的民事、行政判决、裁定，认为符合再审条件的，一般应当提审。对于符合再审条件的民事、行政判决、裁定，存在下列情形之一的，最高人民法院、高级人民法院可以指令原审人民法院再审，或者指定与原审人民法院同级的其他人民法院再审，但法律和司法解释另有规定的除外：（一）原判决、裁定认定事实的主要证据未经质证的；（二）对审理案件需要的主要证据，当事人因客观原因不能自行收集，书面申请人民法院调查收集，人民法院未调查收集的；（三）违反法律规定，剥夺当事人辩论权利的；（四）发生法律效力的判决、裁定是由第一审法院作出的；（五）当事人一方人数众多或者当事人双方均为公民的民事案件；（六）经审判委员会讨论决定的其他情形。"第十六条规定："最高人民法院依法受理的民事、行政申请再审审查案件，除法律和司法解释规定应当提审的情形外，符合下列情形之一的，也应当裁定提审：（一）在全国有重大影响的；（二）具有普遍法律适用指导意义的；（三）所涉法律适用问题在最高人民法院内部存在重大分歧的；（四）所涉法律适用问题在不同高级人民法院之间裁判生效的同类案件存在重大分歧的；（五）由最高人民法院提审更有利于案件公正审理的；（六）最高人民法院认为应当提审的其他情形。最高人民法院依职权主动发现地方各级人民法院已经发生法律效力的民事、行政判决、裁定确有错误，并且符合前款规定的，应当提审。"整体来看，政策制定者希望最高人民法院将更多精力放到统一法律适用标准上来，同时也要做好重大案件的处理，实现个案公正、维护社会稳定。

3. 最高人民法院制定《关于法律适用问题请示答复的规定》

请示答复是人民法院统一法律适用标准的重要方式，但在具体操作中，请示的主体、范围、程序等问题存在不规范之处，影响了请示答复工作的质效。最高人民法院制定《关于法律适用问题请示答复的规定》，明确了高级人民法院向最高人民法院提出请示的范围、内容、程序、规范等。该规定指出，向最高人民法院提出请示，应当经本院审判委员会讨论决定，就法律适用问题提出意见，并说明理由；有分歧意见的，应当写明倾向性意见。请示应当按照审级逐级层报。提出请示的人民法院应当以院名义制作书面请示，扼要写明请示的法律适用问题，并制作请示综合报告。高级人民法院就基层、中级人民法院请示的法律适用问题向最高人民法院请示的，应当同时附下级人民法院的请示综合报告。规定明确了最高人民法院办理请示的流程，明确了审查期限，要求最高人民法院立案庭应当自收到请示材料之日起三个工作日内审查完毕。请示材料符合要求的，应当编定案号并处理。最高人民法院应当尽快办理请示，至迟在受理请示之日起二个月内办结。需要征求院外有关部门意见或者提请审判委员会讨论的，可以延长二个月。对最高人民法院的答复，提出请示的人民法院应当执行，但不得作为裁判依据援引。可以公开的答复，最高人民法院应当通过适当方式向社会公布。

4. 最高人民法院、全国妇联制定《关于开展家庭教育指导工作的意见》

《家庭教育促进法》明确了人民法院开展家庭教育指导工作的职责。为准确适用法律，规范人民法院开展家庭教育指导工作，解决司法实践中遇到的问题，促进未成年人的父母或者其他监护人依法履行家庭教育责任，切实保护未成年人，最高人民法院、全国妇联制定《关于开展家庭教育指导工作的意见》。意见规定，人民法院在审理离婚案件过程中，对有未成年子女的夫妻双方，应当提供家庭教育指导。对于涉及抚养、收养、监护权、探望权纠纷等案件，以及涉留守未成年人、困境未成年人等特殊群体的案件，人民法院可以就监护和家庭教育情况主动开展调查、评估，必要时，依法提供家庭教育指导。意见明确了人民法院责令开展家庭教育指导的情形。符合这些情形，且未成年人的父母或者其他监护人拒不接受家庭教育指导，或者接受家庭教育指导后仍不依法履行监护职责的，人民法院可以决定书的形式制发家庭教育指导令，依法责令其接受家庭教育指导。家庭教育指导令应当载明责令理由以及接受家庭教育指导的时间、场所和频次。开展家庭教育指导的频次，应当与未成年人的父母或者其他监护人不正确履行家庭教育责任以及未成年人不良行为或犯罪行为的程度相适应。意见规定，人民法院、妇联应当与有关部门、人民团体、社会组织加强协作配合，推动建立家庭教育指导工作联动机制。

5. 最高人民法院制定《关于为新时代东北全面振兴提供司法服务和保障的意见》

为全面贯彻落实党的二十大精神，认真落实以习近平同志为核心的党中央关于推进新时代东北全面振兴的重大战略部署，充分发挥审判职能作用，依法服务和保障东北地区实现全面振兴，最高人民法院制定《关于为新时代东北全面振兴提供司法服务和保障的意见》。意见提出五个方面的要求：一是持续优化营商环境，支持监督依法行政，推动法治政府建设，平等保护市场主体稳定投资预期，防范化解金融风险，推进诉讼诚信建设。二是激发创新驱动内生动力，加强重点产业科技创新成果保护，规范促进数字经济发展，推进知识产权审判机制改革，充分发挥破产制度功能释放市场活力，服务产业转型升级。三是服务协调发展新格局，助推新型城镇化建设，服务全面推进乡村振兴，加强司法协作，推动区域协调发展战略，深化国际司法协助和交流合作。四是巩固绿色发展优势，落实环境资源审判机制改革要求，贯彻恢复性司法理念，加强黑土地等自然资源保护，推动重点行业和重要领域向清洁低碳方向转变。五是加强民生司法保障，依法妥善审理涉养老、住房、劳动争议等领域案件，加大涉农民工工资、工伤、抚恤、抚养、赡养等民生案件执行力度，坚持和发展新时代"枫桥经验"，提升诉讼服务质效。

（四）典型案例

用小案例讲述大道理，是司法机关、行政执法机关近年来乐于采用的民法实施方式。2023 年，最高人民法院、住建部、人社部等司法和执法部门发布了一系列以下几个方面的典型民事案例。

1. 最高人民法院发布食品安全惩罚性赔偿典型案例

2023 年，最高人民法院发布四则食品安全惩罚性赔偿典型案例，明确了两个民法适用规则：

一是支持消费者维权行为。这次发布的典型案例，均依法支持了消费者关于惩罚性赔偿的诉讼请求，延续了最高人民法院一贯的司法政策。民事审判坚持将保护食品安全作为处理食品安全纠纷的首要价值取向。典型案例彰显法院在一定程度上认可了"知假买假"者对于打击和遏制食品领域违法行为的作用。维护食品安全，既需要发挥行政监管和公益诉讼的作用，也需要发挥人民群众的监督作用。如果违法行为被追责概率低、违法成本低，就容易形成负面激励，将难以有效遏制食品领域违法行为。支持消费者维权行为有利于推动净化市场、形成共建共治共享的食品安全治理格局。在一定程度上支持"知假买假"者主张惩罚性赔偿的请求，不仅是保护消费者利益的需要，而且是保护诚信经营者利益、促进社会经济高质量发展的需要。只有严厉打击食品领域违法生产经营行为，才有利于营造公平竞争、诚实守信的市场环境，减少无效供给、遏制有害供给、激励有效供给。如果不严厉打击生产经营不符合食品安全标准食品的行为，人民群众的生命健康安全就得不到保障，真正的诚信守法经营者也会在竞争中处于不利地位，产生"劣币驱逐良币"的后果，恶化营商环境。

二是在生活消费范围内支持惩罚性赔偿请求。本次发布典型案例从客观标准认定"消费者"范围，坚持在生活消费需要范围内支持消费者关于惩罚性赔偿的诉讼请求。关于是否支持"知假买假"的争议主要集中于原告维权动机的认定。本次发布的典型案例坚持客观标准，均在合理生活消费需要范围内支持消费者关于惩罚性赔偿的诉讼请求，有利于消弭争议、统一规则，为保护食品安全和促进食品行业健康发展创造良好法治环境。在郭某诉某经营部产品责任纠纷案中，原告先后共购买4件白酒，未超出生活消费需要。在刘某诉某鹿业公司买卖合同纠纷案中，原告购买鹿胎膏、鹿鞭膏未超出生活消费需要。人民法院在这两案中均以消费者支付的全部价款为计算基数，支持了原告提出的惩罚性赔偿请求。在沙某诉安徽某食品科技有限公司网络买卖合同纠纷案中，原告首次购买30盒"黄芪薏米饼干"，符合合理生活消费需要，人民法院据此确定惩罚性赔偿金的计算基数，但对于原告明知该产品不符合食品安全标准又超出生活消费需要加购部分，未支持其惩罚性赔偿请求。本案例体现了人民法院在适用"退一赔十"的惩罚性赔偿规则时，应当在合理生活消费需要范围内认定惩罚性赔偿金计算基数的裁判规则。

社会反响最强烈的当数张某诉上海某生鲜食品有限公司买卖合同纠纷案，该案中张某接连两天分别购买6枚和40枚刚过保质期的熟散装咸鸭蛋，通过银行卡刷卡支付46次，由经营者分别开具46张购物小票。张某利用《食品安全法》第一百四十八条第二款关于增加赔偿的金额不足1000元的按1000元赔偿的规定，故意对46枚咸鸭蛋分46次结算，据此要求按46次交易分别主张每次增加赔偿1000元，以达到高额索赔的目的。上述行为明显超出正常生活消费行为范畴，所以人民法院并未全部支持张某的诉讼请求。张某购买46枚咸鸭蛋，共支付价款101.20元，从总量的角度看，其购买行为未超出个人和家庭等的合理生活消费需要。人民法院从保护正常消费的角度出发，以张某实际支付的总价款101.20元为基数，计算价款10倍惩罚性赔偿金，彰显了人民法院坚持在"生活消费需要"范围内支持"消费者"关于惩罚性赔偿诉讼请求的裁判规则。

从民法实施规则来看，最高人民法院发布食品安全惩罚性赔偿典型案例，是民法实施中系统思维的体现，实际上是明确了在适用《最高人民法院关于审理食品药品纠纷案件适用法律若干问题的规定》第三条支持"知假买假"的规定时，应当与《消费者权益保护法》第二条和《食品安全法》第一百四十八条规定相结合，在生活消费需要范围内支持购买者提出的惩罚性赔偿请求。《食品安全法》第一百四十八条规定有权主张"退一赔十"的是消费者，《消费者权益保护法》第二条明确其适用范围是"消费者为生活消费需要购买、使用商品或者接受服务"。因此，超出生活消费需要范围大量购买、高额索赔，无论从哪个角度来讲，都不属于消费行为，购买者都无权主张"退一赔十"。

从民法实施效果来看，过去关于"知假买假"争议的焦点在于，"知假买假"者是否属于消费者，其购买行为是为了营利还是消费。"知假买假"是人民群众对明知食品不符合食品安全标准仍然购买的通俗说法。食品安全标准的范围十分广泛。有的消费者虽然知道食品不符合食品安全标准，例如进口预包装食品没有中文标签，但仍然愿意购买、消费。对物品的"真假"是否明知，不是认定消费者的必要考虑因素。因此，不能一概认定"知假买假"者都不属于消费者。动机具有复杂性、多重性、隐蔽性，在实践中较难审查和认定。这是造成之前司法裁判标准不统一的重要原因。最高人民法院发布典型案例，以是否超出生活消费需要作为是否支持购买者惩罚性赔偿请求的标准，在认定"消费者"范围时坚持了客观标准，在司法实践中好操作、易适用，有利于消弭争议、统一规则，更好地发挥惩罚性赔偿制度对于净化市场、保护食品安全的作用。

2.最高人民法院、民政部、全国妇联发布治理高额彩礼典型案例

2023年，最高人民法院、民政部、全国妇联联合发布四则治理高额彩礼典型案例。这批典型案例就高额彩礼问题，提出三项民法适用原则：一是明确严禁借婚姻索取财物这一基本原则。二是充分尊重民间习俗，以当地群众普遍认可为基础合理认定彩礼范围。三是坚持以问题为导向，充分考虑彩礼的目的性特征，斟酌共同生活时间、婚姻登记、孕育子女等不同因素在缔结婚姻这一根本目的实现上的比重，合理平衡双方当事人权益。

在案例一中，法院判决进一步明确给付彩礼的目的除了办理结婚登记这一法定形式要件外，更重要的是双方长期共同生活。因此，共同生活时间长短应当作为确定彩礼是否返还以及返还比例的重要考量因素。该案中，双方共同生活仅一年多时间，给付方不存在明显过错，相对于其家庭收入来讲，彩礼数额过高，给付彩礼已造成较重的家庭负担，同时，考虑到终止妊娠对

女方身体健康亦造成一定程度的损害等事实，判决酌情返还部分彩礼，较好地平衡了双方当事人的利益。

案例二中，双方虽未办理结婚登记，但已按当地习俗举行婚礼并以夫妻名义共同生活三年多时间，且已经生育一子。法院将共同生活以及孕育子女的事实作为处理涉彩礼返还纠纷的重要因素，判决综合考量上述事实，对男方关于返还彩礼的诉讼请求不予支持，充分保护了妇女合法权益。

案例三解决了在涉彩礼返还纠纷中如何区分彩礼与赠与以及如何认定"共同生活"的问题。该案判决认定案涉26万元的"五金"款符合人民群众对彩礼的一般认知，可以认定为彩礼。同时，明确双方登记结婚后仍工作、居住在两地，并在筹备婚礼过程中，对于后续生活未形成一致规划，没有形成稳定的生活状态，不宜认定为已经共同生活。但是考虑到已经办理结婚登记、短暂同居经历对女方的影响、存在共同消费等事实，判决酌情返还大部分彩礼，妥善平衡了双方利益。

案例四解决了彩礼和嫁妆的关系问题。彩礼和嫁妆都是我国婚嫁领域的传统习俗，两者虽然表现形式不同，但是具有共同的目的，应当按照当地习俗适用相同的规则。在确定彩礼返还数额时，也要考虑给付彩礼一方接收嫁妆情况。本案在确定彩礼返还数额时就扣减了放置在男方处的嫁妆数额。案例四还解决了涉彩礼返还纠纷中的诉讼主体资格问题。根据中国传统习俗，缔结婚约及给付彩礼，一般由男女双方父母共同参与，因此，在婚约财产纠纷确定诉讼当事人时，亦应当考虑习惯做法。如果婚约当事人一方的父母给付或接收彩礼，那么将其列为共同当事人，不仅符合习惯做法，也有助于查清案件事实。

3.最高人民法院和住房城乡建设部联合发布老旧小区既有住宅加装电梯典型案例

加装电梯是老旧小区改造中群众反映强烈的难点问题。在电梯加装和使用过程中，楼上楼下、左邻右舍因需求和利益不同，容易产生纠纷。妥善化解邻里纠纷、为老旧小区既有住宅加装电梯提供有力的法治保障，事关千千万万家庭幸福安居，事关"一老一幼"和残疾人安全便利出行，事关广大基层社区和谐稳定。2023年，最高人民法院和住房城乡建设部联合发布老旧小区既有住宅加装电梯典型案例。本批典型案例彰显了以下民法实施规则：

一是依法保护老旧小区既有住宅加装和使用电梯。本次发布典型案例中的加装电梯行为都依法履行了民主决策程序，完成了报建审批手续，故法院明确了其他业主不得违法阻挠依法加装电梯的行为规范。在徐某等六人诉范某排除妨害纠纷案中，人民法院明确依法加装电梯的业主有权请求相邻楼栋业主停止妨害加装电梯行为；在康某等人诉刘某等人排除妨害纠纷案中，人民法院明确依法加装电梯占用公共绿地对其他业主影响较小的，其他业主不得阻挠；在某公司诉钟某排除妨碍纠纷案中，人民法院明确业主违法阻挠加装电梯施工造成损失的，应当依法承担赔偿责任；在赵某诉唐某、樊某等合同纠纷案中，人民法院明确业主使用加装电梯产生纠纷应按有利生产、方便生活的原则协商处理；在刘某诉某经济联合社侵权责任纠纷案中，人民法院明确业主无充分证据证明依法加装的电梯影响其通风、采光及通行的，无权请求拆除电梯。

二是倡导通过调解方式化解因加装电梯产生的纠纷。本次发布的多起典型案例均通过调解方式处理，将矛盾化解在基层。在张某等八人诉李某、任某排除妨碍纠纷案中，人民法院通过调解，促使当事人优化施工工艺、安排安全监测，打消其他业主对加装电梯的安全顾虑，化解群众心结。在苏某、吴某诉谌某等十人排除妨碍纠纷案中，人民法院通过调解引导当事人互谅互让、睦邻友善，有效化解电梯加装后的使用纠纷。在何某诉万某排除妨碍纠纷案中，浙江省杭州市上城区人民法院、区住房城乡建设局与区人民调解委员会联合召集各方进行联合调解，从法律和施工的专业角度释法答疑，促进业主形成加装电梯共识，有效化解纠纷。

三是倡导将依法治国和以德治国相结合，实现法治和德治相辅相成、相得益彰。本次发布的多起典型案例，都体现了邻里之间让为先、和为贵的中华民族传统美德，弘扬了法治、文明、和谐、友善的社会主义核心价值观。例如，在王某、窦某诉骆某、阳某等侵权责任纠纷案中，在主张加装电梯的业主已经胜诉，并完成了电梯加装的情况下，居住楼上的党员业主牵头，主动找到反对安装电梯的二层业主协商，由楼上业主共同出资 7639 元，为二层老年业主免费增设电梯入户连廊，且 10 年内免收其电梯保养费、维修费，使各方握手言和，邻里关系更加和谐。

四是引导社区居民通过协商自治化解纠纷。处理邻里纠纷，既需要法治，也需要自治，应当尽量通过协调解决问题。在浙江杭州某小区加装电梯纠纷案中，当地街道办搭建听证平台，邀请各方参与听证，让法律专业人员释法，由人民群众讲理，让法治与自治有机衔接，使人民群众在充分协商的基础上自行化解纠纷，促使搁置 4 年的加梯项目"破冰"。本次发布的多起典型案例中的纠纷化解都得益于人民法院、政府部门引导当事人通过协商解决争议，将矛盾化解在基层，让纠纷不出街道，实现法治与自治的有效结合。

4. 最高人民法院发布中国反家暴十大典型案例

2023 年 6 月 15 日，最高人民法院发布中国反家暴十大典型案例，进一步明确了《反家庭暴力法》中民法制度的实施规则。在谌某某违反人身安全保护令案中，法院发出人身安全保护令后，对受害人罗某进行电话回访，罗某向法院反映谌某某对其实施了精神上的侵害行为。法院查明：在法院发出的人身安全保护令的有效期内，双方多次发生激烈争执。争执中，谌某某以拟公开罗某隐私相要挟。随后，双方又因琐事发生冲突，谌某某随即找到罗某单位两位主要领导，披露罗某此前在家中提及的涉隐私内容，导致罗某正常工作环境和社交基础被严重破坏，精神受损，基于羞愤心理意欲辞职。法院认定，家庭暴力的核心是控制，谌某某以揭露罗某隐私相要挟，意欲对其进行控制，属于《反家庭暴力法》中对家庭暴力定义的"精神上的侵害"，而且最后谌某某将隐私公开，进一步造成了对罗某精神上的实际侵害。对此，2019 年 2 月 15 日，法院做出了拘留决定书，对谌某某实施了拘留 5 日的惩罚措施。

在冯某某申请曹某某人身安全保护令案中，人身安全保护令的申请、发出、送达等均在线进行，从法院立案受理、证据调取、审查签发到各部门送达响应、协助执行，总用时不到 24 小时，体现了部门协同和在线办理的高效、便捷。叶某申请人身安全保护令案明确了同居结束后受暴妇女仍可申请人身安全保护令的规则。马某某诉丁某某离婚案明确了对于家暴事实的认定应当适用的特殊证据规则。在该案中，法院适用一定条件下的举证责任转移及加大职权探知力度，更有利于保护在互动关系中处于弱势的家暴受害人，从而遏制并矫正家暴施暴人的强势控制行为。张某与邹某离婚纠纷案明确了受暴方过错并非家暴理由，施暴方不宜直接抚养未成年子女的规则。在李某某与郑某某离婚纠纷案中，人民法院在认定男方行为构成家庭暴力，并判决离婚后，为防止男方宣判后可能因对判决不满，而再次对女方及孩子实施暴力，法院还给李某某住所地的派出所和居委会发出防止民转刑的函，说明郑某某所具有的高度人身危险性，请求他们共同予以高度关注，及时预警、及时出警，共同防止暴力。

5. 人社部和最高人民法院联合发布第三批劳动人事争议典型案例

2023 年，人社部和最高人民法院联合发布第三批共六则劳动人事争议典型案例。本批案例覆盖平台经济主要行业类型和常见用工方式，涉及网约货车司机与平台企业之间劳动关系的认定、网约配送员与平台企业之间劳动关系的认定、外卖平台用工合作企业通过劳务公司招用网约配送员情况下劳动关系的认定、劳动者注册个体工商户与平台企业或其用工合作企业订立合作协议情况下劳动关系的认定、网络主播与文化传播公司之间劳动关系的认定、网约家政服务人员与家政公司之间劳动关系的认定等问题。

本次发布典型案例坚持"事实优先"的劳动关系认定原则，根据用工事实认定企业和劳动者的关系；明确"从属性＋要素式"的劳动关系认定思路，结合平台实际用工中劳动者对工作时间及工作量的自主决定程度等要素，全面分析劳动者与企业之间的人格从属性、经济从属性、组织从属性，加强对劳动管理程度的综合考量，对符合确立劳动关系情形的认定标准作出重点规范；对通过订立民事合作协议规避用人单位义务、"假外包真用工"、诱导劳动者注册个体工商户等违法用工行为予以纠正，切实维护劳动者合法权益。[①]

6. 最高人民法院发布人民法院涉民营企业产权和企业家合法权益保护再审典型案例

2023 年，最高人民法院发布 12 个人民法院涉民营企业产权和企业家合法权益保护再审典型案例。改判案例中，有的是原判事实认定有误，有的是出现了新的证据，有的是原判事实不清、证据不足，有的是原判适用法律错误。7 个刑事典型案例中，6 个为全案改判无罪，1 个是对部分罪名改判无罪。5 个民事、行政典型案例也都通过再审程序纠正了原判中的错误。防止以刑事手段处理民事经济纠纷，是近年来民法实施的重要方面，也体现了民营企业、企业家对法治保障的渴求。而依法纠错，尤其是对涉民营企业和民营企业家刑事案件的依法纠错，也体现了近年来民法实施的这一趋势。

二、2023 年民法实施的主要特点

(一)民法典配套司法解释逐步齐备

继 2022 年制定《最高人民法院关于适用〈中华人民共和国民法典〉总则编若干问题的解释》后，最高人民法院于 2023 年制定《最高人民法院关于适用〈中华人民共和国民法典〉合同编通则若干问题的解释》。《民法典》七编中，除侵权责任编外，各编的司法解释均较为完善。2020 年清理司法解释后，由于《合同法司法解释一》和《合同法司法解释二》被废除，但未制定新的民法典合同编司法解释，一方面导致合同纠纷裁判规则缺失，另一方面导致民法典司法解释出现较大空缺。2023 年，《最高人民法院关于适用〈中华人

---

① 《人力资源社会保障部　最高人民法院联合发布新就业形态劳动争议典型案例》，https://www.court.gov.cn/zixun/xiangqing/401162.html，2024 年 3 月 11 日访问。

民共和国民法典〉合同编通则若干问题的解释》制定完成,民法典配套司法解释更加齐备,为深入推进民法实施提供了制度保障。2024 年,民法典侵权责任编司法解释、民法典婚姻家庭编司法解释二等民法实施重大制度亦在有序推进,民法典配套司法解释日趋完善。

(二)民法典实施基础工程有待加强

产权制度是市场经济的基础制度。在民法上,产权制度主要表现为物权、股权、知识产权等对世权利保护。由于不动产物权价值高,对交易安全的要求亦高。不动产登记制度构成现代民法财产法制度和市场经济制度的基础。以公示公信原则为代表的基础性物权制度在民法实施中面临诸多挑战。涉及房地产的执行异议之诉,所有权、股权名实不符情况对所谓"实际权利人"的保护,建设工程价款优先受偿权无须登记即可对抗第三人的抵押权和普通债权等都在较大程度上动摇了物权的基本制度,让"公示公信"原则的适用范围不断收窄。这对交易安全和交易效率产生了重大影响。建立全国统一和高效的物权、股权登记、公示等制度,是民法实施亟待解决的基础工程,也是建设中国特色社会主义市场经济必须完成的基础设施。

(三)民法实施更加强调公平与效率主题

一是防止程序"空转"成为民法实施的重要抓手。在立法上,作为对司法实践面临具体问题的回应,《民事诉讼法》修正草案第七条规定,原审人民法院对发回重审的案件作出判决后,当事人提起上诉的,除严重违反法定程序外,二审人民法院不得再次发回重审。有的地方、单位提出,现行民事诉讼法关于二审人民法院不得再次发回重审的规定避免了程序"空转",有效维护了当事人的诉讼权利,对此不应设置"除严重违反法定程序"的例外,建议删除该条规定。宪法和法律委员会经研究,建议采纳这一意见,恢复现行民事诉讼法的规定。① 在民法实施过程中,防止程序"空转"已经成为一个重要的理念,但是如何既尊重民事诉讼的程序价值、维护程序正义,又实现防止程序"空转"的目标,是当前民法实施需要面对的问题。民事诉讼通过当事人的"对抗"、辩论来发现事实,以"处分原则"为基本原则,以当事人诉讼请求为裁判对象,如果为防止程序"空转"而判超所请或者判非所请,则会给民事诉讼制度带来挑战。防止程序"空转"既是诉讼经济、诉讼效率的要求,也是司

---

① 全国人民代表大会宪法和法律委员会:《全国人民代表大会宪法和法律委员会关于〈中华人民共和国民事诉讼法(修正草案)〉审议结果的报告》,http://www.npc.gov.cn/npc/c2/c30834/202309/t20230901_431421.html,2024 年 3 月 1 日访问。

法为民的体现，但也要看到程序本身的价值。健全的民事诉讼程序设计能够确保绝大多数案件在有限的司法资源约束下实现最大化的社会公正，但并不能确保每一个案件都能以最高的效率实现绝对公正，实际上，没有任何一种程序设计能够实现这一目标。民法的有效实施仍然依赖于对民事诉讼程序的遵守，设计和运用民事诉讼程序时，应当有防止程序"空转"这一目标方向。

二是纠纷处理的时间约束进一步强化。2023 年，在清理长期未结案、限期办理答复案件等方面，我们看到可喜的成绩。如果案件立案后迟迟开不了庭，开庭后迟迟没有结果，裁判结果下来又迟迟得不到兑现，冗长的程序和旷日持久的官司必然饱受社会诟病，也会大大降低人民群众对公平正义的"体感"。2023 年，最高人民法院开展长期未结、久押不决案件专项清理，全国法院审结三年以上长期未结诉讼案件 1914 件、久押不决案件 2455 件，清理占比分别为 81.3%、86.8%。①

三是民事审判质效指标进一步优化。在之前的民法实施报告中专门提到，审判考核指标与审判公正和效率关系是一个非常值得研究的课题。例如，如果将结案率作为考核指标，就可能出现为追求高结案率而"年底不收案"的情况。长期以来，最高人民法院沿用的是 2011 年审判质量指标体系。一些地方法院基于"唯指标论""唯数据论"，违背司法规律层层加码，造成"反管理"现象，2014 年最高人民法院取消对全国各高级人民法院考核排名。据了解，虽然 2015 年以后未再使用 2011 年指标体系对各地审判质量进行评估，但各高院仍然沿用原 31 项指标进行绩效考评，因而建立健全全国统一的案件质量效率管理指标体系成为当务之急。2023 年，最高人民法院将新的指标总数精简为 26 项，创设审限内结案率取代年度结案率指标，从而根治年底不收案；以"案件比"力推案结事了，更好发挥考评"指挥棒"作用。自 2023 年 9 月试点以来，全国法院月末、季度末立案波动幅度急速下降趋势逐渐平缓，立案难问题整治成效明显。"案件比"逐月向好，由年初 1:1.54 降为年底的 1:1.41。② 民事审判质效指标的优化有力改善了民法实施的效果。

(四)更加重视案例的引领和示范效应

一是发挥典型案例的示范引导作用。最高人民法院、最高人民检察院、住建部、人社部等司法和行政机关都通过发布典型案例推进民法的实施。

① 蒋安杰：《加力 再出发——最高法深化改革进行时》，载《法治日报》2024 年 3 月 6 日。
② 蒋安杰：《加力 再出发——最高法深化改革进行时》，载《法治日报》2024 年 3 月 6 日。

2023 年，最高人民法院针对高额彩礼、"知假买假"、老旧小区加装电梯、新业态用工等经济社会发展中的新问题和老百姓关注的重点问题，发布 13 批次共 140 个典型案例。典型案例是最具体、生动的法治教材，对执法和司法机关提升办案水平、人民群众提升法律素养、全社会改善法治环境均具有积极意义。

二是进一步加大裁判文书上网力度。裁判文书是否上网公开问题，曾一度引起社会各界广泛关注。裁判文书上网，一方面有利于促进司法公开、公正，有利于提供海量法学理论研究素材和法治宣传教育素材，另一方面也关乎当事人合法权利和隐私保护，关乎数据安全。在裁判文书上网问题上，需要兼顾各方面利益、考虑各方面影响。张军院长指出："今年已上网文书216.5 万件，同比增长 111.6%，覆盖审判领域增加、案件类型增多；最高人民法院、高级人民法院上网文书 3.5 万件，同比增长 4.7 倍。重视保护涉案当事人隐私等合法权利，隐去相关识别信息，确保当事人及其家人生活工作、企业单位经营发展不受文书上网影响。"①从整体上看，裁判文书上网工作是在前进的。

三是创建人民法院案例库。2023 年民法实施的一件大事是筹备人民法院案例库。与裁判文书网不同，人民法院案例库中的案例是经过层层筛选、具有指引法律适用价值的案例。2024 年 2 月 27 日，人民法院案例库正式上线并向社会开放，供当事人诉讼、律师办案、学者科研、群众学法使用。其逐步覆盖各类案由、各种疑难复杂法律适用问题，提供系统、权威、规范的索引。人民法院案例库开辟了民法实施的新领域。此类案例重在质量，只要能够把好质量关，随着入库案例的增多，民法实施中遇到的大量问题都能得到解决。

（五）更加重视统一裁判标准

2023 年，在统一民法适用标准上，有三个关键词：一是案例库；二是"阅核制"；三是法答网。案例库前面已作介绍。"阅核制"主要目的是解决裁判尺度不统一问题。司法责任制改革后，中、基层法院院长、庭长普遍面临如何履行监督管理责任的现实问题。改革中的问题，需要在改革中解决。2023 年，我们看到解决问题的钥匙是"阅核制"。一看到"阅核制"，不免让人回想到司法责任制改革前的"审批制"。二者的主要区别在于：裁判文书审批权在谁手里。按照过去的"审批制"，院庭长不同意合议庭、独任法官意见的，可以不批准裁判文书，裁判文书就出不了"院门"。由此也导致实践中关

---

① 张军：《最高人民法院工作报告（2024 年）》，最高人民法院官方微博，2024 年 3 月 13 日访问。

于"审批制"导致审者不判、判者不审，司法责任不清、错案难以追责的诘难。按照"阅核制"，庭长不同意合议庭、独任法官意见的，可以建议复议、提请专业法官会议讨论、报请院领导提交审委会讨论。2023 年 12 月底，最高人民法院全面准确落实司法责任制的指导意见出台，规范了"阅核"的方式、范围，"阅核"发现问题的处理等问题。在业务归口管理的情况下，庭长"阅核制"能够确保对同类案件保持相同的裁判尺度，同时也加强了内部监督，减少了廉政风险，有利于提升司法公正和司法公信力。

法答网是专门为解决司法实践中法官面临的法律适用问题而搭建的在线业务交流平台。法官在办案过程中，发现有疑难复杂问题的，可以在法答网上提问，并由相应的上级法院作出解答。2023 年，最高人民法院建立贯通四级法院的法答网，及时解答法官提出的法律适用问题。2023 年 7 月 1 日法答网上线以来，累计提问 28 万件、答疑 23 万件，据此总结修改或起草司法解释、规范性文件 27 份。①

(六) 特殊弱势人群权益受到更多关照

2023 年，民法实施的一个重要特点是残疾人、老年人、未成年人等特殊弱势人群权益受到更多关照，一个突出表现是无障碍出行法治保障全面加强。习近平总书记指出，老旧小区改造是提升老百姓获得感的重要工作，也是实施城市更新行动的重要内容。要聚焦为民、便民、安民，尽可能改善人居环境，改造水、电、气等生活设施，更好满足居民日常生活需求，确保安全。让老百姓体会到我们党是全心全意为人民服务的，党始终在人民群众身边。我国现有残疾人约 8500 万，截至 2021 年底 60 岁及以上的老年人已有 2.67 亿，加上有无障碍需求的孕妇、儿童、伤病人员等，人数合计数亿人。加强无障碍环境建设，消除公共设施、交通出行、信息交流、社会服务等领域的障碍，能使这些人平等参与到社会生活中，保障其生活尊严，提升其生活品质。

在立法上，《无障碍环境建设法》施行，保障残疾人、老年人等无障碍通行权利成为法定义务。在该法起草过程中，有的全国人大常委会常委委员、部门和地方建议，完善有关规定推动解决城镇老旧小区无障碍设施和适老化改造中加装电梯问题。宪法和法律委员会经研究，建议将草案第二十二条第二款单独作为一条，修改为："国家支持既有住宅加装电梯或者其他无障碍设施，为残疾人、老年人等提供便利。""县级以上人民政府及其有关部门应

---

① 张军：《最高人民法院工作报告（2024 年）》，最高人民法院官方微博，2024 年 3 月 13 日访问。

当采取措施创造条件，推动既有住宅加装电梯或者其他无障碍设施。""房屋所有权人应当弘扬中华民族与邻为善、守望相助等传统美德，积极配合既有住宅加装电梯或者其他无障碍设施。"①

在司法上和行政执法上，人民法院和行政机关积极引导业主妥善化解邻里纠纷，促进和保障老旧小区既有住宅加装电梯，保障老旧小区既有住宅加装电梯成为广大城市家庭，尤其是有老年人、婴幼儿、残疾人家庭的便捷出行需求。截至2023年底，全国老旧小区既有住宅已累计加装电梯近10.8万部，但加装电梯仍是老旧小区改造中群众反映强烈的难点问题。在电梯加装和使用过程中，楼上楼下、左邻右舍因需求和利益不同，容易产生纠纷。妥善化解邻里纠纷、为老旧小区既有住宅加装电梯提供有力的法治保障，事关千千万万家庭幸福安居、事关"一老一幼"和残疾人安全便利出行、事关广大基层社区和谐稳定。2023年，最高人民法院和住房城乡建设部联合发布老旧小区既有住宅加装电梯典型案例，贯彻习近平总书记关于老旧小区改造的重要讲话精神、贯彻落实全国调解工作会议精神、促进无障碍环境建设法有效实施，推动多元解纷、促进诉源治理，在司法审判和行政执法中大力弘扬法治、文明、和谐、友善等社会主义核心价值观，让广大人民群众住有所居、居有所安。

此外，在残疾人权利保护，妇女、儿童和老年人权益保护，《反家庭暴力法》实施等方面，司法机关、行政执法机关、群众组织等通过发布典型案例、制定政策文件等方式，加强对弱势群体的民法保护。可以预见，这一方面的民法实施还将会加强。

（七）四级法院职能定位继续探索

"再审审查案件下沉"按下暂停键，更多再审审查案件将由最高人民法院审理。2021年9月27日，印发《最高人民法院关于完善四级法院审级职能定位改革试点的实施办法》。该办法就完善行政案件级别管辖制度、完善案件提级管辖机制、改革再审程序、完善最高人民法院审判权力运行机制作出规定。其中，对民法实施影响较大的是第四部分改革再审程序的规定。本部分共六条。第十一条规定："当事人对高级人民法院作出的已经发生法律效力的民事、行政判决、裁定，认为有错误的，应当向原审高级人民法院申请再

---

① 全国人民代表大会宪法和法律委员会：《全国人民代表大会宪法和法律委员会关于〈中华人民共和国无障碍环境建设法（草案）〉修改情况的汇报》，http://www.npc.gov.cn/npc/c2/c30834/202306/t20230628_430332.html，2024年3月2日访问。

审；符合下列情形之一的，可以向最高人民法院申请再审：（一）再审申请人对原判决、裁定认定的基本事实、主要证据和诉讼程序无异议，但认为适用法律有错误的；（二）原判决、裁定经高级人民法院审判委员会讨论决定的。当事人对高级人民法院作出的已经发生法律效力的民事、行政调解书申请再审的，应当向相关高级人民法院提出。"根据本条规定，最高人民法院受理的再审审查案件主要限于两种类型：一是原审法律适用错误的案件；二是原审经高级人民法院审判委员会讨论决定的案件。这大幅度减少了最高人民法院受理的再审审查案件数量。本意是将最高人民法院的力量更多转移到统一法律适用上来。第十二条规定："当事人根据本办法第十一条第一款第一项向最高人民法院申请再审的，除依法必须载明的事项外，应当在再审申请书中声明对原判决、裁定认定的基本事实、认定事实的主要证据、适用的诉讼程序没有异议，同时载明案件所涉法律适用问题的争议焦点、生效裁判适用法律存在错误的论证理由和依据。再审申请人提交的再审申请书不符合前款要求的，最高人民法院应当给予指导和释明，一次性全面告知其在十日内予以补正。再审申请人无正当理由逾期未予补正的，按撤回申请处理。"第十三条规定："最高人民法院应当自收到民事、行政再审申请书之日起三十日内，决定由本院或者作出生效判决、裁定的高级人民法院审查。民事、行政申请再审案件符合下列情形之一的，最高人民法院可以决定由原审高级人民法院审查：（一）案件可能存在基本事实不清、诉讼程序违法、遗漏诉讼请求情形的；（二）原判决、裁定适用法律可能存在错误，但不具有法律适用指导意义的。最高人民法院决定将案件交原审高级人民法院审查的，应当在十日内将决定书、再审申请书和相关材料送原审高级人民法院立案庭，并书面通知再审申请人。"第十四条规定："原判决、裁定适用法律确有错误，且符合下列情形之一的，最高人民法院应当裁定提审：（一）具有普遍法律适用指导意义的；（二）最高人民法院或者不同高级人民法院之间近三年裁判生效的同类案件存在重大法律适用分歧，截至案件审理时仍未解决的；（三）最高人民法院认为应当提审的其他情形。最高人民法院对地方各级人民法院、专门人民法院已经发生法律效力的判决、裁定，发现确有错误，且符合前款所列情形之一的，可以裁定提审。"第十五条规定："高级人民法院对受理的民事、行政申请再审案件，认为原判决、裁定适用法律确有错误，且符合本办法第十四条第一款第一项、第二项所列情形之一，需要由最高人民法院审理的，经审判委员会讨论决定后，可以报请最高人民法院审理。最高人民法院收到高级人民法院根据前款规定提出的请求后，认为有必要由本院审理的，裁定提审；认为没有必要的，不予提审。"第十六条："当事人向最高人民法院申请再审的，最高人民法院应当向其释明委托律师作为诉讼代理人的必要性。对于委托律师有困难的再审申请人，最高人民法院应当及时告知其有权申请法律援助。"以上规定可视为第十一条的配套措施，根本目的是让最高人民法院集中精力解决民法实施中法律统一适用问题。但在试点过程中，也产生了对法律适用问题与事实认定问题是否可分、最高人民法院办理的案件减少后是否会影响其审判指导职能和审判监督职能发挥的讨论。

根据四级法院审级职能定位改革试点情况，《民事诉讼法》修正草案拟完善再审申请程序和标准。修正草案第十条规定，当事人对高级人民法院作出的已经发生法律效力的判决、裁定认为有错误的，原则上应当向原审人民法院申请再审，但当事人对原判决、裁定认定的事实和适用的诉讼程序等无异议，认为适用法律有错误，或者原判决、裁定是经高级人民法院审判委员会讨论决定的，可以向最高人民法院申请再审。在《民事诉讼法》修正草案起草过程中，有的部门、地方和单位提出，《民事诉讼法》修正草案第十条规定大大提高了当事人向最高人民法院申请再审的门槛，限制了当事人的诉讼权利，建议删除。尤其是，最高人民法院也提出，根据四级法院审级职能定位改革试点的情况，目前修改这一制度的条件还不成熟，建议此次不作修改。宪法和法律委员会经研究，建议采纳上述意见，删除该条规定。①

2023年9月12日，最高人民法院印发《关于四级法院审级职能定位改革试点结束后相关工作要求的通知》。通知要求，自2023年9月28日起，不再执行《最高人民法院关于完善四级法院审级职能定位改革试点的实施办法》（法〔2021〕242号）。最高人民法院、各高级人民法院恢复施行现行《民事诉讼法》第二百零六条（即《授权决定》中的《民事诉讼法》第一百九十九条）的规定。北京、天津、辽宁、上海、江苏、浙江、山东、河南、广东、重庆、四川、陕西省（市）辖区内的中级、基层人民法院恢复施行《行政诉讼法》第十五条的规定。随着四级法院审级职能定位改革试点工作结束，相关再审审查案件的受理条件回到了《最高人民法院关于完善四级法院审级职能定位改革试点的实施办法》施行之前的状态。最高人民法院审理的民事再审审查案件将会大幅增加。关于四级法院审级职能定位改革工作，仍在探索之中。

---

① 全国人民代表大会宪法和法律委员会：《全国人民代表大会宪法和法律委员会关于〈中华人民共和国民事诉讼法（修正草案）〉审议结果的报告》，http://www.npc.gov.cn/npc/c2/c30834/202309/t20230901_431421.html，2024年3月1日访问。

三、民法典总则编实施情况

2023年，坚持在民法实施中大力弘扬社会主义核心价值观仍然是民法典总则的重要内容，伦理道德规范对民法规范的补充作用和解释作用在民法实施中均有体现。公序良俗的范围成为民法实施的难点，为规避限购政策的借名买房、借名购车行为的法律后果在实践中存在不同认识。

（一）继续坚持在民法实施中大力弘扬社会主义核心价值观

法治和德治相辅相成、相得益彰。坚持依法治国和以德治国相结合，是中国特色社会主义法治道路的鲜明特征。就德治于法治的意义而言，一方面，德治对法治具有替代效应。德治有成效，不仅纠纷会减少，大量纠纷通过德治就能化解。因此，就诉源治理而言，德治是最佳的诉源治理。另一方面，德治对法治具有补充效应。德治赋予法治以浓厚的人伦和精神色彩，使理性的法治体现出人文关怀，让法治既有尺度也有温度。

在民法实施中大力弘扬社会主义核心价值观主要体现在运用社会主义核心价值观释法说理方面。2022年，全国法院在法律框架内运用社会主义核心价值观释法说理的一审民事案件达38.25万件，涌现出一大批释法说理精准得当，法理情水乳交融，充满法治精神和人文关怀，具有行为规范指引和道德价值引领双重意义的典型案例。继2020年和2022年发布第一批和第二批人民法院大力弘扬社会主义核心价值观典型民事案例之后，最高人民法院于2023年在向全国法院征集的典型案例中精选出十件案例，作为第三批典型案例发布，涉及英烈保护、善意规劝、尊老爱幼、婚姻自由、职场文明、法治精神六个方面：一是加强英烈保护，弘扬爱国精神，对踩踏烈士墓碑底座、在墓碑前不敬摆拍的违法行为人依法判决承担刑事和民事责任，引导群众文明参观英烈纪念设施。二是鼓励善意规劝，维护公共安全，明确劝阻影响公交车安全驾驶行为，劝阻人挣脱抓扯对被劝阻人损伤不担责，为好意规劝、保护公共利益的善行义举"撑腰打气"。三是提倡孝亲敬老，倡导护小育幼，明确丧子老人可对孙子女"隔代探望"，慰藉老人情感，保护未成年孙子女健康成长；通过柔性司法一揽子解决离异夫妻异地共同抚养子女难题，让儿童利益得到最优保障；认定向未成年人提供内容不健康网络服务的合同无效，为未成年人健康成长创造良好社会环境。四是保护婚姻自由，维护妇女权益，明确子女受父母胁迫结婚可请求依法撤销婚姻，防止父母过度干预子女婚恋生活，划定行为边界。五是促进职场文明，保护劳动者权益，支持职场性骚扰受害人向加害人主张精神损害赔偿，向职场不文明行为说不；认定劳动者有权拒绝用人单位以虚拟货币支付工资，保护劳动者工资权益；明确劳动者请假照看病危父亲，用人单位应给予适当善意和包容，倡导用人单位人性化管理和职场友善。六是彰显法治精神，对和稀泥做法说不，明确自愿参加"广场舞"猝死，组织者无过错不担责，破解了群众自发性健身活动无过错组织者可能面临的法律道德风险，使广大人民群众更加从容地组织开展健身活动。① 本次发布案例在立法论和解释论两方面都体现了社会主义核心价值观在民法实施中的重要作用：

一是在立法论上，社会主义核心价值观对民法规范具有补充作用。《民法典》第一千零八十六条规定了不直接抚养子女的父亲或者母亲享有探望权，对祖父母或者外祖父母等其他近亲属是否享有探望权未作出规定。在丧子老人对孙子女"隔代探望"案中，沙某某之子丁某甲与袁某某系夫妻关系，丁某甲与袁某某于 2018 年 1 月 3 日生育双胞胎男孩丁某乙、丁某丙。同年 7 月 28 日，丁某甲去世。丁某乙、丁某丙一直与袁某某共同生活。沙某某多次联系袁某某想见孙子，均被袁某某拒绝。沙某某向人民法院起诉请求每月探望孙子两次。法院认为，沙某某老年丧子，其探望孙子是寄托个人情感的需要，是保障未成年孙子健康成长的需要，是祖孙之间亲情连接和延续的重要方式，袁某某应予配合。从有利于未成年人成长、不影响未成年人正常生活、促进家庭和谐的原则出发，判决沙某某每月第一个星期探望丁某乙、丁某丙一次，每次不超过两小时，双方探望前做好沟通，袁某某应予配合。法律规定虽然未明确将探望权的外延延伸至祖父母和外祖父母，但在子女健在的情况下，祖父母和外祖父母可以通过子女的探望权实现"探望"孙子女和外孙子女的目的；在子女死亡的情况下，允许丧子老人进行隔代探望，符合社会主义核心价值观和我国传统家庭伦理、社会道德，有益于慰藉老人情感和促进孩子健康成长，体现了司法的温度，实现了良法善治。本案不仅具有弘扬社会主义核心价值观的作用，还具有弥补民法规范漏洞的作用。

二是在解释论上，社会主义核心价值观对民法规范具有解释作用。《民法典》第一千零五十二条第一款规定："因胁迫结婚的，受胁迫的一方可以向人民法院请求撤销婚姻。"因父母干预而结婚是否属于本条所规定的"因胁迫结婚"或者说父母干预到什么程度可认定为"因胁迫结婚"，是实践亟待解决的问题。在子女受父母胁迫结婚请求依法撤销婚姻案中，女孩周某在其母亲

---

① 《最高人民法院发布第三批人民法院大力弘扬社会主义核心价值观典型民事案例》，https://www. court. gov. cn/zixun/xiangqing/390521. html，2024 年 3 月 15 日访问。

安排下与付某相亲。因付某家庭条件较好,两家又系远房亲戚,周某母亲非常希望周某与付某缔结婚姻。在周某明确拒绝与付某交往后,周某母亲强行将在外地工作的周某接回家,并以死相逼,表示如周某不同意该婚事就将其赶出家门。周某害怕家庭关系破裂,又担心母亲寻短见,不得不与付某登记结婚并举办婚礼。婚后近一年时间里,双方并未建立夫妻感情,也从未有过夫妻生活。但周某母亲仍不准许周某提出离婚,母女俩多次争吵并发生肢体冲突。周某诉至人民法院,请求撤销其与付某之间的婚姻关系。法院认为,在周某多次明确提出不愿意和付某恋爱、结婚的情况下,周某母亲仍以将周某赶出家门、"死给周某看"等作为要挟,导致周某在违背自由意志的情况下与付某结婚。周某母亲的行为严重干涉了周某的婚姻自由,其行为构成胁迫。现周某要求撤销其与付某之间的婚姻符合法律规定,为维护当事人的合法权益,弘扬自由、文明的社会主义核心价值观,故判决撤销周某与付某之间的婚姻关系。本案明确,在子女婚恋问题上,父母可以做好参谋但不能代作决断、强行干预,否则不但会侵害子女的婚姻自由,也违反法律规定。无论是婚姻家庭法领域还是财产法领域,民法以理性人假设为前提,每个成年人都是自身利益最大化的最佳判断者。任何人,包括父母以"为你好"为由干预他人意思自治、强迫他人作出民事行为的,受强迫人有权请求撤销该行为,包括婚姻行为。本案对父母干预子女婚姻自由说不,既弘扬了自由、法治的社会主义核心价值观,也为《民法典》关于"因胁迫结婚"的规定作了生动注解。

(二)公序良俗的范围是《民法典》总则实施的难点

《民法典》第八条规定:"民事主体从事民事活动,不得违反法律,不得违背公序良俗。"在民法实施过程中,如果民事法律行为违背公序良俗,会被认定无效。公序良俗的外延并不确定,不同的人对公序良俗的理解不同,导致对民事法律行为效力的判断不同。例如,违反限购政策是否导致民事行为无效,实践中争议较大。尤其是很多限购政策具有地方性、阶段性,是否构成公序,在实践中争议较大。实践中较为典型的是借名购车、借名购房。一方面对借名人与被借名人签订的借名合同是否有效存在不同认识;另一方面,对借名人购车并占有车辆后其对车辆的所有权是否应当保护也存在不同认识。《民法典》第二百二十五条规定:"船舶、航空器和机动车等的物权的设立、变更、转让和消灭,未经登记,不得对抗善意第三人。"在借名买车的情况下,购车人实际占有机动车,属于机动车所有权人。在被借名人的债权人申请执行该机动车时,借名人是否有权请求排除强制执行?对此问题,存在不同认识，有观点认为，机动车等特殊动产在我国民法上采登记对抗主义，在查明机动车所有权人的情况下，借名人基于对机动车的所有权，有权请求排除强制执行；有观点认为，借名买车是规避限购政策的行为，不应予以保护，因此认为借名人即使是所有权人，对其所有权也不应保护，其无权请求排除强制执行。后一种观点混淆了保护民事行为与保护所有权的关系。虽然借名人能否排除强制执行，需要具体情况具体分析，但应当对借名人的所有权予以尊重和保护。

《民法典合同编通则司法解释》第十七条第一款第二项列举的公共秩序包括，社会稳定、公平竞争秩序或者损害社会公共利益等。第三项列举的善良风俗包括，社会公德、家庭伦理或者人格尊严等。第二款规定，人民法院在认定合同是否违背公序良俗时，应当以社会主义核心价值观为导向，综合考虑当事人的主观动机和交易目的、政府部门的监管强度、一定期限内当事人从事类似交易的频次、行为的社会后果等因素，并在裁判文书中充分说理。当事人确因生活需要进行交易，未给社会公共秩序造成重大影响，且不影响国家安全，也不违背善良风俗的，人民法院不应当认定合同无效。上述规定对于民法实施过程中判断公序良俗的范围提供了指引，但相关规定仍然概括性强，在涉及具体问题时，仍然出现仁者见仁、智者见智的现象。

四、民法典分则编实施情况

（一）人格权编的实施

2023年，AI侵权、企业家人格权保护等是《民法典》人格权编实施的热点词汇。

随着人工智能技术的快速发展和广泛应用，人格权司法保护也面临新的挑战。一是人格权侵权方式更加复杂。比如生成式AI新技术的运用，可能涉及对自然人肖像权、名誉权、隐私权以及个人信息的侵犯，有的还涉及自然人声音保护等问题。此类案件的审理不仅需要考虑法律适用，还要深入了解相关技术运用，对民法实施提出了新要求。二是侵权主体多元化，法律关系更为复杂。信息化时代的人格权侵权多数通过网络实施，可能涉及网络服务提供者、内容服务提供者、网络用户等多个主体，法律关系厘清和责任认定更加复杂。三是侵权言论传播速度快、传播范围广，较之传统侵权方式，损害后果往往更加严重。如何正确处理技术创新与权利保护的关系、划清民事主体行为自由与权利保护的边界，是目前人格权编法律制度实施面临的重要课题。加强信息化时代的人格权司法保护，既要妥善处理涉及AI生成技术、人脸识别、个人信息保护等新类型人格权纠纷案件以及网络侵权纠纷案件，通过发布典型案例等方式，发挥裁判示范引领作用；也要加强研究，不断完善数字经济发展、网络暴力治理、个人信息保护等相关方面的司法政策。[①]

关于企业家人格权保护。2023年10月，最高人民法院发布《关于优化法治环境 促进民营经济发展壮大的指导意见》，要求依法保障民营企业和企业家人格权。同时，发布涉民营企业、民营企业家人格权保护典型案例。当前民营企业家人格权纠纷案件审理中存在以下几个难点：一是侵权手段不断翻新，包括网络自媒体为蹭热点、博流量，编造散布虚假信息，或者通过标题党形式误导公众、降低企业社会评价等，还有的自媒体之间互相引流，给案件事实认定增加了难度。二是多数侵权行为通过网络实施，但由于大量网络用户通过手机号注册，网络服务提供者仅能披露涉嫌侵权用户的手机号，给锁定侵权行为主体增加了困难。三是在民营企业家人格权纠纷案件中，存在确定损害后果难的问题。四是民营企业家的名誉权等人格权益受损不仅关系其个人权益，也会影响到企业形象和正常经营发展，需要妥善处理。[②] 企业家人格权保护通常涉及不正当竞争、恶意蹭流量等经济行为，使企业家人格权保护面临更大挑战。在人人是媒体的时代，不仅是民营企业家，其他公众人物甚至普通民众的人格权保护都面临前所未有的挑战。这是下一阶段民法实施的难点问题。在每个社会成员通过网络获得更大"声音"的同时，其注意义务也应当提高；对于网络大V等具有网络舆论控制力、影响力的民事主体而言，其承担的注意义务应当更高、赔偿责任也应当更大。对于恶意侵权行为，还应当探索惩罚性赔偿责任，让恶意侵权人无法通过违法行为获利。

（二）物权编的实施

2023年，产权保护是民法实施的重要课题，但公示公信原则在执行异议之诉中越发受到挑战、抵押权效力虚化，这都对物权保护带来挑战。在实施《民法典》物权编关于建筑区分所有权制度时，司法和执法实践更倾向于通过调解等柔性手段解决纠纷。

[①] 陈宜芳：《专访最高法民一庭庭长陈宜芳：明确"隐形加班"认定标准，保障劳动者"离线休息权"》，https://www.chinacourt.org/article/detail/2024/03/id/7839235.shtml，2024年3月10日访问。

[②] 陈宜芳：《专访最高法民一庭庭长陈宜芳：明确"隐形加班"认定标准，保障劳动者"离线休息权"》，https://www.chinacourt.org/article/detail/2024/03/id/7839235.shtml，2024年3月10日访问。

1. 公示公信原则在执行异议之诉中越发受到挑战

公示公信原则是物权法的基石。为保护购房消费者权益，司法倾向于对未获得所有权的购房消费者以特殊保护。2002年《最高人民法院关于建设工程价款优先受偿权问题的批复》第一条规定："人民法院在审理房地产纠纷案件和办理执行案件中，应当依照《中华人民共和国合同法》第二百八十六条的规定，认定建筑工程的承包人的优先受偿权优于抵押权和其他债权。"第二条规定："消费者交付购买商品房的全部或者大部分款项后，承包人就该商品房享有的工程价款优先受偿权不得对抗买受人。"确立了购房消费者对所购房屋的债权优先于建设工程价款优先受偿权和抵押权的制度。2020年清理司法解释时，该批复被废除。但基于上述规定，《最高人民法院关于人民法院办理执行异议和复议案件若干问题的规定》第二十八条规定："金钱债权执行中，买受人对登记在被执行人名下的不动产提出异议，符合下列情形且其权利能够排除执行的，人民法院应予支持：（一）在人民法院查封之前已签订合法有效的书面买卖合同；（二）在人民法院查封之前已合法占有该不动产；（三）已支付全部价款，或者已按照合同约定支付部分价款且将剩余价款按照人民法院的要求交付执行；（四）非因买受人自身原因未办理过户登记。"第二十九条规定："金钱债权执行中，买受人对登记在被执行的房地产开发企业名下的商品房提出异议，符合下列情形且其权利能够排除执行的，人民法院应予支持：（一）在人民法院查封之前已签订合法有效的书面买卖合同；（二）所购商品房系用于居住且买受人名下无其他用于居住的房屋；（三）已支付的价款超过合同约定总价款的百分之五十。"2023年《最高人民法院关于商品房消费者权利保护问题的批复》第二条规定："商品房消费者以居住为目的购买房屋并已支付全部价款，主张其房屋交付请求权优先于建设工程价款优先受偿权、抵押权以及其他债权的，人民法院应当予以支持。只支付了部分价款的商品房消费者，在一审法庭辩论终结前已实际支付剩余价款的，可以适用前款规定。"第三条规定："在房屋不能交付且无实际交付可能的情况下，商品房消费者主张价款返还请求权优先于建设工程价款优先受偿权、抵押权以及其他债权的，人民法院应当予以支持。"通过明确购房消费者的债权能够对抗抵押权的方式，公示公信原则、物权优先于债权原则被不断突破。结合执行异议之诉在实践中的新发展趋势，公示公信原则在执行异议之诉中受到的挑战愈发增多，主要体现在以下方面：

一是购房消费者返还价款请求权优先于抵押权。《最高人民法院关于商品房消费者权利保护问题的批复》第三条规定："在房屋不能交付且无实际交付可能的情况下，商品房消费者主张价款返还请求权优先于建设工程价款优先受偿权、抵押权以及其他债权的，人民法院应当予以支持。"之前购房消费者对所购房屋的债权请求权才优先于抵押权，2023 年将其扩展到价款返还请求权。

二是保护对象从个人居住需要向家庭居住需要发展。司法实践认可购房消费者对所房屋的债权请求权优先于抵押权，法理基础是居住权等基本生存权的保护应当优先于财产权。在判定住房是否满足购房消费者的居住权等基本生存权时，之前更多考虑购房人个人的居住需求，现在则倾向于考虑购房人家庭的居住需求。

三是保护标的物从房屋扩大到车位。关于车位购买人在没有获得车位所有权的情况下，能否对抗开发商（车位所有权人）的债权人申请的强制执行的问题，存在不同认识。目前，实践中倾向于保护购房人所购的一个车位应当优先保护，将车位需求纳入基于居住需求的范围。

四是以房抵债更多被作为商品房买卖合同保护。以房抵债行为的性质，在理论上存在争议，在实践中对以房抵债能否适用《最高人民法院关于人民法院办理执行异议和复议案件若干问题的规定》第二十八条规定和第二十九条规定，存在不同认识。目前，对以房抵债更多作为商品房买卖合同保护，将通过抵债所获得的对房屋的请求权视同商品买卖合同项下对房屋的债权请求权，对购房消费者的优先保护逐步向以房抵债的债权人扩展。

对购房消费者包括以房抵债者权利保护的强化，让物权法的公示公信原则不断被突破，对交易安全产生的影响不容忽视。

2. 抵押权效力虚化

为确保抵押权实现，《物权法》第一百九十一条规定："抵押期间，抵押人经抵押权人同意转让抵押财产的，应当将转让所得的价款向抵押权人提前清偿债务或者提存。转让的价款超过债权数额的部分归抵押人所有，不足部分由债务人清偿。抵押期间，抵押人未经抵押权人同意，不得转让抵押财产，但受让人代为清偿债务消灭抵押权的除外。"为在保护抵押权的基础上促进抵押物的流转、最大发挥抵押物的效用，《民法典》第四百零六条将上述规定修改为："抵押期间，抵押人可以转让抵押财产。当事人另有约定的，按照其约定。抵押财产转让的，抵押权不受影响。抵押人转让抵押财产的，应当及时通知抵押权人。抵押权人能够证明抵押财产转让可能损害抵押权的，可以请求抵押人将转让所得的价款向抵押权人提前清偿债务或者提存。转让的价款超过债权数额的部分归抵押人所有，不足部分由债务人清偿。"实践中，最常见的抵押物是房产。为保护购房消费者的权益，《最高人民法院关于商品房消费者权利保护问题的批复》第二条规定："商品房消费者以居住为目的购买房屋并已支付全部价款，主张其房屋交付请求权优先于建设工程价款优先受偿权、抵押权以及其他债权的，人民法院应当予以支持。只支付了部分价款的商品房消费者，在一审法庭辩论终结前已实际支付剩余价款的，可以适用前款规定。"第三条规定："在房屋不能交付且无实际交付可能的情况下，商品房消费者主张价款返还请求权优先于建设工程价款优先受偿权、抵押权以及其他债权的，人民法院应当予以支持。"需要注意的是，上述规定并未区分先抵后卖和先卖后抵，也未区分购房人占有时间与设定抵押时间先后。因此，从文义上看，即使当事人设定抵押权在先，抵押人出售抵押房产在后，以居住为目的购买房屋的商品房消费者对房屋的债权仍然优先于抵押权，有权请求排除抵押权人申请人民法院对抵押物的强制执行，抵押权人实际上不能对抵押物行使优先受偿权。这显然与《民法典》第四百零六条关于"抵押期间，抵押人可以转让抵押财产。当事人另有约定的，按照其约定。抵押财产转让的，抵押权不受影响"的规定不符。在商品房上设立的抵押权的对世性即对抗任意第三人的效力大打折扣，抵押人出售抵押房产的行为就可以让抵押权落空。加之商品房买卖合同并没有公示，却能够产生对抗建设工程价款优先受偿权、抵押权和普通债权的效力，对交易安全损害极大。商品房买卖合同产生了对抗第三人的效力，与《民法典》第四百六十五条第二款关于"依法成立的合同，仅对当事人具有法律约束力，但是法律另有规定的除外"规定精神亦不相符。造成这些问题的根源在于商品房预售制度以及房地产开发商不诚信。显然通过否定抵押权效力的方式来实现商品房买卖合同正义，不是治本之策，反而会对市场经济的基本制度带来极大的负面影响。加强商品房销售行为的管理才是治本之策。这是当前民法实施亟待解决的问题。我们看到，最高人民法院向相关行政主管部门发出的1号司法建议是解决这方面问题的有益尝试。

3. 以柔性手段处理邻里之间建筑物区分所有权纠纷

城市化进程推进使更多人居住在城市，而城市最常见的房屋所有方式是建筑物区分所有。《民法典》第二百七十一条规定："业主对建筑物内的住宅、经营性用房等专有部分享有所有权，对专有部分以外的共有部分享有共有和共同管理的权利。"第二百七十二条规定："业主对其建筑物专有部分享有占有、使用、收益和处分的权利。业主行使权利不得危及建筑物的安全，不得损害其他业主的合法权益。"第二百七十三条规定："业主对建筑物专有部分以外的共有部分，享有权利，承担义务；不得以放弃权利为由不履行义务。业主转让建筑物内的住宅、经营性用房，其对共有部分享有的共有和共同管理的权利一并转让。"从以上规定看，建筑物区分所有的特点在于其由两部分组成：一是对专有部分享有所有权；二是对共有部分享有共有和共同管理的权利。对专有部分的权利具有专有性，但又受到限制：即该权利的行使不得危及建筑物的安全，不得损害其他业主的合法权益。对共有部分享有共有和共同管理的权利具有从属性、平等性、法定性。其从属性表现为，依附于对专有部分的权利，不能独立存在，以服务和实现对专有部分的权利为目标，不能单独转让，业主转让建筑物内的住宅、经营性用房，其对共有部分享有的共有和共同管理的权利一并转让；其平等性表现为，所有业主均对共有部分享有权利，按专有部分的面积以及一户一权两个原则行使管理权利；其法定性表现为，业主对建筑物专有部分以外的共有部分，享有权利，承担义务，不得以放弃权利为由不履行义务。建筑物区分所有权的这些特点，决定了业主不能随心所欲地行使权利，对共有部分的管理、改造应当按多数决议进行；而在使用共有部分时，业主均享有平等权。建筑物区分所有权的另一个特点是，业主共同居住在同一单元、同一楼栋或者同一小区，在处理相互关系时，还可适用《民法典》关于处理相邻关系的规则。《民法典》第二百八十八条规定："不动产的相邻权利人应当按照有利生产、方便生活、团结互助、公平合理的原则，正确处理相邻关系。"第二百八十九条："法律、法规对处理相邻关系有规定的，依照其规定；法律、法规没有规定的，可以按照当地习惯。"

处理加装电梯等业主对共有部分改建、使用、管理纠纷有两种思路：一是坚持处理市场经济纠纷的理念，以金钱补偿解决上下楼层之间的矛盾。老旧小区既有住宅加装电梯导致底层住户与上层住户产生利益冲突。底层住户的利益受损往往不是来自采光、通行不畅的不便，而是加装电梯后导致底层房屋的价格降低或者相对降低。这是底层住户阻碍加装电梯的主要原因。此类"纯经济损失"应当纳入民法的保护范围。实践中存在判决上层住户向底层住户补偿的情况。二是坚持处理熟人社会纠纷的理念，以情感疏导、道德引领为原则，引导业主互谅互让、相互协商解决纠纷，而不计较一时经济利益损失。因为熟人之间长期共同生活，可以进行人情储蓄，今天你帮我、明天我就会帮你，同样能够实现利益平衡。而金钱补偿方式不仅会带来补偿金额难以确定的问题，还会导致相互攀比，激化矛盾。

基于建筑物区分所有权产生的共有部分改建、使用、管理纠纷是熟人之间的纠纷。此类纠纷的解决不仅受法律规定的约束，通常还受道德规范的约束。熟人群体内部形成重复博弈关系。在重复博弈关系中，容易形成两种纳什均衡：一是所有成员均守信，在作出行为决策时充分考虑其他成员的利益，这一策略能够让行为人获得其他成员较高的信用评价并在今后的交易和生活中获得更有利的交易和交往地位。二是少数成员之间形成长期的不信任关系。生活中不乏此类案例，在某一小区中，个别业主总是与其他业主（少数或者多数业主）之间矛盾重重，难以有效沟通。造成这一现象的原因既有不同性格、沟通能力等方面的原因，也有重复博弈中不信任感会反复强化的原因。业主之间，因建筑物区分所有而必须长期共同生活，形成重复博弈关系，信任感能够在重复博弈中加强，不信任感也会在重复博弈中加强。"聪明""理性"的业主会放弃短期利益追求长期利益，即在交往中愿意吃一点眼前亏以获得其他业主的认可，形成人情储蓄，以备不时之需。但是，如果有业主在交往中呈现非"理性"的特征，可能在交往中不愿意为获得长远利益而吃眼前亏。由此产生的矛盾和不信任感在重复博弈中呈现不断强化的特点，从而导致邻里矛盾日积月累、不断激化。因此，中国自古就有"千金买屋，万金买邻"的传统。熟人关系的这一特点决定了，完全用刚性的法律解决纠纷，未必能够达到事半功倍的效果，而需要将法治与德治相结合、判决与调解相结合。

习近平总书记要求，法治建设既要抓末端，治已病，更要抓前端，治未病。我国国情决定了我们不能成为"诉讼大国"。中共中央政治局委员、中央政法委书记陈文清在全国调解工作会议上强调，随着经济社会快速发展，社会矛盾纠纷规模较大，不能都进入诉讼，要充分发挥调解作用，切实把矛盾纠纷化解在基层、化解在萌芽状态，依法保障人民群众合法权益。2023 年，最高人民法院和住建部联合发布的多起老旧小区既有住宅加装电梯典型案例均通过调解方式化解纠纷，倡导在司法审判和行政执法中用好"东方经验"，让小事不出社区、大事不出街道。

习近平总书记要求，要坚持依法治国和以德治国相结合，实现法治和德治相辅相成、相得益彰。处理邻里纠纷，既要扎牢法治底线，又要引领道德上线。邻里团结是中华民族传统美德。处理邻里关系之要在"让"，之害在"争"。让能让出格局、让出友善、让出和谐。2023 年，最高人民法院和住建部联合发布的多起老旧小区既有住宅加装电梯典型案例都体现了邻里之间让为先、和为贵的中华民族传统美德，弘扬了法治、文明、和谐、友善的社会主义核心价值观。邻里关系是典型的熟人关系。处理邻里纠纷，既需要法治，也需要自治。

2023 年,最高人民法院和住建部联合发布的老旧小区既有住宅加装电梯典型案例,彰显了法治、德治、自治"三治融合"的民法实施理念。

(三)合同编的实施

2023 年《民法典》合同编实施的重点仍然是合同效力、预约合同、民间借贷合同、房地产开发合同、建设工程合同、劳动合同、消费合同等领域,需要重点关注以下方面的问题:

1.《民法典》合同编通则的实施

2023 年,民法实施中的一件大事是最高人民法院制定《民法典合同编通则司法解释》。该解释不仅填补了《合同法司法解释一》《合同法司法解释二》废除后留下的制度漏洞,也进一步健全了《民法典》合同编的实施制度。

一是完善预约合同及其违约责任制度。《民法典》第四百九十五条对预约合同的含义和违约责任作了规定:"当事人约定在将来一定期限内订立合同的认购书、订购书、预订书等,构成预约合同。当事人一方不履行预约合同约定的订立合同义务的,对方可以请求其承担预约合同的违约责任。"但在民法实施过程中,如何认定预约合同以及如何确定预约合同责任是亟待解决的问题。关于预约合同的认定,《民法典合同编通则司法解释》第六条区分了不构成预约合同、构成预约合同和构成本约合同三种类型,并且分别规定了违约责任。并明确,如果当事人已就合同主要内容达成合意且符合合同成立条件,只要当事人未明确约定将来一定期限内另行订立合同,或者虽有约定但当事人一方已实施履行行为且对方接受的,此时本约合同成立。例如,有的购房人与房地产开发商签订商品房预订或者认购协议,并约定将来签订正式商品房买卖合同,该协议一般认为是预约合同。但是,如果预订或者认购协议已经能够确定房屋的位置、面积、单价或总价,具备本约的基本内容,并且当事人已经履行支付购房款或者交付房屋的义务,即使当事人未按合同约定签订正式的商品房买卖合同,也应当认定双方已经就本约达成合意。

关于预约合同的履行方式,实践中存在不同认识,主要有"应当缔约"和"诚信磋商"等观点。《民法典合同编通则司法解释》第七条规定:"预约合同生效后,当事人一方拒绝订立本约合同或者在磋商订立本约合同时违背诚信原则导致未能订立本约合同的,人民法院应当认定该当事人不履行预约合同约定的义务。人民法院认定当事人一方在磋商订立本约合同时是否违背诚信原则,应当综合考虑该当事人在磋商时提出的条件是否明显背离预约合同约定的内容以及是否已尽合理努力进行协商等因素。"本条采用"诚信磋商"说。

关于违反预约合同的违约责任,预约的内容是在将来订立本约,但本约的订立仍建立在意思自治之上，而且本约的内容也依赖于双方的反复磋商和博弈，因此预约的强制履行与意思自治原则相悖，也不具有现实可行性。《民法典合同编通则司法解释》第八条规定："预约合同生效后，当事人一方不履行订立本约合同的义务，对方请求其赔偿因此造成的损失的，人民法院依法予以支持。前款规定的损失赔偿，当事人有约定的，按照约定；没有约定的，人民法院应当综合考虑预约合同在内容上的完备程度以及订立本约合同的条件的成就程度等因素酌定。"本条将预约合同的违约责任限定为赔偿损失。

二是明确合同订立过程中的第三人赔偿责任。《民法典合同编通则司法解释》第五条规定："第三人实施欺诈、胁迫行为，使当事人在违背真实意思的情况下订立合同，受到损失的当事人请求第三人承担赔偿责任的，人民法院依法予以支持；当事人亦有违背诚信原则的行为的，人民法院应当根据各自的过错确定相应的责任。但是，法律、司法解释对当事人与第三人的民事责任另有规定的，依照其规定。"合同之债仅发生在合同当事人之间，本条规定的第三人赔偿责任涉及第三人，本质上属于侵权责任。

三是明确债的加入中债务人与第三人的责任关系。在对债权人的法律效果方面，并存的债务承担与连带责任保证没有实质区别。但实践中对债务加入人在履行债务后是否像连带责任保证人那样对原债务人享有追偿权存在较大的争议。免责的债务承担中，对债务加入人在履行债务后是否有权请求原债务人补偿也存在较大的争议。《民法典合同编通则司法解释》第五十一条规定："第三人加入债务并与债务人约定了追偿权，其履行债务后主张向债务人追偿的，人民法院应予支持；没有约定追偿权，第三人依照民法典关于不当得利等的规定，在其已经向债权人履行债务的范围内请求债务人向其履行的，人民法院应予支持，但是第三人知道或者应当知道加入债务会损害债务人利益的除外。债务人就其对债权人享有的抗辩向加入债务的第三人主张的，人民法院应予支持。"本条规定对上述问题作了回应。

四是扩充了撤销权的法律效果。关于撤销权的法律效果，《合同法》以及之前的民法实施过程中，都坚持入库理论。《民法典》也未像代位权那样对撤销权规定直接受偿。民法实施中的问题在于，如果采取入库规则，一个债权人起诉让所有债权人获利，就会出现搭便车现象，没有债权人愿意行使撤销权。《民法典合同编通则司法解释》第四十六条第一款规定："债权人请求受理撤销权诉讼的人民法院一并审理其与债务人之间的债权债务关系，属于该人民法院管辖的，可以合并审理。不属于该人民法院管辖的，应当告知其向有管辖权的人民法院另行起诉。债权人依据其与债务人的诉讼、撤销权诉讼产生的生效法律文书申请强制执行的，人民法院可以就债务人对相对人享有的权利采取强制执行措施以实现债权人的债权。债权人在撤销权诉讼中，申请对相对人的财产采取保全措施的，人民法院依法予以准许。"本款通过规定撤销权人有权一并提起撤销权诉讼和对债务人的诉讼并在执行程序中的强制执行被执行人债权的制度，"创设"了撤销权人可申请强制执行债务人的相对人财产的制度，间接实现了相对人直接向债务人清偿的效果。

五是明确了以物抵债协议的效力。关于以物抵债的效力，实践中存在不同认识。对于该问题，《民法典合同编通则司法解释》第二十七条规定："债务人或者第三人与债权人在债务履行期限届满后达成以物抵债协议，不存在影响合同效力情形的，人民法院应当认定该协议自当事人意思表示一致时生效。债务人或者第三人履行以物抵债协议后，人民法院应当认定相应的原债务同时消灭；债务人或者第三人未按照约定履行以物抵债协议，经催告后在合理期限内仍不履行，债权人选择请求履行原债务或者以物抵债协议的，人民法院应予支持，但是法律另有规定或者当事人另有约定的除外。前款规定的以物抵债协议经人民法院确认或者人民法院根据当事人达成的以物抵债协议制作成调解书，债权人主张财产权利自确认书、调解书生效时发生变动或者具有对抗善意第三人效力的，人民法院不予支持。"一方面，在合同成立上，本条确认了以物抵债协议与普通合同一样，自合同成立时生效；另一方面，在合同效力上，本条对以物抵债协议的效力作了限制。以物抵债合同的成立并不导致原债消灭，只有以物抵债合同的履行才导致原债的消灭。如果以物抵债协议中的债务人（原债务人或者第三人）未按照约定履行以物抵债协议，经催告后在合理期限内仍不履行的，债权人有权选择请求原债务人履行原债务或者以物抵债协议中的债务人履行以物抵债协议。这一规则设定有利于保护诚信当事人的利益。

六是明确债务履行期届满前当事人达成担保型以物抵债协议的效力。根据《民法典合同编通则司法解释》第二十八条规定，债务履行期届满前当事人达成担保型以物抵债协议有效，对当事人有约束力。但此类合同本质是担保性质的合同，因此，当事人约定债务人到期没有清偿债务则抵债财产归债权人所有的，该约定无效。这种情况下，债权人仍有权请求对抵债财产拍卖、变卖、折价。这一权利仍属于合同权利，不属于担保物权，债权人不享有优先受偿权。

2. 民间借贷合同制度的实施

民间借贷合同制度实施的重点和难点仍然是借贷本金的查明、借贷合同效力的认定、借贷利率的保护上限。与借贷本金查明密切相关的问题是虚假诉讼的查处。民间借贷是虚假诉讼最集中的领域，当事人的动机是规避国家关于禁止高利贷的规定，通过采用"砍头息""高息转本""虚增本金"等方式进行。因此，借贷利率保护与出借本金查明通常是两个相关联的问题。

关于民间借贷合同的效力，实践中较难把握的非法转贷和职业放贷的认定。从实践看，民间借贷呈现大额、经营性等特点。非法转贷和职业放贷在实践中越发常见，但非法转贷和职业放贷的认定标准有待进一步明确。民间借贷系金融借贷的有益补充，如果对民间借贷限制过严，不仅会导致部分借款人无法获得借款而且会导致民间借贷市场形成"黑市"，进一步增加融资"成本"，反而不利于实体经济发展。因此，关于间借贷合同效力的规则，既兼顾防范金融风险、维护金融秩序，也要兼顾实体经济发展需要和人民群众生活需要。

关于民间借贷利息保护上限，争议较大的是 4 倍 LPR 是无效线还是保护线，已支付超过 4 倍 LPR 部分利息借款人是否有权请求返还。《民法典》第六百八十条规定"禁止高利放贷，借款的利率不得违反国家有关规定"。从文义上看，本条规定属于效力性强制性规定。目前，关于民间借贷的利率标准并没有相关法律、行政法规作出明确规定，相关"国家规定"体现在民间借贷司法解释中。《民间借贷司法解释》第二十五条规定："出借人请求借款人按照合同约定利率支付利息的，人民法院应予支持，但是双方约定的利率超过合同成立时一年期贷款市场报价利率四倍的除外。前款所称'一年期贷款市场报价利率'，是指中国人民银行授权全国银行间同业拆借中心自 2019 年 8 月 20 日起每月发布的一年期贷款市场报价利率。"无论是借贷期限内的利率还是逾期利率，无论是当事人约定的利率还是约定的手续费、服务费、违约金等费用，借款人请求还本付息的上限就是本金加上按一年期贷款市场报价利率四倍计算的利息。同时，如果利息计算期限跨越新旧《民间借贷司法解释》的，应当分段计算利息保护上限。因此，在 2021 年 1 月 1 日之后成立的民间借贷合同约定的利率超过 4 倍 LPR 的，超过部分无效。

3. 房地产和建工合同制度的实施

流动性偏紧对房地产和建工合同制度实施的影响较大。流动性偏紧并不能简单归因于宏观调控政策。在"先立后破"的政策导向下，房地产和建筑市场仍然面临流动性稀缺。我国经济发展所处阶段、经济结构特点以及我国金融市场的信用识别机制等均是导致这一现象的原因。在商品房预售制下，房地产行业长期以来进行高杠杆经营：一是开发商利用土地和在建工程抵押从金融机构获得信用。二是开发商利用民间借贷从其他出借人获得信用，并用以房抵债或者另行签订的商品房买卖合同作为对借贷合同的担保。三是开发商利用商品预售制度从购房者处获得使用，即在房屋没有交付、办理过户登记前就收取了购房者的全部购房款。四是开发商利用垫资施工从施工人处获得信用。由于建筑市场存在借用资质、非法转包、违法分包情况，开发商实际上主要从大大小小的包工头处获得信用。开发商仅用一处在建工程，就可以从银行、民间借贷出借人、购房者、施工人四方获得信用，在获得信用上出现成倍扩张的"乘数效应"，拉高地价和房价；一旦开发商资金链断裂或者房地产市场下行，各方主体都要收回信用，形成"挤兑"效应，但开发商所能用于清偿债务的财产只有建筑工程，甚至是未完工或者质量不合格的建筑工程，导致各方债权人的利益冲突，在消减信用上出现成倍消减的"收缩效应"，使得民事纠纷增加。这也是执行异议之诉快速增长的主要原因。

除交易制度原因外，房地产市场发展阶段也是当前民法实施面临的重要问题。从供给端看，多年来，我国房地产市场在总量上较快增长、在结构上不平衡。总量上快速增长较好理解，地方政府对土地收入的需求、金融机构对抵押财产的依赖、城市化进程带来居民的城市购房需求，使我国房地产市场长期以较快速度发展。结构上不平衡表现为，城市化进程让大量人口进城，农村空置房屋增多；城市化进程还让人口从乡镇向县城、从县城向市区和省城转移，从经济欠发达、就业机会少、自然条件差的地方向经济相对发达、就业机会多、自然条件好的地方转移，但房地产不同地域供给与需求并没有完全匹配。农村地区、乡镇、缺乏就业机会的县城或者四五线城市面临较大的供需矛盾。从需求端看，房地产行业长期以来进行高杠杆经营、购房消费者按揭贷款购房、地方政府依赖土地收入和发债经营，让企业、居民和地方政府都承担了较重的债务。当这些经济主体都面临较重的债务负担时，其将来收入中很大一部分将用于还债，消费和投资就会受到抑制。加之，我国人口结构已经发生深刻改变。2023 年末，我国城镇常住人口达 93267 万人，比 2022 年增加 1196 万人；乡村常住人口 47700 万人，减少 1404 万人。常住人口城镇化率为 66.16%，比 2022 年提高 0.94 个百分点。2023 年末，全国 0~15 岁人口为 24789 万人，占全国人口的 17.6%；16~59 岁劳动年龄人口为 86481 万人，占 61.3%；60 岁及以上人口为 29697 万人，占 21.1%，其中 65 岁及以上人口为 21676 万人，占 15.4%。劳动年龄人口减少。① 基数越来越大，增速小。城镇化率从 20% 发展到 40%，能够实现 100% 增长。目前城镇化率达到 66.16%，要再实现 30% 的增长也需求一个很漫长的过程。劳动年龄人口减少，在人口结构上，也会导致需求减少。因此，房地产需求动能已经发生了根本性变化。

供给端和需求端的深刻变化，导致之前的经营模式不能持续，无法再塑造构建在债务基础上的总量"扩张"。加上前面所说的信用成倍"收缩效应"，市场主体预期改变，多重因素导致房地产和建工领域产生更多纠纷，促消费、稳投资和扩内需的任务更加繁重。在建工纠纷中，发包人与承包人开始约定以建好的房屋抵工程款，从一个侧面反映了房地产市场面临的流动性偏紧问题。从民法实施的角度看，改革房地产交易制度，防止房地产领域信用过度扩张和极速收缩，对于房地产和建筑市场的健康、长远发展具有积极意义。

4. 消费合同制度的实施

2023 年，中央经济工作会议提出，要激发有潜能的消费，扩大有效益的投资，形成消费和投资相互促进的良性循环。推动消费从疫后恢复转向持续扩大，培育壮大新型消费，大力发展数字消费、绿色消费、健康消费，积极培育智能家居、文娱旅游、体育赛事、国货"潮品"等新的消费增长点。稳定和扩大传统消费，提振新能源汽车、电子产品等大宗消费。增加城乡居民收入，扩大中等收入群体规模，优化消费环境。要以提高技术、能耗、排放等标准为牵引，推动大规模设备更新和消费品以旧换新。进入中国特色社会主义新时代后，促进消费在国民经济发展中的作用将更加突显。近十年来，除 2020 年和 2022 年外，消费需求对我国国民生产总值增长的贡献率均超过 50%，已成为推动我国经济增长的"主引擎"。② 2023 年，最终消费支出对经济增长的贡献率达 82.5%，消费主引擎作用更加凸显。③ 消费合同制度的实施在民法实施中的地位将越来越重要。

在 2022 年民法实施报告中，我们专门提到 2023 年消费合同领域民法实

① 王萍萍：《人口总量有所下降 人口高质量发展取得成效》，https://www.stats.gov.cn/xxgk/jd/sjjd2020/202401/t20240118_1946711.html，2024 年 3 月 17 日访问。
② 陈宜芳、吴景丽、谢勇：《〈最高人民法院关于为促进消费提供司法服务和保障的意见〉的理解与适用》，载于《中国应用法学》2023 年第 4 期。
③ 李心萍：《2023 中国经济年报解读》，https://www.gov.cn/yaowen/liebiao/202401/content_6926722.htm，2024 年 3 月 10 日访问。

施需要引起注意的问题包括要解决好如何看待和处理职业维权现象的问题。2023 年，最高人民法院通过发布食品安全惩罚性赔偿典型案例的方式对这一问题作了回应。自 1993 年《消费者权益保护法》规定"退一赔一"惩罚性赔偿责任以来，关于是否应当支持"知假买假"问题已经争议近 30 年。反对者谴责知假买假者以牟利为目的，动机不纯，知假买假行为不以消费为目的，不属于消费行为，购买者无权主张消费者才能主张的惩罚性赔偿责任；支持者认为食品安全无小事，打假者客观上起到了监督食品安全的作用，应该谴责造假售假者。在食品安全领域，老百姓通俗地把购买者知道食品不符合食品安全标准仍然购买并维权的行为称为"知假买假"。虽然社会各界对是否支持"知假买假"存在不同认识，但不可否认的是，"知假买假"矛盾的主要方面在于"造假""售假"，源头在于生产经营不符合食品安全标准食品的违法行为。如果治住了"假"、治住了违法行为，"知假买假"现象自然就会消失。《食品安全法》第一百四十八条第二款规定，生产不符合食品安全标准的食品或者经营明知是不符合食品安全标准的食品，消费者除要求赔偿损失外，还可以向生产者或者经营者要求支付价款十倍或者损失三倍的赔偿金。该法确立了"退一赔十"的惩罚性赔偿规则。更高的赔偿倍数给知假买假者带来了更大激励。《最高人民法院关于审理食品药品纠纷案件适用法律若干问题的规定》第三条规定，因食品、药品质量问题发生纠纷，购买者向生产者、销售者主张权利，生产者、销售者以购买者明知食品、药品存在质量问题而仍然购买为由进行抗辩的，人民法院不予支持。然而，有人为牟取不当利益，利用上述规定，远超出生活消费需要大量购买食品，通过扩大"一"增加计算惩罚性赔偿金的基数达到高额索赔目的，导致有的生产经营者"小过担大责"，背离《中华人民共和国食品安全法》等法律和司法解释规定精神，也引发了是否应当支持"知假买假"的争议。

上述法律和司法解释规定在实施过程中也出现了新情况、新问题：一方面，有的购买者超出生活消费需要大量购买、连续购买、高额索赔，甚至借维权之名敲诈勒索，扰乱市场秩序，损害生产经营者合法权益。另一方面，司法实践中对相关法律和司法解释的理解和适用尚不一致，导致类案裁判不统一，未充分发挥食品安全惩罚性赔偿制度的作用，影响对生产销售伪劣产品的制裁效果，不利于促进经济社会高质量发展。最高人民法院于 2023 年发布四则食品安全惩罚性赔偿典型案例，明确在生活消费范围内保护购买者提出的惩罚赔偿请求，统一了裁判规则，有利于引导生产经营者合法生产经营、消费者理性维权，保护食品安全，促进经济社会高质量发展。

除知假买假外，关于预付卡纠纷、消费欺诈、消费公益诉讼等方面的制度也正在完善之中。实践中，有的人民法院将消费公益诉讼与代表人诉讼相结合，探索了解决消费公益诉讼中赔偿金数额如何认定、赔偿金由谁保管及如何使用、与私益诉讼如何衔接等问题的有益方法。

5. 劳动合同制度的实施

2023年，劳动合同制度实施难点是"灵活用工"关系中劳动者权利保护问题。一方面，"灵活用工"关系不同于传统的劳动合同关系，劳动者往往具有更大的自主性，用人单位与劳动者之间的支配性、管理性明显减弱。另一方面，"灵活用工"关系不同于平等主体之间的承揽关系等合同关系，平台公司等"用工人"通过算法等手段控制劳动者。有观点认为，随着平台经济迅速发展，劳动争议案件也呈现出新的特点：一是新就业形态用工总量增加等导致相关案件量随之增长，案件量呈上升态势。二是劳动关系认定难，新业态用工、"云办公"工作模式下，用人单位对于劳动者的管理更加"隐蔽"，认定劳动关系难度加大，权益保障难以统一。三是劳动争议案由中，追索劳动报酬纠纷、劳动合同纠纷、确认劳动关系纠纷、工伤保险待遇纠纷收案占比较高。[①]

"灵活用工"合同的性质是当前争议最集中的问题之一。第一种观点认为，"灵活用工"合同是劳动合同，但与传统的劳动合同存在差异，应当在《劳动合同法》的基础上作"减法"，建立"灵活用工"劳动合同制度。第二种观点认为，"灵活用工"合同是普通民事合同，但与承揽等普通民事合同存在差异，应当在《民法典》合同编的基础上作"加法"，构建"灵活用工"合同制度。第三种观点认为，"灵活用工"合同既不是传统的劳动合同，也不是普通民事合同。应当在《劳动合同法》和《民法典》合同编之外构建独立的"灵活用工"合同制度。理论争议在实践中表现为处理"灵活用工"合同纠纷尺度不统一。目前看，对"灵活用工"合同中劳动者一方的工伤保险待遇、社保待遇等基本待遇予以保护逐渐形成共识，但是，"灵活用工"合同与传统劳动合同关系存在较大差异，如何完善相关配套制度是关键。

在构建"灵活用工"合同时，需要全面考量多方因素，包括经济发展、就业机会、基本保障等方面。目前，"灵活用工"具有社会稳定器的作用。经营失败者、失业者、毕业生、农村转移劳动力等都可通过"灵活用工"实现就

---

① 陈宜芳：《专访最高法民一庭庭长陈宜芳：明确"隐形加班"认定标准，保障劳动者"离线休息权"》，https://www.chinacourt.org/article/detail/2024/03/id/7839235.shtml，2024年3月10日访问。

业，就业有保障，生活就有保障，社会稳定也就有保障。互联网正在深入改变人们的交往方式、社会信息传递方式，信息流逐步替代人口流动是数字经济发展的趋势，"灵活用工"或者"灵活就业"的形式、数量会越来越多。相对于丰富多彩、不断变化的社会经济，民法必然体现出滞后性，跳出传统民法制度框架包括民事合同与劳动合同二元划分框架，针对不同"灵活用工"的特点构建具体、有针对性、符合数字经济发展规律并充分考虑各方利益的"灵活用工"合同制度，是新时代对民法实施提出的重大课题。

加班是民法实施的热点问题。2021 年关于加班的热点词汇是"超时加班"，2023 年关于加班的热点词汇是"隐形加班"。数字经济时代，劳动者参与劳动的方式发生变化，上班与下班的界限更加模糊。有的用人单位借助"云办公"随时安排劳动者工作，包括在非工作时间召开线上工作会议或者要求劳动者在此期间完成工作任务等，都属于"隐形加班"的范畴。此类纠纷具有劳动者举证难、维权难等特点。关于"隐形加班"的认定标准，有观点认为，人民法院能动地突破了传统认定加班案件中对于工作场所固定化、工作时间可量化等要求，明确以"付出实质性劳动"和"明显占用时间"规则作为"隐形加班"的认定标准，确保劳动者不因弹性工时和远程劳动的工作模式而被区别对待。如果劳动者在非工作时间使用社交软件开展工作超出了一般简单工作沟通的范畴，意味着劳动者占用自己的休息时间额外向用人单位提供了实质性劳动，此种情形下应当认定为加班。关于"在线加班"费用的认定，有观点认为，人民法院在确定"线上加班"加班费的数额时，以劳动者提供的劳动占用其休息时间为认定标准，综合考虑劳动者的加班频率、时长、工资标准、工作内容等因素认定加班费数额。[①]

（四）婚姻家庭、继承编的实施

习近平总书记高度重视家庭家教家风建设工作，深刻指出"家庭和睦则社会安定，家庭幸福则社会祥和，家庭文明则社会文明"，"千家万户都好，国家才能好，民族才能好"。2023 年，《反家庭暴力法》继续深入实施，法律对婚姻家庭的介入更加深入，婚姻家庭领域中持续推进移风易俗，遗产管理人的诉讼权利保障，遗嘱形式要件的适用规则等是婚姻家庭和继承编制度适用的重点方面。

---

① 陈宜芳：《专访最高法民一庭庭长陈宜芳：明确"隐形加班"认定标准，保障劳动者"离线休息权"》，https://www.chinacourt.org/article/detail/2024/03/id/7839235.shtml，2024 年 3 月 10 日访问。

1. 继续深入实施《反家庭暴力法》

《反家庭暴力法》是近年来《民法典》婚姻家庭编实施的重点。2023 年 6 月 15 日，最高人民法院发布中国反家暴十大典型案例，就精神暴力的认定、家庭暴力的证明规则、受害人过错是否能够成为施暴的理由、家暴者是否能够抚养未成年子女、不同部门之间的协同配合等问题作了回应。《反家庭暴力法》的实施主要体现在以下方面：

一是签发人身安全保护令。2016 年至 2023 年 7 月，各级人民法院共签发人身安全保护令 1.5 万余份，签发率由 2016 年的 52.0% 提升至 2022 年的 77.6%，人身安全保护令的适用越来越广泛，逐渐成为家庭暴力受害人可用、会用、有用的自卫武器。[1] 2023 年 6 月 15 日，最高人民法院发布的中国反家暴十大典型案例也明确了同居结束后受暴妇女仍可申请人身安全保护令、受暴方过错并非家暴理由、施暴方不宜直接抚养未成年子女等规则。

二是强制报告主体责任有待进一步强化。《反家庭暴力法》的实施打破了"法不入家门"的禁锢，但从实践看，儿童以及精神、智力残疾妇女等弱势群体遭受家庭暴力发现难、报告难，依然是反家庭暴力工作的重要瓶颈，强制报告制度落实仍有差距。实践中，有的强制报告义务人对报告适用情形、报告对象和报告流程缺乏清晰准确的认知；有的抱有多一事不如少一事的心态，心存顾虑；有的地方相关主管部门没有将强制报告纳入业务培训和统计，对于未履行报告义务的情形缺乏追责措施，对报告人的保护措施不明确。[2]

三是《反家庭暴力法》实施中的部门协同还需要提高。告诫书、人身安全保护令制度在实践中实施的最大困难是如何保障其切实发生效力，能够有效防止和阻止家庭暴力行为。此类文书送达当事人的同时还应当通知或送达辖区公安机关和村（居）委会等有关组织。实践中，有的基层工作人员对查访等要求不知晓，对协助执行的职责不明确；有的基层组织受资源和条件所限，难以给有家庭暴力隐患或已发生家庭暴力的家庭提供针对性服务。一些家庭暴力庇护场所服务的可及性、安全性和专业性有待加强，专业社工服务

---

① 黄晓薇：《国务院关于反家庭暴力工作情况的报告》，http://www.npc.gov.cn/npc/c2/c30834/202309/t20230901_431398.html，2024 年 3 月 1 日访问。

② 黄晓薇：《国务院关于反家庭暴力工作情况的报告》，http://www.npc.gov.cn/npc/c2/c30834/202309/t20230901_431398.html，2024 年 3 月 1 日访问。

不足。^① 总体看，如何让人身安全保护令切实发挥"保护人身安全"的作用，是今后民法实施中亟待解决的问题。

2. 法律对家庭生活的介入更深入

《家庭教育促进法》明确了家庭教育的责任主体、原则、内容和方式方法，规定了未成年人的父母或者其他监护人家庭教育职责。同时，明确了人民法院开展家庭教育指导工作的职责。《家庭教育促进法》实施后，法律对家庭生活的介入更加深入。据统计，到 2022 年底，全国各级法院发出家庭教育指导令 10308 份，单独或联合有关部门建立家庭教育指导工作机构 837 个，开展家庭教育指导 38080 次，为推动未成年人权益保护和犯罪预防工作发挥了重要作用。实践中，各地法院发出的家庭教育指导令在名称、形式、内容和适用情形等方面不统一，对执行方式缺乏明确规范。[2]

3. 深入推进婚姻家庭领域移风易俗

党的十八大以来，以习近平同志为核心的党中央高度重视社会主义精神文明建设。习近平总书记深刻指出，家庭是社会的基本细胞，是人生的第一所学校。不论时代发生多大变化、不论生活格局发生多大变化，我们都要重视家庭建设，注重家庭、注重家教、注重家风。2023 年民法实施的一大特点是推进婚姻家庭领域移风易俗。

党的二十大报告提出，要提高全社会文明程度。2021 年以来，"中央一号文件"连续三年对治理高额彩礼、移风易俗提出工作要求。最高人民法院一直高度重视婚姻家庭领域矛盾纠纷化解，为贯彻落实习近平总书记关于家庭家教家风建设的重要论述，贯彻落实党的二十大精神和"中央一号文件"要求，回应人民关切，发布涉彩礼纠纷典型案例。[3]

彩礼具有双重属性：一方面，支付彩礼是我国的传统习俗。彩礼来源于我国古代婚姻习俗中的"六礼"，历史悠久。作为我国婚嫁领域的传统习俗，有着深厚的社会文化基础，蕴含着两个家庭对"宜其室家"的美好愿望。另一方面，彩礼数额持续走高，盲目将彩礼多少视为衡量爱情的标准；有人认为彩礼越多越显得自己有面子，攀比之风悄然蔓延。这不仅背离了彩礼的初

---

① 黄晓薇：《国务院关于反家庭暴力工作情况的报告》，http://www.npc.gov.cn/npc/c2/c30834/202309/t20230901_431398.html，2024 年 3 月 1 日访问。

② 《最高法、全国妇联发布〈关于开展家庭教育指导工作的意见〉》，https://news.cctv.com/2023/05/30/ARTIiGJryX3nz0H7QGDDPgag230530.shtml，2024 年 3 月 6 日访问。

③ 陈宜芳："最高人民法院、民政部、全国妇联推进移风易俗 治理高额彩礼新闻发布会实录"，https://www.chinacourt.org/article/subjectdetail/id/MzAwNCgqMYABAA.shtml，2024 年 3 月 9 日访问。

衷,使给付方家庭因彩礼背上了沉重的经济负担,也给婚姻稳定埋下隐患,不利于社会文明风尚的弘扬。涉彩礼纠纷案件数量近年呈上升趋势,甚至出现因彩礼返还问题引发的恶性刑事案件。实践中,高额彩礼通常成为矛盾纠纷的导火索,不仅不利于婚姻关系的建立和长期稳定,甚至容易引发两个家庭之间的矛盾,影响了家庭和谐、社会稳定,也有违婚姻家庭的本质。如看待和处理高价彩礼问题,是民法实施面临的一个棘手问题。

处理高价彩礼纠纷,既要看到彩礼是传统习俗的一部分,也要看到高价彩礼异化婚姻本质、造成家庭不稳定的一面;既要依法保障妇女权益,也要考虑高额彩礼负担对给付彩礼一方生活的影响;既要审视高价彩礼背后人口结构、经济动因和发展阶段等客观原因,也要重视司法裁判的行为引导、价值引领、风俗整塑的作用。2023 年,最高人民法院发布人民法院涉彩礼纠纷典型案例,在婚姻家庭领域弘扬社会主义核心价值观,推进移风易俗,治理高额彩礼。从四件典型案例看,人民法院处理高价彩礼纠纷时,需要考虑的因素包括:当地经济社会发展情况、男女双方共同生活时间长短、是否办理结婚登记、是否孕育子女等多重因素,较好地平衡了双方当事人的利益,目的是要让彩礼定位于"礼"而非"财",以实际行动营造健康、节俭、文明的婚嫁新风,让婚姻始于爱,让彩礼归于"礼"。

民政部则从五方面入手推进婚俗改革,减轻群众婚嫁负担,倡导文明健康婚俗新风①:

一是开展婚俗改革实验区建设。2020 年民政部印发《关于开展婚俗改革试点工作的指导意见》,先后分两批确定了 32 个全国婚俗改革实验区,指导各实验区在倡导简约适度婚俗礼仪、治理婚俗领域不正之风、培育文明健康婚俗理念。截至 2023 年 11 月,全国共创建各类实验单位 1806 家。

二是集中精力治理突出问题。例如,针对婚礼大操大办、随礼攀比、低俗婚闹等问题,由党员干部示范带头,并发挥红白理事会、道德评议会等基层自治组织作用,用党员干部的身体力行和村规民约、家宴中心、合约食堂、红黑榜等有效措施,规范引导婚姻当事人抵制不良风俗。针对高额彩礼问题,发挥典型的示范引领作用,选树一批婚事新办简办、"低彩礼"和"零彩礼"典型,用身边人、身边事逐步转变群众思想观念。截至 2023 年 11 月,内蒙古、黑龙江、山东、浙江、河南、江西、甘肃、重庆、四川等多地已公布了

---

① 王金华:"最高人民法院、民政部、全国妇联推进移风易俗 治理高额彩礼新闻发布会实录",https://www.chinacourt.org/article/subjectdetail/id/MzAwNCgqMYABAA.shtml,2024 年 3 月 9 日访问。

彩礼、随礼等倡导性标准。

三是推进婚姻家庭辅导服务。民政部门与妇联等单位积极探索为婚姻当事人提供婚姻家庭辅导服务，2022 年度婚姻登记机关办理离婚登记总数比 2020 年度下降 43.79%。同时，为帮助当事人做好进入婚姻状态的准备，提升夫妻化解婚姻危机、减少婚姻家庭纠纷的技巧，各地通过公益创投、政府购买服务等方式，为当事人分类提供专业化、综合性的婚前辅导和婚姻家庭关系调适服务。截至 2023 年 11 月，县级以上婚姻登记机关婚姻家庭辅导室覆盖率已接近 90%。浙江、广东、内蒙古、辽宁、重庆、陕西等地还探索将婚姻家庭辅导服务向线上或基层乡镇（街道）、村（社区）延伸，扩大了覆盖面，充分发挥了婚姻家庭辅导服务的作用。据统计，2023 年各地已提供各类婚姻家庭辅导服务 300 多万人次。笔者曾专门到多地婚姻登记机构、法院调研，婚前辅导、心理咨询、情感修复已经成为婚姻家庭法实施的重要方面。过去处理婚姻家庭纠纷更偏重财产利益保护，现在则在保护家庭成员财产利益的基础上，更加重视心理建设、情感修复、危机"诊疗"，家庭成员的人格利益、精神利益、情感利益保护受到更多重视。

四是改革创新婚俗礼仪。倡树简约适度的婚俗礼仪，设立室内、室外颁证场地，推行集体婚礼、慈善婚礼，邀请政府领导、社会名人、模范代表等作为特邀颁证员，鼓励邀请当事人双方父母、亲朋好友到场见证婚礼活动，组织新婚当事人共栽"甜蜜树"，共育"幸福林"，或者到福利院慰问看望老人、儿童，增强新婚当事人对婚姻的庄重感和神圣感，以降低婚礼成本、减轻婚姻当事人负担。截至 2023 年 11 月，全国现有室外颁证基地 687 个。仅 2023 年，各地已开展集体颁证活动近 1.2 万次，服务 40.3 万人次；组织集体婚礼活动 1625 场，服务 5.71 万人次。越来越多的年轻群体选择参加颁证活动和集体婚礼、公益慈善活动，婚事新办简办新风尚正在形成。

五是培育文明向上的婚俗文化。为弘扬"风雨同舟、相濡以沫、责任担当、互敬互爱"婚姻理念，各地以社会主义核心价值观为统领，积极传承中华优秀婚姻家庭文化，有的地方在婚姻登记机关内部设置婚姻文化墙、文化长廊或婚俗文化展厅等，为当事人上好走向婚姻家庭价值观第一课。截至 2023 年 11 月，全国有婚姻文化墙、婚姻文化廊等 1330 处。部分地区还因地制宜创制婚俗改革类小品、评剧、快板等文化产品，大力宣传文明向上婚姻家庭文化，得到了社会公众的好评。

4. 遗产管理人制度的实施

遗产管理人制度实施主要涉及两方面问题：一是遗产管理人的指定；二

是遗产管理人如何履行职责。

江苏孤寡残疾老人遗产指定管理人案入选2023年度人民法院十大案件。该案中，杨某为聋哑人，生活不能自理，无配偶、无子女，其父母与唯一的姐姐先于其去世。顾某芳等三人尽心照料杨某饮食起居，杨某生病住院期间，三人轮流探望、陪护，并负责处理住院费用。2021年1月杨某在医院死亡，顾某芳等三人为其操办了丧葬事宜。后顾某芳等三人向法院申请指定太仓市民政局为杨某的遗产管理人。江苏省太仓市人民法院审理后认为，顾某芳等三位申请人虽然没有赡养杨某的法定义务，但对杨某进行了事实上的扶养，遗产的妥善保管与三位申请人存在法律上的利害关系。最终，法院指定太仓市民政局作为杨某的遗产管理人。人民法院认定对被继承人尽到主要扶养义务的申请人，可以作为"利害关系人"申请指定遗产管理人，扩大解释"利害关系人"的范围，对《民法典》关于"利害关系人"规定作了注解。

关于遗产管理人职责履行。《民法典》第一千一百四十七条规定："遗产管理人应当履行下列职责：（一）清理遗产并制作遗产清单；（二）向继承人报告遗产情况；（三）采取必要措施防止遗产毁损、灭失；（四）处理被继承人的债权债务；（五）按照遗嘱或者依照法律规定分割遗产；（六）实施与管理遗产有关的其他必要行为。"第一千一百四十八条规定："遗产管理人应当依法履行职责，因故意或者重大过失造成继承人、受遗赠人、债权人损害的，应当承担民事责任。"实践中，遗产管理人履行遗产管理职责，可能涉及诉讼纠纷的处理，在这种情况下，遗产管理人是否有权就遗产管理事项提起诉讼，实践中存在不同认识。司法实践正在探索允许遗产管理人通过诉讼处理遗产管理事务。

5. 遗嘱形式要件的适用规则

为保证遗嘱的真实性，能够代表被继承人的真实意思，《民法典》对遗嘱的形式要件作了严格要求。《民法典》第一千一百三十五条规定："代书遗嘱应当有两个以上见证人在场见证，由其中一人代书，并由遗嘱人、代书人和其他见证人签名，注明年、月、日。"关于代书遗嘱的形式要件，实践中有两种观点：一是代书遗嘱只需要符合《民法典》第一千一百三十五条规定即可，一是有两个以上见证人在场见证，二是由其中一人代书，并由遗嘱人、代书人和其他见证人签名，三是注明年、月、日。二是除要符合《民法典》第一千一百三十五条的要件外，还要符合订立代书遗嘱的过程要求，即遗嘱人口述和代书人代书、见证人见证的时空一致性。这里的时空一致性，包括两个方面的要求：一是指时间上的同步性；二是指空间即地点上的同一性。时间的同步性，是指遗嘱人的口述、代书人代为书写的行为以及见证人的见证行为是同时或基本上同时发生的。遗嘱人应将全部的需要订立遗嘱的内容清晰、准确地表述出来。代书人应将其所听到的内容如实地记录下来。见证人认真倾听遗嘱人所表达的意愿，并认真监督代书人是否履行了代书职责，同时负有核对代书人所书写的遗嘱内容是否与遗嘱人所表达的意愿相一致的职责。在空间的同一性上，要求遗嘱人、代书人、见证人这三类人要同时在同一个场合进行订立遗嘱的行为。依据后一种观点，如果代书遗嘱不是被继承人口述、代书人记载、见证人见证代书过程这三个事实同时进行，就不具备代书遗嘱的形式要件，不发生效力。后一种观点将《民法典》关于代书遗嘱的形式要件扩展到制作过程，并将实践中最典型、最简单的制作过程当作唯一合法的制作过程，与《民法典》关于遗嘱形式要件规定精神不相符。

随着社会经济发展和人民群众财富的增长，有的被继承人涉及遗产种类多、数量大、产权内容的专业性强，有的被继承人不能准确全面说明遗嘱内容，代书人会根据其了解的情况、被继承人的意愿以及自身的专业知识起草书面遗嘱，向继承人宣读、说明遗嘱内容，并根据遗嘱人意见修改完善遗嘱。此类遗嘱是否属于合法有效的代书遗嘱呢？只要该遗嘱符合《民法典》第一千一百三十五条规定，能够确定遗嘱是被继承人的真实意思表示，就不宜否定遗嘱效力。不应当以代书遗嘱未如实记述被继承人口述内容为由否定代书遗嘱效力，因为实践中存在遗嘱人不能口述或者不能全面、准确口述遗嘱的情况，由代书人根据被继承人意愿起草遗嘱，与被继承人逐字核对了遗嘱内容，由见证人见证全部过程，并由相关人员签字落款，足以认定遗嘱是被继承人真实意思表示的，就应当认定代书遗嘱有效。

在继承法实施过程中，实践中存在过于苛求遗嘱形式要件或者超出《民法典》规定要求遗嘱形式要件的情况，甚至存在在有充分证据证明遗嘱是被继承人的真实意思表示且遗嘱符合《民法典》规定要件的情况下，仅以遗嘱制作过程与传统的或者典型的制作过程不同，就否定遗嘱效力的情况。这无异于削足适履，既不符合《民法典》关于遗嘱形式要件规定精神，也不符合被继承人真实意思表示。此类问题是《民法典》继承编实施中亟待解决的问题。

（五）侵权责任编的实施

2023 年，《民法典》侵权责任编实施的重点是网络侵权责任的认定、侵权责任中因果关系认定和校园霸凌的责任形式等方面。

1. 网络侵权问题依然突出

网暴、个人信息泄露、通过网络侵害个人隐私、AI 侵权等网络侵权是社会关注的焦点问题。网络侵权的动因既有引流牟利的一面，也有挟私报复的一面。在流量为王的眼球经济中，有人为了博眼球，捏造事实、侮辱诽谤他人，损害他合法权益。例如，23岁女孩因染粉色头发被网暴，沈某某发布"与外公的日常"贴文后受到网暴，游泳馆游泳产生纠纷后当事人遭受网暴。有的则因为情感纠纷、邻里冲突，将线下矛盾烧到线上，在网络空间发布他人隐私信息、个人信息或者进行侮辱诽谤，损害他人权益。有的受害人遭受网络暴力后，不仅名誉权受到损害，甚至自杀。此类行为不仅构成民事侵权，还会触犯《刑法》，须承担刑事责任。与线下侵权不同，网络侵权具有信息传播快、影响大、难消除等特点，对受害人带来的损害更大、更深远。完善网络侵权责任制度，探索对侵权人的惩罚性赔偿责任和信用责任，让侵权人无法从侵权行为中获利，对侵权人形成有力震慑，才能有效防范和遏制网络侵权行为。

2. 侵权责任因果关系认定呈现出一定扩张性

实践中争议较大的一个问题是共同饮酒人责任。共同饮酒人的责任类型主要包括以下三种：一是劝酒人对饮酒人因饮酒受到损害的赔偿责任；二是共同饮酒人对其他饮酒人因饮酒受到损害的赔偿责任；三是共同饮酒人对其他饮酒人因饮酒造成他人损害的赔偿责任。以上三类责任中，行为人与损害后果的因果关系渐次减弱。对于劝酒人对饮酒人因饮酒受到损害承担赔偿责任，在实践中争议较小。后两类责任在实践中争议较大。共同饮酒人对其他饮酒人的饮酒行为较难控制，也较难了解其他饮酒人的饮酒行为是否会对其身体造成损害。共同饮酒时，有的共同饮酒人在了解其他饮酒人酒量的情况下，可能会劝其不喝，甚至通过提前结束饮酒行为来达到防止其他共同饮酒人醉酒的目的。但此类行为是一种道德要求还是一种法律要求，存在不同认识。由于其他共同饮酒人的饮酒行为是完全自愿行为，要求共同饮酒人承担过重的注意义务缺乏明确法律依据。第三类责任中，行为人与损害后果之间的因果关系更远。实践中，仍然存在判决共同饮酒人对其他饮酒人因饮酒造成他人损害承担赔偿责任的情况。此类纠纷处理的法律和法理依据有待进一步深入研究。

与此相对应的是，最高人民法院2023年发布的第三批人民法院大力弘扬社会主义核心价值观典型民事案例中，自愿参加"广场舞"猝死，组织者无过错不担责的规则。在该案中，李某系跳舞、军鼓爱好者，常年义务为社区群众教授舞蹈、军鼓等，同参与活动的居民一起建立了微信群并被选为群主。2022年1月，张某某作为舞龙爱好者加入该群一起参与活动。同年1月

16 日上午 6 时，李某在微信群中通知打鼓队成员为当天表演活动进行集合彩排。张某某并非打鼓队成员但仍于上午 8 时到活动现场附近练习舞龙。上午 8 时 30 分，张某某在练习中晕倒。李某与其他成员立刻上前急救，并拨打急救电话，随后李某同救护车一起将张某某送至医院。但张某某最终抢救无效死亡，死因为心源性猝死。死者张某某之子张某认为李某对死者在活动中意外猝死存在过错，作为活动的组织者在对张某某抢救过程中未尽到救助义务，应承担侵权责任，遂将李某诉至人民法院要求赔偿各项损失共计 62 万余元。审理法院认为，张某某事发上午练习舞龙并非受李某的邀请，其发生意外，死因系心源性猝死，并非他人行为造成。李某虽系活动的组织者但其组织行为并无过错，作为非专业医护人员，李某与活动人员对张某某进行了必要的急救措施，并跟随救护车将张某某送至医院，尽到了作为组织者的安全保障义务，与张某某意外死亡之间没有因果关系，不应承担责任。

3. 校园霸凌的责任范围有待明确

校园霸凌是侵权领域的热点和难点问题。校园霸凌中霸凌人一般是无民事行为能力人、限制民事行为能力人。《民法典》第一千一百八十八条第一款规定："无民事行为能力人、限制民事行为能力人造成他人损害的，由监护人承担侵权责任。监护人尽到监护职责的，可以减轻其侵权责任。"霸凌人实施侵权行为后，由其监护人承担侵权责任。霸凌人通过监护人的管教获得"教训"，但教育的结果完全取决于监护人的管教态度和方法。有的霸凌人在监护人的纵容、溺爱下，会形成习惯性的霸凌行为。被霸凌人则长期处于被霸凌状态，身心健康均受到损害。因此，实践中有观点认为，在校园霸凌发生后，不仅监护人应当依法承担侵权责任，霸凌人还应当承担赔礼道歉的责任。这一观点具有合理性，尤其对于长期霸凌的未成年人而言，由其赔礼道歉既对是受害人抚慰也是对加害人的教育。

五、对民法实施的建议

针对 2023 年我国民法实施情况和实践中存在的问题，对下一步民法实施提出以下建议：

1. 继续坚持在民法实施中弘扬和践行社会主义核心价值观

坚持把社会主义核心价值观融入民法实施全过程、各方面，在裁判文书释法说理中弘扬社会主义核心价值观的理念和精神，通过小案例传递大道理，为守法尚德者撑腰，让违法失德者担责，充分发挥司法裁判的规则引领和价值导向作用。

2. 深入做实"公正与效率"主题

法治实施，始终以"公正与效率"为目标。开展诉源治理、优化管理指标、保护弱势群体、服务经济发展，根本上是要在处理民事纠纷过程中实现"公正与效率"。要防止将手段作为目的，为诉源治理而诉源治理，为数据而数据。最根本的是要"实事求是"，破除民法实施中的形式主义和官僚主义。

3. 在治标基础上加快推进治本

公示公信原则的弱化、抵押权的虚化，对交易安全和市场秩序会产生深远影响，由此带来的合规成本上升、道德风险增加、交易受到抑制都会阻碍市场经济的发展。这些损失既有显性的也有隐性的。改革商品房预售制度、完善和构建全国统一、便捷高效的不动产登记和查询制度，是当前民法实施需要开展的基础工程。

4. 继续深入推进家事审判改革

家事纠纷审判与传统财产纠纷审判的理念、方法、机制均有根本性区别。民法实施报告已经多次谈到这个问题。家事审判的职能应当从"审判"更多地向"诊断"和"修复"转变。婚姻以情感为基础，受理家庭伦理道德影响大。婚姻家庭问题往往由情感问题引发，并交织着利益问题。家事审判应当围绕问题"诊断"、情感"修复"、心理建设来设计制度，推进《民法典》婚姻家庭编的实施，才能实现案结事了，家和事兴。

5. 完善有利于促进消费和投资的制度

我们的一切工作，都是为了让老百姓过上好日子，关键是要创造更多更好的财富，并实现公平分配。创造财富需要鼓励投资，鼓励投资依靠产权保护和管理预期。通过实施物权法等法律，让人民群众辛勤劳动获得的财产得到有效保障。通过实施合同法等法律，让市场主体获得稳定的交易预期。人民群众对美好生活的向往就是最大的发展动力，只有让老百姓真切感受到勤劳能致富、挣钱放得稳，才能激发群众极大的投资热情。通过消费者权益保护法等法律的实施，构建消费者友好型社会。一切生产的最终目的是消费。人民群众的日子过得好不好最终要看消费，经济发展的最终动力也是消费。构建消费者友好型社会，不仅对消费者有利，对于诚信经营者也有利，是促进社会经济高质量发展的必然要求。为了一时一地的经济总量而放弃经济质量，不仅不利于经济高质量发展，还会产生劣币驱逐良币的效果，既不利于总量扩张也不利于质量提升。

6. 平等保护各类市场主体

民营企业和民营企业家是中国特色社会主义市场经济重要的活力源泉。

2023 年民法实施的重要方面是加强对民营企业和民营企业家的民法保护。加强保护应当以平等保护为前提。在市场准入、公平竞争、司法保护等方面，首先做到对各种类型经济主体平等保护。无论是行政执法机关还是司法审判机关，保持对所有主体平等对待、对所有服务对象充分尊重，就是在推动民法实施的进步。

撰稿专家

谢勇，四川隆昌人，法学博士、经济学博士，中华司法研究会理事，长期从事法律实务工作，出版专著《电子交易中的合同法规则》《建设工程施工合同案件裁判规则解析》，主编《民法典与司法解释关联对照及重点条文解读》，在《法律适用》《人民司法》《中国审判》《农村金融研究》等杂志上发表法学、经济学专业论文十多篇，参与编写专业书籍十多部。

2023 年知识产权法实施报告

许常海

报告要旨

　　保护知识产权就是保护创新，保护创新就是服务加快发展新质生产力。2023 年是全面贯彻党的二十大精神开局之年，是实施知识产权强国建设纲要和"十四五"规划承上启下的重要一年。司法机关、行政执法机关不折不扣贯彻落实习近平总书记关于知识产权工作的重要指示论述和党中央、国务院决策部署，不断加强知识产权法治保障，形成支持全面创新的基础制度。中央推进新一轮知识产权机构改革，知识产权管理体制实现重大优化调整，设立国家知识产权强国建设工作部际联席会议制度，统筹协调全国知识产权强国建设工作，组织实施知识产权强国战略，知识产权顶层设计更加完善。中共中央、国务院印发《质量强国建设纲要》，审议出台知识产权领域多个重要文件，积极推进《中华人民共和国商标法》修改，公布《国务院关于修改〈中华人民共和国专利法实施细则〉的决定》，知识产权法律制度得到有效实施。最高人民法院、国家知识产权局联合印发《关于强化知识产权协同保护的意见》，从总体要求、建立常态化联络机制、加强业务协作、加强工作保障等四个方面提出了全面加强知识产权保护工作，健全知识产权行政保护与司法保护衔接机制，全链条保护不断强化。坚持创新在我国现代化建设全局中的核心地位，加强反垄断和反不正当竞争，服务建设高效规范、公平竞争、充分开放的全国统一大市场；加快发展数字经济，促进数字经济和实体经济深度融合，打造具有国际竞争力的数字产业集群。司法系统坚持严格保护、能动履职、统筹协调理念，聚焦"公正与效率"工作主题，努力开创新时代知识产权司法保护新局面，有力支撑和服务中国式现代化。中宣部版权管理局、国家知识产权局等知识产权行政执法部门坚持稳中求进、高质量发展，持续推动知识产权高水平创造、高标准保护、高效益运用、高质量服务，大力提升知识产权审查质量效率，制定《专利转化运用专项行动方案 (2023—2025 年)》，积极推动知识产权转化运用。试点开展专利开放许可，高标准推进国家知识产权保护示范区建设，新建一批知识产权保护中心、快速维权中心、海外纠纷应对指导地方分中心和海外分中心，实施知识产权公共服务普惠工程，高规格举办中国与世界知识产权组织合作五十周年纪念活动。知识产权强国建设迈上新台阶，为社会主义现代化强国建设提供有力支撑。

核心建议

1. 符合知识产权案件规律的特别程序法需要进一步推进。
2. 人工智能、数据要素等新技术法律制度需要进一步完善。
3. 科技创新领域的知识产权法治保障需要进一步加强。

一、2023 年知识产权法实施的总体状况与主要特点

(一)2023 年知识产权法实施的总体状况

1. 行政保护情况

2023 年，我国知识产权行政工作稳中有进、进中提质，扎实推进知识产权强国建设纲要和"十四五"规划实施，具体情况如下[①]：

(1)专利相关情况。全年授权发明专利 92.1 万件，实用新型专利 209 万件，外观设计专利 63.8 万件。专利复审结案 6.5 万件，无效宣告结案 0.77 万件。受理 PCT 国际专利申请 7.4 万件。中国申请人提交海牙外观设计国际申请 1814 件。截至 2023 年底，我国发明专利有效量为 499.1 万件。

---

① 参见《国新办举行 2023 年知识产权工作新闻发布会》，载国家知识产权局，https://mp. weixin. qq. com/s/KBJoZ-fkP3rhmtCjrNj8HQ，最后 2024 年 3 月 24 日访问；《国家版权局关于 2023 年全国著作权登记情况的通报》，载国家版权，https://mp. weixin. qq. com/s/SJfGEEkshAc8g31rDPk30g，2024 年 3 月 24 日访问。

其中，国内（不含港澳台）发明专利有效量为 401.5 万件。我国每万人口高价值发明专利拥有量达 11.8 件。

（2）商标相关情况。全年注册商标 438.3 万件。完成商标异议案件审查 15.3 万件。完成各类商标评审案件审理 37.3 万件。收到中国申请人马德里商标国际注册申请 6196 件。截至 2023 年底，我国有效商标注册量为 4614.6 万件。

（3）地理标志相关情况。全年批准地理标志产品 13 个，核准地理标志作为集体商标、证明商标注册 201 件。核准使用地理标志专用标志经营主体 5842 家。截至 2023 年底，我国累计批准地理标志产品 2508 个，核准地理标志作为集体商标、证明商标注册 7277 件，地理标志专用标志经营主体总数达 2.6 万家，地理标志产品年产值超过 8000 亿元。

（4）集成电路布图设计相关方面。全年集成电路布图设计登记发证 1.1 万件。截至 2023 年底，我国集成电路布图设计累计发证 7.2 万件。

（5）著作权相关情况。2023 年全国著作权登记总量达 8923901 件，同比增长 40.46%。完成作品著作权登记 6428277 件，同比增长 42.30%。2023 年全国共完成计算机软件著作权登记 2495213 件，同比增长 35.95%，登记数量和增速均创 5 年来新高。2023 年全国共完成著作权质权登记 411 件，同比增长 17.43%；涉及合同数量 382 个，同比增长 31.27%；涉及作品数量 2082 件，同比增长 36.88%；涉及主债务金额 995817.4 万元，同比增长 82.82%；涉及担保金额 985783.88 万元，同比增长 80.85%。

（6）知识产权保护方面。国家知识产权局启动建设首批国家知识产权保护示范区 10 家，完成第二批 15 家的遴选和公示工作。新建知识产权保护中心 8 家、快速维权中心 7 家，总数达 112 家。新设海外知识产权纠纷应对指导地方分中心 21 家、海外分中心 2 家，总数达 45 家。知识产权保护社会满意度提升至 82.04 分。

（7）知识产权运用方面。全年专利商标质押融资登记金额 8539.9 亿元，惠及企业 3.7 万家。统计显示，2022 年我国专利密集型产业增加值为 15.3 万亿元，比上年增长 7.1%（未扣除价格因素），占 GDP 比重升至 12.7%。

（8）知识产权行政保护的特点。从相关数据看，2023 年知识产权行政保护总体呈现以下特点①：

---

① 参见《国新办举行 2023 年知识产权工作新闻发布会》，载国家知识产权局，https://mp.weixin.qq.com/s/KBJoZ-fkP3rhmtCjrNj8HQ，2024 年 3 月 24 日访问。

一是知识产权拥有量不断增加。截至 2023 年底，国内（不含港澳台）发明专利有效量为 401.5 万件，同比增长 22.4%，首次超过 400 万件。其中，高价值发明专利拥有量 166.5 万件，占 41.5%，较上年提高 1.1 个百分点。国内注册商标有效量为 4404.7 万件，同比增长 8.4%。

二是企业创新活动保持活跃。截至 2023 年底，我国国内拥有有效发明专利的企业达 42.7 万家，较上年增加 7.2 万家。国内企业拥有有效发明专利 290.9 万件，占比增至 71.2%，首次超过七成，创新主体地位进一步凸显。

三是数字经济领域创新强劲。按照世界知识产权组织划分的 35 个技术领域统计，截至 2023 年底，我国国内有效发明专利增速前三的技术领域分别为信息技术管理方法、计算机技术和基础通信程序，分别同比增长 59.4%、39.3% 和 30.8%，远高于国内平均增长水平，表明我国在数字技术领域保持了较高的创新热度，为数字经济高质量发展持续赋能增效。

四是质押融资普惠力度不断加大。全年专利商标质押融资登记金额 8539.9 亿元，同比增长 75.4%。质押登记项目 4.2 万笔，同比增长 49.2%。质押金额 1000 万元以下的普惠贷款惠及中小微企业 2.6 万家，同比增长 44%。知识产权质押融资成为企业盘活无形资产，筑造市场优势，增强创新发展动能的重要措施。

五是知识产权海外申请平稳向好。全年，中国申请人提交的 PCT 国际专利申请、海牙外观设计国际申请、马德里商标国际注册申请稳居世界前列。其中，PCT 专利申请量与上年基本持平，马德里商标国际注册申请量同比增长 6.3%。分析发现，年度 PCT 国际专利申请量靠前的中国企业与马德里商标国际注册申请量靠前的中国企业呈现出高度的一致性，表明中国企业的创新保护意识和品牌保护意识不断增强，在开拓国际市场时更加注重知识产权的全面布局。

2. 司法保护情况

（1）案件审理情况。

2023 年，全国法院新收一审、二审、申请再审等各类知识产权案件 544126 件，审结 544112 件（含旧存，下同），比 2022 年分别上升 3.41% 和 0.13%。

全国法院新收知识产权民事一审案件 462176 件，审结 460306 件，比 2022 年分别上升 5.4% 和 0.55%。其中，新收专利案件 44711 件，同比上升 14.73%；商标案件 131429 件，同比上升 16.85%；著作权案件 251687 件，同比下降 1.57%；技术合同案件 6492 件，同比上升 53.19%；竞争类案件

10230 件，同比上升 8.97%；其他知识产权民事纠纷案件 17627 件，同比下降 0.51%。全国法院新收知识产权民事二审案件 37214 件，审结 38713 件，同比分别下降 24.79% 和 20.37%。

全国法院新收知识产权行政一审案件 20583 件，审结 22340 件，比 2022 年分别下降 0.28% 和上升 26.7%。其中，新收专利案件 1990 件，同比上升 5.85%；商标案件 18558 件，同比下降 0.97%；著作权案件 11 件，比 2022 年减少 1 件；其他案件 24 件，同比上升 166.67%。全国法院新收知识产权行政二审案件 10053 件，审结 9259 件，比 2022 年分别上升 54.64% 和 17.99%。其中，维持原判 7477 件，改判 1551 件，发回重审 1 件，撤诉 208 件，驳回起诉 3 件，其他 19 件。

全国法院新收侵犯知识产权刑事一审案件 7335 件，审结 6967 件，比 2022 年分别上升 37.46% 和 27.69%。其中，新收假冒专利刑事案件 1 件，审结 1 件；新收侵犯注册商标类刑事案件 6634 件，审结 6357 件，同比上升 33.45% 和 24.67%；新收侵犯著作权类刑事案件 627 件，审结 543 件，同比上升 106.25% 和 79.8%；新收其他刑事案件 73 件，审结 66 件，同比上升 19.67% 和 20%。全国法院新收涉知识产权的刑事二审案件 956 件，审结 965 件，同比分别下降 2.35% 和 1.23%。①

（2）知识产权司法保护特点。

一是知识产权司法对创新创造的保护力度进一步加大。人民法院坚持严格保护理念，准确适用民法典和知识产权法律法规，落实落细惩罚性赔偿制度，充分发挥刑罚对侵犯知识产权犯罪的威慑预防功能，依法从严惩治侵权假冒，显著提高侵权代价和违法成本。2023 年，全国法院在 319 件案件中适用惩罚性赔偿，同比增长 117%，判赔金额 11.6 亿元，同比增长 3.5 倍。注重依法及时救济，用足用好知识产权证据规则，积极发挥行为保全制度效能，有效破解知识产权维权"周期长""成本高"难题。

二是知识产权司法服务新质生产力发展的作用进一步发挥。加强知识产权保护是发展新质生产力的内在要求和重要保障，知识产权司法保护的力度和水平，直接关系保护创新成果、激发创新活力的效果，直接影响创新驱动发展战略的实施和推进。人民法院立足司法的引领、规范和保障作用，不断完善高新技术成果和新业态新模式司法裁判规则，持续加大对大数据、人工智能、高端芯片和生物技术等关键技术、重点领域、新兴产业的知识产权

---

① 参见《中国法院知识产权司法保护状况（2023 年）》。

司法保护力度，助推技术创新、产业创新、制度创新，有力支撑和服务新质生产力发展。

三是知识产权司法专业化审判体制机制进一步健全。以最高人民法院知识产权审判业务部门为牵引、4 个知识产权法院为示范、27 个地方法院知识产权法庭为重点、各级法院知识产权审判业务部门为支撑的专业化审判体系基本形成，国家层面知识产权案件上诉审理机制运行取得积极成效，全国具有知识产权民事案件管辖权的基层人民法院达到 558 家，知识产权案件"三合一"审判机制改革深入推进，充分发挥知识产权专门化审判体系在统一裁判标准、优化科技创新法治环境、服务知识产权强国建设等方面的积极作用。

四是知识产权司法推动构建大保护格局的作用进一步加强。人民法院坚持能动履职，积极融入知识产权全链条保护，不断加强司法审判与行政执法衔接协作，促进知识产权行政执法标准与司法裁判标准有机协调。坚持和发展新时代"枫桥经验"，做实"抓前端、治未病"，坚持系统治理、依法治理、综合治理、源头治理，针对性提出司法建议，加强知识产权纠纷多元化解，推动版权、数据权益保护等领域合作，参与知识产权诉讼诚信体系建设，积极开展法治宣传教育，切实推动知识产权保护标本兼治。

五是知识产权司法营造一流营商环境的成效进一步凸显。人民法院依法维护中小企业、民营企业合法权益，消除市场封锁，增强竞争动力，维护诚信经营，促进生产要素在更大范围内畅通流动，保障加快建设全国统一大市场。坚持统筹推进国内法治和涉外法治，公正高效审理涉外知识产权案件，平等保护中外当事人合法权益，越来越多外国当事人选择在中国解决知识产权纠纷，有力服务构建以国内大循环为主体、国内国际双循环相互促进的新发展格局。

(二)知识产权法实施的主要特点

1. 知识产权政策体系日益完善

(1)党中央、国务院明确知识产权创造、运用、保护等具体举措。

2023 年 2 月，中共中央、国务院印发《质量强国建设纲要》。《质量强国建设纲要》部署了增强质量发展创新动能、争创国内国际知名品牌等一系列具体举措，明确提出加强专利、商标、版权、地理标志、植物新品种、集成电路布图设计等知识产权保护，提升知识产权公共服务能力；加强技术创新、标准研制、计量测试、合格评定、知识产权、工业数据等产业技术基础能力建设，加快产业基础高级化进程；深入实施地理标志农产品保护工程，推进现代农业全产业链标准化试点；支持企业加强品牌保护和维权，依法严厉打击品牌仿冒、商标侵权等违法行为，为优质品牌企业发展创造良好环境；依法依规严厉打击制售假冒伪劣商品、侵犯知识产权、工程质量违法违规等行为，推动跨行业跨区域监管执法合作，推进行政执法与刑事司法衔接。

7月，中共中央、国务院发布《关于促进民营经济发展壮大的意见》。意见指出，民营经济是推进中国式现代化的生力军，是高质量发展的重要基础，是推动我国全面建成社会主义现代化强国、实现第二个百年奋斗目标的重要力量。持续完善知识产权保护体系，加大对民营中小微企业原始创新保护力度；严格落实知识产权侵权惩罚性赔偿、行为保全等制度；建立知识产权侵权和行政非诉执行快速处理机制，健全知识产权法院跨区域管辖制度；研究完善商业改进、文化创意等创新成果的知识产权保护办法，严厉打击侵犯商业秘密、仿冒混淆等不正当竞争行为和恶意抢注商标等违法行为；加大对侵犯知识产权违法犯罪行为的刑事打击力度。完善海外知识产权纠纷应对指导机制。

8月，国务院印发《关于进一步优化外商投资环境、加大吸引外商投资力度的意见》，要求更好统筹国内国际两个大局，营造市场化、法治化、国际化一流营商环境，充分发挥我国超大规模市场优势，更大力度、更加有效吸引和利用外商投资，为推进高水平对外开放、全面建设社会主义现代化国家作出贡献。意见明确提出，健全外商投资权益保护机制，强化知识产权行政保护，加大知识产权行政执法力度，规范涉外经贸政策法规制定。

11月，国务院印发《全面对接国际高标准经贸规则推进中国（上海）自由贸易试验区高水平制度型开放总体方案》，聚焦7个方面，提出80条措施。总体方案要求，加强知识产权保护，加大商标、专利、地理标志等保护力度，进一步加强行政监管和司法保护，全面提升知识产权保护能力。在行政监管和司法保护方面，提出加大行政执法监管力度和对权利人的司法保护力度，规范具有商业规模、故意使用以下标签或包装的行为：未经授权在标签或包装上使用与已在中国境内注册商标相同或无法区别的商标；意图在商业交易过程中将标签或包装用于商品或服务，且该商品或服务与已在中国境内注册商标的商品或服务相同。对以营利为目的，未经授权在电影院放映过程中对电影作品进行复制且对权利人造成重大损害的行为，加大行政执法监管力度和对权利人的司法保护力度。进一步完善商业秘密保护制度，为商业秘密权利人提供全面法律救济手段。对以下侵犯商业秘密且情节严重的行为，加大行政执法监管力度和对权利人的司法保护力度：未经授权获取计算机系统中的商业秘密；未经授权盗用、披露商业秘密（包括通过计算机系统实施上述行为）。

（2）政策性文件对知识产权保护作出具体部署。

7月，为贯彻落实中共中央、国务院《知识产权强国建设纲要（2021—2035 年）》和国务院《"十四五"国家知识产权保护和运用规划》，深入实施知识产权强国战略，加快建设知识产权强国，明确 2023 年度重点任务和工作措施，国务院知识产权战略实施工作部际联席会议办公室印发《2023 年知识产权强国建设纲要和"十四五"规划实施推进计划》，明确了 7 个方面 139 项重点任务和工作措施。明确提出，推进修改《中华人民共和国商标法》《中华人民共和国商标法实施条例》《中华人民共和国著作权法实施条例》《著作权集体管理条例》《著作权行政处罚实施办法》《作品自愿登记试行办法》《计算机软件著作权登记办法》；推进《中华人民共和国反不正当竞争法》及相关配套规章的制定和修改；推进修改《中华人民共和国电子商务法》中的知识产权条款；推进修改《商业秘密保护规定》《禁止滥用知识产权排除、限制竞争行为规定》；研究制定《标准必要专利反垄断指南》《禁止网络不正当竞争行为暂行规定》；推进修改《中华人民共和国植物新品种保护条例》《中华人民共和国植物新品种保护条例实施细则（农业部分）》；加快推进《中医药传统知识保护条例》立法进程；推进修改《国防专利条例》等。

10月，国务院办公厅印发《专利转化运用专项行动方案（2023—2025 年）》，对我国大力推动专利产业化，加快创新成果向现实生产力转化作出专项部署。方案提出，到 2025 年，推动一批高价值专利实现产业化，高校和科研机构专利产业化率明显提高，全国涉及专利的技术合同成交额达到 8000 亿元，一批主攻硬科技、掌握好专利的企业成长壮大，重点产业领域知识产权竞争优势加速形成，备案认定的专利密集型产品产值超万亿元。方案从三个方面对专利转化运用专项行动作出具体部署：一是大力推进专利产业化，加快专利价值实现。梳理盘活高校和科研机构存量专利，以专利产业化促进中小企业成长，推进重点产业知识产权强链增效，培育推广专利密集型产品。二是打通转化关键堵点，激发运用内生动力。强化高校、科研机构专利转化激励，强化提升专利质量促进专利产业化的政策导向，加强促进转化运用的知识产权保护工作。三是培育知识产权要素市场，构建良好服务生态。高标准建设知识产权市场体系，推进多元化知识产权金融支持，完善专利转化运用服务链条，畅通知识产权要素国际循环。

2. 知识产权法律法规体系更加健全

（1）法律实施和修改情况。为贯彻落实习近平总书记关于知识产权工作的重要指示精神和党的二十大关于"加强知识产权法治保障"的部署要求，进一步完善商标制度，解决商标领域存在的突出问题，促进社会主义市场经济高质量发展，国家知识产权局积极推进《中华人民共和国商标法》修改工作。最高人民法院组织开展"关于构建公正高效的知识产权司法保护体制"重点课题调研，以构建公正高效的知识产权司法保护体制为目标，以破解制约科技创新的体制性难题为导向，以审判专门化、管辖集中化、程序集约化为主线，从推动相关制度建设、增强审判能力等方面，明确促进知识产权审判工作水平提高的具体举措，加快推进《知识产权诉讼特别程序法》立法。

（2）司法解释制定情况。国家层面知识产权案件上诉审理机制改革持续深化，最高人民法院修改《关于知识产权法庭若干问题的规定》，根据审判实际情况，调整技术类知识产权案件管辖布局，促进技术类案件审判资源进一步优化。最高人民法院、最高人民检察院发布《关于办理侵犯知识产权刑事案件适用法律若干问题的解释（征求意见稿）》，立足当前"加大刑事打击力度"的现实需要，结合知识产权刑事司法实践，进一步明确知识产权罪入罪标准和法律适用问题。

（3）行政法规规章制定情况。《中华人民共和国专利法实施细则》进行了修改，自2024年1月20日起施行。有三个方面特点：一是贯彻落实党中央、国务院关于加强知识产权保护的决策部署，进一步提升我国专利创造、运用、保护、管理和服务水平。二是依照修改后的专利法细化、完善相关制度，维护专利制度的一致性、稳定性。三是与加入的相关国际条约做好衔接，积极落实国际条约义务、进一步融入国际规则。修改主要涉及五个方面：一是完善专利申请制度，便利申请人和创新主体；二是完善专利审查制度，提高专利审查质量；三是加强专利行政保护，维护专利权人合法权益；四是加强专利公共服务，促进专利转化运用；五是新增外观设计国际申请特别规定，加强与海牙协定的衔接。

（4）政策性文件发布情况。为贯彻落实《知识产权强国建设纲要（2021—2035年）》《"十四五"国家知识产权保护和运用规划》《知识产权公共服务"十四五"规划》相关任务部署，积极推进实施知识产权公共服务普惠工程，不断提高知识产权公共服务标准化规范化便利化水平，促进创新成果更好惠及人民，国家知识产权局制发《知识产权公共服务普惠工程实施方案（2023—2025年）》。为贯彻落实党中央、国务院关于全面加强知识产权保护的决策部署, 建立健全知识产权侵权纠纷检验鉴定及技术事实查明工作体系, 国家知识产权局印发《知识产权鉴定机构名录库管理办法》《知识产权行政保护技术调查官管理办法》。为进一步明确维权援助工作体系构建的方式和路径, 进一步规范维权援助机构运行管理, 细化统一维权援助工作程序和业务标准, 国家知识产权局制发《知识产权维权援助工作指引》。

3. 知识产权保护整体效能显著提升

(1)建立国家知识产权强国建设工作部际联席会议制度。2023 年 12 月, 党中央、国务院批准建立国家知识产权强国建设工作部际联席会议(以下简称联席会议)制度。联席会议的主要职责是: 以习近平新时代中国特色社会主义思想为指导, 深入学习贯彻习近平总书记关于知识产权强国建设的重要指示精神, 全面落实党中央、国务院决策部署, 统筹协调全国知识产权强国建设工作, 组织实施知识产权强国战略。加强对知识产权强国建设工作的宏观指导; 研究加强知识产权强国建设的重大方针政策, 制订知识产权强国建设年度推进计划; 指导、督促、检查有关政策措施的落实, 监测评估工作成效; 协调解决知识产权强国建设中的重大问题; 完成党中央、国务院交办的其他事项。联席会议由国家知识产权局、中央宣传部、最高人民法院、最高人民检察院、外交部、国家发展改革委、教育部、科技部、工业和信息化部、公安部、司法部、财政部、人力资源社会保障部、生态环境部、农业农村部、商务部、文化和旅游部、国家卫健委、中国人民银行、国务院国资委、海关总署、市场监管总局、广电总局、国家统计局、中国科学院、国家国防科工局、国家林草局、中央军委装备发展部、中国贸促会等 29 个成员单位组成, 国家知识产权局为牵头单位。联席会议由国家知识产权局主要负责同志和中央宣传部分管版权工作的负责同志担任召集人, 各成员单位有关负责同志为联席会议成员。联席会议办公室设在国家知识产权局, 承担联席会议的日常工作。

2024 年 1 月, 为贯彻落实党中央、国务院关于知识产权强国建设的重要部署, 深入实施《知识产权强国建设纲要(2021—2035 年)》和《"十四五"国家知识产权保护和运用规划》, 国家知识产权强国建设工作部际联席会议办公室发布《知识产权强国建设发展报告(2023 年)》。报告总结了知识产权强国建设发展目标进展情况和知识产权强国建设取得的成效, 从国家及地方两个层面评价了知识产权强国建设发展状况, 分析了知识产权强国建设面临的形势, 并对 2024 年知识产权强国建设发展进行了展望。

(2)司法机关与行政机关强化协同保护。2023 年初, 最高人民法院、国家知识产权局联合印发《关于强化知识产权协同保护的意见》，从总体要求、建立常态化联络机制、加强业务协作、加强工作保障等四个方面提出了全面加强知识产权保护工作，健全知识产权行政保护与司法保护衔接机制的13项具体举措，进一步明确联络机构，建立会商机制，加强信息共享；推动协同保护相关法律政策完善，促进行政标准与司法标准统一；加强专业技术支撑、重点业务研讨，加强人才交流培训，推进跨区域协作共建、协同保护，深度参与全球知识产权治理。7月，国家知识产权局、最高人民法院、最高人民检察院、公安部联合印发《关于表扬2022年度全国知识产权保护工作成绩突出集体和个人的通报》，对全国知识产权保护工作成绩突出的100个集体和200名个人予以通报表扬。全国知识产权系统、人民法院、人民检察院、公安机关各有25个集体和50名个人受到表扬。通报指出，近年来，全国知识产权系统、人民法院、人民检察院、公安机关认真贯彻落实党中央、国务院关于全面加强知识产权保护的决策部署，依照国家有关法律法规严厉打击侵犯知识产权违法犯罪行为，坚决维护知识产权权利人的合法权益，积极营造良好的营商环境，有力支撑了知识产权强国建设。

为深入贯彻落实党中央、国务院关于全面加强知识产权保护的决策部署，按照经国务院《国家知识产权保护示范区建设方案》具体部署，国家知识产权局联合最高人民法院、最高人民检察院、工业和信息化部、海关总署、市场监管总局、中国贸促会等6个部门单位启动首批示范区遴选工作，从各省（自治区、直辖市）推荐的城市（地区）中择优确定10个城市（地区）开展建设，这些地方在探索制度创新、织密保护网络、优化监管模式、深化执法协作、强化风险防控等方面大胆尝试，打造知识产权保护试验田，示范区的有益经验和有效做法将在全国范围内复制推广，推动我国知识产权保护水平的整体提升，进一步优化营商环境，激发全社会创新创造活力，支撑高质量发展。

（3）行政机关合力成效显著。为深入学习贯彻习近平总书记关于办好杭州亚运会的重要指示精神，贯彻落实党中央、国务院关于强化知识产权保护的决策部署，切实加强亚运知识产权保护工作，国家知识产权局、中央网信办、公安部、海关总署、市场监管总局下发《关于开展杭州亚运会和亚残运会知识产权保护专项行动的通知》，推动形成"一地举办、全国联动"的亚运知识产权保护工作格局，为杭州亚运会和亚残运会顺利举办营造良好的知识产权保护环境和氛围。2023年9月，为加强新时代专利侵权纠纷行政裁决工作，推动各地知识产权管理部门发挥解决专利侵权民事纠纷积极作用，更好更快依法保护专利权人和社会公众合法权益，国家知识产权局、司法部联合印发《关于加强新时代专利侵权纠纷行政裁决工作的意见》。专利侵权纠纷行政裁决制度是中国特色知识产权制度的重要组成部分，在全面加强知识产权保护、推进创新型国家建设、推动高质量发展、扩大高水平对外开放中发挥着重要作用。[①]

（4）知识产权多元纠纷化解机制进一步健全。5 月，国家知识产权局办公室、最高人民法院办公厅联合发布《2021—2022 年知识产权纠纷多元调解典型经验做法和案例》，贯彻党中央、国务院关于强化知识产权保护的决策部署，坚持把非诉讼纠纷解决机制挺在前面，从源头预防、在线调解、多元化解、一站式解纷等多个方面加强知识产权纠纷调解工作，健全完善知识产权在线诉调对接工作机制，构建中国特色"总对总"在线多元解纷新格局。

4. 典型案例释法宣传作用日益突出

（1）知识产权司法保护案例。在 2023 年知识产权宣传周期间，最高人民法院发布 2022 年中国法院十大知识产权案件和 50 件典型知识产权案例。为充分发挥典型案例指引作用，激励保障科技创新，加强知识产权保护，维护市场公平竞争，服务高水平对外开放，最高人民法院知识产权法庭从成立五年来审结的 15710 件技术类知识产权和垄断案件中，评选出十大影响力案件和 100 件典型案例。案例主要有以下特点：一是所涉领域广，既包括信息通信、人工智能等新兴科技领域，也包括中医药、机械、材料等传统技术领域，许多垄断案件直接涉及社会民生。二是牵涉利益大，不少案件涉及国内甚至全球市场头部企业的核心技术，高额判赔案件越来越多。三是国际性强，超过 1/5 的案例具有涉外因素，当事人涉及全球各主要经济体。四是权利种类全，涵盖了发明专利、实用新型专利、植物新品种、集成电路布图设计、技术秘密、计算机软件等各种技术类知识产权。五是案件类型多，既有授权确权行政纠纷，又有权属、侵权、合同民事纠纷，既有民行程序交叉案件，又有刑民程序交叉案件。六是处理方式多样，既有裁判，也有调解，还有司法处罚、违法线索移送等。

（2）知识产权行政保护案例。为深入贯彻党中央、国务院关于全面加强知识产权保护的决策部署，提升知识产权行政保护办案质量与效率，有力震

---

① 参见国家知识产权局、司法部《关于加强新时代专利侵权纠纷行政裁决工作的意见》政策解读，载国家知识产权局，https://mp.weixin.qq.com/s/rEhtrZhE_j8_RsoVM2UZ9Q，2024 年 3 月 24 日访问。

慑知识产权侵权违法行为，积极营造良好的创新环境和营商环境，国家知识产权局在全国知识产权宣传周、知识产权开放日活动中发布2022年度知识产权行政保护典型案例共30件。案例在彰显知识产权行政保护优势，跨区域跨部门执法协作快速反应，对国内外权利人知识产权同等保护方面具有较高的代表性和较强的影响力，集中展现了一年来我国在全面加强知识产权保护，严厉打击知识产权侵权行为，护航国家重大活动和战略性新兴产业发展，持续优化创新和营商环境，推动经济高质量发展等方面取得的成效。2023年12月，按照党中央、国务院关于全面加强知识产权保护的总体部署，各地区版权执法部门进一步加大版权执法监管力度，查处了一批侵权盗版大要案件。为深入宣传打击侵权盗版工作成果，充分发挥典型案例的示范引导作用，国家版权局联合全国"扫黄打非"办公室评选出了2022年度全国打击侵权盗版十大案件。

5.知识产权国际合作成效显著

开展中国与世界知识产权组织合作五十周年系列活动。世界知识产权组织高度赞赏中国在创新和知识产权领域取得的成就，愿继续加强与中国的合作，推动全球知识产权生态系统的建设和发展。活动期间举办了中国与世界知识产权组织合作五十周年历史图片展、中国被授权实体加入无障碍图书联合会全球图书服务仪式、中华传统文化展示、相关视频和创新产品展示等活动，宣传了中国在创新发展和知识产权保护等方面取得的成就。

人民法院积极参与世界知识产权组织框架下的全球知识产权治理，推动全球知识产权治理体制向着更加公正合理方向发展。2023年，最高人民法院同世界知识产权组织签署加强交流与合作谅解备忘录，参与世界知识产权组织"旗舰出版物"——《法官专利案件管理国际指南》"中国专章"的编写，入选"中国法治国际传播2023年十大典型案例"。指导上海、福建、海南、广东四地法院与世界知识产权组织仲裁与调解中心建立合作关系、签订交流合作协议、开展诉调对接。加强与"一带一路"共建国家和地区知识产权司法协助和务实合作。举办中欧知识产权司法论坛，派员参加世界知识产权组织"2023年知识产权法官论坛"，国际商标协会2023年年会，国际保护知识产权协会版权论坛等国际会议，向国际社会展现我国开放包容、平等公正的良好形象，为全球知识产权治理贡献中国司法智慧。

二、《专利法》实施情况

(一) 专利司法保护情况

人民法院充分发挥知识产权审判对科技创新的激励和保障作用,充分发挥发明专利等技术类案件集中管辖和审理的优势,总结提炼科技创新司法保护规则,统一技术类案件裁判尺度,强化对创新成果保护的规则引领和价值导向,激发自主创新的信心和活力,有力服务高水平科技自立自强,助力我国经济高质量发展。

1. 推动技术类案件审判质效提升

人民法院积极完善司法解释,切实加强案例指导,推动技术类案件审判质效不断提升。最高人民法院修改《关于知识产权法庭若干问题的规定》,根据审判实际情况,调整技术类知识产权案件管辖布局,促进技术类案件审判资源进一步优化。下发《关于健全完善技术类知识产权和垄断案件审判质效通报反馈机制的意见(试行)》,切实强化对下监督指导。不断完善多元化技术事实查明机制,719 名技术调查专家纳入"全国法院技术调查人才库",实现机械、电学、化学、光电、通信、生物医药等主要技术领域全覆盖,全国范围共建共享、按需调派,有效缓解技术类案件事实查明难题。发布第 39 批指导性案例 8 件,其中 5 件涉及侵害专利、集成电路布图设计及技术秘密,有效指导审判实践。发布第 3 批人民法院种业知识产权司法保护典型案例 15 件,总结司法实践经验,指导种业知识产权纠纷处理,提升种业知识产权司法保护水平,推动健全种质资源保护和利用体系。

2. 加大技术创新成果保护力度

人民法院贯彻严格保护的司法理念,依法加强对专利授权确权行政行为合法性审查,提升专利授权确权质量。积极运用诉讼保全、惩罚性赔偿等救济手段,显著提高侵权代价和违法成本,让"真创新"受到"真保护","高质量"受到"严保护",妥善审理涉及 5G 通信、量子技术、人工智能、生物医药、高端装备制造、种业种源等高新技术领域知识产权案件,加强关键领域、核心技术、新兴产业知识产权司法保护,有力服务保障技术创新和产业升级。最高人民法院审理"蜜胺"发明专利及技术秘密侵权案,依法判令侵权方赔偿 2.18 亿元,执行中促成全面和解,侵权方获得使用许可,权利人最终获偿 6.58 亿元,刷新国内知识产权案件纪录,入选"新时代推动法治进程 2023 年度十大案件"。审结"橡胶防老剂"技术秘密侵权案,判赔 2.02 亿元,创技术秘密侵权判赔新高。稳妥化解两家科技"独角兽"企业系列侵权互诉案，促成 10 多起专利纠纷达成一揽子和解，使创新主体轻装上阵，集中精力进行科研攻关。2023 年，人民法院新收专利民事一审案件 44711 件，同比上升 14.73%。安徽高院提级审理一起涉植物新品种权益纠纷案，促成一次性解决 15 个杂交水稻新品种纠纷，并就案外 2 个植物新品种达成合作共识，有力促进种业振兴。河南高院提出 14 项具体措施，服务和保障"中原农谷"建设，加大对具有自主知识产权的重大农业科技成果和植物新品种的保护力度。北京知识产权法院审结集成电路、标准必要专利等高新技术知识产权案件 140 件，同比增长 35.2%。杭州、宁波、温州知识产权法庭集中优势审判资源，跨区域审结专利技术类案件 2000 件，积极服务区域科技创新水平提升。

（二）专利行政执法情况

1. 加强关键领域保护

加大药品领域的知识产权保护工作，积极开展药品领域知识产权保护机制研究探索，扎实推进药品专利保护各项工作，依法严格保护药品知识产权权利人的合法权益。通过制度创新和部门协作，激励医药产业创新，对医药创新成果给予更多重视、扶持和保护。① 2 月 28 日，芯片、中医药产业专利专题数据库在国家重点产业专利信息服务平台上线试运行。建设芯片、中医药产业专利专题数据库，是贯彻落实党的二十大报告关于"推动战略性新兴产业融合集群发展，构建新一代信息技术等一批新的增长引擎""推进健康中国建设，促进中医药传承创新发展"等战略部署的具体举措和阶段性成果，旨在进一步提升芯片、中医药产业知识产权信息利用和自主创新能力，为产业创新发展提供有力支撑。芯片、中医药产业专利专题数据库依托国家重点产业专利信息服务平台运行，可检索数据范围包括 105 个国家、地区和组织的 1.5 亿余条数据。有利于科研院所、医疗机构、企业等创新主体更加方便快捷地获取易用、精准、高效的知识产权信息公共服务产品，聚焦战略性新兴产业、传统优势产业等领域，进一步优化研发路径、缩短研发周期、提升研发效率，为推动短板产业补链、优势产业延链，传统产业升链、新兴产业建链，提供知识产权信息公共服务支撑，助力推进关键核心技术攻关和实现高水平科技自立自强。

---

① 参见国新办举行 2023 年上半年知识产权工作新闻发布会，载国家知识产权局，https://mp.weixin.qq.com/s/Ma9Rqf0uZZ9Y6_-8sEbhjw，2024 年 3 月 24 日访问。

2.高度重视协同保护

行政、司法机关秉持强化知识产权全链条保护的协同保护理念，积极参与知识产权保护体系工程建设，加强沟通协调，健全知识产权行政保护与司法保护协同机制，推进知识产权行政执法和司法标准统一，提升保护合力。为健全知识产权评估体系，国家知识产权局会同中国人民银行、国家金融监督管理总局组织编制了推荐性国家标准《专利评估指引》（国家标准编号 GB/T42748-2023），2023 年 9 月 1 日起实施，推动完善专利评估机制，提升专利评估能力，为专利转化运用提供基础支撑，促进创新资源有序流动和高效配置。[①]

三、《商标法》实施情况

(一) 商标司法保护情况

人民法院加强与行政执法机关协同配合，不断健全完善商标司法保护的制度、机制和裁判规则，支持鼓励商标实际使用，依法制止权利滥用行为，有力维护商标注册秩序，保护市场主体诚信经营，推动筑牢商标保护和品牌经济发展的法治基础。

1. 维护商标注册秩序

人民法院不断提高商标授权确权行政案件审理质量，坚决打击不以使用为目的的商标恶意注册行为，促进商标申请注册秩序正常化和规范化。2023 年，人民法院审结商标行政一审案件 20090 件。最高人民法院审结"洋河"商标撤销复审行政纠纷案，明确不应因《类似商品和服务区分表》项目变更，而限缩此前商标注册人的权利范围或作出对注册人不利的解释，贯彻商标法鼓励商标实际使用的立法精神。审结"任诚意"商标权无效宣告请求行政纠纷案，厘清"老字号"传承发展关系，认定以公司经营者前人姓名注册的商标合法有效。北京高院与国家知识产权局加强商标行政案件沟通协调，完善诉源治理工作举措，6—12 月商标驳回复审行政纠纷一审案件月平均收案量较 1—5 月下降 23%。共同探索商标恶意注册行为人信息共享机制，精准识别处置恶意囤积商标行为，推动规范商标注册秩序。

2. 依法保护诚信经营

准确适用商标法，依法加强驰名商标、传统品牌和老字号司法保护，呵

---

① 参见《专利评估指引》国家标准正式发布，载国家知识产权局，https://mp.weixin.qq.com/s/SCJdRQyNVk2H6qYA5mPyjA；2024 年 3 月 24 日访问。

护更多有国际影响力的"中国制造"品牌；加大对侵犯商标类犯罪的刑事打击力度，严厉惩治商标攀附、仿冒搭车，遏制侵犯地理标志权利行为。合理平衡界定商标权权利边界与保护范围，实现保护范围和强度与显著性相适应，维护公共利益和市场秩序。2023年，人民法院新收商标民事一审案件131429件，同比上升16.85%。新收侵犯注册商标类刑事一审案件6634件，审结6357件，同比上升33.45%和24.67%。最高人民法院审结"新百伦"商标侵权和不正当竞争纠纷案，在被诉侵权人构成举证妨碍情形下，全面、客观审核在案证据，判决赔偿权利人经济损失及合理开支3004万元。审结"盼盼"商标侵权及不正当竞争纠纷案，对明知他人注册商标知名度和影响力，仍然大量使用近似商标进行恶意攀附的，适用4倍惩罚性赔偿，全案判决赔偿1亿元经济损失及合理开支65万元。审结"金银花"商标侵权案，明确注册商标中含有本商品主要原料名称，注册商标专用权人无权禁止他人正当使用，充分保护正当、诚信经营。福建、广西、四川、云南、甘肃、宁夏等地法院立足本地区位优势，建立地理标志司法保护工作机制，助力地方特色品牌发展壮大。

（二）商标行政执法情况

1. 完善行政法规规章

党中央、国务院高度重视地理标志保护工作，将"实施地理标志保护工程"纳入《知识产权强国建设纲要（2021—2035年）》等重要政策文件，在《"十四五"国家知识产权保护和运用规划》15个专项工程中设立"地理标志保护工程"专项，明确提出重点任务。国家知识产权局发布《地理标志产品保护办法》，自2024年2月1日起施行。国家知识产权局还印发《地理标志保护工程实施方案》。为充分发挥集体商标、证明商标在推动地方特色经济发展，提升集群产业发展效益等方面的重大作用，全面提升集体商标、证明商标注册、运用、管理和服务水平，平衡好注册商标专用权与社会公共利益的关系，保持规范有序的商标注册秩序和公平竞争的市场环境，根据《商标法》《商标法实施条例》的规定，制发《集体商标、证明商标注册和管理规定》，自2024年2月1日起施行。

2. 治理商标恶意注册

2023年4月20日，国家知识产权局印发《系统治理商标恶意注册促进高质量发展工作方案（2023—2025年）》，巩固近年来打击商标恶意注册工作成果，全领域深化商标恶意注册行为治理，加强知识产权源头保护，强化知识产权申请注册质量监管的部署，引导相关市场主体在商标申请注册与使用过程中遵循诚实信用原则，弘扬社会主义核心价值观，维护公序良俗。国家知识产权局编写《关于禁止作为商标使用标志的指引》，进一步示明含地名商标申请注册的禁止性规定、稳定性风险及权利边界，引导商标申请人及使用人遵循诚实信用和防止权利滥用原则，正确申请注册和使用商标。

四、《著作权法》实施情况

(一) 著作权司法保护情况

人民法院充分发挥著作权案件审判对于优秀文化的引领和导向功能，大力弘扬社会主义核心价值观，加强人工智能技术司法保护研究，持续提升传统文化和传统知识等领域的著作权保护水平，促进文化产业健康发展。

1. 探索新类型著作权案件裁判规则

最高人民法院发布 8 件电影知识产权保护典型案例，涉及盗录传播院线电影、保护作品完整权、改编权、信息网络传播权、著作权合理使用等多方面内容，有效指导各级人民法院依法审理涉电影著作权保护案件，激发电影产业创新创造活力。审结酒店提供影视作品点播服务著作权侵权案，明确信息网络传播权侵权界限，为酒店、民宿经营者合法提供观影服务作出规则指引。审结涉"开源软件"著作权侵权案，依法保护开源软件二次开发者的权利，平衡软件开源社区建设和软件开发者利益保护之间的关系。审结"自助创建网站"侵害计算机软件著作权系列纠纷案，合理确定判赔标准，引导权利人溯源维权。北京知识产权法院开展网络著作权司法保护规则研究，就推荐算法运用下的平台责任问题形成调研报告，探索涉推荐算法平台版权责任案件的裁判思路优化与规则完善。北京互联网法院审结 AI 文生图著作权案，探索人工智能生成物著作权保护路径。

2. 保护文化传承创新发展

2023 年，人民法院审结著作权民事一审案件 246013 件。人民法院立足司法审判职能，加大对著作权人和相关权利人的保护，依法引领新兴技术规范运用，促进中华优秀传统文化创造性转化、创新性发展，服务保障文学、艺术和科学作品的繁荣发展。上海高院加强涉无障碍作品著作权侵权纠纷案件审判指导，保障阅读障碍者以无障碍方式获取作品，平衡保护著作权人、阅读障碍者的合法权益。江西高院联合有关单位举办专题研讨会，持续加大对景德镇陶瓷文化传承与创新的司法保护，优化陶瓷产业营商环境。新疆高院向自治区广播电视局发出司法建议，推动加强节目内容著作权权属审查，从源头上减少矛盾纠纷，取得良好效果。辽宁沈阳中院与省版权局加强司法协助、信息交流、诉调对接，推动构建知识产权协同保护治理模式。湖北襄阳中院审理侵犯听书作品著作权案，获评"全国打击侵权盗版十大案件"。山东枣庄中院加强图书盗版案件调研，推动行政执法部门开展打击盗版专项整治行动。

（二）著作权行政执法情况

1. 版权治理体系更加完善

1月5日，2023年全国出版（版权）工作会议召开，强调要深入开展专项治理，严格规范市场行为，提高行业治理能力。国家版权局持续强化重点领域版权专项整治工作，会同相关部门相继组织开展院线电影版权保护专项行动、青少年版权保护季行动、"剑网2023"专项行动和"清朗·杭州亚运会和亚残运会网络环境整治"专项行动，建立健康有序的版权传播秩序，营造良好版权保护环境。国家版权局加快推进《著作权法实施条例》《著作权集体管理条例》和《民间文学艺术作品著作权保护条例》等配套法规的制定、修订工作，加快推进规章和规范性文件的修改完善，加强版权行政执法指导制度建设，研究制定新领域新业态版权保护政策措施。

2. 版权服务全面提升

国家版权局不断完善著作权登记体系，加强对著作权集体管理组织的指导和监管，持续开展全国版权示范创建工作，不断完善全国版权展会授权交易体系，指导全国版权交易中心（贸易基地）专业化建设，规范版权评估、版权交易、版权融资、监测维权、版权咨询等活动开展。依托版权示范创建等工作，促进版权价值转化、加快版权产业发展，有效提升文化产业高质量发展的核心竞争力。为积极履行《残疾人权利公约》和《马拉喀什条约》，4月第二届全民阅读大会上，中宣部版权管理局、中国残联宣文部、中国出版协会共同主办阅读权益保障论坛，来自文化出版、影视制作、残疾人工作领域的领导、嘉宾及各界代表共话版权事业发展，共谋视障人士阅读权益保障。11月，2023年民间文艺版权保护与促进试点工作启动，进一步激活民间文艺领域版权价值，推动中华优秀传统文化创造性转化、创新性发展。

3. 加强国际交流合作

4月25日，中国国家版权局与世界知识产权组织在北京更新签署了双边合作谅解备忘录，双方合作迈上新台阶。此次更新签署谅解备忘录，在巩固版权领域现有交流合作的同时，拓展和加强双方在制定实施国际版权条约、探讨数字版权保护问题、提升版权产业风险防控能力、分享版权激励中小企业创造创新、推动民间文艺传承发展中国方案等方面的合作。7月，在世界知识产权组织成员国大会第 64 届系列会议期间，中国与世界知识产权组织合作五十周年纪念活动——世界知识产权组织主场活动在日内瓦举行。活动开幕式上，举办了中国被授权实体加入无障碍图书联合会全球图书服务仪式，中国被授权实体加入无障碍图书联合会全球图书服务。

五、《反不正当竞争法》与《反垄断法》的实施

人民法院通过严格公正司法，充分保护经营者、消费者合法权益，积极营造诚实守信的市场环境，持续探索完善数据保护规则，规范引导互联网健康发展，以优质高效司法审判促进公平竞争的全国统一大市场的建设和运行。

（一）规范市场竞争行为

加快推进反垄断民事诉讼司法解释制定，做好与反垄断法规政策衔接，健全完善反垄断案件裁判规则，细化明确垄断行为判断标准。调研反不正当竞争司法解释适用情况，加强对混淆、虚假宣传、侵害技术秘密、网络不正当竞争案件的审判指导。持续加强反垄断和反不正当竞争审判，依法规范和引导资本健康发展。在 2023 年中国公平竞争政策宣传周期间，发布 10 件人民法院反垄断和反不正当竞争典型案例，回应民生关切，强化规则指引，推进公正高效审理垄断及不正当竞争案件，依法惩治损害竞争行为。2023 年，人民法院审结垄断、不正当竞争民事一审案件 10336 件。最高人民法院审结涉"枸地氯雷他定"原料药滥用市场支配地位案，妥善处理专利权保护与反垄断的关系，兼顾鼓励创新与保护竞争。审结"商砼联营"反垄断行政处罚案，细化"固定或者变更商品价格""分割销售市场"等横向垄断协议的认定标准，依法监督和支持反垄断行政执法部门的行政执法，维护市场公平竞争。审结"新骨瓷"虚假宣传不正当竞争案，明确行业协会作为适格原告的资格条件，厘清在特定商品名称前冠以"新"字进行宣传构成不正当竞争的考量因素，有效引导行业经营者进行良性竞争。

（二）加强数据创新权益保护

坚持从有利于创新、有利于公平竞争、有利于消费者长远利益角度，用足用好法律规则，加强新技术、新领域、新业态知识产权司法保护，积极回应新质生产力市场化司法保护新需求。探索健全完善数据知识产权保护规则，合理划分数据权益权属及使用行为边界，维护用户数据权益和隐私权，促进数字经济与实体经济深度融合，服务保障数字经济创新发展。最高人民

法院组织开展"加强数据产权保护，推动数字经济高质量发展"课题调研，推动数据权益案件裁判规则不断完善。北京高院推出司法服务保障数字经济发展 22 项举措，为打造数字经济发展"北京样板"提供有力支持。江苏高院与省知识产权局强化数据知识产权协同保护，联合省发展改革委、司法厅推动完善数据知识产权登记管理制度，促进数据产业规范发展。北京法院审结"刷宝 App"不正当竞争纠纷案，探索明确非独创性数据集合的法律性质，依法有力保护平台经营者收集、存储、加工、传输数据形成的合法权益。广东法院审结数据不正当竞争纠纷案，充分考虑数据要素市场价值，判决 2000 万元赔偿。

六、其他情况

（一）深化司法保护理念变革

最高人民法院召开第五次全国法院知识产权审判工作会议，全面总结知识产权审判工作情况，系统谋划新时代新发展阶段知识产权审判工作。会议着重强调，要深化知识产权审判理念变革，引领、促进知识产权审判工作高质量发展。

1. 深化审判体制机制改革

人民法院持续加强知识产权审判体制机制建设，全面促进知识产权案件审理专门化、管辖集中化、程序集约化、人员专业化。最高人民法院组织开展"关于构建公正高效的知识产权司法保护体制"课题调研，以构建公正高效的知识产权司法保护体制为目标，以破解制约科技创新的体制性难题为导向，以审判专门化、管辖集中化、程序集约化为主线，从推动相关制度建设、增强审判能力等方面，明确促进知识产权审判工作水平提高的具体举措，加快推进《知识产权诉讼特别程序法》列入立法规划。开展"关于深化国家层面知识产权案件上诉审理机制改革及人财物保障问题研究"课题调研，持续深化国家层面知识产权案件上诉审理机制改革。山西高院加强和规范知识产权案件指定管辖、提级管辖机制，切实排除地方保护，确保知识产权案件公正高效审理。重庆两江新区法院创新知识产权小额诉讼审判模式入选知识产权强国建设第二批典型案例。深入推进知识产权民事、行政和刑事案件"三合一"审判机制改革，全国已有 25 个高级人民法院、242 个中级人民法院和 287 个基层人民法院有序开展知识产权民事、行政和刑事案件集中管辖。天津、内蒙古、黑龙江、江苏、浙江、安徽、江西、河南、海南、新疆、陕西、青海等地法院实现辖区内知识产权案件"三合一"审判机制全覆盖，有效提升知识产权司法保护整体效能。

2. 能动参与知识产权治理

人民法院坚持"请进来"与"走出去"相结合，依法能动履职，积极参与构建知识产权大保护工作格局，推动实现案结事了、政通人和、双赢多赢共赢。最高人民法院针对涉电影知识产权纠纷特点和成因，发布《关于加强知识产权保护服务 推动电影产业高质量发展的司法建议书》，推动在 2023 年金鸡百花电影节首次举办"电影知识产权保护论坛"，并由相关行业组织发布保护知识产权的倡议，有效促进涉电影知识产权纠纷的源头治理，推动电影产业高质量发展。江苏法院全年提出司法建议 25 份，无锡中院在审理多起计算机软件著作权侵权案件中发现共性问题，向行业协会及时发出司法建议，开展座谈、授课，提升企业知识产权保护能力。

最高人民法院会同中央有关单位完善协同配合机制，推进业务交流、数据交换和信息共享。与国家知识产权局联合印发《关于强化知识产权协同保护的意见》，健全常态化交流会商机制。与农业农村部联合举办全国种业知识产权保护培训。积极参与配合民事诉讼法、反不正当竞争法、商标法等法律修改工作，对专利法实施细则、著作权集体管理条例、植物新品种保护条例等有关法规文件提出意见。浙江高院与省市场监督管理局推动建立失信联合惩戒机制，加强跨市域专利案件司法行政协作。河北高院与省农业农村厅等部门就种业、中医药知识产权协同保护开展专题座谈。海南高院与省知识产权局等 8 家单位携手推进全省知识产权领域信用体系建设。长春知识产权法庭与市场监管等部门加强协作，创建知识产权维权援助示范站，服务相关园区企业 500 余家。黑龙江齐齐哈尔中院与齐齐哈尔海关等单位联合建设一站式海外知识产权维权援助平台。内蒙古呼和浩特中院与自治区知识产权保护中心成立知识产权诉源治理工作站、知识产权保护联络点，形成知识产权保护合力。各级人民法院还积极做好线索移送工作，及时向知识产权行政执法机关及公安机关移送案件在审理中发现的违法犯罪线索，有力推动知识产权协同保护。

深化落实"总对总"在线诉调对接工作机制，全国 30 个地区实现知识产权调解组织全覆盖，入驻调解组织、调解员持续增长，人民法院委派诉前调解纠纷 9 万余件，调解成功率超过 80%，有效满足人民群众多层次、多样化司法需求。西藏高院与自治区市场监督管理局推动知识产权纠纷行政调解协议司法确认程序健全完善。湖南法院建立著作权纠纷"专业审判+专业定价+行业调解"联合解纷工作机制。贵州贵阳中院与市知识产权保护中心设立知识产权诉讼服务中心，成功调解多起知识产权纠纷。

积极落实"谁执法谁普法"，深化司法公开，扩大知识产权司法保护影响力。最高人民法院在知识产权宣传周期间组织系列活动，全面展示人民法院知识产权司法保护成果。天津高院编印法律风险防范手册，提升企业知识产权维权意识和维权能力。新疆生产建设兵团法院深入社区和企业，提高群众尊重知识产权意识，了解企业品牌建设状况和维权需求。成都知识产权法庭在大运会开幕当日参与主题直播，讲解知识产权知识，取得热烈反响。各地法院严格落实裁判文书公开，精心组织典型案例发布，增强全社会尊重和保护知识产权意识。

（二）坚持依法平等保护

人民法院坚持统筹协调理念，妥善审理与国际经贸活动有关的重大知识产权纠纷，依法平等保护中外当事人及各类市场主体合法权益，积极参与知识产权领域国际合作，为全球知识产权治理贡献中国司法智慧。

2023 年，全国法院新收一审涉外案件 7883 件。最高人民法院审结涉"西门子"侵害商标权及不正当竞争纠纷案，综合考虑"西门子"字号及商标知名度，侵权行为的性质、情节等因素，判令被告赔偿 1 亿元经济损失及相关合理开支，依法保护德国西门子公司的合法权益，传递出中国法院加大知识产权保护力度、平等保护中外当事人的鲜明态度。审结涉"运动机构"发明专利侵权案，适用惩罚性赔偿，判令赔偿外方权利人 1200 余万元，彰显我国加强知识产权保护的负责任大国形象。通过公正高效审理涉外知识产权案件，中国日益成为值得信赖的国际知识产权诉讼优选地。

七、展望

保护知识产权就是保护创新，保护创新就是服务加快发展新质生产力。知识产权与创新直接相关、关系最为紧密。知识产权保护工作关系国家治理体系和治理能力现代化，关系高质量发展、国家对外开放大局和人民生活幸福。知识产权作为国家发展战略性资源，事关科技发展；作为国际竞争力核心要素，事关国家安全。知识产权对发展新质生产力具有重要作用，必须发挥法治的引领、规范和保障作用，加大对关键核心技术、重点领域、新兴产业的知识产权保护力度，以法治之力支撑和服务新质生产力发展。

2024 年是新中国成立 75 周年，是实现"十四五"规划目标任务的关键一年。新时代新发展阶段，社会各界对依法保护知识产权的期待更高、要求更高，服务保障知识产权强国建设的责任更重。科技创新催生新产业、新模式、新动能，是发展新质生产力的核心要素。知识产权保护力度和水平，直接关系保护创新成果、激发创新活力的效果，直接影响创新驱动发展战略的实施和推进。全面完善知识产权保护体系，健全行政保护与司法保护衔接机制，完善海外知识产权纠纷应对指导工作网络，加强知识产权涉外风险防控。全面推进知识产权转化运用，充分发挥专利在支撑绿色技术和未来产业发展中的重要作用，深入实施商标品牌价值提升行动和地理标志助力乡村振兴行动，服务构建现代化产业体系。针对今后的知识产权法实施，建议从如下三方面着力。

其一，符合知识产权案件规律的特别程序法需要进一步推进。贯彻落实习近平总书记关于"研究制定符合知识产权案件规律的诉讼规范"指示要求，推动相关诉讼制度改革创新，加快研究制定知识产权诉讼特别程序法。理顺知识产权"三合一"管辖衔接，重点解决民刑管辖不顺畅问题；完善民事侵权程序和授权确权程序，实现效力判断与侵权认定裁判标准协调和程序对接；进一步完善管辖异议、送达等制度，解决维权"周期长"问题。

其二，人工智能、数据要素等新技术法律制度需要进一步完善。人工智能作为全球产业发展的新动能，迅速推动人类社会智力创新、经济高质量发展以及生产生活方式效率的提升。但同时也伴随着诸多新的问题和挑战。需要开展人工智能知识产权问题研究，完善相关法律制度，引导人工智能产业创新升级，推动人工智能知识产权治理步入新阶段。合理划分数据权益权属及使用行为边界，维护用户数据权益和隐私权，完善数据知识产权保护规则，促进数字技术和实体经济深度融合，推进数字经济创新发展。持续提升知识产权审查质量和审查效率，完善大数据、人工智能、基因技术等新领域新业态专利审查标准，扩大加快审查规模，支持战略性新兴产业发展。

其三，科技创新领域的知识产权法治保障需要进一步加强。高科技是现代主要国家竞相角逐的制高点，事关科技创新、经济发展和国际竞争。需要加强顶层设计和统筹规划，发挥法治的引领、规范和保障作用，加大对关键核心技术、重点领域、新兴产业的知识产权保护力度，以法治之力保障新质生产力发展，以高质量发展推进中国式现代化。深入实施新修改的《专利法实施细则》，及时修改《集成电路布图设计保护条例》，制定集成电路布图设计保护法，全方位加强集成电路设计创新成果法律保护。在最高人民法院知识产权法庭基础上设立国家知识产权法院，全面加强科技创新领域的知识产权法治保障。

撰稿专家

许常海，最高人民法院民三庭三级高级法官，综合办公室主任。主要从事知识产权、刑事审判工作。执笔起草了《最高人民法院、最高人民检察院关于办理侵犯知识产权刑事案件具体应用法律若干问题的解释(三)》《最高人民法院关于第一审知识产权民事、行政案件管辖的若干规定》《关于基层人民法院管辖第一审知识产权民事、行政案件标准》《人民法院知识产权司法保护规划(2021—2025年)》等多部司法解释及政策性文件。

2023 年商法实施报告

顾功耘 鲍彩慧

报告要旨

日月其迈，时盛岁新。2023 年商事法律制度持续更新完善，在贯彻新发展理念、构建新发展格局、推动高质量发展方面发挥了重要作用。在公司法实施方面，《公司法》修订案正式通过，公司法治迎来重大变革，上市公司治理水平持续提升，国有企业改革深化提升行动启动实施，并取得一系列成果。支持、壮大民营经济发展等一系列法律、政策发布，依法保护民营企业产权和企业家权益，弘扬企业家精神。在证券法实施方面，沪深主板注册制首批企业上市，股票发行注册制改革全面落地；上市公司独立董事制度迎来改革，充分发挥独立董事监督功能；加强证券行政执法，市场违法成本显著上升，投资者保护力度不断加强。在破产法领域，《企业破产法》修订工作正稳步推进，破产政策持续丰富；全国首宗个人破产重整案件正式办结，个人破产制度共识得以建立；破产法治国际化水平提升，相关规则修订值得期待。在信托法方面，资管监管新格局形成，切实提升信托监管有效性；信托业分类改革和差异化监管落地，引导行业稳健经营；多家高风险信托机构风险化解取得新进展。在保险法方面，国家金融监管总局正式挂牌，大金融格局下保险业发展迎来新机遇；被接管保险机构处置工作有序推进，有效防范化解风险隐患；保险销售行为新规落地，有序推进消费者保护工作。

核心建议

1. 把握新《公司法》落地实施路径，深化公司治理改革。

2. 坚持市场化、法治化理念，推动注册制走深走实。

3. 尽快修订《企业破产法》，发挥破产制度促进高质量发展的功能。

4. 信托行业加速转型，风险处置向法治化方向发展。

5. 聚焦保险行业发展和监管，促进行业健康发展。

一、《公司法》的法律实施

2023 年，《公司法》修订案获正式通过，对于完善中国特色现代企业制度、推动经济高质量发展具有重要意义。本次《公司法》修改，坚持问题导向，有许多制度创新和解决实际问题的举措。中国上市公司治理指数再创历年新高，上市公司治理水平稳步攀升。在巩固深化国企改革三年行动成果的基础上，我国启动实施国有企业改革深化提升行动，并取得一系列成果。在国有企业之外，一系列政策的出台提振民营经济发展信心，促进民营经济高质量发展。

(一)《公司法》修订案正式通过，公司法治迎来重大变革

公司是最重要的市场主体，公司法是社会主义市场经济的基础性法律。我国现行公司法于 1993 年制定，颁布实施 30 余年来，对于建立健全现代企业制度，促进社会主义市场经济持续健康发展，发挥了重要作用。但值得注意的是，我国公司制度发展历程还不长，有些基础性制度尚有欠缺或者规定较为原则，有些制度滞后于近年来公司制度的创新实践，同时还存在公司监督制衡、责任追究机制不完善，中小投资者和债权人保护需要加强等问题。

前期，我国《公司法》已历经五次修订或修正，1999 年、2004 年、2013 年、2018 年对个别条款进行了修改，2005 年进行了全面修订。第六次修订于 2019 年启动，经过全国人大常委会四次审议，并经广泛征求社会各界意见，修订后的《公司法》于 2023 年 12 月 29 日正式审议通过，并将于 2024 年 7 月 1 日正式施行。新《公司法》删除了现行《公司法》中的 16 个条文，新增和修改了 228 个条文，其中实质性修改 112 个条文，无论是在体例上，还是在股东出资责任与权益保护、公司资本制度、公司治理制度、公司决议效力、公司登记、公司债券等规定方面均有较大变化。本次《公司法》修改，坚持问题导向，有许多制度创新和解决实际问题的举措。

例如，针对公司资本制度，自 2013 年修正《公司法》实施注册资本认缴登记制，取消出资期限、最低注册资本和首期出资比例以来，我国的公司数量增加迅速、激发了创业活力。但实践中也出现"1 元公司"、认缴期限过长等公司乱象。本次《公司法》修改，在总结实践经验的基础上，进一步完善认缴登记制度，明确全体股东认缴的出资额应当按照公司章程的规定自公司成立之日起五年内缴足。同时，还增加了股东未按期缴纳出资的失权制度、股东认缴出资加速到期制度，减少对交易安全和债权人利益的损害。

同时，在公司治理问题上，新《公司法》优化公司治理结构，简化公司组织机构设置：如允许公司只设董事会、不设监事会；对于规模较小或者股东人数较少的公司，可以不设董事会，设一名董事，不设监事会，设一名监事；对于规模较小或者股东人数较少的有限责任公司，经全体股东一致同意，可以不设监事。在加强股东权利保护问题上：新《公司法》强化股东知情权，扩大股东查阅材料的范围；完善股份有限公司股东请求召集临时股东会会议的程序，完善股东临时提案权规定，强化股东民主参与公司治理；对于公司的控股股东滥用股东权利，严重损害公司或者其他股东利益的，规定其他股东有权请求公司按照合理的价格收购其股权；还允许股东对公司全资子公司董事、监事、高级管理人员等提起代表诉讼。此外，新《公司法》还强化控股股东、实际控制人和董事、监事、高级管理人员的责任，完善忠实和勤勉义务的具体内容，加强对董事、监事、高级管理人员与公司关联交易等的规范，完善公司设立、退出制度等。

《公司法》的制定和修改，与我国社会主义市场经济体制的建立和完善密切相关，市场主体积极探索、司法机关依法裁判、《公司法》理论研究不断深入，创造丰富了公司的制度实践活动，为《公司法》的修改和完善提供了重要的基础和支撑。

（二）上市公司治理水平持续提升

2023 年中国上市公司治理评价结果显示，中国上市公司治理指数再创历年新高，这也意味着中国上市公司治理水平在稳步攀升。2023 年上市公司治理指数均值达到 64.76，较 2022 年的 64.40 仅提高了 0.36，但提升幅度较小，增幅放缓。分维度来看，根据上市公司治理评价结果，在股东治理、董事会治理、监事会治理、经理层治理、信息披露、利益相关者治理六大维度中，除董事会治理、监事会治理维度有所下降外，其他维度均有上升。

在股东治理维度，中小股东权益保护有所上升，这主要得益于网络投票、中小股东选举独立董事权利、股权质押冻结等方面的改善。在信息披露维度，2023 年上市公司信息披露的真实性、相关性和及时性都得到了提升，上市公司经营风险有所下降，财务压力减小。此外，作为衡量企业可持续发展能力、价值理念和运营方式的新"标尺"，近年来，随着各方愈加重视 ESG 建设，上市公司也增加了社会责任相关信息的披露。一方面，高质量的 ESG 发展有助于上市公司改善经营状况、融资环境、股价表现等；另一方面，ESG 发展也可以为企业创造更大的非经济价值，良好的 ESG 表现有利于企业获得主要利益相关者的认同。随着政策体系和市场机制的不断完善，ESG 将成为上市公司乃至所有企业的"标配"。

但同时，我国在上市公司治理问题方面还存在一些问题。经营性资金占用有所恶化，财务造假等现象仍时有发生；董事会治理水平整体降低，董事会权利与义务、独立董事制度、董事会运作效率表现出不同程度的下降；监事会治理规模结构持续下降，在公司治理的六大维度中仍处于较低水平，且近两年呈现下降趋势。

上市公司是资本市场健康发展的基石，是资本市场经济"晴雨表"功能发挥的重要载体，而完善的公司治理是资本市场功能有效发挥的内在要求。治理现代化是中国式现代化的重要组成部分，公司治理又是国家治理体系和治理能力现代化的基础和先行者。因此，完善公司治理制度，深化公司治理改革，加强公司治理监管，是中国上市公司高质量发展永恒的主题。

（三）国有企业改革深化提升行动开始实施

2022 年底召开的中央经济工作会议提到"谋划新一轮深化国有企业改革行动方案"的要求。2023 年 6 月，中办国办联合印发《国有企业改革深化提升行动方案（2023—2025 年）》，标志着新一轮的国企改革拉开序幕。在巩固深化国企改革三年行动成果的基础上，2023 年我国启动实施国有企业改革深化提升行动，并取得一系列成果。

在国有企业治理方面，国资国企着重健全中国特色现代企业制度。新《公司法》完善了国家出资公司相关规定，设"国家出资公司组织机构"的专章规定，将适用范围由国有独资有限责任公司，扩大到国有独资、国有资本控股的有限责任公司、股份有限公司，强调国家出资公司中中国共产党的组织和领导作用。规定国家出资公司应当依法建立健全内部监督管理和风险控制制度，要求国有独资公司董事会成员中外部董事应当过半数，持续完善董事会运行机制。

在国资监管方面，国资国企深化分类改革，深入推进央企价值创造成为关键词。明确国有企业的功能定位和基本分类，是新时代深化国有企业改革的逻辑起点和重要前提，根据国有资本的功能定位和使命目标，结合不同国有企业在经济社会发展中的作用、现状和发展需要，我国将国有企业划分为主业处于充分竞争行业和领域的商业类国有企业，主业处于关系国家安全、国民经济命脉的重要行业和关键领域并主要承担重大专项任务的商业类国有企业，以及主业以保障民生、服务社会、提供公共产品和服务为主的公益类国有企业三个类别。通过界定功能、划分类别，实行分类改革、分类发展、分类监管、分类定责、分类考核，提高了国有企业改革的针对性、监管的有效性、考核评价的科学性，国有企业的生产经营范围更加聚焦。同时，2023年价值创造行动全面铺开，"ROE与市值管理"考核导向之下，央国企有动力通过增持、回购等手段向市场传递信心、稳定预期，更加重视价值经营和内在价值提升。

实施国有企业改革深化提升行动，是继部署实施国有企业改革三年行动之后，面向新时代新征程作出的一项全局性、战略性重大决策部署。当前，央企、地方国企正全力以赴推进新一轮国企改革，加快布局战略性新兴产业、深入推进价值创造是改革的重点任务。同时，如何持续坚持分类改革方向，处理好国企经济责任和社会责任的关系，完善中国特色国有企业现代公司治理，探索实现更加精细化、精准化的监管，是一个需要持续研究的课题。

（四）优化营商环境，支持民营经济发展

在国有企业之外，民营经济是推进中国式现代化的生力军，是高质量发展的重要基础。民营经济在稳定增长、促进创新、增加就业、改善民生等方面发挥了积极作用，已经成为我国经济持续健康发展的重要力量。但一段时间以来，民营经济发展环境发生了一些变化，不少民营企业遇到了一些困难和问题，民营经济发展信心受到一定影响，迫切需要提振信心，促进民营经济高质量发展。

2023年7月14日，中共中央、国务院发布《关于促进民营经济发展壮大的意见》，围绕持续优化民营经济发展环境、加大对民营经济政策支持力度、强化民营经济发展法治保障、着力推动民营经济实现高质量发展、促进民营经济人士健康成长等方面提出31条政策措施，释放出增强民营企业家信心、鼓励民营经济发展壮大的积极信号。以此为引领，贵州省、陕西省、吉林省、北京市等多个省份和地区也相继发布促进民营经济发展壮大的相关政策，提振民营经济发展信心。

在司法方面，2023年10月10日，最高人民法院发布《关于优化法治环境 促进民营经济发展壮大的指导意见》，对审判执行工作提出了明确要求，在司法层面真正落实对民营经济平等对待的要求，加强对民营经济主体合法权益的保护，维护统一公平诚信的市场竞争环境，运用法治方式促进民营企业发展和治理。同时，最高人民检察院也发布了《关于全面履行检察职能推动民营经济发展壮大的意见》，强调对各类市场主体、各类所有制企业一视同仁，全面准确把握涉民营企业刑事案件中从严和从宽的政策导向，做到检察办案质量、效率、效果有机统一。

法治是最好的营商环境，民营经济发展壮大，既要着力设计行之有效的扶助措施，同时限制政府过度干预；又要鼓励、支持民营企业积极创新开拓，践行契约精神，真正发挥市场经济生力军作用。对此，需要确认民营企业平等的法律地位、政治地位与社会地位，促进与其他所有制企业的共同发展，公开公平公正参与市场竞争，实现权利平等、机会平等、规则平等、责任平等，为民营企业发展提供法治"定心丸"。

二、证券法的法律实施

2023年被称为中国资本市场全面注册制改革元年，但是对比全球主要股市，2023年中国证券市场表现整体差强人意：截至2023年12月31日，大盘指数全年表现较弱，除北证50指数外，沪深主要宽基指数全线下跌。从法律实施的角度看，沪深主板注册制首批企业上市，股票发行注册制改革全面落地，我国多层次资本市场体系将更加清晰。上市公司独立董事制度迎来改革，意在充分发挥独立董事监督功能，促进公司规范运作。对证券违法行为的处罚力度逐步增强，市场违法成本显著上升，切实保护投资者合法权益。

（一）沪深主板注册制首批企业上市，股票发行注册制改革全面落地

继科创板、创业板和北交所试点注册制后，2023年2月，我国正式启动全面实行股票发行注册制改革。实行股票发行注册制改革是全面深化资本市场改革的重大举措，也是资本市场服务实体经济高质量发展的有力举措。2023年2月17日，中国证监会发布全面实行股票发行注册制相关制度规则，内容涵盖发行条件、注册程序、保荐承销、重大资产重组、监管执法、投资者保护等各个方面。2023年4月10日，沪深交易所主板注册制首批10家企业上市，标志着股票发行注册制改革全面落地。

全面实行股票发行注册制改革后，我国多层次资本市场体系将更加清晰，基本覆盖不同行业、不同类型、不同成长阶段的企业。其中，主板主要服务于成熟期大型企业。科创板突出"硬科技"特色，发挥资本市场改革"试验田"作用。创业板主要服务于成长型创新创业企业。北交所与全国股转系

统共同打造服务创新型中小企业主阵地。经过30多年的改革发展，我国证券交易所市场由单一板块逐步向多层次拓展，错位发展、功能互补的市场格局基本形成。

注册制改革是一场涉及监管理念、监管体制、监管方式的深刻变革。注册制的本质是将选择权交给市场，以信息披露为核心，发行人在符合基本发行条件的基础上，更加注重以投资者需求为导向，真实准确完整地披露信息；投资者根据发行人披露的信息审慎作出投资决策，形成合理价格，从而更有效发挥市场在资源配置中的决定性作用。

(二)上市公司独立董事制度迎来改革，充分发挥独立董事监督功能

上市公司独立董事制度，是资本市场基础制度的重要内容。独立董事制度作为上市公司治理结构的重要一环，在促进公司规范运作、保护中小投资者合法权益，推动资本市场健康稳定发展等方面发挥了积极作用。但我国上市公司独立董事制度不乏一些质疑声音，独立董事一度被称为"花瓶董事""人情董事"。2021年，首例证券集体诉讼"康美案"中5名时任独立董事被法院判决承担连带赔偿责任成为热点话题。独立董事定位不清晰、责权利不对等、监督手段不够、履职保障不足等制度性问题亟待解决，已不能满足资本市场高质量发展的内在要求。

2023年4月14日，国务院办公厅发布《关于上市公司独立董事制度改革的意见》，同日，中国证监会就《上市公司独立董事管理办法》公开征求意见，从明确独立董事职责定位、优化独立董事履职方式、强化独立董事任职管理、改善独立董事选任制度、加强独立董事履职保障、严格独立董事履职情况监督管理、健全独立董事责任约束机制、完善协同高效的内外部监督体系八个方面，对独立董事的定位、职责、履职方式、履职保障、法律责任等做了全面系统改革，既总结了我国独立董事制度实践的经验和教训，强调问题导向，明确独董的责权利，又在借鉴境外成熟市场实践经验的基础上，在独立性、任职资格和法律责任等方面体现了中国特色。

历时20余年，上市公司独立董事制度迎来重大改革。独立董事制度良性运行的关键，在于监督和促使董事会决策符合公司整体利益，有效遏制大股东滥用公司控制权的"掏空"和掠夺行为，保证其真正服务于股东尤其是中小股东的最佳利益。同时，独立董事既具有董事地位，也有外部身份导致的信息不对称、履职依赖公司配合等特点，决定了法律对独立董事的责任应谨慎对待。因此，完善我国独立董事制度，既不能脱离实际追求理想化目标，也不能囿于现实推行缝补式改革，必须建立适应中国市场经济体制、符合国

际趋势与最佳实践的制度安排，让独立董事的责权利更匹配。

（三）市场违法成本显著上升，投资者保护力度不断加强

资本市场服务实体经济高质量发展取得了一定成果，但对证券违法行为的处罚力度一直是备受关注的一个问题。在当前违法违规成本偏低的大背景下，财务造假、资金占用等各类证券违法犯罪乱象仍时有发生。中央金融工作会议提出，要全面加强金融监管，有效防范化解金融风险，证券监管也从行政执法、刑事追责、司法判偿等方面持续发力，努力解决违法成本低的问题。

在加强证券行政执法方面，净化市场生态、维护市场平稳健康运行、保障资本市场枢纽功能发挥，是证券监管和打击证券市场违法行为的应有之义。整体看来，2019 年至 2023 年，证监会系统作出行政处罚决定 1940 份，同比增加 77.98%；对 442 人次采取市场禁入措施，同比增加 140.22%；罚没款金额 231 亿元，依法从严打击证券违法的行政处罚高压态势不断巩固。同时，在退市制度方面，2023 年法治化退市原则进一步巩固。自 2020 年退市新规出台以来，沪深两市共有 129 家公司退市，其中 106 家强制退市，强制退市公司数量是改革前 10 年的近 3 倍，着重加大对财务造假公司的出清力度，优胜劣汰的市场生态加速形成。

构建"长牙带刺"立体追责体系，更需要发挥民事赔偿和刑事追责的作用。2023 年 2 月 20 日，上海金融法院裁定了全国首例由投资者保护机构根据《证券法》第 94 条新规提起的股东派生诉讼，在上市公司因证券欺诈被判令承担民事赔偿责任后，投资者保护机构代位提起的向公司董监高追偿，该案件中"大智慧"公司获得控股股东 3.35 亿元全额赔偿。除此之外，乐视网证券虚假陈述案作出一审判决，严惩首恶，合理减轻董事、中介机构赔偿责任，彰显"过罚相当"原则；"泽达易盛特别代表人诉讼"以调解结案，7195 名投资者获赔 2.8 亿余元，成为中国证券集体诉讼和解第一案；"紫晶存储案"中，中介机构通过先行赔付方式赔偿 1.69 余万名投资者 10.86 亿元……。这一系列司法实践，彰显司法以"零容忍"的态度严厉打击欺诈发行、财务造假等违法违规行为，切实保护投资者合法权益。

资本市场的高质量发展，离不开法治建设的保驾护航。近年来，证券市场法治建设紧扣资本市场实际，针对欺诈发行、市场操纵及信息披露违法等行为持续加大惩戒力度，但法律制度供给不足的问题仍然存在，监管执法仍面临制度短板。下一阶段，有必要从行政处罚、民事索赔、刑事追责等方面持续发力，努力解决违法成本低的问题，加大对资本市场违法违规行为的震慑力度。

三、破产法的法律实施

在当前的形势下，破产法在拯救市场主体、提升投资信心、优化营商环境、防范化解风险等方面被赋予责任和期待。2023 年，《企业破产法》修订工作仍在积极推进，破产实践持续发展，个人破产制度共识得以建立，我国破产法治国际化水平正在显著提升，运用破产保护制度保护民营经济成为市场新期待。

(一)《企业破产法》修订工作稳步推进，破产政策持续丰富

2023 年 9 月 7 日，第十四届全国人大常委会立法规划公布，包括三类立法项目。其中，《企业破产法》被列入第一类"条件比较成熟、任期内拟提请审议的法律草案"项目。中国的破产法经历了 1986 年的《企业破产法(试行)》、2006 年的《企业破产法》两个历史发展阶段，其间破产法的司法解释和司法政策不断制定，破产法律制度日趋完善。目前，《企业破产法》正在稳步推进，全国人大财经委自 2019 年牵头成立起草组以来，针对《企业破产法》深入开展修法调研，广泛征求各方意见，对法律实施情况开展法律评估、课题研究、大数据分析，组织实施执法检查，积极推进起草工作。

2023 年 5 月 1 日，世界银行发布了新的营商环境项目概念文件即"B-READY"项目，进一步细化了"办理破产"一级指标项下的具体评估子项，细化后的项目体现了三个评价方向：监管框架(法律层面)即破产程序的监管质量、公共服务(事实层面)即办理破产机构和基础设施的公共服务水平、效率(事实层面)即办理破产司法程序的便利度。为落实世界银行"B-READY"项目就"办理破产"方面提出的新指标和新要求，各地出台多项举措，完善府院联动机制，设立破产事务公共服务中心等平台，以加大企业重整和解政策支持力度、优化重整企业信用修复机制、加大破产府院协调联动力度等工作为重点，促进破产事务高效处理。

同时，中共中央、国务院发布的《关于促进民营经济发展壮大的意见》提出要完善市场化重整机制，最高人民法院发布的《关于优化法治环境 促进民营经济发展壮大的指导意见》要求依法拯救陷入财务困境但有挽救价值的民营企业。上述政策的推出有利于增强民营企业家通过破产制度彻底化解企业经营失败而导致的债务危机，破产政策供给进一步丰富。

(二)全国首宗个人破产重整案件正式办结，个人破产制度共识得以建立

2023 年 6 月 20 日，深圳破产法庭向全国首宗个人破产案件债务人梁某

送达民事裁定，依法免除其未清偿债务，这意味着我国破产制度的标志性事件——全国首宗个人破产重整案已正式执行完毕。《深圳经济特区个人破产条例》是全国首部个人破产法规，也是目前唯一有关个人破产的地方立法，自生效实施以来，深圳市中级人民法院共收到个人破产申请1635件，已立案审查411件，裁定受理破产申请117件。首宗个人破产案执行完毕，体现了个人破产制度和中国传统观念、国情实际相互融合，具有可操作性和可复制性，为未来在全国实施推广个人破产制度奠定了基础。

破产制度是市场经济的一项基础性法律制度，发挥着调节社会主义市场经济体制、优化资源配置的重要作用。因此，破产制度的完善与否，是衡量市场经济成熟程度的重要标志，是营商环境评价的重要组成部分。个人破产法律制度因应社会主义市场经济条件下个人消费所占比重日益增加的现实需要，一方面可以支撑起债务人还款的信心，另一方面也对诚实而不幸的债务人形成了保护，使其免受法律框架以外的追索，形成以信用为核心的激励机制，有力推动社会信用体系的完善。除深圳市外，过去一年，多地出台个人破产与债务集中清理的意见，相关规则得以进一步细化，各方面对个人破产制度的共识进一步建立。

（三）破产法治国际化水平提升，相关规则修订值得期待

2023年，我国法院首次依据《企业破产法》第五条的规定，适用法律互惠原则承认德国和日本破产程序，认可破产管理人、监督委员身份，并允许其在一定条件内于内地依法履职。在上海市第三中级人民法院审理的承认并协助日本民事再生程序一案中，首次明确中日两国就民商事判决中对彼此不予承认的先例并不当然适用于跨境破产案件，对于我国完善跨境破产承认审查标准、中日两国未来加深跨境破产领域合作具有重大意义。随着内地法院逐渐适用《企业破产法》第五条开展域外破产程序的承认和协助，未来我国内地有望与全球更广泛的国家和法域开展跨境破产国际合作。

我国的跨境破产实践在个案层面取得突破进展，体现出我国法院正在以愈加积极和开放的司法理念面对日趋增多的跨境破产国际合作诉求，并已然意识到跨境破产承认与协助同一般涉外民商事判决的承认与执行存在显著差异，且正在个案实践中积极探索和完善承认外国破产程序的审查标准。同时，自2022年起，内地困境房企受到由境外债权人追偿行动带来的巨大压力。2023年，恒大集团、融创集团、中国奥园等大型中资房企在境外美元债重组过程中相继寻求美国法院的跨境破产司法协助。在跨境破产国际合作日趋常态化的时代，国内对于"跨境破产"的认知和理解仍然不足。

2024 年，中外跨境破产合作关系有望进一步加深和拓展，并相应提升内地法院对跨境破产案件的审查时效。此前社会各界广泛呼吁的跨境破产法治建设问题，有望在企业破产法修订中得到系统性的回应。以上都有助于推动我国涉外法治建设和发展。

四、信托法的法律实施

对信托行业而言，2023 年是变革之年，也是充满挑战的一年。在资管监管的新格局下，信托行业经历了从回归本源转型、化解风险到寻找新增长点的多重考验。信托业分类改革和差异化监管落地，有助于引导行业稳健经营。同时，多家高风险信托机构风险化解已经取得重要进展，信托机构风险化解处置工作正朝着市场化、法治化的风险处置方向迈进。

(一) 资管监管新格局形成，切实提升信托监管有效性

伴随着经济总量的快速增长和居民财富的不断积累，中国的资管业务迎来了爆发式增长，形成了信托公司、理财公司、保险资管公司、公募基金、私募基金等的"大资管"格局，在有效拓宽居民财富增长渠道的同时，也为国家重大战略、重点领域和薄弱环节发展提供了资金支持。2023 年，国家金融监管总局成立，其中，原中国银保监会"信托部"相关职能划至国家金融监管总局"资管机构监管司"。新设立的资管机构监管司是统管各类资管业务，是此前信托部、保险资金运营部部分职能、创新部部分职能的合并，意在将信托公司、银行理财、保险资管公司全部纳入统一的监管框架，此举将有助于三类资管机构统一监管及逐步对齐监管标准，消除监管套利空间，资管行业将迎来更为公平的竞争环境。

对于信托行业而言，这一调整对加强信托监管，切断信托风险的源头具有重要的意义。资管机构监管司将全面负责资产管理行业与机构的监管工作，有利于优化资产管理监管体系，强化对各类资产管理机构的监管力度及对信托产品的审批力度，有效遏制行业性风险，提高信托业的稳定性和可持续性。这对于信托业转型创新、行稳致远具有重要意义。

(二) 信托业分类改革和差异化监管落地，引导行业稳健经营

2023 年 3 月 24 日，原中国银保监会发布《关于规范信托公司信托业务分类的通知》，并自 2023 年 6 月 1 日起，信托业务分类改革正式实施。根据新规，信托公司应当以信托目的、信托成立方式、信托财产管理内容为分类维度，将信托业务分为资产服务信托、资产管理信托、公益/慈善信托三大类共

25 个业务品种(见表 1)。信托行业三分类改革的核心，是压降影子银行风险突出的融资类信托业务、资金池业务以及进行监管套利的通道业务，促进信托公司回归本源，鼓励发展服务信托和标品信托业务，摆脱传统发展路径依赖，加快转型以实现行业高质量发展，为信托公司的转型发展指明了方向。今后，信托公司要严格按照新三分类的业务方向转型，用信托机制办信托，结合社会信托需求，提供信托服务。

表 1　信托业务分类改革

三大类	主要信托业务品种	
资产服务信托	财富管理受托服务信托	家族信托
		家庭服务信托
		保险金信托
		遗嘱信托
		特殊需要信托
		其他个人财富管理信托
		法人及非组织财富管理信托
	行政管理受托服务信托	预付类资金受托服务信托
		资管产品受托服务信托
		担保品受托服务信托
		企业/职业年金受托服务信托
		其他行政管理资产服务信托
	资产证券化受托服务信托	信贷资产证券化受托服务信托
		企业资产证券化受托服务信托
		非金融企业资产支持票据受托服务信托
		其他资产证券化受托服务信托
	风险处置受托服务信托	企业市场化重组受托服务信托
		企业破产受托服务信托

三大类	主要信托业务品种	
资产管理信托	集合资金信托计划	固定收益类信托计划
		权益类信托计划
		商品及金融衍生品类信托计划
		混合类信托计划
公益/慈善信托	公益慈善信托	慈善信托
		其他公益信托

此外，2023 年 11 月 16 日，国家金融监督管理总局印发《信托公司监管评级与分级分类监管暂行办法》，根据公司治理、资本要求、风险管理、行为管理、业务转型等五个模块，将信托公司监管评级结果分为 6 个级别。该监管评级结果和系统性影响评估结果是监管机构确定监管标准和监管强度、配置监管资源、开展市场准入、采取差异化监管措施的重要依据。依据信托公司的监管评级结果，从 1—6 级，逐步加强非现场监管强度，相应扩大现场检查的频率和范围，对具有系统性影响的信托公司，强化监管、提高审慎监管标准，加大行为监管力度。通过采取差异化分类监管措施，进一步强化监管，促使其稳健经营，有效降低其经营失败可能性和负外部性，积极维护金融稳定。

在信托行业分类和监管分类的背景下，未来信托公司的差异化可分为业内差异化和业外差异化。前者是指行业内各机构之间通过打造自身的专业特色和业务特色等，以特色化定位，开展异质性竞争；后者是指在新分类监管导向下，信托公司将完全或大部分摆脱过去的"类影子银行"属性下同质性竞争的传统模式，全面回归信托本源定位。

(三)多家高风险信托机构风险化解取得新进展

2023 年多家高风险信托机构风险化解已经取得重要进展。与此同时，更多的信托机构正在积极通过不同方式推动风险项目的化解。2 月 6 日，华融信托股权重组工作圆满完成；5 月 29 日，新华信托官网正式挂出重庆市第五中级人民法院有关裁定新华信托、天津新华创富资产管理有限公司破产的公告，新华信托成为国内《信托法》颁布实施后第一家破产信托公司。7 月 19 日，四川信托发布工作进展情况通报称，在各方指导和支持下，四川信托风险处置工作取得关键进展。相关中介机构已完成专项尽调和评估，更新盘实了资产底数。目前，风险处置方案已形成并按程序报送。下一步，监管工作组将进一步支持具有实力的国有企业依法参与风险处置相关工作，力争早日平稳化解四川信托风险。

从上述案例来看，信托公司在重大风险化解工作中采取了不同模式，以新华信托破产处置为例，破产制度是市场经济中风险管理的常规手段，新华信托自身经营不完善导致其不具备持续经营能力，裁定其破产是实现市场优胜劣汰的过程。同时，越来越多的信托公司倾向于采用债权或债权收益权转让方式处理风险项目，这也说明信托机构风险化解处置工作正朝着市场化、法治化的风险处置方向迈进。

五、保险法的法律实施

2023年，中国保险业呈现良好发展势头：一是承保业务显著回暖，保费收入规模首次突破五万亿，保费收入同比增长9.13%。二是资产业务保持稳健，资产总额达29.96万亿元，同比增长10.35%，保险资金运用年化综合收益率达3.22%。三是偿付能力风险总体可控。中国保险业迈向高质量发展，较好发挥了经济减震器和社会稳定器功能。

(一)国家金融监管总局正式挂牌，大金融格局下保险业发展迎来新机遇

自国家金融监管总局正式揭牌以来，新时代金融监管局面备受瞩目，尤其是对正经历着长时间转型调整的保险业来说，在新的监管机构的指导下，保险行业融入大金融格局，同时也面临更严格的监管。

目前，中国是全球第二大保险市场，保险行业已发展到一个前所未有的规模。早在银保监会时期，跨越多主体、多领域、多层次的统一监管思路就被多次提及讨论，并成为对于保险业及其他金融行业监管的主要趋势。随着国家金融监管总局正式挂牌成立，监管部门通过组织架构及职能的升级，使得这种模式进一步完善和成型。对于保险行业而言，风险管理能力将成为保险机构发展的核心能力，防范风险隐患、及时遏制风险传递是保险业监管工作的重中之重。

在明确保险行业的经营重心回归保险保障业务的同时，保险业还应提升服务实体经济有效性，推进保险业高水平对外开放。2023年6月，国家金融监管总局与上海市共同发布了《关于加快推进上海国际再保险中心建设的实施细则》，正式启动了上海再保险"国际板"，通过在上海自贸试验区临港新片区设立国际再保险业务平台，建立中国规则、规制、标准，打造中国保险业对接全球风险分散的境内统一大市场，是我国保险业与国际接轨的重要一步。

（二）被接管保险机构处置工作有序推进，有效防范化解风险隐患

2020 年 7 月，原银保监会依法对天安财险、华夏人寿、天安人寿、易安财险实施接管。2023 年以来，这 4 家机构风险处置工作迎来新进展。5 月，原银保监会批复同意比亚迪汽车工业有限公司受让易安财险 10 亿股股份，持股比例 100%，易安财险更名为比亚迪财险；6 月，中汇人寿及其分支机构获批开业，依法承接天安人寿保单负债、有效资产及全部机构网点，全面履行保险合同义务。7 月，瑞众人寿及其分支机构获批开业，依法承接华夏人寿保单负债、有效资产及全部机构网点，全面履行保险合同义务。9 月，申能财险获批筹建，天安财险重整迈出重要一步。

近年来，监管部门不断加强防范化解重点保险公司风险工作，一方面稳妥有序推进高风险机构风险处置工作，建立风险处置专项工作机制，成立专班或专责组推动高风险机构风险化解，推动地方政府落实属地责任，制订风险处置方案，对高风险机构实行贴身监管，防范流动性、涉众事件等风险隐患。另一方面对偿付能力不达标和出现偿付能力风险苗头的保险公司，及时采取监管约谈、风险提示、现场督导等多种方式，督促公司采取有效措施改善偿付能力。被接管保险机构处置工作有序推进，有效防范化解了风险隐患，切实保护了保险消费者及各有关方面的合法权益。

（三）保险销售行为新规落地，有序推进消费者保护工作

保险销售行为直接影响保险消费者权益，近年来，大量保险销售不规范损害消费者权益的事件时有发生。对此，2023 年 9 月 28 日，国家金融监管总局发布《保险销售行为管理办法》，保护投保人、被保险人、受益人的合法权益，规范保险销售行为，统一保险销售行为监管要求。

从内容上来看，该办法将保险销售行为分为保险销售前行为、保险销售中行为和保险销售后行为三个阶段，区分不同阶段特点，分别加以规制。在销售前，对保险公司、保险中介机构业务范围、信息化系统、条款术语、信息披露、产品分类分级、销售人员分级、销售宣传等进行规制。二是销售中，要求保险公司、保险中介机构了解客户并适当销售，禁止强制搭售和默认勾选，在销售时告知身份、相关事项，提示责任减轻和免除说明等。三是在销售后，对保单送达、回访、长期险人员变更通知、人员变更后禁止行为、退保等提出要求。通过明确谁能销售保险产品、怎么销售保险产品、保险机构和保险消费者在保险销售过程中各自要履行哪些义务，从前端对保险销售行为进行全面规范，更好维护保险消费者合法权益。

目前，中国人民银行的金融消费者保护职责以及中国证监会的投资者保护职责划入了国家金融监管总局，国家金融监管总局统筹负责金融消费者权益保护。这标志着我国金融消费者权益保护工作进入全新的发展阶段。在此背景下，保险销售监管理念和制度需要升级，《保险销售行为管理办法》规范了保险销售售前、售中和售后行为，这将不断完善和优化保险消费者权益保护工作体制机制建设，推动保险消费者权益保护工作高质量发展。

六、结论

(一)把握新《公司法》落地实施路径，深化公司治理改革

《公司法》是市场经济的基础性法律制度，是最重要的营商环境，直接关系到市场资源配置效率和交易安全，本次《公司法》修改和增加的部分新制度，对于方便公司投融资和优化治理具有重要意义，实施好修订后的《公司法》，意义同样重大。以公司资本制度的改革为例，旧法规定实施认缴登记制有效激发了"双创"活力，大力促进了经营主体发展，新《公司法》对注册资本认缴制进行了修正，还为存量公司"逐步调整"预留了"过渡期"，以缓冲对存量主体的冲击。但是，在五年认缴期限执行后，短期内极有可能出现存量公司申请减资和注销激增的情况，对此，应注意做好新旧衔接、业务对接、存量承接和监管联接等工作，保障新《公司法》的实施。

在公司治理方面，需要继续深化公司治理改革。建立对标世界一流企业的公司治理标准，打造中国式公司治理模式，提高公司治理的有效性。一方面，宜强化对实际控制人的约束机制，解决董事会等治理结构和机制的形同虚设问题。另一方面，还可以推动企业践行 ESG 理念，将 ESG 披露融入公司治理中，融入价值创造和风险管理中，助力企业高质量发展。

(二)坚持市场化、法治化理念，推动注册制走深走实

全面实行注册制在中国资本市场改革发展进程中具有里程碑意义。虽然在全面注册制的实践过程中，还存在监管审核重点和路径不清晰、上市公司违法违规频发、退市制度改革尚需发力等"阵痛"问题，但是推动注册制走深走实的方向没有改变。为推动注册制走深走实，应当通过强化信息披露质量，来确保信息的准确性、时效性和完整性，增加拟上市公司"透明度"，减少投资者与上市公司之间的信息不对称；提高上市公司质量，紧盯关键少数，重点整治双控人违规担保、资金占用、关联交易等侵占公司利益的行为；同时，结合退市制度，及时清理严重违法违规的企业或者长期亏损的企业，

提高市场效率和资源配置效率。

目前中国资本市场是全球最重要的资本市场之一。全面注册制的实施为中国资本市场发展带来新的机遇和挑战。接下来，要在尊重注册制基本内涵、借鉴全球最佳实践、把握中国特色和发展阶段特征的基础上，充分考虑我国的市场情况、投融资平衡、投资者结构以及法治诚信环境，坚持市场化、法治化的理念，提升资本市场服务高质量发展的质效。

(三)尽快修订《企业破产法》，发挥破产制度促进高质量发展的功能

企业破产法是市场经济法治建设中的关键环节，更是体现营商环境建设成就的重要指标。我国《企业破产法》于2006年通过后从未进行过修订，不能完全顺应世界银行营商环境评估关于"办理破产"市场化、法治化、专业化的发展要求，因此有必要尽快完成破产法的修订。结合市场实际，我国需要一部具有中国特色、时代特色、实践特色的《企业破产法》，来解决目前破产法律制度供给不足的问题，充分发挥破产制度促进高质量发展的功能作用。在修订《企业破产法》的过程中，应当增加个人破产制度的法律规定；重视跨境破产问题，积极对标国际通行做法或最佳实践，推进跨境破产法治建设；同时，建议增加小微企业破产程序以及金融机构破产制度。

虽然2024年我国经济持续回升有望，但实际上市场主体的债务偿付压力及经营压力依旧较大。随着经济周期的深度调整，部分债务规模巨大和集中度高的企业破产，将风险持续传递至金融机构，未来更多数量的中小型金融机构可能走向破产。由于金融机构的专业性和强监管属性，未来在金融机构风险处置工作中，金融监管和法院需高度协作，共同发力化解金融机构破产风险，发挥破产法律制度促进高质量发展的功能。

(四)信托行业加速转型，风险处置向法治化方向发展

展望2024年，在新监管体制、新评级标准、新市场环境、新业务分类的背景下，信托行业将迈入发展新阶段。对于信托监管而言，有效的信托监管将有助于提高信托服务的质量和效率，激发信托业转型创新的内生动力，目前资管机构监管司统管各类资管业务，对于有效遏制行业性风险、提高信托业的稳定性具有重要的意义。在新评级标准和新业务分类的背景下，信托行业将加速业务转型，全面回归信托财产转移功能和财产管理功能的本源定位；信托公司则需要审视和调整经营理念，注重风险控制和合规管理。

此外，前期召开的中央金融工作会议中指出要全面加强金融监管，有效防范化解金融风险。目前四川信托、建元信托、雪松信托等公司在风险化解

方面已有较大突破，各信托公司通过市场化股权重组、回购信托受益权、借助信托保障基金等方式进行风险处置，在风险处置方式上进行了多元化探索，信托公司的重大风险处置将越来越市场化和法治化。

（五）聚焦保险行业的发展和监管，促进保险市场健康发展

保险作为金融行业的重要组成部分，一直以来都扮演着风险保障和财富增值的角色。2023年组建的国家金融监督管理总局，标志着我国金融监管体制改革取得阶段性成效，我国金融监管格局呈现"双峰监管"雏形。未来的金融监管呈强化机构监管、行为监管、功能监管、穿透式监管、持续监管的趋势，这也将会给保险行业监管和制度发展带来深远影响。在新的监管机构的指导下，保险行业迎来新一轮发展机遇，进一步融入大金融格局，同时也面临更严格监管。

展望2024年，聚焦于保险行业的发展和监管，监管体制调整也将为保险市场带来新的发展动力，预计我国保险业将继续呈现深化开放的趋势。下一步，应加大对保险科技创新的支持力度，引导保险机构加强科技创新和数字化转型，提高保险市场的稳定性和可持续性发展。对于人身保险方面，应提高保险产品的透明度和消费者的知情权，完善相关法律法规，促进保险市场的健康发展。

撰稿专家

顾功耘，华东政法大学教授，博士生导师。主要从事经济法学、商法学教学和研究。现任华东政法大学经济法律研究院院长。兼任中国法学会经济法研究会副会长，中国法学会商法研究会副会长，上海市法学会商法研究会会长；另兼任中国国际经济贸易仲裁委员会仲裁员，上海国际经济贸易仲裁委员会仲裁员等职。主编出版《国有经济法论》《国有资产法论》《公司并购法论》等著作；发表《全面深化改革背景下的经济法治战略》《论宪法法律在治国理政中的定位反思》等学术论文；组织翻译出版《当代主要国家国有企业法》《当代主要国家公私合作法》等。曾获全国"五一"劳动奖章、上海市劳动模范、司法部系统全国优秀教师等荣誉称号。

鲍彩慧，上海证券交易所博士后研究人员，法学博士。

第三章　2023 年行政法实施报告*

胡建淼　刘　威

报告要旨

2023 年是全面贯彻落实党的二十大精神的关键一年，行政法实施在行政立法、行政执法、行政纠纷解决机制建设方面取得长足进步，依法行政制度体系进一步完善、提升行政执法质量的顶层设计逐步健全、行政执法案例指导工作持续推进、社会矛盾纠纷行政预防调处化解体系得到发展，为扎实推进依法行政，建设法治政府发挥了重要作用。同时，2023 年行政法实施体现出鲜明特色：一是通过《行政复议法》修订进行了多项制度创新，回应了行政执法实践需求。二是发布《行动计划》多措并举系统提升执法质量，锚定法治政府建设关键环节。三是借力全国一体化政务平台建设统筹线上线下政务服务，着力提升政府服务效能。四是印发《指导意见》强化跨部门综合监管，助力全国统一大市场建设、推动高质量发展。从行政法实施的具体内容来看，行政许可实施伴随着"放管服"改革的推进不断发展并取得了显著成效，行政许可规范化持续推进、证明事项逐步规范，值得注意的是，扩大内地婚姻登记"跨省通办"试点改革强化了婚姻登记服务效能。进一步规范了行政处罚行为，在取消和调整了一批罚款事项的同时明确了替代监管措施，强化了制度监管。政府信息公开情况整体较好，各级政府多数能做到准时发布政府信息公开工作年度报告。2023 年行政复议实施和法律修订双驱并

* 本报告撰写过程中，北京联合大学应用文理学院研究生冶天一、蹇瑞洁参与了资料收集和讨论工作，为报告的顺利完成作出了重要贡献，特此致谢！

进，相辅相成，解决了一大批人民群众急难愁盼问题，实质性化解行政争议的作用日益彰显。当然，在行政执法和行政复议实施中都还不同程度地存在一些难点和问题，需要在实践中予以关注并解决。

核心建议

1. 继续提升法治素养，进一步增强公平公正执法理念，行政执法中要切实做到同等情况同等对待，考虑相关因素避免不当联结，遵循比例原则。

2. 正确掌握行政执法法律适用规则，准确理解《行政处罚法》等"基础性法律"在行政执法中的优先适用性，当基础性法律与非基础性法律规定不一致时，应当优先适用基础性法律，除非法律另有特别规定。

3. 全面落实和健全行政执法标准规范，深入践行行政裁量权基准制度，制定统一的行政执法文书基本格式标准。

4. 推进行政执法信息化建设和数据共享，完善顶层设计，统筹行政执法信息化系统建设，统一数据标准，加强数据交流互通，提升行政执法人员素质，充分发挥执法信息系统的技术优势。

5. 完善行政执法争议化解体系，正视行政调解制度存在的理论支撑不足、法律依据缺乏、适用范围模糊、运行程序不规范、调解协议法律效力不明确等问题，从转变观念、完善制度、加强保障、强化队伍等方面促进行政调解制度建设完善。

一、2023 年行政法实施的总体情况和特点

（一）2023 年行政法实施总体情况

1. 依法行政制度体系进一步完善

完善制度体系建设是推进依法行政的前提，行政法实施的实质就是将行政性法律规范贯彻到实践中，最大限度地释放制度效能。2023 年，全国人大

及其常委会制定行政性法律 1 部，修订 2 部，①国务院制定行政法规 7 部。② 司法部审查完成 51 件立法项目，同比增长 96.2%。截至目前，报请国务院审议（审批）通过立法项目 37 件，同时根据国务院部署对现行 604 部行政法规开展新中国成立以来最大规模集中清理，组织开展三批一揽子修改和废止工作。③ 2023 年，全国人大常委会依法审查备案的法规、司法解释等规范性文件共 1319 件。④ 司法部依法审查备案的法规规章 3021 件，其中，地方性法规 1967 件，地方政府规章 873 件，部门规章 181 件，⑤经审查予以备案登记 2452 件，包括地方性法规 1628 件，地方政府规章 656 件，国务院部门规章 168 件，暂缓备案 47 件。⑥ 总体来看，2023 年行政法律规范体系建设取得了一定成效，为行政法实施提供了制度保障。

法典通常被认为是法律发展的最高形式和衡量一国法治成就的重要标志。⑦ 随着"民法典时代"的到来，行政法法典化日益成为实务界和理论界关注的焦点。习近平总书记在 2020 年 11 月 16 日中央全面依法治国工作会议上的重要讲话中指出："民法典为其他领域立法法典化提供了很好的范例，要总结编纂民法典的经验，适时推动条件成熟的立法领域法典编纂工作。"⑧《法治中国建设规划（2020—2025 年）》（以下简称《规划》）提出，"对

① 制定的法律是《中华人民共和国青藏高原生态保护法》，修订的法律是《中华人民共和国海洋环境保护法》《中华人民共和国行政复议法》。参见国家法律法规数据库，https://flk.npc.gov.cn/，2024 年 1 月 26 日访问。

② 制定的行政法规分别是《无人驾驶航空器飞行管理暂行条例》《私募投资基金监督管理条例》《中华人民共和国领事保护与协助条例》《社会保险经办条例》《未成年人网络保护条例》《人体器官捐献和移植条例》《非银行支付机构监督管理条例》。参见国家行政法规库：http://xzfg.moj.gov.cn/search2.html，2024 年 1 月 26 日访问。

③ 白阳：《2023 年司法部审查完成 51 件立法项目》，载新华网，http://www.news.cn/20240112/f8257147c4f64f86b3b72dd3e967519c/c.html，2014 年 1 月 31 日访问。

④ 全国人大常委会法制工作委员会主任沈春耀：《全国人民代表大会常务委员会法制工作委员会关于 2023 年备案审查工作情况的报告——2023 年 12 月 26 日在第十四届全国人民代表大会常务委员会第七次会议上》，载全国人大网，http://www.npc.gov.cn/c2/c30834/202312/t20231229_433996.html，2024 年 1 月 26 日访问。

⑤ 《司法部：2023 年对 3021 件法规规章备案审查》，载中国政府法制信息网，http://www.moj.gov.cn/pub/sfbgw/gwxw/xwyw/szywbnyw/202401/t20240112_493496.html，2024 年 1 月 15 日访问。

⑥ 《2023 年 1 至 12 月备案登记审查的法规规章情况》，载中国政府法制信息网，http://www.moj.gov.cn/pub/sfbgw/fzgz/fzgzxzlf/fzgzbagz/index.html，2024 年 1 月 26 日访问。

⑦ 马怀德：《中国行政法典的时代需求与制度供给》，载《中外法学》2022 年第 4 期。

⑧ 马怀德：《民法典对行政法法典化的启示》，载《民主与法制》2021 年第 30 期。

某一领域有多部法律的，条件成熟时进行法典编纂。"这为行政性法律规范体系化指明了方向。《全国人大常委会 2021 年度立法工作计划》明确提出要"研究启动环境法典、教育法典、行政基本法典等条件成熟的行政立法领域的法典编纂工作"。此后连续两年，全国人大常委会都将"研究启动条件成熟的相关领域法典编纂工作"作为年度立法工作计划。① 与实务界一样，学术界对于该议题的关注也从未止步。应松年教授在行政法学界首次提出行政法法典化"两步走"的思路，即"借鉴民法总则的立法技术，将我国行政法中共性的东西抽取出来，形成具有中国特色的行政法总则。在行政法总则的指引下进一步制定行政法的分则，最终形成一部体系完整的行政法法典"②。时至 2023 年，这一观点也为更多行政法学者所赞同。③ 马怀德教授认为，推进行政法法典化，编纂一部具有中国特色、体现时代特点、反映人民意愿的行政法法典，对于完善中国特色社会主义法律体系、建成法治政府、保障人民权益、繁荣行政法学理论、建设社会主义现代化强国、推动世界法治文明进步具有重大而深远的意义。④ 其在 2023 年全国两会期间提出了"编纂行政基本法典 推动政府治理现代化"的建议。⑤ 截至 2023 年，关于行政法法典化这一行政法实施的系统工程，理论界和实务界进一步达成共识，明确了体系化整合行政性法律规范的共同目标，至于整合的步骤、模式、框架和内容则还有待于在接下来的行政法实施中逐步总结经验、交流观点、凝聚共识。

2.提升行政执法质量的顶层设计逐步健全

近年来，我国行政执法能力和水平都有了较大提高，但行政执法不作为乱作为、执法不严格不规范不文明不透明等问题仍时有发生，亟须加强顶层设计，采取系统性、整体性、针对性措施加以解决。⑥ 2023 年 9 月 5 日，国务院办公厅印发《提升行政执法质量三年行动计划(2023—2025 年)》(以下简

① 参见《全国人大常委会 2022 年度立法工作计划》《全国人大常委会 2023 年度立法工作计划》。
② 万学忠、郭胜习：《学界首次提出构建中国行政法法典 先制定总则》，载《法制日报》2018 年 1 月 19 日。
③ 应松年、方世荣、叶必丰等：《行政法典编纂七人谈》，载《法学评论》2023 年第 1 期。
④ 马怀德：《行政基本法典模式、内容与框架》，载《政法论坛》2022 年第 3 期。
⑤ 程婷：《马怀德委员建议：编纂行政基本法典，适时启动教育法典编纂》，载澎湃新闻网，https://www.thepaper.cn/newsDetail_forward_22206795，2023 年 12 月 11 日访问。
⑥ 司法部有关负责人就《提升行政执法质量三年行动计划(2023—2025 年)》答记者问，载司法部官网，http://www.moj.gov.cn/pub/sfbgw/zcjd/202310/t20231013_487684.html，2024 年 1 月 22 日访问。

称《行动计划》），旨在深入贯彻落实党的二十大精神，着力强化行政执法队伍能力素质，规范行政执法行为，完善行政执法体制机制，提高行政执法效能，以更好保护人民群众合法权益，维护公平竞争市场秩序，加快推进法治政府建设。

此外，2023 年还出台了一系列政策措施旨在提升行政执法效能。加强行政执法人员管理是提升行政执法质量的重要前提。2023 年 9 月 1 日，党中央对《行政执法类公务员管理规定》作了修订，完善了管理原则，健全了职位、职务、职级与级别的设置、任免与晋升机制，规范和强化了对行政执法类公务员的监督管理，强调"突出政治标准，强化行政执法能力"，要求行政执法人员提高执法执行力和公信力，保障和促进社会公平正义，维护人民合法权益。明确行政执法事项是提升行政执法质量的关键环节。2023 年 7 月 14 日，国务院办公厅印发了《关于应急管理综合行政执法有关事项的通知》（国办函〔2023〕51 号），旨在加快构建权责一致、权威高效的应急管理综合行政执法体制，提出了五个方面的具体任务：一是编制《应急管理综合行政执法事项指导目录》（以下简称《指导目录》）。二是加强源头治理，及时清理没有依据、没有必要、重复交叉的执法事项，强化对保留和新增执法事项的合法性审查，执法事项的调整必须有法可依。三是压实责任主体，按照权责相一致的要求，明晰责任主体，厘清责任事项，健全问责机制，压实违法行为查处责任。四是规范执法行为，制定统一的行政执法程序规定，明确行政执法事项的工作程序、履职要求、办理时限、行为规范等，做到同案同罚，积极推行"互联网+统一指挥+综合执法"，加强执法协作和监督。五是提高执法效能，着力解决社会反映强烈的突出问题，明确履职要求和问责办法，探索形成可量化的执法履职评估办法，构建多元行政执法监督机制。加强执法培训是提升行政执法质量的有效方法。2023 年，中共中央修订发布《干部教育培训工作条例》，同时首次印发《全国干部教育培训规划（2023—2027 年）》。《干部教育培训工作条例》对干部培训的原则、管理体制、培训对象、培训内容、培训方式方法、培训机构、师资、课程、教材、经费等培训资源、考核与评估、纪律与监督等内容进行了详细规定。《全国干部教育培训规划（2023—2027 年）》明确了干部教育培训量化指标，制定了习近平新时代中国特色社会主义思想教育培训计划、"一把手"政治能力提升计划、年轻干部理想信念强化计划、干部履职能力提升计划、干部教育培训机构质量提升计划、干部网络培训提质增效计划等具体规划。在农业农村领域，农业农村部印发《关于加强农业行政执法培训工作的指导意见》（农法发〔2023〕1 号），就通过强化执法培训全面提升农业综合行政执法人员能力素质，进一步加强农业行政执法培训工作提出了具体指导意见。

3. 行政执法案例指导工作持续推进

《行动计划》指出要"推进行政执法案例指导工作"。2023年有关部委进一步通过发布行政执法案例推进自上而下的行政执法指导监督工作。本报告以进行综合行政执法改革的自然资源、农业、文化、交通、应急、市场监管、生态环境等执法领域为考察对象，对有关部委官网发布的行政执法案例进行统计，结果可以分为两类。

一是发布行政执法指导性案例和典型案例，以农业农村部、生态环境部、应急管理部、国家市场监督管理总局为代表。2023年农业农村部先后发布了第3批农业行政执法指导性案例（共6例），"中国渔政亮剑2022"执法典型案例（共10例），海洋伏季休渔期渔政执法典型案例（共14例），第2批渔业船舶安全监管执法典型案例（共3例），农产品质量安全监管执法典型案例（共12例）；①生态环境部先后发布了第11~16批生态环境执法典型案例共32例，其中包括举报奖励领域6例、自动监控领域6例、第三方环保服务机构监管领域3例、排污许可领域4例、自动监控领域6例、打击危险废物环境违法犯罪领域7例；②应急管理部先后发布了两批"一案双罚"典型执法案例[共19例）、安全生产培训"走过场"执法案例（共10例，包含针对考试机构（考试点）执法案例3例、针对培训机构执法案例3例、针对生产经营单位执法案例4例]、安全生产举报典型案例（共6例）；③国家市场监督管理总局先后发布了第2批和第3批城镇燃气专项整治典型执法案例（共20例），两批茶叶过度包装专项治理行动典型案例（共40例），11批民生领域案件查办"铁拳"行动典型案例（共95例），打击仿冒混淆、虚假宣传、虚假登记注册违法行为典型案例（共7例），经营主体严重违法失信行为专项治理行动典型案例（共10例），网络不正当竞争典型案例（共9例），两批民生领域反垄断执法专项行动典型案例（共23例），反不正当竞争"守护"专项执法行动典型案例（侵犯商业秘密篇）（5例），4批制止餐饮浪费专项行动典型案例（共19例），2022年知识产权执法典型案件（共20例），第3批整治商品过度包装，蟹卡蟹券等问题典型案例（共8例）。④ 二是通报负面案例或者宣扬优秀

---

① 参见农业农村部官网，https://www.mara.gov.cn/，2024年2月14日访问。

② 参见生态环境部官网，https://www.mee.gov.cn/，2024年2月14日访问。

③ 参见应急管理部官网，https://www.mem.gov.cn/，2024年2月14日访问。

④ 参见国家市场监督管理总局官网，https://www.samr.gov.cn/，2024年2月14日访问。

案例，以自然资源部、文化和旅游部为代表。2023 年，自然资源部先后通报督察执法发现的 56 个违法违规重大典型问题、12 例非法占有农用地违法犯罪典型案例、25 例土地矿产违法案件(其中 13 例土地违法案件、12 例矿产违法案件)，发布了第四批生态产品价值实现典型案例(共 11 例)、海洋生态保护修复典型案例(共 10 例)、2022 年全国地质灾害成功避险十大案例；①文化和旅游部先后推出第 1 批交通运输与旅游融合发展十佳案例和典型案例，第 1 批文明旅游宣传引导十佳案例和优秀案例，2023 年旅游公共服务十佳案例和优秀案例，全国文化和旅游标准化示范典型经验名单，2023 年文化和旅游数字化创新示范十佳案例和优秀案例，全国旅游市场服务质量提升典型案例(共 12 例)，幼儿园与娱乐场所、互联网上网服务营业场所最小距离及测量方法典型案例(共 5 例)等。②

此外，2023 年农业农村部、市场监管总局、工业和信息化部、生态环境部联合发布了农用薄膜执法监管典型案例(共 10 例)；③国务院安委办、应急管理部联合公布两批 2023 年安全生产行刑衔接典型执法案例(共 9 例)；④最高人民检察院、自然资源部联合发布土地执法查处领域行政非诉执行监督典型案例(共 5 例)；⑤财政部、自然资源部、生态环境部联合公布山水工程首批 15 个优秀典型案例；⑥农业农村部、自然资源部联合通报 5 起"大棚房"问题典型案例；⑦公安部门作为行政执法的重要力量，公安部在 2023 年先后公布了多批典型案例，⑧如"平安长江"专项行动典型案例、涉及快递物流车辆的典型道路交通事故案例、打击整治"飙车炸街"专项行动典型案例、网络谣言打击整治专项行动典型案例等。

4. 社会矛盾纠纷行政预防调处化解体系得到发展

《规划》提出，要"完善调解、信访、仲裁、行政裁决、行政复议、诉讼等社会矛盾纠纷多元预防调处化解综合机制，整合基层矛盾纠纷化解资源和力量，充分发挥非诉纠纷解决机制作用。有序推进行政裁决工作，探索扩大行政裁决适用范围。"《法治政府建设实施纲要(2021—2025 年)》(以下简称《纲

---

① 参见自然资源部官网，https://www.mnr.gov.cn/，2024 年 2 月 14 日访问。
② 参见文化和旅游部官网，https://www.mct.gov.cn/，2024 年 2 月 14 日访问。
③ 参见农业农村部官网，https://www.mara.gov.cn/，2024 年 2 月 14 日访问。
④ 参见应急管理部官网，https://www.mem.gov.cn/，2024 年 2 月 14 日访问。
⑤ 参见自然资源部官网，https://www.mnr.gov.cn/，2024 年 2 月 14 日访问。
⑥ 参见自然资源部官网，https://www.mnr.gov.cn/，2024 年 2 月 14 日访问。
⑦ 参见自然资源部官网，https://www.mnr.gov.cn/，2024 年 2 月 14 日访问。
⑧ 参见公安部官网，https://www.mps.gov.cn/，2024 年 2 月 14 日访问。

要》）再次明确，要"推动完善信访、调解、仲裁、行政裁决、行政复议、诉讼等社会矛盾纠纷多元预防调处化解综合机制。" 2023 年行政法实施过程中，在行政裁决和行政复议制度完善方面取得了新进展。

2018 年末，中共中央办公厅、国务院办公厅联合印发《关于健全行政裁决制度加强行政裁决工作的意见》（中办发〔2018〕75 号），指出行政裁决具有效率高、成本低、专业性强、程序简便的特点，有利于促成矛盾纠纷的快速解决，发挥化解民事纠纷的"分流阀"作用，强调建立健全通过行政裁决化解矛盾纠纷的制度。专利侵权纠纷行政裁决制度是中国特色知识产权制度的重要组成部分，同时也是行政裁决制度的具体应用，在全面加强知识产权保护、推进创新型国家建设、推动高质量发展、扩大高水平对外开放中发挥着重要作用。2023 年 9 月 11 日，国家知识产权局、司法部印发《关于加强新时代专利侵权纠纷行政裁决工作的意见》（国知发保字〔2023〕39 号），围绕制度保障、职责履行、案件查办、体系支撑、改革试点、能力建设 6 个方面，明确了 15 项重点任务，提出了 56 条具体举措，总的要求是：一要强化专利侵权纠纷行政裁决法治保障。二要严格履行专利侵权纠纷行政裁决法定职责。三要加大专利侵权纠纷行政裁决办案力度。四要完善专利侵权纠纷行政裁决支撑体系。五要推进专利侵权纠纷行政裁决改革试点。六要加强专利侵权纠纷行政裁决能力建设。[1] 在具体办案方面，为了方便案件当事人参加行政裁决程序，提升行政效率，2023 年 2 月 17 日，国家知识产权局发布《国家知识产权局行政裁决案件线上口头审理办法》。

《规划》提出，要加强和改进行政复议工作，强化行政复议监督功能，加大对违法和不当行政行为的纠错力度，要推进行政复议体制改革，整合行政复议职责，畅通行政复议渠道，健全行政复议案件审理机制。《纲要》再次明确，要发挥行政复议化解行政争议主渠道作用。现行《行政复议法》已经施行了 20 多年，充分发挥了其高效便捷的制度优势，逐渐成为化解行政争议和维护人民群众合法权益的重要渠道。随着社会的发展，人民群众对行政复议制度的需求发生变化，对制度运行方式和效果提出了更高要求。党的十八大以来，以习近平同志为核心的党中央高度重视行政复议工作，作出一系列重大决策部署。修订《行政复议法》，是贯彻落实习近平法治思想和党中央决策部

---

① 《国家知识产权局 司法部关于加强新时代专利侵权纠纷行政裁决工作的意见》政策解读，载国家知识产权局官网，https://www.cnipa.gov.cn/art/2023/9/15/art_66_187605.html，2024 年 1 月 16 日访问。

署的重要举措,是坚持以法治方式推进改革的必然要求,也是践行以人民为中心的发展思想,提升社会治理效能,推进国家治理体系和治理能力现代化的有力法治保障。① 2023 年 9 月 1 日,中华人民共和国第十四届全国人民代表大会常务委员会第五次会议修订通过《中华人民共和国行政复议法》,自2024 年 1 月 1 日起施行。此次行政复议法修订,在有关行政复议原则和要求、管辖体制、受案制度、申请和受理程序、审理程序、决定及监督体系等方面进行了全面调整和完善。

(二)2023 年行政法实施的特点

1. 通过法律修订积极探索制度创新,回应行政执法实践需要

此次《行政复议法》修订涉及诸多制度创新,回应了执法实践的现实需要,主要体现在以下几个方面:② 一是优化行政复议管辖体制。传统行政复议双重管辖体制不方便相对人找准行政复议机关,同时造成行政复议案件和工作力量过于分散、办案标准不统一等问题,严重影响行政复议制度效能的发挥,③ 此次修订中原则上取消了地方人民政府工作部门的行政复议职责,由县级以上地方人民政府统一行使。二是改革行政复议受案制度。行政复议受案制度决定了通过行政复议解决行政争议的可能性,实践中存在着部分行政争议救济渠道不通畅、不清晰、不高效的问题。④ 为了充分发挥行政复议化解行政争议主渠道作用,此次修订扩大了行政复议范围,明确对行政赔偿、工伤认定、行政协议、政府信息公开等行为不服的,可以申请行政复议,同时优化了行政复议前置范围,明确对当场作出的行政处罚决定、未履行法定职责、不予公开政府信息等行为不服的应当先申请行政复议。三是完善行政复议程序。行政复议行为在性质上是一种特殊的行政行为,行政复议程序本质上是一种行政程序。⑤ 原行政复议程序规定较为简单,无法充分体现程序正当性。此次修订健全了行政复议申请和受理程序,增加申请复议便民举措,提出复议前置情形告知要求,明确行政复议受理条件,增设申请材料补正制度;完善了行政复议审理程序,建立提级审理制度,增加简易程序及其

① 全国人大常委会法工委行政法室主任梁鹰:《新修订的行政复议法有哪些特点和亮点》,载人民法院报微信公众号 2023 年 9 月 1 日。

② 全国人大常委会法工委行政法室主任梁鹰:《新修订的行政复议法有哪些特点和亮点》,载人民法院报微信公众号 2023 年 9 月 1 日。

③ 周佑勇:《行政复议的主渠道作用及其制度选择》,载《法学》2021 年第 6 期。

④ 胡建淼:《行政复议法修改的八个亮点》,载《中国环境监察》2023 年第 10 期。

⑤ 参见胡建淼:《行政法学》,法律出版社 2015 年版,第 742、751 页。

适用情形,健全行政复议证据规则,实行普通程序听取意见原则,新增听证和行政复议委员会制度,完善行政复议附带审查规范性文件程序。四是健全行政复议决定和执行制度。行政复议决定和执行是行政复议行为对外产生法律效力的直接表现,实践中存在着行政复议决定适用情形模糊、种类设置不科学、监督功能不足等现象。此次修订中细化变更、确认违法等决定的适用情形,调整决定顺序,增加确认无效、责令履行行政协议等决定类型,同时增设行政复议意见书、约谈和通报批评、行政复议决定抄告等监督制度。

此外,《治安管理处罚法(修订草案)》(以下简称草案)于2023年8月28日提请十四届全国人大常委会第五次会议审议。草案将社会治安管理领域出现的新情况新问题纳入治安管理处罚范围,包括考试作弊、组织领导传销、以抢夺方向盘等方式妨碍公共交通工具驾驶、升放携带明火的孔明灯、高空抛物、无人机"黑飞"、非法使用窃听窃照器材等。进一步加强了对未成年人的保护,[①]完善了处罚措施和幅度,推进治安管理处罚与调解相衔接、建立认错认罚从宽制度、适当提高罚款幅度等。[②] 同时将治安管理工作中一些好的机制和做法通过法律形式予以确认,对治安管理处罚程序予以优化、完善,旨在更好维护社会治安秩序。[③] 需要注意的是,草案中的一些规定在征求意见过程中引发了广泛的社会讨论,相关制度是否能落地,还有待继续关注。

2. 发布《行动计划》多措并举系统提升执法质量,锚定法治政府建设关键环节

行政执法是行政机关履行政府职能、管理经济社会事务的重要方式,是行政法实施的关键环节,行政执法质量直接关系法治政府建设成效。行政执法质量的提升是一个系统工程,需要明晰目标、统筹谋划、重点推进。《行动计划》是国家首次聚焦行政执法质量提升出台的系统方案,在完善顶层设计的同时,为行政执法质量提升设置了时间表,明确了重点任务,也为接下来三年时间系统提升行政执法质量指明了方向。《行动计划》提出"到2025年底,行政执法突出问题得到有效整治,行政执法工作体系进一步完善,行政

---

① 熊丰、任沁沁、冯家顺:《治安管理处罚法修订草案有哪些看点?》,载《新华每日电讯》2023年第3期。

② 光明网评论员:《治安管理处罚法修订亮点颇多意义重大》,载光明网,https://guancha.gmw.cn/2023-08/29/content_36796832.htm,2024年2月6日访问。

③ 刘冬:《我国拟修订治安管理处罚更好维护社会治安秩序》,载中国人大网,http://www.npc.gov.cn/npc/c2/c30834/202308/t20230828_431191.html,2024年1月22日访问。

执法队伍素质明显提升，行政执法监督机制和能力建设切实强化，行政执法信息化、数字化水平进一步提升，行政执法质量和效能显著提高，行政执法的权威性和公信力有力增强，人民群众对行政执法的满意度大幅上升"。为实现这一目标，《行动计划》从执法能力建设、执法规范建设、工作体系建设、执法保障建设4个方面，围绕6个重点任务，提出了17项具体工作举措。具体来看：

一是全面提升行政执法人员能力素质，着力提高政治能力、大力提升业务能力、切实加强全方位管理。二是全面推进严格规范公正文明执法，强力整治行政执法突出问题、建立健全行政执法标准规范、完善行政执法工作机制。三是健全完善行政执法工作体系，协调推进行政执法体制改革、做好乡镇、街道赋权有关工作、大力推进行政执法协作。四是加快构建行政执法协调监督工作体系，完善行政执法监督制度、健全行政执法监督机制、创新行政执法监督方式。五是健全行政执法和行政执法监督科技保障体系，推进行政执法和行政执法监督信息系统建设、推进行政执法数据互联互通。六是不断强化行政执法保障能力，加强执法队伍建设、强化执法人员权益保障、加大财政支持力度。

3. 借力全国一体化政务平台建设统筹线上线下政务服务，着力提升政府服务效能

推进线上政务服务，实现线上线下政务服务统筹发展是新时期提升政务服务效能、优化营商环境的必由之路。2019年4月，国务院制定了《国务院关于在线政务服务的若干规定》，旨在全面提升政务服务规范化、便利化水平，为企业和群众提供高效、便捷的政务服务，优化营商环境。《纲要》提出，要加快建设服务型政府，提高政务服务效能，推进线上线下深度融合，增强全国一体化政务服务平台服务能力，优化整合提升各级政务大厅"一站式"功能，全面实现政务服务事项全城通办、就近能办、异地可办。2023年2月，中共中央、国务院印发《数字中国建设整体布局规划》提出，要发展高效协同的数字政务，全面赋能经济社会发展，到2025年，要实现政务数字化智能化水平明显提升。为了贯彻落实《纲要》和《数字中国建设整体布局规划》的目标和要求，2023年8月，国务院办公厅印发了《关于〈政务服务电子文件归档和电子档案管理办法〉的通知》（国办发〔2023〕26号），就推动各行业各领域政务服务电子文件从形成办理到归档管理全流程电子化管理进行了规定。2023年9月，国务院办公厅又印发了《关于依托全国一体化政务服务平台建立政务服务效能提升常态化工作机制的意见》（国办发〔2023〕29号），

在全面总结近年来依托全国一体化政务服务平台提升政务服务效能成效的基础上，全面反思在实现政务服务从"能办"向"好办"转变中所面临的制度规范不够健全、业务办理不够便捷、平台支撑能力不足等问题，并就依托全国一体化政务服务平台建立政务服务效能提升常态化工作机制提出了四个方面的具体意见：

一是聚焦急难愁盼，建立健全办事堵点发现解决机制。要积极畅通渠道，健全办事堵点主动发现机制，做到接诉即办，健全办事堵点高效解决机制，强化趋势感知，健全堵点数据分析应用机制。二是强化好办易办，建立健全服务体验优化机制。建立高频服务清单管理、闭环优化机制、强化新技术应用赋能机制、完善经验推广和服务宣传机制。三是加强协同联动，建立健全平台支撑能力提升机制。强化政务服务渠道统筹和线上线下协同服务机制，更好发挥公共入口作用，优化政务数据有序共享机制，更好发挥公共通道作用，深化全国一体化政务服务平台持续赋能机制，更好发挥公共支撑作用，细化全国一体化政务服务平台协同运营机制，持续提升平台服务能力。四是做好制度支撑，建立健全效能提升保障机制。健全政务服务法规制度和标准规则迭代机制，健全政务服务评估评价机制，健全数字素养能力提升机制。

4.印发《指导意见》强化跨部门综合监管，助力全国统一大市场建设、推动高质量发展

党的十九届三中全会作出深化党和国家机构改革的重大决定，提出要"改革和理顺市场监管体制，整合监管职能，加强监管协同，形成市场监管合力"。深入推进跨部门综合监管，是加快转变政府职能、提高政府监管效能的重要举措，是与国家综合行政执法改革相匹配的制度创新，其核心目的在于为新时期加快建设全国统一大市场、推动高质量发展提供有力支撑。《纲要》指出，要"推进政府机构职能优化协同高效。坚持优化政府组织结构与促进政府职能转变、理顺部门职责关系统筹结合，使机构设置更加科学、职能更加优化、权责更加协同"。为进一步加强跨部门综合监管，维护公平有序的市场环境，切实降低市场主体制度性交易成本，推动高质量发展，2023年2月17日，国务院办公厅印发了《关于深入推进跨部门综合监管的指导意见》(国办发〔2023〕1号)(以下简称《指导意见》)，提出"2023年底前，建立跨部门综合监管重点事项清单管理和动态更新机制，在部分领域开展跨部门综合监管试点，按事项建立健全跨部门综合监管制度，完善各司其职、各负其责、相互配合、齐抓共管的协同监管机制。到2025年，在更多领域、更大

范围建立健全跨部门综合监管制度，进一步优化协同监管机制和方式，大幅提升发现问题和处置风险能力，推动市场竞争更加公平有序、市场活力充分释放"。为此，《指导意见》从体制机制、协同方式、联动效能、支撑能力建设四个方面提出了具体方案：一是健全跨部门综合监管体制机制，确定跨部门综合监管事项清单，明确跨部门综合监管责任分工，完善跨部门综合监管制度规则，健全跨部门综合监管工作机制。二是完善跨部门综合监管协同方式，加强风险隐患跨部门联合监测，开展市场主体跨部门联合抽查检查，推进问题线索跨部门联合处置，积极开展跨部门联合信用监管。三是提升跨部门综合监管联动效能，加强部门与地方监管联动，加强跨区域监管联动，加强行政执法与刑事司法联动。四是加强跨部门综合监管支撑能力建设，提升监管信息化建设水平，大力推进监管信息互通共享。

二、2023 年行政执法实施要点

（一）行政许可实施情况

1. 行政许可实施简况

2023 年行政许可实施伴随着"放管服"改革的推进不断发展，取得了显著成效。一是行政许可实施规范化持续推进。2023 年 3 月，按照清单管理工作机制，国务院办公厅会同有关部门修订形成《法律、行政法规、国务院决定设定的行政许可事项清单（2023 年版）》，同时根据有关法律法规修订等情况，对部分行政许可事项的实施机关、设定和实施依据等内容作出调整。[1] 2023 年版清单的公布对于正确处理政府和市场、政府和社会的关系，持续推进行政许可标准化、规范化、便利化，加强事前事中事后全链条全领域监管，不断提高审批效率和监管效能，激发更大市场活力和社会创造力，促进经济社会高质量发展具有积极意义。[2] 2023 年 8 月，为进一步贯彻落实党中央国务院重要决策部署，市场监管总局印发了《关于发布〈市场监管领域行政许可事项实施规范〉的公告》（2023 年第 39 号）。[3] 二是证明事项逐步规

---

① 《国务院办公厅关于公布〈法律、行政法规、国务院决定设定的行政许可事项清单（2023 年版）〉的通知》，载中国政府网，https://www.gov.cn/zhengce/zhengceku/2023-03/16/content_5746885.htm? eqid = f14d3193000bdd1200000003645db042&wd = &eqid = 8beac2da0000cfa30000000264982973，2024 年 1 月 30 日访问。

② 高波：《2023 年法治政府建设十大亮点》，载《民主与法制》2024 年第 1 期。

③ 参见国家市场监管总局官网，https://www.samr.gov.cn/zw/zfxxgk/fdzdgknr/djzcj/art/2023/art_6ea533f9a836460fbb4affcf02398c08.html，2024 年 2 月 17 日访问。

范。2023 年 6 月，司法部公共法律服务管理局、中国公证协会公布了《关于进一步做好公证证明材料清单管理工作的指导意见》（司公通〔2023〕6 号），规范了 33 类 81 项公证事项，删减了不必要的证明材料 116 项，删减证明 29.3%，有效解决了证明"我是我、你是你"等循环证明、无谓证明的问题，受到了社会和群众的广泛好评。① 三是婚姻登记服务趋于便利。婚姻登记虽然不属于典型的行政许可实施行为，但是作为 2023 年"放管服"改革的重要成效有必要予以关注。2023 年 5 月，国务院发布《国务院关于同意扩大内地居民婚姻登记"跨省通办"试点的批复》（国函〔2023〕34 号），同意扩大内地居民婚姻登记"跨省通办"试点。② 在试点地区，相应暂时调整实施《婚姻登记条例》第四条第一款、第十条第一款的有关规定。调整后，双方均非本地户籍的婚姻登记当事人可以凭一方居住证和双方户口簿、身份证，在居住证发放地婚姻登记机关申请办理婚姻登记，或者自行选择在一方常住户口所在地办理婚姻登记。试点期为自批复之日起 2 年。③

2. 行政许可实施难点

一是"放管服"改革成果有待巩固。目前行政许可实施中仍存在条件不清晰、程序不规范、许可事项设置不科学等诸多问题。近年来，中央和地方双向发力，通过完善制度建设不断巩固改革成果。国务院通过决定取消全部非行政许可审批，大幅取消重复许可和不必要许可，下放大量行政许可审批层级，严格控制新设行政许可，使得改革成果可视化、固定化。④ 与此同时，全国多地大力推进行政审批改革，优化政务服务。宁波市政务办创造性地探索了行政审批服务难办事项"从问诊把脉，到分类诊疗，再到跟踪监督链式解决"制度，多年来服务对象满意度达 99% 以上，业界称之为"宁波解

---

① 李可婧：《解决"我是我"等循环证明问题 2023 年司法部删减不必要证明材料 116 项》，载中国青年网，https://t. m. youth. cn/transfer/index/url/news. youth. cn/gn/202401/t20240114_15021567. htm，2024 年 2 月 7 日访问。

② 调整后，在北京、天津、河北、内蒙古、辽宁、上海、江苏、浙江、安徽、福建、江西、山东、河南、湖北、广东、广西、海南、重庆、四川、陕西、宁夏等 21 个省（自治区、直辖市）实施结婚登记和离婚登记"跨省通办"试点。

③ 《国务院关于同意扩大内地居民婚姻登记"跨省通办"试点的批复》，载中国政府网，https://www. gov. cn/zhengce/zhengceku/202305/content_6874637. htm？ eqid = aab9e8fb0006d912000000026465d24d，最后访问日期：2024 年 1 月 30 日。

④ 马怀德：《新时代法治政府建设的使命任务》，载《政法论坛》2023 年第 1 期。

法"。① 江西省分宜县公安局主动融入经济社会发展大局，树立"让数据多跑路、让群众少跑腿"理念，持续深化公安"放管服"改革，不断提升服务意识与业务能力水平。② 《陕西省人民政府办公厅关于印发 2023 年深化"放管服"改革工作要点的通知》发布，持续推进政府职能转变和"放管服"改革，扎实开展营商环境突破年活动。③

二是行政许可监督仍待加强。行政许可实施监督决定了许可实施的质效。当前我国行政许可监督的对象是许可实施中的程序性行为，主要监督行政许可机关是否履行法定程序，而忽视了对许可权力设置以及分配方面的监管。此外，行政许可监督主体主要由享有行政权力的行政主体承担，而社会公众等非权力主体则缺乏监督许可的法定渠道。④ 这些问题导致对行政许可的监督大多停留在程序层面，同时缺乏多元化的监督主体和方式。此外，近年来开展的行政许可制度创新在某种程度上弱化了对行政许可实施的监管。比如在告知承诺制模式下，依托行政许可申请人准入阶段作出的信用承诺担保，在行政许可申请人与监管机关之间建立起信用承诺法律关系，客观上形成"先上车后验票"式的行政许可准入标准，降低了行政许可准入审查要求，间接提高了后续监管风险系数。⑤ 近年来，地方在加强行政许可监督方面进行了积极探索。2023 年以来，衢州市衢江区司法局通过实地走访、公开征求意见等方式，听企声、察企愿，向企业征集行政许可执法监督意见建议 800 多条，提高监督工作的针对性。⑥ 为加强对药品、医疗器械经营企业许可事中事后监管的规范指导，按照《关于对行政许可事中事后监管情况开展监督检查的通知》要求，2023 年绥化市市场监管局主管领导带队对下放后各县

---

① 董娜、徐晨曦、张琳：《市政务办难办事项代理制让"难事不难办"》，载《宁波日报》2023 年 8 月 20 日，第 A1 版。

② 刘培俊：《江西分宜：深化"放管服"改革 跑出为民"加速度"》，载央广网，https://jx.cnr.cn/fz/20231214/t20231214_526519724.shtml，2024 年 1 月 31 日访问。

③ 《陕西省人民政府办公厅关于印发 2023 年深化"放管服"改革工作要点的通知》，载陕西省人民政府网，http://www.shaanxi.gov.cn/zfxxgk/zcwjk/szf_14998/qtwj/202304/t20230412_2282016.html，2024 年 1 月 30 日访问。

④ 彭涛：《行政许可监督模式的完善》，载《治理研究》2019 年第 2 期。

⑤ 徐晓明：《行政许可告知承诺制风险防范制度之法治建构》，载《法学》2023 年第 10 期。

⑥ 《浙江省衢州市衢江区：创新"需求式"行政许可全链条执法监督》，载司法部官网，https://www.moj.gov.cn/pub/sfbgwapp/fzgzapp/xzzfapp/xzzfxtjdapp/202307/t20230713_482547.html，2024 年 1 月 31 日访问。

(市、区)许可、核查、监管环节进行事后监督检查。①

三是地方保护主义依然存在。构建新发展格局,迫切需要加快建设高效规范、公平竞争、充分开放的全国统一大市场。习近平总书记强调,要加强反垄断和反不正当竞争监管执法,依法打击滥用市场支配地位等垄断和不正当竞争行为,破除地方保护和行政性垄断。② 因此,应当坚决避免通过行政许可实行行政垄断以及地方保护,破坏市场环境。地方政府出于发展经济或者政绩需求,往往会采用地方保护主义性质的政策或者措施,不当干预地方市场经济发展,③如对本地区以外的商品和服务设置歧视性的收费项目和标准、制定歧视性的审查要求和资格标准等,④这与行政许可实施的基本原则是相违背的。此种情况至今仍屡见不鲜,2023 年 4 月,江西省定南县城管局被立案调查,原因在于其通过非法定向招标的方式赋予该县两家企业共享单车经营权,排除、限制其他具有合格资质和服务能力的经营主体进入这一市场,阻碍了市场公平竞争,最终被认定构成滥用行政权力排除、限制竞争行为。⑤ 2023 年 9 月,浙江省嘉兴市南湖区人民政府被立案调查,其通过发布政策文件排除、限制了外地建筑业企业平等参与当地相关市场竞争,构成滥用行政权力排除、限制竞争行为。⑥

(二)行政处罚实施情况

1.行政处罚实施简况

行政处罚是一种惩戒性、负担性的行政行为,会增加行政相对人的义务或者减损其权益,因而一直是行政法实施中关注的重点。罚款是被最广泛适用的行政处罚措施,直接关系到人民群众的财产利益。2023 年,司法部牵头组织国务院部门开展罚款事项清理,审查了全部行政法规和部门规章中的4500 多个罚款事项,同时研究起草并报请国务院印发《关于取消和调整一批

---

① 《黑龙江省绥化市市场监管局开展行政许可事中事后监管监督检查》,载中国质量新闻网,https://www.cqn.com.cn/zj/content/2023-10/30/content_8993689.htm,2024 年 1 月 31 日访问。
② 中共国家市场监督管理总局党组:《持续优化公平竞争的市场环境》,载求是网,http://www.qstheory.cn/dukan/qs/2024-01/16/c_1130059623.htm,2024 年 1 月 31 日访问。
③ 叶高芬:《全国统一大市场视域下行政性垄断规制模式的重构》,载《法学》2023 年第 3 期。
④ 韩聪明:《行政性垄断行为的法律规制》,载《上海法学研究》2021 年第 4 卷。
⑤ 魏翠翠、张烨静:《69 个案例,多个政府部门被立案调查背后:反垄断的硬骨头》,载南方周末网,https://www.infzm.com/contents/260196? source=133&source_1=2,2024 年 1 月 31 日访问。
⑥ 《市场监管总局发布 2023 年民生领域反垄断执法专项行动第三批典型案例》,载国家市场监管总局官网,https://www.samr.gov.cn/xw/zj/art/2024/art_de61495136f64ac1af2ca82ff8ad10bd.html,2024 年 1 月 31 日访问。

罚款事项的决定》，明确取消 9 个领域 33 个罚款事项，其中决定取消住房城乡建设等领域 16 个罚款事项，调整工业和信息化等领域 17 个罚款事项，涉及 7 部行政法规和 6 部部门规章，其中 32 个事项涉及经营主体。这些罚款事项主要集中在与企业和群众生产生活关系密切的领域，取消和调整的目的是切实减轻企业和群众负担。① 此次取消和调整罚款事项一方面在确保实现监管目标和履职到位的前提下，充分考虑了经营主体的合理诉求，另一方面明确了替代监管措施，体现出了强化监管的制度目标。② 此外，司法部还研究起草进一步规范监督罚款设定和实施的政策文件，拟从罚款的设定、实施、监督等角度，提出具体要求，细化制度规范，切实解决企业和群众反映强烈的突出问题，为优化营商环境提供法治保障。③

　　2. 行政处罚实施难点

　　一是行政处罚措施的扩张和实施效果间存在紧张关系。《行政处罚法》修订新增了 5 种行政处罚种类，包括：通报批评、降低资产等级、限制开展生产经营活动、责令关闭、限制从业。这些新措施的实施必须依据其他法律规范的规定。然而一方面由于立法的滞后性导致某些行政处罚措施实际上被束之高阁，另一方面由于立法的部门和行业化趋向，导致新增措施在内涵上出现泛化或者异化趋向。在行政执法实践中，自从行政处罚法（1996）设定其他行政处罚以来，行政处罚手段经历了持续扩张的过程，如果不加以规范和限制，势必侵害公民、法人或者其他组织的合法权益，影响社会正常秩序和营商环境。④ 2023 年市场监管总局把行政行为全面纳入法治轨道，加快完善市场监管行政处罚裁量权基准，建立和推行案例指导制度，防止"小过重罚""类案不同罚"等问题。⑤ 有关部门和地方还采取了其他类似措施进一步规范行政处罚实施，有效减小了处罚措施扩张所带来的不利影响。

　　二是部分行政处罚原则和措施内涵模糊。行政处罚的实施首先应当符合法定原则，这些原则指引着行政处罚的实施过程，决定了处罚结果的可接

　　① 《国务院印发〈关于取消和调整一批罚款事项的决定〉》，载《新华社每日电讯》2023 年 11 月 2 日第 2 版。

　　② 余凌云：《全面清理罚款事项 不断优化营商环境》，载司法部官网，https://www.moj.gov.cn/pub/sfbgw/zcjd/202311/t20231101_488735.html，2024 年 2 月 17 日访问。

　　③ 张维：《2023，法治政府建设迈出新步伐》，载《法治日报》2024 年 1 月 19 日第 1 版。

　　④ 胡建淼：《论行政处罚的手段及其法治逻辑》，载《法治现代化研究》2022 年第 1 期。

　　⑤ 陈琳：《市场监管总局：防止"小过重罚""类案不同罚"等问题》，载《新京报》，https://www.bjnews.com.cn/detail/1706673729129355.html，2024 年 2 月 6 日访问。

受性。过罚相当原则是行政处罚的重要原则。现行《行政处罚法》将"过罚相当"原则中的违法性的判断标准加以完善，即从"违法行为的事实、性质、情节以及社会危害程度"四方面进行判断，然而并没有明确所有裁量因素，①导致实践中对于如何客观评估"过"的大小和程度以及如何权衡是否实现相当性，缺乏完善细致且明确的标准和方法。执法人员在决定是否处罚以及如何处罚时存在很大的裁量空间。在福建、陕西等地发生的"毒芹菜天价罚款"案中虽然存在法律适用的错误，但过罚相当原则本身无法被精准实施也是一个重要原因。"无主观过错不处罚"是《行政处罚法》修订后新增的一项基本原则。实践中关于该原则到底是属于"定罚规则"还是"量罚规则"依然存在分歧。此外，《行政处罚法》规定的"足以证明没有主观过错"具体如何实现目前也没有形成规范的实践做法。对一事不再罚中"一事"的判断也是行政处罚实施中的难点。实践中存在着"目的动机说""法律规范说""行政义务说""构成要件说""同一事实同一理由说"等不同观点②，这些标准在实践中均有适用的空间，当不同行政机关或者法院采用不同标准时，则可能导致同一案件出现不一致的处罚决定和判决结果。③ 与此相似的是，《行政处罚法》规定的首违不罚、轻微不罚等实施原则，也面临着内涵不清、标准不明、适用混乱的情况，亟须在理论上予以澄清，在制度上进行规范。在行政处罚措施方面，通报批评是与"警告"并列的一种声誉罚，二者具有高度相似性，然而目前制度上并未明确"通报批评"的规范含义和适用标准，其与警告、谴责、信息披露等措施和制度的界定仍旧模糊，④实践中存在混同现象。

三是行刑衔接不畅。行政处罚和刑事处罚规制的事项具有重合性，做好行刑衔接是行政法实施的内在要求。目前实践中仍存在行刑衔接程序不清晰、标准不一致、监督机制缺乏等问题，"以罚代刑"或者"以刑替罚"现象仍然较多。⑤ 畅通行刑衔接不仅仅是一个程序问题，更涉及国家权力配置的问

---

① 刘权：《过罚相当原则的规范构造与适用》，载《中国法学》2023 年第 2 期。

② 胡建淼：《论行政处罚"一事不二罚"原则及其"一事"与"二罚"的认定标准》，载《法学评论》2023 年第 5 期。

③ 黄先雄、高凯：《论〈行政处罚法〉"同一违法行为"的认定》，载《中南大学学报》（社会科学版）2023 年第 6 期。

④ 张红、岳洋、吕欣欣：《行政处罚法实施中的新课题》，载《中国法治政府发展报告（2022）》，社会科学文献出版社 2023 版，第 54-101 页。

⑤ 武晓雯：《行刑衔接机制的基本问题》，载《中外法学》2023 年第 3 期。

题。① 《行动计划》将健全行政执法与刑事司法衔接机制作为提升行政执法质量重要内容。为推动行刑衔接制度发展完善，2023 年中央和地方上下联动，在各个领域出台了多项具体制度。2023 年 7 月，自然资源部、公安部联合发布《关于加强协作配合强化自然资源领域行刑衔接工作的意见》（自然资发〔2023〕123 号），就进一步深化自然资源主管部门与公安机关在移送涉嫌自然资源犯罪案件中的协作配合，健全工作衔接机制，依法严肃查处各类自然资源犯罪行为，保护自然资源，推进高质量发展提出了具体要求。2023 年 8 月，内蒙古自治区检察院在前期针对涉嫌交通肇事罪相对不起诉案件广泛调研的基础上，与内蒙古自治区高级法院、公安厅、司法厅联合出台《关于加强交通肇事相对不起诉案件移送行政处罚的工作办法》，推动解决交通肇事相对不起诉案件行政执法与刑事司法衔接不畅问题。②

四是行政处罚权下放基层陷入多重困境。下放行政处罚权是提高行政处罚效能、夯实基层治理水平的重要举措。自《行政处罚法》确立该制度以来，行政处罚权下沉模式尚未明确，在具体程序、方式、内容上还缺乏细致规定，下沉主体多元、下沉形式多样、下沉职权形态复杂等问题都表明出行政处罚权下沉改革还面临诸多困境。③ 从下放一方来看，存在着下放依据不足、下放主体不规范、下放监督评估机制缺乏等问题。从承接一方来看，存在着基层执法队伍建设薄弱、执法能力和水平有待提高、执法保障不足等现实困境。2020 年北京市政府发布《北京市人民政府关于向街道办事处和乡镇人民政府下放部分行政执法职权并实行综合执法的决定》，按照要求东城区各街道办事处将承担 432 项行政执法权。④ 从实施结果来看，目前还存在着基层力量配置不足、管理质量低下、重建轻管等问题。⑤ 2023 年 7 月，《郑州市开展乡镇综合行政执法工作实施方案》（郑政〔2023〕17 号）正式发布，将城市管理、水利等 5 大领域 78 项行政处罚权下

---

① 赵宏：《行刑交叉案件的实体法问题》，载《国家检察官学院学报》2021 年第 4 期。

② 沈静芳、魏小力《内蒙古：出台工作办法解决交通肇事相对不起诉案行刑衔接不畅问题》，载《检察日报》，https://szb.jcrb.com/mobile/2023/20231101/20231101_006/content_20231101_006_2.htm，2024 年 2 月 6 日访问。

③ 杨治坤：《行政处罚权下沉乡镇的性质定位——以〈行政处罚法〉第 24 条为分析对象》，载《法学》2023 年第 12 期。

④ 陈杭：《430 项行政执法权下沉街道 东城启动综合执法》，载新浪网，http://k.sina.com.cn/article_1784473157_6a5ce64502001wwj0.html，2024 年 2 月 6 日访问。

⑤ 《北京"城管"改革：380 项权力下放街道》，载首都热线网，https://www.shoudurx.com/article/article_23649.html，2024 年 2 月 6 日访问。

沉至乡镇的同时，也注重从运行机制、队伍建设、执法规范等各方面加强乡镇治理体系和治理能力现代化建设，有效推进行政执法权限和力量向基层延伸和下沉。①

（三）政府信息公开实施

1. 政府信息公开简况

政府信息公开工作年度报告是《政府信息公开条例》确立的法定制度安排，也是各级政府及其工作部门开展政府信息公开工作成效的集中反映。根据有关机构统计，截至2024年1月31日，48家国务院部门中，有46家国务院部门按时发布了本部门2023年政府信息公开工作年度报告，占95.83%。31家省级政府中，有30家省级政府办公厅按时发布了本部门2023年政府信息公开工作年度报告，占96.77%。293家地级市中，有258家地级市政府办公厅（办公室）按时发布了本部门2023年政府信息公开工作年度报告，占88.05%。120家县（市、区）级政府中，有118家县（市、区）级政府办公室按时发布了本部门2023年政府信息公开工作年度报告，占98.33%。总体来看，2023年度各级政府部门按时发布政府信息公开工作年度报告的情况整体较好，多数都能做到准时发布。②

2. 政府信息公开实施的难点

一是政府信息公开不及时、不主动、不便捷。政府信息公开的时效性、主动性和易得性是衡量公开质量的重要指标，然而目前我国政府信息公开还存在着延迟公开、突击公开、公开"断更"、政府信息不易查找等问题。据调查，2023年12月底至2024年1月初，某省政府工作部门网站"法定主动公开内容"栏目集中发布了12则政策解读文件，然而这些内容绝大多数都是"旧闻"，有的信息是半年前就应该发布的却拖延至今。有的地方政府于年初在政府官网集中发布上一年度首次专项检查通知或者上年重要工作提醒函。除上述延迟公开、突击公开外，也有地方政府存在信息公开"断更"甚至长期空置现象。③ 与政府信息公开不及时同样会产生损害政府公信力的现象是公开不主动。以征地拆迁为例，征地拆迁领域工作环节多、涉及人员广、工作

---

① 《〈郑州市开展乡镇综合行政执法工作实施方案〉政策解读》，载郑州市人民政府网，https://public.zhengzhou.gov.cn/interpretdepart/7670190.jhtml，2014年2月17日访问。

② 马贵龙、王金岩、车宇婷等：《2023年政府信息公开工作年度报告发布情况评估快报（一）》，载法治指数微信公众号2024年2月3日。

③ 梁晓飞：《基层政府信息补"公开"为哪般》，载《瞭望》2024年第4期。

周期长，加之个别被征地拆迁村居村情民意比较复杂，常常导致村民获得信息不充分，极易引发群众的猜疑、焦虑和不满，从而以上访、申请信息公开等方式途径维护自身权益。① 青海省高级人民法院 2023 年通报的典型案例中，某区政府以涉密为由不予公开政府信息，又不提供相应证据，最终被法院判决继续履行政府信息公开法定职责。② 此外，第二十二届(2023)政府网站绩效评估结果显示，我国政府网站总体绩效水平继续稳步提升，但网站内容总体上还是依据职能条块来提供，"不好找""不易懂""不好办"等问题依然存在。③

二是政府信息公开渠道单一。在移动互联网迅猛发展的当下，"让信息多跑路，让群众少跑腿"已经成为政府信息公开发展的必然趋势。政府信息公开渠道应该与移动互联网深度融合，搭建政府官网、政务 App、政务微博、微信公众号等政务媒体"矩阵"，方能更为高效地发布政府信息，保障人民群众知情权。然而仍然有部分地方对于构建新时代多元化政府信息公开渠道认识不足，仅满足于完成"规定动作"，达到"底线"要求，④这深刻影响着政府信息公开的最终效果。《北京市人民政府办公厅 2023 年政府信息公开工作年度报告》指出，对已公开政策文件发布的集成度有待加强，要进一步拓宽信息公开渠道。⑤《兴仁市综合行政执法局 2023 年政府信息公开工作年度报告》提出，目前政府信息公开主要是通过市人民政府网和官方微信公众号等渠道公开，缺乏多样性的公开方式，政府信息公开渠道单一。⑥ 政府信息公开需依据具体信息的时间性、权威性以及价值性等特性来考虑相应的公开方式和渠道。⑦ 2023 年北京市人民政府聚焦群众企业需求，在市政府门户网

---

① 赵磊：《征地拆迁中政府信息公开存在的问题及对策》，载《中国土地》2020 年第 11 期。

② 《省高级法院通报 6 起典型案例》，载青海省高级人民法院网，http://qhgy.qhfy.gov.cn/article/detail/2023/05/id/7305139.shtml，2024 年 2 月 9 日访问。

③ 张梦凡：《2023 数字政府评估大会暨第二十二届政府网站绩效评估结果发布会在京举行》，载光明网，https://tech.gmw.cn/2023-12/21/content_37043094.htm，2024 年 2 月 7 日访问。

④ 冯俊锋：《政府信息公开的难点在哪儿》，载人民政协网，http://mobile.rmzxb.com.cn/tranm/index/url/www.rmzxb.com.cn/c/2017-10-17/1838616.shtml，2024 年 2 月 1 日访问。

⑤ 《北京市人民政府办公厅 2023 年政府信息公开工作年度报告》，载北京市人民政府网，https://www.beijing.gov.cn/gongkai/zfxxgk/zfxxgknb/2023nb/szfbm/202401/t20240131_3550187.html，2024 年 2 月 9 日访问。

⑥ 《兴仁市综合行政执法局 2023 年政府信息公开工作年度报告》，载兴仁市人民政府网，http://www.gzxr.gov.cn/zfxxgk/zfxxgknb/2023n/202401/t20240126_83633206.html，2024 年 2 月 9 日访问。

⑦ 王敬波、李帅：《我国政府信息公开的问题、对策与前瞻》，载《行政法学研究》2017 年第 2 期。

站开放多个栏目，集中公开政府规章、市政府及市政府办公厅文件，最大限度扩展已主动公开文件的公开渠道。① 内蒙古二连浩特市行政审批和政务服务局 2023 年以自治区政务公开和政府网站评估标准工作为契机，以平台建设为抓手，持续深化基层政务公开标准化规范化建设，积极拓宽政务公开渠道，强化群众参与度，提高决策透明度，以公开促落实、以服务促发展，让政务公开有温度、有速度、有态度。②

三是信息公开质量还需提高。政府信息公开的效果不仅要看数量，更要考察公开信息的内容是否全面准确真实，是否能够满足人民群众的实际需要。目前在基层政府信息公开中存在重量不重质的情况，公开的信息局限于日常动态、领导调研等信息，而对于政府工作中决策、执行、管理、服务和结果，公开得少，很多重点领域信息和政策解读类信息少。③ 此外，由于政府信息概念的不确定性，给政府信息公开工作的开展带来了困境。如内部信息、过程性信息、国家秘密、个人隐私、商业秘密等内涵往往难以准确把握，④"数量、频次明显超过合理范围"等标准不明确也让一线工作人员陷入裁量困境。为此，地方政府采取相应措施提高政府信息公开的质量。广东省惠州市为全面推进基层政务公开标准化规范化工作，努力扩大社会服务领域，进一步推进决策、执行、管理、服务、结果"五公开"，规范公开行为、提升公开质量。⑤ 湖南省永州市通过政府网站"三项发力"提升政务公开质量，让政务公开更便捷更透明更高效。⑥

四是多重权益保护面临失衡。政府信息公开制度的设置是为了保障人民群众知情权，并据此推动透明政府建设，充分发挥政府信息对人民群众生

---

① 《北京市人民政府办公厅 2023 年政府信息公开工作年度报告》，载北京市人民政府网，https://www.beijing.gov.cn/gongkai/zfxxgk/zfxxgknb/2023nb/szfbm/202401/t20240131_3550187.html，2024 年 2 月 9 日访问。
② 二连浩特市行政审批和政务服务局：《完善政务公开平台建设全力构建政民沟通渠道》，载内蒙古政务服务网，http://zwfw.nmg.gov.cn/pub/fwzx/202310/t20231009_78223.html，2024 年 2 月 9 日访问。
③ 张明华：《人民日报纵横：基层政务公开要追求"质量"》，载《人民日报》2018 年 07 月 26 日，第 09 版。
④ 后向东、赵建基：《准确理解和适用政府信息公开行政复议案件审理规范——解读〈关于审理政府信息公开行政复议案件若干问题的指导意见〉》，载《中国司法》2022 年第 1 期。
⑤ 惠州市生态环境局：《开展政务公开调研工作，严把政务信息质量关》，载惠州市生态环境局网，http://shj.huizhou.gov.cn/gkmlpt/content/5/5140/post_5140963.html#308，2024 年 2 月 2 日访问。
⑥ 《永州政府网站"三项发力"提升政务公开质量》，载永州市人民政府网，http://www.yzcity.gov.cn/cnyz/bmkx/202401/608778e2037b47cc96d047401ef183d4.shtml，2024 年 2 月 2 日访问。

产、生活和经济社会活动的服务作用。保障知情权是政府信息公开制度的首要追求，但并不是唯一价值，应当注意实现保护知情权和维护公共利益以及其他合法权益之间的平衡。实践中有的公民滥用申请权获取政府信息的行为不仅极大浪费了行政资源、扰乱了工作秩序，而且往往导致诉权被滥用进而浪费司法资源。① 2023 年 9 月 26 日，国家市场监督管理总局公布了《市场监督管理投诉信息公示暂行规则》正式启动消费投诉信息公示机制，同时也规定了"投诉人系虚假、恶意投诉的"等四种不予公示的投诉情形。② 需要警惕的是，个别地方通过提高信息公开门槛、收取天价费用的方式遏制申请权滥用实际上损害了公民的知情权。福建莆田一位拆迁户陈女士向区政府申请公开拆迁补偿情况，被告知该政府信息材料共计 3182 页，需缴纳超 12 万元的信息处理费。③ 同样的情况 2023 年在浙江杭州也发生过。④ 一言以蔽之，既要注意信息公开申请权可能被少部分人滥用，更应该警惕一些地方政府滥用收费权以达到阻挠信息公开的目的。⑤ 此外，在数字信息时代，还要注意保护知情权和维护个人隐私权之间的平衡，要警惕含有大量个人信息的政府数据资源的开放利用给个人隐私等合法权益带来严重威胁。⑥ 在 2023 年两会期间，有政协委员建议进一步完善相关配套措施，优化细节，如建议建立政府使用个人信息数据公开制度，加大对违法行为的惩处力度，让个人信息保护法律真正落地生根。⑦

---

① 李凌云：《政府信息公开诉讼的难点与应对》，载《中共青岛市委党校青岛行政学院学报》2022 年第 3 期。

② 万静：《我国全面启动消费投诉信息公示机制 消除信息不对称让消费变得明明白白》，载《法治日报》2023 年 12 月 19 日，第 4 版。

③ 杨峰：《福建莆田一拆迁户申请公开征收信息需缴费 12 万？》，载封面新闻网，https://www. thecover. cn/news/crKj7TOEKweH90qSdq8Jkw＝＝，2024 年 2 月 16 日访问。

④ 2023 年 9 月，浙江杭州萧山区一位市民收到该区南阳街道办通知，称其申请的政府信息需要缴纳两万四千多元"信息处理费"才能提供，逾期不缴费则视为放弃申请。吴陈幸子：《杭州一市民申请公开工程项目信息被收 2 万多？》，载潇湘晨报网，https://www. xxcb. cn/details/2q8biSYgB64f729c80c4e474a8064ad15. html，2024 年 2 月 16 日访问。

⑤ 王选辉：《天价信息处理费防滥用申请权，也要防成为信息公开的"拦路虎"》，载澎湃新闻网，https://m. thepaper. cn/newsDetail_forward_24720183，2024 年 2 月 1 日访问。

⑥ 宋烁：《论政府数据开放中个人信息保护的制度构建》，载《行政法学研究》2021 年第 6 期。

⑦ 王晶晶：《个人信息保护法律配套亟待完善》，载中国经济时报网，https://lib. cet. com. cn/paper/szb_con/527370. html，2024 年 2 月 2 日访问。

三、2023 年行政复议实施要点

(一)行政复议实施简况

2023 年《行政复议法》修订对行政复议制度作了较大调整,进一步完善了行政复议制度,着力将行政复议制度打造为化解行政争议主渠道,充分发挥行政复议制度优势,实质化解行政争议,推进法治政府建设。此外,据统计,2023 年全国行政复议共纠正违法或不当行政行为约 2.7 万起,制发行政复议意见书、建议书 3600 多份,有力促进了严格规范公正文明执法。统计还显示,2023 年全国行政复议已立案超过 30 万件,其中涉及社会保障、教育、医疗等民生领域行政复议案件 6.4 万件,解决了一大批人民群众急难愁盼问题,实质性化解行政争议的作用日益彰显。[①]

(二)行政复议实施的难点

1. 新法与旧法适用的衔接问题

新《行政复议法》自 2024 年 1 月 1 日起施行。新法正式实施后应注意与旧法的适用衔接问题,特别是案件发生和处理横跨新旧法两个时期的情形成为实施中的难点。《最高人民法院关于印发〈关于审理行政案件适用法律规范问题的座谈会纪要〉的通知》(法〔2004〕96 号)第 3 条规定:"根据行政审判中的普遍认识和做法,行政相对人的行为发生在新法施行以前,具体行政行为作出在新法施行以后,人民法院审查具体行政行为的合法性时,实体问题适用旧法规定,程序问题适用新法规定,但下列情形除外:(一)法律、法规或规章另有规定的;(二)适用新法对保护行政相对人的合法权益更为有利的;(三)按照具体行政行为的性质应当适用新法的实体规定的。"《最高人民法院关于修改后的民事诉讼法施行时未结案件适用法律若干问题的规定》(法释〔2012〕23 号)第 1 条规定:"2013 年 1 月 1 日未结案件适用修改后的民事诉讼法,但本规定另有规定的除外。前款规定的案件,2013 年 1 月 1 日前依照修改前的民事诉讼法和有关司法解释的规定已经完成的程序事项,仍然有效。"可见,无论是在行政诉讼还是民事诉讼中,关于新旧法的适用基本上确立了实体从旧、程序从新原则。行政复议具有准司法性,在适用上可以借鉴诉讼法的有关规定,即 2024 年 1 月 1 日之前已经完成的行政复议程序事项仍然有效,之后进行的程序则适用新法。为了更好实现新旧法的衔接,地

[①] 张维:《2023,法治政府建设迈出新步伐》,载《法治日报》2024 年 1 月 19 日,第 1 版。

方政府积极作出努力，山西省大同市司法局举办行政复议工作推进会暨能力提升专题培训，主要围绕行政复议法修订、推进行政复议化解行政争议主渠道目标实现、行政复议与应诉案件办理实务等专题组织开展。①黑龙江省密山市司法局深入开展新修订《行政复议法》培训宣传，准确把握新法精神，多措并举保证新《行政复议法》有效实施。②

2. 上位法和下位法适用的衔接问题

新《行政复议法》实施后，除了要关注行政复议案件中《行政复议法》本身条款的适用情况，还要注意与《行政复议法》的实施具有密切关系的《行政复议法实施条例》的适用问题。《行政复议法实施条例》是由国务院于2007 年制定的行政法规，其目的在于进一步发挥行政复议制度在解决行政争议、建设法治政府、构建社会主义和谐社会中的作用，方式是通过解释或者补充《行政复议法》的有关规定增强行政复议制度的操作性，因而在定位上是一种实施法，不得与作为主体法的《行政复议法》相抵触。这就意味着当《行政复议法》修订的时候，《行政复议法实施条例》也应该进行相应的修订，以避免不一致的情况。但是，目前《行政复议法实施条例》没有修改，也没有废止，那么在新《行政复议法》实施后，其效力如何？如何适用？这是行政执法实践中提出较多的疑问。从未来趋势来看，《行政复议法实施条例》的修订是必然的，那么在目前这种过渡期，应该如何适用这一配套的实施法呢？我国现在尚未制定统一的《行政程序法》或者《法律适用法》，执法适用可以参照司法实践中的做法。最高人民法院《关于审理行政案件适用法律规范问题的座谈会纪要》规定，法律、行政法规或者地方性法规修改后，其实施性规定未被明文废止的，人民法院在适用时应当区分下列情形：实施性规定与修改后的法律、行政法规或者地方性法规相抵触的，不予适用；因法律、行政法规或者地方性法规的修改，相应的实施性规定丧失依据而不能单独施行的，不予适用；实施性规定与修改后的法律、行政法规或者地方性法规不相抵触的，可以适用。据此可知，《行政复议法实施条例》虽然没有修订，但是并不是完全不可用，其内容只要不与新的《行政复议法》相抵触，可以继续适用，

① 山西省司法厅行政复议综合管理处、大同市司法局：《夯基础 强技能 促提升——大同市司法局举办行政复议工作推进会暨能力提升专题培训》，载山西司法行政网，https://sft. shanxi. gov. cn/zwyw_20182/jcdt/202311/t20231122_9431011. html，2024 年 2 月 6 日访问。

② 密山市司法局：《准确把握新法精神 确保全面有效实施——密山市司法局深入开展新修订〈中华人民共和国行政复议法〉培训宣传》，载密山市人民政府网，http://www. hljms. gov. cn/mss/c100672/202312/c06_280711. shtml，2024 年 2 月 6 日访问。

而与新的《行政复议法》抵触的，或者因《行政复议法》的修订而失去直接依据而无法单独适用的条款，则不再适用。

3.新法实施中有待持续关注的问题

修订《行政复议法》是为了更好地实施，但修法并不能解决行政复议法实施中的所有问题。有些问题是否解决需要在新法实施中跟踪关注，而有些问题的解决则还需要在新法实施中不断总结经验思考对策：一是发挥化解行政争议主渠道作用的实效有待检验。根据有关统计，行政复议制度长久以来并没有真正实现成为化解行政争议主渠道的目标①，其中一个重要原因就是旧《行政复议法》存在各种制度上的缺陷，相较于行政诉讼、信访等其他渠道，传统行政复议制度不能充分发挥制度优势，因而并没有成为行政相对人的优先选项。尽管《行政复议法》的修订极大改善了这种局面，但其最终效果还需在长时间的制度实施中检验。二是行政复议配套制度建设亟待跟进。行政复议法的有效实施有赖于相关配套制度的完善。国务院有关部门要推动修订《行政复议法实施条例》，抓紧制定行政复议人员工作规范、行政复议委员会工作规则等规章和规范性文件，确保行政复议法各项规定有效实施，相关部委要配合开展涉及行政复议的规章和规范性文件清理。在地方，行政复议配套制度建设工作正逐步展开，辽宁、吉林、贵州等17个省（市）建立健全行政复议工作配套机制。北京市、四川省、湖北省、广东省等分别制定了推动配套制度完善工作的政策文件。② 三是行政复议程序仍然需完善。行政复议本质上是一种行政行为，同时又是一种准司法行为，因而程序价值的实现对其实施具有重要意义。《行政复议法》此次修订的重要内容之一就是完善行政复议程序，包括申请和受理程序以及审理程序。然而，此次修法很多程序制度还处于创新阶段，需要后续在制度实践中不断完善，比如普通审理程序中的听取意见制度，具体如何有效实现听取当事人的意见，目前还缺乏细致的程序规范。四是警惕制度创新可能带来的风险。《行政复议法》修订进行了诸多制度创新，但是具体效果如何还需要在实践中予以观察。比如行政复

---

① 据统计，自1999年至2021年，全国各级行政复议机关共办理行政复议案件295.3万件，平均每年办理13.4万件。相较于人民法院行政解纷数（1999年至2017年，全国各级人民法院受理一审行政案件337.8万件，平均每年受理15.3万件）和相较于信访部门受理信访案件数（国家信访局2019年至2021年受理信访案件2010万件，平均每年受理670万件），行政复议远未成为化解行政争议的"主渠道"。参见姜明安：《建构和完善兼具解纷、救济和监督优势的行政复议制度》，载《法学杂志》2023年第4期。

② 张维：《行政复议，可遇可期》，载《法治日报》2024年1月1日，第3版。

议管辖制度的变革，本意是为了强化行政复议力量，方便行政相对人寻求救济。但是需要注意的是，截至 2022 年底，行政复议案件主要集中在公安、市场监管、自然资源、房屋征补(拆迁)等行政管理领域。这些行政复议的"热点"领域与行政相对人的切身利益密切相关，其案件数量约占行政复议案件总量的 63.61%。[1] 2023 年全国多地行政复议案件数据显示仍集中在以上领域，如安徽省池州市和石台县，公安类和市场监管类的行政复议案件占比超过 50%，滁州市南谯区审理的案件有 4 件为招投标领域案件，1 件为消防救援领域行政处罚案件，其余均为市场监管领域案件。[2] 新法修订后，市场监管、公安等部门的案件归到同级人民政府进行复议，管辖权的改变将导致行政复议力量的重新配比，同级人民政府的复议压力将会激增，这种制度改革带来的到底是阵痛还是隐患，需要在后续实践中注意观察。

四、2024 年行政法实施展望

(一)继续提升法治素养，进一步增强公平公正执法理念

公平公正是法治精神的核心，也是依法行政的基本要求，"公平"强调相同规则体系下的同等对待，"公正"则要求行为结果实现一种能获得普遍认同和接受的正义。当前，行政执法实践中还存在着不作为或者乱作为等现象损害行政相对人的合法权益，行政执法人员要提升法治素养，增强公平、公正执法理念，才能真正做到严格公正文明执法。

一是要切实做到同等情况同等对待。公平理念首先要求执法人员在执法活动中不得偏私或者歧视。实践中，行政执法人员对法律事实的认定或者法律适用的理解不一致等，导致对同等情况采取不合理的差异对待，削减了政府公信力。因此，一方面要加强执法人员执法能力建设，通过政治培训、业务培训、执法练兵、规范管理，帮助执法人员提升办案质量。另一方面要强化立法规范，避免因为法律规范本身的缺陷造成法律适用错误。二是要考

---

① 中国政法大学法治科学计量与评价中心：《全国行政复议案件主要涉及事项数据梳理》，载澎湃新闻网，https://m.thepaper.cn/newsDetail_forward_25854325，2024 年 2 月 6 日访问。

② 池州市司法局：《2023 年度池州市行政复议应诉工作情况分析报告》，载池州市人民政府网，https://www.chizhou.gov.cn/News/show/684373.html，2024 年 2 月 7 日访问。石台县司法局：《2023 年行政复议与应诉工作分析报告》，载石台县人民政府网，https://www.ahshitai.gov.cn/OpennessContent/show/1492718.html，2024 年 2 月 7 日访问。南谯区司法局：《南谯 2023 年行政复议行政应诉案件统计分析报告》，载滁州市南谯区人民政府网，https://www.cznq.gov.cn/zwdt/ztzl/rdzt/fzzfjszt/xzfyxxgk/ndsj/392355998.html，2024 年 2 月 7 日访问。

虑相关因素避免不当联结。行政执法人员作出行政决定时需要考虑诸多因素，但这种考虑并不是随意的，而是必须聚焦于对行政相对人行为的准确评价。执法实践中有的执法人员存在乱作为现象，没有以法律事实作为依据，而是受到办案指标、舆论压力、行政干预等外在因素干扰，影响了对案件的正确处理。因此，一方面制度上要尽量明确和细化相关考虑因素，比如《行政处罚法》明确规定，实施行政处罚必须考虑违法行为的事实、性质、情节以及社会危害程度。① 另一方面执法人员要提升法治素养，基于法治精神和原则，结合具体法律规定在个案中作出准确判断。三是要符合比例原则。行政执法人员实施执法行为首先必须符合立法目的，时刻牢记行政执法是对法律目的和精神的践行，而非局限于完成某个具体的执法任务。其次要采取适当措施，行政执法人员必须选取能够实现行政执法目的的措施。比如，对假冒他人商标违法所得几十万的违法行为，如果行政执法人员仅仅采用罚款一万元的处罚措施则显然不能实现执法目的。最后要符合必要性原则。当行政执法人员采用多种措施都可以实现行政目的时，应当选择对当事人权益损害最小的方式。近几年在社会上引起巨大关注的"毒芹菜天价罚款案""拍黄瓜巨额罚款案"等实质上都是违背必要性原则的体现。

（二）正确适用法律规范，明确"基础性法律"在行政执法中的优先适用地位

行政法实施的重点是行政执法，而行政执法的核心内容就是进行法律适用。《立法法》已经确立了上位法优于下位法、特别法优于普通法和新法优于旧法等法律冲突适用规则。但是在行政执法实践中，还有一种法律适用规则没有获得普遍注意，造成了一些错案发生引发社会舆论，那就是"基础性法律"在行政执法中的适用问题。2023 年在福建省发生的"毒芹菜天价罚款案"中，由于罚款数额太大当事人无力履行，市场监管部门于 2023 年 2 月 14 日向法院申请强制执行。闽侯县法院经审理认为，当事人销售不合格芹菜，违法事实清楚，但根据相关规定，行政机关作出行政处罚应与违法行为的事实、性质、情节以及社会危害程度相当，当事人的违法行为属于应当减轻或不予处罚的情形。市场监管局仅依据食品安全法相关规定作出处罚决定，明显违反了行政处罚法"过罚相当"的基本原则，最终依法裁定不予强制执行市

---

① 《行政处罚法》第 5 条第 2 款规定："设定和实施行政处罚必须以事实为依据，与违法行为的事实、性质、情节以及社会危害程度相当。"

场监管局作出的行政处罚决定。① 该案反映出的就是行政执法人员在执法中忽视了对作为基础性法律的《行政处罚法》的适用,而是机械适用具体领域中的法律规定,导致处罚结果无法为当事人、社会大众以及司法机关接受。

所谓"基础性法律"即由全国人大及其常委会制定的用于综合调整某一类社会关系或规制某一类行为的综合性法律。它具有法律性、全面性、综合性、基础性以及适用的优先性,当基础性法律与非基础性法律规定上不一致时,应当优先适用基础性法律,除非法律另有特别规定。②《行政处罚法》就是一部典型的行政处罚领域的基础性法律,行政执法人员在作出处罚决定前,应该首先适用行政处罚法判断当事人的违法行为是否需要给予处罚,如果需要给予处罚,再判断是否存在从轻、减轻情形,如果上述两种情形都不存在,则可以依据相关领域具体法律规范作出处罚决定。

(三)全面落实和健全行政执法标准规范,规范行政裁量、统一行政执法文书格式

规范行政执法行为,提升行政执法质量除了要建立起一套完善的依据体系外,还必须构建具有可操作性的指引性执法标准规范。《行动计划》指出,要"建立健全行政执法标准规范",其中两个重要的内容分别是全面落实行政裁量权基准制度和制定统一的行政执法文书基本格式标准。

依法行政基本原则要求行政机关实施行政管理,应当依照法律、法规、规章的规定进行。然而法律、法规、规章中存在着大量的裁量性规定,比如《行政处罚法》中规定的轻微不罚、首违不罚、无主观过错不罚以及从轻、减轻处罚等规定都赋予了行政执法人员裁量空间,这种裁量行为必须得到规范。2022 年,国务院办公厅发布了《关于进一步规范行政裁量权基准制定和管理工作的意见》(国办发〔2022〕27 号),就健全行政裁量权基准制度,规范行政裁量权行使提出了具体要求。《行动计划》提出,"2023 年底普遍建立行政裁量权基准制度"。2023 年司法部印发《关于加强行政裁量权基准制定和管理的工作指引》,督促指导地方和部门健全行政裁量权基准制度。根据笔者统计,截至 2023 年,省级人民政府制定并颁布行政裁量权基准的达到了

① 林孔亮:《"天价罚单"被裁定不予执行的背后》,载《人民法院报》2023 年 08 月 24 日,第 4 版。
② 胡建淼:《论"基础性法律"的地位及其适用——以〈行政处罚法〉为例》,载《法律适用》2023 年第 9 期。

90%以上。① 从制度建设的数量上看，行政裁量权基准制度已经取得了较大进展，接下来应该着力从两个方面进一步推动制度落实：一是提升各级、各地方发布的行政裁量权基准文件质量，切实发挥规范行政裁量权设定和实施的制度效能，避免出现基准设定不科学、不合理、各自为政、上下不一致的情况。二是行政执法人员要正确适用行政裁量权基准，理顺不同层级基准的适用效力，准确判断基准适用情形做好在个案中的准确适用。行政执法文书的规范性直接影响着行政执法行为的规范性，行政执法文书制作水平体现着执法质量的高低。《行动计划》提出"国务院司法行政部门要会同有关部门围绕行政处罚、行政检查、行政强制等执法种类，分批制定统一的行政执法文书基本格式标准"。笔者通过在北大法宝以"行政执法文书"作为关键词进行搜索发现，中央层面现行有效的行政执法文书制作规范是 11 部。2023 年仅有农业农村部印发了最新版的《农业行政执法文书制作规范》和农业行政执法基本文书格式。显然，这与建立统一的行政执法文书基本格式标准还有较大差距。推动行政执法文书规范化工作，建议确立"两步走"策略，即国务院有关部门首先应该积极推动建立行业内部统一的行政执法文书基本格式标准，然后再由国务院司法行政部门牵头，通过提取公因式的方法推动制定全国范围内统一的行政执法文书基本格式标准。

（四）进一步推进行政执法信息化，统筹行政执法信息系统建设、统一数据标准

行政执法信息化建设和信息共享，是"互联网+"与大数据时代背景下行政执法方式的新形态，以"数据统一、资源共享、业务互通、协调工作"为核心工作理念，有利于实现行政执法管理的科学化、信息化、规范化，减少行政相对人不必要的负累，同时能够节约行政执法开支。② 《纲要》提出，要深入推进"互联网+"监管执法，加强国家"互联网+监管"系统建设，积极推进智慧执法，加快建设全国行政执法综合管理监督信息系统，建立全国行政执法数据库。《行动计划》指出，要"健全行政执法和行政执法监督科技保障体系"，推进行政执法和行政执法监督信息系统建设和行政执法数据互联互通。2023 年 9 月 27 日，广东省人民政府印发《广东省一体化行政执法平台管理办法》，在全国率先实现了"粤执法"全省统一建设，省、市、县(市、区)、乡镇

---

① 数据来源：笔者根据北大法宝、省级人民政府官网发布的行政裁量权基准文件统计整理。

② 熊文钊：《行政执法体制改革的主要方向与重点任务——基于法治政府建设的视角》，载《国家治理》2023 年第 13 期。

(街道)四级全面应用的模式。目前，全省有超过五千家执法主体、超十万名执法人员上线使用，已累计办理案件近百万宗。"粤执法"建设和推广应用工作取得了显著成效：一是构建了全省统一的综合执法平台，为加强审管联动提供支撑。二是实现了行政执法事项的数字化管理，推动行政权力规范运行。三是支撑了镇街综合行政执法信息化，确保县级执法权"放得下、管得好、有监督"。四是实现了条块兼顾、上下贯通，建立体系化执法监督新方式。五是建立了行政执法数据高效流转机制，实现数据全生命周期管理。①

"广东模式"是行政执法信息化建设的成功经验，然而在加快推进全国行政执法监督信息化一体化过程中还存在一些问题：一是行政执法信息化建设缺少顶层设计，各地方各行业各行其是，各类行政执法信息系统多头并举，增加了基层执法人员负担。二是各领域数据标准不统一，且相互之间缺乏统一协调，"条条"和"块块"之间以及"条条"之间和"块块"之间的执法数据无法实现互联互通，造成数据共享难。三是行政执法人员利用新技术的能力不够，无法充分发挥执法信息系统的技术优势。② 因此，要通过制度建设、技术保障、教育培训、经验示范等路径，统筹行政执法信息系统建设，促进全国行政执法监督信息化一体化协调发展，统一各领域、各地方执法数据标准，实现数据共享零门槛，促进信息互通，同时转变行政执法人员观念，提升信息技术利用意识和能力，以适应新时期提升行政执法效能的迫切需求。

(五)完善行政执法争议化解体系，加强行政调解制度建设

不同社会群体存在对纠纷解决渠道的选择偏好，③因此必须建立体系化的行政纠纷争议化解制度。行政纠纷解决机制中的各种纠纷解决途径应各尽其用、有机衔接、相互协调。④

2023 年，行政复议和行政裁决制度的完善都取得了实质进展。然而作为"社会矛盾纠纷行政预防调处化解体系"的重要组成部分，行政调解制度的发展则呈现出迟滞状态，相较于司法调解和人民调解而言处于短板地位。行政调解制度及其实践中的突出问题表现在理论支撑不足、法律依据缺乏、适用

---

① 《广东省一体化行政执法平台管理办法》解读，载广东省人民政府官网，http://www.gd.gov.cn/zwgk/zcjd/bmjd/content/post_4263529.html，2024 年 2 月 18 日访问。
② 李秀群：《关于开展行政执法信息化建设的几点思考》，载《中国司法》2022 年第 2 期。
③ 程金华：《中国行政纠纷解决的制度选择——以公民需求为视角》，载《中国社会科学》2009 年第 6 期。
④ 刘莘、刘红星：《行政纠纷解决机制研究》，载《行政法学研究》2016 年第 4 期。

范围模糊、运行程序不规范、调解协议法律效力不明确等多个方面。① 下一步建议从以下几个方面加强行政调解制度的完善和实施：第一，要转变观念，行政机关应该切实认识到行政调解作为行政执法行为的重要性，要将行政调解作为化解社会矛盾纠纷的优先手段，积极引导人民群众通过行政调解解决矛盾纠纷。第二，要完善制度设计，推动制定统一的《行政调解法》，就行政调解的性质、范围、机构、程序、效力等进行明确规定，并实现与人民调解、司法调解的有效衔接，充分发挥行政调解化解争议的高效性、彻底性。第三，要加强制度保障，建立行政调解案件个案补贴机制、将行政调解率纳入行政调解主体的绩效考核体系。② 第四，要强化队伍建设，探索建立专门的行政调解队伍建设，通过在现有行政体制内组建行政调解队伍，或者重新组织专门的行政调解队伍两种方式，提升行政调解专业性和权威性。2023 年 11 月 22 日，江苏省法院、省司法厅联合印发《关于建立行政争议调处工作机制的意见》，根据意见要求，省法院、省司法厅会商后共同成立省行政争议调处中心，这是地方在 2023 年推动行政调解制度发展的有效举措。

撰稿专家

胡建淼，中共中央党校（国家行政学院）一级教授，博士生导师，宪法与行政法学科带头人，专家工作室领衔专家。兼任中国法学会常务理事、学术委员会委员，中国法学会行政法学研究会顾问，最高人民法院特邀咨询员，最高人民检察院专家咨询委员，第十四届全国政协社会和法制委员会委员，北京市法官检察官惩戒委员会主任。曾任杭州大学副校长、浙江大学副校长、浙江工商大学校长和国家行政学院法学部主任。1993 年起享受国务院"人民政府特殊津贴"，1995 年被评为中国首届十大"杰出青年法学家"，1997 年入选国家百千万人才，2022 年评定为国家社会科学一级教授。自 1990 年以来，曾到美国斯坦福大学、英国爱丁堡大学、澳大利亚西澳大学、德国基尔大学、法国马赛大学等做过访问学者或学术交流。长期从事宪法与行政法、法律适用学研

---

① 冯之东：《行政调解内在制度设计的改良》，载《西部法学评论》2022 年第 5 期。
② 张海燕：《大调解视野下的我国行政调解制度再思考》，载《中国行政管理》2012 年第 1 期。

究，自 1987 年以来，出版著作 100 余部（含合著），发表论文 100 余篇（含合著）。2011 年 3 月 28 日在中央政治局讲解《推进依法行政和弘扬社会主义法治精神》。

刘威，苗族，湖南怀化人，中共中央党校（国家行政学院）政府法治管理博士（行政法方向）。农业农村部管理干部学院助理研究员，主要从事行政法学、农业农村法治研究。兼任北京联合大学法律硕士专业校外导师，中国农业农村法治研究会会员。参与多部农业农村部规章制修订以及重要文件起草工作，为农业农村部有关司局及地方各级农业农村部门提供法律咨询服务，为全国农业综合行政执法人员讲授执法培训课程。主持和参与国家级、省部级、司局级课题十数项，在《法学论坛》等核心期刊发表论文十数篇，文章被人大复印报刊资料、《高等学校文科学术文摘》转载，主编和参编各类专著、教材十数部，多次荣获各类省部级奖励。

第四章　2023年经济法实施报告

2023年宏观调控法实施报告[*]

管　斌

报告要旨

　　2023年宏观调控法的实施，加大了国家的宏观调控力度，着力扩大内需、优化结构、提振信心、防范化解风险，助推中国经济在三年新冠疫情防控转段后经济恢复发展的这一年里回升向好，高质量发展扎实推进。（1）发展规划法的实施，发挥了战略引领作用。2023年国内生产总值（GDP）1260582亿元，比2022年增长5.2%，全国城镇新增就业1244万人，而发展规划法对保障国民经济圆满实现预期目标起到了法治约束作用。（2）财税法的实施，通过加力提效实施积极的财政政策，完善税费支持政策，促进经济高质量发展。（3）金融调控法的实施，通过精准有力实施稳健的货币政策，进一步提升了金融服务实体经济水平，加强和完善了现代金融监管，有效防控金融风险，稳步推进金融改革，持续深化对外开放，保障金融市场的平稳运行。从实现法治国家和治理能力现代化目标看，2023年宏观调控法的实施总体上仍存在立法质量亟须提升、执法和司法衔接实施机制不健全等问题。

　　2024年是贯彻落实党的二十大各项战略部署和实施"十四五"规划的重要一年，我国发展仍是机遇和挑战并存，短期需求不足与中长期结构性问题相互交织，稳增长压力依然存在。2024年的宏观

---

　　* 本部分所涉数据来自《国务院新闻办就2023年国民经济运行情况举行发布会》，载 https://www.gov.cn/zhengce/202401/content_6926623.htm，2024年1月20日访问。

调控法实施工作意义重大，必须打好宏观政策组合拳，进一步提升宏观调控前瞻性、科学性和有效性，加快发展新质生产力，构建新发展格局。

核心建议

1. 尽快出台《国家发展规划法》，健全统一的发展规划体系，注重规划间统筹协调。制定《国有资产法》《能源法》《原子能法》《国土空间规划法》《耕地保护和质量提升法》《数字经济促进法》《民营经济促进法》，修改《矿产资源法》《企业国有资产法》等相关法律，统筹高质量发展和高水平安全。

2. 制定《增值税法》《消费税法》《关税法》等税收法律，稳步推进财政收入法治建设，提升市场主体活力，防范地方债务危机。设立税务法院(或法庭)，实现税务行政案件的集中管辖。

3. 加快《中国人民银行法》《商业银行法》《银行业监督管理法》《保险法》《反洗钱法》《地方金融监督管理条例》《金融稳定法》等金融法律、法规的修改或制定工作。

2023 年是中国全面贯彻落实党的二十大精神的开局之年，也是全党全国各族人民迈上全面建设社会主义现代化国家新征程、向第二个百年奋斗目标进军的关键一年。同时，疫情防控三年后，新型冠状病毒感染回归乙类管理。高效统筹疫情防控和经济社会发展并非易事，进一步推动经济回升向好需要克服一些困难和挑战，主要是有效需求不足、部分行业产能过剩、社会预期偏弱、风险隐患仍然较多，国内大循环存在堵点，外部环境的复杂性、严峻性、不确定性上升。面对风高浪急的国际环境和艰巨繁重的国内改革发展稳定任务，中国重提"以经济建设为中心"，保持了经济社会大局稳定。科学、精准、规范、有力的宏观调控是中国社会主义市场经济体制最具优势的国家治理方式。宏观调控法是把宏观调控优势转化为国家治理效能的经济法律制度。在法治国家、法治政府和法治社会一体建设实践中，宏观调控法的有效实施，为我国经济社会保持持续平衡发展和居民生活改善，助推中国式现代化的实现，发挥着独特的引领和保障作用。

本报告所称宏观调控法，是指调整在国家对宏观经济运行进行引导、调节和监控过程中发生的社会关系的法律规范系统。它是中国社会主义经济法体系中的骨干制度之一，其主要内容由发展规划法、财政税收法、金融调控法、产业政策法、政府投资法、审计监督法和对外经济贸易法等部分组成。因篇幅所限，2023 年宏观调控法实施报告着重描述和分析三大部分：发展规划法、财税法和金融调控法的实施状况和主要特点，展望 2024 年宏观调控法实施并提出建议。

一、2023 年发展规划法的实施和对 2024 年的展望

发展规划法是我国经济社会发展规划制度的核心内容。它是调整编制、审查、批准和执行、监督国民经济和社会发展的年度计划和中长期规划过程中发生的社会关系的法律规范系统。目前，我国尚未制定颁布实质意义上的《发展规划法》。发展规划法的法律渊源主要表现在《宪法》和《各级人民代表大会常务委员会监督法》《国务院关于加强国民经济和社会发展规划编制工作的若干意见》《国家级专项规划管理暂行办法》以及各级人大和政府的组织法等含有发展规划法内容的法律、行政法规、部门规章和地方性法规等文本中。本实施报告从总结 2023 年度发展规划法的立法状况出发，进一步分析和总结本年度发展规划法实施状况和主要特点。在肯定 2023 年度发展规划法实施成果的同时，本报告对 2024 年度发展规划法治实施进行了展望并提出建议。

(一) 发展规划法的立法状况

科学编制并有效实施国家发展规划，阐明建设社会主义现代化强国奋斗目标在规划期内的战略部署和具体安排，引导公共资源配置方向，规范市场主体行为，有利于保持国家战略连续性稳定性，集中力量办大事，确保一张蓝图绘到底。《中共中央 国务院关于统一规划体系更好发挥国家发展规划战略导向作用的意见》（中发〔2018〕44 号）指出，"以规划引领经济社会发展，是党治国理政的重要方式，是中国特色社会主义发展模式的重要体现"。

2023 年度我国发展规划领域的立法成果基本体现在：

（1）2023 年 2 月 27 日，中共中央、国务院印发《数字中国建设整体布局规划》。该规划提出：到 2025 年，要基本形成横向打通、纵向贯通、协调有力的一体化推进格局，数字中国建设取得重要进展。"横向打通、纵向贯通"充分体现了发展数字经济对一体化运营环境的要求，是国家从宏观层面上对数字经济基础生产关系变革的战略布局。随后的 2023 年 8 月 22 日，财政部发布《企业数据资源相关会计处理暂行规定》（2024 年 1 月 1 日起施行），明

确了数据资源入表的适用范围、会计处理使用准则以及列示和披露要求，是国家层面首次对数据资产"入表"建立相关规范。2023年9月8日，中国资产评估协会在财政部指导下印发的《数据资产评估指导意见》（2023年10月1日起施行），从价值评估的角度，对开展数据资产评估业务的基本遵循、评估对象、操作要求、评估方法、披露要求作出了进一步规定，为解决数据资产入表前数据资产独立、客观、公正平复的问题提供了操作框架。2023年9月28日，国家互联网信息办公室发布《规范和促进数据跨境流动规定（征求意见稿）》，对我国数据出境安全管理体制作出了调整和明确，丰富了数据出境安全管理和合规的工具箱，也增加了地方政府在数据出境安全管理体制中的角色和权重。2023年12月23日，国家发展改革委、国家数据局印发《数字经济促进共同富裕实施方案》，推动数字技术和实体经济深度融合，不断做强做优做大我国数字经济，通过数字化手段促进解决发展不平衡不充分问题，推进全体人民共享数字时代发展红利，助力在高质量发展中实现共同富裕。2023年12月31日，财政部印发《关于加强数据资产管理的指导意见》，建立数据资产管理制度，以促进数据资产合规高效流通使用，构建共治共享的数据资产管理格局。2023年12月31日，国家数据局等17部门联合发布《"数据要素x"三年行动计划（2024—2026）》，这意味着中国将开始系统化打造以数据资源确权与流通体系、全社会主体数字信用体系等为基础的社会经济运行新环境，并以此来引领各产业系统性思考数据驱动的新发展模式，完成产业数字化转型。

（2）2023年3月13日，第十四届全国人民代表大会第一次会议通过《全国人民代表大会关于修改〈中华人民共和国立法法〉的决定》。修改后的《立法法》自2023年3月15日起施行。其中，第84条第2款和第3款新增"浦东新区法规"和"海南经济特区法规"两种法规类型，规定"上海市人民代表大会及其常务委员会根据全国人民代表大会常务委员会的授权决定，制定浦东新区法规，在浦东新区实施"，"海南省人民代表大会及其常务委员会根据法律规定，制定海南自由贸易港法规，在海南自由贸易港范围内实施"。《立法法》第84条的修改，意味着在经济特区法规基础上衍生出了新法规类型——对权限边界进行扩容衍生出"海南自由贸易港法规"，对主体范畴扩容衍生出"浦东新区法规"。

（3）2023年3月15日，第十四届全国人民代表大会第一次会议审议通过《关于2022年国民经济和社会发展计划执行情况与2023年国民经济和社会发展计划草案的报告》。

（4）2023 年 3 月 16 日，中共中央、国务院印发《党和国家机构改革方案》。2023 年 3 月 20 日，中国政府网公布《国务院关于机构设置的通知》《国务院关于部委管理的国家局设置的通知》，中国宏观经济调控体制发生重大变化：国务院组成部门包括国家发改委、工信部、司法部、人社部等 26 个部门，国务院直属机构包括国家金融监督管理总局、中国证监会等 14 个机构；2023 年 10 月 25 日挂牌成立的国家数据局隶属国家发展改革委；等等。2023 年 10 月 20 日提请十四届全国人大常委会第六次会议审议的《国务院组织法》修订草案增加规定国务院组成人员中包括"中国人民银行行长"，将国务院组成部门正职负责人统一表述为"部长（主任、行长、审计长）"，将部门副职负责人统一表述为"副部长（副主任、副行长、副审计长）"。

（5）2023 年 6 月 28 日，第十四届全国人民代表大会常务委员会第三次会议通过《无障碍环境建设法》（自 2023 年 9 月 1 日起施行），这是我国首次就无障碍环境建设制定专门性法律。该法是我国 40 年无障碍环境建设不断积累强化提升的集中体现，明确了无障碍设施建设、无障碍信息交流、无障碍社会服务的具体要求，标志着我国无障碍环境建设法治化的新进程。

（6）2023 年 7 月 19 日，《中共中央　国务院关于促进民营经济发展壮大的意见》发布，对民营经济的定位作出了重要表述，从总体要求、持续优化民营经济发展环境、加大对民营经济政策支持力度、强化民营经济发展法治保障、着力推动民营经济实现高质量发展、促进民营经济人士健康成长、持续营造关心促进民营经济发展壮大社会氛围、加强组织实施等 8 个方面提出了 31 条针对性强的举措。2023 年 9 月 25 日，最高人民法院发布《最高人民法院关于优化法治环境促进民营经济发展壮大的指导意见》（法发〔2023〕15 号）及相关典型案例。

（7）2023 年 10 月 24 日，第十四届全国人民代表大会常务委员会第六次会议通过《关于授权国务院提前下达部分新增地方政府债务限额的决定》（自 2023 年 10 月 24 日起施行），授权国务院在授权期限内，在当年新增地方政府债务限额（包括一般债务限额和专项债务限额）的 60% 以内，提前下达下一年度新增地方政府债务限额，这有利于加快地方政府债券发行使用进度，保障重点领域重大项目资金需求，发挥政府债券资金对稳投资、扩内需、补短板的重要作用。

（8）2023 年 10 月 24 日，第十四届全国人民代表大会常务委员会第六次会议通过新修订的《海洋环境保护法》（自 2024 年 1 月 1 日起施行），对于保护和改善海洋环境、保障生态安全和公众健康、维护国家海洋权益、建设海

洋强国、促进经济社会可持续发展、实现人与自然和谐共生具有重要意义。

（9）2023 年 12 月 29 日，第十四届全国人民代表大会常务委员会第七次会议第二次修订《公司法》，增加了弘扬企业家精神条款（第 1 条）和 ESG（环境、社会和公司治理）条款（第 20 条），对标全球公司法，充分彰显负责任大国风范的全球担当以及"绿色公司法"的理念定位。

（10）2023 年 12 月 29 日，第十四届全国人民代表大会常务委员会第七次会议通过《粮食安全保障法》（自 2024 年 6 月 1 日起施行），该法第一次以法律形式从全国层面对粮食管理进行了系统性、综合性规范，让地方政府管粮、抓粮"有法可依"，为我国现代化发展提供更高质量的法治支撑和更高水平的法治保障。在此之前，2023 年 8 月 28 日，国家发展改革委主任郑栅洁在第十四届全国人民代表大会常务委员会第五次会议上作《国务院关于确保国家粮食安全工作情况的报告》。

（11）2023 年 12 月 29 日，第十四届全国人民代表大会常务委员会第七次会议通过《全国人民代表大会常务委员会关于修改〈中华人民共和国慈善法〉的决定》（2024 年 9 月 5 日施行）和《全国人民代表大会常务委员会关于完善和加强备案审查制度的决定》（自 2023 年 12 月 29 日起施行）。

除此之外，国务院或国务院办公厅或国家发展改革委联合各部委制定的指导意见及发布的通知性文件，其内容主要聚焦于城乡发展、区域规划、房地产、经贸、教育等方面：

1. 统筹区域和城乡发展，推进乡村全面振兴与新型城镇化

2023 年，国家推进乡村全面振兴，稳步推进新型城镇化，统筹区域和城乡发展，区域经济布局更趋优化，区域和城乡发展协调性不断增强。

在乡村振兴方面，2023 年 1 月 2 日，中共中央、国务院发布《关于做好二〇二三年全面推进乡村振兴重点工作的意见》，该意见擘画了 2023 年的全面推进乡村振兴重点工作：一要抓紧抓好粮食和重要农产品稳产保供，二要加强农业基础设施建设，三要强化农业科技和装备支撑，四要巩固拓展脱贫攻坚成果，五要推动乡村产业高质量发展，六要拓宽农民增收致富渠道，七要扎实推进宜居宜业和美乡村建设，八要健全党组织领导的乡村治理体系，九要强化政策保障和体制机制创新。围绕党中央的战略部署，国务院及相关部门相继发布了相关政策文件。2023 年 1 月 6 日，文化和旅游部、教育部、自然资源部、农业农村部、国家乡村振兴局联合发布《关于开展文化产业赋能乡村振兴试点的通知》，并制定《文化产业赋能乡村振兴试点工作方案》，通过试点探索实施文化产业赋能乡村振兴新路径，在体制机制、发展举措、

产业导入、政策保障等方面先行先试，促进乡村文化和旅游融合发展，形成可复制可推广的典型经验做法在全国推广，推动建设宜居宜业宜游和美乡村。2023年2月23日，中共中央办公厅、国务院办公厅印发《关于进一步深化改革促进乡村医疗卫生体系健康发展的意见》，对于进一步深化改革，促进乡村医疗卫生体系健康发展提出意见。2023年4月6日，中国银保监会发布《关于银行业保险业做好2023年全面推进乡村振兴重点工作的通知》，从聚焦农业强国建设重点领域、强化农村金融服务能力建设、提升"三农"领域保险服务质效、强化监管引领等方面提出了相关要求。2023年4月13日，中央网信办、农业农村部、国家发展改革委、工业和信息化部、国家乡村振兴局联合印发《2023年数字乡村发展工作要点》，工作要点部署了强化粮食安全数字化保障等10个方面重点任务。2023年4月17日，中国红十字会总会、农业农村部、国家乡村振兴局17日联合印发《关于进一步推进红十字"博爱家园"建设助力乡村振兴工作的意见》，在农村部署推动红十字"博爱家园"建设，为促进乡村发展、乡村建设、乡村治理作出积极贡献。2023年5月11日，民政部发布《关于开展"乡村著名行动"助力乡村振兴的通知》，通过挖掘地名内在价值把乡村资源要素释放出来，彰显地名在乡村振兴中的积极作用。2023年5月14日，国家发展改革委、国家能源局发布《关于加快推进充电基础设施建设 更好支持新能源汽车下乡和乡村振兴的实施意见》，旨在释放农村地区新能源汽车消费潜力。2023年5月22日，国家体育总局等十二部委印发《关于推进体育助力乡村振兴工作的指导意见》，协力推进体育助力乡村振兴工作。2023年5月31日，民政部、国家乡村振兴局发布《关于印发〈全国性社会组织、东部省（直辖市）社会组织与160个国家乡村振兴重点帮扶县结对帮扶名单〉的通知》。2023年6月16日，中国人民银行、国家金融监管总局、中国证监会、财政部、农业农村部发布《关于金融支持全面推进乡村振兴 加快建设农业强国的指导意见》，对做好粮食和重要农产品稳产保供金融服务、加强农业强国金融供给等方面提出具体要求。2023年7月4日，国家发展改革委、国家能源局、国家乡村振兴局发布《关于实施农村电网巩固提升工程的指导意见》，以提升农村地区电力保障水平。2023年7月5日，商务部会同国家发展改革委等部门制定《2023年家政兴农行动工作方案》，巩固拓展家政扶贫成果并将其与乡村振兴战略实施有效衔接，更好发挥家政服务业促消费、惠民生、稳就业作用。2023年7月29日，农业农村部、国家标准化管理委员会、住房和城乡建设部联合印发《乡村振兴标准化行动方案》，旨在强化农业发展的标准基础，补齐乡村建设的标准短板，提升乡村振兴标准化推进水平。2023 年 8 月 13 日，司法部办公厅、农业农村部办公厅发布《关于常态化开展"乡村振兴 法治同行"活动的通知》，以便充分发挥司法行政部门、农业农村部门和法律服务机构在服务乡村振兴工作中的职能作用。2023 年 9 月 27 日，最高人民检察院发布耕地保护检察公益诉讼典型案例，引导各级检察机关加大办案力度，提升办案质效，助力守护18 亿亩耕地红线。乡村振兴实施方案主要文件参见表 1。

在新型城镇化方面，2023 年 1 月 28 日，国家发展改革委联合财政部、中国人民银行、住房和城乡建设部、国家乡村振兴局等 18 个部门印发《关于推动大型易地扶贫搬迁安置区融入新型城镇化实现高质量发展的指导意见》，明确了今后一个时期推动大型易地扶贫搬迁安置区融入新型城镇化、实现高质量发展的总体要求、主攻方向、主要任务和支持政策。

表 1　国务院和国家发改委等制定的乡村振兴方面实施方案

序号	法规名称	制定部门	颁布时间	类型
1	《关于做好二○二三年全面推进乡村振兴重点工作的意见》	中共中央、国务院	2023-1-2	意见
2	《关于开展文化产业赋能乡村振兴试点的通知》	文化和旅游部、教育部、自然资源部、农业农村部、国家乡村振兴局	2023-1-6	通知
3	《关于进一步深化改革促进乡村医疗卫生体系健康发展的意见》	中共中央办公厅、国务院办公厅	2023-2-23	意见
4	《关于银行业保险业做好 2023 年全面推进乡村振兴重点工作的通知》	中国银保监会	2023-4-6	通知
5	《2023 年数字乡村发展工作要点》	中央网信办、农业农村部、国家发展改革委、工业和信息化部、国家乡村振兴局	2023-4-13	工作要点
6	《关于进一步推进红十字"博爱家园"建设助力乡村振兴工作的意见》	中国红十字会总会、农业农村部、国家乡村振兴局	2023-4-17	意见

续表

序号	法规名称	制定部门	颁布时间	类型
7	《关于开展"乡村著名行动"助力乡村振兴的通知》	民政部	2023-5-11	通知
8	《关于加快推进充电基础设施建设更好支持新能源汽车下乡和乡村振兴的实施意见》	国家发展改革委、国家能源局	2023-5-14	意见
9	《关于推进体育助力乡村振兴工作的指导意见》	国家体育总局等十二部委	2023-5-22	意见
10	《关于印发〈全国性社会组织、东部省(直辖市)社会组织与160个国家乡村振兴重点帮扶县结对帮扶名单〉的通知》	民政部、国家乡村振兴局	2023-5-31	通知
11	《关于金融支持全面推进乡村振兴加快建设农业强国的指导意见》	中国人民银行、国家金融监管总局、中国证监会、财政部、农业农村部	2023-6-16	意见
12	《关于实施农村电网巩固提升工程的指导意见》	国家发展改革委、国家能源局、国家乡村振兴局	2023-7-4	意见
13	《2023年家政兴农行动工作方案》	商务部会同国家发展改革委等部门	2023-7-5	方案
14	《乡村振兴标准化行动方案》	农业农村部、国家标准化管理委员会、住房和城乡建设部	2023-7-29	方案
15	《关于常态化开展"乡村振兴 法治同行"活动的通知》	司法部办公厅、农业农村部办公厅	2023-8-13	通知

2. 深入实施区域协调发展战略，打造全国高质量发展增长点

2023年，国家在区域协调发展方面，着眼于推进中国式现代化的要求，在加快区域发展的同时紧抓"协调"二字，在发展中促进相对平衡，在推动经济发展的同时注重生态环境保护，统筹推进西部大开发、东北全面振兴、中部地区崛起、东部率先发展，统筹京津冀协同发展、长江经济带发展、粤港澳大湾区建设、长三角一体化发展、黄河流域生态保护和高质量发展等区域重大战略实施，统筹重点开发地区、生态脆弱地区、能源资源地区等地区发展。2023 年 3 月 23 日，自然资源部印发国务院关于《加强国土空间详细规划工作的通知》。自此，国务院把强化国土空间规划作为促进区域协调发展的重要抓手，实施全国及各地区国土空间规划，构建统一的国土空间用途管制制度，严格落实"三区三线"等空间管控要求，加强空间发展统筹协调，有序有效推进区域开发建设和国土空间保护，为高质量发展提供保障。在2023 年度，国务院先后批复了 17 个省份的国土空间规划，主要文本参见表 2。2023 年 6 月 26 日，国家发展改革委副主任赵辰昕在第十四届全国人民代表大会常务委员会第三次会议上作《国务院关于区域协调发展情况的报告》。2023 年 9 月 12 日，中共中央、国务院发布《关于支持福建探索海峡两岸融合发展新路　建设两岸融合发展示范区的意见》，坚持贯彻新时代党解决台湾问题的总体方略，践行"两岸一家亲"理念，突出以通促融、以惠促融、以情促融，努力在福建全域建设两岸融合发展示范区。2023 年 10 月17 日，市场监管总局(国家标准委)批准发布 GB/T 43214—2023《省级国土空间规划编制技术规程》国家标准，该标准是全国首个国土空间规划编制技术规范国家标准，于 2024 年 1 月 1 日起实施。2023 年 12 月 6 日，自然资源部办公厅发布《关于部署开展国土空间规划实施监测网络建设试点的通知》，在省级自然资源主管部门推荐基础上，决定在 1 个区域、16 个省份、29 个城市、1 个区(县)部署开展国土空间规划实施监测网络建设试点工作(试点期至 2025 年)，探索、引领国土空间治理数字化转型，推动构建美丽中国数字化治理体系和建设绿色智慧的数字生态文明。

表 2　国务院和国家发展改革委等制定的区域协调发展方面实施方案

序号	法规名称	制定部门	颁布时间	类型
1	国务院关于《长三角生态绿色一体化发展示范区国土空间总体规划（2021—2035 年)》的批复	国务院	2023-2-4	批复
2	国务院关于《加强国土空间详细规划工作的通知》	自然资源部	2023-3-23	通知
3	国务院《关于〈广东省国土空间规划（2021—2035 年)〉的批复》	国务院	2023-8-18	批复

续表

序号	法规名称	制定部门	颁布时间	类型
4	国务院关于《江苏省国土空间规划（2021—2035 年)》的批复	国务院	2023-7-25	批复
5	国务院关于《宁夏回族自治区国土空间规划（2021—2035 年)》的批复	国务院	2023-8-17	批复
6	国务院关于《江西省国土空间规划（2021—2035 年)》的批复	国务院	2023-9-15	批复
7	国务院关于《海南省国土空间规划（2021—2035 年)》的批复	国务院	2023-9-15	批复
8	国务院关于《山西省国土空间规划（2021—2035 年)》的批复	国务院	2023-9-20	批复
9	国务院关于《山东省国土空间规划（2021—2035 年)》的批复	国务院	2023-9-20	批复
10	国务院关于《福建省国土空间规划（2021—2035 年)》的批复	国务院	2023-11-19	批复
11	国务院关于《湖南省国土空间规划（2021—2035 年)》的批复	国务院	2023-11-30	批复
12	国务院关于《安徽省国土空间规划（2021—2035 年)》的批复	国务院	2023-12-3	批复
13	国务院关于《河北省国土空间规划（2021—2035 年)》的批复	国务院	2023-12-9	批复
14	国务院关于《吉林省国土空间规划（2021—2035 年)》的批复	国务院	2023-12-19	批复
15	国务院关于《内蒙古自治区国土空间规划（2021—2035 年)》的批复	国务院	2023-12-21	批复
16	国务院关于《广西壮族自治区国土空间规划（2021—2035 年)》的批复	国务院	2023-12-22	批复
17	国务院关于《浙江省国土空间规划（2021—2035 年)》的批复	国务院	2023-12-25	批复

序号	法规名称	制定部门	颁布时间	类型
18	国务院关于《贵州省国土空间规划（2021—2035 年）》的批复	国务院	2023-12-25	批复
19	国务院关于《青海省国土空间规划（2021—2035 年）》的批复	国务院	2023-12-29	批复
20	《关于部署开展国土空间规划实施监测网络建设试点的通知》	自然资源部	2023-12-6	通知

3. 明确房地产行业支柱地位，防风险、促需求

2023 年，我国房地产市场供求关系发生重大变化，各级政府部门频繁优化楼市政策，力促房地产市场平稳运行，政策放松力度加大。虽然政策环境持续宽松，但居民收入预期弱、房价下跌预期仍在等因素依然制约着市场修复节奏，新房市场调整态势未改，楼市仍未出现明显回温。2023 年上半年，中央多次会议继续强调"房住不炒"，继续强调"因城施策，支持刚性和改善性住房需求，做好保交楼、保民生、保稳定工作"等，各部委积极响应中央要求，"稳支柱""促需求""防风险"的各项举措逐步落位。各部委积极响应中央要求，加速落地稳定市场的相关举措。年初，监管部门明确了金融支持房地产的四大政策方向，"需求端差别化信贷支持、完善保交楼政策工具、改善优质房企资产负债表、完善住房租赁金融支持政策"；全国住房和城乡建设工作会议提出房地产工作将从"稳预期""防风险""促转型"展开。下半年7月政治局会议提出"适应我国房地产市场供求关系发生重大变化的新形势"，这一重大判断为房地产市场定调。明确房地产政策优化方向，各地政策持续落地，以往市场过热时出台的限制性政策正在逐步退出或优化。需求端方面，降首付、降利率、认房不认贷接连落地，核心城市开启"四限"松绑潮；供给端方面，"三个不低于""房企白名单"等纾困措施相继提出。由于楼市迟迟未有明显改善，进入12月政策放松再次加磅。12月11日至12日召开的中央经济工作会议，定调2024年经济工作要稳中求进、以进促稳、先立后破，统筹化解房地产风险，加快推进"三大工程"，加快构建房地产发展新模式。

表3 国务院和国家发改委等制定的房地产行业的实施方案

序号	法规名称	制定部门	颁布时间	类型
1	《关于金融支持住房租赁市场发展的意见(征求意见稿)》	中国人民银行、中国银保监会	2023-2-24	意见
2	《关于进一步推进基础设施领域不动产投资信托基金(REITs)常态化发行相关工作的通知》	中国证监会	2023-3-24	通知
3	《关于协同做好不动产"带押过户"便民利企服务的通知》	自然资源部、中国银保监会	2023-3-30	通知
4	《关于规范房地产经纪服务的意见》	住建部、国家市场监管总局	2023-5-8	意见
5	《关于延长金融支持房地产市场平稳健康发展有关政策期限的通知》	中国人民银行、国家金融监督管理总局	2023-7-10	通知
6	《关于促进家居消费若干措施的通知》	商务部等13部门	2023-7-13	通知
7	《关于扎实推进2023年城镇老旧小区改造工作的通知》	住建部等7部门	2023-7-18	通知
8	《全国银行间同业拆借中心受权公布贷款市场报价利率(LPR)公告》	中国人民银行	2023-7-20	公告
9	《支持协调发展税费优惠政策指引》	国家税务总局	2023-7-20	指引
10	《中央财政农村危房改造补助资金管理办法》	财政部、住建部	2023-7-28	办法
11	《关于恢复和扩大消费措施的通知》	国家发展改革委	2023-7-31	通知

4. 对内优化营商环境促进消费，对外推动外贸保稳提质增能

2023年2月1日，商务部、文化和旅游部、国家市场监督管理总局、国家文物局、国家知识产权局近日联合印发了《中华老字号示范创建管理办法》，释放推动老字号创新发展、促进品牌消费的积极信号。2023年2月6日，中共中央、国务院印发《质量强国建设纲要》，为统筹推进质量强国建设，全面提高我国质量总体水平，制定纲要。2023年3月20日，文化和旅游部办公厅发布《关于组织开展2023年文化和旅游消费促进活动的通知》，旨在进一步激发消费活力，创新消费场景，优化消费环境，乘势推动消费加快恢复成为经济主拉动力。2023 年 6 月 8 日，商务部办公厅发布了《关于组织开展汽车促消费活动的通知》，为进一步稳定和扩大汽车消费，根据"2023 消费提振年"活动安排，组织开展汽车促消费活动。2023 年 5 月 22 日，商务部等四部门联合印发《关于做好 2023 年促进绿色智能家电消费工作的通知》，鼓励有条件的地方举办更多形式新颖、内容丰富的消费促进活动，为消费者提供更好的家电消费体验。2023 年 7 月 12 日，商务部等 13 部门联合发布《关于促进家居消费若干措施的通知》。2023 年 7 月 20 日，国家发展改革委等部门印发《关于促进汽车消费的若干措施》的通知和《关于促进电子产品消费的若干措施》的通知，从而进一步稳定和扩大汽车和电子产品的消费，促进消费持续恢复。2023 年 7 月 31 日，国家发展改革委制定的《关于恢复和扩大消费的措施》经国务院同意，由国务院办公厅转发各地方、各部门，并向社会公开发布。措施围绕 6 个方面提出 20 条具体政策举措，力求长短兼顾、务实有效。2023 年 8 月 24 日，文化和旅游部办公厅发布《关于开展第三批国家级夜间文化和旅游消费集聚区建设工作的通知》。2023 年 9 月 29 日，国务院办公厅印发《关于释放旅游消费潜力推动旅游业高质量发展的若干措施》，从加大优质旅游产品和服务供给、激发旅游消费需求、加强入境旅游工作、提升行业综合能力、保障措施等五个方面，提出了推动旅游业高质量发展的30 条工作措施。2023 年 10 月 12 日，国家金融监管总局印发《关于金融支持恢复和扩大消费的通知》，从加大重点领域支持力度、支持扩大汽车消费、加大新型消费和服务消费金融支持、降低消费金融成本、强化保险保障服务、切实保护消费者合法权益等七个方面，提出了金融支持恢复和扩大消费的19 条工作措施。

在建设更高水平开放型经济新体制中，制度型开放在我国被置于重中之重的地位。在党的二十大报告中，习近平总书记提出推进制度型开放的基本思路和具体举措，包括合理缩减外资准入负面清单、创新服务贸易发展机制等。2023 年 6 月 28 日，第十四届全国人民代表大会常务委员会第三次会议通过了《中华人民共和国对外关系法》（自 2023 年 7 月 1 日起施行），为新时代中国对外开放提供了法治保障。2023 年 7 月，中央全面深化改革委员会第二次会议进一步明确了"以制度型开放为重点"，聚焦投资、贸易、金融、创新等对外交流合作的重点领域深化体制机制改革。2023 年 7 月 25 日，国务院发布《关于进一步优化外商投资环境　加大吸引外商投资力度的意见》。2023 年，我国率先在上海、广东、天津、福建、北京等具备条件的自由贸易试验区和海南自由贸易港，试点对接相关国际高标准经贸规则，聚焦货物贸易、服务贸易、商务人员临时入境、数字贸易、营商环境、风险防控等，提出试点政策措施和风险防控举措。比如，结合经营主体诉求建议，允许试点地区内的外商投资企业内部调动专家的随行配偶和家属享有与该专家相同的入境和停居留期限，为外国专家的家人来华共同生活提供便利条件等。我国扩大面向全球的高标准自贸区网络，已与29个国家和地区签署了22个自贸协定，全面高质量实施《区域全面经济伙伴关系协定》（RCEP），积极推动加入《全面与进步跨太平洋伙伴关系协定》（CPTPP）和《数字经济伙伴关系协定》（DEPA）；推动共建"一带一路"高质量发展……具体的文本参见表4。

表4　国务院和国家发改委等制定的经贸方面的实施方案

序号	法规名称	制定部门	颁布时间	类型
1	《中华老字号示范创建管理办法》	商务部、文化和旅游部、国家市场监督管理总局、国家文物局、国家知识产权局	2023-2-1	办法
1	《质量强国建设纲要》	国务院	2023-2-6	规划
3	《关于组织开展2023年文化和旅游消费促进活动的通知》	文化和旅游部办公厅	2023-3-20	通知
4	《商务部办公厅关于组织开展汽车促消费活动的通知》	商务部	2023-6-8	通知
5	《关于做好2023年促进绿色智能家电消费工作的通知》	商务部等四部门	2023-5-22	通知
6	《商务部等13部门关于促进家居消费若干措施的通知》	商务部等13部门	2023-7-12	通知
7	《关于促进民营经济发展壮大的意见》	国务院	2023-7-19	意见
8	《关于促进汽车消费的若干措施》的通知	国家发展改革委等部门	2023-7-20	通知
9	《关于促进电子产品消费的若干措施》的通知	国家发展改革委等部门	2023-7-20	通知
10	《关于进一步优化外商投资环境加大吸引外商投资力度的意见》	国务院	2023-7-25	意见

序号	法规名称	制定部门	颁布时间	类型
11	《关于恢复和扩大消费的措施》	国家发展改革委	2023-7-31	措施
12	《关于开展第三批国家级夜间文化和旅游消费集聚区建设工作的通知》	文化和旅游部办公厅	2023-8-24	通知
13	《关于释放旅游消费潜力推动旅游业高质量发展的若干措施》	国务院办公厅	2023-9-29	措施
14	《关于金融支持恢复和扩大消费的通知》	国家金融监管总局	2023-10-12	通知

2023 年 3 月，国务院办公厅发布《关于公布〈法律、行政法规、国务院决定设定的行政许可事项清单(2023 年版)〉的通知》。这是落实党中央、国务院关于深化"放管服"改革优化营商环境决策部署的具体体现，对于正确处理政府和市场、政府和社会的关系，依法编制、严格实施行政许可事项清单，持续推进行政许可标准化、规范化、便利化，加强事前事中事后全链条全领域监管，不断提高审批效率和监管效能，更大激发市场活力和社会创造力，促进经济社会高质量发展具有积极意义。与此同时，优化营商环境的地方立法在河北、上海等多地进行。根据《优化营商环境条例》等有关法律、行政法规，各地结合实际制定了一批优化营商环境条例，旨在持续优化营商环境，维护经营主体合法权益，激发经营主体活力，推动高质量发展。具体的文本参见表 5。

表 5 2023 年优化营商环境的地方立法

序号	法规名称	制定部门	颁布时间	类型
1	河北省优化营商环境条例(2023 修订)	河北省人民代表大会常务委员会	2023-11-30	修订
2	山西省民营经济发展促进条例	山西省人民代表大会常务委员会	2023-11-30	制定
3	上海市人民代表大会常务委员会关于修改《上海市优化营商环境条例》的决定(2023)	上海市人民代表大会常务委员会	2023-11-23	修订

续表

序号	法规名称	制定部门	颁布时间	类型
4	安徽省优化营商环境条例	安徽省人民代表大会常务委员会	2023-11-20	制定
5	辽宁省促进市场公平竞争条例	辽宁省人民代表大会常务委员会	2023-11-15	制定
6	贵州省反不正当竞争条例（2023修订）	贵州省人民代表大会常务委员会	2023-9-27	修订
7	甘肃省人民代表大会常务委员会关于优化民营企业发展环境促进民营经济发展壮大的决定	甘肃省人民代表大会常务委员会	2023-7-27	制定

5. 加大高技能人才培养，建设国家战略人才力量

2023年，我国以习近平新时代中国特色社会主义思想为指导，全面贯彻党的教育方针，坚持以人民为中心，服务国家战略需要，聚焦人民群众所急所需所盼，加快建设教育强国，办好人民满意的教育。2023年2月26日，中共中央办公厅、国务院办公厅印发《关于加强新时代法学教育和法学理论研究的意见》，为加强新时代法学教育和法学理论研究，为法治中国建设培养高素质法治人才、提供科学理论支撑提出意见。2023年4月6日，中共中央发出关于印发《习近平新时代中国特色社会主义思想学习纲要（2023年版）》的通知，纲要（2023年版）对习近平新时代中国特色社会主义思想作了全面系统阐述，充分反映了这一思想的最新发展，有助于更好地理解把握党的创新理论的基本精神、基本内容、基本要求。党中央同意印发纲要（2023年版）（由中央宣传部统一印发），作为广大党员、干部、群众深入学习领会习近平新时代中国特色社会主义思想的重要辅助读物。2023年4月10日，中共中央发出关于学习《习近平著作选读》第一卷、第二卷的通知。2023年6月13日，中共中央办公厅、国务院办公厅印发《关于构建优质均衡的基本公共教育服务体系的意见》，深入贯彻落实党的二十大精神，加快推进国家基本公共服务均等化，构建优质均衡的基本公共教育服务体系。干部教育培训是建设高素质干部队伍的先导性、基础性、战略性工程，2023年10月15日，中共中央印发《干部教育培训工作条例》，总结干部教育培训实践的新经验新成果，进一步推进干部教育培训工作科学化、制度化、规范化。

2023年10月16日，中共中央印发了《全国干部教育培训规划（2023—2027年）》。主要文本参见表6。

表6 国务院和国家发改委等制定的教育方面的实施方案

序号	法规名称	制定部门	颁布时间	类型
1	《关于加强新时代法学教育和法学理论研究的意见》	国务院	2023-2-26	意见
2	关于印发《习近平新时代中国特色社会主义思想学习纲要（2023年版)》的通知	国务院	2023-4-6	通知
3	关于学习《习近平著作选读》第一卷、第二卷的通知	国务院	2023-4-10	通知
4	《关于构建优质均衡的基本公共教育服务体系的意见》	中共中央办公厅、国务院办公厅	2023-6-13	意见
5	《干部教育培训工作条例》	国务院	2023-10-15	条例
6	《全国干部教育培训规划（2023—2027年)》	国务院	2023-10-16	规划

（二）发展规划法的实施状况和特点

1. 国民经济总体回升向好，高质量发展扎实推进

本报告期内，国务院、国家发改委等相关部门和单位依据《宪法》和《监督法》规定的相关职权，并按照《国务院关于加强国民经济和社会发展规划编制工作的若干意见》的具体规定，积极执行《2023年国民经济和社会发展计划》，经济社会发展主要目标任务有望基本完成。国家统计局发布的2023年国民经济运行数据显示：（1）2023年全年国内生产总值（GDP）1260582亿元，按不变价格计算，比上年增长5.2%。（2）就业保持总体稳定，2023年全国城镇新增就业1244万人，12月城镇调查失业率为5.1%，就业保持总体稳定。（3）粮食产量再创新高，2023年全国粮食总产量69541万吨，比上年增加888万吨，增长1.3%。2023年度，为进一步规范政府储备粮油质量检查抽样检验工作，切实加强粮食质量安全管理，国家粮食和物资储备局对《中央储备粮油质量检查抽样检验管理办法》进行修订，制定了《政府储备粮油质量检查抽样检验管理办法》（国粮标规〔2023〕60号）。为准确判定、及时消除

粮食仓储企业重大生产安全事故隐患，国家粮食和物资储备局制定并发布了《粮食仓储企业重大生产安全事故隐患判定标准(试行)》。为鼓励举报政策性粮食购销违法违规行为，动员社会力量参与政策性粮食购销领域监督，坚决维护国家粮食安全，国家粮食和物资储备局、财政部联合制定了《政策性粮食购销违法违规行为举报奖励办法(试行)》。另外，国家粮食和物资储备局还制定了《粮食仓储企业安全生产作业指南》(国粮办应急〔2023〕120号)。为认真贯彻落实党中央、国务院关于强化信用分级分类监管，实施守信联合激励和失信联合惩戒有关部署要求，推动建立中央储备棉糖信用监管机制，进一步规范承储企业管理，切实提高中央储备棉糖管理水平，国家粮食和物资储备局制定了《中央储备棉糖承储企业信用监管办法(试行)》。(4)外贸进出口规模稳中有增。2023年我国货物贸易进出口总值41.76万亿元，同比增长0.2%。其中，出口23.77万亿元，增长0.6%；进口17.99万亿元，下降0.3%。(5)物价运行保持总体稳定，根据国家统计局数据，2023年度全国居民消费价格指数(CPI)比上年上涨0.2%，低于3%左右的年度调控目标。(6)工业经济总体保持稳定增长态势，2023年规模以上工业增加值同比增长4.6%，十大重点行业基本盘稳固，平均增速超过5%，高于全国规模以上工业增加值的平均增长水平，电气机械器材、汽车等行业生产实现了两位数增长，都超过10%，汽车行业的规上工业增加值增速达到13%。钢铁，有色、石化等传统行业复苏明显加快，电子行业走出低谷，全年实现3.4%的正增长。(7)居民收入亟须增加，2023年全国居民人均可支配收入39218元，比上年名义增长6.3%，扣除价格因素，实际增长6.1%。(8)固定资产投资维持稳定，房地产投资继续下行。全年全国固定资产投资累计同比增速3.0%。民间固定资产投资累计同比增速-0.4%。其中，制造业投资累计同比增长6.5%；第三产业中的基础设施投资累计同比增长5.9%；房地产开发投资累计同比下降9.6%。

2. 稳字当头、稳中求进是发展规划法年度的政策基调

2023年，中国外部环境复杂严峻，国际政治经济博弈加剧，美元持续加息。国内面临多风险因素冲击，市场信心未能得到全面修复，房地产市场继续走弱，地方政府化债压力高企。面对诸多困难和风险，各领域不断积极推出有利于经济稳定的政策。稳经济先要稳内需。在促消费方面，7月31日，国家发展改革委制定了《关于恢复和扩大消费的措施》，经国务院同意后由国务院办公厅转发各地方、各部门，并向社会公开发布。措施围绕稳定大宗消费、扩大服务消费、促进农村消费、拓展新型消费、完善消费措施、优化消费

环境等 6 个方面提出 20 条具体政策举措，力求长短兼顾、务实有效。在稳就业方面，国家积极推进就业优先战略，中央层面先后发布了《国务院关于优化调整稳就业政策措施全力促发展惠民生的通知》（国办发〔2023〕11 号）、《教育部关于做好 2024 届全国普通高校毕业生就业创业工作的通知》（教就业〔2023〕4 号）、《人力资源社会保障部关于开展 2024 年全国公共就业服务专项活动的通知》、《人力资源社会保障部　工业和信息化部关于实施专精特新中小企业就业创业扬帆计划的通知》、《人力资源社会保障部办公厅关于开展 2023 年全国人力资源市场高校毕业生就业服务周活动的通知》、《人力资源社会保障部办公厅　财政部办公厅关于进一步加强就业政策落实有关工作的通知》，全方位促进就业创业。在稳投资方面，随着《国务院关于进一步优化外商投资环境　加大吸引外商投资力度的意见》（国发〔2023〕11 号）、《私募投资基金监督管理条例》、《国家外汇管理局关于扩大跨境贸易投资高水平开放试点的通知》（汇发〔2023〕30 号）、《国家外汇管理局关于进一步深化改革 促进跨境贸易投资便利化的通知》（汇发〔2023〕28 号）、《关于引导保险资金长期稳健投资　加强国有商业保险公司长周期考核的通知》（财金〔2023〕89 号）《关于修改〈公开募集基础设施证券投资基金指引（试行）〉第五十条的决定》（证监会公告〔2023〕55 号）的相继出台，我国私募基金行业逐渐规范，民间投资基本平稳，跨境投资力度加强。在稳外贸方面，在《国务院办公厅印发〈关于加快内外贸一体化发展的若干措施〉的通知》（国办发〔2023〕42 号）、《国务院办公厅关于推动外贸稳规模优结构的意见》（国办发〔2023〕10 号）、《文化和旅游部　商务部关于公布新一批国家对外文化贸易基地名单的通知》（文旅产业发〔2023〕64 号）、《商务部等 14 部门办公厅（室）关于公布内外贸一体化试点地区名单的通知》（商办建函〔2022〕318 号）等中央政策的加持下，2023 年我国外贸进出口规模稳中有增、发展质量优中有升。

3. 加快构建新发展格局，推动中国经济高质量发展

2023 年以来，习近平总书记深入各地考察调研，多次主持召开座谈会，就推动区域协调发展作出一系列重要部署，希望粤港澳大湾区成为"新发展格局的战略支点、高质量发展的示范地、中国式现代化的引领地"，指出"雄安新区已进入大规模建设与承接北京非首都功能疏解并重阶段"，强调"努力使京津冀成为中国式现代化建设的先行区、示范区"，嘱咐东北"努力走出一条高质量发展、可持续振兴的新路了"，要求"进一步推动长江经济带高质量发展，更好支撑和服务中国式现代化"，勉励长三角区域"在中国式现代化中走在前列，更好发挥先行探路、引领示范、辐射带动作用"。

2023 年 5 月 24 日，工信部会同国家发展改革委、科技部等有关部门以及京津冀三地政府共同编制《京津冀产业协同发展实施方案》，在京津冀地区探索实行产业协同链长负责制，探索建立跨区域重大项目、园区共建的协同招商、落地实施、利益分享机制。6 月 16 日，国务院发布《关于同意阿克苏阿拉尔高新技术产业开发区升级为国家高新技术产业开发区的批复》，将坐落于新疆的阿克苏阿拉尔高新技术产业开发区升级为国家高新技术产业开发区。国家高新区在突破关键核心技术、促进区域经济发展和就业增长、吸纳高水平创新人才等方面发挥着重要作用。为贯彻落实习近平总书记关于长三角一体化发展的重要讲话和重要指示批示精神，深入推进实施《关于加快建设全国统一大市场的意见》《长江三角洲区域一体化发展规划纲要》，落实《计量发展规划（2021—2035 年）》重点任务，在改革创新、推动高质量发展上争当表率，在服务全国构建新发展格局上争做示范，在率先实现社会主义现代化上走在前列，全面深化长三角计量一体化发展，2023 年 9 月 28 日，市场监管总局发布《关于全面深化长三角计量一体化发展的意见》（国市监计量发〔2023〕84 号），发挥长三角地区计量资源技术优势，推进计量基础设施互联互通，在改革集成、项目安排、资源配置等方面加快形成政策合力，努力构建需求引导、统一协调、优势互补的长三角计量一体化协同发展体制机制，更好服务长三角一体化发展战略。为推动雄安新区建设和创业投资行业发展，2023 年 10 月 31 日，财政部税务总局、发展改革委中国证监会联合印发《关于雄安新区公司型创业投资企业有关企业所得税试点政策的通知》（财税〔2023〕40 号），明确在雄安新区试行公司型创业投资企业的企业所得税优惠政策。

为适应数字产业化和产业数字化发展新形势，工业和信息化部等十四部门办公厅（办公室、秘书局、综合司）联合发布《关于开展网络安全技术应用试点示范工作的通知》（工信厅联网安函〔2023〕360 号）。2023 年 12 月 19 日，工业和信息化部印发《促进数字技术适老化高质量发展工作方案》（工信部信管〔2023〕251 号），满足老年人日益增长的数字生活和信息服务需求，纵深推进工业和信息化领域数字技术适老化高质量发展，助力构建信息通畅、体验舒适的无障碍环境，因应《中华人民共和国无障碍环境建设法》的要求。

（三）发展规划法的司法状况

中国裁判文书网尚无 2023 年度涉及国家发展规划法的可参考诉讼案件，故本报告未能对 2023 年度我国发展规划法的司法状况作出报告。如何在司法层面对发展规划法的实施予以保障仍然是发展规划法治建设中的难点和短板。

(四)推进2024年发展规划法实施建议

1.加快出台《国家发展规划法》,保障发展规划实施

2023年5月31日,在国务院发布的《国务院2023年度立法工作计划》中,预备提请全国人大常委会审议的法律案中《国家发展规划法》赫然在列。制定《国家发展规划法》应着重规范以下内容:一是明确发展规划的基础性法律地位。从制度层面确保发展规划作为全面性、战略性及系统性的规划,使之成为描绘社会主义现代化强国宏伟蓝图的依据。二是强化发展规划的法律约束力和适用性。各部门制定的发展规划目标应当与发展规划法精神相一致,编制主体、编制程序应当与发展规划法要求相一致。发展规划一经批准通过,不得随意追加和更改,以充分发挥规划在经济社会发展中的指导和约束作用。三是需要将问责条款纳入其中,以提高规划的科学性和民主性。同时进一步加强发展规划督导评估和督查执法的协作,及时发现规划实施中的问题,提出改进规划实施的举措。

2.通过深化改革进一步稳定市场预期,确保国家经济安全

完善长效机制设计,保持发展规划制定部门与市场状况的有效沟通,以发展规划的时间一致性维护市场预期稳定性。改善营商环境、提升常态化监管水平,支持平台企业在引领发展、创造就业、国际竞争中大显身手。在投资方面,优化投资的空间布局和产业布局,在空间布局上引导投资向城市群基础设施建设与房地产投资倾斜,加强房地产市场预期引导;在产业布局上引导民间投资流向数字经济、新能源、人工智能、绿色低碳、量子计算、生物制造、粮食生产等传统产业改造升级和战略性新兴产业;在安全保障上建议通过制定《国有资产法》《能源法》《原子能法》《国土空间规划法》《耕地保护和质量提升法》,修改《矿产资源法》《企业国有资产法》等相关法律予以回应。此外,多措并举保消费主体,将政策发力点前移至个人和家庭,强化就业优先在发展规划中的地位、完善收入分配制度、改善社会保障制度,多渠道增加城乡居民收入。积极实施应对人口老龄化国家战略,构建和完善兜底性、普惠型、多样化的养老服务体系,不断满足老年人日益增长的多层次、高品质健康养老需求。

3.注重规划间统筹协调,形成共促高质量发展合力

健全统一的发展规划体系,做到各级各类规划各居其位、相互补位、有机衔接、形成合力,最终形成高质量的统一规划体系。要以国家战略需求为引导,系统谋划宏观发展规划的顶层设计。在重点领域、新兴领域、涉外领域加强前瞻性思考、全局性谋划,平衡"改革、发展和稳定"关系。在完善长

效机制设计的同时区分正常环境、转型变革时期和危机时期，坚守不同调控理念，采用不同调控框架，保证精准性的同时做好不同时期发展规划间的合理衔接。协调宏观规划与各领域规划间的关系，将宏观发展规划作为战略导向，加强财政政策、货币政策、产业、环保等专项规划间统筹协调。充分考虑不同领域规划间的衔接和叠加效应，让规划的实施效果更加精准。为更好营造市场化、法治化、国际化一流营商环境，建议通过制定《数字经济促进法》《民营经济促进法》等相关法律予以回应。此外，要统筹国家级规划与区域规划，建立新型举国规划顶层设计和底层实施之间的联动机制，将国家的区域战略任务一步步转化落地到具体的区域空间之中。

二、2023 年财税法的实施和对 2024 年的展望

我国目前尚未制定颁布"财政法典"。财税法的法律渊源的主要表现形式为《宪法》《预算法》《企业所得税法》等单行财税法律、行政法规、部门规章、地方性法规以及含有财税法内容的其他法律规范文件等。本报告将对 2023 年财税法的实施情况进行分析总结，并在此基础上对 2024 年财税法的法治实施提出建议和展望。

（一）财税法的立法状况

党的二十大报告中提出优化税制结构、加大税收调节力度、完善个人所得税制度、完善支持绿色发展的财税政策等重大决策部署。围绕这些针对财税法的重大决策部署，结合国内国际形势，2023 年财税法的实施进一步推进税收现代化。在优化税制结构方面，2023 年 8 月 28 日，《增值税法（草案）》二次审议稿提请十四届全国人大常委会第五次会议审议。二审稿已于 9 月 1 日公布，进行为期 30 日的社会公开征求意见。与 2022 年末公布的草案一审稿相比，二审稿总体上仍延续了税制平移的做法，整体篇幅和内容变化不大，重点明确了纳税人对留抵税额处理的自主选择权等事项，并在小规模纳税人制度、专项优惠政策范围等方面作出细化调整。立法总体上按照税制平移的思路，未完成新的税种立法，保持现行税制框架和税负水平基本不变。在加大税收调节力度方面，从大规模增值税留抵退税等组合式税费支持政策、支持企业创新研发的加计抵减政策、提高 3 岁以下婴幼儿照护等三项个人所得税专项附加扣除标准，到落实出口退税支持外贸发展的新举措等，政策红利步步扩围、次次加力，助企纾困，推动我国经济恢复向好。为深入开展学习贯彻习近平新时代中国特色社会主义思想主题教育，全面贯彻党的二十大精神，认真落实中办、国办印发的《关于进一步深化税收征管改革的意

见》和《关于进一步加强财会监督工作的意见》，持续深化拓展税收共治格局，促进涉税专业服务规范发展，助力优化税收营商环境，根据《税收征收管理法》及其实施细则和《涉税专业服务监管办法(试行)》，国家税务总局制定了《涉税专业服务基本准则(试行)》和《涉税专业服务职业道德守则(试行)》，并于 2023 年 9 月 5 日予以发布，2023 年 10 月 1 日起施行。

财税政策性文件对于财税法的实施有支撑作用。这些文件的发布主体包括但不限于中共中央、国务院、财政部，或者是多个机关联合发布。本报告将这些具有约束力的财税政策性文件都视为财税法的法律渊源，依照税种对 2023 年相关立法进行列举(表 7)。

表 7　依税种分类的财税立法及政策

序号	法律法规名称	制定部门	颁布时间	类型
增值税				
1	关于明确增值税小规模纳税人减免增值税等政策的公告	财政部、税务总局	2023-1-9	公告
2	国家税务总局关于发布出口退税率文库 2023A 版的通知	税务总局	2023-2-13	通知
3	关于增加海南离岛免税购物"担保即提"和"即购即提"提货方式的公告	海关总署、财政部、税务总局	2023-3-18	公告
4	关于调整铁路和航空运输企业汇总缴纳增值税分支机构名单的通知	财政部、税务总局	2023-4-7	通知
5	关于 2023 年中国进出口商品交易会展期内销售的进口展品税收优惠政策的通知	财政部、海关总署、税务总局	2023-4-15	通知
6	关于集成电路企业增值税加计抵减政策的通知	财政部、税务总局	2023-4-20	公告
7	关于发布第二批适用杭州 2022 年亚运会和亚残运会赞助服务免征增值税政策企业名单的公告	财政部、税务总局	2023-7-30	公告

续表

序号	法律法规名称	制定部门	颁布时间	类型
8	关于金融机构小微企业贷款利息收入免征增值税政策的公告	财政部、税务总局	2023-8-1	公告
9	关于延续执行农户、小微企业和个体工商户融资担保增值税政策的公告	财政部、税务总局	2023-8-1	公告
10	关于增值税小规模纳税人减免增值税政策的公告	财政部、税务总局	2023-8-1	公告
11	关于支持货物期货市场对外开放有关增值税政策的公告	财政部、税务总局	2023-8-17	公告
12	关于研发机构采购设备增值税政策的公告	财政部、商务部、税务总局	2023-8-28	公告
13	关于先进制造业企业增值税加计抵减政策的公告	财政部、税务总局	2023-9-3	公告
14	关于延续实施边销茶增值税政策的公告	财政部、税务总局	2023-9-22	公告
15	关于延续实施宣传文化增值税优惠政策的公告	财政部、税务总局	2023-9-22	公告
16	关于延续实施支持文化企业发展增值税政策的公告	财政部、税务总局	2023-9-22	公告
17	关于延续免征国产抗艾滋病病毒药品增值税政策的公告	财政部、税务总局	2023-9-22	公告
18	关于延续实施二手车经销有关增值税政策的公告	财政部、税务总局	2023-9-22	公告
19	关于延续实施中国邮政储蓄银行三农金融事业部涉农贷款增值税政策的公告	财政部、税务总局	2023-9-26	公告
20	关于延续实施金融机构农户贷款利息收入免征增值税政策的公告	财政部、税务总局	2023-9-26	公告
21	关于延续实施医疗服务免征增值税等政策的公告	财政部、税务总局	2023-9-26	公告

序号	法律法规名称	制定部门	颁布时间	类型
22	关于 2023 年度享受增值税加计抵减政策的先进制造业企业名单制定工作有关事项的通知	工业和信息化部办公厅	2023-9-27	通知
23	关于更新中外合作油(气)田开采企业名单的通知	财政部税、务总局	2023-10-7	通知
24	关于修订《研发机构采购国产设备增值税退税管理办法》的公告	税务总局	2023-12-26	公告
25	关于继续实施银行业金融机构、金融资产管理公司不良债权以物抵债有关税收政策的公告	财政部、税务总局	2023-8-21	公告
消费税				
1	关于部分成品油消费税政策执行口径的公告	财政部、税务总局	2023-6-30	公告
2	关于继续对废矿物油再生油品免征消费税的公告	财政部、税务总局	2023-9-27	公告
企业所得税				
1	关于做好 2023 年享受税收优惠政策的集成电路企业或项目、软件企业清单制定工作有关要求的通知	国家发展改革委等部门	2023-3-17	通知
2	关于小微企业和个体工商户所得税优惠政策的公告	财政部、税务总局	2023-3-26	公告
3	关于进一步完善研发费用税前加计扣除政策的公告	财政部、税务总局	2023-3-26	公告
4	关于落实小型微利企业所得税优惠政策征管问题的公告	税务总局	2023-3-27	公告
5	关于《实施税收协定相关措施以防止税基侵蚀和利润转移的多边公约》适用中国与保加利亚等国双边税收协定的公告	税务总局	2023-5-31	公告

续表

序号	法律法规名称	制定部门	颁布时间	类型
6	关于优化预缴申报享受研发费用加计扣除政策有关事项的公告	财政部、税务总局	2023-6-21	公告
7	关于设备、器具扣除有关企业所得税政策的公告	财政部、税务总局	2023-8-18	公告
8	关于从事污染防治的第三方企业所得税政策问题的公告	财政部、税务总局、国家发展改革委、生态环境部	2023-8-24	公告
9	关于优化纳税服务 简并居民企业报告境外投资和所得信息有关报表的公告	税务总局	2023-9-7	公告
10	关于提高集成电路和工业母机企业研发费用加计扣除比例的公告	财政部、税务总局、国家发展改革委、工业和信息化部	2023-9-12	公告
11	关于延续实施支持农村金融发展企业所得税政策的公告	财政部、税务总局	2023-9-25	公告
12	关于生产和装配伤残人员专门用品企业免征企业所得税的公告	财政部、税务总局、民政部	2023-9-25	公告
13	关于铁路债券利息收入所得税政策的公告	财政部、税务总局	2023-9-25	公告
14	关于雄安新区公司型创业投资企业有关企业所得税试点政策的通知	财政部、国家税务总局、国家发展改革委、中国证监会	2023-10-31	通知
15	关于确认中国红十字会总会等群众团体2024年度—2026年度公益性捐赠税前扣除资格的公告	财政部、税务总局	2023-11-13	公告
个人所得税				
1	关于延续实施有关个人所得税优惠政策的公告	财政部、税务总局	2023-1-6	公告
2	关于办理2022年度个人所得税综合所得汇算清缴事项的公告	税务总局	2023-2-2	公告

序号	法律法规名称	制定部门	颁布时间	类型
3	关于小微企业和个体工商户所得税优惠政策的公告	财政部、税务总局	2023-3-6	公告
4	关于落实支持个体工商户发展个人所得税优惠政策有关事项的公告	税务总局	2023-3-26	公告
5	关于进一步落实支持个体工商户发展个人所得税优惠政策有关事项的公告	税务总局	2023-8-2	公告
6	关于延续实施上市公司股权激励有关个人所得税政策的公告	财政部、税务总局	2023-8-18	公告
7	关于继续实施创新企业境内发行存托凭证试点阶段有关税收政策的公告	财政部、税务总局、中国证监会	2023-8-21	公告
8	关于延续实施沪港、深港股票市场交易互联互通机制和内地与香港基金互认有关个人所得税政策的公告	财政部、税务总局、中国证监会	2023-8-21	公告
9	关于延续实施创业投资企业个人合伙人所得税政策的公告	财政部、税务总局、国家发展改革委、中国证监会	2023-8-21	公告
10	关于延续实施支持原油等货物期货市场对外开放个人所得税政策的公告	财政部、税务总局、中国证监会	2023-8-21	公告
11	关于延续实施支持居民换购住房有关个人所得税政策的公告	财政部、税务总局、住房城乡建设部	2023-8-18	公告
12	关于延续实施粤港澳大湾区个人所得税优惠政策的通知	财政部、税务总局	2023-8-18	通知
13	关于延续实施外籍个人有关津补贴个人所得税政策的公告	财政部、税务总局	2023-8-18	公告

续表

序号	法律法规名称	制定部门	颁布时间	类型
14	关于延续实施全年一次性奖金个人所得税政策的公告	财政部、税务总局	2023-8-18	公告
15	关于延续实施远洋船员个人所得税政策的公告	财政部、税务总局	2023-8-18	公告
16	关于延续实施个人所得税综合所得汇算清缴有关政策的公告	财政部、税务总局	2023-8-18	公告
17	关于提高个人所得税有关专项附加扣除标准的通知	国务院	2023-8-28	通知
18	关于贯彻执行提高个人所得税有关专项附加扣除标准政策的公告	税务总局	2023-8-30	公告
资源税				
1	关于延续对充填开采置换出来的煤炭减征资源税优惠政策的公告	财政部、税务总局	2023-8-21	公告
2	关于继续实施页岩气减征资源税优惠政策的公告	财政部、税务总局	2023-9-20	公告
城市维护建设税				
无				
房产税				
1	关于民用航空发动机和民用飞机税收政策的公告	财政部、税务总局	2023-8-18	公告
2	关于继续实施农产品批发市场和农贸市场房产税、城镇土地使用税优惠政策的公告	财政部、税务总局	2023-9-22	公告
3	关于继续实施高校学生公寓房产税、印花税政策的公告	财政部、税务总局	2023-9-22	公告
无				
印花税				
1	关于减半征收证券交易印花税的公告	财政部、税务总局	2023-8-27	公告

序号	法律法规名称	制定部门	颁布时间	类型
2	关于继续实施高校学生公寓房产税、印花税政策的公告	财政部、税务总局	2023-9-22	公告
城镇土地使用税				
1	关于继续实施物流企业大宗商品仓储设施用地城镇土地使用税优惠政策的公告	财政部、税务总局	2023-3-26	公告
2	关于民用航空发动机和民用飞机税收政策的公告	财政部、税务总局	2023-8-18	公告
3	关于继续实施对城市公交站场、道路客运站场、城市轨道交通系统减免城镇土地使用税优惠政策的公告	财政部、税务总局	2023-9-22	公告
4	关于继续实施农产品批发市场和农贸市场房产税、城镇土地使用税优惠政策的公告	财政部、税务总局	2023-9-22	公告
土地增值税				
1	关于继续实施企业改制重组有关土地增值税政策的公告	财政部、税务总局	2023-9-22	公告
车船税				
1	《享受车船税减免优惠的节约能源使用新能源汽车车型目录》(第五十七批)	工业和信息化部	2023-12-26	公告
车辆购置税				
1	关于发布《免征车辆购置税的设有固定装置的非运输专用作业车辆目录》(第八批)的公告	税务总局、工业和信息化部	2023-2-2	公告
2	关于发布《免征车辆购置税的设有固定装置的非运输专用作业车辆目录》(第九批)的公告	税务总局、工业和信息化部	2023-5-4	公告

续表

序号	法律法规名称	制定部门	颁布时间	类型
3	关于延续和优化新能源汽车车辆购置税减免政策的公告	财政部、税务总局、工业和信息化部	2023-6-19	公告
4	关于发布《免征车辆购置税的设有固定装置的非运输专用作业车辆目录》(第十批)的公告	税务总局、工业和信息化部	2023-8-15	公告
5	关于发布《免征车辆购置税的设有固定装置的非运输专用作业车辆目录》(第十一批)的公告	税务总局、工业和信息化部	2023-9-1	公告
6	关于发布《免征车辆购置税的设有固定装置的非运输专用作业车辆目录》(第十二批)的公告	税务总局、工业和信息化部	2023-11-20	公告
7	关于发布《免征车辆购置税的设有固定装置的非运输专用作业车辆目录》(第十三批)的公告	税务总局、工业和信息化部	2023-12-22	公告
8	关于继续对挂车减征车辆购置税的公告	财政部、税务总局、工业和信息化部	2023-9-22	公告
9	关于调整减免车辆购置税新能源汽车产品技术要求的公告	财政部、税务总局、工业和信息化部	2023-12-7	公告
烟叶税				
无				
耕地占用税				
无				
契税				
1	关于继续实施企业、事业单位改制重组有关契税政策的公告	财政部、税务总局	2023-9-22	公告
环境保护税				
无				

序号	法律法规名称	制定部门	颁布时间	类型
进出口税收				
1	关于跨境电子商务出口退运商品税收政策的公告	财政部、海关总署、税务总局	2023-1-30	公告
2	关于发布出口退税率文库 2023A 版的通知	税务总局	2023-2-13	通知
3	关于 2023 年中国进出口商品交易会展期内销售的进口展品税收优惠政策的通知	财政部、海关总署、税务总局	2023-4-15	通知
4	关于调整海南自由贸易港交通工具及游艇"零关税"政策的通知	财政部、海关总署、税务总局	2023-8-15	通知
5	关于延续执行中国国际服务贸易交易会展期内销售的进口展品税收政策的通知	财政部、海关总署、税务总局	2023-8-18	通知
6	关于延续实施跨境电子商务出口退运商品税收政策的公告	财政部、海关总署、税务总局	2023-8-22	公告
7	关于国家综合性消防救援队伍进口税收政策的通知	财政部、海关总署、税务总局	2023-10-23	通知
8	关于在有条件的自由贸易试验区和自由贸易港试点有关进口税收政策措施的公告	财政部、生态环境部、商务部、海关总署、税务总局	2023-12-27	公告

(二)财税法的实施状况和特点

财税法的执法是指有国家财政、税务机关、海关等国家机关及其公职人员和法律授权、委托的组织及其工作人员,依照法定程序贯彻实施财税法律、行政法规和其他法规以及政府部门规章等的法律活动。

本报告认为,注重连续性和精准性是 2023 年税费优惠政策的特点。2023 年减税降费政策切实降低企业和个人负担,落实特殊群体兜底保障工作,增强居民消费能力,提振企业发展信心,推动经济实现质的有效提升和量的合理增长。2023 年财税法执法情况主要包含以下特点:

1. 财政政策加力提效，有效支持高质量发展

本报告期内，全国各级财税部门面对国内外的复杂局面，为应对三年新冠疫情防控转段后经济恢复发展压力，扎实实施积极的财政政策，促进经济回升向好和高质量发展。运用预算法、税法制度，发挥财税法调控功能，促进全年财政支出较快增长，确保支出重点，保障经济发展稳中有进。根据财政部国库司公布的 2023 年财政收支统计数据：（1）全国一般公共预算收入 216784 亿元，同比增长 6.4%。主要税收项目中，消费税、企业所得税、个人所得税、印花税、资源税、城市土地使用税、耕地占用税、土地增值税、环境保护税报告期内税收收入均下降，地方一般公共预算本级收入 117218 亿元，同比增长 7.8%。（2）2023 年，全国一般公共预算支出 274574 亿元，同比增长 5.4%。教育、科学技术、文化旅游体育与传媒、社会保障和就业、节能环保、城乡社区、农林水、交通运输、债务付息支出均较 2022 年有所增加，仅卫生健康一项支出较 2022 年有所减少，地方一般公共预算支出 236355 亿元，同比增长 5.1%。

2. 继续优化完善减税降费政策，减轻小微企业税费负担

税收来源于经济，又反作用于经济。2023 年减税降费政策围绕助力实体经济、促进科技创新、扩大消费、推动稳外贸稳外资等方面精准发力，切实降低企业和个人负担，落实特殊群体兜底保障工作，增强居民消费能力，提振企业发展信心，推动经济实现质的有效提升和量的合理增长。全年全国新增减税降费及退税缓费的资金规模超过 2.2 万亿元。

在税收政策梳理上，财政部、国家税务总局联合发布《支持小微企业和个体工商户发展税费优惠政策指引（2.0）》，梳理收录了 2023 年以来国家延续、优化、完善的支持小微企业和个体工商户发展的 50 项税费优惠政策。2023 年，我国延续实施了多项小微企业和个体工商户十分关注的税费优惠政策。比如小规模纳税人增值税、小微企业所得税优惠，还有创投企业税收优惠等。同时，扩大享受减半征收个人所得税的个体工商户的范围，对小微企业和个体工商户统一减半征收"六税两费"，提高从事个体经营的高校毕业生等重点群体税费抵减限额等。

3. 进一步发挥专项债的政策效能，筑牢防范风险底线

2023 年安排地方政府专项债券规模 3.8 万亿元，优先支持成熟度比较高的项目和在建项目，2023 年专项债投资领域扩大到 11 个，专项债用作项目资本金范围也扩展至 15 个方面，同时加强专项债的发行和使用，有力推动了一批利当前惠长远的重大项目建设。在防范风险底线方面，一方面，推动制

定一揽子化债方案，抓实抓紧地方政府隐性债务的风险化解工作，化解存量、遏制增量。另一方面，加大对地方的转移支付力度，2023 年转移支付的规模达 10.29 万亿元。完善县级基本财力保障机制奖补资金政策，引导省级下沉财力，共同筑牢兜实基层"三保"底线。

2023 年 10 月 24 日第十四届全国人民代表大会常务委员会第六次会议通过《关于授权国务院提前下达部分新增地方政府债务限额的决定》(自 2023 年 10 月 24 日起施行)，授权国务院在授权期限内，在当年新增地方政府债务限额(包括一般债务限额和专项债务限额)的 60%以内，提前下达下一年度新增地方政府债务限额，这有利于加快地方政府债券发行使用进度，保障重点领域重大项目资金需求，发挥政府债券资金对稳投资、扩内需、补短板的重要作用。

(三)财税法的司法状况

与 2022 年度财税司法状况相比，2023 年度财税司法状况领域涉及涉税违法案件的数量较多。通过分析国家税务总局的税案通报，我们对 2023 年的财税法司法状况梳理如下：

1. 严厉打击虚开骗税违法犯罪，优化税收营商环境

2023 年，税务部门聚焦"假企业"虚开发票、"假出口"骗取退税、"假申报"骗取优惠等涉税违法犯罪行为，积极联合相关部门开展精准打击，查处一批违法企业，打掉一批犯罪团伙。在 2023 年国家税务局的税案通报中，既涉及骗取增值税留抵退税，又涉及骗取出口退税，既有虚开增值税专用发票案件，又有加油站偷税案件。如 2023 年 4 月，上海市税务局第四稽查局发现一公司通过个人账户收款隐匿销售收入、进行虚假申报等手段，减少销项税额，骗取留抵退税 246.42 万元、偷税 51.54 万元。2023 年 5 月，甘肃省兰州市税务局稽查局联合公安经侦部门依法查处一起向医药企业虚开增值税专用发票案件，抓获犯罪嫌疑人 12 人。经查，犯罪团伙控制某医疗科技有限责任公司，利用上游互联网平台企业虚构业务，向医药生产企业虚开品目为信息服务、市场推广费等增值税专用发票 3872 份，价税合计金额 3.53 亿元。

通过这些通报案例，可以看出税务部门既打击偷税、骗税的不法企业，又处罚未依法办理个人所得税综合所得汇算清缴的个人，充分体现了税务等部门对各类涉税违法犯罪行为"露头就打"、严惩不贷，以公正监管促公平竞争的态度。据统计，2023 年度累计查处骗取税费优惠违法案件 5042 起，检查涉嫌骗取出口退税的出口企业 2599 户，挽回出口退税损失约 166 亿元。

2. 依托税收大数据分析，常态化加强文娱行业税收监管

2023 年，税务机关聚焦重点行业和重点领域涉税违法风险开展专项整治，集中力量查处一批偷逃税大案要案，特别是加强了对文娱领域税收的监管，组织查处了一些演艺明星和网络主播偷逃税典型案件。如 2023 年 4 月，厦门市税务局稽查局通过精准分析，发现网络主播姚某在 2019 年至 2021 年期间从事直播取得收入，通过虚假申报手段偷逃个人所得税 236.3 万元，少缴其他税费 1.18 万元。厦门市税务局稽查局依法对姚某追缴税款、加收滞纳金并处罚款共计 545.8 万元。

对该等案件的持续曝光，一方面反映出文娱行业偷逃税问题存在一定的违法共性，对国家税收安全和市场秩序具有较大的负面影响；另一方面也说明我国对该行业及其从业人员的税收监管力度有增无减，并逐步转入常态化监管。而税务机关依托税收大数据分析，对存在涉税风险的，按照"提示提醒、督促整改、约谈警示、立案稽查、公开曝光"的"五步工作法"进行处置，有利于不断提升网络直播行业从业人员税法遵从度，促进行业长期规范健康发展。

3. 深化拓展多部门联合打击涉税违法犯罪工作机制

2023 年，最高人民法院和国家市场监督管理总局先后加入常态化联合打击涉税违法犯罪工作机制，机制成员单位由之前的"税务、公安、检察、海关、人民银行、外汇管理"六部门拓展至八部门，形成了从行政执法到刑事司法全链条、一体化打击涉税违法犯罪的工作新格局。多部门联合部署"利剑2023"专项行动，通过跨区域、跨部门数据共享、联合研判，精准打掉职业涉税犯罪团伙 127 个，抓获犯罪嫌疑人 1619 名。同时，不断深化多部门联合激励和惩戒机制，严格执行税收违法"黑名单"制度，全年公布重大税收违法失信案件 17324 起。

（四）推进 2024 年财税法实施的建议和展望

1. 进一步落实税收法定原则

截至 2023 年 12 月 31 日，我国现行有效的税收法律有《个人所得税法》《企业所得税法》《烟叶税法》《车辆购置税法》《耕地占用税法》《船舶吨税法》《资源税法》《环境保护税法》《税收征收管理法》《城市维护建设税法》《契税法》和《印花税法》等 12 部，2022 年 12 月，十三届全国人大常委会第三十八次会议对《增值税法（草案）》进行初次审议后，《增值税法（草案）》二次审议稿已于 2023 年 8 月 28 日提请十四届全国人大常委会审议，二审稿已于 9 月1 日公布，并向社会公开征求意见，后续须关注《增值税法实施细则》等配套

与过渡政策，完成营改增规定与《增值税法》的衔接。2024年比较重要而紧迫的项目应当是尽快完成增值税、消费税和关税的立法。其次，已经由全国人大或者其常委会制定法律的税种，税制需要进一步完善、税法需要修改的，也应当及时修改，如《企业所得税法》和《个人所得税法》。第三，除了各税种的实体法以外，税收程序法也需要完善，如《税收征收管理法》，且2023年新修订的《行政复议法》也使得税务行政复议规则修订在即。此外，应当积极研究制定税法总则，作为未来制定税法典的基础。对于立法条件尚不完全具备、需要继续研究论证的立法项目，如非税收入、政府债务、转移支付等财政税收制度，亦应加以规范。此外，根据2023年世界银行营商环境的评估标准，"税收指标"尤其关注税务争议解决的独立性和专业性问题。建议设立税务法院(或法庭)，实现税务行政案件的集中管辖，既是高标准优化法治化营商环境的重要制度安排，也是高效能维护税收法治化建设的有力保障举措。

2. 合理调整宏观税负

目前国内外各方面比较公认的宏观税负指标，是一个国家当年的政府收入占该国当年的国内生产总值的比重。中国的宏观税负如按相关公布的权威数据计算，近年来为25%左右。同时，应当将宏观税负与公债发行规模、政府提供公共服务的范围和质量等方面的情况一并考察。因此，减税降费并非权宜之计，继续减税降费也不是没有空间。首先，减税降费有利于促进经济的持续、稳定发展，经济的持续、稳定发展可以为政府带来越来越多的财源。第二，通过完善管理制度、加强征收工作、提高征收人员的素质、改善征收装备和技术等措施，可以进一步提高征纳工作的效率，降低征纳双方的成本和费用，减少偷漏税费，增加政府收入。第三，其他方面的财源，特别是得到政府多方面支持、资源丰厚、实力强大的国有企业，应当也可以为政府提供更多的收入。同时，应当继续完善政府支出管理，勤俭节约，提高效率，降低成本，减少损失和浪费，严惩贪污和腐败，这方面的潜力也是很大的。

3. 优化税制结构

在税种设置方面，应当权衡拟通过税制改革达到的各种目标(如促进经济发展、调节收入分配、增加税收收入和改善税收管理等)，统筹考虑各税种的地位、作用和税种之间的关系，在合理设置税种的前提下实现税制的简化，如房产税和城镇土地使用税等税费可以合并为房地产税，社会保险费可以改为社会保险税。在商品税、所得税和财产税收入的比重方面，随着中国经济发展水平、经济效益、税收管理和社会管理水平的提高，生产资料所有制结构和收入分配结构的变化,应当继续逐步提高所得税、财产税收入在税收总额中所占的比重,降低商品税收入在税收总额中所占的比重。在中央税、地方税和中央与地方共享税收入的关系方面,可以逐步适当提高中央税、地方税收入占全国税收的比重,降低中央与地方共享税收入占全国税收的比重。

4.进一步完善主体税种

目前中国税制的主体税种是增值税、消费税、企业所得税和个人所得税。在增值税方面,一般纳税人的范围可以考虑逐步扩大,目前的四档税率可以简并为基本税率、低税率和零税率三档,税率水平可以逐步适当降低。在消费税方面,可以根据调节消费的需要适当调整征税范围和税率,某些税目可以下放地方,并根据征收管理能力逐步将一些目前在生产、进口环节征税的消费品改为在零售环节征税。在企业所得税方面,可以适当整合现行的各种优惠规定,以利于增强透明度、方便操作和提高效率,25%的基本税率应当逐步适当降低。在个人所得税方面,可以允许纳税人自行选择本人申报、夫妇联合申报和家庭申报等申报纳税方式,扩大综合所得的征税范围,完善税前扣除制度,45%的法定最高税率应当逐步适当降低。

三、2023年金融调控法的实施和对2024年的展望

金融调控法,是指调整金融宏观调控关系的法律规范系统,是我国金融法体系的主要组成部分,是国家运用货币政策进行宏观经济调控的主要法律手段。金融调控法形式意义上,是指国家制定的调整金融宏观调控关系的法律、法规等文本的总称,主要包括:(1)金融基本法律,如《中国人民银行法》,它是为保证货币政策的实现、防范和化解系统性金融风险、维护金融稳定,而由全国人民代表大会通过的金融领域中的基本法律;(2)金融单行法律,在为执行货币政策,在商业银行业、保险业和证券、外汇等某一类金融领域内由全国人大常委会制定的单行金融法律,如《银行业监督管理法》《商业银行法》《保险法》《证券法》《信托法》《证券投资基金法》等;(3)国务院制定的金融行政法规,如《外汇管理条例》《存款保险条例》等;(4)金融部门规章,由中国人民银行或中国银保监会、中国证监会单独制定或者它们之间联合以及它们和其他具有行政管理职能的中央政府部门联合制定,如《金融机构大额交易和可疑交易报告管理办法》等;(5)地方性金融法规,由各省、自治区、直辖市以及省级人民政府所在地的市和国务院批准的较大的市的人民代表大会及其常务委员会制定,如《湖北省地方金融条例》《温州市民间融资

管理条例》等；(6)最高人民法院发出的金融司法解释，如《关于执行担保若干问题的规定》等。

本报告将对 2023 年金融调控法的实施情况进行分析总结，并在此基础上对 2024 年金融调控法的法治实施提出建议和展望。

(一)金融调控法的立法状况

本报告期内，我国颁布或修订的重要的金融法律、行政法规制度主要有：

2023 年 2 月 17 日，中国证监会发布《首次公开发行股票注册管理办法》，全面实行股票发行注册制度。注册制改革的本质是把选择权交给市场，强化市场约束和法治约束，旨在打造一个规范、透明、开放、有活力、有韧劲的资本市场，健全资本市场功能，提高直接融资比重，更好地促进经济高质量发展。

2023 年 7 月 3 日，国务院公布《私募投资基金监督管理条例》，规范私募投资基金业务活动，保护投资者以及相关当事人的合法权益，促进私募基金行业规范健康发展。

2023 年 10 月 26 日，国家金融监管总局公布《商业银行资本管理办法》，构建差异化资本监管体系，使资本监管与银行规模和业务复杂程度相匹配，降低中小银行合规成本，引导银行优化资产结构，加大服务实体经济力度。

2023 年 11 月 24 日，国务院常务会议审议通过《非银行支付机构监督管理条例》，引导支付机构牢固树立"支付为民"理念，坚守小额、便民宗旨，专注主业、提升服务，更好满足用户支付结算需求，为助力实体经济发展和民生改善作出积极贡献。

2023 年 11 月 24 日，国家金融监管总局修订并发布《信托公司监管评级与分级分类监管暂行办法》，进一步完善信托公司监管评级规则，提升分级分类监管的针对性和有效性，加强信托公司差异化监管，以加快推进信托行业转型发展，持续提升服务实体经济质效。

表 8　2023 年新制定或修改的金融法律、行政法规、部门规章

序号	法律法规名称	制定部门	颁布时间	类型
1	《银行保险监管统计管理办法》	中国银保监会	2023-1-10	制定
2	《企业中长期外债审核登记管理办法》	国家发展改革委	2023-1-10	制定

续表

序号	法律法规名称	制定部门	颁布时间	类型
3	《证券经纪业务管理办法》	中国证监会	2023-1-13	制定
4	《证券期货经营机构私募资产管理业务管理办法》	中国证监会	2023-1-13	制定
5	《证券期货业网络和信息安全管理办法》	中国证监会	2023-1-17	制定
6	《金融控股公司关联交易管理办法》	中国人民银行	2023-2-1	制定
7	《商业银行金融资产风险分类办法》	中国银保监会、中国人民银行	2023-2-11	制定
8	《首次公开发行股票注册管理办法》	中国证监会	2023-2-17	制定
9	《上市公司证券发行注册管理办法》	中国证监会	2023-2-17	制定
10	《北京证券交易所上市公司证券发行注册管理办法》	中国证监会	2023-2-17	制定
11	《非上市公众公司监督管理办法》	中国证监会	2023-2-17	制定
12	《境内企业境外发行证券和上市管理试行办法》	中国证监会	2023-2-17	制定
13	《北京证券交易所向不特定合格投资者公开发行股票注册管理办法》	中国证监会	2023-2-17	制定
14	《境外上市备案管理制度配套保密和档案管理规则》	中国证监会	2023-2-24	制定
15	《期货交易所管理办法》	中国证监会	2023-3-8	制定
16	《汽车金融公司管理办法》	国家金融监管总局	2023-6-20	制定
17	《私募投资基金监督管理条例》	国务院	2023-7-3	制定
18	《证券公司风险处置条例》(2023修订)	国务院	2023-7-20	修订
19	《律师事务所从事证券法律业务管理办法》	中国证监会	2023-7-28	制定
20	《上市公司独立董事管理办法》	中国证监会	2023-8-1	制定
21	《关于推进普惠金融高质发展的实施意见》	国务院	2023-9-25	制定

续表

序号	法律法规名称	制定部门	颁布时间	类型
22	《关于优化融券交易和转融通证券出借交易相关安排的通知》	沪深北交易所	2023-10-14	制定
23	《非银行金融机构行政许可事项实施办法》	国家金融监管总局	2023-10-17	制定
24	《系统重要性保险公司评估办法》	中国人民银行、国家金融监管总局	2023-10-20	制定
25	《商业银行资本管理办法》	国家金融监管总局	2023-10-26	制定
26	《证券公司风险控制指标计算标准规定(修订稿)》	中国证监会	2023-11-3	修订
27	《信托公司监管评级与分级分类监管暂行办法》	国家金融监管总局	2023-11-16	制定
28	《衍生品交易监督管理办法(二次征求意见稿)》	中国证监会	2023-11-17	制定
29	《关于提升银行办理资本项目业务数字化服务水平的通知》	中国人民银行、国家外汇管理局	2023-11-17	制定
30	《非银行支付机构监督管理条例》	国务院	2023-11-24	制定
31	《关于强化金融支持举措 助力民营经济发展壮大的通知》	中国人民银行、国家金融监管总局、中国证监会、国家外汇局、国家发展改革委、工业和信息化部、财政部、全国工商联	2023-11-27	制定
32	《中国禁止出口限制出口技术目录》	商务部、科技部	2023-12-21	制定
33	《银行保险机构操作风险管理办法》	国家金融监管总局	2023-12-27	制定

　　在推进金融重点领域和新兴领域立法的同时，考虑到金融法律法规之间的整合、补充与协调，一批不符合当前实际情况的金融法律法规得以清理，或废止，或修改。2023 年以来，中国人民银行累计废止和修改有关规章规范性文件 73 件；推进《反洗钱法》提请全国人大常委会审议，推动《中国人民银

行法》《反洗钱法》《商业银行法》《保险法》列入第十四届全国人大常委会立法规划；加强立法工作协调，会同有关部门推动《保险法》《信托法》《外汇管理条例》等多部重要金融法律法规修订工作取得积极进展。与此，大量配套的规范性文件及时发布。例如，具有里程碑意义的《私募投资基金监督管理条例》历经近十年反复研究论证得以出台后，中国证券投资基金业协会陆续发布《私募投资基金登记备案办法》《私募基金管理人登记指引》《私募基金登记备案动态》等自律规则文件，为市场机构在实务中提供了更明确、透明、高效的业务指南，回应了市场关切、传递了监管及自律要求、强化了投资者保护水平。

特别指出的是，为进一步促进银行业金融机构提升信贷管理能力和金融服务效率，支持金融服务实体经济，中国银保监会 2023 年 1 月 8 日发布《中国银保监会关于"三个办法一个规定"公开征求意见的公告》，对《固定资产贷款管理暂行办法》《流动资金贷款管理暂行办法》《个人贷款管理暂行办法》和《项目融资业务指引》（即"三办法一指引"）进行修订，形成《固定资产贷款管理办法（征求意见稿）》《流动资金贷款管理办法（征求意见稿）》《个人贷款管理办法（征求意见稿）》和《项目融资业务管理规定（征求意见稿）》（即"三个办法一个规定"），向社会公开征求意见。这是 2009 年 7 月首度发布以来，被中国银行业十余年奉为圭臬的"三办法一指引"的首次更新，不仅将《项目融资业务指引》的名称更改为《项目融资业务管理规定》，更是针对固定资产贷款、流动资金借款和个人借款的调查、授信、支付、还款等多方面进行了细化、明确、调整，不仅与其他监管硬性规定相互呼应，也对商业银行的合规管理提出了更高要求，还特别针对小微企业贷款设置了简化调查等便利性措施。

（二）金融调控法的实施状况和特点

回首 2023 年，我国金融系统坚决贯彻落实党中央、国务院决策部署，精准有力实施稳健的货币政策，进一步加大对实体经济的支持力度，加强和完善现代金融监管，有效防控金融风险，稳步推进金融改革，持续深化对外开放，切实改进金融服务，金融行业整体稳健，金融市场平稳运行，金融风险总体可控，金融工作取得新进展，结构性货币政策工具"有进有退"与"先立后破"相互呼应，在科技金融、绿色金融、普惠金融、养老金融、数字金融等多个领域走在世界金融界的前列。

1.充分发挥货币政策支持宏观经济稳定运行的作用

2023 年以来，中国人民银行精准有力实施稳健货币政策，加强逆周期调节，为经济回升向好创造适宜的货币金融环境。

首先，央行两次降低金融机构存款准备金率。央行分别于 3 月、9 月实施两次降准共计 0.5 个百分点，释放长期流动性超过 1 万亿元。其次，央行综合运用再贷款、再贴现、中期借贷便利（MLF）、公开市场操作等多种方式，保持流动性合理充裕。发挥结构性货币政策工具作用，引导金融机构加大对科技创新、绿色发展、普惠小微等领域的支持力度；2023 年 6 月和 8 月，两次下调公开市场 7 天期逆回购利率和中期借贷便利（MLF）利率，年末分别为 1.8% 和 2.5%，较上年末下降 20 个基点和 25 个基点，带动 1 年期、5 年期以上贷款市场报价利率（LPR）分别累计下降 20 个、10 个基点。持续加大支农支小再贷款、再贴现支持力度。将普惠小微贷款支持工具实施期限从 2023 年 6 月末延至 2024 年末，将激励资金支持比例由余额增量的 2% 调整至 1%。累计为地方法人金融机构提供激励资金 526 亿元，支持其增加普惠小微贷款共计 28680 亿元。

2023 年货币政策积极支持房地产市场平稳健康发展。2023 年 8 月 31 日，中国人民银行会同国家金融监督管理总局发布《关于降低存量首套住房贷款利率有关事项的通知》，按照市场化、法治化原则推动降低存量首套房贷利率，借款人可与金融机构协商降低存量首套房贷利率水平，最低可降至贷款发放时所在城市首套房贷利率政策下限。超过 23 万亿元存量房贷利率完成下调，平均下调 0.73 个百分点，惠及 5000 多万户家庭、1.6 亿人，每年节省利息支出约 1700 亿元。同日，中国人民银行会同国家金融监督管理总局发布《关于调整优化差别化住房信贷政策的通知》，降低二套房贷利率政策下限至 LPR 加 20 个基点。持续发挥新发放首套房贷利率政策动态调整机制作用，引导新发放房贷利率下行。截至 2023 年 9 月末，全国 343 个城市（地级及以上）中 95 个下调首套房贷利率下限，24 个取消下限。2023 年 1—11 月，新发放个人住房贷款利率为 4.1%，同比下降 0.8 个百分点。另外，创设房地产纾困专项再贷款，支持全国性金融资产管理公司并购受困房地产企业存量房地产项目；创设 1000 亿元租赁住房贷款支持计划，支持试点城市专业化住房租赁经营主体市场化批量收购存量住房、扩大租赁住房供给；延续实施 2000 亿元保交楼贷款支持计划至 2024 年 5 月，延续实施租赁住房贷款支持计划期限至 2024 年末；新增抵押补充贷款额度 5000 亿元，为政策性开发性银行发放"三大工程"建设项目贷款提供中长期低成本资金支持。

2023 年货币政策保持人民币汇率在合理均衡水平上的基本稳定。2023 年 7 月，将企业和金融机构的跨境融资宏观审慎调节参数从 1.25 上调至1.5，增加企业和金融机构跨境资金来源。2023年9月，召开全国外汇市场自律机制专题会议，强调人民币汇率在合理均衡水平上保持基本稳定具有坚实基础，同月，下调金融机构外汇存款准备金率2个百分点，由6%下调至4%。人民币汇率在合理均衡水平上保持了基本稳定，在主要非美元货币中保持稳健，有效发挥了货币政策调节宏观经济和国际收支自动稳定器的作用。

2.金融支持实体经济力度持续加大

（1）助力民营和小微企业高质量发展

一是强化金融支持民营企业的政策引导。2023年8月3日、8月30日分别召开金融支持民营企业发展座谈会和工作推进会，深入了解金融支持民营企业情况，研究提出金融支持举措。2023年11月27日，中国人民银行、国家金融监管总局、中国证监会等八部门联合发布《关于强化金融支持举措助力民营经济发展壮大的通知》，提出支持民营经济的25条具体举措。该25条具体举措对于民营企业融资难问题作出了细致政策安排，包括进一步完善适应民营企业发展需要的多元化融资模式，着力畅通信贷、债券、股权等融资渠道，为民营企业融资创造更多便利条件。二是拓宽民营、小微企业融资渠道。对民营企业债券融资支持工具（"第二支箭"）延期扩容，累计为140家民营企业发行的2438亿元债券提供增信支持。鼓励商业银行发行小微企业专项金融债券，2023年共发行2637亿元。规范发展供应链金融业务，2023年1月至11月中征应收账款融资服务平台累计促成中小微企业融资6.5万笔、1.98万亿元。三是持续提升中小微企业金融服务能力。深入开展中小微企业金融服务能力提升工程，引导金融机构完善内部资金转移定价、尽职免责、绩效考核等政策安排。目前，全国性商业银行小微业务内部资金转移定价优惠均不低于50BP、普惠金融在分支行综合绩效考核中的权重均不低于10%。四是加大中小微外贸企业进出口信贷支持力度。鼓励银行和保险机构扩大保单融资增信合作，加大对中小微外贸企业的融资增信支持力度；鼓励国有大型金融机构加大资源倾斜，积极满足中小微企业外贸融资需求；鼓励政府性融资担保机构为符合条件的小微外贸企业提供融资增信支持。

（2）支持全面推进乡村振兴

一是健全金融支持乡村振兴政策体系。2023年6月中国人民银行牵头印发《关于金融支持全面推进乡村振兴 加快建设农业强国的指导意见》，聚焦做好粮食和重要农产品稳产保供金融服务、强化巩固拓展脱贫攻坚成果金融支持等九大方面,引导更多金融资源配置到乡村振兴重点领域和薄弱环节。截至 2023 年 11 月末,全国涉农贷款余额 56.22 万亿元,同比增长15.1%。二是提升乡村振兴金融服务质效。在创新产品服务方面,积极引导金融机构丰富金融产品与服务,助力农村一二三产业融合发展;加大脱贫人口小额信贷、创业担保贷款、国家助学贷款等政策支持力度。截至 2023 年三季度末,全国脱贫人口贷款余额 1.14 万亿元,同比增长 12.2%;创业担保贷款余额 2965 亿元,同比增长 10.1%;国家助学贷款余额 1651 亿元,同比增长 23.6%。在拓宽涉农企业融资渠道方面,一方面为企业发行乡村振兴票据设置绿色通道,支持涉农企业融资,截至 2023 年 11 月末,已累计支持 28 个省(自治区、直辖市)156 家企业发行乡村票据 252 期,发行金额 1982.57 亿元。另一方面,用好"三农"、小微专项金融债券,拓宽金融机构可贷资金来源。截至 2023 年 12 月末,"三农"专项金融债券累计发行 1481.5 亿元。

(3)持续推动绿色发展

一是加强信贷政策指引,引导更多信贷资金支持绿色发展。截至2023 年三季度末,我国金融机构绿色贷款余额 28.6 万亿元,同比增长36.8%。二是推动绿色债券市场稳健发展。发布绿色债券原则、绿色债券存续期信息披露指南,推动国内绿债标准进一步统一。创新碳中和债券、可持续发展挂钩债券等,加大直接融资对绿色发展的支持力度。截至 2023 年末,我国境内贴标绿色债券累计发行规模超 3.4 万亿元,存续规模 1.9 万亿元,同比增长 31.8%。

(4)大力支持科技创新和先进制造业

一是加强科技型企业债券融资辅导,开辟发债绿色通道,支持扩大科创票据发行。2023 年 1 至 11 月,累计发行科创票据 3600 亿元,是 2022 年发行量的 2 倍。二是积极发挥科技创新再贷款激励引导作用,推动银行设立服务科技创新的专营组织架构、专门风控制度、专业产品体系、专项考核机制,持续提升服务能力,加强对科技型企业的信贷支持。截至 2023 年 10 月末,"专精特新"企业、科技型中小企业、高新技术企业贷款分别同比增长17.7%、22.1%和 15.7%,明显高于同期各项贷款增速。制造业中长期贷款余额 12.2 万亿元,连续 3 年保持 30%左右的较高增速。三是加强科技型企业债券融资辅导,为"专精特新"小巨人、制造业单项冠军等企业发债开辟注册发行绿色通道,支持扩大科创票据发行。

(5)持续加大养老金融支持力度

一是指导银行用好普惠养老专项再贷款,强化养老服务金融支持力度。

截至 2023 年三季度末，累计支持银行业金融机构向河北等 5 个试点省份 66 家普惠养老服务机构提供优惠利率贷款。二是加强信贷政策指引，促进养老产业信贷投放。截至 2023 年三季度末，国家开发银行、农业发展银行和工商银行、农业银行、中国银行、建设银行、交通银行 7 家大行养老产业贷款余额约 1012 亿元，同比增长 31%。三是鼓励开展金融适老化服务升级，提升养老金融普惠性。推动银行网点和移动客户端进行亲老适老化改造。

（6）充分发挥金融支持交通物流发展作用

一是发挥交通物流专项再贷款引导作用。2023 年度，累计撬动银行业金融机构发放交通物流贷款超过 1600 亿元，直接支持经营主体超过 8 万户。二是促进优化交通物流领域金融服务。2023 年 2 月，中国人民银行联合交通运输部、原银保监会印发《关于进一步做好交通物流领域金融支持与服务的通知》，引导金融机构通过完善内部激励、加大资源倾斜、创新金融产品等方式积极优化涉企金融服务。

3. 重点领域金融风险稳妥化解

防范化解金融风险是维护金融安全的重要组成部分。近年来，按照党中央、国务院确立的"稳定大局、统筹协调、分类施策、精准拆弹"的基本方针，人民银行会同有关部门，采取一系列有效措施防范和化解金融风险取得重要成果，维护了金融稳定安全发展大局，守住了不发生系统性金融风险的底线。

一是有序处置高风险企业集团和高风险金融机构。按照市场化、法治化原则推进"明天系"、海航集团、方正集团等重点企业集团风险处置收尾工作。支持配合少数高风险机构相对集中的省份和相关部门制定实施高风险中小金融机构改革化险方案，推动多渠道补充资本。遵循分类指导、"一省一策"原则，加快农村信用社改革。稳步推进村镇银行改革重组和风险化解。探索开展硬约束早期纠正试点工作，推动增量高风险银行"限期整改"，防止风险淤积。二是持续清理整顿金融秩序。持续推动资管业务转型和个案整改，巩固影子银行风险治理成果。推动金融监管部门稳妥处置金交所、"伪金交所"风险，规范第三方财富管理公司，推动跨境互联网券商非法金融业务整改。三是加强金融稳定制度建设。首先，《中华人民共和国金融稳定法（草案）》经全国人大常委会审议并公开征求意见。设立金融稳定保障基金，基础框架已经初步建立，已有一定资金积累。其次，建立完善包含金融稳定指数、金融稳定监测评估指标体系和金融稳定问卷调查的金融稳定监测评估体系。再者，健全央行金融机构评级、银行风险监测预警、银行资产质量现场评估、压力测试等监测评估框架，对风险早识别、早预警、早暴露、早处置。最后，充分发挥存款保险防范挤兑、差别费率、早期纠正、风险处置等核心功能。四是以金融支持地方债务风险化解。2023 年 8 月 18 日，中国人民银行、国家金融监管总局、中国证监会联合召开电视会议，认真贯彻落实党中央、国务院关于防范化解重点领域风险的精神，统筹协调金融支持地方债务风险化解工作，丰富防范化解债务风险的工具和手段，强化风险监测、评估和防控机制，推动重点地区风险处置，牢牢守住不发生系统性风险的底线。严肃财经纪律，推动地方政府和融资平台通过盘活或出售资产等方式，筹措资源偿还债务。对于债务负担相对较重的地区，严格控制新增政府投资项目。引导金融机构按照市场化、法治化原则，与融资平台平等协商，通过展期、借新还旧、置换等方式，分类施策化解存量债务风险、严控增量债务，并建立常态化的融资平台金融债务监测机制。必要时，中国人民银行还将对债务负担相对较重地区提供应急流动性贷款支持。支持地方政府通过并购重组、注入资产等方式，逐步剥离融资平台政府融资功能，转型成为不依赖政府信用、财务自主可持续的市场化企业。

4.金融改革开放进一步深化

一是持续完善宏观审慎管理体系。首先，进一步健全宏观审慎政策框架。持续完善系统性金融风险监测框架，聚焦当前宏观经济金融形势下系统性金融风险的边际变化。开展宏观审慎压力测试，进一步优化测试机制，提高系统性风险识别能力。强化跨境资本流动等重点领域宏观审慎管理。其次，完善系统重要性金融机构监管框架。2023 年我国更新了 20 家系统重要性银行名单。做实系统重要性银行附加监管，督促系统重要性银行按时满足附加资本和杠杆率要求，组织制定恢复和处置计划。2023 年 10 月 20 日，中国人民银行会同国家金融监管总局制定了《系统重要性保险公司评估办法》，推动系统重要性金融机构监管拓展至非银行领域。二是积极推进金融业深化改革。首先，稳步开展科创金融改革试点工作，2023 年 5 月中国人民银行在北京中关村国家自主创新示范区牵头设立科创金融改革试验区。自此，全国形成了山东济南、长三角五市、北京中关村科创金融改革试验区的新格局，旨在打造科创金融专项服务模式，探索投贷联动业务；推动科创金融支持机制建设，对科创贷款进行风险补偿；丰富科创金融产品，促进知识产权融资；便利科创企业并购贷款和跨境融资。其次，持续推进普惠金融改革试点工作。2023 年，浙江宁波、福建龙岩、江西赣州等六省九地普惠金融改革试验区探索开展农村生产要素流转融资，拓宽"三农"、小微领域抵质押物范围；搭建数字普惠金融综合服务平台，解决信息不对称问题；建立健全风险分担与补偿机制，探索普惠金融可持续发展模式；促进普惠金融与绿色金融、转型金融融合发展。再者，高质量推进绿色金融改革创新试验区建设。试验区先行先试绿色金融标准，浙江、重庆等地研究推出符合区域经济发展需求的地方性转型金融标准，辖内金融机构积极开展碳核算和环境信息披露。截至2023年三季度末，试验区（含已结项）绿色贷款余额接近2.3万亿元，占全部贷款的14.96%。绿色债券余额约3600亿元，同比增长29.55%，对区域低碳转型支持力度不断提升。最后，不断加大金融支持粤港澳大湾区建设力度。2023年2月中国人民银行牵头印发《关于金融支持横琴粤澳深度合作区建设的意见》和《关于金融支持前海深港现代服务业合作区全面深化改革开放的意见》，分别提出三十条金融改革创新举措，涵盖民生金融、金融市场互联互通、现代金融产业发展、促进跨境贸易和投融资便利化、加强金融监管合作等方面。三是坚持互利共赢，进一步深化金融业对外开放。首先，债券市场制度型开放稳步扩大。我国积极响应市场合理诉求，推出便利投资的一揽子措施，如提供一篮子债券交易功能、优化"北向通"结算失败报备流程、新增在华外资机构作为"北向通"做市商等。截至2023年11月末，已有1115家境外机构进入中国债券市场，持债规模3.54万亿元。截至2023年11月末，境外机构已连续10个月净买入我国债券，2023年前11个月累计净买入量超过1.3万亿元。另外，2023年5月内地与香港利率互换市场互联互通合作（"互换通"）正式上线。"互换通"境内外投资者可经由内地与香港金融市场基础设施机构在交易、清算、结算等方面互联互通的机制安排，在不改变交易习惯、有效遵从两地市场法律法规的前提下，便捷地完成人民币利率互换交易和集中清算。截至2023年12月末，共有境内报价商20家，境外投资者51家，累计成交2000多笔，名义本金超9000亿元。四是不断提升跨境人民币业务服务实体经济能力。2023年1—11月，我国银行代客人民币跨境收付金额为48万亿元，同比增长24%。其中，货物贸易人民币跨境收付金额占同期本外币跨境收付金额比重为25%，同比提高7个百分点，为近年来最高水平。五是扎实推进双边货币合作。优化人民币清算行海外布局，在巴西、柬埔寨、塞尔维亚新设清算行，完善支撑全球人民币清算网络的重要节点。积极推动人民币在周边国家和地区使用。进一步优化与印尼央行的本币结算（LCS）合作机制。

5. 金融服务和管理水平持续提升

2023年度，国家金融服务和管理水平持续提升。从金融领域法治体系建设方面来看，中国人民银行积极配合全国人大常委会法工委推进金融稳定法审议进程。《中国人民银行法》《商业银行法》《反洗钱法》《保险法》《地方金融监督管理条例》等立法修法加快推进，《非银行支付机构监督管理条例》出台，金融领域法治体系建设取得积极进展。

从金融研究和参事建言献策方面来看，2023 年度重点开展金融支持绿色低碳发展相关问题研究，持续开展通货膨胀、科技金融、普惠金融、养老金融、自贸区金融等重点问题研究，加强对人工智能在金融业应用、数字货币和数字金融、混合融资等热点问题研究，完善参事制度，推动新时期参事工作高质量发展。

从金融统计监测效能方面来看，央行不断加强统计管理体系建设，持续抓好金融统计数据生产，做好数据信息发布和解读工作；完善金融统计标准体系，编写《金融业综合统计指标释义》，推进金融业综合统计在应用指标层面统一标准；重要基础数据统计落地实施，大数据统计覆盖面进一步扩大，持续做好分行业投向、小微企业、普惠、绿色等贷款专项统计，加强系统重要性银行和金融控股公司统计监测，有效支持宏观审慎管理；稳步推进地方金融组织统计，数据质量不断提升。围绕服务实体经济、防范金融风险和深化金融改革三大任务，高效开展大数据融合应用，应用场景不断丰富，数据共享扩面、提质、增效，金融业综合统计监测迈向纵深领域，国家金融基础数据库融合应用迈上新台阶。

从支付服务实体经济方面来看，国务院推动出台了《非银行支付机构监督管理条例》，不断提升境外来华人员支付体验，推进涉诈涉赌"资金链"精准治理，多维度提升央行账户和会计核算服务水平。

从科技水平提升方面来看，新一代业务网迁移推广顺利完成，稳妥推进应用整合和系统上云工作，科技支撑央行履职更加有力。商用密码应用取得阶段性成果，持续开展网络安全和数据安全压力测试，《中国人民银行业务领域数据安全管理办法》公开征求意见，网络安全和数据安全保障能力进一步加强。深化实施金融数字化转型提升工程，与香港金管局、澳门金管局签署《关于在粤港澳大湾区深化金融科技创新监管合作的谅解备忘录》，顺利完成 7 部门 9 省市金融科技赋能乡村振兴示范工程，金融科技应用与管理持续深化。发布国家标准 18 项，行业标准 35 项，涵盖绿色金融、金融产品与服务、数字化转型、普惠金融、风险防控等。组织开展金融领域企业标准"领跑者""金融标准 为民利企"等活动，金融标准化水平不断提升。

从货币金银服务水平方面来看，2023 年上半年，央行根据全国各地现金使用需求，组织开展人民币产品印制生产、入库和发行基金调拨工作，做好全年现金供应保障。2023 年 10 月 25 日起，开展为期半年的拒收现金专项整治工作，持续查处拒收现金违法行为，按季对被行政处罚的法人单位进行公示曝光。

从国库高质量发展方面来看，甘肃临夏州积石山县地震发生后，国家金库甘肃省、青海省分库立即启动应急预案，开通国库资金汇划"绿色通道"，及时拨付救灾款项。另外，储蓄国债下乡取得积极进展，且 2023 年全国共有 206 家银行业金融机构已开展跨省异地电子缴税业务，较 2022 年增加 52 家，2023 年度还实现了海关退税业务全流程电子化办理。

从征信体系建设方面来看，2023 年度金融信用信息基础数据库稳健运行，截至 2023 年末，建成省级地方征信平台 31 家，合计连通数据源单位 2657 家，收录当地企业 1.44 亿户，接入金融机构 4741 家，地方征信平台建设稳步推进。持续开展金融信用信息基础数据库接入机构征信合规与信息安全监测和分级管理。2023 年，国家对 165 家接入机构罚款 3392.93 万元，对 144 名责任人罚款 365.84 万元，受理征信投诉逾 6 千件，办理征信异议 7.78 万笔，持续开展金融信用信息基础数据库接入机构征信合规与信息安全监测与分级管理。

从反洗钱工作的进展方面来看，2023 年制定"风险为本"反洗钱监管指引，对银行、证券、保险及支付业 35 家主要机构开展洗钱风险评估，对 300 余家法人金融机构开展反洗钱执法检查，对 12 家寿险公司、证券机构开展监管走访。2023 年 12 月 4 日至 8 日，在海南省三亚市成功承办欧亚反洗钱和反恐怖融资组织第 39 届全会。2023 年 10 月，金融行动特别工作组（FATF）全会通过了中国第四次强化后续报告，认为中国反洗钱工作取得积极进展，决定结束本轮评估，反洗钱国际评估工作取得积极成效。

6. 国际金融合作取得积极进展

一是积极推动大国双边金融交往。2023 年 9 月，为落实中美两国元首巴厘岛会晤重要共识，根据国务院副总理、中美经贸中方牵头人何立峰与美国财政部部长耶伦达成的共识，中美成立金融工作组，由中国人民银行和美国财政部分别担任牵头部门。金融工作组至今已召开两次会议，就宏观金融形势、金融稳定和监管及双方关切的具体议题进行深入沟通。2023 年 9 月，设立中欧金融工作组，多层次多渠道与欧盟财金团队保持沟通交流。另外，我国在 2023 年度，还积极推动与各国在宏观经济政策、金融业开放等领域的沟通交流和务实合作。二是金融助力共建"一带一路"。2023 年 10 月 17—

18日，第三届"一带一路"国际合作高峰论坛在北京举行，中方提出中国国家开发银行、中国进出口银行将分别设立3500亿元人民币融资窗口，丝路基金新增资金800亿元人民币，以市场化、商业化方式支持共建"一带一路"项目。另外，我国还积极落实"一带一路"绿色投资原则（GIP），加强发展中国家的可持续投资能力建设。三是深入参与全球治理和国际规则制定。利用G20、金砖国家、国际货币基金组织（IMF）、国际清算银行（BIS）、金融稳定理事会（FSB）等多边机制加强宏观政策协调，建设性参与国际规则制定。积极推动IMF第十六次份额总检查，争取提升新兴市场和发展中国家的话语权和代表性。推动10+3财金合作取得进展，维护区域金融稳定。在东亚及太平洋中央银行行长会议组织（EMEAP）下，推动加强本地区在金融科技和绿色金融领域沟通。继续牵头做好G20可持续金融工作，不断完善中欧《可持续金融共同分类目录》并推动落地实施，促进绿色金融发展。四是完善全球金融安全网。推进落实金砖国家应急储备安排本币出资，推动10+3各方就清迈倡议多边化本币出资流程达成一致。不断完善全球与区域金融安全网，发挥好人民币作为国际储备货币在危机救助中的作用。五是深入参与多边开发机构治理，加强多边务实合作。2023年3月17日至19日，中国人民银行副行长张青松出席美洲开发银行2023年年会，借助开发机构平台，进一步深化中非、中拉金融合作，积极开展联合融资，满足成员国项目融资需求，助力区域减贫和开发事业。另外，认真落实我国对非洲开发基金和加勒比特别发展基金捐资、向西非开发银行增资承诺，展现我国负责任大国形象。

（三）金融调控法的司法状况及特点

1. 健全金融审判体系，推进金融审判工作高质量发展

2023年，国家一方面坚持把专业化作为建设公正高效权威的金融审判体系的中心任务。继续推进专业化审判机构建设，有序推动金融案件相对集中地区的法院设立金融审判庭。继续优化金融案件集中管辖机制，在集中管辖金融民商事案件的基础上，有条件的法院积极探索金融刑事、民事、行政案件审判"三合一"。2023年3月20日，黑龙江省高级人民法院发布集中管辖公告，经最高人民法院批准，黑龙江省高级人民法院决定对哈尔滨市主城区金融民商事案件集中管辖。为推进金融司法协同工作，黑龙江省组建了省金融司法协同中心，进行实体化运行，对哈尔滨市主城区金融民商事案件一体协同、一体推进。此次集中管辖后，省高院、哈尔滨中院及哈尔滨市道外区、南岗区法院派驻的审判人员，在该中心集中对金融民商事案件进行诉讼立案、审理、执行一站式办理。同时，省检察院、省公安厅、省司法厅和省地方

金融监督管理局等 17 家单位也派员进驻该中心集中办公,发挥司法机关、金融监管机构和与行业协会的协同联动作用,共同化解金融民商事纠纷。2023 年 12 月 18 日,西部金融中央法务区揭牌仪式在重庆市渝中区、江北区、南岸区同步举行。西部金融中央法务区是重庆现有的西部金融法律服务中心、重庆中央法务区等区域性法务区统筹整合、迭代升级后的 2.0 版。西部金融中央法务区将深化成渝金融法院改革创新,培育全国性金融纠纷解决优选地,推进成渝金融法治协同创新。有效集聚金融与法治机构,金融审判、检察、侦查机构在金融核心区域常驻或设巡回办案站,引进一批国际国内一流商事金融仲裁机构、调解机构,支持境内外知名仲裁机构在西部金融中央法务区设立业务机构,设立消费金融纠纷调解中心和绿色金融法律服务中心。吸引法律服务机构以及金融数据处理、金融软件开发等金融服务机构入驻,支持法律科技、法律媒体、法律培训等法律服务新业态企业落户发展,构筑法律服务产业生态圈。吸引集团总部企业以及实体企业的投资决策、资金运营、财务结算等功能总部入驻,建设企业合规中心,降低法律服务成本和市场交易成本。建设与中国(西部)金融科技发展高地相匹配的金融法治高地。

另一方面,国家在 2023 年坚持把信息化作为建设公正高效权威的金融审判体系的重要驱动。充分运用好 10 年来智慧法院建设成果,大力推进金融案件在线立案、在线调解、在线审判、在线执行,加强和规范电子诉讼,推进跨层级无纸化办案。智慧法院坚持以人民为中心,以"如我在诉"的意识着力提升司法为民服务水平,深化完善以人民法院在线服务为核心的一站式多元解纷和诉讼服务体系建设,人民法院在线服务新增实名注册用户超过1620 万,日均访问量超过 1000 万次,智慧法院总用户量达到 1.01 亿,服务人民群众更加广泛。智慧法院坚持"能动司法",把非诉讼纠纷解决机制挺在前面,人民法院调解平台新增退役军人事务部、住建部调解组织入驻,"总对总"在线诉调对接部委机构达到 13 家,智慧法院总协同部门和行业达到66 个。智慧法院司法大数据应用价值全面释放,人民法院审判质量管理指标体系服务上线,支持常态化开展司法审判数据常态化分析会商和司法大数据专题研究,最高人民法院本级形成司法大数据研究专题报告 100 余份,累计 1400 余份,联合地方法院形成专题报告 8000 余份,服务现代化司法管理和社会治理成效显著。智慧法院司法数据中台和智慧法院大脑实现实体化、规模化应用,基于海量司法大数据资源的知识自动生成机制不断巩固,管理知识点数量达 11.4 亿项,智慧法院大脑上线智能化服务 61 项,为全国法院提供卷宗分类编目、立案智能辅助、类案智能推荐等一体化智能服务 79 亿次。智慧法院支持最高人民法院原审案件电子档案在线调阅成功率提升到 90% 以上,以往平均耗时 15 天甚至几个月的上诉案件卷宗移送,现在仅需几分钟即可完成,极大程度地提高了工作效率。

2. 深化能动司法理念,服务保障金融改革和有效防范金融风险

2023 年度,为化解金融纠纷的创新性和前沿性,各地法院大力开展调查研究,发挥司法建议功能,延伸能动司法效果,构建专业审判机制,拓展金融解纷资源,不断提高金融审判水平。

成渝金融法院是全国首个跨省域集中管辖金融案件的专门法院。揭牌一年多来,成渝金融法院始终坚持以习近平新时代中国特色社会主义思想为指导,深入贯彻习近平经济思想和习近平法治思想,抓实"公正与效率"工作主题,锚定建设"全国标杆性法院"目标,不断推进金融审判专业化、国际化、智能化,服务保障成渝地区双城经济圈和西部金融中心建设。据成渝金融法院发布的《成渝金融法院审判执行工作白皮书(2023 年度)》显示,成渝金融法院在过去一年里坚持能动司法,服务保障国家大局。一是服务保障成渝地区双城经济圈建设。深入推进西部金融中央法务区建设,助力成渝共建西部金融中心。公正高效审理各类金融纠纷,其审判经验在最高人民法院有关会议上交流。二是引导金融回归服务实体经济。坚持平等保护、全面保护、依法保护原则,有效降低实体经济融资成本。依法保护金融消费者和中小投资者权益,正确分配举证责任、确定责任主体,有序规范金融秩序。三是防范化解金融风险。聚焦金融审判主业,依法审理涉非银行融资方式纠纷案件以及与股票、债券等资本市场有关的纠纷案件。妥善审结一批涉房地产"头部"企业系列案件,依法化解涉房地产金融风险。

3. 健全金融纠纷多元化解机制,深化金融案件诉源治理

2023 年,多地金融法庭始终坚持和发展"新时代枫桥"经验,不断深化金融审判机制改革,充分发挥金融审判职能作用,健全金融纠纷多元化解机制,深化金融案件诉源治理,助推法治化营商环境建设。如,浙江省温州市中级人民法院创新实践"预查废"证明机制,针对小微金融案件执行终本率高的现状,为了避免金融机构为取得核销依据而对同一债务人进行不必要的诉讼和执行重复,造成程序空转,开发预查废批量查询软件,收录全市法院近 5 年超 50 万条终本案件清单,实现银行不良债务批量导入、自动核查。2022 年 6 月底浙江省宁波市江北区人民法院制定《江北法院关于创设"金融纠纷诉前调解中心"和引入社会力量参与诉源治理的方案》,着手搭建由"江

北法院金融纠纷诉前调解中心"和"金融纠纷线上法官工作室"共同组成的"金融纠纷'一站式'调处平台"，开启对金融纠纷多元化解的探索之路。"金融纠纷诉前调解中心"与一线拍卖平台签订战略合作协议，引入在线资产处置功能，将大额抵押案件纳入在线调解的服务范围，实现对信用贷款和抵押贷款的诉前调解全覆盖。同时，与相关科技公司积极沟通，努力解决各平台数据转换问题，让数字化贯穿始终。而"金融纠纷在线法官工作室"则通过抽调精干审判力量组建专业金融纠纷团队，针对金融纠纷事实清楚、法律关系简单、同质化强的独有特征，引导银行对小额金融案件批量起诉、合并诉讼，并简化流程，打破传统立案、审判、执行的部门壁垒，坚持集约集成、在线融合，提供"调保立审执全流程一条龙"服务，让金融纠纷"一件事"在"一地"得到解决。通过线上方式完成文书送达、调解协议签订、开庭审理等，全程无纸化办公，为当事人提供"一次都不用跑"的便利司法服务。2023年上半年，"金融纠纷'一站式'调处平台"已接受调处金融借款合同纠纷超11万件，调解金额约13766万元，为当事人节省诉讼费用约266万元。累计结案正式案件73件，实际解决纠纷6986件，是前3年年均解决纠纷233件的29.98倍，案均审判用时减少35天。

（四）推进2024年金融调控法实施建议

继续统筹推进金融法律法规体系建设，加快《中国人民银行法》《商业银行法》《银行业监督管理法》《保险法》《反洗钱法》《地方金融监督管理条例》《金融稳定法》等金融法律、法规的修改或制定工作，实现我国金融法治的现代化。

1. 稳妥有效防范化解重点领域金融风险

防控金融风险是金融工作的永恒主题。当前，我国金融风险总体可控，金融机构经营整体稳健，金融市场平稳运行。2023年12月召开的中央经济工作会议指出，"持续有效防范化解重点领域风险。要统筹化解房地产、地方债务、中小金融机构等风险，严厉打击非法金融活动，坚决守住不发生系统性风险的底线"。在2024年，要继续加强金融风险监测、预警和评估能力建设，推动建立权责对等、激励约束相容的金融风险处置责任机制。按照市场化、法治化原则，配合地方政府和有关部门稳妥有效化解重点领域和重点机构的风险。健全完善金融安全网，继续推动金融稳定立法。

2024年3月5日，第十四届全国人民代表大会第二次会议在人民大会堂举行开幕会，国务院总理李强作政府工作报告，报告首次提出要"增强资本市场内在稳定性"，指明了2024年资本市场改革发展工作任务的方向。增强资本市场内在稳定性的关键在于资本市场基本制度的健全，通过长期稳定透明的制度给市场带来透明的预期，保障资本市场行稳致远。

就防范化解中小金融机构风险而言，改革与化险密切相关。比如"一省一策"推进省联社改革，就是将农村中小银行风险处置和深化改革、推动高质量发展相结合的生动实践，包括去年以来频频重组的村镇银行亦是如此。在经济结构转型调整阶段，银行业面临的潜在信用风险上升。对于银行机构而言，要在前端及时采取措施，优化信用结构，控制对过剩产能、过度借贷主体等的新增信贷投放，将更多资源投入到做好科技金融、绿色金融、普惠金融、养老金融、数字金融中。与此同时，也要做实资产分类、加大拨备计提和不良贷款的处置力度，多渠道补充资本，夯实稳健运行根基。另外，要健全金融风险处置常态化机制，落实机构、股东、高管、监管、属地、行业六方责任，推动形成工作合力。推进中小金融机构改革化险重在把时度效，抓住有利时机适时推进改革化险工作，准确把握限度，既要坚定改革化险的决心，又要稳妥有序推进，防范产生次生风险，通过改革化险，推动中小银行稳健发展，防范化解系统性金融风险。强调把时度效，要求改革化险工作既要积极推进又要协同安排，因此，应进一步做好中小银行改革化险的顶层设计，农村信用社改革是中小银行改革化险的重点，建议加强对农村信用社改革的统筹安排，在国务院层面出台指导意见，进一步明确这一轮改革化险需要遵循的基本原则和总体要求，确保改革化险工作始终走在正确的道路上。同时，对村镇银行结构性重组也应有指导性意见。

就防范房地产行业风险而言，需从统筹防范化解风险、保交楼、稳市场和构建新发展模式出发，谱好转型调整期的"四部曲"，加快引导房地产行业及产业链上下游企业经营回归正轨，促进行业平稳健康发展。首先，用"一盘棋"思维统筹防范化解风险是重要任务。2023 年，房地产市场总体呈现"前高中低后稳"走势，整体销售不及预期，叠加 2024 年偿债小高峰将再度来临，部分房企仍有触发债务违约、退市、破产重整等风险的可能。如何进一步优化相关金融政策，稳妥处置房地产风险，是 2024 年的重要课题。得益于 2022 年底以来，信贷、债券、股权"三箭齐发"，商业信贷、债券融资等多样化金融工具支持力度加大，重点融资渠道堵点得到有效疏通。2024 年，仍需进一步协调多方市场主体，创新融资工具，一视同仁地满足房企合理融资需求，持续压降部分房企短期偿债压力，进一步提升并保护公司经营盘面的安全度。与此同时，更要关注房地产行业上下游产业链风险，遵循"早发现早防范早处置"原则,防范房地产行业"三角债"蔓延。其次,扎实推进保交楼工作是恢复市场信心的关键钥匙,仍需持续有力落实。国家统计局数据显示,2023 年前 11 个月,房屋竣工面积 65237 万平方米,增长 17.9%,保交楼稳步推进,这是稳民生和修复市场信心的关键着力点。2024 年,相关部门仍需进一步协调金融机构、开发商以及供应链等各方资源,凝心聚力推动保交楼进程。就实操层面而言,通过代建代管、合理化监管增量及预售资金、引入 AMC(资产管理公司)盘活资产、加大现房销售试点范围等多种方式,确保项目按期且有质量地交付,夯实购房者信心,切实提振行业信心。再者,满足住房需求类支持性政策,仍有发力空间。围绕恢复购房者预期开展工作,是重塑房地产行业发展信心的关键。2023 年,多地共计出台 700 余次支持性调控政策,持续提振市场信心。2024 年的楼市调控更需要差异化的精细政策,比如,对于置换类的改善需求,可以从信贷、交易等多方面提供便利;在存量交易占比较高的城市,注重激活二手房交易活跃度,进而带动新房消费需求释放;在三四线城市,可以通过发放补贴和税费优惠等措施,结合春节假期做好返乡置业的配套服务,承接一二线城市楼市外溢购买力。整体而言,未来在降低购房成本、购房门槛等方面仍有优化空间。最后,构建房地产发展新模式,系"治本之策"。自 2021 年中央经济工作会议首次提及"探索新的发展模式"以来,构建房地产新发展模式的进程不断向前推进,方式也逐步明确。从行业层面而言,建立"人、房、地、钱"要素联动的新机制,完善房屋从开发建设到维护使用的全生命周期基础性制度,加快推进保障性住房建设、"平急两用"公共基础设施建设、城中村改造等"三大工程",加快解决新市民、青年人、农民工住房问题,下力气建设好房子,是新模式的发力点。对房地产企业而言,则意味着核心之一是低负债、稳杠杆、重运营,业务重心从前端开发向后端运营服务转移,完成从开发商到运营服务商的角色转变。当然,新发展模式尚需不断探索,2024 年,规划建设保障性住房、城中村改造和"平急两用"公共基础设施建设这"三大工程"将是政策发力的主要方向,会对稳投资起到重要作用,同时也会对销售恢复、稳定预期起到积极作用。告别粗放式发展,放下包袱,出清风险后,房地产行业将迈入全新发展阶段。

就防范政府地方债风险而言,2024 年需进一步落实一揽子化债方案,妥善化解存量债务风险、严防新增债务风险。另外,积极发行超长期特别国债,专项用于国家重大战略实施和重点领域安全能力建设,缓解地方的偿债压力,进一步降低融资成本。

　　首先，要健全地方债务管理机制，明确各个负债主体的责任，限制债务负担过重的地方政府的举债能力。各级地方政府需要有效引导市场预期，推动政府与市场对于相关债务偿还和风险承担责任划分的共识，避免不理性投资情绪的爆发对金融系统造成负面冲击，稳住各类经济参与主体的一致性积极预期。优化中央和地方政府债务结构，将中央政府对于地方政府的支持用在刀刃上。以发展的眼光盘活存量资源，为存量债务寻求新一轮的投资和盈利增长的机会，使得存量债务进入还本付息的收入空间，以时间换空间，从源头上促进存量债务风险的化解。引导金融机构依法合规支持化解地方债务风险，进一步发展金融市场，破除隐性担保导致的定价扭曲，发展新型金融工具，增加存量债务的风险收益，为债务风险化解提供市场空间。地方债务最大的问题是债务的流动性风险问题，存量债务的有序展期和置换有利于平稳过渡的"软着陆"；我国具有超大规模的市场优势以及日益现代化的基础设施体系，各级政府应发挥举国体制优势，借助富有韧性的巨大消费市场，统筹财政资源调配各方力量供给流动性，为债务风险处置汇集缓冲垫与消纳池。

　　其次，以统筹的方法管理增量债务，优化融资与投资的良性互动机制。政府需更好地理解资本市场的逻辑，尊重市场规律，不依赖短期杠杆融资扩张，而更多思考长期稳健增长的路径，吸引更多长线资金的参与，通过项目投资合作或债转股等方式寻找长期资金支持。特别是在专项债的运用方面，要优化专项债投向结构，加大数字经济、新能源、新基建等重点领域投资比重，并建立绩效导向的专项债额度分配体系，推动专项债纵向分配的可靠性和精准性；同时加强专项债使用的监督与管理，并建立专项债项目投资全省统筹协调机制，提升项目效率，防范专项债用途泛化引发风险隐患积聚。

　　再次，以边界的约束发挥"有为政府"职能，协同"有效市场"达成制度安排。政府支撑经济发展的能力并非没有限度，仍需积极重视市场在资源配置方面的决定性功能，否则，区域经济增长又会被新一轮的债务堆积所影响。一方面，政府、国央企要发挥其应有的作用。在经济周期下行、发展模式转型等阶段，国有资本应承担起创造有效需求、引导产业发展方向、改善环保和社会福利条件等责任，但在经济上行周期，须防止国有资本的非市场化竞争行为扰乱市场公平竞争环境、扭曲资源配置和恶化市场秩序。另一方面，坚持市场化、法治化的原则，明确地方政府的主体职责，严格执行政企分开，有序推进地方城投平台的市场化出清，从根本上解决地方债务问题。短期来看，既需要有效避免不合理的出清行为激化金融市场情绪，防范诱发系统性风险，又需要避免过度透支某一方的资源而影响财政整体的健康可持续发展。长期来看，需要持续破除下级政府对上级政府的隐性担保预期、市场对于地方融资平台的隐性担保预期，通过市场化的方式建立有力的长效债务治理机制。地方政府还应强化自身治理能力建设，通过加强不同层级、不同地区之间的信息共享和合作，建立起包括政府、金融机构、企业以及监管部门在内的多方风险管理体系。

最后，协同好"局部"与"整体"的关系。我国各地区的经济状况和发展水平不同，某一地区的债务问题得不到妥善解决，对整体金融部门可能造成连锁反应。经济大省不仅要在经济增长方面发挥引领作用，做好自身的债务风险化解，确保本地金融体系的稳定，而且需要支持中央对债务风险化解的一盘棋工作，支持债务风险严重的地区发展经济，强化这些地区自身"造血"能力，并且支持和协助这些地区的债务风险化解。

2. 坚决落实强监管严监管要求

在严监管和强监管方面，我们既要全面强化2023年中央金融工作会议提出的"五大监管"，又要跨前一步强化央地监管协同，加强信息交流共享和重点任务协同，切实做到同责共担、同题共答、同向发力。

从严监管的角度，坚决落实强监管、严监管要求，是落实防控金融风险的重要方式。其中，中央金融工作会议提出的加强机构监管、行为监管、功能监管、穿透式监管、持续监管的"五大监管"方式是持续提升监管有效性的重要举措。强化机构监管要求下，将严把准入关口、严压法人职责、严抓公司治理。强化行为监管则是坚持依法将各类金融活动全部纳入监管，保护金融消费者合法权益。功能监管要求下，将坚持"同一业务、同一标准"的原则。在坚持"实质重于形式"原则下强化穿透式监管。从加强央地协同监管的角度来看，此前由于央地之间金融监管的事权、责权以及金融机构处置的事权和责权之间存在一定程度的不匹配。因此，中央金融工作会议提出了"要把握好权和责的关系，健全权责一致、激励约束相容的风险处置责任机制"的要求。在此基础上，本次工作会议进一步将央地协调前置于风险出现和处置之前，明确要"跨前一步强化央地监管协同"，从而能够更好地将央地协同的作用不仅限于"治已病"，而拓展到"防未病"层面。从消除监管盲区的角度来看，整体来看，未来金融监管将通过认领机制和兜底监管机制实现"全覆盖、无例外"。为了"加快健全横向到边、纵向到底的责任体系"，国家金融监管总局将牵头建立监管责任归属认领机制和兜底监管机制，确保一切金融活动特别是非法金融活动有人看、有人管、有人担责。推动明确跨部门跨地区和新业态新产品等金融活动的监管责任归属。确实难以明确责任的，由国家金融监管总局负责兜底。

值得提及的是，2023 年以来，全国公安经侦部门继续深入贯彻落实中共中央办公厅、国务院办公厅 2021 年 7 月印发的《关于依法从严打击证券违法活动的意见》，依法从严打击证券违法犯罪活动，先后侦办数百起证券犯罪案件，特别是对多种操纵证券手法实现了全链条、全方位打击，将多起市场关注度高、社会影响大的恶性操纵市场案件顺利移送审查起诉，有力维护了资本市场秩序，保护了投资者合法权益。据不完全统计，2023 年以来 A 股已有 72 家上市公司的 78 名董事长或实控人"出事"，处罚类型包括公安机关采取监视居住措施、刑事拘留、逮捕，证监会立案调查或行政处罚，监察委员会实施留置，接受纪律审查和监察调查等（较为常见的行政监督管理措施和自律监管措施不算在内）。从被查的原因来看，涉及信息披露违规、内幕交易、短线交易、欺诈发行、操纵证券期货市场、行贿或贪污、职务犯罪、挪用资金等。其中涉嫌信息披露违规的占比超半数。金融反腐加速，包括刘连舸、李晓鹏、朱从玖、周清玉、唐双宁、肖星、王用生、刘立宪、张红力等在内的金融高官或高管纷纷落马，金融队伍的纯洁性、专业性、战斗力经受着考验，金融的政治性和人民性得以彰显。2023 年 12 月 28 日，最高人民检察院发布《最高人民检察院关于充分发挥检察职能作用 依法服务保障金融高质量发展的意见》，坚持严惩金融"巨蠹"与"蛀虫"，着力惩治金融领域职务犯罪。这有利于带动金融监管机构的改革，促进金融高质量发展，防控金融风险，强化金融监管。

3. 高效发挥货币政策宏观经济稳定器功能

2024 年货币政策应加强与财政政策协同配合运行。保持"稳健"的基本立场，具体措施应时而动，必要时积极作为，货币政策调整措施的幅度必须把握得当，实行符合高质量发展和推进中国式现代化总体需要的结构性货币政策。总体看，货币政策还有较大降准和降息空间，央行资产负债表管理和结构性货币政策皆有较大发力空间。

目前，无论是用国债利率与 CPI 同比测算的实际利率，还是用央行每季度公布的平均贷款加权利率与 GDP 平减指数同比测算的实际利率，都处于过去十五年以来较高水平。从具体的数值看，目前我国的实际利率已经超过 2014—2015 年类似的经济周期，与此对应，2023 年制造业 PMI 有 8 个月处于荣枯线之下，暂未出现明确回升趋势。因此，总体上，我们认为货币政策从总量上看都具有降息的空间。此外，在市场需求不足的背景下，财政发力亦需要资金面宽松以配合。2023年下半年以来，财政政策在债务发行和支出节奏方面持续发力，对冲经济增速下行压力。其中，四季度赤字率提高至3.8%并增发1万亿国债，而特殊再融资债也增发超过1.5万亿。在市场需求不足的背景下，财政政策对未来地产基建和经济增速的托底作用明显增强。近期金融工作会议和央行三季度货币政策执行报告更为注重熨平经济波动的"跨周期调节"，说明短期宽松操作的动机有所下降。我们认为未来配合财政发力的背景下，资金面价格亦需宽松。再次，中美利差收窄和外资流出放缓从长期看有持续性，货币政策的外部主要制约已经减弱。下半年以来，中国经济企稳，而美国通胀和就业走势有所走弱，人民币汇率企稳，中美利差亦有所收窄。金融机构的境内外币存款数量、代客结售汇顺差都出现低位企稳迹象，而银行间市场的外汇交易流动性亦有所恢复。展望2024年，海外压力料较2023年有所好转，通过流动性渠道和外资渠道对国内货币政策的压力料将减弱。但也需要注意2024年年中美国降息预期能否兑现，以及美国大选对于政治经济关系的影响会否对外资信心产生新的波动。最后，做好"五篇大文章"及防范化解金融风险使命之下，结构性货币政策也有发力空间。金融工作会议指出要做好科技金融、绿色金融、普惠金融、养老金融和数字金融五篇大文章，就需要实施好存续的结构性货币政策工具，并积极创新其他工具。此外，防范化解地产金融风险，特别是地产风险，都需要包括PSL等在内的结构性再贷款工具发力。因此，预计未来结构性再贷款工具将继续扩容，并针对包括城中村改造等在内的重点领域进行扶持。

4.积极发展第三支柱养老保险，推进建立长期护理保险制度

预计到2050年，我国将全面进入深度老龄化阶段，老龄化应对刻不容缓。作为我国老龄化战略的重要组成部分，第三支柱个人养老保险发挥着重要作用。2022年4月，《国务院办公厅关于推动个人养老金发展的意见》开启了中国养老第三支柱发展的新时代，个人养老金制度正式落地，并率先在36个城市展开试点，取得了积极成果。数据显示，2023年个人养老金账户累计开立达5000万户，参与人数已达2022年全国纳税人数的76.8%。政府工作报告提出在全国实施个人养老金制度，可以使更多百姓在配置个人养老金的同时享受税收优惠，为自己增加长期养老保障。此外，长期护理保险是指为长期失能人员的基本生活照料和医疗护理提供资金或服务保障的社会保险。随着人口老龄化趋势加剧，"一人失能，全家失衡"日益成为社会难

题。2016年，国家开始推出长期护理保险试点，至今已经扩展至49个城市，参保人群覆盖到1.7亿人，累计超200万人享受待遇。数据显示，我国目前失能人群在4000万以上，面对失能保障缺口，进一步推进长期护理保险建设将有助于使更多的失能人群得到相关保障，让他们更有底气地度过桑榆时光。

5. 在新的金融监管体系内，加大金融服务实体经济力度

2023年3月，党的二十届二中全会通过《党和国家机构改革方案》，决定在中国银保监会基础上组建国家金融监管总局。2023年5月18日，国家金融监管总局正式揭牌亮相，开创了金融监管工作的新格局。在全新的金融监管体系内，金融供给应更有力度地服务实体经济。2024年作为国家金融监管总局全面履职的第一个完整年度，围绕银行业保险业支持实体经济发展，从着力扩大有效需求角度而言，一方面，金融机构可充分应用金融科技理念和手段，通过获取多方数据和信息等方式对新市民等用户群体进行精准画像，创新信用评价方式，针对用户就业、创业、消费等不同阶段的需求，推出期限灵活、额度和费率适中的产品；另一方面，开发大宗消费金融产品是当前关键，可加强与汽车经销商、电商平台、商场超市等合作，加强大宗消费金融场景建设，推出更多的汽车、旅游、家电消费信贷产品，丰富大宗消费金融产品线。从持续增强普惠金融服务能力角度而言，一方面要树立以人为本的思想，围绕着金融消费者的金融需求，提供全方位的金融服务；要加强数字化建设，提高服务效率，扩大服务边界，为不同地域的金融消费者提供实时高质量低成本的金融服务；要提高金融服务的社会生态价值能力，提高金融服务于乡村振兴、共同富裕和生态环境建设等方面的能力；另一方面，金融机构有责任帮助金融消费者提高金融能力，确保金融产品产生良好的效果。从本质上提高消费者保护的工作效果。从加强风险减量管理服务角度而言，保险机构需要积极加强风险减量管理服务，特别是利用科技手段为社会防灾减灾救灾，以智能化为抓手，深化保险科技赋能，实现科技投入、风险减量与降费增效的良性循环，从而进一步发挥好保险业经济减震器和社会稳定器的作用。

此外，2024年度应深化地方金融监管改革。长期以来，地方金融监管真空引致众多实体企业逐利而至，成为各类金融乱象的重灾区。强化地方金融乱象治理、协调央地权责划分、完善地方金融监管势在必行。第一，地方应加快颁布地方金融监督管理条例，制定地方金融监管系统行政处罚裁量基准，出台更具针对性的地方金融组织监管规范性文件，以强化地方金融监管局的监管职责、监管强度和监管规范性。第二，应进一步强化地方金融综合

监管，突出功能监管和行为监管。严格规范地方金融组织经营、民间投融资活动和产融结合行为，围堵实体企业金融化投资渠道，促使实体经济回归本源。第三，在强化地方金融监管的同时，应注重优化制度环境，加强对地方政府的监督约束，以弱化财政金融化问题，并进一步提高银行业服务实体经济的辐射能力，多措并举促使实体企业回归本源。

6. 深化金融改革和国际金融合作

2024 年，应坚定不移深化金融改革开放，引导金融机构聚焦主业、苦练内功、降本增效，切实提升行业发展可持续性。稳定扩大制度型开放，助力上海、香港国际金融中心建设。大力弘扬中国特色金融文化，推动实现"机构不做假、股东守规矩、高管知敬畏、员工有操守、公众识风险"。提升金融机构的分工协作质效，多种金融机构分工协作、各司其职，可以优化金融资源配置、提高金融资源分配效率、提升我国金融业的经营稳健性和产品服务竞争力，更好地满足全社会多元化、综合化、便捷化的金融服务需求。进一步提升金融机构分工协作质效，还需发挥更多系统合力。"国有大型金融机构应当从聚焦'做大'转变为更好地实现'做优''做强'。要聚焦重大战略、重点领域和薄弱环节提供优先金融配置和优质金融服务，为实体经济提供更加高效适配的资金支持，大力支持国家重大战略和区域协调发展，将更多金融资源向科技创新、先进制造、绿色发展和中小微企业等重点领域倾斜，促进经济金融良性循环。"

受金融环境收紧、地缘冲突加剧及人工智能快速发展等影响，全球经济面临的不确定性增强，中国需加强国际合作，进一步开放市场，促进国际贸易和投资，重建各经济体间的信任，为可持续、包容性增长注入动力。要大力提升金融业制度型开放的水平，主动对标国际高标准经贸规则，深化国内相关领域改革。完善境外投资准入国民待遇加负面清单管理制度，稳慎扎实推进人民币的国际化，更好服务我国更高水平的对外开放。积极参与全球金融治理，2024 年可聚焦绿色与可持续金融国际合作。继续加强与香港方面的双边监管合作，在 CEPA 框架下不断推进向港澳更高水平开放，全力支持香港发挥在"一国两制"下的独特优势，不断巩固提升香港国际金融中心地位。进一步深化内地与港澳金融市场互联互通。包括持续优化"跨境理财通"试点，支持金融机构积极参与沪深港通、债券通等机制安排，研究出台提升大湾区保险服务便利化水平的政策措施。另外，要提升内地银行业保险业对港澳的开放水平，支持香港巩固离岸人民币业务枢纽地位，支持中资金融机构扎根服务香港本地市场。

撰稿专家

管斌，1972 年出生，湖北通山人，法学博士。华中科技大学中国金融法研究中心执行主任，经济法学硕士导师组组长，德国 Bayreuth 大学访问学者（2005 年 10 月至 2006 年 10 月）。兼任中国法学会经济法学研究会理事、中国法学会财税法学研究会理事、中国法学会证券法学研究会理事、中国法学会社会法学研究会理事、湖北省 PPP 专家库专家（法律类）、湖北省法院典型案例和优秀裁判文书评审专家、湖北省妇女儿童权益保护专家等。主要从事经济法学、社会法学和金融法学等课程的教学和研究工作。曾在《中国法学》《法商研究》等刊物发表 70 多篇论文及多篇杂谈、随笔，其中多篇论文被中国人民大学复印报刊资料和《中国经济法学精萃》等全文转载；主持教育部、中国法学会等省部级课题多项；独著《金融法的风险逻辑》（法律出版社 2015 年版）、《混沌与秩序：市场化政府经济行为的中国式构建》（北京大学出版社 2010 年版）、合撰《经济法权研究》（武汉大学出版社 2012 年版）、《金融法学专论》（对外经济贸易大学出版社 2010 年版）等学术著作多部。

2023 年市场规制法实施报告

孙 晋

报告要旨

2023 年市场规制法的实施坚持稳中求进的总基调，着力推进顶层制度设计，不断健全和完善市场监管体制机制，持续优化市场监管效能，在推动实现经济高质量发展中取得一定突破与显著进步，不断破除地方保护和行政性垄断，强化行政性垄断执法，推动加强公平竞争审查制度改革。我国关于公平竞争等市场经济基础法律制度及相关政策不断完善与细化，以竞争监管执法为核心的市场规制工作高质量运行，创新监管执法方式，公平竞争监管进入常态化阶段，此外质量监管、价格监管、安全监管、标准和审计监管制度逐渐完善，执法工作同步推进。法治监管、信用监管、智慧监管系统推进，监管效能持续提升。

2023 年是国家反垄断局履新的第二年，同时也是检验《反垄断法》修改后实施效果的第一年，出台了 4 部配套新规，国家市场监督管理总局发布了《关于行业协会的反垄断指南（征求意见稿）》，填补了行业协会反垄断软法规范的空白，同时公布了修订后的《禁止滥用知识产权排除、限制竞争行为规定》，实现了我国知识产权领域反垄断制度规则内容的细化和进一步完善。《反不正当竞争法》实施 30 年来，在法律制度的持续性完善、执法效能的全面深化、司法的有序衔接，以及市场竞争秩序、消费者福利维护等多个方面取得了瞩目成就。正逢《反不正当竞争法》实施 30 年之际，第三次修法踔疾步稳；国家市场监督管理总局发布了十大行政执法案件，彰显出反不正当竞争执法迈入新征程。

"民营经济发展元年""民生领域反垄断执法强化年"成果丰硕，2023 年 7 月《中共中央 国务院关于促进民营经济发展壮大的意见》发布，文件强调"使各种所有制经济依法平等使用生产要素、公平参与市场竞争、同等受到法律保护"，明确要求"全面落实公平竞争政策制度。强化竞争政策基础地位，健全公平竞争制度框架和政策实施机制，坚持对各类所有制企业一视同仁、平等对待。强化制止滥用行政权力排除限制竞争的反垄断执法"。上述规定旨在以高标准的竞争政策促进民营经济高质量发展。医药行业、劳动力市场、公用事业等领域监管受到空前重视，引导民生领域的经营者依法竞争，合规经营，维护市场竞争秩序。数字平台领域的反垄断监管在维持常态化的基础上，建设良好的平台生态已成为共识；竞争政策基础地位得到法律确证，公平竞争审查制度深入实施，公平竞争审查信息化建设、举报处理、重大政策措施会审、公平竞争指数四项试点如火如荼。消费者权益保护工作效果显著，新兴领域问题消费者权益损害问题进入大众视野，消费者数据隐私得到体系化保护；生活必需品、涉疫药品以及煤炭等重点民生领域的价格执法，稳定宏观经济大局和民生。质量强国战略深入实施，全面加强质量管理和品牌建设。食品、药品、重点工业产品、特种设备安全问题得到空前重视；互联网广告治理取得新成效；数据基础制度框架基本建成，数据出境和数据安全得到强化。2023 年市场规制法实施的特点有：着力破除行政性垄断和地方保护，助力全国统一大市场建设；以公平竞争释放民营经济活力，推进构建高水平社会主义市场经济体制；创新民生领域的反垄断监管方式，营造良好的营商环境；企业合规管理进一步发展和完善，中央企业合规管理体系建设基本完成，竞争政策基础地位得到大力强化；反垄断监管进入常态化阶段，保障民生进一步加强；深入推进公平竞争政策实施，公平竞争工作取得新突破；聚焦重点行业及领域内不正当竞争监管，专项执法行动效果显著；消费者权益保护持续推进，及时回应社会关切问题；及时跟进数据领域监管，有效遏制数据垄断；其他市场监管领域重拳出击，不断提升监管实效。2023 年市场规制和监管法的实施仍存在以下问题：监管效能仍需进一步提升，各领域合规管理协调性有待加强，反垄断监管体制机制尚不健全；公平竞争审查制度法治化亟待加强，工作推进不平衡，审查自觉性和专业性有待提升；网络领域不正当竞争行为规制乏力；新业态下消费者权益保护任重道远；民营经济发展仍面临一些困难和挑战。

核心建议

1. 强化信用监管保障，探索智慧监管。在夯实反垄断法治根基后，应更深入推进"互联网+监管"，建立以综合监管为基础、专业监管为支撑、信息化平台为保障的市场监管体系。

2. 充分落实《关于促进民营经济发展壮大的意见》，在加快制定《民营经济促进法》的同时突出竞争法治保障。

3. 以央企合规为抓手推动企业日常型合规管理体系建设。

4. 细化重点领域反垄断规则，促进执法司法衔接，坚持发展与规范并重，提高常态化监管水平。

5. 尽快制定出台《公平竞争审查条例》，建立公平竞争审查法治化体系，提高制度刚性约束力，推动公平竞争审查制度改革与创新，探索建立公平竞争审查提质增效法律机制。

6. 借助《反不正当竞争法》的修订，从规则到实施加强对网络不正当竞争行为的监管，完善数字市场不正当竞争治理体系，发挥规则协同效应。

7. 以消费者权益保护为中心，探索消费者公益诉讼新途径，加强消费品质监管与消费创新，保护消费者数据隐私，增进网络消费者权益保障。

8. 持续加强产品质量、价格、广告领域的执法，制定更多标准。

9. 守好食品、药品、重点工业产品和特种设备安全底线。

本报告主要包含市场规制法实施总体状况和反垄断法、公平竞争审查制度、反不正当竞争法、消费者权益保护法和以产品质量法、价格法、广告法等为代表的其他市场监管法的具体实施内容，通过对有关国家机关、企事业单位以及智库、权威媒体等其他社会组织向社会公开的 2023 年市场规制法领域相关信息的提炼和总结，对我国市场规制法领域的实施情况进行年度盘点，发现我国市场规制法实施中尚需补足的短板，并据此对我国市场规制工作提出切实可行的完善建议。

一、2023 年市场规制法实施的整体状况

（一）市场监管工作稳中有进

2023 年是我国经济动能转换的关键年，是经济从疫情模式重回正常轨道后的第一年，稳增长上升到关键位置。政府工作报告强调，要坚持稳字当头、稳中求进，保持政策连续性针对性，加强各类政策协调配合，形成促进高质量发展合力。在这关键的一年，我国在经济高质量发展的征程上迈出了坚实的步伐，市场监管工作坚持稳中求进工作总基调，不断推进顶层设计，完善市场监管体系，着力推动全国统一大市场建设，持续深化改革，优化监管，加强高标准市场体系建设，市场监管工作取得显著成就，正在发生历史性变革。

党的二十大报告强调，完善产权保护、市场准入、公平竞争、社会信用等市场经济基础制度，优化营商环境。在市场监管尤其竞争执法监管顶层设计上，2023 年 10 月，国务院办公厅整合国务院反垄断委员会、公平竞争审查工作部际联席会议、反不正当竞争部际联席会议三家机制，设立国务院反垄断反不正当竞争委员会，由国务院副总理担任主任、市场监管总局局长和国务院副秘书长任副主任、国家反垄断局局长任秘书长，这是我国市场监管体制最新发展，反垄断、公平竞争审查和反不正当竞争三者整合在中央层面向前迈出了关键一步。12 月，国务院反垄断反不正当竞争委员会办公室和市场监管总局下发《关于建立反垄断"三书一函"制度的通知》，明确"三书一函"分别为《提醒敦促函》《约谈通知书》《立案调查通知书》《行政处罚决定书（经营主体）/行政建议书（行政机关）》。建立健全反垄断"三书一函"制度，是丰富反垄断监管手段、增强反垄断监管效能、规范反垄断监管行为的重要举措，要将制度贯穿反垄断工作各领域、各环节。2023 年 11 月。国家市场监督管理总局发布了《行业标准管理办法》，阐释了优化标准供给结构，明确了国务院标准化行政主管部门和国务院有关行政主管部门对行业标准的管理职责，规范了行业标准的制定和管理，明确了行业标准复审和实施信息反馈评估工作要求，强化了行业标准事中事后监管。2023 年 12 月，国家市场监督管理总局召开总局党组扩大会议，明确要求着眼畅通国内大循环和高水平对外开放，加快推动全国统一大市场建设。要着眼防范化解重点领域安全

风险和保障改善民生，坚决守住食品、药品、重点工业产品、特种设备安全底线。

2023 年我国不断提升市场监管综合能力，促进市场监管方式创新，坚持以法治为根本、以信用为基础、以智慧为支撑，系统推进法治监管、信用监管、智慧监管作为市场监管现代化建设的重要抓手，着力完善统筹活力和秩序的事中事后监管措施，开放监管效能不断提升，以信用监管为基础的新型监管机制持续完善。2023 年 4 月国家市场监督管理总局印发《关于开展企业信用监管数据质量全面提升行动的通知》，分别从统一数据标准、加强源头治理、强化问题整改、实施常态监测、拓展数据应用等五个层面促进企业信用监管数据质量的全面提升。2023 年 5 月，国家市场监督管理总局在全国范围开展企业信用监管数据质量全面提升行动，计划用 1 年半时间解决企业信用监管数据不全面、不准确、不规范等突出问题，切实落实信用监管机制。同时，《失信行为纠正后的信用信息修复管理办法（试行）》正式施行，明确信用主体依法享有信息修复的权利，细化信用信息修复方式，落实"信用中国"网络公示规则。2023 年 2 月，国家市场监督管理总局信用监管座谈会在武汉市召开，强调"双随机、一公开"监管是转变政府职能、深化"放管服"改革的关键举措，是优化营商环境的有力保障。① 此外，重点领域智慧监管持续推进，地方市场监管部门实施智慧监管成效明显。2023 年 9 月，国家医疗保障局官网发布《关于进一步深入推进医疗保障基金智能审核和监控工作的通知》，加大推动地方医保部门加快国家 1.0 版"两库"框架体系落地应用，科学划分事前、事中、事后流程，压实责任，调动医药机构使用积极性，鼓励定点医疗机构开展事前提醒和预警，前移监管关口，帮助医疗机构强化自我管理，规范医疗服务行为，实现"源头治理"和全流程监管。湖北监管系统全力推进特种设备智慧监管，广东省市场监督管理局印发《广东省市场监督管理局关于贯彻〈"十四五"认证认可检验检测发展规划〉的实施意见》，明确推进检验检测认证智慧监管，加强基层检验检测认证监管人员培训和指导，统一监督检查作业指导书，统一监督检查表格，依托智慧监管系统规范监督检查工作，提升"互联网+监管"效能。

贯彻包容审慎监管理念，营造更加宽松便利、公平竞争的营商环境。2023 年 3 月 1 日，沪苏浙皖市场监管部门联合出台规范性文件《长三角地区

---

① 《【信用监管】市场监管总局部署开展企业信用监管数据质量全面提升行动》，"信用中国"微信公众号 2023 年 5 月 9 日文。

市场监管领域轻微违法行为不予处罚和从轻减轻处罚规定》，对情节轻微的违法行为不予行政处罚，不仅有利于规范行政执法行为，提升执法的公平公正性，也等于给违法者一次"改过自新"的机会。2023 年 4 月，云南省财政厅印发《云南省财政厅行政执法包容审慎监管"减免责清单"》，建立轻微违法行为"容错"机制，有效促进监管理念转变、监管方式创新，进一步激发市场活力和社会创造力，加快推进云南省财政领域行政执法包容审慎监管工作。各地积极出台涉及重点领域包容审慎监管的文件，深入贯彻落实包容审慎监管理念。2023 年 3 月，甘肃省印发《2023 年甘肃省深化简政放权放管结合优化服务改革工作要点》，明确实施包容免罚清单，探索创新符合平台经济、产业数字化、新个体、微经济、共享经济等新经济特点的监管模式。2023 年 10 月，吉林省印发《全面推行包容审慎监管执法"四张清单（2023 版）"》，涉及全省公路路政、道路运政、水路运政、地方海事、港口行政、航道行政、交通建设监督全部七个交通运输执法领域，扎实推进行政执法方式创新，细化量化行政裁量标准，建立健全激励机制和容错纠错机制，全面推行包容审慎监管。黑龙江省发布了《黑龙江省药品监督管理局全面推行包容审慎监管执法"四张清单（试行）"（2023 年修订版）》，进一步规范了药品行业的包容审慎监管执法。此外，黑龙江省还公布了四起生态环境领域轻微违法行为免予处罚典型案例，推动落实包容审慎监管"四张清单"

健全跨部门综合监管体制机制，完善区域协同监管制度建设，监管协同化水平进一步提高。2023 年 2 月 17 日，《国务院办公厅关于深入推进跨部门综合监管的指导意见》强调通过确定跨部门综合监管事项清单、明确跨部门综合监管责任分工、完善跨部门综合监管制度规则、健全跨部门综合监管工作机制，协同推进跨部门综合监管体制机制的健全。其中，对食品、药品、医疗器械等重点领域积极开展跨部门监管，以及加强统筹协调、推动解决突出问题、防范化解重大风险尤为关键。2023 年 6 月，陕西省发布《陕西省人民政府办公厅关于深入推进跨部门综合监管的实施意见》，积极探索建立综合监管"一业一册"告知制度，一类事项制定一册合规经营指南，一次性告知市场主体合规经营要求，稳定市场主体监管预期，健全跨部门综合监管制度机制。2023 年 11 月，《山东省人民政府办公厅关于深入推进跨部门综合监管的实施意见》正式实施，分别从重点领域跨部门监管、责任分配、监管平台支撑等多个方面深入推进跨部门综合监管。2023 年 12 月，重庆市人民政府办公厅印发了《重庆市跨部门综合监管重点事项清单（第一批）》，明确有关单位具体责任分工，对存在部门管辖争议的行政执法事项由司法行政部门加强协调，确保事有人管、责有人负，确保监管责任落实。在区域协同监管层面，近年，长三角三省一市（江苏省、浙江省、安徽省、上海市）市场监管部门法制机构立足长三角市场监管一体化发展大局，通过强化沟通、协调政策、制度共建、交叉监管等多种方式积极推进法制条线的工作协同，为一体化发展打好法治基础、提供法制保障。《2023 长三角区域协同创新指数》显示，长三角协同创新指数从 2011 年的 100 分（基期）增长至 2022 年的262.48 分，人、财、物的加速汇聚，为三省一市在重点领域实现"跨越式发展"提供了坚实的支撑。2023 年 11 月，河北省、北京市、天津市三地生态环境部门联合印发《关于建立京津冀环评机构跨区域协同监管工作机制的通知》，提出建立联合会商、信息共享、协同调查三项核心工作机制，确保区域协同监管有力有效。

（二）民营企业迈入新发展轨道，合规管理再上新台阶

2023 年是全面贯彻党的二十大精神的开局之年，从地方两会到"新春第一会"，促进民营经济发展成为各地谋划 2023 年度发展的高频词。2023 年7 月，中共中央、国务院印发的《中共中央 国务院关于促进民营经济发展壮大的意见》指出，民营经济是推进中国式现代化的生力军，是高质量发展的重要基础，是推动我国全面建成社会主义现代化强国、实现第二个百年奋斗目标的重要力量。《意见》同时对推动建设法治民营企业提出了明确要求，即"外优法治环境、内强合规筋骨"。2023 年 9 月，中央编办正式批复在国家发展和改革委员会内部设立民营经济发展局，作为促进民营经济发展壮大的专门机构，主要职责包括跟踪了解和分析研判民营经济发展状况，统筹协调、组织拟订促进民营经济发展的政策措施，拟订促进民间投资发展政策，建立完善与民营企业常态化沟通交流机制，协调解决民营经济发展重大问题，协调支持民营经济提升国际竞争力。

央地协同推进民营企业发展，民营经济焕发新活力。从 2019 年《关于加强金融服务民营企业的若干意见》《中共中央 国务院关于营造更好发展环境支持民营企业改革发展的意见》颁布，到 2020 年《关于加强新时代民营经济统战工作的意见》出台，再到 2023 年《中共中央 国务院关于促进民营经济发展壮大的意见》实施，中央已经高度重视推动民营企业发展。在地方层面，2023 年 11 月 3 日，《中共广东省委 广东省人民政府关于促进民营经济发展壮大 进一步推动民营经济高质量发展的实施意见》正式出台、从持续优化稳定公平透明可预期的发展环境、强化民营经济发展法治保障、鼓励民营企业改革创新、引导民营企业规范健康发展、促进民营企业家健康成长等多个方

面推进民营企业发展。广东省市场监管局最新公布数据显示，2023 年，广东全省民营企业数量为 724.8 万户，同比增加 9.4%，个体工商户 1019.9 万户，同比增长 12.2%，以民营企业和个体工商户为代表的民营经济主体占全省经营主体 96% 以上，民营经济主体总量全国第一。[①] 2023 年 12 月，《浙江省鼓励和引导发展总部经济的若干意见(修订版)》施行，明确民营企业型总部等多种总部认定标准，力争到 2027 年，浙江总部经济发展能级和集聚辐射能力明显提升，总部数量累计增长 20%。此外，浙江省经济和信息化厅还发布了《浙江省加快打造民营经济总部高地工作方案(试行)》，通过培育民营经济总部企业、打造民营经济总部领军企业、创建民营经济总部聚集高地推动民营企业的高质量创新发展。2023 年 9 月，《福建省发展和改革委员会等 8 单位关于推进实施新时代民营经济强省战略近期若干举措》发布，主要围绕支持民营企业创新转型、支持民营企业投资实体经济、打造公平竞争的市场环境、打造市场化的要素环境、打造公平公正的法治环境、建立健全涉企服务机制 6 个方面激发民营经济发展活力，增创发展优势。

2023 年 11 月，中共江西省委、江西省人民政府印发了《关于促进民营经济发展壮大的若干措施》，以提振民营经济发展信心、拓宽民营经济发展空间、破解民营经济发展难题、助推民营经济创新升级、保护民营经济合法权益、促进民营经济人士健康成长为目标，提出了 36 条具体举措。同月，《湖北省民营经济发展促进办法》(下称《促进办法》)颁布，分别从破除市场进入壁垒、激发民企改革创新活力、强化民营经济发展法治保障三大层面支持民营企业参与重点行业竞争。为了促进民营企业专精特新发展，《促进办法》明确了要提供融资担保服务、提供水电气暖支持、发挥协会商会作用。

深入探索民营企业合规管理建设。民营企业在开拓新业务前，应做好合规义务的审查，才能明确业务是否具备较强的竞争力，是否与当前的政策价值趋向一致。2023 年 12 月，《江苏省民营企业合规建设指引(2023 版)》发布，分别从合规管理职责、合规管理重点、制度建设与运行机制、合规管理保障等方面完善民营企业合规。四川省发布了 2023 年度保护民营企业权益十大典型案例，涵盖民事审判、检察监督、行政协调、行政执法、行政复议、破产重整等多种类型案件，反映各地各部门服务民营经济发展、保护民营企业的创新探索，彰显民营企业合规建设工作多方面取得的成果。2023 年

---

① 《广东民企新春第一会：民营经济主体总量第一大省春种一粒"产业科技互促"之粟》，"21 世纪经济报道"微信公众号 2024 年 2 月 27 日文。

11 月，广东省广州市出台《民营企业首次违法合规免责清单（第一批）》，涉及人力资源、特许经营、建筑、畜禽养殖、林业和绿地保护 5 大重点领域，明确了首次违法合规免责的适用条件与具体实施要求，积极引导民营企业筑牢依法合规经营底线，护航民营经济高质量发展。重庆市工商联颁布《重庆市清廉民企建设合规工作指引（征求意见稿）》，强调民营企业要主动加强合规建设，构建源头防范和治理腐败的体制机制。浙江省人民政府印发了《加快培育浙江民营跨国公司"丝路领航"行动计划》，明确推进民营企业预防性合规体系建设，指导民营跨国公司加强合规管理，引入第三方专业服务机构开展合规培训，提升企业合规经营能力，树立浙江企业履行社会责任良好形象。加强民营跨国公司安全审查与指导，妥善应对和处置境外合规风险事件。开展涉外法律服务活动，为民营跨国公司"走出去"提供法律服务。2023 年 11 月，陕西省发布了《〈陕西省民营企业合规管理指引实施细则〉适用精释》，通过典型案例的援引，充分展现民营企业合规管理建设的重要价值。

随着 2022 年《合规管理体系要求及使用指南》与 2023 年《企业知识产权合规管理体系要求》正式实施，民营企业的合规管理将具备更强的方向性与可预测性。有利于解决目前亟须解决的公平竞争合规管理制度、责任、能力与运行问题，促进公平竞争合规管理最佳实践的不断涌现，提升经营者的治理能力和品牌形象，引导业界共同培育和倡导公平竞争文化，维护消费者利益和社会公共利益，促进社会主义市场经济健康发展。

（三）反垄断监管提质增效，迈入常态化阶段

《反垄断法》系列配套新规出台，反垄断法律制度体系更加完善。2023 年 3 月，国家市场监督管理总局公布了《禁止垄断协议规定》《禁止滥用市场支配地位行为规定》《经营者集中审查规定》《制止滥用行政权力排除、限制竞争行为规定》，强化对垄断协议违法行为震慑和惩戒力度，增加责任人员的相关法律责任，增强反垄断执法权威；健全滥用市场支配地位行为认定规则，细化调查程序，进一步完全法律责任规定；健全经营者集中分类分级审查制度，提高反垄断审查效能；充分衔接行政性垄断规制与公平竞争审查制度，大力弘扬和培育公平竞争文化。2023 年 6 月，国家市场监督管理总局颁布了修订后的《禁止滥用知识产权排除、限制竞争行为规定》，实现了我国知识产权领域反垄断制度规则对于《反垄断法》规定的三种垄断行为的全覆盖，与修订后的《反垄断法》相关规定保持一致。为了深化行业协会在促进行业规范健康持续发展、维护市场公平竞争秩序等方面的作用，2024 年 1 月

国务院反垄断反不正当竞争委员会发布了《关于行业协会的反垄断指南》，明确行业协会的垄断行为类型，加强行业自律与经营者合规经营，引导各行业保持良性发展。《最高人民法院关于审理垄断民事纠纷案件适用法律若干问题的规定（公开征求意见稿）》与《关于标准必要专利领域的反垄断指南（征求意见稿）》正式公开，推动反垄断执法与司法衔接机制的建设，强化标准必要专利领域的针对性执法。同时，为了持续引导企业开展反垄断合规工作，国家市场监督管理总局还发布了《经营者集中反垄断合规指引》，总结经营者集中监管过程中企业最常出现的合规问题，形成有针对性的合规方案，进一步凸显反垄断合规重要性。

反垄断执法成果丰硕，民生领域反垄断监管持续加强。2023 年，国家市场监督管理总局共查处了 27 起垄断协议和滥用市场支配地位案件，其中14 起有关横向垄断协议、1 起有关纵向垄断协议、8 起有关滥用市场支配地位行为，罚没金额共计约 21.63 亿元。从执法关注的行为类型来看，以传统的垄断行为为主，包括固定价格、限制产量、分割市场、转售价格维持等。同时，反垄断执法机关也开始关注劳动力市场的垄断问题，其中较为典型的是互不挖角协议。

我国共查处垄断协议案件 11 起，涉及的领域集中于建材、保险、医药、燃气等。在体育行业，我国迎来了反垄断处罚第一案——北京围棋协会组织会员单位达成并实施垄断协议案。在医药行业，我国共查处 2 起横向垄断协议案与 1 起纵向垄断协议案，违法的 RPM 协议仍是执法重头戏，3 起垄断协议案共计罚款超 3.5 亿元，体现了反垄断执法机关整治医疗行业的决心。2023 年查处滥用市场支配地位共 8 起，涉及不公平高价、限定交易、搭售、附加不合理交易条件、歧视待遇等。除了医疗行业的上海上药第一生化药业有限公司等 4 家公司滥用市场支配地位案出现了 12 亿元的巨额罚单外，反垄断执法机关对公用行业的滥用市场支配地位行为监管同样趋严。重庆永康燃气公司与南京中燃燃气公司因滥用市场支配地位，实施附加不合理交易条件、搭售行为，各被罚没 240.94 万元和 5040.07 万元。在建材行业，贵州金沙四家新型环保建材公司横向垄断协议案、福建省爆破器材行业协会组织会员企业达成横向垄断协议案等经营者之间的协议行为、行业协会主导的协议行为均受到不同程度的惩处。

2023 年 9 月，国内体育行业也终于迎来了反垄断处罚第一案——北京围棋协会组织会员单位达成并实施垄断协议案。北京围棋协会通过了段、级位证书建议指导价不高于 120 元，赛事活动服务费建议指导价不高于 360 元的决议，导致相关市场赛事服务费与证书服务费的价格均不同程度地提高，最终形成价格趋同。对此，北京市市场监督管理局对北京市围棋协会处罚款5万元，对8家会员单位分别处罚款合计11.6万元。可见，除了传统关系民生的建材、医药、公用事业仍然是反垄断执法的重点领域外，体育行业等风险领域也正式进入监管视野。

经营者集中迈入合规轨道，反垄断审查提质增效。2023年9月11日《经营者集中反垄断合规指引》正式出台。这是首部经营者集中监管领域合规指导性文件，对提升经营者集中常态化监管水平具有重要意义。《经营者集中反垄断合规指引》对经营者集中重点合规风险、合规风险管理、合规管理保障等多个方面进行了明确，其中包括合规承诺制度、合规报告制度等多项子制度，协同推进经营者集中合规建设。2023年3月颁布的《经营者集中审查规定》要求申报经营者应当诚实守信、合规经营，强调了合规管理的重要性。2024年1月国务院审议通过的《国务院关于经营者集中申报标准的规定》（下称《申报标准规定》）即对《经营者集中反垄断合规指引》进行了回应。《申报标准规定》上调了经营者集中申报门槛，降低了制度性成本，在很大程度上将更大的经营者集中合规空间返还给企业自身。2024年2月，国家市场监督管理总局发布了《市场监管总局办公厅关于完善经营者集中反垄断合规风险提示机制的通知》，要求采取一系列措施提示申报企业注意依据新标准进行经营者集中申报工作，如"鼓励有条件的地方通过大数据、人工智能等信息化手段，建立经营者集中反垄断合规风险监测模型，科学研判、自动识别达到经营者集中申报标准的企业"，进一步回应《经营者集中反垄断合规指引》。2023年，市场监管总局共审结经营者集中案件797起，与2021年相比增长约0.4%，审结无条件批准经营者集中案件782件，同比增长1.2%，附加限制性条件批准医药领域、高新技术领域4起经营者集中案件，未有禁止经营者集中案件。[①] 2022年7月以来，国家市场监督管理总局授予部分省级反垄断执法机关开展经营者集中审查的权力，委托北京、上海、广东、重庆、陕西等5省（市）市场监管部门开展经营者集中审查工作，推动构建央地两级分类分级审查机制后，2023年试点委托效果愈加显著。2023年，国家市场监督管理总局委托地方审结经营者集中简易案件352件，占简易案件总数近半

---

① 《批准786件！2023年经营者集中案件审查情况解读来了》，"市说新语"微信公众号2024年1月23日文。

数，其中上海市市场监管局审结最多，为 157 件，占比 22%。[①]各地市场监督管理局平均受理时间 23.8 天，平均审结时间 18.5 天，北京、上海等地从受理到审结最快 11 天。[②]

持续强化遏制行政性垄断。国家市场监督管理总局公布了《制止滥用行政权力排除、限制竞争行为规定》，对行政垄断行为的表现形式进行细化，并持续聚焦于医药、住建、保险、交通运输等民生重点领域，共办结滥用行政权力排除、限制竞争案件 39 件。另外，国家市场监督管理总局也出台了《滥用行政权力排除、限制竞争执法约谈工作指引》，规定对相关行政机关进行约谈的程序。全年开展滥用行政权力排除、限制竞争执法约谈 17 次。传统行政性垄断规制与行政约谈程序结合，进一步强化遏制行政性垄断。

反垄断司法升温，法院扮演越来越重要的角色。2023 年，全国法院系统公布的 10 件典型案例中，5 件为反不正当竞争案件，5 件为反垄断案件。反垄断案件中 3 件涉及不公平高价、限定交易、附加不合理交易条件、拒绝交易共 4 种滥用行为，另 2 件涉及横向和纵向垄断协议。案件同样涉及医药、殡葬、汽车、建材、家电等民生相关领域。[③]10 月，最高人民法院发布《关于优化法治环境 促进民营经济发展壮大的指导意见》，提出依法打击垄断和不正当竞争行为，完善竞争案件裁判规则，深入推进公益诉讼检察，研究出台反垄断民事诉讼司法解释。平台经济和国计民生领域将持续成为反垄断司法的重点。反垄断诉讼以保障人民群众利益为主要出发点，会逐渐成为企业和个人维护自身权益的有效工具，不断促进行政执法标准与司法标准的协调统一。另外，另一重要司法机关人民检察院的反垄断公益诉讼职能《反垄断法》已有规定，司法实践值得期待。

(四)公平竞争审查制度持续深化，制度权威进一步加强

强化竞争政策实施，落实公平竞争审查制度是党中央、国务院深化经济体制改革的重要战略决策，是加快推动市场监管领域法律法规制度完善和统一，打破地方保护和市场分割，赋能全国统一大市场建设的关键性制度。我国新修《反垄断法》第五条明确规定国家建立健全公平竞争审查制度，要求行

---

①　《国内新闻丨2023 年市场监管总局经营者集中案件审查情况解读》，"竞争法微网"微信公众号 2024 年 1 月 24 日文。

②　《首年委托审查经营者集中案件近 300 件 五地试点委托经营者集中审查稳步推进》，"市说新语"微信公众号 2023 年 7 月 20 日文。

③　《2023 年中国反垄断立法、执法和司法年度盘点》，"中伦视界"微信公众号 2024 年 1 月 3 日文。

政机关和法律法规授权的具有管理公共事务职能的组织，在制定涉及市场主体经济活动的规定时，应当进行公平竞争审查，从法律上明确了竞争政策的基础性地位，公平竞争审查制度从过往的政策性条款正式上升为一项法律制度。党的二十大报告明确提出要"构建高水平社会主义市场经济体制"，"完善产权保护、市场准入、公平竞争、社会信用等市场经济基础制度"。2023年，各省市持续落实公平竞争审查制度，根据各地经济发展的实际情况，通过发布指南、办法等形式，提高审查可预期性，细化审查标准。

在组织领导方面，公平竞争审查联席会议制度贯彻落实，同反垄断、反不正当竞争执法的融合机制探索建立。2023年，福建、陕西、河南、河北、湖北、广东、北京、江西、浙江、山东①等地召开省级公平竞争联席会议，传达学习国家文件精神，总结工作情况，研究部署未来工作重点。同时，各地方对于公平竞争审查同反垄断、反不正当竞争的"三合一"行政统筹组织新机制也进行了积极的探索。广东省市场监管局与香港竞争委员会签署《关于推进粤港澳大湾区竞争政策与法律有效实施备忘录》，发布双方首项合作成果《粤港企业竞争合规指导手册》，推进公平竞争审查合作，有效构建起粤港两地竞争政策执行层面规则衔接机制，携手共建湾区公平竞争环境，提升粤港澳大湾区一体化水平。湛江市出台《湛江市公平竞争审查工作联席会议工作规则》，明确了联席会议、联席会议办公室、联席会议副召集人和成员单位的主要职责，充分发挥联席会议的协调指导作用，进一步加强议定事项和任务分工落实，提高议事决策效率，规范议事行为，有力推进公平竞争政策深入实施。

在审查机制建设上，公平竞争审查规则体系得到完善和创新。2023年，国家市场监督管理总局将制定出台《公平竞争审查条例》列入立法工作计划，并于5月组织起草了《公平竞争审查条例（征求意见稿）》，在行政法规层面作出制度性规定，有利于进一步完善公平竞争审查制度，切实强化竞争政策的基础地位，促进加快建设高效规范与公平竞争的全国统一大市场。7月，国家市场监督管理总局等部门发布了《关于开展妨碍统一市场和公平竞争的政策措施清理工作的通知》，明确清理范围，强化主体责任，并通过层层压实责任、强化社会监督、大力宣传倡导与健全长效机制四个方面推动加快建设全国统一大市场。② 12月，国家发展改革委牵头起草了《招标投标领域公平竞争审查规则(公开征求意见稿)》,包括总则、审查内容、审查机制、监督管理以及附则 5 个部分,进一步加强和规范招标投标领域公平竞争审查,维护公平竞争市场秩序。① 在地方层面,公平竞争审查机制建设积极对接市场化、法治化与国际化的营商环境,更大程度激发市场主体活力。广东省人民政府办公厅印发了《广东省优化营商环境三年行动方案(2023—2025 年)》,强调全面实施公平竞争政策,试行独立的公平竞争审查制度,建立公平竞争集中审查、第三方审查的工作模式。② 海南省印发了《海南自由贸易港公平竞争委员会招商引资公平竞争审查指引(试行)》《海南自由贸易港公平竞争委员会政企合作公平竞争审查指引(试行)》,针对招商引资、政企合作领域公平竞争审查重点、难点,在全国率先出台相关指引,不断完善统一大市场基础制度配套政策和公平竞争审查制度,推进产业政策向普惠化、功能性转变。③ 福建省发改委牵头印发《加强工程项目招标投标领域监管工作方案》,推进建立健全招标投标公平竞争审查机制,不断提高交易规则公平竞争审查的自觉性和主动性,不断提高招标投标领域规范性文件和政策措施质量,推进招标投标市场统一,进一步消除行业壁垒和地方保护,促进招标投标公平竞争。④

公平竞争审查第三方评估工作扎实推进,评估机制进一步完善。2023 年 4 月,国家市场监督管理总局发布新版《公平竞争审查第三方评估实施指南》,拓宽了委托单位范围、明确委托单位进行第三方评估情形、新增第三方评估重点评估内容、细化了对第三方评估机构的要求,力争提高审查质量和效果,推动公平竞争审查制度走深走实。广东、宁夏、新疆、云南、江西、天津、湖南、四川等地开展第三方评估工作;江苏、山东、安徽、浙江、广西、湖南、贵州、新疆、西藏等地更新公平竞争审查专家库。广东省人民政府发布的《广东省优化营商环境三年行动方案(2023—2025 年)》,强调对各地公平竞争审查制度实施情况和效果开展第三方评估。浙江省将施行首部公平

① 《关于向社会公开征求〈招标投标领域公平竞争审查规则(公开征求意见稿)〉意见的公告》,载 https://yyglxxbsgw. ndrc. gov. cn/htmls/article/article. html? articleId = 2c97d16b - 8678801b - 018c - 5bba0f9b-0076,2024 年 2 月 17 日访问。

② 《广东省人民政府办公厅关于印发广东省优化营商环境三年行动方案的通知》,"广东省发展和改革委员会"微信公众号 2023 年 7 月 7 日文。

③ 《国内新闻 | 海南率先出台招商引资、政企合作领域 公平竞争审查指引》,"竞争法微网"微信公众号 2023 年 6 月 16 日文。

④ 《省发改委等七部门关于印发〈加强工程项目招标投标领域监管工作方案〉的通知》,"福建省委改革办"微信公众号 2023 年 2 月 15 日文。

竞争审查领域的政府规章《浙江省公平竞争审查办法》，构筑"自我审查+集中审查+会审"的多层次审查体系，并规定政府制定机关可以根据工作实际引入专业社会力量参与公平竞争审查工作，将第三方机构评估费用纳入预算管理。①

同时，存量清理与增量审查有序实施，国家、省、市、县四级政府公平竞争审查实现全覆盖，全年各地区、各部门审查增量政策措施14.8万件，清理存量政策措施61.6万件，废止修订1.76万件。9月，国家市场监督管理总局通报2022年公平竞争审查督查整改案例，共计27件案例，其中违反市场准入和退出标准的14件，违反商品和要素自由流动标准的9件，违反影响生产经营成本标准的5件。各地方也专项开展公平竞争审查政策措施存量清理工作，例如，浙江省市场监管局会同省发展改革委、省财政厅、省商务厅研究制定全省清理工作方案，持续开展妨碍统一市场和公平竞争政策措施清理工作，2023全年共清理存量政策文件39866件，修订或者废止499件。另外，浙江省市场监管局开展11个地市间的滥用行政权力排除、限制竞争行为交叉检查，检查发现并督促各地整改妨碍统一市场和公平竞争问题66个，②促进商品和要素自由流动，保障民营企业公平参与市场竞争。

在监督考核方面，公平竞争审查工作考核评价体系逐渐完善，监督公示力度得到强化。新疆、安徽、黑龙江、重庆、广东、四川等地将公平竞争审查工作纳入政府绩效考核，完善考评指标体系；山东、福建、湖北、天津等地健全公平竞争审查投诉举报机制，加强社会监督。深圳市市场监督管理局等六部门联合印发《深圳市公平竞争审查抽查工作办法（暂行)》《深圳市公平竞争审查会审工作办法(暂行)》，建立公平竞争审查抽查、会审机制，打造统一开放、竞争有序的市场环境，为推进深圳市经济高质量发展提供有力支撑。③

在宣传培训方面，公平竞争政策宣传卓有成效；业务培训与技能竞赛积极开展。2022年9月11日至15日，国家市场监督管理总局(国家反垄断

---

① 《|国内要闻|浙江出台首部公平竞争审查办法 将于4月1日起施行》，"数字经济竞争法研究中心"微信公众号2024年2月14日文。

② 《浙江着力清理存量政策 破除地方保护和行政性垄断》，"公平竞争审查大数据"微信公众号2024年1月24日文。

③ 《深圳市市场监督管理局等六部门联合印发〈深圳市公平竞争审查抽查工作办法（暂行)〉〈深圳市公平竞争审查会审工作办法（暂行)〉》，载 https://amr. sz. gov. cn/xxgk/qt/ztlm/gpjzsc/sczd/content/post_10645102. html? eqid = 80d65baa0004d5fa0000000664891a12,2024年2月18日访问。

局）组织开展了主题为"统一大市场 公平竞未来"的第二届中国公平竞争政策宣传周活动,①各地方积极响应,以宣传周为契机,推送公平竞争审查制度解读,引导社会互动。同时,公平竞争审查业务培训和技能竞赛积极开展,促进公平竞争审查制度的落实。黑龙江、江苏、辽宁等地将公平竞争审查课程纳入党校；河南、福建、广西、新疆等地举办了公平竞争审查业务培训班。安徽、海南等地通过举行公平竞争审查技能竞赛,提升公平竞争治理能力。广东省拍摄了《粤港澳大湾区竞争政策合作宣传视频》和《反不正当竞争法》实施 30 周年宣传片,展示粤港竞争执法共建公平竞争湾区成果,展现《反不正当竞争法》实施 30 年来,广东不断强化反不正当竞争监管执法,坚持查处与规范相结合,持续优化营商环境,切实维护公平竞争的市场秩序。②

（五）逐步完善反不正当竞争法律规则体系,深入推进竞争执法司法工作

2023 年是《反不正当竞争法》实施的第 30 年。30 年来,反不正当竞争战略定位不断提升、法律规则不断完善,监管执法不断拓展深化、商业秘密保护力度不断加大、宣传倡导不断创新,为促进社会主义市场经济繁荣发展作出重要贡献。《反不正当竞争法》实施 30 年来,全国共查处各类不正当竞争案件 75.7 万件,罚没金额 128.8 亿元。③ 整体而言,反不正当竞争法立法、执法与司法工作均取得了瞩目的成就。

反不正当竞争法立法工作进一步完善。2023 年 3 月 20 日,最高人民法院颁布的《最高人民法院关于适用〈中华人民共和国反不正当竞争法〉若干问题的解释》（以下简称《解释》）正式生效。《解释》以激发市场创新活力、规范市场竞争行为、回应社会关切为着力点,重点对《反不正当竞争法》第二条、仿冒混淆、虚假宣传、网络不正当竞争行为等问题作出了细化规定,为执法、司法工作提供指导。在地方层面,以 2022 年《中华人民共和国反不正当竞争法（修订草案征求意见稿）》颁布为契机,贵州省人大新修订的《贵州省反不正当竞争条例》于 2023 年 10 月 28 日正式施行,明确了不正当竞争行为的定义,规定了反不正当竞争行为的工作机制,对涉嫌不正当竞争行为的调查进行了规范,以促进社会主义市场经济健康发展,鼓励和保护公平竞争。河北

---

① 《首届中国公平竞争政策宣传周成功举办》,载 https://www.samr.gov.cn/xw/zj/202211/t20221123_351868.html,2023 年 2 月 12 日访问。

② 《公平竞争 共创未来！广东开展一系列公平竞争政策宣传周活动》,"广东市场监管"微信公众号 2023 年 9 月 18 日文。

③ 《反不正当竞争法实施 30 年！全国共查处不正当竞争案件 75.7 万件!》"市场监管半月沙龙"微信公众号 2023 年 9 月 20 日文。

省人民政府办公厅则将《河北省反不正当竞争条例》列入立法计划，加快推进反不正当竞争规制体系的建设。2023年2月，按照党中央、国务院有关决策部署和国务院立法工作计划要求，司法部积极推动优化营商环境相关法律、行政法规的制修订工作，尤其是加快推动修订《反不正当竞争法》，针对经营主体反映较为突出的仿冒混淆、虚假宣传、商业贿赂、网络不正当竞争等问题，进一步完善反不正当竞争制度规则，加大不正当竞争行为违法成本，加强对各类经营主体合法权益的保护力度。为进一步强化商业秘密保护工作，国家市场监督管理总局根据《全国商业秘密保护创新试点工作方案》，经由地方政府申报筛选出部分城市为商业秘密保护创新试点地区。2023年10月，国家市场监督管理总局在此基础上又扩大了试点范围，公布了第二批全国商业秘密保护创新试点地区名单，包括北京市东城区、上海市黄浦区、广东省珠海市、浙江省湖州市等15个地区，充分发挥我国商业秘密行政保护、司法保护、行业保护相互支撑协调的制度优势，构筑商业秘密"大保护"格局。

扩大全国商业秘密保护创新试点范围。自2022年于浙江省杭州市举行的全国商业秘密保护创新试点启动会上公布了作为第一批创新试点的20个地区，试点周期为3年，以此充分发挥先行地区的示范引领作用后，2023年，国家市场监督管理总局扩大试点范围，持续推进全国商业秘密保护工作改革创新，同时组织开展首届"企业商业秘密保护能力提升服务月"活动，推动保护关口前移，帮助企业提升商业秘密保护意识和能力。9月20日，国家市场监督管理总局发布中英文《中国反不正当竞争执法年度报告（2022）》，从工作综述、执法成效、法治建设、典型案例、地方工作和大事记六个部分，全面展现了我国反不正当竞争工作成效，深入强调《反不正当竞争法》将在构建高水平社会主义市场经济体制进程中担负更重要的职责使命。

反不正当竞争法执法工作进一步深化。近年来全国市场监督管理部门依法加大行政监管的执法力度，狠抓案件查处，通过执法行动提升对反不正当竞争法的实践运用。2023年9月，国家市场监督管理总局公布了《反不正当竞争法》实施30年以来的行政执法案件，涉及商业贿赂、虚假宣传、数据爬取，以及网络不正当竞争等，强化典型案例的指导作用。网络不正当竞争行为执法是国家市场监督管理总局的重点工作方向，截至2023年9月6日，全国各级市场监管部门共立案查处网络不正当竞争案件1209件。国家市场监督管理总局继续加大对网络不正当竞争行为的监管力度，公布了公布9起网络不正当竞争典型案例，充分发挥典型案例警示教育作用，增强经营主体诚信守法、合规经营的意识维护正常的市场竞争秩序。另外，国家市场监督管理总局还发布了《反不正当竞争法》实施 30 年以来十大影响力事件,包括反不正当竞争进入新的战略高度,反不正当竞争法治基础不断筑牢,反不正当竞争制度规则不断完善,部分协调机制重要作用愈加凸显,通过整治"保健"市场乱象切实维护人民群众合法权益,反不正当竞争国际合作机制建设开启新篇章,反不正当竞争监管执法护航产业转型发展,开展反不正当竞争能力提升活动,以及强化商业秘密保护。①

各地着力开展各类行政执法工作,持续加大监管执法力度,加强打击网络不正当竞争行为。北京、上海、湖南、江西等地的市场监督管理局均发布了 2023 年反不正当竞争"守护"专项执法典型案例,涉及商业贿赂、虚假宣传与网络不正当竞争等,聚焦重点领域、重点行业、重点人群、重点地区、重点商品,规范竞争,进而推进建设全国统一大市场。通过连续部署开展反不正当竞争专项执法行动,体现了执法机关打击不正当竞争行为的专业性与决心。2023 年,北京市市场监管部门开展反不正当竞争"守护"专项行动,针对商业贿赂、刷单炒信、侵犯商业秘密等 10 类违法行为持续开展反不正当竞争执法专项行动,重点查处直播带货虚假宣传、互联网虚假广告,全年共结案 428 件,罚没款 2483 万余元。② 2023 年,江西省市场监管部门开展反不正当竞争"守护"专项行动立案数同比增长 24.2%,位居全国第一方阵,涵盖医药养生产品、教育培训、服装服饰、地方名优特产品、涉疫用品、日常用品等多个领域。同时,江西省市场监管部门高度重视地方特色行业的反不正当竞争专项执法。据统计,景德镇市局查办陶瓷领域不正当竞争案件 21 件,办结 15 件(含仿冒混淆案 5 件、虚假宣传案 10 件),罚没金额 303.51 万元。该市陶瓷市场尤其是网络直播中不正当竞争行为得到有效遏制,市场竞争环境明显好转。③

反不正当竞争法司法工作稳步推进。2023 年 9 月,最高人民法院发布了 5 件反不正当竞争典型案例,涉及案件类型包括不正当竞争一般条款的适用、混淆、虚假宣传、侵害技术秘密及网络不正当竞争纠纷。案件涉及的领域既包括家用电器、短视频、网络游戏、餐饮点评等生活消费领域,也包括

①《市场监管总局公布反不正当竞争法实施三十年以来十大影响力事件》,载 https://baijiahao.baidu.com/s? id=1777622568291027084&wfr=spider&for=pc,2024 年 2 月 20 日访问。

②《各地动态 | 北京市市场监管局开展反不正当竞争"守护"专项行动 今年已督促退还涉企违规收费超 4.1 亿元》,"竞争政策与评估中心"微信公众号 2023 年 10 月 30 日文。

③《各地动态 | 江西省市场监管局加强反不正当竞争执法"守护"经济社会高质量发展》,"竞争政策与评估中心"微信公众号 2023 年 12 月 28 日文。

诊断试剂等高科技领域，积极回应社会关切，并充分维护公平竞争秩序，持续探索完善数据保护规则，规范引导互联网健康发展。① 浙江、北京、上海等地陆续发布 2023 年度反不正当竞争典型案例。典型案例多涉及虚假商业宣传、商业诋毁、侵犯商业秘密、网络不正当竞争等。无论是传统商业领域还是新兴互联网领域的不正当竞争行为均需引起充分司法的高度重视。典型案例的公布既能够为新技术和新模式的发展与成长提供必要空间，也为相关市场主体行为的合法性判断提供了有益思路。

另外，在商业秘密保护层面，最高人民法院、最高人民检察院 2023 年 1 月发布了《关于办理侵犯知识产权刑事案件适用法律若干问题的解释（征求意见稿）》，向社会公开征求意见。4 月 26 日世界知识产权日，最高人民检察院发布《人民检察院办理知识产权案件工作指引》，规范商业秘密案件的办案程序。

（六）消费者权益保护成效明显，维权效能不断提升

随着市场在资源配置中决定性作用的充分发挥和供给侧结构性改革的深入发展，消费对经济发展的贡献因子逐渐凸显，中国正从"生产型社会"转变到"消费型社会"，保护消费者利益促进经济发展成为应有之义。在刚刚过去的 2023 年里，党中央、国务院与地方政府高度重视消费的发展和消费者权益保护，促进消费提质升级的政策法规不断出台，消费者权益保护相关法律法规进一步完善，消费者权益得到进一步完善。《质量强国建设纲要》《关于恢复和扩大消费的措施》《关于促进即时配送行业高质量发展的指导意见》《广东省"民生十大工程"五年行动计划（2023—2027 年）》《北京市进一步促进冰雪消费三年行动方案（2023—2025 年）》、2023 年政府工作报告等文献文件提出一系列促进消费、强化消费者权益保护的部署和要求。

数字平台通过大数据、人工智能等手段为消费者提供了更为丰富的产品和服务，为社会创造了巨大的经济价值，但是数字经济的虚拟性、隐蔽性和非实质接触性给消费者权益保护带来诸多挑战，侵害消费者自主选择权、公平交易权和隐私权益的情形时有发生，平台合规管理成为消费者权益保护新方向。数字经济给消费者权益保护带来的热点问题包括：直播带货、会员经济、跨境网购、盲盒消费、虚拟网游交易等新商业模式带来的维权新问题；新能源汽车、智能客服等智能消费领域给维权带来的新难点。中国消费者协

---

① 《最高法发布 2023 年人民法院反垄断和反不正当竞争典型案例》，"最高人民法院"微信公众号 2023 年 9 月 14 日文。

会发布的《2023 年"双 11"消费维权舆情分析报告》显示，监测期间，有关"直播带货"负面信息 1565203 条，占吐槽类信息的 47.99%，日均信息量55900 条；有关"商品质量"负面信息 870131 条，占吐槽类信息的 26.68%，日均信息量 31076 条。报告强调平台应切实履行管理责任维护市场秩序，监管部门应持续提升对直播带货领域的监管，并进一步引导消费者树立正确的消费观念，增强消费者辨别意识，增强对诱导消费的抵御能力。① 应针对网络直播等新兴领域加大监管力度，严厉打击直播带货中"知假卖假""傍大牌"等市场乱象，促进网络直播行业规范健康发展。在规范、政策文件的制定与修订上，2023 年 3 月，国家市场监督管理总局修订发布了《互联网广告管理办法》，结合网络直播营销活动工作实际，进一步规范网络直播营销行为，引导直播营销平台加强合规管理，促进网络直播营销活动健康发展，维护互联网消费者的权益。上海市则进入了网络平台的合规年，上海市市场监督管理局陆续起草了《上海市网络零售平台合规指引（征求意见稿）》《上海市网络餐饮服务平台合规指引（征求意见稿）》，修订起草了《上海市网络直播营销活动合规指引（修订征求意见稿）》，贯彻落实平台经济常态化监管要求，加强平台合规管理，保障相关主体合法权益，维护公平竞争市场秩序，促进平台经济高质量发展。2023 年 10 月，中国信通院联合发布《数字消费者权益保护白皮书（2023 年）》，强调加强数字空间的消费者权益保护是时代所需，数字消费者权益具有两大演进路径，数字消费者权利贯穿供给/消费链条始终，数字消费者权益保护面临两方面形势要求，未来数字消费者权益保护将呈现六大趋势，为社会各界进一步加强新时期的数字消费者权益保护工作提供有价值的参考。

在金融消费领域，2023 年 3 月，中共中央、国务院印发《党和国家机构改革方案》，组建国家金融监督管理总局，统筹金融消费者权益保护工作，将中国人民银行有关金融消费者权益保护职责和中国证监会的投资者保护职责划入国家金融监管总局。这一改革安排对金融消费者权益保护工作提出新的更高要求。10 月，国家金融监管总局、中国人民银行、中国证监会发布28 个金融消费者权益保护典型案例，涵盖银行、证券、保险、支付等领域，进一步规范经营行为，提升消费者权益保护工作水平和金融服务质效。②

① 《2023 年"双 11"消费维权舆情分析报告》，载 https://www.cca.org.cn/zxsd/detail/30774.html，2024 年 2 月 22 日访问。

② 《国家金融监管总局、中国人民银行、中国证监会发布金融消费者权益保护典型案例》，"国家金融监督管理总局"微信公众号 2023 年 10 月 10 日文。

2023 年以来，国家金融监管总局组织开展"3·15"消费者权益保护教育宣传周、"金融消费者权益保护教育宣传月"活动，累计开展线上线下教育宣传活动 94 万余场，共触及金融消费者近 48 亿人次，营造了"学金融、懂金融、信金融、用金融"的社会氛围，全面践行金融工作的政治性、人民性，提升消费者金融素养。① 在地方层面，金融消费者权益保护教育宣传工作时代性、全局性、普惠性更加明显。河北、天津等支持自然灾后重建，开通保险理赔绿色通道；江苏、湖南等针对新市民在就业、住房、教育、医疗、养老等重点领域的金融需求，设计相应的金融产品和服务；山西、厦门等畅通已故存款人小额存款提取通道、开展"沉睡保单寻亲"活动；大连、江西等推动利率优惠、财政贴息、政策性担保、保费补贴等影响力大、涉及面广的金融惠民措施直达小微企业；内蒙古、西藏等利用"三农"服务点和驻村工作站，加大对少数民族地区群众的金融帮扶力度；②福建则启动 2023 年"金融消费者权益保护教育宣传月"活动，激发金融正能量。

在文娱消费、智能家电、网游消费等问题已经成为 2023 年消费者频繁诟病的对象。长三角消费领域舆情显示，2023 年长三角有关文娱消费的维权舆情信息共计 1572901 条，主要涉及演出类服务预售门票纠纷、现场体验，以及景区服务乱象。在网游消费方面，国家新闻出版署发布的《网络游戏管理办法（草案征求意见稿）》，明确了网络游戏中的高额消费、游戏直播的打赏，以及网络游戏的宣传推广规范等问题，加强了对网络游戏消费者权益的保护力度。舆情监测期间长三角有关网游消费维权舆情信息共计 684888 条，舆论主要聚焦在未成年网游充值退款难，包括诱导充值、自动扣款无法退、游戏方只退还 12 个月内钱款、游戏方和手机厂商互相推诿等问题。在智能家电方面，消费维权舆情信息共计 438572 条，主要包括智能电视"套娃式"收费与广告多、质量参差不齐、售后服务涉嫌高额收费、智能家电适老化问题。长三角消保委联盟从关注这些重点领域、问题出发，充分利用舆情监测防范消费风险，进一步维护消费者权益。

2023 年，全国消费者权益保护工作得到进一步加强，整合优化 12315 投诉举报平台，构建监管部门与消费者权益保护组织、人民调解组织、仲裁机构、人民法院等衔接协作的消费争议多元化解机制，有效提升维权服务水

---

① 《站稳人民立场 汇聚金融力量 金融消费者权益保护教育宣传工作取得良好成效》，"国家金融监督管理总局"微信公众号 2023 年 12 月 29 日文。

② 《站稳人民立场 汇聚金融力量 金融消费者权益保护教育宣传工作取得良好成效》，"国家金融监督管理总局"微信公众号 2023 年 12 月 29 日文。

平，消费纠纷解决效率大幅提高。根据全国消协组织受理投诉情况统计，2023年全国消协组织共受理消费者投诉1328496件，同比增长15.33%，解决1127440件，投诉解决率84.87%，为消费者挽回经济损失13.7亿元。其中，因经营者有欺诈行为得到加倍赔偿的投诉17608件，加倍赔偿金额545万元。全年接待消费者来访和咨询106万人次。[①] 投诉量位居前十的服务包括经营性互联网服务、餐饮服务、培训服务、住宿服务、美容美发、移动电话服务、健身服务、远程购物、交通运输，以及保养和修理服务。同时，为了进一步防范消费者权益保护领域过度维权问题，我国司法机关予以了更多关注，其中，打假人"购假索赔"被刑拘、批捕、公诉，非法羁押1044天，该案被列入2023年度十大刑事案件。另外，辽宁省、河南省、山东省、浙江省、上海市与北京市等地法院均审理了与职业打假相关的案件。11月，最高人民法院起草了《最高人民法院关于审理食品药品惩罚性赔偿纠纷案件适用法律若干问题的解释（征求意见稿）》，重点关注了"知假买假"是否适用惩罚性赔偿问题，并对之进行了明确，即知道所购买食品不符合食品安全标准或者药品是假药、劣药仍然购买，购买者请求经营者返还价款的，人民法院应当依法支持。从中可见，除了以往执法层面关注过度维权外，司法机关也开始将职业打假人问题作为重点关注方向。

两高对消费者权益保护不断加强。2023年3月15日，最高人民法院发布了10件网络消费典型案例，涉及不正当干预搜索结果、商家"差评"纠纷、未成年人游戏消费、限时免单条款、霸王条款等一系列问题。最高人民检察院发布了10件检察机关食品药品安全公益诉讼典型案例，涉及外卖、医疗美容、养老机构等多个重点行业，对完善消费维权合作机制，打击严重损害众多不特定消费者权益的行为，探索多维度、跨区域消费民事公益诉讼制度具有重要推动作用。

（七）其他行业监管

在价格监管领域，强化市场价格监管，规范价格和收费行为，稳定宏观经济大局，全力保障重点民生领域的价格稳定与供应充足。2024年2月，全国价格监督检查和反不正当竞争工作座谈会暨守护行动部署推进会在山东济南召开。会议强调要加大市场价格监管力度，开展初级产品价格监测监管，强化教育、医疗等民生领域价格执法检查。在医疗领域，2023年国家层

---

① 《2023年全国消协组织受理投诉情况分析》，载 https://www.cca.org.cn/tsdh/detail/30872.html，2024年2月22日访问。

面发布医疗行业相关政策共计 200 余条，省级层面发布相关政策约有 1400 条。国家卫健委办公厅发布了《大型医院巡查工作方案（2023—2026 年）》，完善了医院法治建设和惩防体系建设，提高了医疗服务与药品提供价格的透明度，切实保障人民群众健康权益。广东省医疗保障局发布了《广东省医疗保障局新增医疗服务价格项目管理办法（征求意见稿）》，规范新增医疗服务价格项目管理；四川省医疗保障局发布了《四川省药械集中采购和医药价格监管平台挂网药品价格监测管理办法（征求意见稿）》，规范医药企业和医疗机构价格和采购行为，引导药品市场价格合理形成，强化药品价格监测管理的科学性、合理性和规范性。在教育领域，广东省发展和改革委员会、广东省教育厅、广东省财政厅、广东省市场监督管理局发布了《广东省民办义务教育收费管理办法》，明确了收费项目、定价程序、调整幅度，以及规范学校收费行为，遏制教育领域过高收费、过频调价现象。广西壮族自治区教育厅发布了《广西壮族自治区义务教育学校常规管理规定（2023 年版）》，强调加强收支管理，学校要严格按照当地价格主管部门批准的收费范围、收费项目和收费标准收费，严格执行收费公示制度，自觉接受监督。北京、河南等地市场监督管理局公布的典型案例较多涉及教育领域的纠纷。对教育领域价格的监管，能形成有力震慑，引导教育价格在合理区间运行。

在质量监管领域，不断深入实施质量强国战略，健全质量政策，加强全面质量管理，为全面建设社会主义现代化国家、实现中华民族伟大复兴的中国梦提供质量支撑。质量基础设施建设扎实推进。现代先进测量体系建设取得新进展，2023 年开始实施发布 136 项国家计量技术规范基准，量值传递溯源体系进一步完善，截至 2023 年 5 月获得国际承认的校准和测量能力达到 1864 项，位列国际前列。建立政府主导制定与市场自主制定相协同的新型标准体系，发布国家标准 4.3 万多项、备案行业标准 7.8 万多项、地方标准 6.2 万多项，自我声明公开团体标准 5.3 万项。质量竞争力水平明显提高。深入开展质量提升行动，推动企业练好内功、加强全面质量管理和品牌建设，一些地方以技术、标准、品牌、质量、服务为核心的竞争新优势加快形成，涌现出一大批享有国际声誉的优质知名品牌，质量竞争型产业规模不断扩大，产业质量竞争水平持续提升，形成一批先导性、支柱性产业集群。2023 年，国家市场监督管理总局发布了《全国重点工业产品质量安全监管目录（2023 年版）》对重点工业产品质量安全监管目录实施动态调整，强化依据标准监管，科学采取监督抽查、生产许可、风险监测、专项整治、认证认可、缺陷召回等监管措施，提高监管的精准性和有效性。农业农村部通报了

2023 年农产品质量安全监管执法典型案例，涉及违法使用禁限用药物、常规药物残留超标，以及未按照规定开具、收取、保存承诺达标合格证，对农产品质量安全违法违规行为始终保持高压严打态势，进一步加强监管执法，切实守好农产品质量安全底线。

在安全监管领域，食品安全关系人民身体健康和生命安全，必须坚持最严谨的标准、最严格的监管、最严厉的处罚、最严肃的问责，确保药品安全是各级党委和政府义不容辞之责，要始终把人民群众的身体健康放在首位，促进形成公平竞争的市场环境，为各类市场主体特别是中小企业创造广阔的发展空间，更好保护消费者权益。

在食品安全风险治理领域，食品安全水平稳步提升。以新的《食品安全法》的颁布实施为契机，国家和地方相继出台了一系列的配套规章和规范性文件以及地方性法规，如《食品安全标准管理办法》《关于进一步规范食品安全地方标准备案工作的通知》《关于进一步优化食品企业标准备案管理工作的通知》等，构建起以《食品安全法》《农产品质量安全法》为核心的较为完整的食品安全风险治理法律体系。2023 年一二三产业质量安全稳步提高，农业标准化生产普及率稳步提升，2023 年 1 月 1 日，《农产品质量安全法》正式施行，进一步完善了农产品质量安全监管制度，强化了法律责任和处罚力度，与《食品安全法》有机衔接，实现"从田头到餐桌"的全过程监管，对提升农产品质量安全治理水平，保障"舌尖上的安全"，满足人民对美好生活的需要，助推农业农村高质量发展具有重大而深远的意义。国家市场监督管理总局修订发布了《食用农产品市场销售质量安全监督管理办法》，明确衔接落实法律法规要求，强化市场开办者和销售者食品安全责任，以及完善法律责任，回应《农产品质量安全法》《食品安全法实施条例》的新规定。针对食品安全问题，部分地方也进行了新的探索。如山东省农业农村厅发布了《山东省农产品质量安全条例(修订草案征求意见稿)》，进一步明确保障农产品质量安全，完善山东省农产品质量安全政策法规体系。

在药品安全领域，国家药品监督管理局各项工作都取得了新成绩，药品安全性、有效性、可及性显著增强。《2023 年度药品审评报告》提出，2023 年药品注册申请申报量持续增长，药审中心受理各类注册申请 18503 件(同比增加 35.84%，以受理号计)，其中药品制剂注册申请 16898 件(同比增加 36.63%)。全年审结注册申请共 15713 件(同比增加 28.80%)，其中药品制剂注册申请 14523 件(同比增加 27.79%)。药监局持续强化药品研发、生产、流通全链条监管，深化药品审评审批制度改革，一批新药好药加快上市。

全年批准上市 1 类创新药 40 个品种，其中 9 个品种通过优先审评审批程序批准上市，13 个品种为附条件批准上市，8 个品种在临床研究阶段纳入了突破性治疗药物程序。药品安全监管部门坚持人民至上、生命至上，牢牢守住药品安全底线，审评审批制度改革持续深化，质量安全监管扎实有力，为医药行业高质量发展作出积极贡献。2023 年 9 月，最高人民法院发布了 5 起危害药品安全犯罪典型案例，涉及进口药品、疫苗、医疗美容药品、特药药品、口腔科等，加强以案释法，有力震慑危害药品安全犯罪。

在工业产品和特种设备安全监管领域，工业产品质量安全监管不断强化。建立健全工业产品生产许可目录制度、重点工业产品监管目录制度，充分发挥了工业产品和特种设备对促进高质量发展的作用。2023 年 1 月，国家市场监督管理总局特种设备局印发《2023 年特种设备安全监察工作要点》，在分析现有形势的基础上提出了坚持人民至上、坚持法治监管、智慧监管与信用监管，同时再次强调到 2025 年万台特种设备死亡率控制在 0.06 以下、特种设备数量年均增长 8% 以上等主要目标。在规章制度方面，出台《特种设备生产单位落实生产安全主体责任监督管理规定》《特种设备使用单位落实使用安全主体责任监督管理规定》等文件，规范落实特种设备安全处理工作。在重点领域的安全方面，国家市场监督管理总局提升特种设备应急能力，修订实施《市场监管总局特种设备突发事件应急预案》，定期开展应急演练，不断提高应急处置能力。陕西省制定了《陕西省特种设备安全监管工作指导意见》，出台了《关于规范全省特种设备检测工作的实施方案(试行)》，切实以高水平安全保障高质量发展，坚决遏制重特大事故的发生。9 月，2023 年度长三角特种设备安全监管工作座谈会在安徽绩溪召开，进一步落实深化《"十四五"长三角特种设备安全监管一体化合作框架协议》，就推行长三角区域特种设备安全管理和作业人员电子证照管理、聚焦城镇燃气安全专项整治协同查处"问题瓶"、共同加强电梯自行检测规范管理保障乘梯安全、推进长三角区域移动式压力容器检验工作一体化达成合作共识，共同保障长三角区域特种设备安全形势稳定向好。广东上线了特种设备企业自主管理平台，从服务企业的角度出发，分别为特种设备生产、使用单位提供特种设备相关业务的管理、隐患排查等功能，助推特种设备生产、使用单位落实好安全主体责任。与 2013 年相比，2022 年特种设备事故起数、死亡人数、万台特种设备死亡率分别下降了 52.4%、65.1%、84.8%，法律施行后的 10 年间未发生重特大特种设备事故。

在计量与标准领域，充分发挥引领科技进步、促进经济社会高质量发展、提升国家治理能力现代化水平的基础保障工作，助力高技术创新，促进高水平开放，引领高质量发展。在计量领域，此前国务院发布了《计量发展规划（2021—2035 年）》，用 7 大部分 38 条重点内容全面阐述了面向 2035 年的计量事业发展主要任务和推进措施。国家市场监督管理总局印发了《2023 年全国计量工作要点》，强调紧跟计量科技进步和时代发展要求，不断完善计量制度安排，围绕高质量发展计量需求，不断提升计量基础保障能力，聚焦民生急需，全面履行计量监督管理职能。国家市场监督管理总局还修订了《定量包装商品计量监督管理办法》，修改了适用范围、监管部门，明确了定量包装商品净含量计量检验规则，删除关于商品包装尺寸的规定，明确了定量包装商品生产企业自我评价和自我声明的制度，修改了法定计量单位的相关要求与处罚规定。在标准化领域，国家标准化管理委员会印发了《2023 年全国标准化工作要点》，涵盖加强新兴技术领域标准研制，加快科技成果转化步伐，提升产业标准化水平，支撑现代化产业体系，完善绿色发展标准化保障，助力美丽中国建设，织密筑牢标准安全网，切实统筹发展和安全等在内的八个方面，优化标准供给，强化标准实施。各领域多个部门发布多份涉及标准化的政策文件，如工业和信息化部等九部门发布《质量标准品牌赋值中小企业专项行动（2023—2025 年）》，交通运输部发布《关于加强交通运输安全生产标准化建设的指导意见》，国家标准化管理委员会、民政部、商务部发布《养老和家政服务标准化专项行动方案》，自然资源部办公厅发布《自然资源标准化工作三年行动计划（2023—2025 年）》、国家标准委等六部门发布《城市标准化行动方案》等，全面推进各领域标准化建设，更好地支撑和保障国家标准工作的开展。

在广告领域，持续推进广告产业高质量发展，同时针对此前频繁出现的"弹窗广告""刷单黑色产业链"等突出问题进行重点解决，并修订相关规范文件，公布典型执法案例，取得卓越成效。2023 年 6 月，国家市场监督管理总局印发《市场监管总局办公厅关于扎实做好广告监管领域行风突出问题排查治理工作的通知》，提出了 10 个方面针对加强广告监管领域行风建设的举措，包括推进"三品一械"广告审查服务规范化、便利化、标准化，规范广告监测工作，加强传统媒体广告监管，加强互联网广告监管，强化部门协同监管，规范广告产业园区管理，推进公正文明执法，提升广告执法效能。国家市场监督管理总局还修订发布了《互联网广告管理办法》，并于 2023 年 5 月 1 日正式施行，优化细化了互联网广告行为规范，根据互联网广告在广告形式、经营模式、投放方式等方面的新样态，对传统电商大发展背景下形成的监管思路和监管方式进行了调整。同时，国家市场监督管理总局发布了《广告绝对化用语执法指南》，进一步厘清法律适用边界，明确执法监管一般原则，规范自由裁量权，加强广告监管执法工作，提升行政资源运行效率。2023 年，多地执法部门采取相关措施，遏制广告领域的不良风向。海南省市场监督管理局加强政治导向、互联网、医疗美容、房地产、神医神药等重点领域广告监管，严厉查处违法违规行为，全省查办广告案 82 宗，罚没款177.61 万元，并公布了广告领域六大典型案例。湖北省市场监督管理局持续部署开展重点领域广告专项整治行动，开展互联网广告领域治理，深化医疗美容行业突出问题专项治理，持续开展广告领域打击"神医、神药"铁拳行动，加强校外培训广告管控和明星广告代言活动监管等，取得积极成效，并公布了一批违法广告典型案例，严厉打击了广告领域相关违法行为，保障了人民群众的合法权益。

　　数据作为新型生产要素，具有无形性、非消耗性等特点，可以接近零成本无限复制，对传统产权、流通、分配、治理等制度提出新挑战，亟须构建与数字生产力发展相适应的生产关系，不断解放和发展数字生产力。2023 年10 月 25 日，国家数据局挂牌成立，对我国数字经济的发展具有重大意义。在制度体系层面，国家数据局将从国家层面统筹协调数字中国、数字经济、数字社会的规划和建设；在产业发展层面，国家数据局能够更好统筹数据资源整合共享和开发利用，推动互联网、大数据、云计算、人工智能、区块链等数字技术加速创新融合，实现数字技术与实体经济的深度整合。在数字中国的建设上，国家数据局的成立无疑是新的起点，我国将形成以数据要素制度为基础，以数据资源开发利用为主线，以数据基础设施为载体的新格局，不断做强做优做大数字经济，为全球数字经济发展贡献"中国方案"。[1] 2023 年12 月，国家数据局起草了《"数据要素×"三年行动计划（2024—2026 年）（征求意见稿）》，计划到 2026 年底，数据要素应用场景广度和深度大幅拓展，在经济发展领域数据要素乘数效应得到显现，打造 300 个以上示范性强、显示度高、带动性广的典型应用场景，产品和服务质量效益实现明显提升，涌现出一批成效明显的数据要素应用示范地区，培育一批创新能力强、市场影响力大的数据商和第三方专业服务机构，数据产业年均增速超过 20%，数据交易规模增长 1 倍，场内交易规模大幅提升，推动数据要素价值创造的新业态成为经济增长新动力，数据赋能经济提质增效作用更加凸显，成为高质量发

---

[1]《意义重大！国家数据局正式挂牌》，"新华社"微信公众号 2023 年 10 月 26 日文。

展的重要驱动力量。财政部印发的《企业数字资源相关会计处理暂行规定》，明确将数据资源视作资产入表，推动数据资源向数字资产转化，进一步发挥数据作为生产要素的作用。地方也重点发力，采取相关措施力推数据产业发展。2023年，北京市发布《关于更好发挥数据要素作用进一步加快发展数字经济的实施意见》，从数据产权、流通交易、收益分配、安全治理等方面构建数据基础制度，共提出23条具体要求。上海市发布《立足数字经济新赛道推动数据要素产业创新发展行动方案（2023—2025年）》，在加强数据产品新供给、激发场景应用新需求、发展数商新业态等七方面采取措施，为上海数据要素产业未来三年的发展规划了蓝图。四川省发布《四川省关于推进数据要素市场化配置综合改革的实施方案》围绕强化数据要素供给、构建数据要素流通体系、推动数据要素创新应用、构建数据制度标准规范、健全数据安全治理体系等方面，提出18项重点任务。

　　数据在经济社会发展中越来越重要，由于数据流动性和易篡改性的特点，其一旦遭到篡改、破坏、泄露或者非法获取、非法利用对用户安全甚至国家安全都将造成巨大的危害。2023年1月，工信部、国家网信办、国家发展改革委等十六部门联合发布《关于促进数据安全产业发展的指导意见》（下称《指导意见》），目标到2025年，数据安全产业基础能力和综合实力明显增强，数据安全产业规模超过1500亿元，年复合增长率超过30%。《指导意见》强调推进规划咨询与建设运维服务，面向数据安全合规需求，发展合规风险把控、数据资产管理、安全体系设计等方面的规划咨询服务，同时积极发展检测、评估、认证服务。建立数据安全检测评估体系，加强与网络安全等级保护评测等相关体系衔接，培育第三方检测、评估等服务机构，支持开展检测、评估人员的培训，切实维护数据安全。2月，中共中央、国务院印发了《数字中国建设整体布局规划》，提出要强化数字中国关键能力，其中包括筑牢可信可控的数字安全屏障，完善网络安全法律法规和政策体系。7月，中国人民银行发布《中国人民银行业务领域数据安全管理办法（征求意见稿）》，提出了"谁管业务，谁管业务数据，谁管数据安全"的基本原则，要求数据处理者采取有效措施保护数据安全，同时压实了数据处理活动全流程安全合规责任和底线。9月，国家互联网信息办公室发布《规范和促进数据跨境流动规定（征求意见稿）》，明确了数据跨境流动的豁免情形，旨在保障国家数据安全，保护个人信息权益的基础上，进一步规范和促进数据依法有序自由流动。11月，工信部为贯彻落实《数据安全法》《工业和信息化领域数据安全管理办法（试行）》，推动工业和信息化领域数据安全行政处罚工作制度化、规范化开展,研究起草了《工业和信息化领域数据安全行政处罚裁量指引(试行)》,明确了数据处理者的数据安全保护义务,细化了处罚裁量基准和裁量尺度。

二、2023 年市场规制法实施的特点及存在的问题

(一)2023 年市场规制法实施的特点

1. 着力破除行政性垄断和地方保护,助力全国统一大市场建设

建设全国统一大市场,是畅通国内大循环的重要任务,破除行政垄断,既是市场经济的本质要求,也是建设高效规范、公平竞争、充分开放的全国统一大市场的必然选择。2023 年市场监管部门围绕"激发市场主体活力、畅通国内大循环",聚焦城市管理、医疗卫生、工程建筑、公用事业、自然资源规划等重点领域深入开展制止滥用行政权力排除、限制竞争执法专项行动,严格查处限定交易、妨碍商品自由流通、限制外地经营者参加本地招标投标活动等滥用行政权力排除、限制竞争行为,从源头上清理妨碍统一市场和公平竞争的政策及措施,为实现全链条监管、优化公平竞争的制度环境,促进高质量发展作出积极贡献。2023 年 4 月 21 日,二十届中央全面深化改革委员会第一次会议召开。会议指出,"促进民营经济发展壮大,要着力优化民营经济发展环境,破除制约民营企业公平参与市场竞争的制度障碍"。4 月 28 日,中共中央政治局召开会议,指出"要坚持'两个毫不动摇',破除影响各类所有制企业公平竞争、共同发展的法律法规障碍和隐性壁垒,持续提振经营主体信心,帮助企业恢复元气"。7 月 14 日,《中共中央 国务院关于促进民营经济发展壮大的意见》印发,提出了三十一项重要举措,其中开头两项便是"持续破除市场准入壁垒"和"全面落实公平竞争政策制度"。12 月 11 日、12 日,中央经济工作会议在北京举行。会议强调 2024 年九项重点工作,其中深化重点领域改革部分,包括"加快全国统一大市场建设,着力破除各种形式的地方保护和市场分割"等内容。

自 2023 年民生领域反垄断执法专项行动开展以来,国家市场监督管理总局纠正滥用行政权力排除、限制竞争行为 13 件、执法约谈 8 件,刚性执法与软性执法相结合,协同促进行政垄断案件查处效率,更高效破除地方保护、市场分割,切实维护公平竞争市场秩序,以全链条、全周期形成竞争合力共同维护全国统一大市场建设。2023 年持续开展的制止滥用行政权力排除、限制竞争执法专项行动,充分体现各地市场监督管理局落实《反垄断法》有关规定,为市场经营参与者对行政部门滥用行政权力的行为提供了有效的

认知边界，有助于激发市场活力，优化公平竞争市场环境。

2. 不断创新市场监管方式，营造良好的营商环境

2023 年以来，市场监管部门积极转变监管理念，着力推进包容审慎监管，探索柔性监管方式，加快完善市场监管行政处罚裁量权基准，建立和推行案例指导制度，防止"小过重罚""类案不同罚"等问题。更好运用提醒告诫、行政指导等方式，耐心做好沟通说明，积极争取理解支持，在依法履职中体现执法温度，实现了市场监管执法法律效果和社会效果的统一。2023 年 10 月，国家市场监督管理总局印发《滥用行政权力排除、限制竞争执法约谈工作指引》，充分发挥约谈制度作用，既让当事人了解反垄断法律和政策规定、减少抵触情绪，又指导督促当事人自查自纠、主动整改。对不予整改或整改不到位的，向当事人的上级机关制发行政建议书，保证履职到位推动形成良好执法效果。

市场监管部门推动完善全链条执法，进一步贯彻宽严相济的原则，持续打造市场化、法治化、国际化营商环境。《市场监管总局关于新时代加强知识产权执法的意见》明确健全完善执法机制，深入剖析互联网领域违法行为规律，推动完善网络环境下调查取证制度规范，构建线上线下结合、上下联动、区域协作的全链条执法机制。2023 年 8 月，国家市场监督管理总局组织的《直销管理条例》修订立法调研会在北京召开，强调建立适应直销行业特点的监管制度和机制，强化事前事中事后全链条监管措施，防止出现欺诈行为，维护消费者权益和社会稳定。

市场监管部门积极创新制度机制，大力开展经营主体信用修复，助力经营主体提升信用水平和市场竞争力，全力推动我国经济高质量发展。国家市场监督管理总局制定出台了《市场监督管理信用修复管理办法》《严重违法失信名单和行政处罚公示信息信用修复管理程序规定（试行）》，构建分级分类管理、梯次退出的信用修复格局，同时注重运用互联网、人工智能、区块链、大数据、云计算等新技术，创新信用修复机制，实现全国各地信用修复"一网通办"，为经营主体提供高效便捷信用修复服务。

3. 企业合规管理进一步发展和完善，地方企业合规管理体系建设持续跟进

2022 年是我国中央企业合规管理进一步发展和强化的一年，2023 年则是地方企业合规管理体系建设迸发的一年。河北、黑龙江、山西、湖南、北京、陕西等均出台了相关的反垄断合规指引，不断强化企业反垄断合规管理。5 月，《广东省省属企业合规管理办法》正式施行，分别在组织和职责、制度建设、运行机制、合规文化、信息化建设、监管问责等多个方面进行了

详细规定，为省属企业的合规管理措施提供了新范本。《青海省省属监管企业合规管理办法》基于青海省本身情况，依据 19 家省属监管企业的合规管理现状与发展趋势，以《中央企业合规管理办法》为框架，结合省属监管企业实际情况，进行调整与修订，推进青海省省属监管企业合规建设。《天津市国资委监管企业合规管理办法》在参照《中央企业合规管理办法》的基础上，细化了合规风险识别评估预警、合规审查、合规风险应对、违规问题整改、违规举报、违规追责问责、合规管理联席会议、合规管理有效性评价、合规管理考核评价 9 项机制，推动监管企业聚焦主责主业，加快提升核心竞争力、增强核心功能。江苏省工商业联合会发布《江苏省民营企业合规建设指引(2023 版)》，鼓励本省民营企业自主开展合规建设，建立合规文化。从2018 年企业合规元年开始，再到 2022 年，我国中央企业、地方国有企业依据《中央企业合规管理指引(试行)》及各省、自治区、直辖市国资委的合规管理指引，经过三年多的努力，基本完成了合规管理体系建设，最后到 2023 年"合规管理强化年"，地方企业合规管理体系建设持续跟进，整体合规管理建设进一步向好。

4. 常态化监管成效明显，保障民生进一步加强

常态化监管是指新时代反垄断工作将成为一种趋于稳定与经常性的态势。2023 年，随着新《反垄断法》的逐步落实与相关配套措施的完善，常态化监管在重点领域的实施已初显成效。5 月，《国务院办公厅关于加强医疗保障基金使用常态化监管的实施意见》细化了完善常态化监管的思路。包括推进飞行检查常态化、专项整治常态化、日常监管常态化、智能监控常态化，以及社会监督常态化。7 月，中共中央政治局常委、国务院总理李强主持召开平台企业座谈会。李强强调，各级政府要着力营造公平竞争的市场环境，完善投资准入、新技术新业务安全评估等政策，健全透明、可预期的常态化监管制度，降低企业合规经营成本，促进行业良性发展。9 月，国家发改委内部设立民营经济发展局，其主要职责即包括"建立与民营企业的常态化沟通交流机制，协调解决民营经济发展重大问题，协调支持民营经济提升国际竞争力"。国家市场监督管理总局印发《市场监管部门促进民营经济发展的若干举措》，明确要加强互联网平台常态化监管，建立健全平台企业合规推进机制，降低平台企业合规经营成本。平台常态化监管期间，各地市场监管部门共引导 854 家平台企业对协议规则进行全面自查，帮助平台企业补充协议规则 982 个，督促指导平台企业修改优化协议规则 2698 个。未来，应持续推进平台经济迈向高质量发展阶段，兼顾公平与效率，以常态化监管保驾护

航，不断释放平台经济新动能。

近两年来"强化反垄断和防止资本无序扩张"工作已取得良好成果，整体垄断行为存量清零、潜在垄断者在强大威慑力和系列配套指南下积极整改、主动合规，各领域的非法垄断行为与资本无序乱象已经得到妥善处理，相关企业合规建设得到加强。与2022年相比，我国没有出现互联网领域反垄断执法案件。2023年12月，北京市高级人民法院对京东诉浙江天猫网络有限公司、浙江天猫技术有限公司、阿里巴巴集团控股有限公司"二选一"案作出一审判决，认定其滥用市场支配地位实施"二选一"的垄断行为成立，对京东造成严重损害，并判决向京东赔偿10亿元，标志着针对互联网领域的反垄断行为的执法、司法体系不断走向成熟。对比这两年的数据可见，互联网领域的监管迈向了常态化监管阶段，互联网企业的反垄断合规意识不断增强，随着竞争文化的不断普及，多数企业越来越注重自律监管。

常态化监管在民生领域的实施同样释放了积极信号。2023年，反垄断二司坚持"监管为民"执法理念，切实加强民生领域经营者集中预防性监管。2023年民生领域反垄断执法专项行动中，共计受理民生领域经营者集中申报378件，涉及医药制造、供暖供气、超市零售、食品制造、房地产、建筑装修、服装纺织等；审结民生领域经营者集中案件328件，高效快速放行没有竞争损害的经营者集中案件，依法稳慎处理有竞争问题的经营者集中，对2起案件附加保障供应、降低价格等限制性条件，维护市场竞争活力，保障了中小企业和消费者利益。民生领域的常态化监管对全国统一大市场的建设起到关键作用，大幅增进民生福祉。

2023年，常态化监管的重点放在医药领域，涌现了一批典型案件，涵盖了横向垄断协议、转售价格维持和滥用市场支配地位等各类典型垄断行为。远大医药、北京紫竹、东北制药等知名药企均被开大额罚单，行业年度罚款总额达到18亿元。其中，上海市市场监管局在上海上药第一生化药业有限公司等4家公司滥用市场支配地位案中开出2023年度医药行业反垄断最高罚单，罚没总额高达12亿元人民币，跻身我国反垄断案件罚款金额排名前五。市场监管部门针对医药行业的常态化监管已步入正轨，不仅大力震慑了涉嫌实施垄断行为的医疗机构，更维护了医药行业的公平竞争环境，增进患者福利。

5.深入推进公平竞争政策实施，公平竞争审查工作取得新突破

新修《反垄断法》将公平竞争审查制度写入法律，公平竞争审查的重要性上升到新的高度，强化了公平竞争政策的基础地位，增强了公平竞争审查制

度的权威。确保了公平竞争审查制度的建立健全和有效实施。《反垄断法》《反不正当竞争法》及时修订，7部配套规章和8部平台经济、经营者合规等重点行业和领域指南发布实施，构建起由多部法律法规、规章和指南构成，覆盖线上线下、日趋系统完备的市场公平竞争制度规则体系，基本形成我国公平竞争顶层设计政策框架。在公平竞争审查制度工作推进上，充分发挥了公平竞争审查联席会议的领导协调作用，在强化统筹组织、细化审查规则、加强宣传培训等方面多措并举，公平竞争审查制度深入落实。推动在全国范围内建立公平竞争审查制度，大力清理和废除妨碍全国统一市场和公平竞争的各种规定和做法，国家、省、市、县四级政府公平竞争审查实现全覆盖，公平竞争创新试点工作取得成效，审查能力和水平得到提高，制度刚性约束不断增强。在此基础上，国家市场监督管理总局推行信息化建设、举报处理、重大政策措施会审、公平竞争指数四项试点工作，各地结合实际情况，创新工作机制，提升审查成效。同时，第三方评估工作稳步推行，部分省市建立公平竞争审查专家库，健全评估机制，为公平竞争审查实践提供支持。综合运用监督、考核等方式落实工作责任，多途径宣传以营造浓厚的公平竞争社会氛围。加强宣传培训和竞争倡导，开展《新反垄断法》和公平竞争审查培训，培育和弘扬公平竞争文化，着力营造公平竞争的良好氛围。

6. 聚焦重点行业及领域内不正当竞争监管，专项执法行动效果显著

2023年是《反不正当竞争法》实施30周年，30年来，全国共查处各类不正当竞争案件75.7万件，罚没金额128.8亿元。近年来，为适应科技产业创新发展和竞争格局的变化，国家市场监督管理总局依法加强对不正当竞争行为的监管，重点加大社会关注度高、群众反映强烈的不正当竞争行为的查处力度，营造诚实守信的市场环境。持续强化商业秘密保护工作，着力优化市场营商环境。加强商业秘密保护，是强化反不正当竞争的重要任务，也是强化知识产权保护的重要内容，对激发市场主体活力和创造力，推动我国经济创新发展、高质量发展，提升国家整体竞争力具有重要意义。面对商业秘密保护中长期存在的薄弱环节和制度短板，国家市场监督管理总局决定创新监管理念、完善保护思路，通过开展全国商业秘密保护创新试点工作，着力激发基层首创精神，进而探索更多更有效的保护模式和实践经验，目前已启动第二批全国商业秘密保护创新试点。一些地方走在全国前列，如浙江省率先制定了商业秘密保护的地方标准，重庆、黑龙江等地也都制定了相关工作方案、工作指引等，将监管执法与创新发展、高质量发展更紧密地结合在一起。通过强化商业秘密保护工作，在全社会形成重视商业秘密、尊重商业秘密、

保护商业秘密的整体环境，着力优化市场营商环境。

7. 消费者权益保护持续推进，及时回应社会关切

2023 年，在前一年的基础上，消费者权益保护工作取得了显著成效。消费是经济发展的最终目的和重要动力，服务消费者、满足消费者需求是互联网企业发展的落脚点，也是企业社会责任感的体现。本年度，消费者权益保护立法取得重大进展，国务院常务会议通过了《中华人民共和国消费者权益保护法实施条例(草案)》，为明确经营者责任，进一步强化消费者权益保护奠定了基础。对于网络消费和数字经济领域的治理和监管持续加强。2023 年 9 月，国家市场监督管理总局发布了《市场监督管理投诉信息公示暂行规则》，细化了投诉程序，明确了不予受理的投诉与恶意投诉的判别，推动经营者落实消费维权主体责任，加强消费者权益保护社会共治，持续优化消费环境。此外，国家市场监督管理总局聚焦民生领域群众反映强烈、社会舆论关注的突出问题，进一步加大打击力度，严厉打击哄抬价格、串通涨价、价格欺诈等违法违规行为，坚决打击医疗、药品、保健食品、医美、教培、金融等重点领域虚假违法广告行为，规范行业竞争秩序，维护人民群众的生命健康与财产安全，并颁布了《互联网广告管理办法》，强化违法的互联网广告监管，厘清广告主、广告经营者与广告发布者的责任分担，从根源上规范互联网广告活动，对于"网红经济""直播经济"等新模式仍需密切关注，落实网络直播平台管理主体责任，规范网络直播营销行为，加强信息共享、加强联合奖惩，对于新兴领域要深化协同共治，避免"一刀切"式的扼杀，推动提升监管合力。

8. 及时跟进数据领域监管

数字经济作为继农业经济、工业经济后的新经济形态，具有创新能力强、发展速度快的特点，必须遵循数字经济发展规律，及时更新制度法规，灵活采取措施对数据领域进行市场监管。2023 年，《个人信息保护法》正式实施两周年，为个人信息主体权利的保障以及个人信息处理者的合规义务等方面提供了重要的法律依据；《未成年人网络保护条例》发布，进一步完善了未成年人的个人信息保护规则；《人脸识别技术应用安全管理规定(试行)(征求意见稿)》公开征求意见，对人脸识别技术的应用者以及人脸识别技术产品或服务的提供者均作出具体的合规要求；《信息安全技术 敏感个人信息处理安全要求(征求意见稿)》公开征求意见，规定了敏感个人信息处理的通用安全要求以及对于部分敏感个人信息的特殊安全要求。

随着数据成为新的生产要素，数据经济体现出高虚拟性、高技术性、非

实体性等区别于传统经济的特点，垄断行为更具隐蔽性，经营者利用数据产生"自我优待""算法歧视""扼杀式收购"等新问题，因此法律与监管方式也需要不断进行数字化、智能化升级，才能回应数字时代的监管需求，如新修《反垄断法》第九条明确规定"经营者不得利用数据和算法、技术、资本优势以及平台规则等从事本法禁止的垄断行为"。在第二十二条第二款规定："具有市场支配地位的经营者不得利用数据和算法、技术以及平台规则等从事前款规定的滥用市场支配地位的行为。"国家市场监督管理总局发布的《反不正当竞争法（修订草案征求意见稿）》与现行法律相比，有关数字经济和平台规制的条文总则新增第四条，第二章不正当竞争行为中新增第十三至第二十二条，内容上增强和细化数据相关的不正当竞争行为，顺应了数字经济产业发展的需求，有效对数据滥用行为进行了规制。

（二）2023 年市场规制法实施存在的问题

1. 监管效能仍需进一步提升

一是竞争规制与行业规制之间的协调性还不是很强，还需要在适应我国产业政策发展需要的基础上，继续改革创新公平竞争审查制度，从而推动我国产业更好发展，不断加大竞争政策与产业政策的协调力度。二是建立跨区域协同监管机制还处于探索阶段，需要继续在推动建设全国统一大市场的前提下，深入探索建立健全跨区域协同监管机制。三是反垄断法的配套规定需进一步完善，如《经营者集中审查规定》"控制权"标准仍较为模糊，对于扼杀式收购、私募股权收购等特殊收购类型的申报标准仍缺乏文件支撑，导致反垄断事前监管实效受限。四是在智慧监管方面，监管部门的监管能力不足。同时在实施智慧监管的过程中，过于注重监管方的使用体验。智慧监管的用户体验感不足。

2. 央地合规管理协调性亟须加强

我国目前大致在以三条线推进企业的合规管理工作，一是由最高检牵头的"事后监管型"企业合规管理工作；二是以国资委为代表推动的"企业日常型"企业合规管理工作；三是以国家标准化委员会为代表推动的企业合规管理体系认定标准。这三者之间本应相互协同，共同构建我国科学的合规机制，但目前仍缺乏统一的协调联动机制。其中，中央和地方的合规管理工作缺乏联动。2022 年，国资委已颁布《中央企业合规管理办法》，强调了中央企业应当结合实际建立健全合规管理与法务管理、内部控制、风险管理等协同运作机制，加强统筹协调，避免交叉重复，提高管理效能。据此，各地应及时起草或修订相关的国资委出资企业合规管理办法，回应《中央企业合规管理办法》。但截至今日，只有黑龙江、江苏、江西、河北等地公布了相关企业合规管理办法，国资委出资企业合规管理尚未全面覆盖。

3. 反垄断监管体制机制尚不健全

2022年我国竞争政策和反垄断取得了顶层设计、制度建设、体制机制等多方面的成效，市场竞争状况评估机制还不够健全。目前还未完全建立起针对垄断行为的综合不同行业、地区竞争状况的评估体系，特别是地区竞争状况评估，由于理论研究缺位、实践难度较大，长期以来一直处于空白状态，对于评估结果和必要的评估流程公开度不够，需要完善以竞争状况评估为基础的反垄断执法重点引导机制，加强对数字平台等重点领域的市场竞争状况评估，以跟进分析不同领域的竞争状况，实现分级分类监管，提高垄断风险监测的预警能力。整体层次性监管效能有待提高。当下反垄断法律制度仍不够细化，执法的实际规则需要进一步明确，统一执法程序、标准和尺度的制度保障还有待补充。同时，实现高效监管离不开监管执法人员，而当下监管激励性措施缺失，无法充分调动各层级监管执法机关及其工作人员的积极性；对于监管责任的承担也不够明确，需要构建起权责清晰、充满活力的监管体系，不断提高监管人员的专业素养和执法能力。

4. 公平竞争审查工作推进不平衡，审查自觉性和专业性有待提升

目前，公平竞争审查工作深入实施，取得了积极成效，但仍然属于制度的发展初期，存在一些比较突出的问题。第一，各地方公平竞争审查制度工作推进不平衡，不利于公平竞争审查资源在全国范围内的配置，区域间专业性不均。第二，审查程序不规范，审查质量有待提高。部分地区存在对于审查范围不准确而导致不审、漏审政策措施的情况；或存在关键程序环节缺失，审查浮于表面，实质性审查不到位的问题。第三，审查能力存在短板，专业人员力量配备不足。公平竞争审查人员工作精力有限，且其对于业务的熟悉程度、对于政策的理解能力亟待提升。

5. 网络领域不正当竞争行为规制乏力

随着新经济、新业态、新模式层出不穷，利用数据、算法、平台规则等实施的新型不正当竞争行为严重冲击了现有不正当竞争行为的规制体系。现行《反不正当竞争法》中采用了类型化的举措对于网络领域内的不正当竞争行为进行具体规定，但是这一过程中类型化不周延、不完备的缺陷尤为突出。"互联网专条"的设置指向性过于明确，直接导致实践中存在大量网络领域的不正当竞争纠纷难以直接援引法条规制，只能下沉到一般条款中处理。然而目前网络领域不正当竞争行为一般条款的保护目的、构成要件、体系定

位等均较为模糊，执法和司法过程中存在诸多混乱，形成各类裁判原则与精神，难以达成理论上的协调与实务中的共识，亟须进一步明确法律适用、指明价值取向。

6. 新兴领域消费者权益保护仍任重道远

在过去的几年里，我国消费者权益保护工作取得了很大的进展，但是也应该认识到，在平台经济、数字经济不断发展的背景下，不断有新的问题和挑战仍待解决。从中国消费者协会公布的舆情热点来看，法律法规还存在一定空白，此外，由于数字经济消费多存在跨地域性，如电商平台、快递服务，而消费者权益保护工作存在地域性，因此消费者在维权时时常存在执法者推诿责任、法规适用冲突、维权成本高等问题。新兴领域市场监管的问题主要包括以下三个方面：一是虽然已经进行监管数字化转型，但监管能力与技术仍然较为匮乏，不能完全满足数字时代下的监管需求，部分执法人员尚未完全树立数字化的概念，不具有软件或平台的实操技能，数字化监管平台仍然需要整合简化，监管数据的分析手段有限，监管信息的互联互通程度不够，监管技术需要进一步更新。二是由于市场形势的快速变化，存在很多新型的市场乱象，在进行监管时一方面为了提高执法效率而不注重执法程序，会产生"一刀切"的问题；另一方面则是有可能在执法时没有明确的法律依据，特别是在互联网领域的疑难案件难以处理，需要不断完善相关法律制度供给，为市场监管赋能。三是监管手段还是以传统的惩戒性监管为主，强调事后严厉的惩戒作用，强调监管机构单一主体作用和手段强制性而忽略被监管企业的积极性与主动性将会导致相对方自主决定能力降低，导致监管成本上升，因此需要引入激励性监管，鼓励企业主动合法合规经营，并给予一定奖励。

三、2024 年市场规制法实施的展望与建议

（一）2024 年市场规制法实施的展望

1. 公平竞争监管持续强化，综合监管效能进一步提升

2024 年，随着公平竞争法律体系日趋完善，公平竞争监管执法能力将稳步提升，在建设全国统一大市场的前提下，2024 年将采取更强有力的手段坚决破除地方保护和区域壁垒等行政性垄断问题，维护全国统一大市场、畅通国民经济大循环。针对国计民生、平台经济等重点领域，以监管执法为重点维护良好市场秩序，以公平竞争审查为突破助推统一市场建设，以提升效能为导向优化监管手段，有效遏制滥用行政权力排除、限制竞争问题，深入推

进公平竞争政策实施，促进行业监管和竞争监管的紧密衔接，逐步构建全方位、多层次、立体化的监管体系。推动有为政府和有效市场的更好结合，真正激发市场主体创新活力。

深入推进跨部门综合监管，加快转变政府职能，提高政府监管效能。通过健全跨部门综合监管体制机制，完善跨部门综合监管协同方式，提升跨部门综合监管联动效能，加强跨部门综合监管支撑能力建设，维护公平有序的市场环境，切实降低市场主体制度性交易成本，推动高质量发展。系统推进法治监管、信用监管、智慧监管，完善法治监管基础制度；完善信用监管常态化机制，探索制定市场主体信用合规建设指南；在实践中，不断完善智慧监管应用平台和提升技术支撑能力，加快健全智慧应用一体化平台，推动实现"智慧监管"从无到有、从有到优的提升。在加强部门统筹、协调同向发力的基础上，进一步形成协同监管的规制合力，以构建竞争执法的多元共治格局。

2.合规管理体系基本建成，竞争合规有望进一步推动实施

2024 年对于合规领域而言重点将会落到央地合规管理协同机制的完善上，在经历了 2023 年合规管理体系建设的探索后，中央企业与地方企业的相应体系与制度已经基本搭建完成。新的一年，完善央地合规管理协同机制迫在眉睫，即在中央企业合规管理部门牵头负责本企业合规管理工作，明确中央企业纪检监察机构和审计、巡视巡察、监督追责等部门的责任，建立起中央企业合规的三道防线的基础上，地方合规管理应积极响应，以中央合规管理作为范本，并作出更详尽的规定，以保障地方企业的合规持续跟进，甚至倒逼中央企业合规管理不断完善。《广东省省属企业合规管理办法》《陕西省国资委监管企业合规管理办法》《河北省国资委监管企业合规管理办法》等虽然在《中央企业合规管理办法》的基础上进一步细化，但仍未明确提及央地两级合规管理的联动机制建设。2024 年，中央应进一步部署合规管理相关工作，并为地方提供联动机制建设意见，地方在中央的指导下持续优化相应的合规管理办法，并在实施中不断落实，提高合规效能，为全国企业合规贡献地方方案。

2024 年，全国各地检察机关将继续深入推进涉案企业合规改革，持续扩大办案规模，逐步拓展案件范围，注重加强行刑衔接，积极推动涉案企业合规改革立法，落实对各类所有制企业依法平等保护，助力经济高质量发展。随着竞争文化的持续弘扬，准确全面贯彻新发展理念的同时，会不断引导各类企业强化主体责任，树立合规经营和对竞争风险的防范意识，真正打造公

平竞争、诚信经营的企业文化,优化营商环境的目标会稳步实现。

3.公平竞争审查制度将进一步完善,为构建高水平社会主义市场经济体制保驾护航

目前,我国已经基本建成全面覆盖、规则完备、权责明确、运行高效、监督有力的公平竞争审查制度体系,制度权威和效能显著提升,政策措施排除、限制竞争问题得到有效防范和制止,公平竞争审查制度也得到了有力的法律保障。在此基础上,应当根据党的二十大报告中"构建高水平社会主义市场经济体制","完善产权保护、市场准入、公平竞争、社会信用等市场经济基础制度"的要求,围绕优化营商环境、促进内外贸易一体化、扩大内需等重要目标,进一步发展和完善公平竞争审查制度。通过制度创新试点、健全第三方评估机制、存量清理与增量审查并行、健全考核监督机制、强化宣传力度等措施,提高公平竞争审查的效能与质量,从源头上打破行政性垄断,建设统一开放、竞争有序的市场体系,为构建高水平社会主义市场经济体制保驾护航。

4.《反不正当竞争法》第三次修订有望完成,我国竞争法律规则体系进一步完善

目前公布的征求意见稿共48条,对我国现行《反不正当竞争法》中的25个条款进行了修订,并新增了15个条款,涉及范围广泛、内容丰富。征求意见稿中针对现行法律实施过程中存在的诸多法律问题予以积极回应,在坚持既有类型化规制思路的基础之上,新增多项互联网领域的新型不正当竞争行为,并细化传统不正当竞争行为类型以尝试构建更为周延和成熟的理论体系。同时严格法律责任,科学调整违法行为的处罚额,以此增强法律的实际震慑力。此次《反不正当竞争法》的修订对于优化我国市场营商环境、维护市场公平竞争意义重大,肩负了重要的时代使命。国家市场监督管理总局公布《反不正当竞争法》实施30年以来十大影响力事件与典型案例,这为征求意见稿注入了更丰富的实践活力,促进其进一步的修订更加契合当下所需。无论最终结果如何,本次修订都将积极引导相关问题的理论思辨与实务争鸣,共同加深对反不正当竞争法的理解与适用。

5.传统与新兴领域消费者权益保护并重,各方合力促进消费增长

数字社会正引发新一轮消费者权益变迁。传统消费者权利在数字消费场景下具有了新表现,产生了新的保护面向;新的消费形态产生了新的保护盲区,需要拓展新的权益进行回应。

随着新冠疫情防控政策的调整,社会消费逐渐复苏,一些以往典型的侵

犯消费者权益行为也会重新出现。如随着旅游业的复苏，酒店违约、景区载客、旅行团强制购物等问题极有可能会大量增加，需要有关部门加强监管和引导，保障消费者的消费信心，让消费者享有安全放心便利的消费环境。除了传统领域，新兴领域的出现和发展要求有关部门继续推进和完善食品药品、直播带货、预付式消费等重点领域和特殊消费群体的消费者权益保护，更大范围地促进消费实质公平。

除了执法机关，立法机关也应当从立法方面着手，在《消费者权益保护法实施条例》正式通过的背景下，加紧完善网络消费环境下的相关配套措施。在社会层面，应当加大宣传力度，营造商业诚信文化氛围，构建和谐消费关系。同时，还应当积极引导行业自律组织，充分发挥行业组织的桥梁纽带作用和监督自律作用，通过行业规则、公约以及市场自治规则，规定事前、事中和事后的自律措施。通过"3·15"晚会、平台官方账号宣传等措施，加大违法行为曝光力度，充分发挥消费者和舆论对企业经营行为的监督作用，引导消费者理性消费，让失信主体在市场选择中逐步被淘汰，促进市场环境的自我净化。针对各领域消费特点，积极开展有针对性的消费教育引导和宣传活动，进一步增强消费者事先防范意识和维权能力。

6. 质量强国战略将持续得到充分落实

2023 年 2 月，中共中央、国务院印发了《质量强国建设纲要》，通过提高产业质量竞争力、加快产品质量提档升级、提升建设工程品质、增加优质服务供给、增强企业质量和品牌发展能力、构建高水平质量基础设施，以及推进质量治理现代化全面提高我国质量总体水平。2024 年，我国将持续得到充分落实《质量强国建设纲要》，着力提升市场竞争活力和质量；一方面在质量、标准等市场领域继续协同推进，细化工作要求，建立健全工作协调推进领导机制，创新和完善市场监管，推进市场监管现代化，加强质量工作顶层设计、提升标准化服务能力，推动高新技术结合与发展，增强市场主体创新动能。深入实施质量提升行动，全方位推动质量升级，就产品、工程和服务质量提升具体部署，加快产品质量提档升级、提升建设工程品质、增加优质服务供给。围绕推动民生消费质量升级、增强产业基础质量竞争力、引导新技术新产品新业态优质发展、促进服务品质大幅提升。

(二)2024 年市场规制法实施的建议

1. 综合运用多种监管手段，持续提升市场竞争监管效能

强化信用监管保障，探索智慧监管，构建响应式监管体系。在夯实反垄断法治根基后，应更深入推进"互联网+监管"，建立以综合监管为基础、以

专业监管为支撑、以信息化平台为保障的市场监管体系。

持续深化信用监管制度改革，保证信用信息在归集、处理、交换、公开、反馈等多个环节的畅通有序。不仅要保证反垄断和反不正当竞争执法企业信用风险信息的及时归集，而且应当畅通行业主管部门与征信机构、金融机构、行业协会商会等组织的信息共享机制，促进各类信用信息的互动融合。加强信用风险分类管理，根据信用风险状况不同将企业划分为不同的类别，并对不同信用风险类别的企业采取差异化监管措施，实现监管资源合理配置和高效利用，提升监管效能。应当大力推行信用承诺制度，将经营者承诺停止涉嫌垄断行为的执行情况纳入信用记录。建立健全信用修复、异议申诉制度，完善信用激励与约束机制。

探索智慧监管新模式。充分运用互联网、云计算、大数据、人工智能等现代技术手段，全面提升市场监管科技支撑能力，加强对风险的跟踪预警，提升竞争监管效能。建立竞争监管与服务信息资源目录和标准规范体系，全面整合竞争监管领域信息资源和业务数据，深入推进竞争监管信息资源共享开放和系统协同应用。将政府履职过程中形成的行政检查、行政处罚、行政强制等信息以及司法判决、违法失信、抽查抽检等信息进行关联整合，并归集到相关市场主体名下。深入推进公平竞争审查信息化建设，建立公平竞争审查智慧化监测评估平台。探索推行以远程监管、移动监管、预警防控为特征的非现场监管，提升监管精准化、智能化水平。

构建响应式监管体系。响应式监管衍生的"响应式重塑"理念对反垄断执法带来的显著影响体现在其对监管过程提出的要求，即强调恢复性正义的实体与程序性要求，并将监管手段的补救功能从辅助性地位提升为监管价值的核心标准之一。响应式监管的根本目标是追求较少干预之下的双赢结果。在我国的数据垄断领域，普及响应式监管更为必要。一方面，数据作为新型生产要素的定位与特征对监管策略提出更高的要求。数据作为一种新型生产要素，表现出新的发展规律，传统的监管策略无法跟上数字生态的步伐，亟须构建动态性的响应式监管。另一方面，受制于非独立性与监管资源的有限性，我国的市场监管部门的监管方式仍有较大的改进空间。

柔性执法推进公平竞争监管，采取行政指导、行政建议、约谈警示等柔性执法具有非强制性、非处分性手段预防或纠正市场违法行为。加强政府和企业间的双向沟通，对于行政约谈制度应进一步细化，对于行政指导、行政建议应加强理解与适用，充分发挥柔性执法优势，以提升反垄断执法的效率，增强反垄断执法的能力。

2. 以央企合规为抓手,推动企业常态化合规管理体系建设

合规管理作为一个体系,需要大量的人力、物力、财力作为前提和保障,会增加企业的管理成本,降低企业利润,中小微企业本身对合规管理工作没有天然的积极性。从另一个角度来讲,中小微企业绝大多数为私营企业,合规管理本质上属于企业内部管理范畴,政府不便强制企业开展某一管理行为,这样做有干涉企业自主经营权的嫌疑。但中央企业不一样,央企最大的隐患便是国有资产的安全性问题,合规管理不仅有利于规避企业的合规风险,更可以在很大程度上解决国有资产监管的难题。因此,从央企开始强制推行日常型企业合规管理工作是适当的,可以有"一石二鸟"之效。

3. 细化重点领域反垄断规则,促进执法司法衔接,坚持发展与规范并重,提高常态化监管水平

随着《反垄断法》的修订完成,配套法规的相继完善,目前仍缺乏一些重点领域的反垄断规则,执法与司法的衔接问题仍然有待克服。针对重点领域和新问题,提供具体全面的规则指引,才能够使《反垄断法》真正落地。而各程序机制间的相互衔接,尤其是反垄断执法和司法的衔接则是规则构建的重难点。执法和司法是市场监管工作的一体两面,司法具有稳定性和权威性的特点,执法具有专业性和高效性的优势,公平竞争监管必须坚持系统观念,强化统筹协调,在证据收集和固定上加强衔接,在证明标准和证明责任上加强协调,执法行政部门应当加强与司法部门在信息交换等方面的交流协作,共同推动形成对垄断行为的高效监管机制,推动反垄断行为的一体解决。

要继续提高平台的常态化监管水平,严格依法查处平台经济领域垄断协议、滥用市场支配地位和违法实施经营者集中行为。在加强平台经济反垄断常态化监管的同时,营造竞争有序开放包容发展环境,引导和激励平台经营者将更多资源用于技术革新、质量改进、服务提升和模式创新。适应平台经济发展规律,坚持发展与规范并重,支持平台经济健康规范发展,发挥平台企业在技术创新、创造就业、引领发展和国际竞争中的关键作用。

行政性垄断仍然是营造公平竞争市场环境、提振市场主体信心的最大短板。深入推进公平竞争政策实施需要锚定一个市场的目标,进一步破除地方保护和行政性垄断,强化行政性垄断执法,推动加强公平竞争审查制度改革与创新。注重公平竞争审查与产业政策的协调性,在提升公平竞争审查能力建设的过程中,有效推动本地产业发展,优化产业政策,真正促进营商环境优化。

强化民生领域反垄断监管执法事关市场主体发展环境和人民群众切身

利益，具有重要的宏观效应和社会影响。牢固树立"监管为民"核心理念，准确把握民生领域反垄断执法专项行动重点任务，更准聚焦增进民生福祉，切实加大工作力度强化民生领域反垄断执法，大力整治重大民生领域的市场垄断行为，增强人民群众的幸福感和获得感。

4.大力提高公平竞争审查制度刚性约束力，积极探索公平竞争审查提质增效工作机制

目前，公平竞争审查制度在国家、省、市、县四级政府层面均已基本实现全覆盖，提升公平竞争审查制度的刚性约束和公平竞争审查的效能质量成为未来工作重点。同时通过加强统筹协调、强化监督公示力度、利用信息化技术、推进制度创新试点等手段，为公平竞争审查制度建设提速加力。具体而言，一是要强化统筹指引，促进各地公平竞争审查平衡发展。推动提升公平竞争审查工作联席会议规格，进一步发挥联席会议协调、议事及推动工作作用，加强重大政策会商和监管执法统筹。加强中央对公平竞争审查制度建设的统筹领导作用，同时各地方也要因地制宜开展工作，对不同地区改革措施作具体梳理与针对性调整。二是要推动公平审查制度协调发展，建立社会共治机制。要完善公平竞争联席会议组织构架，充分发挥联席会议统筹协调、牵头抓总和上通下达作用，加强各成员单位之间的沟通联络，形成部门合力。同时，要构建渠道畅通、规则完备、运行高效、监督有力的公平竞争审查举报处理机制，加强社会监督。三是要创新工作机制，细化体系规则。充分使用大数据、人工智能等技术，提高公平竞争审查的质效，健全完善公平竞争审查第三方评估体系和监督考评体系，提升公平竞争审查的专业化程度和制度的刚性约束力。四是要推进审查队伍专业化能力建设，完善人员配备。通过配齐审查人才队伍，邀请省内外专家授课等方式，提升审查能力。

5.强化网络领域和数字市场非法竞争行为监管，完善互联网治理体系以形成协同合力

当前我国市场规制法治持续发展，竞争政策基础地位得以确立并不断强化，《反不正当竞争法》作为市场规制法的重要组成部分，在保障市场公平竞争、强化市场监管过程中具有突出作用。进一步强化网络领域不正当竞争行为监管成为未来一段时间内执法监管的重中之重，然而也需要意识到网络领域出现的诸多新兴问题具有复杂性和隐蔽性，反不正当竞争监管本身具有一定的边界和局限，单纯依靠《反不正当竞争法》本身难以有效实现全面规制。因此需要《反不正当竞争法》与《反垄断法》《消费者权益保护法》《电子商务法》等诸多法律之间协调配合，进而实现规则间的协同合力，形成网络空间

领域市场规制法间相互支撑、互为补充的综合治理新格局。

6. 落实常态化消费者保护机制，增进网络消费者权益保障

消费者保护协会及有关政府部门，应该开展常态化消费者权益保护工作。一是定期召开工作会议，制定消费者权益保护工作计划、评估消费者权益保护工作效果。二是建立产品服务全流程管控机制，强化产品服务的事前审查、事中管控、事后评估考核，要求各项产品服务必须通过法律、合规、消保等多项专业审核后才能进入市场，全面提升消费者对产品及服务的满意度，保证消费者的合法权益。三是畅通消费者反馈渠道，广泛听取消费者建议，切实解决消费者困境。四是探索多元纠纷解决机制，保障消费者依法求偿权利。与此同时，网络消费者权益保护工作也要继续重视。可以从几个方面进行保障：一是强化对网络消费者权益保障。我国现行法律法规对于网络消费者权益保障依然不完备，难以在实践中得到有效的操作及应用。应该完善相关立法，适当提高网络平台交易中平台的管理义务和商家的告知义务，加强对消费者知情权、公平交易权等权利的保护。二是加强网络交易监管。首先，加强行业的自律监管制度。构建网络零售行业相关信息共享、传播交流的平台，将商家损害消费者权利的事件向社会公告，并且在平台中公开发布惩罚措施，这样可以有效地开启网络零售行业的内部定期自检功能。另外，应当加强各监管主体之间的配合。因为网络交易平台的整个流程包含了电子合同、线上支付、个人信息安全、物流运输，存在多个监管主体，因此各监管主体之间应当具备统一处理问题的标准，加大配合管理的力度，细化职责，转变各监管主体之间相互推诿、相互矛盾的现状，突出监督治理专业化、细致化的优势。

7. 完善其他市场规制法领域监管执法

完善细化相关市场监管规则，加强对广告产业规范发展问题的研究，修订《广告法》《公益广告促进和管理暂行办法》；实施落实《互联网广告管理办法》；推动计量法和配套法规规章的制修订，构建适应时代发展的法律法规体系；健全产品质量安全监管制度，要求加快推进产品质量法等工业产品质量安全监管法律法规制修订；加强国家标准的管理，同步推进推荐性国家标准、行业标准和地方标准改革，完善《国家标准管理办法》及相关标准化法规制度，运用法治化手段统一和完善国家标准中存在的一般性、原则性问题。

8. 守好食品、药品、重点工业产品和特种设备安全底线

食品、药品、重点工业产品、特种设备直接关系人民群众生命财产安全和公共安全，是市场监管执法的重点，在食品安全监管方面，明确食品生产经营企业建立健全食品安全管理制度，落实食品安全责任制，食品监管部门

要加强重点领域食品安全监管，全面排查隐患，及时研判处置，深化专项整治，加强督促调度，确保责任落实到位。在药品监管领域，要切实维护药品安全形势稳定，深入开展药品安全专项整治行动，毫不松懈加强疫苗全程监管，持续加强对国家集采中选产品、高风险产品等重点产品和企业的监管。在重点工业产品质量安全监管领域，要求工业产品生产、经营单位建立健全产品质量管理制度，落实产品质量安全责任制，依法配备质量安全总监和质量安全员，并对其主要负责人、质量安全总监和质量安全员的岗位职责进行明确。在特种设备安全监管方面，构建双重预防机制。推动特种设备使用单位开展风险分级管控，实施企业、行业和各级监管层面的安全状况分析研判，探索建立基于故障率的隐患预防机制。开展隐患排查整治与高风险特种设备安全筑底行动，持续开展危化品相关特种设备、压力管道、起重机械、电梯等安全隐患专项治理和"回头看"，最大程度保障重大活动安全。健全重大活动和重要时段特种设备服务保障工作机制，认真监督检查，及时处置突发情况。

撰稿专家

孙晋，1971 年出生，安徽金寨人，武汉大学法学院教授、博士生导师，武汉大学与国家发改委原价监反垄断局共建基地——武汉大学竞争法与竞争政策研究中心主任、国家社科基金重大项目首席专家，美国加州大学伯克利分校法学院访问学者。兼任中国商业法研究会副会长、中国法学会经济法研究会常务理事、亚洲竞争法协会（ACA）常务理事，国家社科基金项目评审鉴定专家、教育部学位与研究生教育评估专家，国家市场监督管理总局反垄断专家，上海、湖北、海南、浙江、四川、甘肃等多省市反垄断/公平竞争审查专家库专家，湖北省人民政府法律顾问、湖北省高级人民法院咨询委员会专家、新疆维吾尔自治区检察院咨询委员会专家，湖北省第四届十大杰出法学家。2007—2008 年被中组部教育部选拔援疆任新疆大学法学院副院长；2014—2015 年入选国家"双千计划"任江苏省镇江市中级人民法院副院长；2019 年 2 月—3 月在中共中央党校全国人文社科科研骨干培训班进修学习。曾应邀在美国斯坦福大学、加州大学伯克利分校、日本国士馆大学、澳门大学、澳门科技大学讲学。主持国家社科基金重大项目、国家社科基金重点项目、国家社科基金一般项目、最高人民法院司法调研重大课题、教育部规划基金一般项目、中国法学会部级课题等60 项；在《中国社会科学》《中国法学》《新华文摘》《中国社会科学文摘》《高等学校文科学术文摘》《中国社会科学(英文版)》《中国法学(英文版) 》《人民日报》《光明日报》《中国社会科学报》《人民论坛》等权威和核心报刊发表或转载论文 180 余篇；出版专著 10 部、主编教材 7 本。多项成果获得中国法学会优秀成果奖、湖北省社科优秀成果奖、湖北省高校优秀成果奖、武汉市社科优秀成果奖等奖项。

第五章　2023 年社会法实施报告

2023 年劳动和社会保障法实施报告[*]

叶静漪

报告要旨

2023 年，以党的二十大精神为指引，社会法实施稳中有进，呈现出与时俱进、聚焦社会关切之特点。在劳动法层面，针对新就业形态与实践问题，以典型案例形式明确劳动关系认定原则和思路，以部门规范性文件强化零工市场建设和劳动者职业标准认定；关注个人信息权、休息权等劳动者权益，首次在裁判文书中载入隐性加班认定标准，推进体面劳动；同时开展农民工工资争议速裁庭建设、基层劳动人事争议调解组织建设等行动，妥善化解劳动纠纷。在社会保障法层面，各项综合性与专门性社会保障法律法规相继出台，立法工作稳步推进；司法适用以社会保险为重心，相关典型案例明晰保险承担主体、责任范围、工伤认定等法律适用问题；社会救助、社会福利、社会优抚、社会组织法实施稳健，呈现出"以政策为导向、以多元手段和部门协作为支撑、以地方能动性为助力"的特点。慈善法层面，新修正的《慈善法》对慈善监管、慈善组织运行、公开募捐、应急慈善等作出相应规定；涉慈善内容的重要文件，强调了打击非法社会组织、引导公益慈善事业良性发展的政策取向。特殊群体权益保障法层面，《无障碍环境建设法》等专门性立法为残疾人等特殊群体保护提供了法律依据；司法工作秉持以人为本

* 本报告撰写过程中，北京大学法学院博士研究生周思伟和硕士研究生俞琳慧、曾鳞清、任芷谊、李渝桃、陈明远、柯洁、黄旭参与了资料收集和讨论工作，为报告的顺利完成作出了重要贡献，特此致谢！

之理念，着力解决特殊群体权益保障突出问题，大力发展公益诉讼，强调国家保障责任。美中不足之处是社会法在过去一年的实施中仍一定程度存在无法可依、立法层级较低、配套制度不健全、实施机制薄弱等问题，有待后续改善。

核心建议

1. 加快新就业形态与劳动基准立法，重视零工市场服务体系建设及劳动者权益保护。

2. 完善劳动人事争议预防与处理机制，加强劳动纠纷解决人才队伍建设。

3. 打造法治化、全覆盖、多层次的社会保障体系，优化社会保障法律实施机制。

4. 健全公益慈善法律体系，制定配套法规政策，注重培育依法慈善的社会氛围。

5. 构建特殊群体权益保障社会支持体系。

一、2023 年度劳动法实施的总体状况与主要特点

(一)2023 年劳动立法重大事项

1. 国际劳动立法合作

2023 年，中国在国际劳动保障方面仅签订了《体面劳动国别计划(2023—2025 年)》，该文件由国际劳工组织和其在中国的三方伙伴于 2023 年 7 月 12 日签订，是自 2006 年以来的第四个中国体面劳动国别计划。对该计划的续签体现了中国在国际劳动合作方面一直保持着积极开放的态度，也为双方共同推进社会正义和促进体面劳动指明了方向。

结合国际劳工组织全球政策框架，体面劳动国别计划提出了四个优先合作领域：促进充分、包容和高质量就业；促进社会保障体系覆盖工作场所内外；促进实现和谐劳动关系和更好的工作条件；扩大和加强中国的国际交流与合作，促进实现可持续发展目标中体面劳动相关目标，通过有效实施确保国别计划为中国实现国家发展目标作出贡献。

2. 国内一般劳动环境保护

2023年3月6日，《2023年国务院政府工作报告》文字摘要发布。报告表示，2023年在就业方面的主要预期目标是城镇新增就业1200万人左右，城镇调查失业率5.5%左右，并强调落实落细就业优先政策，把促进青年特别是高校毕业生就业工作摆在更加突出的位置，切实保障好基本民生。3月7日，最高人民法院院长周强向第十四届全国人大报告工作，报告明确，2023年全国法院将继续加强劳动权益保障和新就业形态劳动者保护。纵观过去一年的劳动环境保护，相关部门通过开展专项行动、出台指引文本等形式，创造良好劳动环境，构建和谐劳动关系。

2023年1月3日，人力资源和社会保障部、中华全国总工会、中国企业联合会、中华全国工商业联合会公布《关于推进新时代和谐劳动关系创建活动的意见》。意见明确，企业创建的重点内容包括全面落实劳动合同、集体合同制度，建立职工工资集体协商和正常增长机制，建立企业劳动争议调解委员会等，并提出了相应创建标准。作为配套机制，将完善创建激励措施，对表现突出的机构定期表彰奖励，适当减少检查频次，并可为符合条件的企业开展一对一用工"诊断"，提供定制化企业薪酬数据服务，开通人社公共服务经办快速通道，优化各项补贴申领和办理流程。

6月13日，人力资源和社会保障部、中华全国总工会、中国企业联合会/中国企业家协会和中华全国工商业联合会共同发布并实施了《关于开展劳动用工"查风险 强协商 保支付 促和谐"专项行动的通知》(人社部函〔2023〕57号)，四川省、河北省、江西省等省份都出台了省级的文件对该文件进行响应。该通知强调开展风险摸排、开展协商要约、开展指导服务和开展示范引领。

8月14日，人力资源和社会保障部办公厅、公安部办公厅、中华全国总工会办公厅、中国企业联合会/中国企业家协会办公室和中华全国工商业联合会办公厅共同制定并印发《预防和消除工作场所不当管理风险隐患制度(参考文本)》，文件列举了预防和消除不当管理风险隐患的具体方面。

3. 新型劳动就业形态立法与实践

2023年1月12日，中华全国总工会印发《关于推进新就业形态劳动者权益协商协调机制建设工作的通知》，要求发挥全国工会组织系统合力，重点聚焦货运、网约车、快递、网约配送等行业的12家头部平台企业，推动建立与劳动者的协商协调机制，畅通和规范劳动者的诉求表达、利益协调通道，共同推进新就业形态劳动者权益保障水平提高。

2023 年 3 月，为更好地维护新就业形态劳动者合法权益，引导企业依法合规用工，人力资源和社会保障部印发《新就业形态劳动者劳动合同和书面协议订立指引（试行）》，就新就业形态劳动者劳动合同和书面协议订立的原则、形式和效力，以及劳动合同和书面协议的内容、订立方式及应用等作出了明确规定，统一制定了《新就业形态劳动者劳动合同参考文本》《新就业形态劳动者书面协议参考文本》《新就业形态劳动者书面协议参考文本（三方）》等三份参考文本。参考文本特别约定了连续接单时间过长时的疲劳提示、停止推单；日累计工作时间满 8 小时后继续派单视为加班；服务过程中遇极端天气有权终止服务任务的履行等规定。

2023 年 9 月 7 日，新华社受权发布十四届全国人大常委会立法规划。本次立法规划分为三类，规划草案共计 130 件，涵盖多项社会民生领域立法。其中，第三类项目为"立法条件尚不完全具备、需要继续研究论证的立法项目"，就涉及基本劳动标准和新就业形态等立法。其对新型就业形态立法的明确态度为"经研究论证，条件成熟时，可以安排审议"。可见，目前针对新就业形态问题，主要还是以一种司法解释和指导案例的方式来解决争议，立法的重要性和紧迫性并非摆在首位。

4. 劳动关系与劳动者资格认定

劳动法并未对劳动者主体认定作具体修订，人力资源和社会保障部发布了《关于加强零工市场规范化建设的通知》，各地也根据该通知陆续出台了相关政策；除此之外，人力资源和社会保障部对部分劳动者职业标准也进行了规定：

2023 年 1 月 17 日，人力资源和社会保障部办公厅印发了《关于机器人工程技术人员国家职业标准（征求意见稿）》等 4 个职业标准公开征求意见的通知，更好地适应了数字经济发展需要，加强了数字技术人才培养，促进了数字经济和实体经济深度融合。

2023 年 3 月 1 日，人力资源和社会保障部办公厅、国家密码管理局办公室印发《关于颁布密码工程技术人员国家职业标准的通知》。

2023 年 3 月 20 日，人力资源和社会保障部办公厅、工业和信息化部办公厅印发《关于颁布机器人、增材制造工程技术人员国家职业标准的通知》。

2023 年 3 月 21 日，人力资源和社会保障部办公厅、住房和城乡建设部住房办公厅印发《关于颁布物业管理师等 7 个国家职业标准的通知》，共同制定了物业管理师等 7 个国家职业标准。

5. 工作场所高温和高寒天气劳动者权益保障

2023 年 8 月 10 日，人力资源和社会保障部、中华全国总工会、中国企业联合会/中国企业家协会、中华全国工商业联合会根据《中华人民共和国职业病防治法》《中华人民共和国安全生产法》《中华人民共和国劳动法》《防暑降温措施管理办法》等法律法规及有关政策规定，制定了《工作场所高温和高寒天气劳动者权益保障制度（参考文本）》，对高温、高寒天气及高温、高寒天气作业的范围，用人单位实施相关制度的部门及管理监督内容等进行了说明，尤其强调了在高温、高寒天气期间应合理调整工作时间。为保障劳动者在极端天气下的人身安全提供了重要参考。

6. 工时制度与休息休假

数字时代通信技术发达，随之带来了劳动者的劳动领域与劳动者个人生活领域的混同现象，引发隐形加班问题。平台经济模式下产生的平台劳动者的过度劳动问题也引起了广泛关注。十四届全国人大二次会议上，32 位全国人大代表向大会提交联名议案，建议在整合有关工作时间、工资、休息休假等现行法律法规规章及相关政策规定的基础上，研究制定基本劳动标准法。这充分体现了该问题急需劳动法理论和实践的回应。

2023 年 11 月 8 日，人力资源和社会保障部为深入贯彻落实党的二十大精神，支持和规范发展新就业形态，加强新就业形态劳动者权益保障，编制了《新就业形态劳动者休息和劳动报酬权益保障指引》（以下简称《保障指引》）《新就业形态劳动者劳动规则公示指引》（以下简称《公示指引》）《新就业形态劳动者权益维护服务指南》（以下简称《指南》），为指导企业科学确定工作量、将新就业形态劳动者纳入最低工资保障、维护其知情权和参与权等提供了更为细致、更有操作性的实施办法。《保障指引》设置了"连续最长接单时间"和"每日最长工作时间"，将工作时间的界定拓展到直接劳动场景之外，肯定了新业态劳动者工作的灵活性和弹性，也给予了他们必要的劳动权益保障，有望与当前的职业伤害保障试点形成政策组合拳的效果。《公示指引》指出，平台应向劳动者公开订单分配、抽成比例、工作时间和休息、职业健康与安全等相关的规章制度、格式合同条款及算法规则等，涉及劳动者权益的修改还应充分征求并听取劳动者意见，并视情况开展风险评估和向相关部门报告。此种规则设置能让监管部门及时了解和监督平台制定或调整相关规则的情况，保障劳动者权益，引导平台企业持续健康发展。《指南》提出，平台企业要建立健全与新就业形态劳动者的常态化沟通机制和新就业形态劳动者申诉机制，鼓励平台企业成立由工会代表、新就业形态劳动者代表和企业代表参加的企业内部劳动纠纷调解委员会，提供涉新就业形态劳动者劳动纠纷调解服务。

（二）2023 年劳动法案例分析

1. 2023 年劳动法案例整体统计

笔者通过"北大法宝"网站，以"劳动争议、人事争议"为案由，检索 2023 年 1 月 1 日至 2023 年 12 月 31 日的数据，检索获得，2023 年全国共审理劳动、人事争议案件 68736 件。其中，最高人民法院有 1 件，占比不到 0.01%；高级人民法院有 735 件，占比约 1.00%；中级人民法院有 18551 件，占比约 27.00%；基层人民法院有 49211 件，占比约 72.00%；专门法院有 241 件，占比约 0.4%。[①] 2023 年劳动法案例级别分布如图 1 所示。

其中最高人民法院的唯一一起案例为劳动争议的管辖纠纷，不属于劳动法的实体问题[②]。除此之外，并无最高人民法院案例。级别分布比例图中，最高人民法院和高级人民法院的审理案件占比较低，这在一定程度上表明 2023 年劳动法案件并无太多疑难案件，以较为日常、易于解决的纠纷为主。

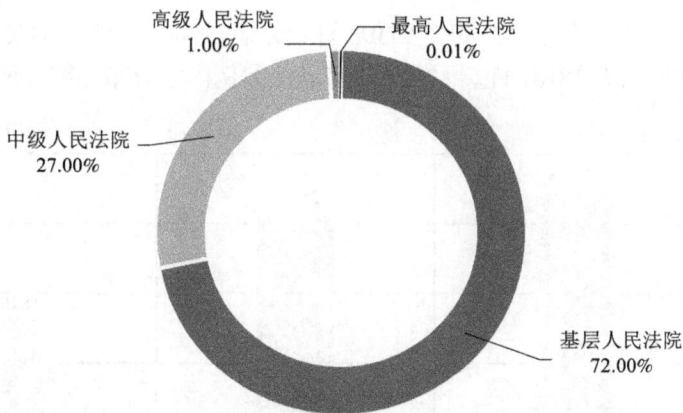

图 1　2023 年劳动法案例级别分布图

按照地域分布，案件量排名前五名的是辽宁省 11705 件，北京市 9886 件，广东省 7400 件，山东省 6967 件，上海市 5037 件。[③] 可见，经济较为发达的地区的劳动法争议数量相应较多。2023 年劳动法案例地域分布如图 2 所示。

实际内容方面的统计时有重叠，存在大量案件兼具不同的内容与诉求。其

[①] 笔者根据"北大法宝"数据库整理，以"劳动争议、人事争议"为案由检索。

[②] 参见最高人民法院（2023）最高法民辖 18 号民事裁定书。

[③] 笔者根据"北大法宝"数据库整理，以"劳动争议、人事争议"为案由检索，并以地域分类统计。

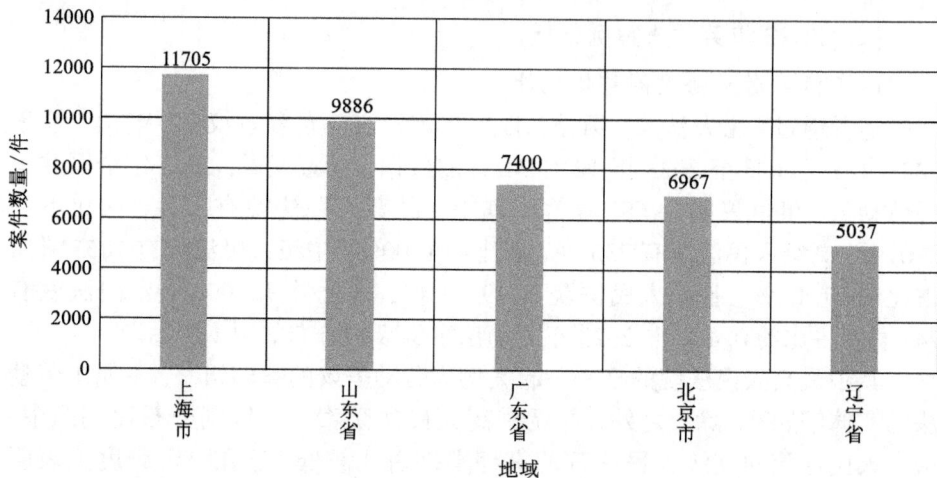

图2 2023年劳动法案例地域分布图

中排在前三位的分别是：工资类 27198 件；劳动合同与集体合同类 25582 件；社会保险和福利类 18101 件。① 2023 年劳动法案例内容分布如图 3 所示。

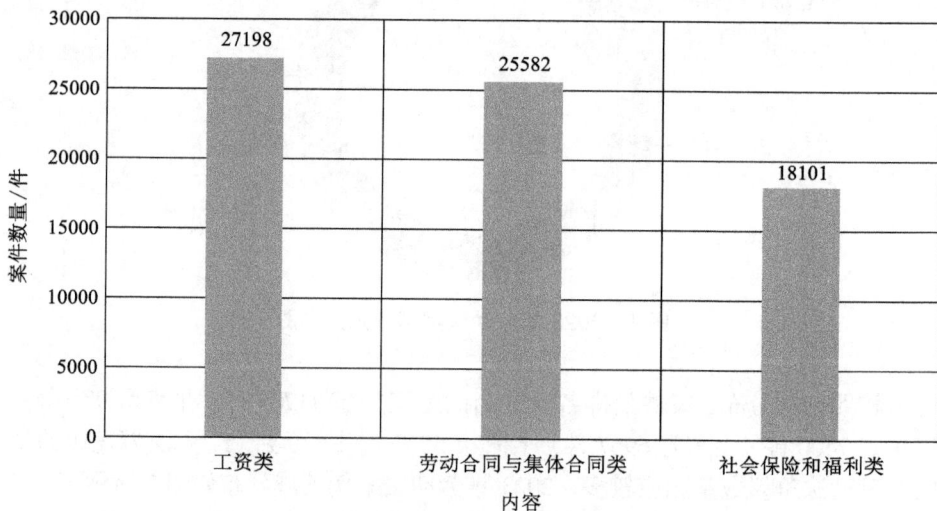

图3 2023年劳动法案例内容分布图

---

① 笔者根据"北大法宝"数据库整理，以"劳动争议、人事争议"为案由检索，并以诉由分类统计。

按照案件要素分类，法律责任部分案件数量较多的要素包括（超过 1000 件的）：连带责任 1057 件、侵害劳动报酬权 1159 件、处罚/处分 3534 件、劳动赔偿金支付 1118 件、劳动补偿金支付 1581 件、就业歧视 1748 件、行业疫情影响 1102 件、纠纷已解决 4582 件、未实际支付对价 5253 件、单方解除劳动合同 3354 件。① 2023 年劳动法案例法律责任分布如图 4 所示。

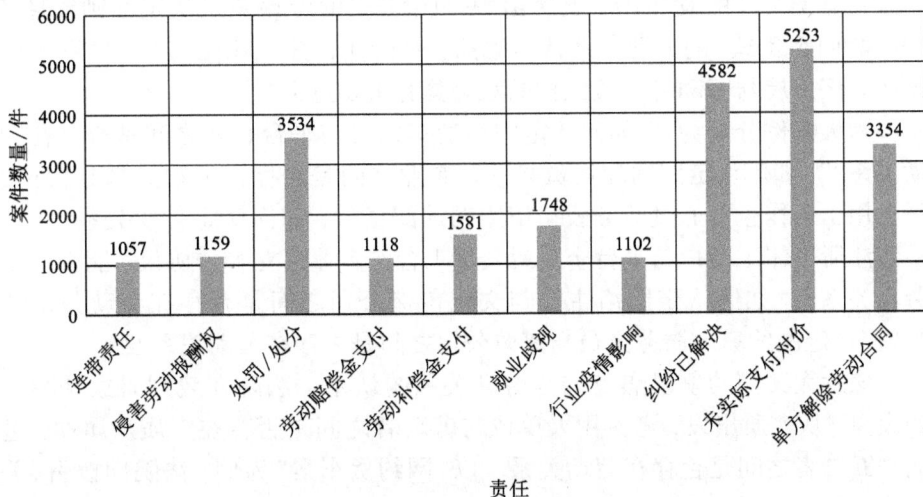

图 4　2023 年劳动法案例法律责任分布图

此外，2023 年最高人民法院发出 5 号司法建议，协同人力资源和社会保障部等单位加强对超龄劳动者合法权益的保护，引导和保障"老有所为"②，建议进一步规范超龄劳动者与用人单位的用工关系，完善参加工伤保险相关规定，推进基本养老保险信息查询和权力告知工作，助推劳动力市场规范有序发展。③

2. 新型劳动就业形态六大典型案例分析

2023 年 4 月 24 日，人力资源和社会保障部、最高人民法院联合发布了新就业形态劳动争议 6 个典型案例，着力实现平台经济良性发展与劳动者权

---

① 笔者根据"北大法宝"数据库整理，以"劳动争议、人事争议"为案由检索，并以法律责任分类统计。

② 《最高人民法院工作报告（全文）》，载最高人民法院官网，https://www.court.gov.cn/zixun/xiangqing/427412.html，2024 年 3 月 25 日访问。

③ 《最高法工作报告中提到的 1 至 5 号司法建议都说了什么？》，载中国法院网，https://www.chinacourt.org/article/detail/2024/03/id/7838377.shtml，2024 年 3 月 25 日访问。

益保护相互促进，为目前新就业形态的裁判问题确定了基调。

案例涉及网约车司机、配送员、网络主播、网约家政服务人员等新就业形态从业者与平台企业之间的劳动关系认定问题，覆盖平台经济主要行业类型和常见用工方式，充分贯彻落实了人力资源和社会保障部、最高人民法院等八部门《关于维护新就业形态劳动者劳动保障权益的指导意见》的要求。法院在典型案件的发布中，表达出"事实优先"的劳动关系认定原则，明确"从属性+要素式"的劳动关系认定思路，对于纠正违法用工行为，实现平台经济有序发展与劳动者权益保护的双赢具有重要意义。

六大案例分别为："如何认定网约货车司机与平台企业之间是否存在劳动关系？""如何认定网约配送员与平台企业之间是否存在劳动关系？""外卖平台用工合作企业通过劳务公司招用网约配送员，如何认定劳动关系？""劳动者注册个体工商户与平台企业或其用工合作企业订立合作协议，能否认定劳动关系？""如何认定网络主播与文化传播公司之间是否存在劳动关系？""如何认定网约家政服务人员与家政公司之间是否存在劳动关系？"

该六大案例的争议焦点均为劳动关系的认定。法院在裁判时拨开案件的表象，从实质出发，考察用人单位与劳动者之间是否存在实质从属性，进而判断二者之间是否存在劳动关系。以"网约货车案"为例，法院即援引《关于维护新就业形态劳动者劳动保障权益的指导意见》，强调"根据用工事实认定企业和劳动者的关系"。在论证层面，法院从组织从属性、人格从属性和经济从属性三个角度出发，考察三个"从属性"的有无及强弱，进而判断是否存在劳动从属关系。该案中，信息公司要求必须刘某本人驾驶车辆，通过平台监控刘某工作情况，并依据规章进行奖惩，对工作时间和工作量进行了严格规定，事实上，刘某的日均工作时长亦在 8 小时以上，体现了较强的人格从属性；信息公司占有用户需求数据信息，单方制定服务费用的结算标准，刘某从业行为具有较强的持续性和稳定性，体现了经济从属性；刘某被信息公司纳入了组织体系进行管理，并以平台的名义对外服务，体现了组织从属性。综上，虽然双方签订的《车辆管理协议》名义上为"合作关系"，但是实际上刘某与信息公司之间存在劳动管理行为，故应当认定二者之间存在劳动关系。

与之相反，在第二则案例"外卖小哥案"中，法院否定了劳动关系的存在。在该案中，平台向非特定的配送员发送订单信息，不对配送员的上线接单时间和接单量做任何的要求，实际上，外卖小哥的日均工作时长也仅为 4~5 小时，工作时间、地点都更加自由，不受限于特定的生产经营体系，故法院认定二者之间不存在劳动关系。

综观六大案例，我们可以发现，虽然有些案例披着"合作协议""项目承包协议"的外衣，但实质上劳动者与用人单位之间并不平等，劳动者的人格、组织和经济严重依赖用人单位，劳动者属于用人单位体系的一环，自主性和谈判能力弱。法院依然会刺破协议表象，最终认定劳动关系。同样，一些案件看似存在劳动关系，但因为实际上双方的从属关系较弱而被否定所谓劳动关系。在证据层面，新就业形态案件中的算法在劳动者与用人单位之间发挥的作用十分关键。平台算法的运作方式和算法规则决定了劳动管理关系的强弱，是判断双方是否存在劳动关系的关键证据，法院在案件审理时也较为注重此类证据的审查。由此可见，2023 年法院在审查新就业形态案件时，秉持着事实至上的原则，不简单适用"外观主义"的审查，注重抽丝剥茧地发现"隐蔽劳动关系"，体现了经济法和劳动法对实质正义的追求。

(三) 反思与展望

1. 劳动法法典化

劳动法法典化是 2023 年讨论较多的话题，当前法典化的进度较慢，因其困难程度较高而紧迫性较低，故并不在人大常委会的立法规划内。劳动法法典化系将劳动关系领域的所有 (至少是大部分具有典型特征的) 法律规范汇聚在一起，整理成一部系统性的典籍。劳动法法典化需要进一步推进的原因在于劳动法典可以使劳动法具有更高的效力和更强的适用空间，可以通过规定抽象概念和基本原则，为发展教义学和法官释法留下解释空间，可以对各类与国家法平行的规范和单行法敞开胸襟。[①] 故法典化应当是中国劳动法发展的目标。

2. 新就业形态

目前的劳动法体系在面对新就业形态等系列问题上稍显不足，劳动关系的存在与否直接决定了对劳动者保护的强弱。但是伴随平台经济的发展，"去雇佣化"出现，许多新就业形态劳动者与用人单位的关系，更多地展现出中间形态的特征，并不能简单地肯定或否认其成立传统的劳动关系。面对这种中间形态，传统的劳动关系的认定就显得较为机械。

目前，我国主要是通过最高人民法院发布典型案例的方式来处理此种矛盾，但是我国并非判例法国家，典型案例对下级法院的参照作用有限。对典型案例中反映出的立法规则和裁判要点进行归纳总结，整理新就业形态中的

---

① 参见娄宇：《劳动法典何以可能与如何可能》，载《吉林大学社会科学学报》2023 年第 5 期。

普遍适用的问题，进而抽象出一般性的原则，出台新就业形态立法、劳动基准法，是可以探索的规制路径。此外，有必要对传统劳动关系认定理论进行反思和重构，突破劳动管理关系的局限，确立多层次的劳动权利义务体系，更好地保护平台经济下的劳动者，促进平台经济市场健康有序发展。

3. 劳动者认定

数字技术引发的第四次工业革命正在改变劳动者的工作方式，在线工作平台的兴起使"零工"模式越发成熟，由此带来雇佣关系的深刻调整：传统的长期的全日制雇佣关系越来越少，非标准就业、非典型就业越来越多，关于劳动者身份、劳动者职业标准的认定越发重要。

2023年4月24日，苏州市中级人民法院发布了苏州法院劳动人事争议十大典型案例，其中"某股份有限公司与吴某确认劳动关系纠纷案"指出，高校毕业生毕业前以与用人单位建立稳定的劳动关系为目的向用人单位提供有报酬的劳动，符合劳动关系法律特征的，应认定双方成立劳动关系。原劳动部《关于贯彻执行〈中华人民共和国劳动法〉若干问题的意见》规定，"在校生利用业余时间勤工助学"不属于劳动法律调整范围，但并未否定在校生的劳动主体资格。法院在该案中表示，人民法院在确认双方法律关系属性时，应以实质要件为判断标准，着重考查入职、劳动管理、薪资发放等实际情况，从事实情况出发，综合认定双方之间是否存在劳动关系，更好维护高校毕业生合法就业权益。这一案例为类似劳动者确定劳动关系提供了典范，对于在劳动法相关规则缺位的情况下劳动者权益的维护而言具有重要意义。

整体来看，现行的劳动立法与劳动关系协调机制，对于新技术、新主体和新业态相关的劳动关系博弈问题缺乏有效的应对和处理方案。另外，加强对重点就业人群的关注与引导也是值得关注的突出问题。由于法律规制的碎片化、功能模糊化，相关规定错杂紊乱，以实习生群体为代表的重点就业人群无法得到足够的保护。传统的以民法为中心的规制模式忽视了他们的"劳动者"身份及"权利弱势"特性，重构重点就业人群保护模式、保护重点就业人群权益，应当成为实务界与理论界关注的课题之一。

4. 劳动者待遇

2023年，多地调整了最低工资标准，最低工资的提高直接影响到加班工资和社保费的计算，促使企业上调基层员工的薪资水平。医疗期工资待遇、停工停产工资等方面也都将受到积极影响，这些规定的出台无疑将推动更加公平稳定的劳动关系的形成。

劳动者待遇领域缺乏完整协调的法律体系，法律、行政法规和部门规章立法随意性较大,相互之间难以形成有效的配合。并且,我国与工资相关的规范性文件大多制定于 20 世纪 90 年代,对工资等劳动者待遇的定义尚不明确,如今很多法律条文已不能很好地适应社会发展需要。最根本的解决途径依然是在现有的劳动法中规定工资,明确工资的构成要件,对司法实践作出指引。

此外,数字时代下,新就业形态劳动者的报酬与平台绩效考核的算法机制紧密相关。为实现劳动报酬的公平定量,需打破数字化绩效考核的"遮蔽效应",让平台绩效考核规则更公平透明,通过立法手段与监管手段合力破除"算法黑箱",把算法装进制度的框架。

5. 工作时间认定

2024 年初,关于"离线休息权"的讨论首次进入全国两会范围。有政协委员提交了《关于保障劳动者离线休息权的提案》,呼吁国家层面应确立保护离线休息权的法律规定,为劳动者维权提供法律支撑。随着远程办公的推广,工作时间与个人时间的边界逐渐变得模糊,劳动者的"离线休息权"无法得到保障,劳资关系需要更加精细化和科学化的法律文本进行调整。单纯以工作时间、内容和程序为形式化的特征来进行加班的认定不符合当前劳动给付形态日益多样化的局面。随着社会发展进步,工时的缩短和工作班制的灵活化已经成为当前工作时间制度的重要发展趋势①。在劳动者休息权救济制度构建中,应当综合考量公平和效率双重维度,兼顾社会发展,强化大局意识,通过司法审判引导各方深化法治意识,为各类市场主体发展营造良好法治环境。

《2024 年最高人民法院工作报告》明确把"付出实质性劳动"和"明显占用时间"作为线上"隐形加班"的认定标准,让在线工作有收益、离线休息有保障。2023 年 4 月,北京市第三中级人民法院在裁判文书中论及"隐形加班",该案系全国首例在裁判文书中明确"隐形加班"问题,首次对利用微信等社交媒体进行隐形加班提出相关认定标准的案件,突破了传统认定加班案件中对工作场所固定化、工作时间可量化等的要求。该案体现了对劳动者利用社交媒体加班的认可与尊重,保障了劳动者的"离线权",让工作和休息的边界"清晰化",切实保护了劳动者的合法权益,对认定劳动者劳动时间问题具有重要意义。

---

① 高建东:《论隐性加班及其法律规制》,载《中国劳动关系学院学报》2022 年第 2 期。

二、劳动争议仲裁和诉讼

党的二十大报告强调，"防范化解重大风险，保持社会大局稳定"，并且将"完善劳动关系协商协调机制，完善劳动者权益保障制度，加强灵活就业和新就业形态劳动者权益保障"作为保障劳动者权益、化解劳动关系风险、维护社会稳定的重要措施。为贯彻党的二十大精神，2023年，劳动争议仲裁和诉讼领域不断深化协商调解在劳动人事争议化解中的首位作用，加强源头治理，健全多元化处理机制；同时，积极回应灵活就业、新就业形态等数字时代劳动争议新问题，致力于促进中国特色和谐劳动关系的高质量发展。

（一）2023年劳动争议仲裁和诉讼立法及政策制定情况综述

1. 人力资源和社会保障部发布《关于开展农民工工资争议速裁庭建设专项行动的通知》，保障农民工劳动报酬权益

2023年5月26日，人力资源和社会保障部发布《关于开展农民工工资争议速裁庭建设专项行动的通知》，要求切实发挥调解仲裁在根治欠薪中的应有作用，调配资源，组建速裁庭，建立健全符合农民工工资争议案件办理特点的快立快调快审快结工作机制，做到农民工工资争议案件优先受理、快调速裁，依法及时有效维护农民工劳动报酬权益，并从设立速裁庭、优化办案程序、健全速裁机制、强化协同办案四个方面部署了多项具体工作。

2. 人力资源和社会保障部等四部门共同发布《关于开展基层劳动人事争议调解组织建设行动的通知》，开展基层劳动人事争议调解组织建设行动，以"枫桥经验"化解劳动纠纷

2023年9月15日，人力资源和社会保障部等四部门共同发布《关于开展基层劳动人事争议调解组织建设行动的通知》，以构建和谐劳动关系为基本目标，从切实提升基层劳动人事争议协商调解工作能力出发，在对我国现阶段劳动人事争议调解组织建设提出了总体要求的基础上，围绕加强调解组织建设、明确工作职责、夯实基础保障三个方面提出了多项举措强化调解组织建设，更好发挥劳动人事争议调解工作在维护社会公平正义、推进创新基层社会治理、促进劳动关系和谐与社会稳定中的重要作用。

3. 最高法人民法院发布《关于审理劳动争议案件适用法律问题的解释（二）（征求意见稿）》

2023年12月12日，最高人民法院发布了《关于审理劳动争议案件适用法律问题的解释（二）（征求意见稿）》（下称"征求意见稿"）向社会公开征求意见。征求意见稿共27条，明确了用人单位基于劳动关系以股权激励方式

为劳动者发放劳动报酬，劳动者请求用人单位给付股权激励标的或者赔偿股权激励损失发生的纠纷属于劳动争议，但因行使股权发生的纠纷除外。征求意见稿还提出，用人单位与劳动者有关不缴纳社会保险费的约定无效。劳动者与用人单位约定不缴纳社会保险费，劳动者以用人单位未依法缴纳社会保险费为由请求支付经济补偿的，法院应予支持。同时，用人单位补缴社会保险费后，请求劳动者返还已给付的社会保险补偿的，法院也应予支持。总体来看，该征求意见稿统一了一些司法实践中的突出争议，也提出了一些司法裁判的新规则，如正式出台，将对用人单位合规用工发挥重要的指导意义。

（二）2023 年劳动争议仲裁和诉讼的总体状况与主要特点

1. 总体状况

2023 年，我国劳动人事争议仲裁立案受理案件总数 162.9 万件，立案受理案件涉及劳动者人数 180.3 万人，当期审结案件数 164.1 万件；[①]在劳动争议诉讼方面，根据《2024 年最高人民法院工作报告》，2023 年审结涉新业态劳动争议案件 14.2 万件，同比下降 10.2%。[②]2023 年，劳动争议仲裁和诉讼领域聚焦数字时代、新就业形态等新问题、新挑战，积极发布相关领域劳动争议典型案例，填补司法实践规则空白，根据实际用工，判断外卖小哥等与平台企业是否存在劳动关系，破除以劳务连环外包、诱导注册个体户等方式规避用工责任的"障眼法"；[③]同时，也持续加强司法实践在农民工等弱势劳动者群体权益保护方面的作用，加大拖欠薪资案件审判执行力度，帮助农民工追回 21.8 亿元"辛苦钱"。[④]

2. 主要特点

（1）着力解决数字时代劳动争议新兴问题。

面对数字时代、新就业形态劳动者权益保护等新问题、新挑战的时代背景，2023 年司法机关积极发布了一系列相关领域的劳动争议典型案例，旨在

[①] 人力资源和社会保障部：《2023 年 1—12 月人力资源和社会保障主要统计快报数据》，载人力资源和社会保障部官网，https://www.mohrss.gov.cn/xxgk2020/fdzdgknr/ghtj/tj/dttj/202401/W020240130330812781113.pdf，2024 年 2 月 29 日访问。

[②] 《最高人民法院工作报告（全文）》，载最高人民法院官网，https://www.court.gov.cn/zixun/xiangqing/427412.html，2024 年 3 月 25 日访问。

[③] 《最高人民法院工作报告（全文）》，载最高人民法院官网，https://www.court.gov.cn/zixun/xiangqing/427412.html，2024 年 3 月 25 日访问。

[④] 《最高人民法院工作报告（全文）》，载最高人民法院官网，https://www.court.gov.cn/zixun/xiangqing/427412.html，2024 年 3 月 25 日访问。

针对新就业形态和数字化工作环境中出现的问题提供指导和规范，填补司法实践中的规则空白。

在新就业形态劳动争议方面，2023 年 4 月 24 日，人力资源和社会保障部、最高人民法院联合发布第三批劳动人事争议典型案例 6 例，①重点涉及新就业形态相关劳动争议，特别是劳动关系的认定问题，为解决新就业形态下劳动争议提供进一步的实践指引。该批典型案例覆盖了平台经济主要行业类型和常见用工方式，结合平台劳动者能否自主决定工作时间、工作量，以及平台是否可以通过制定规则、算法等对劳动过程进行管理控制等要素，全面分析劳动者与企业之间的人格从属性、经济从属性、组织从属性的有无和强弱，对符合确立劳动关系情形的认定标准作出重点规范。

步入数字时代，劳动争议更加复杂多变，2023 年，各地法院不断加强主观能动性，积极探索应对数字时代下劳动争议面临的新问题、新挑战，涌现一批典型案例，为法治化在数字时代落实落细落地见效提供支持与保障。最高人民法院在第三批大力弘扬社会主义核心价值观典型案例的"沈某某诉胡某、邓某劳动争议案"一案中明确，用人单位将虚拟货币作为工资支付给劳动者违反法律强制性规定，应认定为无效。北京市第三中级人民法院审结的"李某诉某公司劳动争议案"首次对利用网络社交媒体安排隐形加班提出认定标准，突破了传统认定加班案件中对于工作场所固定化、时间可量化等要求，入选"新时代推动法治进程 2023 年度十大案件"。②

（2）持续加强传统劳动争议下弱势劳动群体权益保护。

在传统劳动争议领域，司法机关持续加大对恶意欠薪等侵害劳动者经济权益的行为的打击力度，切实保护农民工等弱势群体的劳动权益。2023 年 12 月 22 日，最高人民检察院发布一批依法惩治拒不支付劳动报酬犯罪典型案例，依法惩治恶意欠薪犯罪，持续维护劳动者合法权益。③ 该批案例共 5 件，案情涉及恶意欠薪数额巨大、农民工工资保证金配套机制的建设、事

---

① 人力资源和社会保障部：《人力资源社会保障部 最高人民法院关于联合发布第三批劳动人事争议典型案例的通知》，载人力资源和社会保障部官网，https://www.mohrss.gov.cn/xxgk2020/fdzdgknr/ldgx_4234/ldrsdjzc/202305/t20230525_500542.html，2024 年 2 月 29 日访问。

② 北京市第三中级人民法院：《揭晓！北京三中院"隐形加班"劳动争议案入选"新时代推动法治进程 2023 年度十大案件"》，载北京市第三中级人民法院官网，https://bj3zy.bjcourt.gov.cn/article/detail/2024/01/id/7783787.shtml，2024 年 2 月 29 日访问。

③ 最高人民检察院：《最高检发布依法惩治拒不支付劳动报酬犯罪典型案例 依法惩治恶意欠薪犯罪，持续维护劳动者合法权益》，载最高人民检察院官网，https://www.spp.gov.cn/xwfbh/wsfbt/202312/t20231222_637783.shtml#1，2024 年 2 月 29 日访问。

实劳动关系中的欠薪等，体现了检察机关始终保持对恶意欠薪犯罪依法惩治的态度。

（三）总结展望

1. 加强源头治理，持续推进劳动争议前端预防化解工作

近年来，我国劳动人事争议案件的数量位居高位，争议处理机构及其人员面临的案件压力不断增加，因此，劳动人事争议的处理不仅需要解决"存量"，更为重要的是从根本上控制"增量"。未来劳动争议解决将加强源头治理作为基本原则，通过预防指导、风险预警监测和隐患排查化解，做到关口前移，"抓前端、治未病"，切实减少劳动人事争议的发生。

第一，加强内部治理和劳动用工合规管理，充分激发用人单位预防争议的能动性。在通过基层党组织、工会以及民主管理完善用人单位内部治理的同时，通过中小企业服务机构、劳动关系托管服务机构、律师以及法律顾问等外部力量加强用人单位劳动用工管理的外部协同，从而构建起内外联动的用人单位劳动用工合规管理的体系，提高用人单位劳动用工合规管理的能力和水平，从根上让劳动人事争议"不发生、少发生、早解决"。此外，加强用人单位劳动人事争议预防体制机制及其运行效能结果的应用，将用人单位建立劳动人事争议调解组织、开展协商调解工作情况作为和谐劳动关系创建等评选表彰示范创建的重要考虑因素，从而形成以建促评、以评促建的良性互动。

第二，强化风险预警和隐患排查，全面加强政府部门预防争议的主动性。针对重要时间节点和重点群体，充分发动税务、社保、信访以及宣传等部门的力量，建立风险台账，强化监测预警，从而实现争议风险早发现。建立重点区域、重点行业、重点企业联系点制度，通过调解仲裁机构与劳动监察等部门间的信息共享、协调联动，开展隐患排查，从而实现争议风险的早介入、早化解。

总体而言，争议预防的体系化和争议处理的规范化是有效应对目前劳动人事争议案件数量增加的两大法宝，预防能够减少案件数量，规范化的争议处理又能够反过来促进争议预防，未来要进一步强化争议预防，突出争议预防在争议处理中的基础性作用。

2. 健全多元化处理机制，加强协商调解组织建设与机制完善

劳动人事争议协商调解作为社会矛盾纠纷的多元预防调处化解综合机制的重要组成部分，涉及多个流程以及不同层级的多个主体，是个复杂的制度体系。未来的工作方向要坚持系统治理的原则，进一步完善流程衔接、部门联动以及上下联动制度的体系化。

第一，流程衔接的系统化。劳动人事争议处理程序包括协商和解、调解、仲裁以及诉讼，未来的工作要着重强化协商和解及多元调解，通过协商意识的培育和协商机制的丰富、完善，健全用人单位内部的协商机制。与此同时，依托工会组织的资源力量，搭建外部的劳动者申诉和争议协商平台，如各级地方工会可设立劳动人事争议协商室，通过工会的帮扶指导，提升用人单位规范管理和协商的能力。此外，通过强化和解协议履行监督和效力审查，提高内外部协商和解机制的效能。并且通过多元调解机制的完善，强化调解与仲裁、诉讼的衔接。建立仲裁员分片联系调解组织制度，强化仲裁对调解的指导；通过建议调解、委托调解等方式，充分发挥先行调解对仲裁的"分流减压"作用；通过调解协议的仲裁审查或者司法确认，强化调解协议的效力。

第二，部门联动的系统化。未来的工作方向要强化多元调解组织的建设及其联动机制的完善。一是加强调解组织建设。人力资源和社会保障部门会同司法行政、工会、企业代表组织等多部门参与、形成合力，加大调解组织的建设力度，推动企业、街乡、行业（商）会、区域性、事业单位和社会团体调解组织建设，建设市、县劳动人事争议仲裁院调解中心和工会法律服务工作站，扩大调解组织的规模和覆盖范围，从而提高用人单位和劳动者的争议调解的可获得性。二是加强调解工作的规范化建设。落实调解组织和调解员名册制度，建立健全调解组织的受理登记等管理流程，加大履行调解协议的督促力度。三是健全联动工作体系。通过调解员、专家库等资源、信息共享，重大劳动人事争议应急联合调处、"一窗式"争议受理和流转办理等机制，形成劳动人事争议调解与人民调解、行政调解、司法调解联动工作体系。通过工作人员派驻、场所开放、资源共享等方式参与社会矛盾纠纷调处中心建设。

第三，上下联动的系统化。未来的工作要强调劳动人事争议处理的基层治理，尊重和鼓励基层首创精神，以及地方、部门和行业特色优势的发挥。在规范化和法治化的基础上，未来的工作要以问题及其解决为导向，尊重和鼓励基层的创新精神，探索新路、形成特色、产生实效，不断总结、推广成熟经验和特色做法，形成典型引领。此外，劳动关系作为最基本、最重要的社会关系之一，其运行涉及多个环节、多个主体，因此，政府部门无法单独有效完成劳动人事争议的预防和处理的全部工作。未来要加强劳动人事争议风险的共治共享机制，在充分发挥人力资源和社会保障等行政部门以及工会、行业(商)会和企业代表组织力量的基础上,更加注重社会力量的发挥,从而完善政府主导、社会参与的劳动人事争议处理多元共治的新格局。

3. 与时俱进,回应数字时代劳动争议新问题

科技在发展,工作模式在转变,法律实践也应与时俱进。当前数字时代,劳动争议呈现出新的特点和挑战,劳动争议的化解与处理也需要更加贴近数字时代的实际情况。

第一,司法层面积极填补数字时代劳动争议相关领域的裁判规则空白。针对在数字经济发展背景下产生的新型劳动争议问题,法律法规的调整与应对往往具有一定程度的滞后性,在此情形下,司法机关应秉持"能动司法"的理念,在司法实践中发挥主观能动性、顺应科技发展、回应科技创新的态度与能力,通过发布司法解释、典型案例等形式,及时回应数字时代劳动争议的新问题,明确相关法律适用的原则,为劳动者和用人单位等各方提供明确的法律依据与具体的实践指南,助力劳动者权益保护、企业劳动合规与和谐稳定劳动关系的构建。

第二,立法层面根据司法实践经验积累适时审慎调整法律规则。数字时代的劳动关系更加复杂、劳动争议更具特殊性,在既有法律规范体系下,针对无法通过司法的解释适用得以涵盖的情形,有必要以推动相关法律法规的修订和完善为回应,适时将司法实践中适用发展成熟的裁判规则上升为法律规范。同时,法律规范也应为建立包括协商、调解、仲裁、诉讼在内的多元化的争议解决机制提供制度依据,为数字时代的劳动争议提供多种解决途径,充分保障劳动者和用人单位的权益。

第三,劳动争议化解机制可利用数字化技术实现提升与转型。随着信息技术与社会治理的深度融合,我国企业经营和政务服务都在逐步实现数字化转型,数字化成为新时代的重要标志。劳动人事争议预防和处理领域信息技术等数字化基础设施的建设及其应用能力的提升,不仅能适应新生代劳动者以及企业管理者的需求,而且能提高争议预防和处理的效率。未来要大力推动调解员队伍及其智慧协商调解能力的建设,一是通过扩大兼职调解员来源渠道,广泛吸纳法学专家、仲裁员、律师等专业力量,不断扩大调解员队伍的规模、强化调解员队伍的专业能力,并且强化培训指导,开发国家职业技能标准,提高调解员的职业道德和办案能力。二是以信息技术为支撑,构建智慧协商调解体系。运用大数据进行劳动人事争议情况的分析研判,完善网络平台和手机 App 等方式,推动争议处理"网上办""掌上办",提高协商调解的智能化水平。

三、社会保障立法及政策制定

(一)2023年社会保障立法及政策制定情况

2023年,我国社会保障法领域的法规立改废释平稳推进,出现了若干热点与亮点。以下从涉及多个子部门的综合型与针对单一子部门的专门型两个角度,展现社会保障领域的重要立法动作及政策实施情况。

1. 综合型法律法规动态

(1)多项社会民生领域立法项目列入十四届全国人大常委会立法规划。

十四届全国人大常委会立法规划草案共计130件,分为"条件比较成熟、任期内拟提请审议的法律草案""需要抓紧工作、条件成熟时提请审议的法律草案"和"立法条件尚不完全具备、需要继续研究论证的立法项目"三类,涵盖社会救助、慈善、养老服务等多项社会民生领域立法;充分体现了以人民为中心的发展思想,侧重解决人民群众最关心的现实问题,为未来社会民生领域法治建设绘就蓝图。

(2)中共中央办公厅、国务院办公厅印发《关于推进基本养老服务体系建设的意见》。

2023年5月21日,中共中央办公厅、国务院办公厅印发了《关于推进基本养老服务体系建设的意见》(以下简称"《养老服务意见》"),首次确定了推进基本养老服务体系的内涵和主要任务,从总体要求、工作重点、组织保障三个角度,对健全基本养老服务体系建设工作提出了多方面要求,明确了基本养老服务的指导思想、主要任务与工作原则。

(3)国家发展和改革委员会等部门完善社会保障相关基本公共服务标准。

国家发展和改革委员会等多个部门联合发布《国家基本公共服务标准(2023年版)》,首次对国家基本公共服务标准进行调整,落实了党的二十大的新部署,完善了基本公共服务的标准体系。2023年12月4日,人力资源和社会保障部发布《关于进一步健全人力资源社会保障基本公共服务标准体系全面推行标准化的意见》,要求充分发挥标准化的基础支撑和创新引领作用,通过全面推行标准化不断提升人力资源社会保障基本公共服务均等化、普惠化、便捷化水平。

(4)中共中央办公厅、国务院办公厅印发《关于进一步深化改革促进乡村医疗卫生体系健康发展的意见》。

2023年2月23日,中共中央办公厅、国务院办公厅印发《关于进一步深化改革促进乡村医疗卫生体系健康发展的意见》,为全面推进健康中国建设特别是乡村医疗卫生体系建设提供了具有可操作性的政策依据，对维护农村居民的健康和全面推进乡村振兴有着积极的推动作用。

(5)中共中央办公厅、国务院办公厅印发《关于构建优质均衡的基本公共教育服务体系的意见》。

2023 年 6 月 13 日，中共中央办公厅、国务院办公厅印发《关于构建优质均衡的基本公共教育服务体系的意见》，为构建优质均衡的基本公共教育服务体系作出了系统谋划，擘画了构建支撑教育强国建设的基本公共教育服务体系的目标任务和思路举措。

2.专门型法律法规动态

(1)国务院颁布《社会保险经办条例》，推动社会保险经办工作规范化。

2023 年 8 月 16 日，国务院颁布《社会保险经办条例》，共 7 章 63 条，明确了适用范围，规定了经办机构职责，设置了具体的监督管理举措，明晰了侵害社保基金的法律责任。这标志着社保经办工作迈上了新台阶，具有重要的里程碑意义，有利于提升社会保障治理效能，切实保障用人单位和个人的社会保险权益。

(2)民政部等十部门发布《关于加强低收入人口动态监测 做好分层分类社会救助工作的意见》。

2023 年 10 月 19 日，民政部等十部门联合发布《关于加强低收入人口动态监测 做好分层分类社会救助工作的意见》，强调坚持与经济社会发展水平相适应，健全以基本生活救助、专项社会救助、急难社会救助为主体，以社会力量参与为补充的分层分类社会救助体系，实现救助资源统筹衔接、救助信息聚合共享、救助效率有效提升。

(3)国务院办公厅发布《关于加强医疗保障基金使用常态化监管的实施意见》。

2023 年 5 月 26 日，国务院办公厅发布《关于加强医疗保障基金使用常态化监管的实施意见》，在加强医疗保障基金使用常态化监管的总体要求的基础上，提出了明确各方职责、实施常态化监管、健全完善制度机制、强化保障措施等重要任务，旨在加快构建权责明晰、严密有力、安全规范、法治高效的医保基金使用常态化监管体系，给保障医保基金安全运行、提高基金使用效率、减轻群众就医负担提供了政策依据。

(4)退役军人事务部、人力资源和社会保障部等八部门发布《关于加强就业困难退役军人帮扶工作的意见》。

2023 年 1 月 29 日，退役军人事务部、人力资源和社会保障部等八部门发布《关于加强就业困难退役军人帮扶工作的意见》，要求通过强化择业引导、加强岗位推荐、支持创业和灵活就业、落实帮扶措施、用好公益性岗位、做好技能培训等，提供多岗位供给、多渠道保障的帮扶，使有需要的就业困难退役军人及时就业。

（5）人力资源和社会保障部等七部门发布《关于推进工伤康复事业高质量发展的指导意见》。

2023年8月17日，人力资源和社会保障部等七部门发布《关于推进工伤康复事业高质量发展的指导意见》，提出健全工伤康复制度和标准、完善工伤康复工作机制、创新工伤康复扶持政策、加强工伤康复精细化管理、提升工伤康复服务水平，切实推动预防、补偿、康复"三位一体"的工伤保险制度建设。

3. 小结

总体上，2023年社会保障领域立法及政策的立改废释呈现出以下特征：

第一，综合型和专门型法律法规全面推进、齐头并行。人口老龄化、妇女权益保障等热点议题往往涉及社会保障的多个子部门法，因此针对这些社会问题而出台的法律法规往往具有突出的综合性，能协调联动各子部门法上的多种保障手段。对于各个子部门内部的重要问题进行的专门型法律法规创设、修订与解释也并没有偏废，推动了相应领域的法治化、规范化和精细化。

第二，专门型法律法规仍保持"重者恒重"特征。具体而言，社会保险领域的立法动态显著多于其他子部门，社会福利、社会组织方面的规范动态庶几阙如。究其原因，一是源于路径依赖，以往的社会保障改革主要呈现出聚焦社会保险、兼顾社会救助的特征，对于社会福利、社会优抚关注相对不足；二是社会保险涵盖范围广，国民关注度高，与国民经济发展和人民生活联系密切，法治实施也相对活跃；三是社会保险是社会保障法领域中唯一已经诞生专门法律的子部门，前置制度更为成熟和体系化，随后的法规细化和修改更为便捷。

第三，展现社会保障法关注弱势、普惠公平、与时俱进的关切。过去一年的立法动态集中体现了社会保障法作为人类应对风险社会、实现社会安全的制度设计的功能定位，[①]不少规范的创设填补了先前法律的空白，给经济社会发展中产生的民生问题提供了法律依据和制度保障。对于出现"新问题"的"旧领域"而言，提供了新的法律依据，适应了新时代的发展要求，为相关

---

① 叶静漪、李少文：《新发展阶段中国社会法的转型与重点立法任务》，载《社会科学战线》2021年第11期。

领域步入高质量发展阶段奠定了更加牢靠的基础。

(二)2023 年社会保障法实施的总体状况与主要特点

2023 年,我国社会保障法领域法治实施情况稳步推进,不同子部门领域的法治实施各有侧重、各具亮点。

1.2023 年社会保障法实施的总体状况

(1)社会保险法领域。

2023 年社会保险法领域工作平稳开展。据人力资源和社会保障部统计,截至 2023 年底,全国基本养老、失业、工伤保险参保人数分别为 10.66 亿人、2.44 亿人、3.02 亿人,同比增加 1336 万人、566 万人、1054 万人,其中,工伤保险参保人数首次突破 3 亿人。①

作为社会保障法司法适用的核心领域,2023 年社会保险法领域司法实践保持活跃,作出司法裁判案例共计 2930 件。② 根据案件数据统计,上述司法案例在地域、审理法院、审理级别及案由方面如图 5 至图 8 所示。

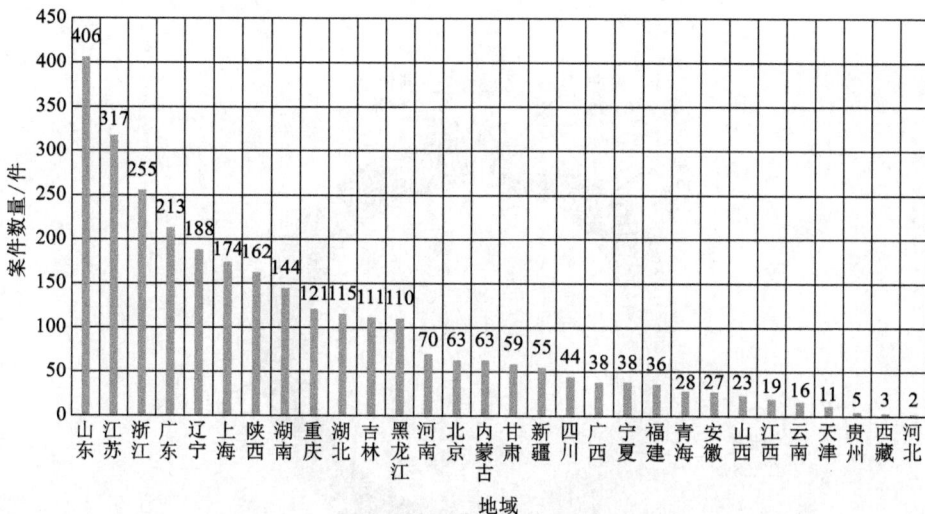

图 5 2023 年社会保险司法案例地域分布情况③

---

① 《人力资源社会保障部举行 2023 年四季度新闻发布会》,载人力资源和社会保障部官网,http://www.mohrss.gov.cn/SYrlzyhshbzb/zxhd/zaixianzhibo/202401/t20240124_512668.html,2024 年 3 月 11 日访问。

② 数据来源:笔者根据案例检索情况整理。

③ 数据来源:笔者根据案例检索情况整理。

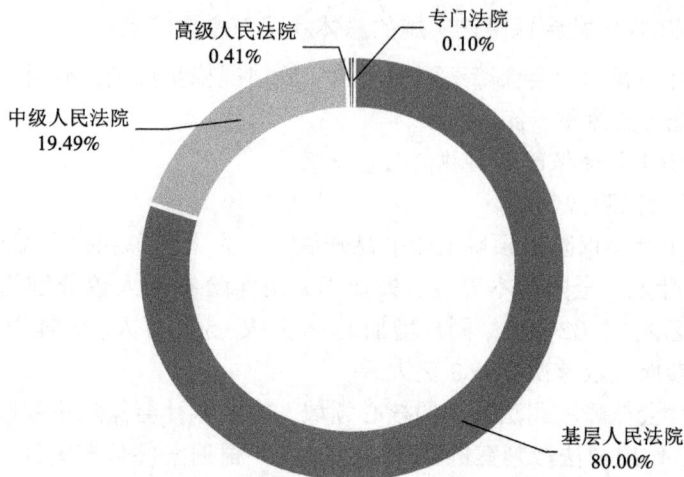

图6 2023 年社会保险司法案例审理法院情况①

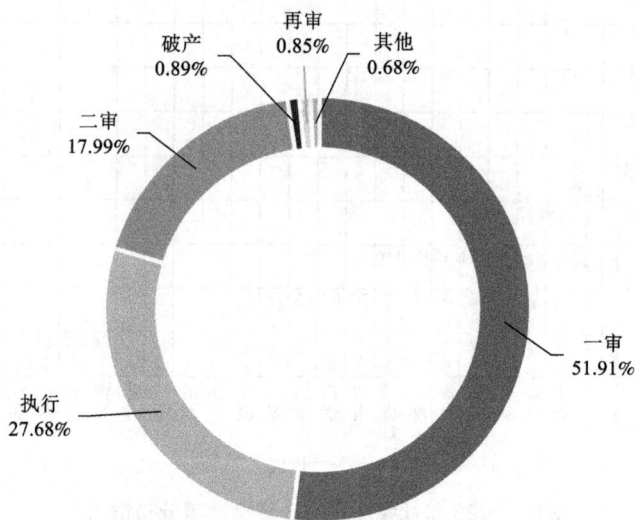

图7 2023 年社会保险司法案例审理级别情况②

---

① 数据来源：笔者根据案例检索情况整理。
② 数据来源：笔者根据案例检索情况整理。

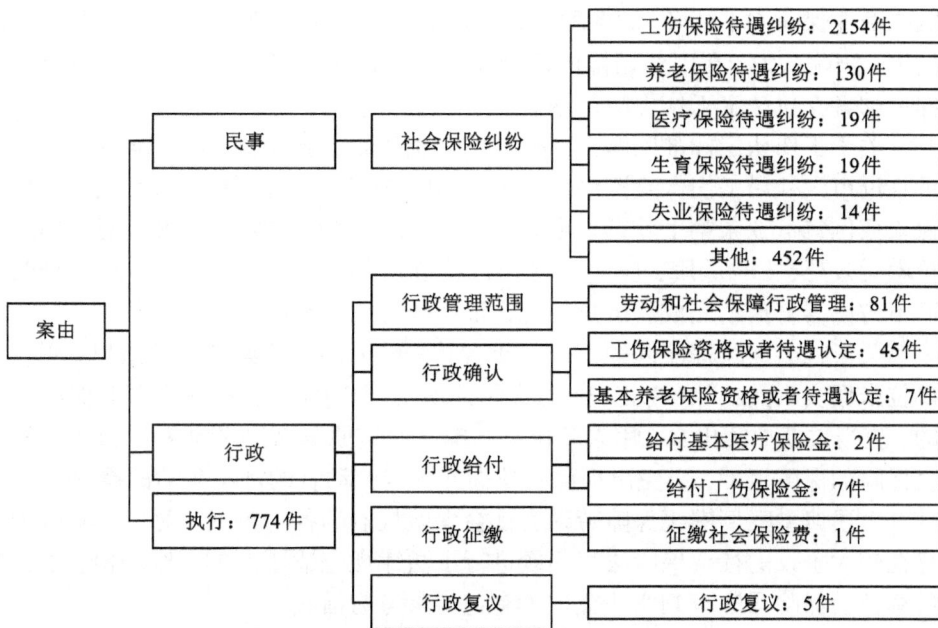

图 8 2023 年社会保险司法案例案由情况①

2023 年，最高人民法院以及各省市高级人民法院或人社部门相继发布劳动与社会保障领域的典型案例，主要聚焦社会保险责任承担主体、责任承担范围、工伤认定标准以及社会保险的程序等问题，以为司法实践提供示范与参照。

关于社会保险承担主体的问题，最高人民法院发布的典型案例"张某某诉祁阳县某清洁有限公司劳动争议纠纷案"中指出：在劳务派遣情形下，劳务派遣单位作为劳动者的用人单位，无论用工单位是否按照约定及时、足额支付社会保险费，都应当依法及时为劳动者向社会保险经办机构缴纳社会保险费。在重庆市高级人民法院第九批劳动争议十大典型案例中，法院指出劳务派遣单位与用工单位就为被派遣劳动者缴纳社会保险费的主体以及未缴纳社会保险费的后果作出约定的，该约定合法有效。

关于社会保险责任承担范围问题，贵州省高级人民法院劳动人事争议纠纷典型案例"某电力公司诉杨某某劳动争议纠纷案"中法院指出用人单位已

---

① 数据来源：笔者根据案例检索情况整理。

购买商业保险并不能免除其工伤保险责任。在福建省劳动人事争议典型案例中，法院认为：在工伤赔偿协议排除用人单位法定义务时，用人单位仍应向劳动者支付法定工伤保险待遇。

关于工伤认定标准问题，最高人民法院发布的典型案例"临沧市住建局诉临沧市人社局工伤保险资格认定案"指出：在人体器官捐献情形下，《工伤保险条例》第 15 条第 1 款第 1 项规定的"突发疾病死亡或者在 48 小时之内经抢救无效死亡"的适用，应当以诊疗机构确认的脑死亡时间作为死亡时间，而不应以器官捐献完成后出具的死亡证明作为死亡时间。

关于社会保险程序问题，2023 年吉林法院劳动争议典型案例指出：用人单位未据实出具解除(终止)劳动合同证明书而影响劳动者领取失业保险金的，应当重新如实出具，用人单位应当本着诚信原则帮助劳动者尽快进入社会保险的保障范围，避免出现保障缺失并影响劳动者的基本生活的情况。

上述典型案例围绕保障劳动者社会保险权益的各个侧面，对司法实践中存在较大争议的社会保险法律问题进行了法律规范适用上的明晰与澄清，为后续社会保险司法审判实践提供了有益的参考与借鉴。

(2)社会救助法领域。

围绕党的二十大提出的健全分层分类的社会救助体系的决策部署，2023 年全国持续深化社会救助制度改革，致力于健全以基本生活救助、专项社会救助、急难社会救助为主体，以社会力量参与为补充的分层分类社会救助体系。

在政府救助层面，"扩围增效"是基本工作基调，中央与地方合力加强低收入人口动态监测和常态化救助帮扶，推动政府社会救助范围的有序拓展。据统计，截至 2023 年 11 月底，全国动态监测低收入人口 6600 多万人，保障低保对象 4044.9 万人；截至 10 月底，保障特困人员 470.6 万人，实施临时救助 543.8 万人；全年救助流浪乞讨人员等各类临时遇困群众 70.6 万人。[①] 以浙江省分层分类社会救助体系建设实践为例，在基本生活救助方面，浙江省逐步扩大社会救助覆盖面，从保障"兜底人群"向帮扶"低收入人群"扩围；在专项救助方面，浙江省优化调整帮扶资源，推动全学段教育救助应救尽救，并极大提升困难群众医疗费用综合保障率和低收入人口就业帮扶率。

---

① 《社会救助体系建设取得新突破》，载中央人民政府网，https://www.gov.cn/lianbo/bumen/202401/content_6925961.htm；《以习近平新时代中国特色社会主义思想为指导 努力开创民政事业高质量发展新局面——2024 年全国民政工作会议在京召开》，载民政部网，https://www.mca.gov.cn/zt/n2782/n2783/c1662004999779997204/content.html，2024 年 3 月 11 日访问。

在社会力量参与方面，建立政府救助与慈善帮扶衔接机制，为低收入人口提供多样化的救助帮扶，是健全分层分类社会救助体系、形成综合救助格局的重要内容。2023 年 9 月，民政部印发《关于加强政府救助与慈善帮扶有效衔接的指导意见》（以下简称"《政府救助与慈善帮扶衔接意见》"），对引导动员公益慈善力量积极参与社会救助工作作出部署。作为 2023 年广东省社会救助领域创新实践优秀案例之一，广州市民政局以社会救助服务类改革为目标，逐步建立了政府救助与慈善帮扶深度衔接新模式，有效强化了政府救助与慈善帮扶机制衔接的制度化、慈善力量参与救助帮扶监管的规范化以及推动政府救助与慈善帮扶项目融合的多元化。

（3）社会福利法领域。

2023 年，社会福利法治实施持续推进儿童、老年人、残疾人福利保障制度的完善，拓宽福利保障群体范围，加大福利设施投入力度，规范福利工作体制机制，促进社会福利事业有序发展。

在儿童福利方面，事实无人抚养儿童等困境儿童的精准保障、教育保障和心理健康关爱服务不断强化，截至 2023 年第 3 季度末，全国共有 14.6 万名孤儿和 38.8 万名事实无人抚养儿童纳入保障范围。[①] 流动儿童、留守儿童的关爱服务持续加强，民政部等部门出台《农村留守儿童和困境儿童关爱服务质量提升三年行动方案》以促进关爱服务质量提升。儿童收养政策进一步创新完善，民政部修订《中国公民收养子女登记办法》有关内容，联合多部门出台关于进一步促进残疾孤儿回归家庭的政策。

在老年人福利方面，基本养老服务体系建设持续推进。为贯彻落实《养老服务意见》，所有省份均出台加快基本养老服务体系建设实施方案和服务清单；为推动养老服务发展重心向居家社区倾斜，民政部门组织实施积极发展老年助餐服务行动，开展中央财政支持经济困难失能老年人集中照护服务；同时推进养老设施建设，截至 2023 年 9 月底，全国有各类养老服务机构和设施 40 万个、床位 820.6 万张。[②]

在残疾人福利方面，残疾人福利政策有效落实，基本建立残疾人两项补

[①]　《让祖国的花朵沐浴更多阳光雨露——2023 年儿童福利和权益保障工作综述》，载民政部官网，https://www.mca.gov.cn/zt/n2782/n2786/c1662004999979997140/content.html，2024 年 3 月 11 日访问。

[②]　《为老年人描绘可感可及的幸福图景——2023 年养老服务工作综述》，载民政部官网，https://www.mca.gov.cn/zt/n2782/n2786/c1662004999979997139/content.html，2024 年 3 月 11 日访问。

贴动态调整机制；截至 2023 年 12 月底，已分别惠及困难残疾人 1182 万人、重度残疾人 1573.3 万人；部署开展"精康融合行动"，全国有民政直属精神卫生福利机构 138 家、床位 7.1 万张；发布中国康复辅助器具目录（2023 年版），建设 49 个康复辅助器具产业园区，助力残疾人康复服务体系建设与产业发展。[①]

（4）社会优抚法领域。

2023 年，社会优抚领域持续稳步完善退役军人权益维护机制，建强退役军人服务保障体系，落实落细退役军人就业优先政策，全力推进退役军人优待抚恤工作高质量发展。

在退役军人权益保障方面，退役军人事务部有力推进关爱帮扶工作，与民政部通力合作，逐步实现困难退役军人数据信息跨部门互通共享；坚持开展常态化走访关爱，投入大量人力物力帮助退役军人，并组织了一系列关爱退伍军人的活动；同时持续深化司法救助工作，进一步深化部门协作机制。

在退役军人就业安置方面，开展 2023 年退役军人就业服务专项行动，全国共举办招聘会 1.15 万场，提供岗位约 706.7 万个，约 39.4 万名退役军人达成就业意向。同时，致力于拓宽退役军人就业渠道，会同中共中央统战部、国务院国有资产监督管理委员会等部门，举办第四批退役军人就业合作企业签约仪式，为退役军人提供约 26.4 万个专项岗位；[②]联合应急管理部组织消防员面向退役士兵专项招录，会同外交部持续选拔优秀退役军人进入驻外使领馆工作，并促进退役军人跨区域就业。

（5）社会组织法领域。

2023 年，社会组织法治实施聚焦加强社会组织管理，提升社会组织登记质量、监管能力与运行质量，引导社会组织健康有序发展，推动社会组织事业稳健前行。

在社会组织登记方面，推进修订社会组织登记管理行政法规和《全国性行业协会商会章程示范文本》《社会团体章程示范文本》，推进制定《社会组织名称管理办法》。在登记管理实践上，规范社会组织"登管分离"，提高登

① 《以习近平新时代中国特色社会主义思想为指导 努力开创民政事业高质量发展新局面——2024 年全国民政工作会议在京召开》，载民政部官网，https://www.mca.gov.cn/zt/n2782/n2783/c1662004999979997204/content.html，2024 年 3 月 11 日访问。

② 《2023 年退役军人工作特稿之四：多措并举促进退役军人高质量充分就业》，载退役军人事务部官网，https://www.mva.gov.cn/sy/xx/bnxx/202401/t20240118_273736.html，2024 年 3 月 11 日访问。

记审查质量，推进"僵尸型"社会组织专项整治；完成国家社会组织法人库主体工程建设，推进建立电子证照全国统一制发体系；截至2023年12月底，全国共有社会组织88.5万家，其中全国性社会组织2296家。[①]

在社会组织监管方面，民政部门探索强化脱钩行业协会商会综合监管，指导浙江、四川、山西和山东青岛设立行业协会商会综合监管工作观察点，持续治理行业协会商会乱收费问题，并升级全国社会组织信用信息公示平台；发布社会组织领域风险防范典型案例，完善查处非法社会组织工作规范；严肃查处全国性社会组织违法违规行为，强化执法震慑效应。

聚焦社会组织领域的行政监管，执法实践多重点关注社会组织外部登记管理、检查监督、内部运营管理等方面。除行政处罚外，执法部门必要时还会采取列入社会组织活动异常名录或严重违法失信名单等信用惩戒手段，或引入司法实施机制，以加大对社会组织的规范惩戒力度。

2. 2023年社会保障法实施的主要特点

总体上，2023年社会保障领域法治实施情况呈现出以下特征：

第一，法治实施呈现以社会保险为主体的"重者恒重"格局。作为社会保障法体系内部法治化程度最高的部分，社会保险法是社会保障法治实施集中开展的领域。而在社会救助、社会福利、社会优抚领域，由于法治化程度低，相应社会保障权利未予法律化，因此通常以行政手段予以落实，司法实施机制基本不存在介入的空间。

第二，法治实施工作重心以中央政策引领为核心导向。由于我国社会保障法领域仍处于法治化水平提升阶段，现阶段社会保障法治的实施重心呈现出鲜明的政策导向特性，基于政策制定的灵活性与时代性，相应的法治实施往往也体现出对现实问题的适时回应。

第三，法治实施手段综合多元、跨部门协作需求大。由于社会保障法综合性强、涉及主体多元、领域广泛、事务繁杂，因而在法治实施环节往往需要综合运用多元手段，在必要时还需进行跨部门协作，以提升法治实施的质量和效果。

第四，法治实施的地方能动性发挥空间充分。社会保障领域政策的宏观抽象属性赋予了地方在法治实施中一定的自由探索空间，中央层面也在一定

---

① 《厚植忠诚底色 书写服务高质量发展答卷——2023年社会组织管理工作综述》，载民政部官网，https://www.mca.gov.cn/zt/n2782/n2786/c1662004999979997135/content.html，2024年3月11日访问。

程度上鼓励各地在合理范围内充分发挥其主观能动性；通过促进地方积极探索，汲取具有借鉴意义和推广价值的地方经验，反哺于全国社会保障法治体系的建设与完善。

(三) 法治实施问题与理论反思

法治滞后是制约中国社会保障发展的关键,[1]社会保障领域仍然存在无法可依、有法难依、执法不严的情形，突出表现在以下几个方面：

第一，社会保障立法层次较低。目前社会保障领域法律位阶的立法仅有《中华人民共和国社会保险法》，社会救助、医疗保障、养老服务等绝大部分社会保障立法分散于法规规章中，制约了我国社会保障法的体系化发展。

第二，社会保障立法统一性和规范性不足。各种政策叠床架屋，带来权责不清、待遇不公等制度性缺陷。长期以来，我国社会保障改革都奉行自下而上试点探索的分散立法策略，缺乏全国统一且能够刚性约束地方行为的完备规范。[2] 地方各自为政缺乏统一的框架和逻辑，各种社会保障政策的遗漏重复甚至相互矛盾之处在所难免，影响区域协同发展。

第三，社会保障覆盖范围较窄。社会保障人群主要集中在城镇机关、事业单位和国有企业中，相当多的农村居民、城市私营企业员工均被排除在社会保障体系覆盖范围之外。失业保险、工伤保险参保率较低，难以充分发挥其功能，如我国超龄劳动者数以千万计，工伤认定、社保缴纳等方面存在堵点，每年约 5 万件此类劳动争议诉至法院；[3]面向老人、儿童的保障措施无法满足现实需要。以农民工为代表的流动人口、新就业形态下的灵活就业者的社会保障立法又呈现出诸多空白和遗漏,[4]难以及时回应经济社会的发展。

第四，社会保障法治实施机制薄弱。目前我国社会保障法律的责任追究及制裁力度有限，社会保险费等社会保障相关费用征缴缺乏必要的强制性,[5]法律救济配套制度建设相对滞后。社会保障领域行政执法不力、司法介

---

① 郑功成：《中国社会保险法制建设：现状评估与发展思路》，载《探索》2020 年第 3 期。

② 郑功成：《面向 2035 年的中国特色社会保障体系建设——基于目标导向的理论思考与政策建议》，载《社会保障评论》2021 年第 1 期。

③ 《最高人民法院工作报告》，载中国新闻网，https://www.chinanews.com.cn/gn/2024/03-08/10176866.shtml，2024 年 3 月 11 日访问。

④ 金锦萍：《论法典化背景下我国社会保障法的体系和基本原则》，载《法治研究》2023 年第 3 期。

⑤ 刘建：《我国社会保障法实施中存在的问题与对策——评〈比较社会保障法〉》，载《广东财经大学学报》2022 年第 5 期。

入过少、监督机制不明，阻碍了社会保障法的实施，导致特定群体的权益保障沦为具文。

综观过去一年社会保障领域法治实施的情况，在第四次工业革命高速发展，人口老龄化和少子化加速行进的背景下，两对"关系"的统筹协调格外值得重视。

其一，社会保障法治实施中，应当兼顾效率与公平，在"创新"的同时"守正"，推动共同富裕目标实现。数字经济的发展极大地提高了经济效率，有利于提升社会保障的管理效率和服务质量，但其衍生出的就业碎片化、形态多样化以及劳动关系模糊化等现象则直接冲击了工业化时代建立的科层化社会保障管理体制，带来"创造性破坏"。[1] 在积极回应科技与社会发展的同时，社会保障制度应坚守作为"保民生的'安全网'"在国家治理体系中的基石作用，坚持以人为本理念，既提高社会保障体系的包容度和灵活性，发挥数字经济的优势，又防范数字技术带来的不公，保障数字弱势群体的权益。

其二，社会保障法治实施中，应当协调好央地关系，在统筹"全国一盘棋"的同时，不挫伤地方积极性、创造性的发挥。我国社会优抚等领域呈现出央地法规协调程度低的特点，社会保险、社会救助等领域也存在央地权责与财政机制分担不明的现实问题。在管理权责方面，应尽早厘清央地社会保障事权界分，提高社会保障立法统一性，实现既有秩序又有活力的社会保障治理；在保障中央集中统一领导的基础上发挥"两个积极性"，结合区域经济社会发展实际，因地制宜推动社会事业制度高质量发展。在财政方面，应当以央地分担为原则，中央财政承担主要责任，充分发挥转移支付功能；同时应当结合不同社会保障项目的特征，对于具有鲜明地域差异的保障项目由地方财政承担主要支出责任。

(四) 总结展望

习近平总书记在党的二十大报告中指出了社会保障体系是人民生活的安全网和社会运行的稳定器，提出了健全覆盖全民、统筹城乡、公平统一、安全规范、可持续的多层次社会保障体系的要求。针对我国 2023 年社会保障法治实施情况与所反映出的问题，本文对下一阶段社会保障法治实施提出以下建议与展望：

第一，健全社会保障法律体系，提升社会保障法治化水平。良法是善治

---

① 陈斌：《国外数字经济对社会保障制度影响的研究述评》，载《国外社会科学》2022 年第 4 期。

之前提，应加快社会救助、社会福利、社会优抚领域的立法工作，解决基本法律缺位问题，补齐社会保障法律体系的"短板"。目前，社会救助法已被列入"条件比较成熟"的立法规划中，推进社会救助法草案尽快上升为法律，是下一阶段的当务之急。

第二，拓宽社会保障覆盖范围，打造多层次社会保障体系。在社会保险领域，完善基本养老保险全国统筹、推动基本医疗保险省级统筹制度，着力解决新就业形态就业人员职业伤害保障问题，扩大社会保险覆盖面。在社会救助领域，逐步推进社会救助覆盖面向低收入人群扩围；在社会福利、社会优抚领域，完善困境儿童权益保障工作网络，推进基本养老服务体系建设，完善残疾人福利制度等。同时，进一步引导动员公益慈善组织等社会力量参与，促进政府社会保障与公益慈善的有效衔接。

第三，优化社会保障法律实施机制，维护社会保障法权威。基于社会保障领域行政主导的法治实施特征和现阶段对行政机关执法的监督机制相对薄弱的反差，未来在法治化过程中应加强政策执行的公开机制，确保社会保障工作公开透明、公平公正开展；[1]健全对行政执法的法律责任追究机制，强化相关绩效评价机制，对行政执法形成有效激励和约束。同时，应持续提升社会保障领域的法治化、权利化程度，保证司法实践有法可依，补齐社会保障法治实施体系的"司法短板"。[2]

四、公益慈善法立法及政策制定

（一）《中华人民共和国慈善法》（简称《慈善法》）修正

党的二十大报告强调，要引导、支持有意愿有能力的企业、社会组织和个人积极参与公益慈善事业；习近平总书记也曾多次就发展慈善事业、发挥慈善作用作出重要论述，为新时代慈善事业的发展指明了方向。本次《慈善法》修正，正是将上述重要论述精神融会贯通，形成了顺应时代发展的高质量慈善法规。

2023 年 12 月 29 日，《全国人民代表大会常务委员会关于修改〈中华人

---

[1] 《两会现场速递｜如何更好养老？社会救助怎么兜底？——民政部部长陆治原"部长通道"上谈热点民生话题》，载新华网，http://www.xinhuanet.com/politics/20240308/5c40586c8a6344f1aab14e81e2e50780/c.html，2024 年 3 月 11 日访问。

[2] 参见杨思斌：《我国社会保障法治建设四十年：回顾、评估与前瞻》，载《北京行政学院学报》2018 年第 3 期。

民共和国慈善法〉的决定》公布，将于 2024 年 9 月 5 日起施行。本次修正通过的《慈善法》在现行法的基础上新增 1 章和 7 个条文，并对 22 个条文做出修改。此次修正，主要是在现行《慈善法》的基础上，加强对慈善事业的组织领导与监督管理，设置了更加精确可实施的标准，增设了相应的监管与处罚措施；同时针对公开募捐、应急慈善以及个人网络求助等问题进行了细化规定；并进一步增加针对慈善事业的促进措施，激发并维护社会主体参与慈善事业的动力与信心。

1. 加强领导和监督管理，提升慈善治理现代化水平

新《慈善法》明确慈善工作坚持中国共产党的领导，确保慈善工作符合中国特色社会主义的本质要求。在具体层面上，赋予相关政府部门和业务主管单位统筹、协调、督促和指导慈善工作的职责，加强对慈善工作的扶持和规范管理；规定国务院民政部门建立健全统一的慈善信息平台，有效保障慈善信息的公开；完善管理部门的调查和处理权，以更加全面地针对各类违法行为进行有效监督与处罚。

2. 规范慈善组织和慈善信托运行，提高慈善行业公信力

新《慈善法》将慈善组织申请公开募捐资格的年限由登记满两年缩短为一年，有效提升了慈善组织的积极性；扩大了慈善组织年度报告涵盖的范围，要求慈善组织开展活动遵循募捐成本最必要原则，对国际合作慈善活动履行批准、备案程序，以对慈善组织实施更加全面的监管。明确慈善信托中的受益人确定实行公开、公平、公正原则，并要求慈善信托的年度支出和管理费用遵循国务院民政部门等制定的标准，以加强对慈善信托的监督管理。

3. 完善公开募捐制度，促进公开募捐规范透明

新《慈善法》细化慈善组织合作开展公开募捐规则，明确合作方不得以任何形式自行开展公开募捐，同时赋予慈善组织评估、指导、监督和管理义务，使得合作开展、公开募捐更加规范化。明确互联网公开募捐服务平台的义务，同时赋予平台对涉嫌违法的慈善项目进行处理的权力。增加对互联网公开募捐平台的处罚措施，强化平台的法律责任。此外，还要求公开募捐中的慈善组织全面、详细地公开相关信息，让社会力量发挥更有效的监督作用，维护社会主体对慈善事业的信心。

4. 增设应急慈善相关制度，规范突发事件应对中的慈善活动

在重大突发事件发生时，新《慈善法》要求相应人民政府依法建立协调机制，及时有序引导社会力量开展募捐和救助活动，并鼓励慈善组织和慈善行业组织建立应急机制，以提高应急慈善的效率。新《慈善法》还对应急慈善中

开展公开募捐提出了规范运作和监管的标准，以确保公开募捐的规范、效率和公开。这弥补了现行法律制度的缺失，为有效治理重大突发事件中的慈善失灵现象提供了基本依据，确保慈善真正成为应对灾难的有效力量。

5. 规范个人求助行为，解决慈善领域热点问题

本次《慈善法》修正也在附则中对饱受关注的个人求助问题作出了规定，要求发布求助信息的求助人和信息发布人对信息真实性负责，并规定从事个人求助网络服务的平台必须由国务院民政部门指定，同时赋予这类平台对信息真实性审查的义务和信息公开义务。同时授权国务院有关部门制定具体的管理办法，预计未来网络个人求助行为将会得到有效的监督管理。

6. 强化慈善促进措施，推动慈善事业健康发展

新《慈善法》规定县级以上人民政府应当将慈善事业纳入国民经济和社会发展规划，制定促进慈善事业发展的政策和措施。同时，新《慈善法》还增加了一系列税收减免等优惠政策，鼓励应用现代信息技术开展慈善活动，鼓励建立社区慈善组织，鼓励开展慈善国际交流与合作，建立健全慈善领域捐赠人与志愿者等信用记录和激励制度，以激励社会主体积极参与到慈善事业中去。

从整体上来看，修正后的《慈善法》将从整体上加强对慈善事业的领导，有效减少慈善事业的违法行为，规范慈善活动并保护各方合法权益；同时，回应社会热点问题使得新《慈善法》更加适应当下社会以及慈善事业的发展，而一系列的促进措施将有效激发社会主体参与慈善事业的动力与信心，促进慈善事业的蓬勃发展。但此次修正并未解决当下慈善事业存在的全部问题，如是否增加动物保护等内容、明确法律上对于慈善的公益性界定、解决慈善组织"登记难"问题等。囿于理论发展不够清晰、慈善法本身规制范围有限以及相关配套法律规范体系不够全面等因素，此次慈善法修正并未能对这些问题作出回应。总的来说，本次《慈善法》修正已经完成其历史使命，做到了促进发展与加强规范相结合、填补缺漏与制度探索相协调，必定能为当下慈善事业的发展起到良好的促进作用。

（二）2023 年慈善事业相关方针政策

2023 年，政府部门颁布了许多与慈善领域相关的重要政策文件，开展针对非法社会组织的专项打击行动，针对社会重点问题提出相应解决方案，为公益慈善事业的发展指明方向，引领慈善事业走在符合中国特色社会主义建设的发展道路上。

1. 正式组建中央社会工作部，加强社会事业顶层领导

2023 年 3 月 16 日，《党和国家机构改革方案》全文公布，正式组建中央社

会工作部作为党中央职能部门。中央社会工作部的组建，是顺应我国现阶段社会发展趋势的应时之举，是对社会发展领域进行整体研判、确定顶层设计和整体规划的举措，更突出了整体性治理理念和"元治理"的功能，将重塑社会治理格局，极大提高决策和办事的效率，对公益慈善的发展产生深远影响。

2. 社会组织结对帮扶重点帮扶县，全面助力乡村振兴

2023 年 5 月 31 日，民政部、国家乡村振兴局印发《全国性社会组织、东部省（直辖市）社会组织与国家 160 个乡村振兴重点帮扶县结对帮扶名单》，根据《社会组织助力乡村振兴专项行动方案》，274 家社会组织与 160 个国家乡村振兴重点帮扶县形成结对帮扶关系。这将引导社会组织将工作重点向巩固拓展脱贫攻坚成果和全面推进乡村振兴转变，促进国家乡村振兴重点帮扶县持续提升自我发展能力，有助于推动形成社会组织助力乡村全面振兴良好局面。

3. 开展打击整治非法社会组织活动，维护慈善事业安全发展

2023 年 6 月 20 日开始，民政部会同中央网信办、公安部等 11 个部门联合开展了为期 6 个月的打击整治非法社会组织专项行动，全力防范化解社会组织领域重大风险。[①] 通过一系列务实管用的打击整治举措，整治了非法社会组织，为慈善事业的发展营造了更安全更可信的社会环境。

4. 中共中央、国务院发布《关于促进民营经济发展壮大的意见》，支持民营企业更好履行社会责任

2023 年 7 月 14 日，中共中央、国务院发布《关于促进民营经济发展壮大的意见》，设置大量措施促进民营经济发展壮大，同时教育引导民营企业自觉担负促进共同富裕的社会责任。鼓励引导民营经济人士做到富而有责、富而有义、富而有爱，探索建立民营企业社会责任评价体系和激励机制，引导民营企业踊跃投身光彩事业和公益慈善事业，参与应急救灾，支持国防建设。这将促进企业社会责任进一步落实，利用民营经济力量为社会建设事业添砖加瓦，在推动实现民营经济高质量发展的同时促进共同富裕。

5. 民政部办公厅发布《民政法规制度建设规划（2023—2027 年）》，促进公益慈善法规体系发展完善

2023 年 11 月 22 日，民政部办公厅发布《民政法规制度建设规划（2023—2027 年）》，指出要完善慈善制度，配合修订《慈善法》，推动出台促进新时代公益慈善事业高质量发展有关政策，回应慈善发展新问题，优化慈善促进措

---

① 《民政部等部门召开打击整治非法社会组织电视电话会议》，载中国政府网，https://www.gov.cn/lianbo/bumen/202306/content_6887594.htm，2024 年 3 月 7 日访问。

施，健全慈善监管机制，更好发挥慈善事业的第三次分配作用；制定或者修订慈善组织认定、信息公开、公开募捐、应急慈善、网络慈善、慈善信托等管理制度；健全慈善褒奖、促进制度，引导、支持有意愿有能力的企业、社会组织和个人积极参与慈善事业；加强慈善制度同社会救助、社会福利制度有机衔接，鼓励和支持慈善力量积极参与重大国家战略实施。这一规划为未来五年的法规制度建设拟定了框架，明确了制度建设的方向，将有效促进公益慈善领域法律法规制度体系的完善。

6.地方立法积极响应，保证制度贯彻落实

在地方层面，《河北省慈善事业促进办法》于 2023 年 1 月 1 日起施行，其第四条规定县级以上人民政府将慈善事业纳入国民经济和社会发展规划、第十五条对应急慈善作出的相应规定等内容走在了《慈善法》修正的前面，为新《慈善法》的实施奠定了良好基础，将有效促进新《慈善法》颁布实施后相应制度的贯彻落实。

（三）总结与展望

2024 年两会期间，多位代表委员就公益慈善事业的健康发展提出了提案建议。例如，全国人大代表、衢州市中医医院副院长陈玮提出：要建立中央"罕见病慈善医疗救助专项基金"，由社会捐助、企业合作以及政府的彩票公益基金等共同作为筹资渠道，让真正需要保障的患者能得到长期、稳定的救助。[①] 全国政协委员、中华慈善总会党委书记孙达提出：要从政策法规层面加大公益慈善事业促进力度，从激励机制层面提升慈善行业动力活力，从弘扬文化方面营造公益慈善事业良好生态，推动新时代公益慈善事业高质量可持续发展。[②] 这反映了人民群众的现实需要，回应了社会的现实需求，为推动公益慈善事业高质量可持续发展贡献了人民智慧。

在《2024 年国务院政府工作报告》中，国务院总理李强同志指出：2024 年，要切实保障和改善民生，加强和创新社会治理，引导支持社会组织、人道救助、志愿服务、公益慈善等健康发展。这为 2024 年公益慈善事业的发展指明了前进方向，提供了强有力的支持。《慈善法》的修正将是公益慈善事业发展的一次契机，在慈善领域法律制度的完善方面起到了极大的促进

---

① 《两会｜全国人大代表陈玮：建议建立中央"罕见病慈善医疗救助专项基金"》，载九三学社中央委员会网站，https://www.93.gov.cn/xwjc-snyw/778426.html，2024 年 3 月 10 日访问。

② 《全国政协委员孙达：推动新时代公益慈善事业高质量可持续发展》，载民政部官网，https://www.mca.gov.cn/n152/n166/c1662004999979998000/content.html，2024 年 3 月 10 日访问。

作用，也为慈善事业的高质量发展注入了强有力的力量。未来，慈善事业应当继续坚持党的全面领导，坚持依法治善，不断提高社会各界对慈善事业的重视程度，为慈善事业发展营造良好的社会氛围，加快推进慈善事业的中国特色现代化发展，走出中国特色慈善之路。同时，也要时刻关注慈善事业仍然存在的问题，加快慈善理论体系的发展完善，逐步建立完备的慈善法律法规体系，让慈善事业保持高质量可持续健康发展。

五、特殊群体权益保障立法及政策制定

（一）特殊群体权益保障立法及政策制定概述

特殊群体权益保障作为我国人权事业的核心，构成我国法治建设与社会发展的重要部分。党的二十大报告指出：要健全多层次社会保障体系，坚持男女平等基本国策，保障妇女儿童合法权益，完善残疾人社会保障制度和关爱服务体系，促进残疾人事业全面发展，推动实现全体老年人享有基本养老服务。在2023年这一全面贯彻落实党的二十大精神的开局之年，党和国家高度重视对特殊群体的权益保障，加强专门立法：通过保障特殊群体的专门性法律1部、行政法规1件、党内法规1部、部门规范性文件和市级以上法规30余件；[①]其中《中华人民共和国无障碍环境建设法》填补了无障碍环境建设方面的立法空白，《关于推进基本养老服务体系建设的意见》首次明确了基本养老服务体系的内涵和主要任务。

1.《中华人民共和国无障碍环境建设法》助力社会融合

2023年6月28日，《中华人民共和国无障碍环境建设法》由十四届全国人大常委会第三次会议审议通过，并已于2023年9月1日正式实施，该法共8章72条，对无障碍环境建设的定位、原则及管理体制，无障碍设施建设、信息交流、社会服务相关制度，保障和监管方式等作出全面规定；在加强无障碍环境建设，保障残疾人、老年人平等、充分、便捷地参与社会生活，共享社会发展成果，促进社会融合方面有深远影响。该法呈现出以下鲜明特点：

（1）倾斜性与普惠性并行。

该法在立法目的中突出对残疾人和老年人的保障，在基本原则确立、制度设计、建设要求等层面以残疾人和老年人权益保障为出发点，具体条文对上述两类特殊群体针对性强。同时为了让全民共享无障碍环境建设成果，该

---

① 数据来源：笔者据"北大法宝"数据库统计。

法亦明确其他有无障碍需求的群体可享受无障碍环境便利。

（2）实现全范围全要素覆盖。

其一，保障对象扩展至所有有无障碍需求的群体；其二，无障碍环境建设调整领域扩围，囊括了设施、信息交流、公共服务三个层面；其三，明确建设到维护全过程的无障碍设施建设要求，对新建和既有的建筑、设施等实现全方位覆盖；其四，无障碍信息建设涵盖公共信息披露、药品说明、文娱资讯、社交通信等多个方面；其五，公共服务涵盖医疗、公共交通、教育考试、政务工作等多个领域。

（3）建设与维护监督并重。

一方面，该法系统性规定了工程建设各环节的无障碍设施建设标准、相关单位职责及无障碍设施改造；另一方面，针对以往"重建设轻维护"的突出问题，明确了维护管理的责任人及其职责，规定了相应违法行为的法律责任，同时完善监督机制，明确了政府相关部门的监督检查、考核评价、信息公示等制度，赋予了社会组织、新闻媒体、个人监督权。

（4）体现因时因地制宜。

该法明确无障碍环境建设应与经济社会发展水平相适应，充分考虑城乡差异、既有和新建设施差异等进行制度设计，根据现有经济水平，对无障碍设施建设、基础电信服务、药品说明等作出强制性规定，对图书报刊、各领域的互联网网站或 App 等作出鼓励性规定。

2.《关于推进基本养老服务体系建设的意见》护航人口老龄化

2023 年 5 月 21 日，中共中央办公厅、国务院办公厅印发了《关于推进基本养老服务体系建设的意见》。该意见规定了基本养老服务体系建设的指导思想、主要任务和组织保障，确立了基础性、普惠性、共担性、系统性思想原则，明确了落实基本养老服务清单、建立精准服务主动响应机制、完善基本养老服务保障机制、提高基本养老服务供给能力、提升基本养老服务便利化可及化水平五项工作重点，为健全基本养老服务体系、应对人口老龄化提供了重要指导。该意见具有以下亮点：

（1）坚持基础性和普惠性原则。

该意见立足我国基本国情，着眼保基本和广覆盖，尽力量力保障老年人的基本生活和照料需要，面向更大范围的老年人提供各类基础性养老服务，且逐步拓展基本养老服务的对象和内容，推动基本养老服务均等化。

（2）分类明确国家基本养老服务清单。

该意见首次以附件形式明确了国家基本养老服务清单，涉及 3 大类 16 项，且通过能力等综合评估对老年人进行划分，为 12 类老年人提供不同的养老服务，提高养老服务的精准性。

（3）物质帮助和精神扶助并重。

除了养老金、津贴等物质帮助外，该意见还强调了对独居、失能等老年人提供探访关爱服务，关注老年人精神健康。

此外，就其他特殊群体而言，2023 年国务院公布《未成年人网络保护条例》，首次对未成年人网络保护进行专门性综合立法，为在网络环境中保障未成年人合法权益提供了有力的法治保障；人力资源和社会保障部等六部门联合印发《工作场所女职工特殊劳动保护制度（参考文本）》和《消除工作场所性骚扰制度（参考文本）》，为指导用人单位完善工作场所女职工特殊劳动保护、消除工作场所性骚扰制度和保障女员工合法权益提供了操作指南。

（二）特殊群体权益保障法律实施状况

根据《2024 年最高人民法院工作报告》，2023 年全国共审结涉教育、就业、养老、食品安全等民生案件 539.1 万件，同比增长 14.2%。关护老年人合法权益。会同住房城乡建设部发布典型案例，明确老旧小区加装电梯规则，兼顾左邻右舍、楼上楼下不同利益，引导互谅互让，携手解决老年人、残疾人上下楼难题。[①]

1. 特殊群体权益保障法律实施概览

以党的二十大精神为指引，以特殊群体权益保障法律法规为依据，公检法切实落实特殊群体权益保障工作，打击侵害特殊群体权益的行为，并公布一系列指导性和典型案例为司法工作提供指引。2023 年，全国检察机关起诉侵害未成年人犯罪 6.7 万人、侵害妇女权益犯罪 4.6 万人，支持对权益受损又无力起诉的农民工、老年人、残疾人等提起民事诉讼 7.7 万件，[②]全国法院审结侵害未成年犯罪 4.1 万件，发出各类人身安全保护令 5695 份。[③] 2023 年，两高公布的 10 批指导性案例中，未成年人综合司法保护主题占 1 批；公布的 901 件典型案

---

① 《最高人民法院工作报告（全文）》，载最高人民法院官网，https://www.court.gov.cn/zixun/xiangqing/427412.html，2024 年 3 月 10 日访问。

② 《最高人民检察院工作报告（摘要）》，载光明网，https://news.gmw.cn/2024-03/09/content_37193442.htm，2024 年 3 月 10 日访问。

③ 《最高人民法院工作报告（全文）》，载最高人民法院官网，https://www.court.gov.cn/zixun/xiangqing/427412.html，2024 年 3 月 10 日访问。

例中，涉及特殊群体权益保障的共 130 件，占比约 14.4%，详见图 9。

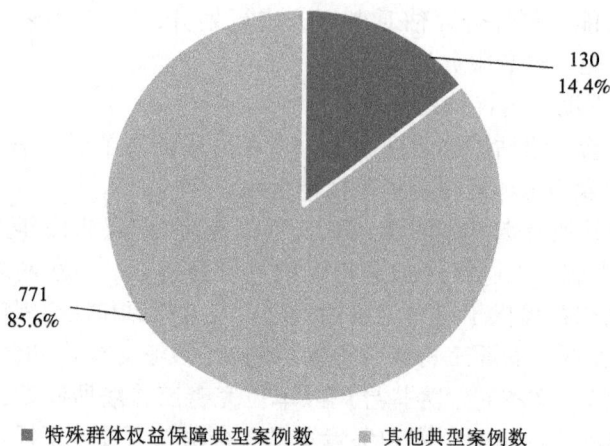

■ 特殊群体权益保障典型案例数　　■ 其他典型案例数

图9　2023 年两高公布的典型案例数量①

　　上述 130 件典型案例涉及家庭暴力、彩礼纠纷、农村妇女涉土地合法权益保护、遗嘱纠纷、无障碍环境建设、未成年保护等内容，以典型案例回应了特殊群体权益保障中的重点问题，为案件办理提供了示范性指引，彰显了特殊群体权益保障工作取得的卓越成效。

　　2. 特殊群体权益保障法律实施特点

　　（1）坚持问题导向，回应社会关切。

　　司法机关在工作中着力于特殊群体侵权行为多发领域，重点解决当前特殊群体权益保障中的突出问题，回应社会关切，以案释法，以案明理，为推动解决特殊群体"急难愁盼"问题提供示范与指引，有利于解决妇女和未成年人权益保护难题；老年人权益保护第三批典型案例涵涉赡养继承等传统纠纷和养老产业、消费欺诈等前沿问题，再度强调老年人对养老方式和财产处分的自由选择权，切实保障老年人的各项权益。

　　（2）强调国家责任，强化公益诉讼。

　　特殊群体权益保障是人权保障的核心内容，我国宪法规定国家尊重和保障人权，因此应对社会失衡进行干预矫正，回应不同群体的福利保障需求，保障并促进弱势群体的平等权和发展权。在特殊群体权益保障执法中，我国

――――――――――

①　数据来源：笔者据"北大法宝"数据库统计。

始终强调国家责任,通过司法救助、检察监督、公益诉讼、支持提起民事诉讼等方式落实国家保障职责。2023 年,全国检察机关共办理妇女权益保障公益诉讼 1490 件、无障碍环境建设领域公益诉讼 1983 件,支持特殊群体提起民事诉讼 7.7 万件,与全国妇联开展专项工作对 2.3 万权益受侵害的困难妇女予以司法救助,[①]并共同发布 10 起国家司法救助典型案例,聚焦于困难妇女及未成年人的权益保护,强调司法救助与社会救助的有效衔接。在履行检察监督职责中,检察机关发挥自身能动性,通过大数据的对比综合分析,发现违法违规、怠于履职的线索,开展相应整治工作。12 起无障碍环境建设检察公益诉讼典型案例从设施无障碍、信息无障碍、公共服务无障碍三个层面充分展示了无障碍环境建设行政公益诉讼的流程,尊重行政机关在无障碍环境建设监管中的主力作用,督促相关行政机关履职,以检察公益诉讼撑起特定群体"保护罩"。[②]

(3)坚持以人为本,实施倾斜保护。

以人为本是社会法的核心理念,维护最广大人民的根本利益是党和国家一切工作的出发点和落脚点。在特殊群体权益保障法律实施过程中,各国家机关通过行政执法、司法审判、检察监督等途径保护特殊群体的各项基本权利不受侵犯。同时,以人为本强调人人平等,发展成果由全民共享,为矫正社会分配的不公,强调对某些方面处于弱势的特殊群体予以倾斜保护。5 起维护残疾人合法权益行政检察典型案例则为检察机关协助残疾人维权提供指导。以药品说明书适老化改造行政公益诉讼案为代表的 12 起无障碍环境建设检察公益诉讼典型案例,针对药品说明书"字小如蚁"影响用药安全、公交语音播报缺失影响视障群体出行、听障语障人士急救报警受阻等问题推动多方共管共治,保障老年人和残疾人便捷融入社会生活。

(三)特殊群体权益保障不足之处及对策建议

1.立法与法律实施之不足

(1)法律法规的可诉性不强。

在特殊群体权益保障立法中,受领域特性和立法层级等因素影响,原则性、倡导性条款多,条文也大多抽象概括,内容不具体,责任规定笼统,以致

---

① 《最高人民检察院工作报告(审议版)》,载最高人民检察院官网,https://www.spp.gov.cn/tt/202403/t20240308_648074.shtml,2024 年 3 月 18 日访问。

② 《公益诉讼检察工作白皮书(2023)》,载最高人民检察院官网,https://www.spp.gov.cn/xwfbh/wsfbh/202403/t20240309_648329.shtml,2024 年 3 月 10 日访问。

法律的可诉性和可操作性差,特殊群体受侵害时难以维权。以《中华人民共和国无障碍环境建设法》为例,含"鼓励"字样的倡导性条文便占了总条文的近20%,且相应法律责任规定笼统,缺乏相应具体惩罚举措。其他特殊群体权益保障法中亦存在此类情况,如《中华人民共和国妇女权益保障法》中未对歧视女性的用人单位规定明确的法律责任。

(2)专门性立法保障有待进一步加强。

中国目前已有《中华人民共和国妇女权益保障法》《中华人民共和国残疾人保障法》《中华人民共和国未成年人保护法》《中华人民共和国无障碍环境建设法》等一系列专门性立法,但是对于一些突出性的权益保障问题仍未形成专门性、系统性的法律保护。当前,我国50岁及以上银发群体已初步跨越数字鸿沟,短视频、综合购物等App使用率显著提高,沉迷网购、网络诈骗等成为隐忧;而《中华人民共和国老年人权益保障法》中并未对老年人网络权益保护进行专章规定,各法律中零散的条文难以有效满足信息风险社会飞速发展下老年人网络权益保障的需要。二孩三孩背景下女性就业歧视加剧,残疾人就业中亦存在各种歧视,然而我国尚无反就业歧视方面的专门法律,且现有法律法规原则性更强。

2. 对策建议

(1)细化法律法规,增强其操作性和可诉性。

针对社会保障立法缺乏可诉性的问题,可以通过制定行政法规、部门规章,出台司法解释等方式全面细化特殊群体权益保障法中的法律原则和规则,将抽象性和概括性条款具体化,将法律责任条款细致化,增强法律法规的操作性和可诉性,为法院审理案件提供更具确定性的标准指引,促进同案同判、类案类判。

(2)完善配套制度,构建社会支持体系。

立法之余,一方面应当完善相应的配套制度以保障法律实施,如在妇女儿童保护层面,优化生育支持政策,建立父亲育儿假制度、分级共担育儿成本机制,缓解女性就业难题;[①]在老年人保护层面,建立涉老产品重点领域技术备案制度,防范数字异化风险,健全涉老服务业规制体系,强化养老服务领域的行政审查和执法监管力度;在残疾人保护层面,加强残疾预防,优化残疾人托养服务和康复救助政策,完善关爱服务体系。针对特殊群体权

---

① 《代表建议推动建立父亲育儿假制度》,载澎湃新闻网,https://www.thepaper.cn/newsDetail_forward_26595418,2024年3月10日访问。

益保障部门间协同性较差的问题，建立多部门系统沟通机制，利用公共数据平台实现信息共享，强化工作衔接。另一方面，应构建社会支持体系，充分发挥社会主体的力量。企业应增强社会责任感，自觉履行相应权益保障义务，健全相关侵权问题处理机制；各社会组织通过捐赠、提供志愿服务等方式为特殊群体权益保障提供支持，各类传媒积极开展权益保护宣传，通过舆论监督督促企业和政府机关履行职责。

（3）继续强化对特殊群体权益的专门性保障。

坚持以问题为导向，推动特殊群体权益保障中前沿和热点领域的专门立法。为应对人口老龄化、构建生育友好型社会，应当加快制定养老服务法、反就业歧视法等专门性法律，同时在制定法律的过程中应该加强法律之间的协调性，形成系统性的法律保障体系。若尚不具备立法条件，可以通过部分修法、出台相关司法解释等形式强化对特殊群体权益的专门性保障，如在《中华人民共和国个人信息保护法》中增设老年人个人信息特殊保护的专属条款和具体规定，在《中华人民共和国老年人权益保障法》中对老年人网络权益保护作出专门规定，出台职业就业歧视和职场性骚扰相关司法解释等。

撰稿专家

叶静漪，北京大学研究员，法学院教授、博士生导师，现任北京大学校务委员会副主任、北京大学劳动法与社会保障法研究所所长、北京大学中外妇女问题研究中心主任；主要社会兼职为中国法学会常务理事、中国社会法学研究会副会长兼秘书长、中国妇女研究会副会长等；长期从事社会法学教学科研工作，主持和承担国家和省部级法学研究项目、国内外合作研究项目四十余项，是国家社会科学基金重大项目《新时代我国残疾人社会融合问题研究》首席专家、国家"马工程"重点教材《劳动与社会保障法学》首席专家成员。在《中外法学》等权威核心期刊上发表数十篇论文，并多次被《中国社会科学文摘》、人大复印报刊资料等全文转载。作为负责人或主要编著人员编写、出版近二十本学术著作、教材、书籍。

2023 年环境法实施报告

张　宝

报告要旨

2023 年，第九次全国生态环境保护大会胜利召开，我国加快推动发展方式绿色低碳转型、持续深入打好污染防治攻坚战、积极稳妥推进碳达峰碳中和，主要表现在：一是减缓与适应气候变化工作取得积极进展，"江河战略"法治化全面推进，环评与排污许可改革不断深化；二是生态环境法律体系不断完善，正式启动生态环境法典编纂，制定《中华人民共和国青藏高原生态保护法》，修订《中华人民共和国海洋环境保护法》，施行《中华人民共和国黄河保护法》和《中华人民共和国野生动物保护法》，生态环境行政法规、部门规章和地方性法规、规章齐头并进；三是生态环境监管执法不断深化，第三轮第一批中央生态环境保护督察全面进驻，生态环境行政处罚数量和金额呈下降趋势，但执法效能持续提升，污染防治攻坚战工作持续深入推进；四是环境司法专门化水平持续提升，两高出台司法解释和司法政策文件 7 件，最高人民法院发布 5 起指导性案例和 16 批 103 起典型案例，最高人民检察院发布 18 批 148 起典型案例，全国法院一审审结环境资源案件 23.2 万件；五是政府环境信息公开质量和实效不断提升，公众生态环境素养稳步上升。总体来看，本年度生态环境秉持"两个最严"生态环境法治观，生态环境质量实现稳定改善，生态环境法典编纂提速、重拳打击监测数据造假、双轨碳市场建设成为年度环境法治实施亮点。与此同时，当前环境法治建设也面临生态环境法典与现行法律的立改废释纂关系，司法解释、指导性案例、典型案例激增与法律统一适用问题等方面的挑战。需要积极推进法典的内部协调和体系开放，加强生态环境司法解释和案例的整合，为环境法实施提供更加有力的保障。

> **核心建议**
>
> 　　1. 加快编纂生态环境法典，为全面推进美丽中国建设提供法治保障。
> 　　2. 全面梳理和整合生态环境司法解释、指导性案例和典型案例，引导环境司法有序发展。

　　2023 年是生态环境法治建设极为重要的一年。2023 年 6 月 28 日，全国人民代表大会常务委员会发布《关于设立全国生态日的决定》，将 8 月 15 日设立为全国生态日，国家将通过多种形式开展生态文明宣传教育活动。2023 年 7 月 17 日至 18 日，第九次全国生态环境保护大会在北京胜利召开，大会明确了今后五年是美丽中国建设的重要时期，强调要把建设美丽中国摆在强国建设、民族复兴的突出位置。习近平总书记在全国生态环境保护大会上发表的重要讲话，深刻诠释了人与自然和谐共生是中国式现代化的中国特色和本质要求，为进一步加强生态环境保护、完善生态文明建设、全面推进美丽中国建设提供了根本遵循和行动指南。这一年，在习近平生态文明思想和习近平法治思想的指引下，我国加快推动发展方式绿色低碳转型、持续深入打好污染防治攻坚战、积极稳妥推进碳达峰碳中和，实现了经济高质量发展和生态环境高水平保护的协同推进。面对各项困难挑战，生态环境治理工作瞄准目标、积极推动美丽中国建设，环境法治实施取得一系列新进展新成效。

一、生态文明体制改革进展情况

（一）减缓与适应气候变化工作取得积极进展

　　我国始终高度重视应对气候变化工作，实施积极应对气候变化国家战略，并宣布了碳达峰碳中和目标。在减缓气候变化方面，2023 年 4 月 1 日，国家标准化管理委员会联合国家发展和改革委员会、工业和信息化部等 11 部门发布《碳达峰碳中和标准体系建设指南》，提出将围绕基础通用标准以及碳减排、碳清除、碳市场等发展需求，到 2025 年基本建成碳达峰碳中和标准体系，具体包括制修订不少于 1000 项国家标准和行业标准（包括外文版本），与国际标准一致性程度显著提高，主要行业碳核算核查实现标准全覆盖，重点行业和产品能耗能效标准指标稳步提升，实质性参与绿色低碳相关国际标准不少于 30 项，绿色低碳国际标准化水平明显提升。2023 年 7 月 11 日，中央全面深化改革委员会第二次会议审议通过《关于推动能耗双控逐步转向碳排放双控的意见》，提出了有计划、分步骤推动制度转变的工作安排和实施路径：一是坚持先立后破，夯实制度基础，完善能耗双控制度，健全碳排放双控各项配套制度，为建立和实施碳排放双控制度积极创造条件；二是在碳达峰碳中和不同阶段，均需坚定不移地抓好节能工作，不断提升能源利用效率；三是把握制度转变的节奏与力度，在推动绿色低碳发展的同时，根据形势发展变化不断调整优化政策举措，统筹好发展和减排关系。2023 年 10 月 19 日，生态环境部和市场监督管理总局联合发布《温室气体自愿减排交易管理办法(试行)》，对温室气体自愿减排交易及其相关活动的各环节作出规定，对各主体权利、义务及法律责任进行了明确。该办法在与 2012 年的《温室气体自愿减排交易管理暂行办法》保持衔接的同时，按照"放管服"要求，参考国际通行做法，进一步突出交易的"自愿"属性，将社会监督作为自愿减排交易及相关活动的重要监管手段，运用市场机制推动监督责任和主体责任落实，压实项目业主、第三方审定与核查机构主体责任，强化政府部门事中事后监管。该办法同时明确，由生态环境部组织建立统一的全国温室气体自愿减排注册登记机构、注册登记系统、交易机构和交易系统，提供集中统一交易与结算服务，这意味着自 2017 年中止的国家核证自愿减排量(CCER)交易市场将重启。

在适应气候变化方面，2023 年 8 月 25 日，生态环境部等 8 部门联合印发《关于深化气候适应型城市建设试点的通知》，鼓励 2017 年公布的 28 个气候适应型城市建设试点继续申报深化试点，同时也进一步明确试点申报城市一般应为地级及以上城市，鼓励国家级新区申报。这是继 2022 年生态环境部等 17 部门联合印发《国家适应气候变化战略 2035》、生态环境部印发《省级适应气候变化行动方案编制指南》后，我国推进气候适应工作的又一举措，气候适应型城市建设试点深化也将进一步探索和总结气候适应型城市建设路径和模式。2023 年 10 月 20 日，国家发展和改革委员会印发《国家碳达峰试点建设方案》，在全国范围内选择 100 个具有典型代表性的城市和园区开展碳达峰试点建设，探索不同资源禀赋和发展基础的城市和园区碳达峰路径，为全国提供可操作、可复制、可推广的经验做法。

(二)"江河战略"法治化全面推进

2021 年，习近平总书记首次明确提出"江河战略"。2023 年 4 月 1 日，《中华人民共和国黄河保护法》的正式施行，标志着国家"江河战略"法治化的全面推进。为贯彻落实"江河战略"，完善《中华人民共和国长江保护法》《中华人民共和国黄河保护法》的具体规定，2023 年 4 月，经国务院同意，生态环境部联合国家发展和改革委员会、财政部、水利部、林业和草原局等部门印发了《重点流域水生态环境保护规划》，通过构建水生态环境保护新格局，健全流域水生态环境管理体系，强化流域污染防治和系统治理，推进地上地下和陆域海域协同治理，协同推进降碳减污扩绿增长，着力推动我国水生态环境保护由污染防治为主向水资源、水环境、水生态等要素系统治理、统筹推进转变。2023 年 6 月 6 日，生态环境部、国家发展和改革委员会、水利部、农业农村部等 4 部门联合印发《长江流域水生态考核指标评分细则(试行)》，明确了总体要求、评价考核水体、指标体系、现状评价、变化幅度评价、等级划分 6 个方面内容，在长江干流、主要支流、重点湖库等 50 个考核水体，按河流、湖泊、水库分区分类开展水生态监测评价，为长江流域水生态考核试点工作作出明确指导。

(三)环评与排污许可改革不断深化

环评是约束项目和园区准入的法治保障，是在发展中守住绿水青山的第一道防线。为进一步加强环评与生态环境分区管控、排污许可、执法监管等制度衔接联动，2023 年国家着重推进以下三个方面改革：一是深入推进生态环境分区管控。推动分区管控要求纳入《中华人民共和国黄河保护法》《中华人民共和国青藏高原生态保护法》等 4 部法律和 43 部地方性法规，印发实施《2023 年生态环境分区管控成果动态更新工作方案》，积极推动分区管控成果在政策制定、环境准入、园区管理、执法监管等方面的应用。二是推进全面实行排污许可制。推动工业噪声纳入排污许可证管理，实现排污许可动态"全覆盖"，将 352.5 万家固定污染源纳入排污许可管理，强化排污许可证质量监管，累计完成 33.5 万张排污许可证质量审核、23.3 万份执行报告内容规范性审核，新发布实施《关于开展工业噪声排污许可管理工作的通知》《排污单位污染物排放口二维码标识技术规范》《排污许可证质量核查技术规范》《排污许可证申请与核发技术规范 工业噪声》等。三是进一步优化环评管理。印发《关于进一步优化环境影响评价工作的意见》，推动环评与排污许可"两证审批合一"，实施"四个一批"(即试点一批报告表项目"打捆"审批、试点一批登记表项目免予备案手续、简化一批报告书(表)项目环评内容、优化完善一批项目环评总量指标审核管理)试点深化项目环评改革，出台陆地石油天然气开发建设项目、民用机场建设工程环评技术导则，强化环评质量监管，对环评弄虚作假"零容忍"。

二、生态环境法律、法规、规章制定和施行情况

2023年，生态环境领域法律体系建设稳步推进：《中华人民共和国青藏高原生态保护法》制定通过，《中华人民共和国海洋环境保护法》修订通过，《中华人民共和国黄河保护法》《中华人民共和国野生动物保护法》正式施行。此外中央和地方还制定或修改多部生态环境法规、规章。

（一）生态环境法律制定、修改和施行情况

1. 生态环境法律制定、修改情况

2023年4月26日，第十四届全国人民代表大会常务委员会第二次会议通过《中华人民共和国青藏高原生态保护法》，自2023年9月1日起施行。作为我国第一部从国家层面保护青藏高原生态的专门立法，《中华人民共和国青藏高原生态保护法》坚持将生态保护放在第一位，聚焦青藏高原生态保护主要矛盾、特殊问题、突出特点，统筹推进系统保护、协同治理，守住自然生态安全边界，统筹生态安全布局，为青藏高原自然生态环境保护提供有力的法治保障。

2023年10月24日，第十四届全国人民代表大会常务委员会第六次会议修订通过《中华人民共和国海洋环境保护法》，自2024年1月1日起施行。新修订的《中华人民共和国海洋环境保护法》坚持陆海统筹、区域联动，全面加强海洋环境污染防治，完善海洋生态保护，强化海洋环境监督管理，推进海洋环境保护法律域外适用，在海洋环境保护方面意义重大。

2023年12月28日，《中华人民共和国矿产资源法（修订草案）》提请十四届全国人大常委会第七次会议首次审议。

此外，编纂生态环境法典已经纳入第十四届全国人民代表大会常务委员会公布的立法规划一类项目，中国第二部以法典命名的法律的编纂正式启动。同时，在现有34部法律的基础上，还计划制定10部左右新的生态环境保护法律。通过编纂法典，补齐立法空白，完善立法体系。

2. 生态环境法律施行情况

2023年4月1日，第十三届全国人民代表大会常务委员会第三十七次会议通过的《中华人民共和国黄河保护法》开始施行。作为我国第二部流域专门法律，《中华人民共和国黄河保护法》着力解决黄河流域特殊问题，满足黄河流域人民群众日益增长的美好生活需要，强化黄河流域生态保护和高质量发展重大国家战略法治保障，完善了黄河流域管理体制和统筹协调机制，为推进黄河流域生态保护和高质量发展提供了有力保障。

2023年5月1日，第十三届全国人民代表大会常务委员会第三十八次会

议修订通过的《中华人民共和国野生动物保护法》开始施行。新修订的《野生动物保护法》强化了公共卫生安全与生态安全并重的理念,在加强保护野生动物栖息地、细化野生动物种群调控措施、加强外来物种防控、革除滥食野生动物陋习、坚决取缔和严厉打击非法野生动物市场和贸易、加大对违法行为的处罚力度、完善人工繁育技术成熟稳定的野生动物管理制度等方面取得进展,对加强公共卫生法治保障、推进生态文明建设、促进人与自然和谐共生具有重要意义。

（二）生态环境行政法规、部门规章立改废情况

生态环境行政法规、规章、标准的立改废稳步推进。2023 年共修订行政法规 2 件,制定部门规章 8 件,其中涉生态保护的 5 件,涉自然资源、信息管理、行政处罚等领域的共 5 件。2023 年生态环境领域行政法规和部门规章制定、修改情况如表 1 所示。

表 1　2023 年生态环境领域行政法规和部门规章制定、修改情况

序号	名称	颁布日期	制定部门	立改情况
1	生产建设项目水土保持方案管理办法	2023-1-17	水利部	制定
2	生态环境统计管理办法	2023-1-18	生态环境部	制定
3	长江流域控制性水工程联合调度管理办法(试行)	2023-1-19	水利部	制定
4	水行政处罚实施办法	2023-3-10	水利部	制定
5	生态环境行政处罚办法	2023-5-8	生态环境部	制定
6	商务领域经营者使用、报告一次性塑料制品管理办法	2023-5-10	商务部、国家发展和改革委员会	制定
7	乘用车企业平均燃料消耗量与新能源汽车积分并行管理办法	2023-6-29	工业和信息化部、财政部、商务部、海关总署、国家市场监督管理总局	制定
8	长江河道采砂管理条例	2023-7-20	国务院	修订
9	温室气体自愿减排交易管理办法(试行)	2023-10-19	生态环境部、国家市场监督管理总局	制定
10	消耗臭氧层物质管理条例	2023-12-29	国务院	修订

同时，生态环境职能部门积极推动部门规章的立改废工作。2023年9月5日，自然资源部通过《自然资源部关于第五批废止的部门规章的决定》，共废止《森林公园管理办法》《林业标准化管理办法》《国家级森林公园设立、撤销、合并、改变经营范围或者变更隶属关系审批管理办法》《国家级森林公园管理办法》4项部门规章。

此外，生态环境标准体系基本建成。自1973年我国第一个环境标准《工业"三废"排放试行标准》发布到2023年，我国目前已形成两级六类的生态环境标准体系。2023年发布58项国家标准，备案9项地方标准，现行有效的生态环境标准总数达2357项，经备案的地方标准达249项。同时，我国也积极推动环境基准的研究和制定工作，生态环境部办公厅发布《环境基准工作方案(2023—2025年)》，对推动地表水、海洋、大气、土壤环境基准研究和加强基础支撑能力建设统筹部署等5个方面内容进行具体规定。该工作方案的发布将助力国家环境基准体系的逐步建立健全，也将为环境标准体系的不断完善提供科学基础。

(三)生态环境地方性法规、规章立改废情况

2023年，全国31个省(自治区、市)共制定或修改涉生态环境地方性法规252件，其中省级地方性法规55件，设区的市地方性法规157件，经济特区法规7件，自治条例和单行条例33件，主要集中在水资源保护、生态修复等领域；制定或修改涉生态环境地方政府规章66件，其中省级政府规章20件，地市级政府规章46件，主要集中在垃圾分类、城市建设等领域。

2023年地方性法规、规章制定或修改情况如图1所示。

三、生态环境监管执法进展状况

2023年，生态环境监管执法工作稳步推进，中央生态环境保护督察工作深入开展，生态环境监管执法力度持续强化，污染防治攻坚战工作持续推进。

(一)中央生态环境保护督察进展情况

深入开展生态环境保护督察，是党中央、国务院为加强生态环境保护工作采取的一项重大举措，对解决人民群众反映强烈的环境污染和生态破坏问题具有重要意义。截至2023年底，第二轮督察整改方案明确的2164项整改任务的总体完成率达79%。同时，为推进生态环境保护督察工作的常态化，经党中央、国务院批准，第三轮第一批中央生态环境保护督察于2023年

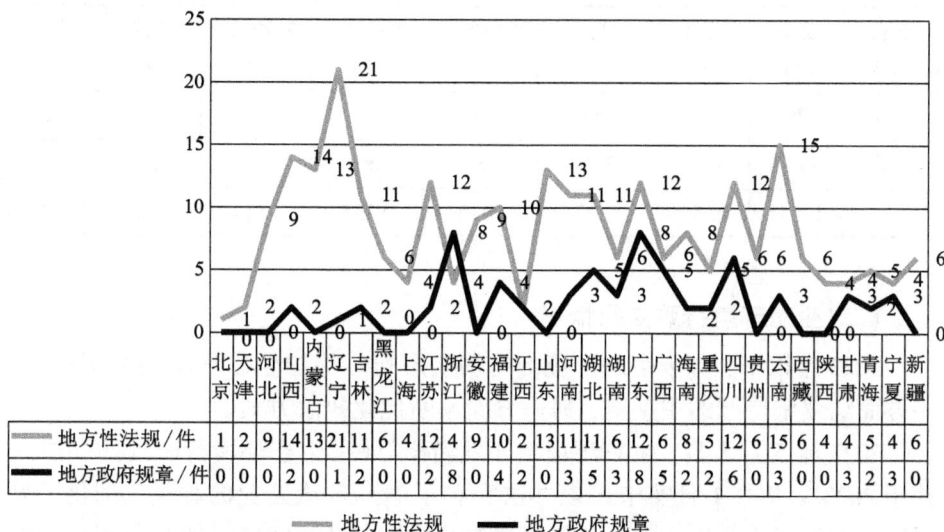

	北京	天津	河北	山西	内蒙古	辽宁	吉林	黑龙江	上海	江苏	浙江	安徽	福建	江西	山东	河南	湖北	湖南	广东	广西	海南	重庆	四川	贵州	云南	西藏	陕西	甘肃	青海	宁夏	新疆
地方性法规/件	1	2	9	14	13	21	11	6	4	12	4	9	10	2	13	11	11	6	12	6	8	5	12	6	15	6	4	4	5	4	6
地方政府规章/件	0	0	0	2	0	1	2	0	0	2	8	0	4	2	0	3	5	3	8	5	2	2	6	0	3	0	0	3	2	3	0

—— 地方性法规　　—— 地方政府规章

图 1　2023 年地方性法规、规章制定或修改情况

11 月正式启动，首批选取福建、河南、海南、甘肃、青海 5 省开展督察，截至 12 月底，第一批督察已全面完成，各督察组共收到群众来电、来信举报 19815 件，受理有效举报 16700 件，经梳理合并重复举报，累计向相关省转办 13441 件。相关省已办结或阶段办结 11457 件。其中，立案处罚 1232 家，立案侦查 55 件；约谈党政领导干部 623 人，问责党政领导干部 289 人。[1] 第三轮第一批中央生态环境保护督察开展情况如表 2 所示。

表 2　第三轮第一批中央生态环境保护督察开展情况

督察对象	交办/件	已办结/件	阶段办结/件	责令整改/家	立案处罚/家	立案侦查/件	约谈/人	问责/人
福建	5575	1486	2722	1038	622	15	28	47
河南	2965	2177	775	764	285	17	41	136
海南	2002	1100	517	362	178	5	43	6

---

① 《第三轮第一批中央生态环境保护督察全面完成督察进驻阶段工作》，载生态环境部网，https://www.mee.gov.cn/ywgz/zysthjbhdc/dcjz/202401/t20240104_1060739.shtml，2024 年 2 月 14 日访问。

续表

督察对象	交办/件	已办结/件	阶段办结/件	责令整改/家	立案处罚/家	立案侦查/件	约谈/人	问责/人
甘肃	1707	925	563	261	111	7	189	42
青海	1192	877	315	188	36	11	322	58
合计	13441	6565	4892	2613	1232	55	623	289

（二）生态环境行政处罚情况

2023 年以来，各级生态环境部门切实履行好保护生态环境的职责使命，一方面继续坚持严的主基调，另一方面不断优化执法方式。

2023 年 5 月 8 日，生态环境部印发新修订的《生态环境行政处罚办法》，并于 2023 年 7 月 1 日实施。该办法完善了生态环境处罚的种类，细化了处罚决定书的相关要求，增设了监测报告的告知义务，聚焦于规范公正执法办案全过程，进一步加强和规范了基层执法人员的生态环境行政处罚工作。各级生态环境执法部门持续严厉打击违法行为，2023 年各地办理行政处罚案件 7.96 万件，罚没款数额总计 62.7 亿元。[①] 相比往年，生态环境行政处罚案件的数量和金额呈明显下降趋势，但整体而言仍牢牢坚持严的主基调，坚持以"零容忍"态度依法严厉惩处恶意环境违法行为。生态环境部联合最高人民检察院、公安部开展"两打"（打击危险废物环境违法犯罪和重点排污单位自动监测数据弄虚作假违法犯罪）专项行动，共查处违法案件 2906 起，罚款 4.71 亿元，移送公安涉嫌犯罪案件 1624 起。全国环境行政处罚案件查处情况（2014—2023 年）如图 2 所示。

同时，各级生态环境部门以"放管服"改革为指导，不断提高生态环境执法效能。一是坚持实施差异化监管，各级生态环境部门持续落实生态环境执法的正面清单制度。5.1 万家企业纳入正面清单，充分发挥了正面形象的激励作用。二是全力打造生态环境执法铁军，进一步加强执法队伍建设。31 个省（区、市）和新疆生产建设兵团基本实现了全域统一着装，5.2 万名执法人员穿上了统一的制服，并持有新式执法证件。三是持续开展"全年、全

---

① 《生态环境部部长黄润秋在 2024 年全国生态环境保护工作会议上的工作报告》，载生态环境部网，https://www.mee.gov.cn/ywdt/hjywnews/202401/t20240127_1064954.shtml，2024 年 3 月 9 日访问。

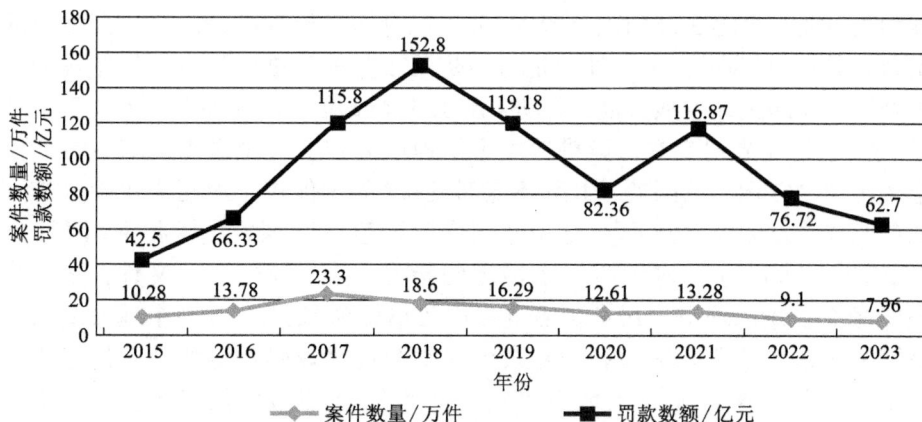

图 2　全国环境行政处罚案件查处情况(2014—2023 年)

员、全过程"执法大练兵活动,持续推进执法稽查工作,提高综合执法队伍专业化和管理制度化水平。2023 年 5 月 23 日,生态环境部正式印发《2023 年全国生态环境执法稽查工作方案》,该方案明确部署了 2023 年的工作目标、原则方向、稽查内容和开展方式等内容,以便通过执法部门内部纠错的方式及时纠正不规范的环境执法行为。

(三)污染防治攻坚战工作进展情况

习近平总书记在全国生态环境保护大会上强调,要持续深入打好污染防治攻坚战,坚持精准治污、科学治污、依法治污,保持力度、延伸深度、拓展广度,深入推进蓝天、碧水、净土三大保卫战,持续改善生态环境质量。2023 年,污染防治攻坚战持续推进,取得积极进展。

在蓝天保卫战方面,国务院印发《空气质量持续改善行动计划》,这是连续第三个以"大气十条"形式出现的国家大气环境治理的顶层设计文件,强调以降低 PM2.5 浓度为主线,强化目标协同、多污染物控制协同、部门协同、区域协同、政策协同,从源头到过程再到末端提出污染防控全链条措施,不断增强大气环境管理的系统性、整体性、协同性。在碧水保卫战方面,生态环境部等 5 部门联合印发《重点流域水生态环境保护规划》,强调坚持系统观念,构建水生态环境保护新格局;生态环境部等 4 部门印发《长江流域水生态考核指标评分细则(试行)》,开展长江流域水生态评估;生态环境部印发《关于进一步做好黑臭水体整治环境保护工作的通知》,对城市黑臭水体整治成效开展国家抽查，推动县级城市黑臭水体消除比例达到 70% 以上；国家发展和改革委员会等 3 部门联合印发《关于推进污水处理减污降碳协同增效的实施意见》，明确强调污水处理是污染防治攻坚战和推动温室气体减排的重要领域。在净土保卫战方面，启动实施 124 个土壤污染源头管控重大工程项目，全国 22 个省份在受污染耕地集中等地区划定 210 个重点区域执行涉重金属污染物特别排放限值；生态环境部发布《关于促进土壤污染风险管控和绿色低碳修复的指导意见》《地下水污染防治重点区划定技术指南（试行）》《关于进一步推进农村生活污水治理的指导意见》等规范性文件，累计将 2616 家企业纳入地下水污染防治重点排污单位名录，将 2058 个地块纳入风险管控和修复名录管理，将 9000 余个关闭搬迁企业腾退地块纳入优先监管清单，将 2616 家企业纳入地下水污染防治重点排污单位名录，推动全国 2700 余个县（市、区）编制印发县域农村生活污水治理专项规划、611 个畜牧大县编制印发畜禽养殖污染防治规划，推动 1.6 万余个行政村环境整治和 800 余个较大面积农村黑臭水体治理。

此外，国家积极加强固体废物和新污染物治理。推动 113 个地级及以上城市和 8 个特殊地区印发"无废城市"实施方案，指导 15 个省份全域有序推进"无废城市"建设。印发《危险废物重大工程建设总体实施方案（2023—2025 年）》，科学布局建设危险废物"1+6+20"重大工程，加快补齐危险废物环境风险防控和处置能力短板。落实《新污染物治理行动方案》，启动新污染物治理试点示范。印发实施《化学物质环境信息统计调查制度》，完成 122 个重点行业 4000 余种重点化学物质生产使用等环境信息统计。对 14 种类新污染物实施全生命周期环境风险管控措施，淘汰 8 种类重点管控新污染物。

四、生态环境司法进展情况

2023 年，"两高"发布司法解释和司法政策文件 7 件，最高人民法院发布 5 起指导性案例和 16 批 103 起典型案例，最高人民检察院发布 18 批 148 起典型案例。截至 2023 年 10 月 21 日，专门生态环境审判机构增至 2813 家，扎实推进生态环境审判专业化建设。

（一）生态环境司法规范性文件制定情况

2023 年，最高人民法院单独或者联合最高人民检察院出台有关环境司法解释 5 件，分别涉及生态环境侵权、民事诉讼证据、环境污染犯罪、破坏森林资源犯罪、专门知识的人民陪审员参加环境资源案件审理等方面；最高人民法院发布司法政策文件 2 件，分别涉及服务和保障"双碳"目标、贯彻实施

《中华人民共和国黄河保护法》等内容。

2023 年 7 月 27 日，最高人民法院发布《关于具有专门知识的人民陪审员参加环境资源案件审理的若干规定》。《规定》共 16 条，包括具有专门知识的人民陪审员参审案件范围、具有专门知识的人民陪审员的资格、具有专门知识的人民陪审员参加案件审理的合议庭组成、集中管辖法院、专门法院具有专门知识人民陪审员的来源、具有专门知识人民陪审员的职责履行等。《规定》的出台，对于丰富环境资源案件专门性事实查明方法、依法妥善审理各类环境资源案件具有重要意义。

2023 年 8 月 8 日，"两高"联合发布《关于办理环境污染刑事案件适用法律若干问题的解释》，共 20 条，原《关于办理环境污染刑事案件适用法律若干问题的解释》（法释〔2016〕29 号）同时废止。该解释回应刑法修正案（十一）将污染环境罪的法定刑由过去的两档增至三档，并明确对承担环境影响评价、环境监测等职责的中介组织的人员可以适用提供虚假证明文件罪等新形势，对法释〔2016〕29 号进行了调整，以确保法律统一、有效实施。

2023 年 8 月 13 日，最高人民法院发布《关于审理破坏森林资源刑事案件适用法律若干问题的解释》，共 20 条。该解释明确了非法占用林地犯罪的定罪量刑标准、危害国家重点保护植物罪的定罪量刑标准、盗伐林木罪的行为方式和定罪量刑标准、滥伐林木罪的行为方式和定罪量刑标准、非法收购、运输盗伐、滥伐的林木罪的主观明知和定罪量刑标准、涉林业证件、文件犯罪的处理规则、涉林木盗窃行为的处理规则、破坏森林资源犯罪的其他法律适用规则、办理破坏森林资源刑事案件宽严相济的政策要求、行政与刑事双向衔接规则。

2023 年 8 月 14 日，最高人民法院发布《关于审理生态环境侵权责任纠纷案件适用法律若干问题的解释》，共 29 条，原《关于审理环境侵权责任纠纷案件适用法律若干问题的解释》（法释〔2015〕12 号）同时废止。该解释坚持民法典和环境保护法生态优先、绿色发展、系统保护的司法理念，在平衡权利救济和行为自由的基础上，充分发挥侵权责任制度的损失填补、损害预防等功能，规定了生态环境侵权案件范围、归责原则、数人侵权、责任主体、责任承担、诉讼时效等内容。

2023 年 8 月 14 日，最高人民法院发布《关于生态环境侵权民事诉讼证据的若干规定》，共 34 条。主要包括适用范围、举证责任、证据的调查收集和保全、证据共通原则、专家证据、书证提出命令、损失费用的酌定等内容。

2023 年"两高"发布的生态环境司法解释和司法政策如表 3 所示。

表3　2023年"两高"发布的生态环境司法解释和司法政策

序号	名称	公布日期	文号	文件类型
1	《关于具有专门知识的人民陪审员参加环境资源案件审理的若干规定》	2023-7-27	法释〔2023〕4号	司法解释
2	《关于审理生态环境侵权责任纠纷案件适用法律若干问题的解释》	2023-8-14	法释〔2023〕5号	司法解释
3	《关于生态环境侵权民事诉讼证据的若干规定》	2023-8-14	法释〔2023〕6号	司法解释
4	《关于办理环境污染刑事案件适用法律若干问题的解释》	2023-8-8	法释〔2023〕7号	司法解释
5	《关于审理破坏森林资源刑事案件适用法律若干问题的解释》	2023-8-13	法释〔2023〕8号	司法解释
6	《关于完整准确全面贯彻新发展理念 为积极稳妥推进碳达峰碳中和提供司法服务的意见》	2023-2-17	法发〔2023〕5号	司法政策
7	《关于贯彻实施〈中华人民共和国黄河保护法〉的意见》	2023-6-28	法发〔2023〕8号	司法政策

在司法政策方面，2023年2月17日，最高人民法院发布《关于完整准确全面贯彻新发展理念 为积极稳妥推进碳达峰碳中和提供司法服务的意见》，分为六个部分24条，是我国首部关于"双碳"的政策文件，将为积极稳妥推进碳达峰碳中和提供有力司法服务。6月28日，最高人民法院发布《关于贯彻实施〈中华人民共和国黄河保护法〉的意见》，分为四个部分18条，明确了贯彻实施《中华人民共和国黄河保护法》的重大意义、基本原则、裁判思路以及环境司法体制机制改革创新方向，为黄河流域环境司法提供了基本遵循。

（二）生态环境审判机构建设和案件审理情况

在机构建设方面，自2014年最高人民法院环境资源审判庭成立以来，系统加强对全国法院系统性指导，30个高级法院及新疆生产建设兵团分院成立了环境资源审判庭，南京、兰州、昆明、郑州、长春、乌鲁木齐等市的中级人民法院专设环境资源法庭，400多个中级、基层人民法院建立了环境资源专门审判机构，其他法院还设立了一批环境资源审判专业化法庭、巡回法庭、合议庭等专业化审判组织，截至2023年底，我国已设立生态环境专门审判机构、组织2813个，成为全球生态环境专门审判机构覆盖最广、体系最完整的国家。[①] 同时，环境资源案件跨行政区划集中管辖和刑事、民事、行政案件"三合一"归口审理持续推进，全国共有近1200家法院实行"三合一"，500余家法院实行"二合一"，40余家法院积极探索涵盖执行的"四合一"，各级法院坚持以流域、森林、湿地等生态系统及国家公园、自然保护区等生态功能区为单位的案件集中管辖机制，积极采取巡回审判、网上办案等便利诉讼措施，切实发挥集中管辖的优势作用，促进提升案件办理和生态环境修复质效。

生态环境审判机构变化情况如图3所示。

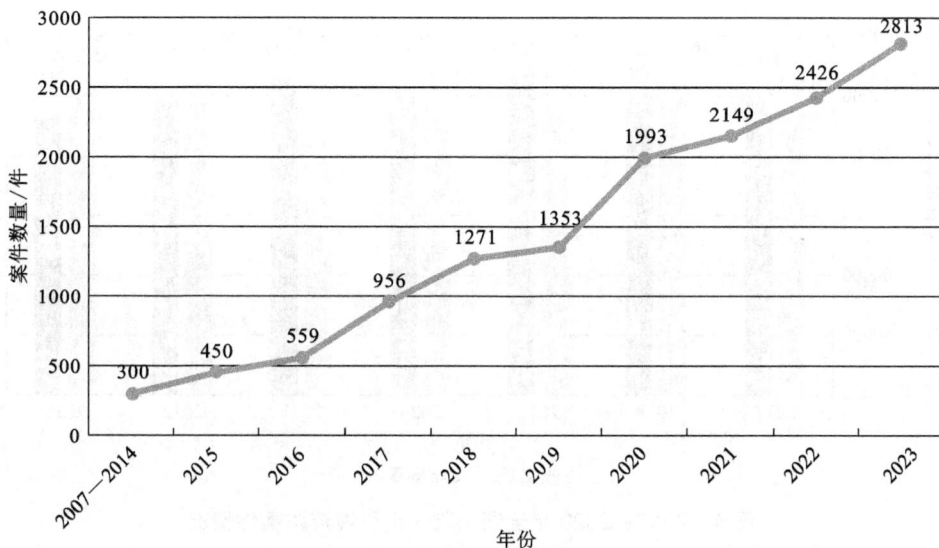

图3 生态环境审判机构变化情况

在案件审理方面，2023年，全国法院一审受理环境污染防治、生物多样性保护、气候变化应对、资源开发利用、生态环境治理与服务等各个领域环境资源案件23.16万件，同比下降3.76%；审结23.18万件，同比下降5.8%（图4）。其中，受理刑事案件2.79万件，同比增长6.59%；受理民事案件15.41万件，同比下降6.62%；受理行政案件4.96万件，同比增长0.3%。

---

① 《最高人民法院关于人民法院环境资源审判工作情况的报告》，载中国法院网，https://www.chinacourt.org/article/detail/2023/10/id/7593613.shtml，2024年1月26日访问。

纵向来看,环境资源案件呈现如下趋势:一是环境资源案件审结数量呈"先升后降"趋势。2019—2023年,全国法院审结环境资源案件128.1万件,数量较上一个五年增长约76%;但2020年以来,环境资源案件总量则呈逐年下降趋势,特别是,2023年人民法院审结涉环境污染案件5386件,同比下降11.5%;人民检察院起诉破坏生态环境资源犯罪4.9万人,8年来首次下降。二是新类型案件数量有所增长,如随着碳达峰碳中和工作深入推进,2023年人民法院审结涉碳市场交易案件108件,同比增长21.3%;2023年人民检察院共办理生态环境和资源保护领域公益诉讼8.8万件,同比增长4.7%。

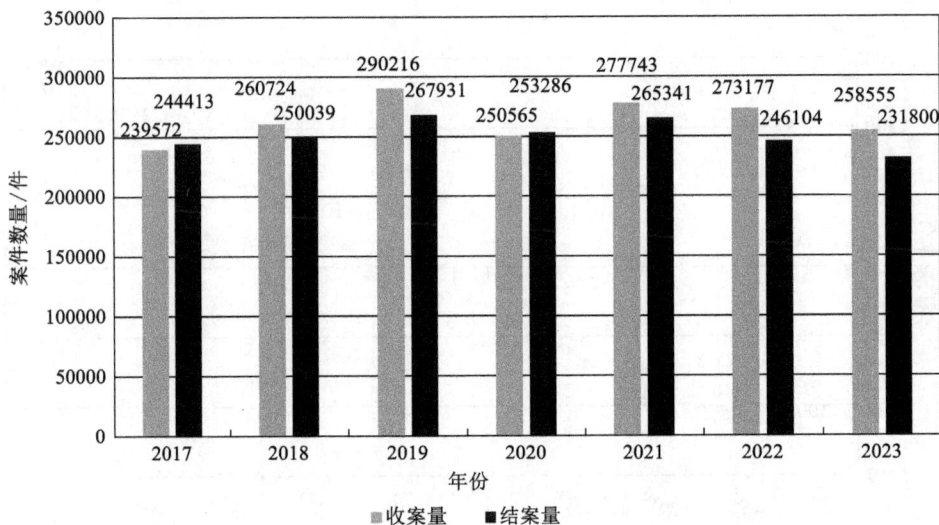

图4　2017—2023年全国法院一审环境资源案件情况

案件类型分布方面,根据最高人民法院关于人民法院环境资源审判工作情况的报告,2018年1月至2023年9月,人民法院审结的各类环境资源一审案件147万件中,刑事案件有18.6万件,民事案件有98.3万件,行政案件有27.8万件,不同主体提起的环境公益诉讼案件有2.3万件。刑事案件中数量排前五名的犯罪分别为滥伐林木罪、非法捕捞水产品罪、非法占用农用地罪、非法采矿罪、非法狩猎罪。

(三)生态环境指导性案例和典型案例发布情况

2023年,最高人民法院共发布涉长江保护指导性案例5个,典型案例16批103件;最高人民检察院共生态环境典型案例18批148件。

1.最高人民法院指导性案例和典型案例发布情况

10 月 19 日，最高人民法院发布第 38 批指导性案例，包括刑事附带民事公益诉讼案件 3 件、行政公益诉讼案件 1 件、申请破产重整案件 1 件，其中，4 件系维护社会公共利益的环境公益诉讼案件，涉及非法采砂、非法捕捞水产品、码头经营环境污染、偷排生产废水、非法倾倒船舶清舱油泥等不同环境污染、生态破坏行为类型，涵盖数人侵权、单位犯罪、共益债务、增殖放流、环境污染治理责任及费用性质、环境保护监管职责等实体规则，以及确认管辖法院、代处置等程序规则。最高人民法院第 38 批指导性案例中涉环境案件如表 4 所示。

表 4　最高人民法院第 38 批指导性案例中涉环境案件

编号	案件名称	裁判要点
指导性案例 212 号	刘某桂非法采矿刑事附带民事公益诉讼案	明确了跨行政区划非法采砂刑事案件的集中管辖及生态环境损害赔偿规则
指导性案例 213 号	黄某辉、陈某等 8 人非法捕捞水产品刑事附带民事公益诉讼案	明确了非法捕捞水产品犯罪案件中以科学方法实现增殖放流方式修复生态环境责任，以及主动修复生态环境可从轻处罚规则
指导性案例 214 号	上海某某港实业有限公司破产清算转破产重整案	明确了破产重整案件中环境污染治理共益债务认定规则，将环境污染治理作为实现重整价值的重要考量因素
指导性案例 215 号	昆明闽某纸业有限责任公司等污染环境刑事附带民事公益诉讼案	明确了生态环境侵权案中公司法人人格否认及股东连带责任规则
指导性案例 216 号	睢宁县人民检察院诉睢宁县环境保护局不履行环境保护监管职责案	明确了生态环境行政主管部门对跨区域倾倒危险废物防控治理的属地责任规则

1 月 12 日，最高人民法院发布 16 起人民法院贯彻实施民法典典型案例（第二批），在上海市奉贤区生态环境局与张某新、童某勇、王某平等生态环境赔偿诉讼案中，强调对民法典绿色原则的贯彻，依法打击污染环境的行为。

2 月 7 日，最高人民法院发布 15 起依法保护文物和文化遗产典型案例，所涉文物种类齐全，涵盖刑事、民事、行政三大诉讼案件类型，探索运用预防性、恢复性司法规则，依法适用惩罚性赔偿，激励行为人积极退缴文物、修复环境、赔偿损失。

2月17日，最高人民法院发布11起司法积极稳妥推进碳达峰碳中和典型案例，包括比特币"挖矿"服务合同、温室气体排放环境侵权、水泥产能指标转让合同、破产案件中将危废物处置费用认定为破产费用、碳排放配额转让合同及国家核证自愿减排量技术服务合同、碳排放配额清缴行政处罚、碳排放配额强制执行、破坏环境监测计算机信息系统、滥伐盗伐林木碳汇赔偿等多方面的内容，都是近年来人民法院环境资源审判中的新类型案件。

5月5日，最高人民法院发布10件青藏高原生态保护典型案例，涵盖森林、高寒草甸、草原、河流、湖泊、湿地、雪山冰川等生态系统要素，涉及青藏高原珍贵濒危和特有野生动植物物种保护、外来入侵物种防控、大江大河源头和重点湖泊保护、国家公园等自然保护地保护、矿山污染防治和生态修复、传统生态文化遗产保护等多方面内容，充分展现了人民法院发挥环境资源审判职能、依法守护国家生态安全边界的有益实践。

5月19日，最高人民法院发布10大能动司法（执行）典型案例，其中，某建设工程公司土地承包纠纷系列案中，以绿色执行理念妥善化解468亩林木腾退，为涉案土地的可持续发展和村民的长远收益提供了解决方案。

5月22日，最高人民法院推动长三角一体化发展司法工作小组办公室、上海市高级人民法院、江苏省高级人民法院、浙江省高级人民法院、安徽省高级人民法院联合发布人民法院高质量服务保障长三角一体化发展典型案例，在泰州市人民检察院诉王某某等59人非法捕捞、收购长江鳗鱼苗生态破坏民事公益诉讼案中，切实践行"两山"理念，站在人与自然和谐共生的高度谋划经济社会发展。

5月31日，最高人民法院发布12件湿地生态保护典型案例，涉及珍贵濒危野生动植物物种保护、外来入侵物种防控、大江大河和重点湖河湿地滩涂保护等多方面内容；保护范围涉及黑龙江兴凯湖湿地、江苏盐城沿海滩涂湿地、安徽三汊河湿地、湖南东江湖湿地、上海长江河口滩涂湿地、浙江杭州湾湿地、福建泉州湾河口湿地、广东海珠湿地等在全国乃至全球具有重要影响的湿地保护区。

6月5日，最高人民法院发布10件2022年度人民法院环境资源审判典型案例，涵盖环境资源刑事、民事、行政及公益诉讼等各类型，其中刑事案件和刑事附带民事公益诉讼案件占半数以上。同时，涉及绿色低碳发展、环境污染防治、生态保护、服务碳达峰碳中和、资源开发利用、气候变化应对以及环境治理与服务等多个领域。

6 月 30 日，最高人民法院发布 10 起 2022 年全国海事审判典型案例，其中有 2 起为海洋环境民事公益诉讼案，体现了人民法院加大海洋环境司法保护力度，保障海洋生态文明建设。

8 月 14 日，最高人民法院发布 6 起依法惩治破坏森林资源犯罪典型案例，涉及非法占用农用地罪、危害国家重点保护植物罪、盗伐林木罪、非法收购滥伐的林木罪，明确了相关定罪量刑标准，规定了从重处罚认定标准。

8 月 15 日，最高人民法院、最高人民检察院发布 10 件生态环境保护检察公益诉讼典型案例，包括 5 件行政公益诉讼案，4 件民事公益诉讼案，1 件刑事附带民事公益诉讼案，涵盖了流域保护、草原资源保护、林地资源保护、固体废弃物污染、水污染防治等生态环境保护的多方面，凸显出生态环境保护工作的全覆盖和多样性。

10 月 9 日，最高人民法院发布 6 起人民法院服务保障京津冀协同发展典型案例，在张某某与某铁路客运专线有限公司噪声污染责任纠纷案中，天津、北京两地法院联合地方发改委积极敦促被告承担企业责任，出资为铁路沿线地区安装隔声窗。

10 月 11 日，最高人民法院发布 10 起人民法院服务新时代东北全面振兴典型案例，特选取 1 起保护黑土地资源的典型案例，充分体现了人民法院保护东北地区生态环境的决心和力度。

10 月 17 日，最高人民法院发布 10 件国家公园司法保护典型案例，包括环境资源刑事、民事及公益诉讼等不同诉讼类型，涉及三江源、大熊猫、东北虎豹、海南热带雨林、武夷山、钱江源-百山祖国家公园等。

11 月 24 日，最高人民法院、最高人民检察院联合发布 8 起行政公益诉讼典型案例，其中包括 3 起生态环境典型案例，涉及文物保护、制止乱占基本农田。被诉行政机关包括文化旅游职能部门和基层政府。

12 月 29 日，最高人民法院、最高人民检察院联合发布 9 起海洋自然资源与生态环境检察公益诉讼典型案例，包括行政公益诉讼案 1 件、民事公益诉讼案 4 件、刑事附带民事公益诉讼案 4 件，涉及沉船造成重大海洋污染风险、非法捕捞、非法收购珍贵濒危野生动物、非法占用海域、非法采矿、非法占用红树林林地等破坏海洋生态环境违法行为。

2. 最高人民检察院指导性案例和典型案例发布情况

3 月 22 日，最高人民检察院、自然资源部发布 5 件土地执法查处领域行政非诉执行监督典型案例，涉及耕地保护、诉源治理、黑土地保护、永久基本农田保护等。

4月12日，最高人民检察院、水利部发布11件检察监督与水行政执法协同保护黄河水安全典型案例，包括行政公益诉讼案件9件、刑事公诉案件1件、刑事附带民事公益诉讼案件1件，其中8件行政公益诉讼案件在诉前推动问题解决，案例涉及防洪安全、水资源保护、滩区治理、水生态修复、水土保持等黄河水安全领域问题。

4月21日，最高人民检察院、国家文物局发布5件长城保护检察公益诉讼典型案例，包括行政公益诉讼案件4件、民事公益诉讼案件1件，受损情形涉及长城本体如墙体、烽燧、敌台、关堡等，以及文物保护范围和建设控制地带内违法建设，损害长城景观风貌和周边生态环境等情形。

5月29日，最高人民检察院、公安部、生态环境部发布7件依法严惩危险废物污染环境犯罪典型案例，聚焦危险废物污染环境犯罪的共性特点，涉及废铝灰、废弃桶、废铅蓄电池、含油泥浆等危险废物环境犯罪常见多发领域，以及矿洞"洗洞"、医药化工企业副产盐等危险废物环境犯罪攻坚领域。

5月29日，最高人民检察院发布10件检察公益诉讼协同推进中央生态环境保护督察整改典型案例，包括民事公益诉讼案件5件、刑事附带民事公益诉讼案件1件、行政公益诉讼案件3件、监督支持行政机关开展生态环境损害赔偿1件，涉及危险废物、工业废水、大气、重金属等污染整治，农用地及自然保护区生态修复，非法采矿治理，城镇生活垃圾规范处置等问题。

5月30日，最高人民检察院、中国海警局发布5件办理海上非法采砂相关犯罪典型案例，涉及海砂价值认定、航道清淤疏浚、涉案船舶处置、运输无合法来源证明的海砂等问题。

6月5日，最高人民检察院发布10件检察机关服务保障碳达峰碳中和典型案例，包括行政公益诉讼案件5件、民事公益诉讼案件2件、刑事附带民事公益诉讼案件3件，涉及非法排放温室气体、挥发性有机物治理设施不达标、无资质从事报废机动车回收拆解、污泥污染、非法破坏湿地生态资源、篡改环境监测设备数据、非法占用林地、危害国家重点保护植物等问题。

6月10日，最高人民检察院发布6件依法惩治非法捕捞水产品犯罪典型案例，涉及珠江流域、黄海海域、钱塘江水域、长江流域、海河流域等地区，采用了行刑衔接、介入侦查、引导取证、检察协同履职、公开听证等工作机制。

6月28日，最高人民检察院发布10件督促整治非法采矿检察公益诉讼典型案例，包括民事公益诉讼案件 1 件、行政公益诉讼案件 5 件、刑事附带民事公益诉讼案件 4 件，涉及非法采矿、超范围开采、违法占地建厂等多种违法形式。

6 月 30 日，最高人民检察院发布 10 件湿地保护公益诉讼典型案例，其中有 9 件行政公益诉讼诉前监督案例，1 件行政公益诉讼起诉案例，涉及一体化办案、跨区划协作、分层监督、联动保护、"河湖长+检察长"协作、大数据赋能等工作模式。

7 月 6 日，最高人民检察院发布 10 件生态环境保护检察公益诉讼典型案例，包括 7 件行政公益诉讼诉前程序案件和 3 件诉讼案件，涉及流域生态环境治理、生物多样性保护、固体废弃物污染、大气污染、土壤污染、水污染防治等多个领域。

8 月 17 日，最高人民检察院发布 12 件"公益诉讼守护美好生活"专项监督活动典型案例，包括行政公益诉讼案件 10 件、民事公益诉讼案件 1 件、刑事附带民事公益诉讼案件 1 件，涵盖镇政府水污染治理职责、黑臭水体治理、农村饮用水安全、土地资源保护、野生动物资源保护、风力发电噪声污染防治等内容。

8 月 29 日，最高人民检察院发布 7 件检察公益诉讼助力流域生态环境保护治理典型案例，其中行政公益诉讼案件 6 件、民事公益诉讼案件 1 件，涉及违规超采地下水、红树林湿地破坏、水生态流量违规泄放、船舶污染、养殖污染、黑臭水体污染等问题。

9 月 1 日，最高人民检察院发布 7 件荒漠化防治检察公益诉讼典型案例，包括行政公益诉讼案件 6 件、刑事附带民事公益诉讼案件 1 件，涉及污染环境、非法侵占、过度利用、违规开发等违法类型。

9 月 11 日，最高人民检察院发布 10 件耕地保护检察公益诉讼典型案例，包括行政公益诉讼案件 9 件、民事公益诉讼案件 1 件，涉及施工单位未实施优良耕作层剥离、外来物种入侵破坏黑土地资源、在耕地上种植草皮的耕地"非粮化""非农化"行为、非法取土以及非法采矿破坏耕地资源、非法占用耕地用于工程建设项目、从事生产经营等多种违法破坏耕地情形。

10 月 19 日，最高人民检察院、公安部、生态环境部联合发布 4 件依法严惩重点排污单位自动监测数据弄虚作假犯罪典型案例，涉及使用 COD 去除剂、稀释污水、安装干扰装置、篡改自动监测设备参数等自动检测数据弄虚作假行为。

12 月 21 日，最高人民检察院发布 8 件文物和文化遗产保护检察公益诉讼典型案例，其中行政公益诉讼诉前程序案件 7 件、行政公益诉讼案件 1 件，涉及藏传佛教寺庙、海防遗址、农业文化和灌溉工程遗址、传统村落、人文故居保护等问题。

12 月 28 日，最高人民检察院发布 11 件生物多样性保护检察公益诉讼典型案例，其中 9 件以诉前程序实现公益保护，2 件为诉讼案件，案件类型涵盖行政公益诉讼、民事公益诉讼和刑事附带民事公益诉讼，涉及野生植物、新发现物种、湿地、国家级自然保护区、中华鲟等洄游物种、遗传多样性等的保护和外来入侵物种的防治整治等问题。

五、生态环境公众参与进展状况

2023 年，政府和企业环境信息公开稳步推进；生态环境公众参与规范化程度及公众环境健康素养显著提升，环境公益诉讼国家化趋势进一步增强。

（一）生态环境信息公开进展情况

环境信息公开是保障公民知情权、参与权和监督权的重要途径。2023 年，政府和企业环境信息公开均稳步推进。

政府环境信息公开的质量和实效不断提升。根据相关法律规定，生态环境部持续加大生态环境质量公开力度，每小时发布地级及以上城市空气质量指数、全国地表水国控断面自动站监测数据；每半月发布全国及重点区域环境空气质量预报；每月发布全国环境空气质量状况、地表水的水质报告；每季度发布地表水环境质量状况、海水水质国控点位监测数据；每年发布中国生态环境状况公报、中国海洋生态环境状况公报。同时，生态环境部等职能部门还及时公布生态环境系统深入打好污染防治攻坚战的成效，积极公布全国温室气体自愿减排交易相关工作进展，公开中央生态环境保护督察信息，实施环评编制、受理、审查、审批全过程公开，通过全国排污许可证管理信息平台向社会公开排污许可证和排污登记信息。

企业环境信息依法披露工作稳步推进。根据《企业环境信息依法披露管理办法》，企业应当建立健全环境信息依法披露管理制度，重点排污单位、实施强制性清洁生产审核的企业、上市公司、发债企业等应当披露环境信息。2023 年，国家积极推进环境信息依法披露制度改革，2022 年第一披露周期 8.3 万余家企事业单位依法披露环境信息。据中国环境新闻工作者协会、北京化工大学联合发布的《中国上市公司环境责任信息披露评价报告（2022 年度）》，5078 家沪深股市上市公司中，有 1675 家在 2022 年度发布社会责任报告、ESG 报告、可持续发展报告、环境报告书以及企业公民报告等有效样本的企业，占所有上市公司数量的 32.99%，比前一年增加了 387 家，增幅为 25.42%；"双碳"成为中国企业环境责任信息披露的又一重要突破点。发布有关报告的企业数量逐年增多，且披露水平稳步提升，体现出企业对国家政策认识不断深化，环境信息披露意识不断增强。①

(二)生态环境保护全民行动进展情况

习近平总书记在全国生态环境保护大会上强调，生态文明是人民群众共同参与共同建设共同享有的事业，要把建设美丽中国转化为全体人民自觉行动。2023 年，生态环境部等 5 部门联合印发新修订的《公民生态环境行为规范十条》，全国各地积极开展环保设施向公众开放活动，强化公众在工作、生活等各方面生态环境行为的全面深入引领，致力于增强践行绿色低碳生活方式的行动自觉，推动构建生态环境治理全民行动体系，为建设人与自然和谐共生的现代化汇聚全民力量。根据 2023 年 11 月 20 日生态环境部公布的 2022 年中国居民环境健康素养监测结果，我国居民环境健康素养水平从 2018 年的 12.5% 提升至 2022 年的 18.8%，4 年时间我国居民环境健康素养水平提升了 50.4%。但相比往年，社会组织提起环境公益诉讼的数量明显下降，检察机关提起的环境民事公益诉讼尤其是刑事附带民事公益诉讼以及行政机关开展的生态环境损害赔偿案件增幅明显。2018 年至 2022 年，全国检察机关环境公益诉讼办案数分别为 59312 件、69236 件、83744 件、87679 件、94923 件，呈逐年递增趋势，每年环境公益诉讼办案数始终保持在公益诉讼办案总数 50% 左右；2023 年，全国办理生态环境损害赔偿案件 1.47 万件，涉及赔偿金额 64.8 亿元，接近 2016 年至 2022 年的案件数量总和。公益诉讼国家化的趋势进一步增强。

六、年度环境法实施的问题与对策

(一)年度环境法实施的特征与趋势

在始终坚持"两个最严"的环境法治观指引下，2023 年环境法实施效果显著：生态环境质量实现稳定改善，污染物排放总量持续下降。在大气环境质量方面，全国地级及以上城市细颗粒物(PM2.5)平均浓度为 30 微克/立方米，好于"十四五"规划设定的年度目标(32.9 微克/立方米)近 3 微克/立方

---

① 《新一期〈上市公司环境责任信息披露评价报告〉发布》，载中国环境新闻网，https://www.cfej.net/ztzl/zgssgshjshze/202402/t20240205_1065879.shtml，2024 年 3 月 15 日访问。

米；全国优良天数比例在扣除沙尘异常超标天数后为 86.8%，好于年度目标（86.2%）0.6 个百分点。在水环境质量方面，全国地表水水质优良（Ⅰ—Ⅲ类）断面比例为 89.4%，同比上升 1.5 个百分点；全国地下水Ⅰ—Ⅳ类水质点位比例为 77.8%，同比上升 0.2 个百分点。在土壤环境质量方面，2023 年全国受污染耕地和重点建设用地安全利用得到有效保障，全国农村生活污水治理（管控）率达到 40% 以上。① 与往年相比，2023 年环境法治实施呈现出一些新的特征和趋势：

一是生态环境法典编纂正式提上立法日程。2023 年 9 月公布的第十四届全国人大常委会立法规划将积极研究推进环境（生态环境）法典和其他条件成熟领域的法典编纂工作列在第一类项目（条件比较成熟、任期内拟提请审议的法律草案）行列。全国人大常委会已成立法典编纂工作专班，标志着生态环境法典编纂工作正式提上日程，并将于 2024 年内首次提交全国人大常委会审议，努力在本届内编纂出一部以习近平生态文明思想为引领，具有中国特色、体现时代特点、反映人民意愿、系统规范协调的生态环境法典。②

二是监测数据造假成为年度规制重心。近年来，各地相继曝出排放企业、第三方环保服务机构在环评文件编制、环境监测、碳排放数据等方面的造假行为，如在环评文件编制过程中编造数据、假冒他人签名，在环境监测过程中更换监测样品、干扰采样探头、编造假报告假台账、篡改仪器参数乃至用黑客程序侵入公共计算机系统修改监测数据，在碳排放数据核算、核查中弄虚作假等，且造假趋势向专业化、链条化方向发展。为此，"十四五"以来，生态环境部会同"两高"、公安部、市场监督管理总局一起，连续四年针对第三方环保服务机构造假的问题开展专项整治，查处 2260 家有违法行为的第三方环保服务机构，移送 193 件涉嫌犯罪案件，公开曝光 457 个典型案例；查处企业在环境自行监测方面的造假案件 4255 件，移送 930 件涉嫌犯罪案件。"两高"发布的《关于办理环境污染刑事案件适用法律若干问题的解释》进一步明确了在环境影响评价、环境监测以及碳排放检验检测过程中第三方环保服务机构提供虚假证明文件犯罪的定罪量刑标准，最高人民检察院、公安部、生态环境部联合对 11 件重点排污单位自动监测数据弄虚作假污

---

① 《生态环境部部长黄润秋在 2024 年全国生态环境保护工作会议上的工作报告》，载生态环境部网，https://www.mee.gov.cn/ywdt/hjywnews/202401/t20240127_1064954.shtml，2024 年 1 月 27 日访问。

② 《生态环境法典草案今年提请审议》，载中国人大网，http://www.npc.gov.cn/c2/c30834/202403/t20240310_435836.html，2024 年 3 月 10 日访问。

染环境案件进行挂牌督办，并发布 4 件依法严惩重点排污单位自动监测数据弄虚作假犯罪典型案例，监测数据造假行为得到有效遏制。

三是碳市场建设成为推进"双碳"目标的核心手段。建设统一的全国碳市场（包括强制市场和自愿市场），是推动我国经济社会绿色化、低碳化发展的重大制度创新。2023 年 10 月 19 日，生态环境部和市场监督管理总局联合发布部门规章《温室气体自愿减排交易管理办法（试行）》，对温室气体自愿减排交易（CCER）及其相关活动的各环节作出规定，对各主体权利、义务及法律责任进行了明确。11 月 16 日，CCER 交易市场的三项重要配套制度《温室气体自愿减排注册登记规则（试行）》《温室气体自愿减排交易和结算规则（试行）》《温室气体自愿减排项目设计与实施指南》也正式发布，这标志着 CCER 交易市场正式重启。随后，国务院常务会议审议通过了《碳排放权交易管理暂行条例（草案）》，是我国应对气候变化领域的第一部专门的法规，首次以行政法规的形式明确了碳排放权市场交易制度，对于推动全国强制碳市场的健康发展具有里程碑意义。至此，我国正式形成由全国碳排放权交易市场（强制碳市场）和全国温室气体自愿减排交易市场（自愿碳市场）组成的双轨碳市场体系。

（二）年度环境法实施存在的主要挑战与对策

2023 年环境法实施中面临的挑战与以往年份有其共通之处，但也存在一些差异。具体表现为：

一是协调生态环境法典与现行法律的立改废释纂关系。生态环境法典是以法典化的方式对既有生态环境法律制度进行系统编纂与整合，需要遵循党的二十大报告提出的"统筹立改废释纂"的新要求，增强生态环境法律体系的系统性、协同性。现行生态环境法律规范缺乏体系化思维，削减了环境保护工作的整体性。具体而言，我国的生态环境立法总体采用"基本法和单行法"的立法形式，但是作为基本法的《中华人民共和国环境保护法》所发挥的基础功能有所欠缺，在具体内容上与单行法多有重合，也未整合凝练出单行法的基本规则；而单行法之间在理念与规则层面存在一定的不协调性，导致出现部门主导、政策叠床架屋、运动式执法等弊端。[①] 为此，应当在体系化和适度化思维下有针对性地编纂环境法典：一方面要在充分调研现行生态环境法律体系，了解各层级环境立法背景渊源与短板矛盾的基础上提出法典方案，促进生态环境法律规范的内部协调。同时注意兼容并包，在吸收生态文

---

① 参见吕忠梅：《环境法典编纂研究的现状与未来》，载《法治社会》2023 年第 4 期。

明建设最新成果的基础上为新兴领域的单行法预留空间。另一方面要立足于社会经济发展需求，重视生态文明实践中的经验和教训，强化问题导向。

二是理顺指导性案例、典型案例激增与法律统一适用问题。随着"两高"发布的环境资源司法解释、指导性案例和典型案例不断增加，不同司法解释和案例确立的裁判规则也开始相互冲突。如果这种状况日益严重，环境资源司法解释、指导案例与典型案例不仅不能发挥其统一裁判尺度的功能，反倒可能使各级法院在审理案件时无所适从。由此，对已经颁布的司法解释、指导性案例和典型案例进行全面梳理和整合就尤为必要，既要发挥指导性案例和典型案例对统一司法、公正司法和严格司法的规范和指导作用；也要从立法角度，提炼司法规则，发挥指导性案例和典型案例在解释法律、应用法律、补充法律和完善法律方面的功能，适时将司法解释和指导性案例、典型案例中行之有效的规则上升为法律。

撰稿专家

张宝，1983 年生，安徽阜阳人，法学博士、博士后，中南财经政法大学教授、博士生导师，法学院副院长，双碳法治与经济研究院（湖北省高级人民法院、中碳登双碳法治研究基地）执行院长，环境资源法研究所执行所长。兼任中国法学会环境资源法学研究会副秘书长、中国行为法学会理事、湖北省法学会环境资源法学研究会副会长兼秘书长等。主持国家社会科学基金等各类项目近 30 项。独著《环境侵权的解释论》(2015)、《环境规制的法律构造》(2018)，合著 10 余部书籍，在《现代法学》《环球法律评论》《中国人口·资源与环境》《税务研究》等发表论文 40 余篇，多篇文章被《新华文摘》、《中国社会科学文摘》、人大复印资料等转载。

第六章　2023 年刑法实施报告

胡云腾　余秋莉

报告要旨

2023 年是全面贯彻党的二十大精神的开局之年，我国刑法实施继续保持轻罪案件总体增加、重罪案件总体下降的良好势头，命案发案率、涉枪暴案发案率和涉恐涉爆案件发案率等数据持续向好，是名副其实的世界上最安全的国家之一。在刑事立法上，备受关注的《中华人民共和国刑法修正案(十二)》于 2023 年 12 月 29 日由十四届全国人大常委会第七次会议通过，自 2024 年 3 月 1 日起施行。此次修正案条文共计 8 条，涉及民营企业内部人员腐败犯罪治理与行贿犯罪治理两大方面，进一步完善了民营经济的刑法保护方式并加大了对贿赂型犯罪的打击力度。2023 年出台的刑事司法解释、指导意见以及其他司法文件涉及金融安全、网络安全、生物安全、人身财产安全以及轻罪治理、民营企业保护、未成年人保护等领域，进一步强化了刑法在参与社会治理过程中的工具价值。2023 年的刑法理论研究聚焦于中国刑法学自主知识体系的建构、刑法再法典化、刑事一体化的建构、轻罪扩张的应对以及刑法基础理论等问题，提出了一系列反映刑法学理论研究创新发展的新思想、新观点、新方法，为推进中国式刑事法治现代化提供了科学的理论支撑和有力的智力支持。2023 年发布的指导性案例、典型案例集中在贪污贿赂犯罪、民营企业内部腐败犯罪、网络暴力犯罪、危害金融安全犯罪、侵犯生物安全犯罪、以醉驾为代表的轻微犯罪等领域。通过出台刑法修正案、颁布司法解释、发布指导性案例及典型案例等形式对这些犯罪出现的新情况、新特点作出了积极应对，有力推动了刑法治理的科学化、精细化、系统化发展。

核心建议

1. 新罪的增设限度应分类型把握。对于预防型犯罪，由于预防型轻罪的设立目的主要在于预防危险，因此在增设预防型轻罪时要考虑危险的可控性问题。对于应对型轻罪，由于应对型犯罪立法是为了应对社会发展过程中出现的新情况、新问题，该类犯罪的增设要考虑必要性标准。对于调整型轻罪，由于该罪是为克服原有规制方式的不足而增设，因此新增该罪类型要考虑优势性标准，通过全面权衡新罪、旧罪规制方式的利弊得失作出抉择。

2. 制定专门的数字资产法以应对新型危害金融安全犯罪。该法律可以是民事、行政、刑事三合一：在民事上，在《中华人民共和国民法典》的基础上进一步明确加密资产的虚拟财产地位。在行政上，可在借鉴欧美和国际组织经验的基础上，规定针对加密资产进行分类型化的跨货币、证券、银行、保险、信托、贸易金融、外汇管理和风险管理的综合性金融监管措施。在刑事方面，以反洗钱为抓手，明确要求加密资产的跨国发行、兑换、使用和赎回等，必须符合我国有关反洗钱、外汇管理和支付结算等金融法律法规。发行方和交易所应当申领牌照，严格履行加密资产交易审慎核查义务，做好反洗钱和反恐怖主义融资的合规审查以及风险防范工作。

3. 加强对网络暴力犯罪的治理。对于恶意发起者、组织者和恶意推波助澜者，应当设定更严厉的刑罚。此外，还应加强网络平台的责任。网络平台是网络暴力行为的重要载体，因此也需要加强对网络平台的监管责任。可以要求网络平台建立健全用户举报机制、内容审核机制等，对于发现的网络暴力行为及时采取措施予以制止，并积极配合相关部门的调查取证工作。

4. 增加刑罚限缩适用规定以应对轻罪立法扩张。即通过增加出刑规范供给的方式进一步加大刑罚限缩适用的力度，从适度扩大司法出罪权与合理扩宽刑罚免除权两个方面拓宽出刑路径：对于前者，可以考虑适度扩大检察机关的不起诉裁量权，突出和强化检察官的起诉裁量权在终结和分流案件上的功能，同时赋予法院适当的出罪权，提高无罪判决率，从而双管齐下，最终实现限缩刑罚适用的目的；对于后者，可以将认罪认罚与刑事合规纳入法定免除刑罚事由的范畴，以扩大定罪免刑制度的适用范围，进一步提升免予刑事处罚的适用率。

2023 年是全面贯彻党的二十大精神的开局之年，备受关注的《中华人民共和国刑法修正案(十二)》(简称《刑法修正案(十二)》)在该年岁末之际正式颁布，对民营经济的刑法保护以及贿赂型犯罪的刑事治理作出了重要调整。我国的刑法实施继续保持着刑事案件数和犯罪总人数双下降的良好现象。本报告将通过分析评判 2023 年刑事立法、司法方面的数据和相关材料，回顾 2023 年的刑法实施情况，提出完善刑法实施的意见建议。

一、2023 年刑法实施的总体情况

(一)刑事立法活动

2023 年刑事立法大事件当属《刑法修正案(十二)》的正式颁布。该修正案于 2023 年 12 月 29 日由十四届全国人大常委会第七次会议通过，自 2024 年 3 月 1 日起施行。此次修正案条文共计 8 条，涉及民营企业内部人员腐败犯罪治理与行贿犯罪治理两大方面，进一步完善了民营经济的刑法保护方式并加大了对贿赂型犯罪的打击力度，受到社会的广泛关注。现就《刑法修正案(十二)》的具体修改情况作简要介绍，并就适用过程中需要注意的问题作解读。

1.民营企业内部腐败犯罪的修改情况

民营企业是推动我国经济发展的重要组成部分，在增加就业机会、提高市场活力、增进民生福祉、促进技术创新等方面发挥着不可替代的重要作用。据统计，民营企业对国家每年贡献了 50%以上的税收，60%以上的国内生产总值，70%以上的技术创新成果，80%以上的城镇劳动就业，以及 90%以上的企业数量。[①] 但是，民营企业内部腐败犯罪问题严重制约着民营经济的健康发展，近年来更有加剧之势。其中一大重要特征是，随着民营企业日益壮大，企业内部的治理结构发生变化，经营管理权力逐渐分散，企业治理

---

① 张文新：《不能把抹黑民企当生意》，载《经济日报》，https://baijiahao.baidu.com/s? id = 1777604355839541304&wfr=spider&for=pc。2024 年 1 月 20 日访问。

存在短板。互联网企业表现得尤为明显，基于信息高速处理的工作特点，互联网企业"往往采取扁平化管理、短链路决策的内部权力分布模型，充分放权员工，缩短决策流程，员工掌握平台进入审核权、平台规则裁判权、流量资源分配权等关键权力，能够广泛且直接影响平台内的第三方经营者，容易滋生腐败"①。有效治理民营企业内部腐败犯罪应当提上日程。

纵观我国刑法关于诸如职务侵占罪、非国家工作人员受贿罪、挪用资金罪等的规定，虽能大体应对传统的民营企业内部腐败犯罪，但是却难以规制近年来表现突出的非法经营同类营业、为亲友非法牟利等行为。企业人员尤其是内部关键岗位人员非法开展同类营业，侵犯企业商业秘密、侵占企业商业资源，严重挤压企业的生存空间行为屡屡发生。此外，将企业商业机会、资源等通过各种隐蔽方式转移给亲友企业的行为也会严重损害企业利益。这些行为若发生在国企尚能用刑法规制，若发生在民企却难以追究刑责，有违刑法平等保护的原则之嫌。因此，从刑法上加大惩治力度势在必行。

（1）关于非法经营同类营业罪的修改。《刑法修正案（十二）》第1条修改了《刑法》第165条，在该条中增加一款作为第2款。该款规定："其他公司、企业的董事、监事、高级管理人员违反法律、行政法规规定，实施前款行为，致使公司、企业利益遭受重大损失的，依照前款的规定处罚"，将非法经营同类营业罪的主体由原来只适用于国有企业人员扩展到民营企业人员，并规定了不同的构成要件。同时，还将第1款关于国有公司、企业中非法经营同类营业罪的主体由原来的"董事、经理"修改为"董事、监事、高级管理人员"，两款犯罪主体保持一致，该修改与《公司法》等法律规定总体上衔接。《公司法》对公司高管的忠实、勤勉义务和禁止非法经营同类营业作了规定。

（2）关于为亲友非法牟利罪的修改。《刑法修正案（十二）》第2条将原本只适用国有单位工作人员的三类背信犯罪行为，即"将本单位的盈利业务交由亲友经营；通过明显高价采购或者明显低价销售商品的方式为亲友牟利；从亲友经营管理的单位采购不合格商品"扩大适用于民营企业工作人员，具体修改方式是在第166条中增加规定第2款："其他公司、企业的工作人员违反法律、行政法规规定，实施前款行为，致使公司、企业利益遭受重大损失的，依照前款的规定处罚"，明确了民营企业工作人员为亲友非法牟利的犯罪性质。此外，本修正案第2条还将为亲友非法牟利的事项由原来规定的"商品"扩展为"商品、服务"，以适应社会经济的发展变化与司法实践的打击需要。

---

① 张义健：《〈刑法修正案（十二）〉的理解与适用》，载《法律适用》2024年第2期。

（3）关于徇私舞弊低价折股、出售国有资产罪的修改。《刑法修正案（十二）》第3条在《刑法》第169条增加了第二款，即"其他公司、企业直接负责的主管人员，徇私舞弊，将公司、企业资产低价折股或者低价出售，致使公司、企业利益遭受重大损失的，依照前款的规定处罚"，将民营企业工作人员在企业资产折股、重组、收购等工作中，徇私舞弊，压低企业资产价格、作虚假评估等给公司、企业造成重大损失的背信行为也作为犯罪处理。

2. 贿赂型犯罪的修改情况

为贯彻党中央提出的"行贿受贿一起查"的政策要求，《刑法修正案（十二）》进一步加大了对贿赂型犯罪尤其是行贿犯罪的刑事追责力度，修改了包括单位受贿罪、受贿罪、对单位行贿罪、单位行贿罪在内的四个罪名的罪刑规定，以发挥《刑法》在一体推进不敢腐、不能腐、不想腐体制机制中的重要作用。

（1）关于单位受贿罪的修改。《刑法修正案（十二）》第4条将《刑法》第387条单位受贿罪的刑罚由原来"五年以下有期徒刑或者拘役"一档刑罚，修改为"三年以下有期徒刑或者拘役"和"三年以上十年以下有期徒刑"两档刑罚；将起点刑由五年修改为三年，与受贿罪、修改后的行贿罪起点刑相衔接。

（2）关于行贿罪的修改。《刑法修正案（十二）》第5条对《刑法》第390条作了三处修改：一是调整了行贿罪的刑罚结构，将量刑节点由"五年"修改为"三年"。具体修改为：将起点刑由"五年以下有期徒刑或者拘役，并处罚金"修改为"三年以下有期徒刑或者拘役，并处罚金"，将第二档刑由"五年以上十年以下有期徒刑，并处罚金"修改为"三年以上十年以下有期徒刑，并处罚金"。二是将党中央确定重点查处的行贿行为在立法上规定从重处罚，具体包括七种情形：多次行贿或者向多人行贿的；国家工作人员行贿的；在国家重点工程、重大项目中行贿的；为谋取职务、职级晋升、调整行贿的；对监察、行政执法、司法工作人员行贿的；在生态环境、财政金融、安全生产、食品药品、防灾救灾、社会保障、教育、医疗等领域行贿，实施违法犯罪活动的；将违法所得用于行贿的。三是修改了有关行贿从宽处罚规定的表述方式，增加规定行贿人对调查突破重大案件起关键作用的，可以减轻或者免除处罚，扩大行贿从宽处罚规定的适用范围。

（3）关于对单位行贿罪的修改。《刑法修正案（十二）》第6条修改了《刑法》第391条对单位行贿罪，在该罪中增加一档"三年以上七年以下有期徒刑，并处罚金"的刑罚。经修改后，本罪的最高刑罚为七年有期徒刑，低于单位受贿罪的最高刑罚十年有期徒刑，体现了《刑法》一贯坚持的"受贿的法定刑在最高刑上要比行贿重"的立法精神。

（4）关于单位行贿罪的修改。《刑法修正案（十二）》第7条调整、提高了《刑法》第393条单位行贿罪的刑罚，将原来的一档刑罚"五年以下有期徒刑或者拘役，并处罚金"，修改为"三年以下有期徒刑或者拘役，并处罚金"和"三年以上十年以下有期徒刑，并处罚金"两档刑罚。如此修改，改变了单位行贿与个人行贿法定刑相差悬殊的不合理设定，防止行为人借单位行贿的名义规避刑事处罚。

从以上修改可看出，此次刑法修正案有一个突出特点便是注重法治平等。这种法治平等体现在以下几个方面：一是平等保护国有企业与民营企业。通过将原本只适用于国有企业人员的犯罪规定扩大适用于民营企业工作人员的方式，加强对民营企业产权、利益的刑事保护，为民营经济的健康发展保驾护航。二是平等惩治行贿、受贿犯罪。此次刑法修正案突出了"行贿受贿一起查"的政策精神，大面积地提高了行贿类犯罪的法定刑，加大对围猎国家工作人员行为的打击力度，实现对腐败犯罪的源头治理。三是平等地打击单位行贿与个人行贿行为。修改前单位行贿罪的法定刑远低于个人行贿罪，行为人假借单位名义实施贿赂行为的现象突出，此次修改将单位行贿罪的法定最高刑由原来的五年提高至十年，大大提升了对单位行贿犯罪的惩治力度，可有效避免有关个人行贿案件与单位行贿案件处理上的不平衡问题。

（二）刑事司法解释

2023年，我国出台的刑事司法解释、指导意见以及其他司法性质文件共计10部，其中刑法司法解释有3部，指导意见有4部，其他司法性质文件有3部。具体情况如表1、表2所示。

表1　2023年发布的刑事司法解释

发布时间	出台部门	文件名称	涉及罪名（适用类型）
2023-5-24	最高人民法院、最高人民检察院	最高人民法院、最高人民检察院关于办理强奸、猥亵未成年人刑事案件适用法律若干问题的解释	强奸罪；负有照护职责人员性侵罪；强制猥亵、侮辱罪；组织淫秽表演罪；故意伤害罪；故意杀人罪；

续表

发布时间	出台部门	文件名称	涉及罪名(适用类型)
2023-8-8	最高人民法院、最高人民检察院	最高人民法院、最高人民检察院关于办理环境污染刑事案件适用法律若干问题的解释(2023)	污染环境罪;非法处置进口的固体废物罪;非法经营罪;投放危险物质罪;提供虚假证明文件罪;破坏计算机信息系统罪;
2023-8-13	最高人民法院	最高人民法院关于审理破坏森林资源刑事案件适用法律若干问题的解释	非法占用农用地罪;危害国家重点保护植物罪;盗伐林木罪;伪造、变造、买卖国家机关公文、证件罪;盗窃罪

表2 2023年发布的指导意见及其他司法性质文件

文件类别	印发、施行时间	出台部门	文件名称	适用类型(涉及罪名)
指导意见	2023-5-24公布 2023-6-1施行	最高人民法院、最高人民检察院、公安部、司法部	关于办理性侵害未成年人刑事案件的意见	性侵害未成年人犯罪的办理问题
	2023-7-26公布 2023-7-26施行	最高人民检察院	关于依法惩治和预防民营企业内部人员侵害民营企业合法权益犯罪、为民营经济发展营造良好法治环境的意见	民营企业内部人员犯罪的办理问题
	2023-9-20公布 2023-9-20施行	最高人民法院、最高人民检察院、公安部印发	关于依法惩治网络暴力违法犯罪的指导意见	在网络上实施的侮辱、诽谤、侵犯公民隐私信息、恶意营销炒作、拒不履行信息网络安全管理义务等网络暴力行为的惩治问题

续表

文件类别	印发、施行时间	出台部门	文件名称	适用类型（涉及罪名）
指导意见	2023-12-13公布 2023-12-18施行	最高人民法院、最高人民检察院、公安部、司法部	关于办理醉酒危险驾驶刑事案件的意见	醉酒危险驾驶行为的定罪量刑问题
其他司法性质文件	2023-3-3公布 2023-3-3施行	最高人民检察院	关于贯彻实施新修订《中华人民共和国妇女权益保障法》切实保障妇女权益的通知	侵犯妇女生命健康、人身自由、人格尊严等犯罪的惩治问题
	2023-4-25公布 2023-4-25施行	最高人民检察院	关于印发《人民检察院办理知识产权案件工作指引》的通知	知识产权刑事案件的办理问题
	2023-6-6公布 2023-6-6施行	最高人民法院、最高人民检察院、中国海警局	依法打击涉海砂违法犯罪座谈会纪要	涉海砂违法犯罪的惩治问题

　　从表1、表2可以看出，2023年我国出台的刑事司法解释、指导意见以及其他司法性质文件涉及未成年人权益保护、环境生态资源保护、知识产权保护、民营企业保护、网暴犯罪治理、醉驾犯罪治理等领域，及时回应民众关切、助力解决社会治理难题。例如，《关于办理醉酒危险驾驶刑事案件的意见》明确了"情节显著轻微、危害不大，不认为是犯罪的"五种情形，大大限制了醉酒型危险驾驶罪的入罪范围，有助于解决近年来困扰司法实践的轻罪治理难题。又如，《关于依法惩治网络暴力违法犯罪的指导意见》明晰了各类谩骂侮辱、造谣诽谤、侵犯隐私等网络暴力行为的法律适用问题，对于网络空间风气的净化、网络秩序的维护等均具有积极意义。此外，还值得关注的一大现象是，国家加大了对民营企业的刑事保护力度，不仅通过修正案的方式完善有关犯罪的罪刑规定，而且还先后出台了《关于依法惩治和预防民营企业内部人员侵害民营企业合法权益犯罪、为民营经济发展营造良好法治

环境的意见》《最高人民法院关于优化法治环境 促进民营经济发展壮大的指导意见》两部司法文件进行细化规定，这些文件规定为民营经济的健康发展提供了有力的法治保障。

(三) 刑事审判工作

2023 年，全国法院坚持稳中求进、守正创新，深入开展主题教育，聚焦"公正与效率"工作主题，提出"讲政治、顾大局，促公正、提效率，重自律、强队伍"的总体要求，推进形成审判理念、机制、体系、管理"四个现代化"的工作布局。审判理念现代化突出引领，审判机制现代化压实责任，审判体系现代化发挥效能，审判管理现代化做实保障，新时代新征程审判工作呈现良好态势，各项工作努力跟上、适应全面建设社会主义现代化国家迈出的坚实步伐。①

1. 刑事案件审理情况

刑事犯罪是社会治安和秩序的破坏性力量，依法运用刑罚预防和打击刑事犯罪是实现国家长治久安的重要手段。由人民法院在审判过程中产生刑事犯罪数据是反映国家治安状况的重要指标之一，加强刑事犯罪数据的统计和分析，对于维护国家治安、预防和减少刑事犯罪具有重要意义。2023 年，全国人民法院充分发挥刑事审判守护国家安全、社会安定、人民安宁的职能作用，依法惩治各类犯罪。从总体上看，2023 年全国人民法院一审审结刑事案件数为 124.3 万件，案件量同比增长 19.71%，审结被告人数 166 万人，被告人数同比增长 15.96%。各类刑事犯罪的数据详见表 3。

表3　2023 年全国法院一审审结刑事案件/人数及其增减情况

审结情况	案件量/件	案件量占比/%	案件量同比/%	被告人数/人	被告人同比/%
全国法院审结刑事案件数/人数及其增减情况	1243255	—	19.71	1660128	15.96
全国法院审结涉危害公共安全罪案件数/人数及其增减情况	397184	31.95	13.39	397076	8.11

---

① 《2024 年法院工作怎么干？》网址：https://www.court.gov.cn/zixun/xiangqing/423142.html。

续表

审结情况	案件量/件	案件量占比/%	案件量同比/%	被告人数/人	被告人同比/%
全国法院审结涉破坏社会主义市场经济秩序罪案件数/人数及其增减情况	62518	5.03	15.98	124970	23.12
全国法院审结涉侵犯公民人身权利、民主权利罪案件数/人数及其增减情况	131990	10.62	13.80	147790	9.58
全国法院审结涉侵犯财产罪案件数/人数及其增减情况	251267	20.21	22.23	332892	20.09
全国法院审结涉贪污贿赂罪案件数/人数及其增减情况	14238	1.14	20.07	14911	19.18
全国法院审结涉妨害社会管理秩序罪案件数/人数及其增减情况	383773	30.87	28.44	638953	19.37
全国法院审结涉渎职罪案件数/人数及其增减情况	1647	0.13	2.49	2044	5.42

从表3可以看出，同2022年相比，2023年全国法院一审审结刑事案件总数、各类刑事案件数均呈上升趋势，且上升幅度较大。其中，全国人民法院一审审结的涉侵犯财产罪案件数、涉贪污贿赂罪案件数、涉妨害社会管理秩序罪案件数上升幅度尤为明显，涨幅均达到了20%以上，这可能与2023年全国各地全国放开疫情管控措施有一定相关性，人员流动的限制被解除，经济社会生活秩序恢复正常，犯罪活跃程度自然也随之上升。此外，同2022年一样，涉危害公共安全罪与涉妨害社会管理秩序罪仍然是两类数量占比较高的犯罪，占比均超过了30%，合起来超过了案件总数的60%。可见，今后涉危害公共安全犯罪与涉妨害社会管理秩序犯罪仍然是我国犯罪治理的重点领域。

2023年全国法院一审案件数量前20位的罪名如表4所示，从表4可以看出，危险驾驶罪仍然是当前司法案中的第一大罪名，在2023年全国人民法院一审审结的案件数量排名中稳居第一，不过目前已经出现了明显下降的趋势，这说明当前的轻罪治理政策已经初见成效。此外，值得注意的是，帮助信息网络犯罪活动罪与掩饰、隐瞒犯罪所得、犯罪所得收益罪这两大犯罪已经分别上升成为了第三、第四大罪名，且增长幅度都十分明显，掩饰、隐瞒犯罪所得、犯罪所得收益罪的年平均增长率甚至达到了74.78%，远高于其他犯罪类型。由于无论是帮助信息网络犯罪活动罪还是掩饰、隐瞒犯罪所得、犯罪所得收益犯罪都与网络犯罪密切相关，这表明国家必须转变传统犯罪的治理思路，因应社会情势的发展变化，采取有针对性的网络犯罪治理措施。

表4　2023年全国法院一审案件数量前20位的罪名

罪名	2023年案件量/件	案件量占比/%	年平均增长率/%
危险驾驶罪	333407	27.05	-1.38
盗窃罪	155958	13.36	-2.38
帮助信息网络犯罪活动罪	102479	5.39	17.26
掩饰、隐瞒犯罪所得、犯罪所得收益罪	79271	2.96	74.78
诈骗罪	68842	5.67	-0.57
故意伤害罪	53627	5.33	-9.95
交通肇事罪	44818	4.50	-11.03
强奸罪	34824	2.56	6.25
开设赌场罪	33653	2.52	1.07
走私、贩卖、运输、制造毒品罪	26893	3.11	-13.38
寻衅滋事罪	21267	2.45	-13.46
引诱、容留、介绍卖淫罪	16421	1.10	9.47
猥亵儿童罪	11839	0.75	15.01
赌博罪	9663	0.63	15.36
非法吸收公众存款罪	9159	0.86	-4.97
非法经营罪	8931	0.78	-3.55
故意杀人罪	8340	0.72	-3.92
抢劫罪	7159	0.69	-5.37
容留他人吸毒罪	4427	0.78	-26.62
妨害公务罪	3680	0.67	-28.57

表 5 为 2023 年全国法院刑事案件生效判决刑罚适用情况。表 5 的数据突出地表明，当前我国的刑事犯罪结构仍然以轻罪为主：一方面，被判处管制、拘役和缓刑的被告人数占比 48.75%，比 2022 年高出了近 5 个百分点；另一方面，被判处五年以上有期徒刑至死刑的被告人数占比仅为 8.08%，与 2022 年相比略有下降。可见，我国以轻罪为主的犯罪结构趋势已越发明显，轻罪治理工作将成为今后我国刑事犯罪治理的重要内容。此外，与以往一脉相承的是，被判处免予刑事处罚、不负刑事责任以及被宣告无罪的被告人数占比较小，合起来占比 0.31%。这主要与当前我国实施的宽缓政策有关，在少捕慎诉慎押、认罪认罚从宽等刑事政策思想影响下，相当一部分案件已通过酌定不起诉、合规不起诉、附条件不起诉等分流机制得到了非诉处理的宽缓结局。为应对轻罪化立法不断扩张、轻罪案件数量日益攀升的难题，司法宽缓化政策可能还会进一步强化，更加限制轻罪案件进入刑事诉讼程序，因此通过法院刑事审理出罪、出刑的被告人比例还可能会继续降低。

表 5　2023 年全国法院刑事案件生效判决刑罚适用情况

刑罚适用情况	被告人数	被告人同比/%	被告人占比/%
全国法院给予刑事处罚的被告人数量、占比及其增减情况	1654942	15.99	99.69
全国法院免予刑事处罚的被告人数、占比及其增减情况	4331	5.74	0.26
全国法院宣告不负刑事责任被告人数占比及其增减情况	51	−42.70	0.00
全国法院宣告无罪的被告人数量、占比及其增减情况	804	27.42	0.05
全国法院判处拘役的被告人数量、占比及其增减情况	250650	9.31	15.10
全国法院判处管制的被告人数量、占比及其增减情况	2221	−9.01	0.13
全国法院判处缓刑的被告人数量、占比及其增减情况	556419	39.44	33.52
全国法院判处五年以下有期徒刑的被告人数量、占比及其增减情况	702144	4.72	42.29

续表

刑罚适用情况	被告人数	被告人同比/%	被告人占比/%
全国法院判处五年以上十五年以下有期徒刑的被告人数量、占比及其增减情况	112239	14.93	6.76
全国法院判处十五年以上有期徒刑、无期徒刑及死刑的被告人数量、占比及其增减情况	21843	7.18	1.32

2. 重要刑事司法案例

2023 年发布的重要刑事司法案例,包括"两高"发布的指导性案例、最高人民法院与中央广播电视总台评选出的"2023 年度推动法治中国进程十大案件"中的刑事案件以及其他典型案件。具体如表 6 至表 8 所示。

表 6　2023 年发布的刑事指导性案例

发布机关、批次	案件名称	涉及罪名	指导意义
最高人民检察院第 44 批（2023-5-11）	张业强等人非法集资案	集资诈骗罪、非法吸收公众存款罪	违反私募基金管理有关规定,以发行销售私募基金形式公开宣传,向社会公众吸收资金,并承诺还本付息的,属于非法集资;明确了集资诈骗罪与非法吸收公众存款罪的适用界限;明确了行为人在非法进行私募基金活动中的非法占有目的判断方法
	郭四记、徐维伦等人伪造货币案	伪造货币罪	明确了伪造货币罪中共同犯罪的成立条件以及各行为人作用大小的认定方法;提出了对伪造货币犯罪进行全链条追诉的要求
	孙旭东非法经营案	非法经营罪、信用卡诈骗罪	明确了"为恶意透支的信用卡持卡人非法套现行为"的性质认定方法;准确区分非法经营罪与信用卡诈骗罪的法律适用

续表

发布机关、批次	案件名称	涉及罪名	指导意义
最高人民检察院 第45批 （2023-6-25）	王某等人故意伤害等犯罪二审抗诉案	故意伤害罪、贩卖毒品罪、强迫他人吸毒罪、容留他人吸毒罪	"胁迫未成年人实施毒品犯罪、参加恶势力犯罪集团，采用暴力手段殴打致该未成年人死亡的"，属于"罪行极其严重"，应当依法适用死刑；提出人民检察院对于赔偿谅解协议进行实质性审查，全面、准确分析从宽处罚是否合适。虽达成赔偿谅解但并不足以从宽处罚的，人民检察院应当依法提出抗诉
	刘某某贩卖毒品二审抗诉案	贩卖毒品罪	明确了对于人民法院以存在"合理怀疑"为由宣告被告人无罪的案件的抗诉处理要求
	李某抢劫、强奸、强制猥亵二审抗诉案	抢劫罪、强奸罪、强制猥亵罪	明确了对于认定事实、适用法律存在争议的案件的抗诉处理要求
	孟某某等人组织、领导、参加黑社会性质组织、寻衅滋事等犯罪再审抗诉案	组织、领导、参加黑社会性质组织罪、寻衅滋事罪等	法院裁定准许撤回上诉后，生效的第一审裁判确有错误应当提出抗诉的，作出裁定的人民法院的同级人民检察院有权依照审判监督程序提出抗诉
	宋某某危险驾驶二审、再审抗诉案	危险驾驶罪	人民检察院应当依法规范行使不起诉权，通过备案审查等方式加强对不起诉决定的内部监督制约，着力提高审查起诉工作水平和办案质量

发布机关、批次	案件名称	涉及罪名	指导意义
最高人民检察院第47批（2023-7-31）	沈某某、郑某某贪污案	贪污罪	明确了对于国家工作人员在期货交易中通过增设相互交易环节侵吞公款的行为的性质认定以及认定方法
	桑某受贿、国有公司人员滥用职权、利用未公开信息交易案	受贿罪、利用未公开信息交易罪、国有公司人员滥用职权罪	明确了检察机关办理投融资领域受贿犯罪案件的注意要点
	李某等人挪用公款案	挪用公款罪	明确了办理金融领域挪用公款犯罪案件时对于"归个人使用"等要件的把握要点
	宋某某违规出具金融票证、违法发放贷款、非国家工作人员受贿案	违规出具金融票证罪、违法发放贷款罪、非国家工作人员受贿罪	明确了集体经济组织中行使公权力的人员是否属于国家工作人员的判断方法，以及银行或其他金融机构工作人员是否构成违规出具金融票证罪的判断方法
最高人民检察院第49批（2023-10-16）	罪犯向某假释监督案	故意伤害罪	人民检察院办理假释监督案件可以充分运用大数据等手段进行审查，以及可以对罪犯的"再犯罪的危险"进行指标量化评估
	罪犯杨某某假释监督案	故意杀人罪	人民检察院在日常监督履职中发现罪犯符合假释法定条件而未被提请假释的，应当依法建议刑罚执行机关启动假释提请程序
	罪犯刘某某假释监督案	骗取贷款、票据承兑罪	人民检察院办理涉及单位犯罪罪犯的假释监督案件，应分别审查罪犯个人和涉罪单位的财产性判项履行情况

续表

发布机关、批次	案件名称	涉及罪名	指导意义
最高人民检察院 第49批 （2023-10-16）	罪犯邹某某假释监督案	非国家工作人员受贿罪、职务侵占罪	人民检察院应当准确把握假释罪犯的服刑期限条件，被判处有期徒刑的罪犯"执行原判刑期二分之一以上"的期限，包括罪犯在监狱中服刑刑期和罪犯判决执行前先行羁押期限
	罪犯唐某假释监督案	贩卖毒品罪	明确了再犯罪危险性高的罪犯如毒品犯罪罪犯等假释适用条件
最高人民法院 第38批 指导性案例 （2023-10-19）	刘某桂非法采矿刑事附带民事公益诉讼案	非法采矿罪	明确了跨行政区划的非法采砂刑事案件以及采售一体的非法采砂共同犯罪的管辖地确定方法；明确了非法采矿刑事附带民事公益诉讼案有关生态环境修复责任、赔偿损失和有关费用的承担方式
	黄某辉、陈某等8人非法捕捞水产品刑事附带民事公益诉讼案	非法捕捞水产品罪	破坏环境资源刑事案件中，附带民事公益诉讼被告具有认罪认罚、主动修复受损生态环境等情节的，可以依法从轻处罚
	昆明闽某纸业有限责任公司等污染环境刑事附带民事公益诉讼案	污染环境罪	公司股东滥用公司法人独立地位、股东有限责任，导致公司不能履行其应当承担的生态环境损害修复、赔偿义务，国家规定的机关或者法律规定的组织请求股东对此依照《公司法》第20条的规定承担连带责任的，人民法院依法应当予以支持

表7　2023 年度人民法院十大案件中的刑事案件

案件名称	基本案情	社会影响
河南胡阿弟非法经营案	2019 年 5 月，胡阿弟通过境外代购人员购买喜保宁用于治疗女儿的先天性癫痫病。购药过程中，胡阿弟结识了与自己有相同需求的患儿家长，并建立微信群。2019 年 5 月至 2021 年 7 月，胡阿弟通过多名境外人员邮购多个国家和地区生产的氯巴占、喜保宁、雷帕霉素，加价后向微信群成员销售，共向 202 名群成员销售药品总金额 50.41 万余元。河南省中牟县人民法院审理后认为，胡阿弟构成非法经营罪，但考虑到其买卖的药品用于治疗癫痫病患者，社会危害性较小，属于情节轻微，不需要判处刑罚，遂判决胡阿弟犯非法经营罪，免予刑事处罚	胡阿弟出于治疗疾病的目的销售精神药品，其中氯巴占是我国管制的二类精神药品，由于其是用于医疗而非吸食，因而不应解释为毒品。但胡阿弟故意违反国家药品管理规定，未经许可销售国家限制买卖的管制药品，案涉销售额达到刑事追究的违法程度，其行为构成非法经营罪。本案判决一方面通过依法追究胡阿弟的刑事责任，维护了国家的药品市场管理秩序和法律的严肃性；另一方面通过免予刑事处罚的判决，体现了刑法的人道主义和宽严相济的刑事政策，达到了法律效果与社会效果的有机统一
小牛资本非法集资案	彭铁成立小牛集团后与彭钢等人通过子公司的 P2P 平台等，以私募理财产品的形式向 131 万余人非法吸收公众存款近 1026 亿元。彭铁、彭钢等 6 人明知集团资金缺口巨大、坏账率畸高，仍进行非法集资活动，所募资金用于还本付息及彭铁个人使用，集资诈骗 89.34 亿元。广东省深圳市中级人民法院以集资诈骗罪、非法吸收公众存款罪，判处彭铁无期徒刑，剥夺政治权利终身，并处没收个人全部财产；判处彭钢有期徒刑十一年，并处罚金 100 万元；其余 24 名被告人分获刑罚。二审法院维持了原判	小牛资本非法集资案的主要犯罪嫌疑人彭铁等人，利用旗下的 P2P 平台等，以私募理财产品的形式非法吸收公众存款，并将所募集的资金用于还本付息和个人使用，其行为已经构成集资诈骗罪和非法吸收公众存款罪。该案的判决体现了法律对金融犯罪的严厉打击态度和维护金融市场秩序的决心。同时，该案也提醒广大公众要增强风险防范意识，远离非法集资等金融犯罪活动

续表

案件名称	基本案情	社会影响
牟林翰虐待罪案	2018年8月，牟林翰与陈某确立恋爱关系，二人曾在北京市某学生公寓及陈某家中、牟林翰家中共同居住。牟林翰因纠结陈某以往性经历一事心生不满，高频次、长时间、持续性辱骂陈某，并表达让陈某通过"打胎"等方式换取其心理平衡等过激言词。2019年10月9日，陈某与牟林翰争吵后独自外出，在某公馆房间内服药自杀，后经救治无效死亡。北京市海淀区人民法院以虐待罪判处牟林翰有期徒刑三年二个月，同时判决牟林翰赔偿附带民事诉讼原告人陈某之母各项经济损失73万余元	虐待罪的认定需要满足两个基本条件：一是被虐待对象必须属于家庭成员。牟林翰与被害人的婚前同居关系已经具备了实质性的家庭成员关系，因此，牟林翰对被害人的行为属于虐待罪中的"虐待与其共同生活的家庭成员"。二是有虐待行为。虐待包括身体虐待与精神虐待。牟林翰看似没有动用暴力手段的侮辱、PUA等行为同样可以构成虐待行为。本案判决提醒了社会大众要关注精神虐待这一隐形的家庭暴力形式，增强对此类行为的认知和防范意识
吴谢宇故意杀人、诈骗、买卖身份证件案	吴谢宇悲观厌世，曾产生自杀之念，其父病故后，产生杀害母亲谢某的念头，并网购作案工具。2015年7月10日，吴谢宇趁谢某回家之际，持哑铃杠连续猛击谢某头面部数十致其死亡，清理现场后潜逃。后吴谢宇编造谢某陪同其出国交流学习，以需要生活费等理由骗取亲友144万元用于个人挥霍。吴谢宇还购买了十余张身份证件用于隐匿身份。福建省福州市中级人民法院对吴谢宇以故意杀人罪、诈骗罪、买卖身份证件罪数罪并罚，决定执行死刑，剥夺政治权利终身，并处罚金10.3万元	吴谢宇因为家庭矛盾而杀害了自己的母亲，手段极其残忍，这不仅严重违背了人伦道德，也对社会公众的认知和情感造成了极大的冲击。本案给家庭、学校和社会敲响了警钟，对孩子的教育不应仅仅是学业教育，更要关注他们的全面发展，包括身体健康、心理状态、社交技能等方面。过度强调学业成绩可能会忽视孩子的人格缺陷，进而带来严重的灾难。应透过该案看到教育对小孩健全人格塑造的重要性

案件名称	基本案情	社会影响
上海医疗设备软件著作权刑事案	刘某生以营利为目的，未经著作权人许可，自行制作用于避开著作权技术保护措施的加密狗，提供 CAT 软件、维修手册等作品的下载链接，擅自复制星云工作站、AW 工作站、飞云工作站的软件，销售加密狗和盗版软件给他人，收取金额 91 万余元。刘某生指使刘某销售加密狗和盗版软件，刘某通过其账户收取销售金额 14 万余元。上海市第三中级人民法院审理后认为，刘某生、刘某二人的行为均已构成侵犯著作权罪	此案为全国首例通过故意避开技术保护措施侵犯权利人医疗设备软件著作权刑事案件，通过本案判决明确了故意避开著作权人为其作品采取的保护技术措施实质上是一种网络盗版行为。这一裁判规则对于网络著作权保护的刑民衔接，实现刑法对网络著作权的体系性保护有着重要的指导意义

表 8　2023 年"两高"发布的典型案件

案例主题	文件名称(发布时间)	社会意义
惩治拒不支付劳动报酬犯罪	1. 最高人民检察院发布 5 件检察机关依法惩治拒不支付劳动报酬犯罪典型案例(2023-1-12) 2. 最高人民检察院发布 5 件依法惩治拒不支付劳动报酬犯罪典型案例(2023-12-22)	保障劳动者及时拿到足额工资，是关系基本民生的大事。坚持依法惩治"恶意欠薪"违法犯罪行为，保障民生民利
妥善办理轻伤害案件	最高人民检察院关于印发检察机关依法妥善办理轻伤害案件典型案例的通知(2023-1-13)	办理因民间纠纷引发的轻伤害案件要注重矛盾化解，发挥法律定纷止争作用，体现司法公正
惩治制售假冒伪劣医药品、食品及其他商品的犯罪行为	1. 最高人民检察院发布 6 件检察机关依法惩治制售伪劣商品犯罪典型案例(2023-3-14) 2. 最高人民检察院发布 5 件检察机关依法惩治制售伪劣农资犯罪典型案例(2023-4-20) 3. 最高人民法院发布 5 起危害药品安全犯罪典型案例(2023-9) 4. 最高人民法院、最高人民检察院、国务院食品安全委员会联合发布 4 个危害食品安全犯罪典型案例(2023-11-28)	开展食品、药品安全专项整治，制定科学合理的行业监管政策，构建起新业态行业自律机制，在激发保护市场活力的同时全面规范市场秩序，切实维护消费者合法权益

续表

案例主题	文件名称（发布时间）	社会意义
知识产权司法保护	1. 最高人民法院发布第三批人民法院种业知识产权司法保护典型案例（2023-4-1） 2. 最高人民检察院发布 10 起检察机关知识产权保护典型案例（2023-4-26） 3. 最高人民检察院关于印发《检察机关依法惩治侵犯著作权犯罪典型案例》的通知（2023-12-28）	妥善处理好各类种业知识产权纠纷，大力提高知识产权司法保护水平，为促进经济健康发展提供更加有力的司法保障
惩治医疗领域违法犯罪	1. 最高人民检察院发布 6 件检察机关依法惩治医疗美容领域违法犯罪典型案例（2023-4-6） 2. 最高人民法院发布六起非法行医类犯罪典型案例（2023-12-27）	全链条打击医疗领域违法犯罪，充分保障权利人和消费者生命健康安全
惩治网络暴力违法犯罪	最高人民法院发布七起依法惩治网络暴力违法犯罪典型案例（2023-9-25）	对网络暴力所涉侵犯公民个人信息的行为，必须严厉惩治，以有效维护被害人合法权益
保护民营企业产权及企业家合法权益	1. 最高人民检察院发布涉案企业合规典型案例（第四批）（2023-1-16） 2. 最高人民法院发布十二起涉民营企业产权和企业家合法权益保护再审典型案例（2023-10-10） 3. 最高人民检察院发布十起检察机关全面履行检察职能推动民营经济发展壮大典型案例（2023-10-23） 4. 最高人民检察院发布 5 件依法惩治串通招投标犯罪典型案例（2023-11-3） 5. 最高人民法院、最高人民检察院发布五起惩治伪造公司、企业印章等破坏营商环境犯罪典型案例（2023-12-29）	全面落实公平竞争政策制度，坚持对各种所有制经济一视同仁、平等对待，增强企业家人身及财产安全感，着力营造公平公正、稳定可预期法治化营商环境，促进民营经济发展壮大
惩治电信网络诈骗及其关联犯罪	最高人民检察院发布 11 件检察机关依法惩治电信网络诈骗及其关联犯罪典型案例（2023-11-30）	加大对各类新型电信网络诈骗犯罪的惩治力度，切实维护人民群众合法权益

案例主题	文件名称(发布时间)	社会意义
保护生态环境及动植物、矿产资源	1. 最高人民检察院、公安部、生态环境部发布7件依法严惩危险废物污染环境犯罪典型案例(2023-5-29) 2. 最高人民检察院、中国海警局关于印发《办理海上非法采砂相关犯罪典型案例》的通知(2023-5-30) 3. 最高人民检察院发布6件依法惩治非法捕捞水产品犯罪典型案例(2023-6-10) 4. 最高人民法院发布六起依法惩治破坏森林资源犯罪典型案例(2023-8-14) 5. 最高人民检察院、公安部、生态环境部联合发布4件依法严惩重点排污单位自动监测数据弄虚作假犯罪典型案例(2023-10-19)	依法惩治破坏生态环境、动植物资源、矿产资源的行为,督促义务主体积极恢复生态环境,维护生态环境安全和动植物、矿产资源安全,促进生态文明建设
惩治毒品犯罪	1. 最高人民检察院发布6件依法惩治非法捕捞水产品犯罪典型案例(2023-6-10) 2. 最高人民法院公布10起依法严惩毒品犯罪和涉毒次生犯罪典型案例(2023-6-26)	对毒品犯罪严惩不贷,同时提醒广大人民群众要自觉防范、抵制毒品
惩治侵犯军人军属合法权益犯罪	最高人民检察院发布9起依法惩治危害国防利益、侵犯军人军属合法权益犯罪典型案例(2023-7-28)	全面把握侵犯军人军属合法权益犯罪行为的危害性,精准惩治涉军犯罪,维护军人合法权益
惩治危害金融安全犯罪	1. 最高人民检察院、国家外汇管理局关于印发惩治涉外汇违法犯罪典型案例的通知(2023-12-11) 2. 最高人民法院、最高人民检察院关于印发《依法从严打击私募基金犯罪典型案例》的通知(2023-12-20) 3. 最高人民检察院发布7件防范金融投资诈骗典型案例(2023-10-24)	依法惩治各类危害金融安全犯罪,有效防范化解金融风险,维护国家金融安全
惩治粮食购销领域职务犯罪	最高人民检察院关于印发《粮食购销领域职务犯罪典型案例》的通知(2023-12-8)	依法惩治粮食购销领域职务犯罪行为,保障国家粮食安全

从"两高"发布的指导性案例与典型案例可以看出，严厉打击网络暴力犯罪、职务犯罪、毒品犯罪、危害金融安全犯罪、侵犯民营产权及企业家合法权益犯罪、危害生态环境及动植物、矿产资源犯罪等是 2023 年司法工作的重点内容。这些案例或与新出台的法律法规、司法解释相呼应，如网络暴力犯罪案例、环境污染案例等，通过以案说法的形式促进相关规范性文件的准确适用；或与国家的大政方针相呼应，如企业合规案例、破坏营商环境犯罪等，表明了国家对民营经济法律保护工作的官方态度，或坚持了一如既往的司法打击重点，如对毒品犯罪、贪污贿赂型职务犯罪等向来保持着高压态势。而人民法院发布的 2023 年度十大案件中的刑事案件均受到社会广泛关注，具有重大影响力，这些案件的选取旨在通过公开审理和广泛报道，提高公众的法律意识和法治观念，维护社会公正和稳定。

二、2023 年刑法发展的最新动向

众所周知，2023 年国家出台的《刑法修正案（十二）》对民营企业内部腐败犯罪、贪污贿赂犯罪予以了重点治理。除此之外，网络暴力犯罪、危害金融安全犯罪、侵犯生物安全犯罪、以醉驾为代表的轻微犯罪也是 2023 年刑法治理的重点对象，针对这些犯罪所呈现出的新的治理动向值得关注。

（一）司法实践犯罪治理的新动向

1. 网络暴力犯罪治理的新动向

近年来，随着互联网的普及和社交媒体的兴起，网络暴力犯罪呈现出日益严重的发展态势，其犯罪手段不断翻新，从最初的文字辱骂、造谣诽谤，发展到现在的恶意 P 图、剪辑视频、人肉搜索等。这些手段往往更加隐蔽，难以追踪和识别，给预防和打击工作带来了更大的难度。此外，网络暴力犯罪往往不再是单打独斗，而是形成了有组织、有分工、有利益链条的产业化模式。一些网络水军、黑公关、恶意营销号等群体，通过操纵舆论、制造话题、煽动情绪等方式，参与或推动网络暴力犯罪的发生。

为应对日益严峻的网络暴力犯罪形势，最高人民法院、最高人民检察院、公安部于 2023 年 9 月 20 日发布了《关于依法惩治网络暴力违法犯罪的指导意见》。该《意见》秉持明确法律责任、明确政策要求、重视诉源治理三方面多管齐下的总体思路：一是明确各种网络暴力行为的法律责任。《意见》根据有关法律规定，结合网络暴力的不同表现，对各种网络暴力行为的性质认定和法律责任作出了明确，具体包括侮辱、诽谤、侵犯公民个人信息、非法利用信息网络、拒不履行信息网络安全管理义务等。二是强调依法严惩网

络暴力违法犯罪。网络暴力事件往往参与者众，责任认定和区分较为困难，"法不责众"的现象客观存在。为此，《意见》强调，要坚持严格执法司法，依法严肃追究网暴者的法律责任，切实矫正"法不责众"的错误倾向。三是要求能动履职、"惩""治"结合。由于网络的匿名性，网暴受害者在取证维权方面往往存在困难。《意见》一方面要求落实协助侮辱、诽谤刑事案件自诉人取证的法律规定，另一方面又对相关案件的公诉标准作了进一步明确。网络暴力成因复杂，需要综合治理。①

在司法审判方面，最高人民法院于 2023 年 9 月 25 日发布了七起依法惩治网络暴力违法犯罪典型案例。从这些发布的典型案例来看，人民法院对网络暴力犯罪的审理有以下亮点：

一是明确了对于以素不相识的普通公众为侵害对象的网络暴力行为，应当将其作为"严重危害社会秩序"的重要判断因素。随着网络时代的到来，侮辱、诽谤的行为对象发生了重大变化。以网络暴力为例，所涉侮辱、诽谤行为往往针对素不相识的陌生人实施，受害人在确认侵害人、收集证据等方面存在现实困难，维权成本极高。对此，对于随意选择对象的网络侮辱、诽谤行为，可以使相关信息在线上以"网速"传播，迅速引发大规模负面评论，不仅严重侵害被害人的人格权益，还会产生"人人自危"的群体恐慌，严重影响社会公众的安全感，应作为"严重危害社会秩序"的重要判断因素，予以严惩。例如，在吴某某诽谤案中，被告人吴某某在网络平台上以个人账号"飞哥在东莞"编发故事，在网上浏览到被害人沈某某发布的"与外公的日常"贴文，遂下载并利用贴文图片在上述网络账号上发布贴文，捏造"73 岁东莞清溪企业家豪娶 29 岁广西大美女，赠送礼金、公寓、豪车"。上述贴文信息在网络上被大量转载、讨论，引起网民对沈某某的肆意谩骂、诋毁，造成极恶劣的社会影响。人民法院判决认为：被告人吴某某在信息网络上捏造事实诽谤他人，情节严重，且严重扰乱了社会秩序，遂以诽谤罪判处被告人吴某某有期徒刑一年。②

二是明确了网络侮辱造成被害人自杀，社会影响恶劣的，依法应当适用公诉程序。与线下暴力直接造成人身伤害不同，网络暴力主要通过发布、传

① 《"两高一部"相关部门负责人就依法惩治网络暴力指导意见答记者问》，人民法院报，载 https://baijiahao.baidu.com/s? id = 17780230731697 91655&wfr = spider&for = pc，2024 年 1 月 28 日访问。

② 最高人民法院发布七起依法惩治网络暴力违法犯罪典型案例之一：吴某某诽谤案——网上随意诽谤他人，社会影响恶劣的，依法应当适用公诉程序。

播信息，损害他人名誉、尊严等人格权益，实质是语言暴力。由于网络的特殊性，加之网络暴力信息"夺人眼球"，所涉信息极易在互联网空间被海量放大，快速扩散、发酵形成舆论风暴。网络暴力所引发的群体性网络负面言论，使得被害人面对海量信息的传播而无所适从、无从反抗，导致"社会性死亡"甚至精神失常、自杀等严重后果。在常某一等侮辱安某某案中，常某一等人利用涉案泳池冲突事件煽动网络暴力，公然贬损被害人人格、损坏被害人名誉，造成被害人安某某不堪负面舆论的精神压力而自杀身亡的严重后果，人民法院依法以侮辱罪予以严厉惩罚。①

三是明确了购买并通过信息网络发布个人信息，情节严重的，构成侵犯公民个人信息罪。在网上侵犯公民个人信息也属于网络暴力行为，特别是通过"人肉搜索""开盒"等，在网络上非法曝光他人隐私、发布公民个人信息，导致网络暴力直接针对具体个体，危害严重，甚至还可能转化为线下暴力，进而对人身权益带来直接损害。基于此，对网络暴力所涉侵犯公民个人信息的行为，必须严厉惩治，以有效维护被害人合法权益。例如，在王某某诉李某某侮辱案中，行为人购买个人信息并通过网络对外发布，严重侵犯被害人个人信息权益，且对被害人正常工作、生活造成严重滋扰，应当认定为"情节严重"。基于此，人民法院以侵犯公民个人信息罪对被告人刘某某定罪判刑。②

2. 危害金融安全犯罪治理的新动向

近年来，随着互联网的普及和金融科技的发展，非法金融活动尤其是非法集资呈现出了高度网络化、手段迷惑性强、涉及领域广泛、受害人数众多等新型特点。这些新特点增加了监管难度，使得危害金融安全犯罪的治理成为一大难题。为了指导司法实践依法应对此类犯罪，2023年最高人民检察院颁布了一系列的指导性案例。从这些指导性案例中我们可以大致窥见一些司法动向。

一是通过张业强等人非法集资案明确了"违反私募基金管理有关规定，以发行销售私募基金形式公开宣传，向社会公众吸收资金，并承诺还本付息的"，属于非法集资活动。私募基金是我国多层次资本市场的有机组成部分，在资本流动市场中发挥着重要作用。与公募基金不同，私募基金只需经过备

---

① 最高人民法院发布七起依法惩治网络暴力违法犯罪典型案例之二：常某一等侮辱案——网络侮辱造成被害人自杀，社会影响恶劣的，依法应当适用公诉程序。

② 最高人民法院发布七起依法惩治网络暴力违法犯罪典型案例之三：王某某诉李某某侮辱案——网上侮辱他人，情节严重的，构成侮辱罪。

案、无须审批，但不能以私募为名公开募集资金。司法机关办理以私募基金为名非法集资的案件，应当结合《中华人民共和国证券投资基金法》《私募投资基金监督管理暂行办法》等规定，对涉案私募基金是否符合非法集资特征作出判断。违反私募基金有关管理规定，通过公众媒体或者讲座、报告会、分析会等方式向不特定对象宣传，属于向社会公开宣传；通过签订回购协议等方式向投资者承诺投资本金不受损失或者承诺最低收益，属于变相承诺还本付息；通过"拼单""代持"等方式向合格投资者之外的单位和个人募集资金或者投资者累计超过规定人数，属于向社会公众吸收资金。在发行销售私募基金过程中同时具有上述情形的，本质上系假借私募之名变相非法集资。①

二是通过郭四记、徐维伦等人伪造货币案明确了通过网络实施的伪造货币行为的犯罪认定方法。即行为人为直接实施伪造货币人员提供专门用于伪造货币的技术或者物资的，应当认定其具有伪造货币的共同犯罪故意。通过网络积极宣传、主动为直接实施伪造货币人员提供伪造货币的关键技术、物资，或者明知他人有伪造货币意图，仍积极提供专门从事伪造货币相关技术、物资等，应当认定其在共同伪造货币犯罪中起主要作用，系主犯，对其实际参与的伪造货币犯罪总额负责。②

三是通过孙旭东非法经营案明确了为恶意透支的信用卡持卡人非法套现行为的犯罪认定方法。对于为恶意透支的信用卡持卡人非法套现的行为人，应当根据其与信用卡持卡人有无犯意联络、有无非法占有目的等证据，区分非法经营罪与信用卡诈骗罪。使用销售点终端机具（POS 机）等方法，以虚构交易等方式向信用卡持卡人支付货币资金，违反了《中华人民共和国商业银行法》第 3 条、第 11 条和 2021 年实施的《防范和处置非法集资条例》第 39 条等规定，系非法从事资金支付结算业务，构成非法经营罪。与恶意透支的信用卡持卡人通谋，或者明知信用卡持卡人意图恶意透支信用卡，仍然使用销售点终端机具（POS 机）等方法帮助其非法套现，构成信用卡诈骗罪的共同犯罪。③

---

① 检例第 175 号：张业强等人非法集资案，载《最高人民检察院公报》2023 年第 5 号（总第 196 号）第 37-41 页

② 检例第 176 号：郭四记、徐维伦等人伪造货币案，载《最高人民检察院公报》2023 年第 5 号（总第 196 号）第 41-43 页。

③ 检例第 177 号：孙旭东非法经营案，载《最高人民检察院公报》2023 年第 5 号（总第 196 号）第 43-46 页。

3. 侵犯生物安全犯罪治理的新动向

生物安全是关系民众健康、社会安定、国家安全和种族存亡的重大问题。习近平总书记要求"加快构建国家生物安全法律法规体系、制度保障体系"，"必须从保护人民健康、保障国家安全、维护国家长治久安的高度，把生物安全纳入国家安全体系"。基于生物安全在社会治理、国家安全中的重要地位，近年来侵犯生物安全犯罪也成了刑法治理的重点内容。2023年，国家机关先后发布了两部相关司法解释以加强对侵犯生物安全犯罪的司法应对。

（1）《关于办理环境污染刑事案件适用法律若干问题的解释（2023）》的规制内容。

为进一步加大对污染环境犯罪的惩处力度，2021年3月1日起施行的《刑法修正案（十一）》将污染环境罪的法定刑由过去的两档增至三档，并明确对承担环境影响评价、环境监测等职责的中介组织的人员可以适用提供虚假证明文件罪。在《刑法修正案（十一）》施行后，有必要明确《刑法》第338条的法律适用标准。此外，近年来司法实践在办理环境污染案件过程中面临不少问题，亟须完善补充司法解释的规定。为更好适应司法实践需要，"两高"联合发布了本《解释》。其主要内容可归纳总结为：

一是调整污染环境罪的定罪量刑标准。《刑法修正案（十一）》将刑法第338条规定的污染环境罪由原有的两档法定刑调整为三档，并修改完善了升档量刑的标准。根据修改后的《刑法》规定，本《解释》重新设定了污染环境罪的定罪量刑标准，细化新增的第三档刑适用情形。二是明确环境数据造假行为的处理规则。本《解释》对承担环境影响评价、环境监测、温室气体排放检验检测、排放报告编制或者核查等职责的中介组织的人员，实施提供虚假证明文件犯罪的定罪量刑标准作出明确。同时，针对实践突出问题，《解释》进一步完善了对破坏环境质量监测系统行为适用破坏计算机信息系统罪的处理规则，依法惩治环境领域数据造假行为。三是明确办理环境污染刑事案件的宽严相济规则。对于实行排污许可重点管理的单位未取得排污许可非法排污的行为，明确为从重处罚情形；而对于根据认罪认罚、修复生态环境、有效合规整改等因素，在必要时可以作从宽处理。①

---

① 参见《"两高"联合发布环境污染犯罪司法解释》，中国新闻网，https://baijiahao.baidu.com/s? id=1773735464556392028&wfr=spider&for=pc。2024年2月15日访问。

（2）《关于审理破坏森林资源刑事案件适用法律若干问题的解释》的规制内容。

本《解释》坚持以习近平新时代中国特色社会主义思想为指导，深入贯彻习近平生态文明思想和习近平法治思想，对破坏森林资源犯罪的定罪量刑标准和有关法律适用问题作了全面、系统的规定。主要包括以下内容：

一是明确了包括非法占用农用地罪、危害国家重点保护植物罪、盗伐林木罪、非法收购、运输盗伐、滥伐的林木罪等在内的各类破坏森林资源犯罪的定罪量刑标准，将"用最严格制度最严密法治保护生态环境"的要求落到实处，严密破坏森林资源犯罪刑事法网，彰显了严惩相关犯罪、全面保护森林资源的坚定立场。二是针对破坏森林资源犯罪行为具体设置了五项从重处罚情形，即对所涉行为在法定刑幅度以内判处较重的刑罚。例如，非法采伐国家公园、国家级自然保护区内林木的行为，较之非法采伐其他地方的林木，对森林资源的破坏程度更为严重，故设置为从重处罚情形之一。又如，经行政主管部门责令停止违法行为后，继续实施相关行为的，明显属于主观恶性较大，故亦设置为从重处罚的情形。三是明确了破坏森林资源犯罪关联行为的处理规则。例如本《解释》第10条明确了涉林业证件、文件犯罪的处理规则，第11条明确了涉林木盗窃行为的处理规则。四是明确了办理破坏森林资源刑事案件宽严相济的政策要求。本《解释》第12条第一款根据破坏森林资源犯罪的危害后果、行为对象、主观恶性，设置了从重处罚情形；第二款则综合行为人认罪认罚、修复生态环境以及涉案植物的种类、数量、价值等因素，规定了从宽处理规则，以准确贯彻宽严相济的政策要求，依法妥当处理相关案件，确保良好效果。[①]

4. 以醉驾为代表的轻罪治理新动向

自2011年醉驾入刑以来，酒驾醉驾的治理取得明显成效，"喝酒不开车，开车不喝酒"的观念渐入人心。然而，随着经济社会的发展和汽车保有量的增加，醉酒驾驶犯罪仍然时有发生，给人民群众的生命财产安全带来严重威胁。同时，执法实践中也出现了诸如执法标准不统一、处理不均衡等问题，为了进一步统一执法司法标准，严格规范、依法办理醉驾案件，最高人民法院、最高人民检察院、公安部、司法部在总结醉驾入刑十多年治理成效、

[①] 《最高人民法院发布〈关于审理破坏森林资源刑事案件适用法律若干问题的解释〉（附典型案例+答记者问）》，最高人民法院司法案例研究院微信公众号文章，https://mp.weixin.qq.com/s/z5Gdc1f3mFMgHwAtAf5R9Q，2024年2月20日访问。

研究实践问题的基础上，于 2023 年 12 月 8 日联合出台了《关于办理醉酒危险驾驶刑事案件的意见》。该《意见》共 30 条，分为总体要求、立案与侦查、刑事追究、快速办理、综合治理以及附则六部分，内容全面、法网严密。其中，在有关定罪量刑方面，①有以下内容值得关注：一是该《意见》重申血液酒精含量 80 毫克/100 毫升的醉酒标准。明确情节显著轻微、情节轻微以及一般不适用缓刑的具体标准和情形，规定罚金刑的起刑点和幅度。二是更加注重考量醉驾的具体情节，确保公平公正地处理案件。《意见》充分考虑醉驾的动机和目的、醉酒程度、机动车类型、道路情况、行驶时间、速度、距离、后果以及认罪悔罪表现等因素，做到该宽则宽，当严则严，罚当其罪。比如，《意见》在"2013 年意见"规定的 8 项从重处理情形基础上，又调整、增加了醉驾校车、"毒驾""药驾"等 7 项从重处理情形。②

（二）刑法学理论研究的新动向

1. 中国刑法学自主知识体系的建构问题

在习近平总书记提出的"加快构建中国特色哲学社会科学，归根结底是建构中国自主的知识体系"这一理念指引下，2023 年 5 月 20 日，中国人民大学举办的"面向未来的刑法学：理论发展与方法创新"国际学术研讨会，6 月 25 日，华东政法大学与"建构中国自主法学知识体系院校联盟"、中国刑事诉讼法学研究会、上海市法学会联合举办第二届中国法治战略高端论坛暨"建构中国自主法学知识体系"学术研讨会，以及 2023 年 10 月 20 日至 21 日，中国刑法学研究会以"中国式现代化与中国特色社会主义刑法学研究"为主题的 2023 年全国年会，均将中国刑法学自主知识体系的建构作为重要议题展开研讨。对于如何构建中国刑法学自主知识体系问题形成了以下两大基本观点：

一是在指导理念上，要以习近平法治思想为引领，坚持走中国特色社会主义法治道路。习近平法治思想是马克思主义法治理论中国化时代化的最新成果，内含着对法治文明发展、法学理论建构的规律性认识，是全面依法治国的指导思想和行动指南，也是建构刑法学自主知识体系的根本遵循。坚

---

① 《"两高两部"相关部门负责人就发布〈关于办理醉酒危险驾驶刑事案件的意见答〉记者问》，人民日报客户端，https://baijiahao. baidu. com/s？id = 1785607714651577145&wfr = spider&for = pc，2024 年 2 月 20 日访问。

② 《"两高两部"相关部门负责人就发布〈关于办理醉酒危险驾驶刑事案件的意见〉答记者问》，载北京日报客户端，https://baijiahao. baidu. com/s？id = 1785607714651577145&wfr = spider&for = pc，2024 年 2 月 20 日访问。

持走中国特色社会主义法治道路,建设中国特色社会主义法治体系、建设社会主义法治国家。这是建构中国刑法学自主知识体系的政治基础和根本目的。

二是在构建目标上,要构建具有中国特色的刑法学理论体系。对此,有学者强调,要坚持以习近平法治思想为指引,秉承高铭暄教授等前辈矢志不渝的价值追求、严谨的治学理念、高尚的学术品格,加快构建具有中国特色的刑法学理论体系。全面融通古今中外各种资源,深度融合法学理论与法治实践,在实践中认识、检验和发展中国刑法学理论体系。有学者指出,建构中国刑法学自主知识体系就是要打造具有中国风格的刑法学话语体系,刑法学知识体系包括刑法价值论、刑法任务观、立法观念以及技术、解释立场等问题,既涉及刑法的本土化,又涉及刑法学的本土化。因此,自主知识体系的建构既要表达中国刑法制度话语,又要表达刑法学理论话语。比如,我国刑法中的刑法任务、犯罪概念、"但书"条款、罪量因素等特殊规定,激发了关于中国刑法出罪机制的话语讨论。[①]

2.刑法再法典化问题

随着《民法典》的颁布实施,我国立法进入了法典化时代,刑法也面临着再法典化的问题。刑法再法典化是指在那些有法典传统的国家中实现新历史条件下的新法典化,具体方式是整合特别立法或者制定新的法典。当前,学界对于应否再法典化以及采取何种法典化模式存在不同观点。

首先,关于应否再法典化的问题。否定论者认为,由于刑法是其他法律的保障法,凡是规定了犯罪与刑罚的罪刑规范均属于刑法,故刑法典之外的特别刑法,并不是"异类的""唯一的、排他的"法律;相对于民法领域,既可以说刑法原本就是解法典化的,也可以说刑法并未解法典化;如若认为我国刑法典需要解法典化,则意味着需要将刑法典分则规定的行政犯转移到其他法律中。不管再法典化是否以解法典化为前提,由于涉及刑事立法方向的相关重要问题还没有解决,我国当下不宜对刑法进行再法典化。[②] 肯定论者则认为刑法典之所以被称为"典",在于其乃是刑事法治精髓之集大成,在形式和实质上都具备了典范性特征。然而,随着社会的发展变迁,以及大陆法系与英美法系的立法、学说与判例的大规模引入,我国本土刑法观念与刑事法制都受到不同程度的影响,刑法典面临着实质上丧失其典范性、统一性与科

---

① 刘艳红:《积极建构中国刑法学自主知识体系》,载《光明日报》2023 年 8 月 18 日。
② 张明楷:《刑法的解法典化与再法典化》,载《东方法学》2021 年第 6 期。

学性的解体危机。因此，修正案模式难以为继，刑法再法典化势在必行。①

其次，关于采取何种法典化模式的问题。对此，学界存在较大分歧：有学者认为应当采取刑法典、单行刑法、附属刑法三元立法模式，此种立法模式能体现刑法规范体系维护价值的层次性与序位性，在适应犯罪类型化趋势及治理诉求差异上具有优势。其建构重点在于明确刑法典、单行刑法、附属刑法各自的立法原则，根据模式特点选择犯罪类型。② 也有学者提倡"核心刑法典+附属刑法"的二元立法模式。其中，核心刑法典规定刑法总则及现行刑法分则中较为稳定的一些传统罪名，附属刑法则根据前置法的立法动向，在相应前置法的"法律责任"章节中规定相关犯罪。鉴于核心刑法典体量的收缩，建议对刑法典的分则部分采取小章制模式，以尽量规避罪名分类的逻辑缺陷。③ 还有学者主张在法系融合背景下，我国刑法的再法典化应当立足于我国的传统与现实，坚守一元刑法典模式，防止刑法被再法典化为"中国版的外国刑法典"。在推进我国刑法的再法典化过程中，应当在一元刑法典模式下兼蓄本土实践与域外法治，对刑法总则和分则进行实质改革，以此彰显刑法典的中国特色，促进刑法学科三大体系的形成与发展。④

3. 刑事一体化的构建问题

如所周知，储槐植教授首次提出刑事一体化命题，创造性地将哲学普遍联系的规律运用于刑法领域进行演绎，成为刑法学思想史上的一座丰碑，大大促进了犯罪学、刑法学、刑事政策学、刑事执行学等刑事法学学科的知识融合。至今，刑事一体化理论仍然深刻地影响着刑法理论与司法实践发展。为进一步挖掘和发展刑事一体化理论，2023 年有关刑事一体化理论的研讨会开得如火如荼，例如，北京大学法学院举办了《储槐植文选》和《刑事一体化：源流、传承与发展》新书发布会暨学术研讨会；澳门科技大学法学院举办了"刑事一体化的理论与实践"研讨会；中国政法大学举办了首届中国法学创新与刑事一体化发展高端论坛等。这些研讨会邀请了众多专家学者参与讨论，围绕刑事一体化的理论创新和实践运用进行了广泛的交流和探讨，为刑事一体化理论的发展和应用提供了重要的思路和方向。

---

① 刘艳红：《我国刑法的再法典化：模式选择与方案改革》，载《法制与社会发展》2023 年第 3 期。

② 李晓明：《网络时代的刑法立法体系及其建构》，载《中国法学》2023 年第 5 期。

③ 金泽刚：《刑法修正与法益多元化理论》，载《东方法学》2023 年第 6 期。

④ 刘艳红：《我国刑法的再法典化：模式选择与方案改革》，载《法制与社会发展》2023 年第 3 期。

首先，在理论创新发展方面，有学者提出了立体刑法学、关系刑法学的命题，指出刑法作为一门处理社会关系的正义之学，只有具备系统思维，才能在纷繁复杂的关系迷思中更好地认识自身，求得正义的最优解。另有学者提出关系犯罪学和关系公正论的命题，认为在关系中研究犯罪，是犯罪学实证分析的重要方面，其考察刑事案件当事人之间的关系、刑事立法与刑事司法的关系，以及刑法与社会的关系，结果证实，公正不是抽象、绝对的口号或者某种孤立的价值，公正只有在这些关系中才能得到具体把握。[①]

其次，在实践运用方面，刑事一体化思想被刑法学界深化应用于研究逮捕羁押必要性实质审查、企业合规出罪、网络暴力治理等新问题，不断推陈出新。对于逮捕羁押必要性的实质审查，有学者提出，深入贯彻少捕慎诉慎押刑事司法政策，须在刑事一体化视野下通过无罪推定原则和罪刑法定原则的法治实践实现由入罪导向向出罪导向的理论转换，推进捕诉押的实质审查。[②] 对于企业合规出罪问题，有学者认为，刑事一体化的企业合规出罪机制之构建既要在刑法中确立体系性的企业合规责任制度，也要在刑事诉讼法中建立全流程合规评估与程序分流机制。[③] 对于网络暴力的治理问题，刑事一体化思想强调刑法和刑法运行的内外协调，注重从整体上解决犯罪问题，因此提出将网络暴力的治理重心由事后追责转向事前防范和事中救济，需要综合考虑网络暴力的成因、特点和社会影响，采取综合性的治理措施，着力构建长效机制，并将畅通刑事追诉程序作为网络暴力刑事治理的破题之举。

4. 轻罪扩张的应对问题

在轻罪立法扩张既成事实的现状下，刑法学界开始将研究重点聚焦于轻罪扩张的应对策略上，尤其关注犯罪附随后果、建立轻罪前科消灭制度等问题。对此，有学者认为应当废除犯罪附随后果等相关制度，认为作为一种隐性的惩罚措施，犯罪附随后果以犯罪附随后果的形式广泛存在，应对其进行废除。[④] 但更多的学者是主张对犯罪附随后果制度进行优化。例如，有学者认为"刑罚体量轻而附随后果苛重"的倒挂现象阻碍着轻罪治理体系的构建，应将犯罪附随后果的功能定位于监管性，借助刑法规制使犯罪附随后果制度

---

① 刘仁文、雷达：《强化主体性 融合理念、方法与内容 扎实推进中国刑法学自主知识体系的建构》，载《检察日报·理论版》2024 年 1 月 2 日。

② 刘艳红：《企业合规责任论之提倡——兼论刑事一体化的合规出罪机制》，载《法律科学》2023 年第 3 期。

③ 喻海松：《刑事一体化视野下网络暴力的规制模式》，载《法律科学》2023 年第 5 期。

④ 罗翔：《犯罪附随性制裁制度的废除》，载《政法论坛》2023 年第 5 期。

的适用实现协调化、规范化，同时需要构建复权制度与前科消灭一同化解规范性评价。① 也有学者认为，"非犯罪化""犯罪附随后果规范化"以及"前科消灭"等对策提议均存在一定短板，应从限缩犯罪信息的获知途径进而淡化前科歧视效应入手，实现两种分离：一是分离前科与前科报告义务，将前科报告义务的前提限定为"执行过刑罚"；二是分离犯罪记录登记内容与公布内容，进而全面登记、限制查询、扩张封存。②

5. 刑法基础理论问题

2023 年，刑法学界对刑法基础理论问题也有深入讨论，集中体现在犯罪构成问题与刑法解释论问题两个方面。

首先，有关犯罪构成问题。学者们或主张重构犯罪构成理论，认为我国完整的犯罪成立评价体系构架应以犯罪本质特征为基石，基于刑法第 13 条犯罪定义的三个基本特征构建多维定罪方法和层级犯罪认定体系，包括作为入罪门槛的严重社会危害性方面、作为四要件规范体系的刑事违法性方面和作为可罚门槛的应受刑罚处罚性方面的刑法规范；③ 或主张对我国传统的"四要件体系"进行完善。还有学者提出，一是将传统"四要件体系"中的犯罪客观方面、犯罪主观方面和犯罪主体三个方面，作为犯罪成立的一般条件（或积极要件）；二是将排除犯罪性事由作为否定犯罪成立的特殊情形（或消极要件）。

其次，有关刑法解释论问题。刑法学界从刑法解释论的角度围绕保护法益、解释方法、价值判断、危险犯、持有犯、因果关系、正当防卫、违法性认识错误、罪量要素、过失犯、法定犯违法性判断等教义学基础理论问题展开探索，为司法实践中处理疑难、复杂案件提供了方向指引和理论支撑。④ 有学者认为，形式理性是与实质理性相对应的两种思维方法，基于罪刑法定原则，在刑法解释中，应当严格坚守以形式理性为基础的形式思维。根据形式解释论，在刑法解释的时候，应当以可能语义作为最宽的解释边界，并且禁止类推。⑤ 有学者提出，传统刑法解释学陷入主观、客观的二元对立，与我

---

① 邹子铭：《轻罪扩张背景下的犯罪附随后果研究》，载《法学杂志》2023 年第 6 期。
② 夏朗：《论轻罪时代的前科淡化：对犯罪信息获知途径的限缩》，载《政法论坛》2023 年第 5 期。
③ 刘明祥：《我国的犯罪构成体系及其完善路径》，载《政法论坛》2023 年第 3 期。
④ 刘艳红：《2023 年推进中国式刑事法治现代化回顾与展望》，载《法治日报》2024 年 1 月 3 日第 11 版。
⑤ 陈兴良：《刑法教义学中的形式理性》，载《中外法学》2023 年第 2 期。

国解释实践上"合法又合理"的目标定位存在裂缝，应在确保主客观性的前提下追求价值判断论证的主体间性。[①]

除了上述研究外，2023 年刑法学界对于民营企业内部人员腐败犯罪的治理问题，网络暴力犯罪、金融犯罪等问题也多有探讨。这些讨论密切关注并积极回应犯罪治理前沿问题，提出了一系列反映刑法学研究创新发展的新思想、新观点、新方法，并在实践中检验和深化学术成果，为推进中国式刑事法治现代化提供了科学的理论支撑和有力的智力支持。

三、刑法实施过程中的完善建议

从上述规范性文件及司法案例来看，2023 年刑法实施的重点领域为贪污贿赂犯罪、民营企业内部腐败犯罪、网络暴力犯罪、危害金融安全犯罪、侵犯生物安全犯罪、以醉驾为代表的轻微犯罪等领域。通过出台刑法修正案、公布司法解释、发布指导性案例及典型案例等形式对这些犯罪出现的新情况、新特点作出了积极应对，有力推动了刑法治理的科学化、精细化、系统化发展。但由于社会情势的复杂多变以及犯罪问题的错综复杂，当前刑法治理仍然存在许多薄弱环节，需要进一步完善。

（一）关于新罪设立的完善建议

在积极刑法立法观下，我国犯罪数量大有继续扩张之势。对此有不少学者都持肯定态度，其理由主要有：一是，增设轻罪可以克服重刑主义。此类学者认为如要克服传统的重罪适用倾向，就有必要增设轻罪，为司法裁判提供足够的规范供给，以实现妥当的处罚。[②] 但是，即使部分轻罪的增设的确可以防止重罪的误用或者滥用，但其代价也是十分沉重的，因为轻罪的增设极易导致刑事案件的数量激增，进而引发一系列不良后果。例如，危险驾驶罪自 2019 年起至今就一直稳居刑事司法办案数量的第一位，引发了诸多司法实践问题乃至社会问题。二是，增设轻罪可以严密我国刑事法网，构建严而不厉的刑法结构。[③] 但问题是，我国坚持的是刑罚与治安处罚双轨制的行为规制路径，刑事立法采用"定性又定量"的模式，在此种立法模式之下，大量的轻微违法行为可以被治安管理处罚法消化吸收掉。三是，增设新罪可以

---

① 姜涛：《刑法解释的价值判断》，载《中国社会科学》2023 年第 7 期。
② 周光权：《论通过增设轻罪实现妥当的处罚》，载《比较法研究》2020 年第 6 期。
③ 储槐植：《刑法现代化本质是刑法结构现代化》，载《检察日报》，2018 年 4 月 2 日第 3 版；王晓东：《违规披露、不披露重要信息罪法律问题略论》，载《江西警察学院学报》2018 年第 2 期等。

加大对法益的保护力度。① 诚然,犯罪化立法可在一定程度上堵截犯罪,但却无法从源头上消除犯罪产生的诱因,难以对违法犯罪行为起到治标又治本的功效。由此可见,盲目扩张轻罪范围不可取,须慎重把握轻罪立法的"度",而这个"度"又要视轻罪类型而定,不同类型的轻罪的功能价值的侧重点不同。

1. 预防型犯罪的增设限度

预防型犯罪的增设尤其要考虑危险的可控性问题。预防型犯罪,即为了预防行为危险实害化的犯罪类型,典型的为权益保护前置型犯罪,除此之外,预备犯正犯化、帮助犯正犯化等轻罪也可以归为广义上的预防型犯罪。预防型轻罪的设立目的主要在于预防危险,因此在增设预防型犯罪时尤其要考虑危险的可控性问题。这里的危险可控性是指对行为危险的控制可能性,具体包括对行为危险产生的控制可能性、对行为危险现实化为危害结果的控制可能性。重点考虑此项标准,是因为预防型犯罪立法是为了预防和控制行为危险现实化为危害结果而进行的刑事立法,因此,只要行为的危险能够通过其他手段如民法、治安管理处罚法等有效控制就能达到预防危险的目的,便无犯罪化立法的必要。

2. 应对型犯罪的增设限度

理论界普遍认为,应对型犯罪的增设是必要的,但要坚持必要性标准。应对型犯罪,即为了加强保护某种合法权益特别是新型权益而设立的犯罪类型,典型的即为新型权益增设型犯罪,这类轻罪立法是为了应对社会发展过程中出现的新情况、新问题,通过增设新罪以填补刑法处罚漏洞。有学者认为,由于增设新罪会面临复杂的立法程序而且立法后果影响深远,对于新型危害行为应优先考虑采用扩张解释或者修订立法的方式进行刑法规制:首先,如果能够通过扩张解释的方式将新型危害行为纳入既有罪名的规制范围内,则无增设新罪的必要性。但要注意的是,扩张解释只是扩大了法条文本固有的概念内容,其解释结论仍处于刑法条文的可能语义范围内,符合一般公民的预测可能性,并没有违反罪刑法定原则。其次,如果无法通过扩张解释的方式解决,则看能否通过修订既有的罪刑规定予以规制。相比于增设新罪,修订型立法能够更好地保持既有的刑法结构,对刑法的整个体系影响较小,但如果既有罪刑规定没有涵摄新型权益的可能性,则不宜采用修订刑法的方式。

---

① 张明楷:《轻罪立法的推进与附随后果的变更》,载《比较法研究》2023 年第 4 期。

3.调整型犯罪的增设限度

调整型犯罪的增设尤其要考虑优势性标准。此项标准是为检验调整后的新罪规制方式相比于旧有规制方式是否更具优势。虽然在一般情形下,调整型新罪是为克服原有规制方式的不足而增设,如为了克服兜底罪名构成要件的模糊性,为了克服重罪罪名刑罚过重等。但是,新罪的增设同样会引发相应的问题,典型的如增设新罪后导致入罪门槛显著降低、社会主体的自由空间受到压缩、司法机关办案压力骤增、社会对立面显著增加等。因此,新增轻罪的规制方式并不一定优于旧有规制方式,应当仔细权衡两种规制方式的利弊得失。如果增设新罪并不具有明显优势反而会引发更多的社会问题,那么此选项就不具有可行性。反之,如果增设新罪所引发的新的问题显著小于其克服的问题,经综合比较具有比旧有规制方式更为显著的优势,那么此时增设新罪就不失为可行选项。

(二)关于个罪治理的完善建议

1.关于网络暴力犯罪治理的完善建议

网络暴力是以网络为媒介,通过诽谤侮辱、煽动滋事、公开隐私等人身攻击方式,侵害他人人格权益、危害网络正常秩序的行为,它在网络空间中的公民之间产生,是虚拟化、数字化、具有群体属性、跨越双重空间的新型暴力模式。[1] 具体包括侮辱、诽谤、泄露他人隐私、人肉搜索、侮辱性人身攻击、软暴力人身威胁等行为。网络暴力犯罪不仅污染了网络环境,也严重侵害了个人的人格尊严,甚至还严重危害了社会秩序。而现行法律对网络暴力犯罪的治理存在明显不足:首先,法律定义不明确。我国刑法对于网络暴力犯罪的定义相对模糊,缺乏明确且具体的法律条文对网络暴力进行界定。这使得在实际操作中,对于哪些行为构成网络暴力犯罪的认定存在困难,也给司法实践带来了一定的挑战。其次,刑罚力度不足。现有刑法对于网络暴力犯罪的刑罚力度相对较低,往往难以对网络暴力犯罪形成有效的震慑。网络暴力犯罪的严重性与其所受到的刑罚不成正比,这在一定程度上削弱了刑法的打击力度。再次,证据收集和调查取证困难。网络暴力犯罪往往具有匿名性、跨地域性等特点,这给证据的收集和调查取证带来了极大的困难。现有刑法对于如何收集、保全和审查网络暴力犯罪的证据缺乏明确的规定,导致在实际操作中难以取得足够的证据来支持定罪。最后,"法不责众"的问题突出。网络暴力行为是一种严重侵犯他人权益的行为,其特点之一是参与者众

---

[1]　刘艳红:《网络暴力治理的法治化转型及立法体系建构》,载《法学研究》2023 年第 5 期。

多，往往导致"法不责众"的问题，从而加大了对网络暴力犯罪的治理难度。

对此，为有效应对网络暴力犯罪，可考虑从以下方面进行完善：一是在刑法或者相关司法解释中明确规定网络暴力犯罪的定义与范围，包括言语暴力、恶意举报、人肉搜索、网络欺凌等多种形式。这将有助于准确识别和打击网络暴力行为，避免因为行为形式不明确而导致法律适用困难。二是增设专门罪名。针对网络暴力犯罪的特殊性，可以考虑在刑法中增设专门的罪名，如"网络欺凌罪"，这样不仅能够更准确地打击和惩治这类犯罪，还能体现法律对网络暴力犯罪的重视和针对性。三是加大处罚力度。针对网络犯罪的特点和严重性，除了可以规定有期徒刑、罚金等传统刑罚种类外，还可以设置网络禁入令等制裁措施，确保有足够的法律威慑力与针对性。此外，对于恶意发起者、组织者和恶意推波助澜者，应当设定更严厉的刑罚。四是完善网络暴力犯罪的证据规则，并且加强网络平台的责任。网络犯罪的证据往往存储在云端、暗网等难以访问的地方，取证困难。因此，需要制定专门的证据收集和调查取证规则，允许在特定情况下使用网络追踪、数据分析等技术手段来收集证据。同时，加强与其他国家的合作，共同打击跨国网络犯罪，确保证据的完整性和合法性。对于网络平台，应对其科以及时发现并处理网络暴力行为的义务。网络平台是网络暴力行为的重要载体，因此也需要加强对网络平台的监管责任。可以要求网络平台建立健全用户举报机制、内容审核机制等，对于发现的网络暴力行为及时采取措施予以制止，并积极配合相关部门的调查取证工作。五是通过加大法律的执行力度来解决"法不责众"的问题。对于实施网络侮辱、诽谤等网络暴力行为，除了依法适用侮辱罪、诽谤罪之外，对于尚不构成犯罪但符合治安管理处罚法等规定的，也要依法予以行政处罚。至于违法者的确定问题，则可以利用现代科技手段，如大数据分析、人工智能等，提高执法效率和质量。通过应用科技手段，更准确地发现违法行为，提高执法的针对性和有效性。

2. 关于危害金融安全犯罪治理的完善建议

当前非法金融活动不仅涉及传统的金融领域，如股票、债券等，还涉及新兴的金融领域，如加密资产、区块链等，而且犯罪手段呈现出复杂多样、隐蔽性强、涉及面广等特点，这使得针对非法金融活动的犯罪治理成为一大难题所在。尤其是加密资产这种高度网络化的新兴领域的犯罪治理更是面临不少挑战，有必要予以认真研究。

一般而言，加密资产领域的犯罪活动可分为两大类型：一是以加密资产为对象的犯罪活动。虽然当前对于加密资产的财产性质存在不少争议，而且在我国现行政策下进行加密资产的国内交易属非法交易，但是持有加密资产行为并不违法，而且我国对加密资产的政策也非无调整可能。既然加密资产是一个客观的存在，而且加密资产持有行为并不违法，其合法权益就应当受到刑法强有力的保护。因此对于以盗窃、诈骗、抢夺等方式侵犯他人加密资产的行为，应当基于加密资产的财产属性认定为财产犯罪。这既符合刑法的规定，也符合加密资产的属性，还能满足刑法罪责刑相适应原则的要求。二是以加密资产为手段的犯罪活动。这类犯罪活动可能涉及非法吸收公众存款犯罪、集资诈骗犯罪、传销犯罪、洗钱犯罪、恐怖主义犯罪、非法经营罪、侵犯知识产权犯罪等。对于大多数的以加密资产为手段的犯罪活动现行刑法已能有效应对。需要注意的是，现在对于从事"9.4 公告"①"9.24 通知"②所禁止的加密资产发行、运营和以此为业的交易的，也有可能构成非法经营罪。问题在于，刑法第 96 条规定，违反国家规定，是指违反全国人民代表大会及其常务委员会制定的法律和决定，国务院制定的行政法规、规定的行政措施、发布的决定和命令。但是无论是"9.4 公告"还是"9.24 通知"，其文件效力达不到这个级别。因此，未来可能要考虑对非法经营罪的前置法，比如《证券法》《商业银行法》等进行修改，或者通过司法解释加以兼容。

此外，还应通过制定一部专门的数字资产法加以规制。由于我国的金融法律法规对"证券"与"货币"均采取了较严格的定义，如果将加密资产扩张解释为"证券"与"货币"，都有可能引起概念界定与既有部门法教义学及实践共识的冲突。因此不妨另辟蹊径，通过落实《民法典》第 127 条"法律对数据、网络虚拟财产的保护有规定的，依照其规定"的要求，制定一部数字资产法，补上这个空白。从域外看，制定数字资产法已有先例可循，泰国 2018 年就通过了《数字资产法》，成为世界上较早对数字资产有明确法令的国家。如今欧盟也是苦于其原有的金融监管框架无法适应加密资产产业的发展，专门推出了加密资产市场的一揽子监管框架。俄罗斯原来对加密资产采取了禁止措施，但 2022 年 2 月也发布文件，明确要将加密资产的流通通过立法纳入监管。未来我国的数字资产法可以是民事、行政、刑事三合一：在民事上，在《民法典》的基础上进一步明确加密资产的虚拟财产地位。在行政上，可在

---

①　1997 年 9 月 4 日发布的《中国人民银行 中央网信办 工业和信息化部 工商总局 银监会 证监会 保监会关于防范代币发行融资风险的公告》的简称。

②　1921 年 9 月 24 日中国人民银行 中央网信办 最高人民法院 最高人民检察院 工业和信息化部 公安部 市场监管总局 银保监会 证监会 外汇局联合发布的《关于进一步防范和处置虚拟货币交易炒作风险的通知》的简称。

借鉴欧美和国际组织经验的基础上，规定针对加密资产进行分类型化的跨货币、证券、银行、保险、信托、贸易金融、外汇管理和风险管理的综合性金融监管措施。在刑事方面，以反洗钱为抓手，明确要求加密资产的跨国发行、兑换、使用和赎回等，必须符合我国有关反洗钱、外汇管理和支付结算等金融法律法规。发行方和交易所应当申领牌照，严格履行加密资产交易审慎核查义务，做好反洗钱和反恐怖主义融资的合规审查以及风险防范工作。[①]

3. 关于侵犯生物安全犯罪治理的完善建议

为应对生物安全犯罪的严峻性，近年来国家将侵犯生物安全的违法犯罪行为作为了重点治理对象。我国在 2020 年制定了《生物安全法》，这是我国首部专门针对生物安全问题的法律，它涵盖了生物安全风险防控体制、防控重大新发突发传染病、动植物疫情、生物技术研究、开发与应用安全、病原微生物实验室生物安全、人类遗传资源与生物资源安全、防范生物恐怖与生物武器威胁、生物安全能力建设等多个领域。其后于 2021 年制定的《刑法修正案（十一）》针对生物安全领域的新形势和新挑战，对原有的生物安全犯罪规定进行了扩展，新增了非法植入基因编辑、克隆胚胎罪、非法采集人类遗传资源、走私人类遗传资源材料罪、非法引进、释放、丢弃外来入侵物种罪、非法猎捕、收购、运输、出售陆生野生动物罪等犯罪类型，此外还修订了妨害传染病防治罪、污染环境罪等罪。这些措施使得侵犯生物安全犯罪的法律规制更加丰富和具体，但通观下来仍存在不少问题与难题。一是罪名设置不够全面。虽然刑法中已规定有不少与生物安全相关的罪名，但这些罪名并不能完全覆盖所有侵犯生物安全的行为。例如，对于非法生产、销售、使用生物武器、生物毒素以及新型的生物技术滥用、生物恐怖主义等危害生物安全的行为，刑法中并没有明确的罪名进行规制，未能全面覆盖所有可能的犯罪行为。二是预防性不足。作为一种应用广泛的科学技术，现代生物技术的最大特质在于其不确定性，这种不确定性具有导致巨大且不可逆后果的风险，甚至是全球灾难性风险。[②] 但现行刑法主要侧重于对已经发生的生物安全犯罪进行打击和制裁，但对于预防生物安全犯罪的措施则相对较少。三是"行刑衔接"缺乏协调性。为有效防范生物安全风险，《生物安全法》《传染病防治法》《突发事件应对法》等明确规定了风险预防、分类管理、协调配合的应

---

① 胡云腾、周维明：《加密资产的属性及其刑事风险研究》，载《广东社会科学》2023 年第 4 期。
② 沈振甫：《论现代生物技术风险的刑法规制——兼评〈刑法修正案（十一）〉第 38、39 条》，载《科技与法律》2021 年第 3 期。

对原则，并对相关危害行为作了禁止性规定。基于法秩序统一原则，有关危害生物安全犯罪的刑法立法规定应在贯彻风险预防等原则的基础上，进行相应的规则设计，以与前置法规定相对接。然而，刑法有关侵犯生物安全犯罪行为、主体与法定刑的规定不完善，既不能与前置法的具体规定相衔接，也未完全贯彻和体现风险预防、分类管理原则，由此导致前置法中附属条款虚置，造成立法上的浪费且影响危害生物安全犯罪治理的整体效果。[①]

　　针对上述问题，可以考虑从以下方面进行针对性的完善：一是扩展刑法的规制范围。目前刑法中对于生物安全犯罪的规定还不够全面，需要针对新的生物安全威胁进行扩展。例如，可以考虑增设关于非法研发、生产、使用生物武器、生物毒素犯罪，以及非法利用人类遗传资源犯罪、滥用基因编辑技术罪等罪名。二是贯彻预防为先的理念。为保障生物科技快速、向善发展，为避免生物技术发展反噬人类自身，刑法应当采取一种以风险预防为导向的预防性刑法观——通过刑法立法的积极扩张来满足有效规制犯罪的现实需求。[②] 具体而言，在生物安全风险的应对上，刑法亦应倚重危险犯的立法逻辑，并针对犯罪行为所产生危险实现的紧迫性、实害发生概率及实害发生后造成危害大小等不同，设置不同类型的危险犯。三是在犯罪认定时协调好"行刑衔接"关系。在生物安全法等已对危害生物安全行为作出了相应规定的情况下，尽管刑法不能简单套用相关规定，但既然刑法与生物安全法等前置法同属宪法统领下的部门法，共同肩负着维护社会秩序的功能且其又处于保障法地位，那么刑法立法便不能忽视前置法规定并应随其立、改、废而进行相应调整，以维护法秩序统一。事实上，前置法法律责任部分中"违反本法规定，构成犯罪的，依法追究刑事责任"之规定中，所谓"依法追究刑事责任"首先便是依据刑法规定来认定行为构成犯罪与否。若刑法立法与前置法的规定脱节，结果只能是导致前置法规定因缺乏刑法的有机衔接而失去意义，同时带来处罚上的漏洞。[③]

（三）关于轻罪治理的完善建议

　　犯罪化立法着眼于对犯罪的"堵"，通过扩张犯罪圈以增强刑法在预防犯

---

　　① 李阳阳：《危害生物安全犯罪刑法立法的理念转型与规范调整》，载《重庆理工大学学报（社会科学版）》2024年第1期。

　　② 张明楷：《增设新罪的观念——对积极刑法观的支持》，载《现代法学》2020年第5期。

　　③ 李阳阳：《危害生物安全犯罪刑法立法的理念转型与规范调整》，载《重庆理工大学学报（社会科学版）》2024年第1期。

罪、保障安全、保护法益等方面的功能价值，而限缩刑罚适用则聚焦于对犯罪化问题的"疏"，通过扩大出刑路径以应对犯罪圈扩张所带来的对公民权利空间的过度挤压、轻罪数量的不断攀升以及刑罚的溢出效应等问题，"堵"与"疏"，互为补充，缺一不可。但近年来的刑事立法似乎存在过于重视对犯罪的"堵"而忽视对不法行为的"疏"之嫌，"堵"与"疏"之间存在不甚均衡的问题。以《刑法修正案（十一）》为例，犯罪化立法是该修正案的重头戏，而限缩刑罚适用的规定只有零星几处可见。针对解决此问题，有学者提出了"立法上扩张，司法上限缩"的应对进路，即在立法上可扩张犯罪圈的范围以满足加强权益保护的现实需要，而在司法上应当限缩刑罚的适用以弱化犯罪化立法的负面作用。[①] 但细究之下，还应当对这一建议加个限定，即此处的"限缩刑罚的适用"应当指的是已构成犯罪但不作为犯罪处理，或者已认定为犯罪但不施加刑罚的情形，因为如果行为本身就不构成犯罪，则大可不必费心竭力地探寻司法上的刑罚限缩对策。在此限定之下，诸如社会危害性不大的违法行为、当事人事出有因实施的违法行为，以及属于意外事件、不可抗力和正当防卫等情形的，本来就不构成犯罪的行为就不属于刑罚限缩讨论的对象。而"已构成犯罪但不作为犯罪处理"与"已认定为犯罪但不施加刑罚"分别关涉司法出罪权与刑罚免除权问题，扩大此两种权限的适用范围，方能真正起到限缩刑罚适用的作用。

　　1. 适度扩大司法出罪权

　　所谓出罪决定权，是指司法机关根据刑事法规范将已达构罪标准的行为不作为犯罪处理的权力。在我国，公安机关、检察机关、人民法院均享有不同程度的出罪决定权。其中，公安机关在不立案决定以及在案件撤销决定中享有一定的裁量权，但这两项裁量权均受到"情节显著轻微"的限制，较为有限。检察机关可以通过不起诉的方式实现程序出罪，而检察机关可裁量出罪的仅有相对不起诉与附条件不起诉两种方式，但相对不起诉受到"犯罪情节轻微，依照刑法规定不需要判处刑罚或者免除刑罚的"限制，而附条件不起诉只适用于未成年人犯罪案件，可以考虑在轻罪处理上赋予检察机关一定的公诉出罪权。人民法院作为审判机关，可以通过"终止审理"或者"宣告无罪"这两种方式实现程序出罪，不过仅在"情节显著轻微、危害不大，不认为

---

① 陈兴良：《形式解释论与实质解释论：事实与理念之展开》，载《法制与社会发展》2011年第2期；胡云腾、余秋莉：《刑法修正案（十一）中关于生物安全规定的理解与适用——基于疫情防控目的的解读》，载《中国法律评论》2021年第1期；黎宏：《预防刑法观的问题及其克服》，载《南大法学》2020年第4期；等等。

是犯罪的"（但书规定）的情形时，人民法院享有裁量出罪的权限。从最高人民法院发布的统计数据来看，2020 年至 2022 年，人民法院的无罪宣告率分别为 0.07%、0.05%、0.04%。[①] 这一数据显示但书规定在审判阶段的适用率也是相当低的。由此可见，尽管我国公安机关、检察机关、人民法院对于刑事案件都享有一定的出罪决定权，但均受到严格限制，其所能发挥的刑罚限缩作用十分有限。但是考虑到机关性质以及权力制衡等因素，不宜一刀切地扩大每一个机关的出罪决定权。当前最具现实可能性的是，适度扩大检察机关的不起诉裁量权，同时赋予法官对于不起诉案件的司法审查权利，通过审判介入审前程序的形式完善诉前分流机制，突出和强化检察官的起诉裁量权在终结和分流案件上的功能，最终实现限缩刑罚适用的目的。

2. 合理扩宽刑罚免除权

所谓刑罚免除权，是指有关机关对已定罪的行为免除刑罚的权力。在我国，享有刑罚免除权的只有两个机构，一是人民法院，二是全国人大常委会。前者可根据刑法的相关规定，对已认定为犯罪的行为作出免予刑事处罚的裁判，后者可通过特赦决定赦免犯罪分子的刑事处罚。但是赦免不仅仅具备实现人道主义的唯一功能，而且还具有政治性、社会性、制度性等多元功能。[②] 不可能仅仅因为有刑罚限缩需要而启动特赦制度，这就决定了特赦制度对于刑罚的限缩作用是极为有限的，不可能希冀于启用特赦制度来满足刑罚限缩的现实需要。相较而言，定罪免刑制度有更广的适用范围与更高的适用频率，在限缩刑罚适用上大有所为，只是当前刑法所规定的法定免除刑罚事由的类型有限，限制了定罪免刑制度刑罚限缩功能的发挥，有必要通过增设法定免除刑罚事由的方式来扩大定罪免刑制度的适用范围。又由于认罪认罚从宽制度与刑事合规实践已有广泛的现实基础，在缓和社会矛盾、促进被告人改造复归、节约司法资源等方面均取得了良好的效果，因而完全可以将认罪认罚与刑事合规纳入法定免除刑罚事由的范畴，以扩大定罪免刑制度的适用范围，进一步提升免予刑事处罚的适用率。

总体而言，2023 年刑法在维护国家安全和社会稳定，严厉打击各种犯罪，保护人民群众的生命财产安全等方面取得了显著成效。同时，刑法实施中也注重人权保障和司法公正，加强了对犯罪嫌疑人、被告人的合法权益保

---

① 数据来源：全国法院司法统计公报（2020—2022 年），网址：http://gongbao.court.gov.cn/ArticleList.html？serial_no=sftj。2023 年 12 月 26 日访问。

② 李耀、李波：《赦免制度的功能流变——基于制度史与比较法的考察》，载《湖北警官学院学报》2021 年第 3 期。

护，提高了司法透明度和公信力。当然，也应看到，刑法实施中仍存在一些问题和挑战，如部分罪名适用有争议、新型危害行为处罚存在漏洞、轻罪扩张的司法应对不足等。因此，需要进一步加强刑法理论研究和实践探索，不断完善刑法体系和司法实践，以更好地适应社会发展和犯罪形势的变化。

撰稿专家

胡云腾，法学博士、教授、博士生导师、最高人民法院大法官。现任最高人民法院咨询委员会委员，中国法学会案例法学研究会会长。研究领域为刑事法律和司法制度，有学术论文、法学专著、高校教材、外文译作和案例作品发表和出版。曾作为首席专家主持修订马工程教材《思想道德修养与法律基础》和《宪法学》，曾任安徽大学法学院教师，中国社会科学院法学研究所研究员、副所长，中国青年政治学院法学院院长，最高人民法院研究室主任、审判委员会委员、第二巡回法庭庭长等。

余秋莉，安徽师范大学讲师，中国人民大学法学博士。

第七章　2023年诉讼法实施报告

2023年刑事诉讼法实施报告*

胡云腾

报告要旨

2023年，在习近平新时代中国特色社会主义思想和习近平法治思想指引下，全国政法机关紧紧围绕党和国家的中心任务，统筹发挥刑事司法对经济社会高质量发展的服务保障作用，深入推进刑事诉讼法实施，以刑事司法现代化服务中国式现代化建设，各项工作取得新进展。坚决维护国家安全、社会安定、人民安宁，更好服务高质量发展和实现高水平安全；全面准确落实宽严相济刑事政策，依法适用认罪认罚从宽制度，协同各方推进轻罪治理；持续推动涉案企业合规改革，着力营造法治化营商环境；联合制定专门意见，统一全国醉驾执法司法标准，形成行政处罚与刑事追究衔接的醉驾治理体系。在理论研究领域，刑事法学法律工作者围绕刑事诉讼正确实施和积极构建中国刑事诉讼法学自主知识体系，聚焦认罪认罚从宽、监察法与刑事诉讼法衔接、企业合规、轻罪治理等重点难点问题，深入开展理论和实践问题研究，高度重视涉及刑事诉讼法修改问题研究，努力为促进刑事法治现代化提供科学理论支撑和有力智力支持。2023年发布的指导性案例集中在污染环境刑事附带民事公益诉讼、未成年人综合司法保护、刑事抗诉、假释监督等领域。

---

* 本报告在撰写过程中，中国政法大学博士生韩蕙阳就报告资料的整理、初稿的草拟与校阅做了大量工作，特此致谢！

核心建议

1. 以刑事诉讼法治现代化服务中国式现代化，是当前和今后一个时期刑事诉讼法学法律工作者的职责使命。中国刑事诉讼法治建设应当始终坚持以打击犯罪与尊重人权并重，顺应刑事犯罪结构变化和司法规律发展，不断改革创新制度机制；加强刑事诉讼法学自主知识体系建设，推动刑事诉讼法全面、有效、公正实施，有效预防、惩治各类犯罪，打造更高水平的刑事诉讼法治文明。

2. 认罪认罚从宽制度契合我国当前刑事犯罪结构变化，符合刑事司法发展规律，是中国特色社会主义刑事司法制度的重大创新。但调研中也发现司法适用中尚存在量刑建议协商不够、审查不到位以及被追诉人认罪认罚的自愿性保障机制不到位等突出问题。建议在认罪认罚程序中着力发挥"协商"作用，提倡量刑建议因案制宜，除了精准量刑建议以外，还要根据案件情况，注重量刑建议的多样化。要解决认罪认罚案件中平等协商不足问题，尊重辩护律师的程序权利。

3. 刑事诉讼法治是法治建设的重要组成部分，是国家和社会治理的重要内容，在深化犯罪治理和推动矛盾纠纷化解等方面有着不可替代的作用。需要深刻认识刑事诉讼法实施对于推进社会治理的作用，立足治理抓治罪，结合治罪抓治理。在拓展刑事诉讼法治的治理功能上，应以深化涉案企业合规改革和探索构建轻罪治理体系为抓手，形成多元治理格局。着力完善中国特色的轻罪治理体系，实现高质效推动刑事诉讼模式现代化的目标。

4. 刑事诉讼法经三次修改，其"形式法典化"已经基本完成，即将进行的第四次修改，应当聚焦如何实现刑事诉讼法的"实质法典化"，将"以审判为中心"的诉讼制度改革等司法改革成果以法律的形式固定下来。修改刑事诉讼法还应当全流程检视刑事诉讼程序的具体实务问题，进一步完善相关制度设计和运行措施。刑事诉讼法再法典化需要一个充分讨论、广泛征求意见的过程，防止先入为主、"拍脑袋立法"等思维对刑事诉讼法修改产生负面影响。

一、2023 年刑事诉讼法实施的基本情况

(一)刑事诉讼法立法活动

2023 年刑事诉讼法立法大事件主要包括公布《全国人民代表大会常务委员会关于军队战时调整适用〈中华人民共和国刑事诉讼法〉部分规定的决定》和司法部修订部门规章《办理法律援助案件程序规定》。

1.公布《全国人民代表大会常务委员会关于军队战时调整适用〈中华人民共和国刑事诉讼法〉部分规定的决定》

为贯彻落实党的二十大精神,完善中国特色军事法治体系,从法律制度上保障人民军队有效履行新时代使命任务、提高打赢能力,第十三届全国人民代表大会常务委员会第三十九次会议决定:军队战时开展刑事诉讼活动,遵循《中华人民共和国刑法》《中华人民共和国刑事诉讼法》确定的基本原则、基本制度、基本程序,适应战时刑事诉讼特点,保障诉讼当事人合法权益,维护司法公平正义,可以调整适用《中华人民共和国刑事诉讼法》关于管辖、辩护与代理、强制措施、立案、侦查、起诉、审判、执行等部分具体规定。具体由中央军事委员会规定。本决定自 2023 年 2 月 25 日起施行。

2.司法部修订《办理法律援助案件程序规定》

为贯彻落实《法律援助法》,提高法律援助案件办理程序的标准化规范化水平,司法部对 2012 年公布并施行的《办理法律援助案件程序规定》(以下简称《程序规定》)进行了全面修订,自 2023 年 9 月 1 日起施行。修订后的《程序规定》共六章 46 条,主要内容包括:第一章总则,明确法律援助案件办理的职责分工和工作原则,规定法律援助机构应当为公民获得法律援助提供便利,要求法律援助人员履职尽责,维护受援人合法权益。第二章申请与受理,原则规范法律援助人员提供法律咨询、代拟法律文书、值班律师法律帮助的一般要求;细化法律援助机构管辖规定,明确申请法律援助应当提交的材料,强调办案机关和监管场所为被羁押人员转交法律援助申请的法定时限,规定了对不同申请情况的处理方式。第三章审查,明确法律援助机构的审查时限和审查重点,规定经济困难状况核查方式和异地协作核查工作流程,规范法律援助机构作出决定和发送决定的程序要求,细化申请人对不予法律援助决定书提出异议的时间要求和救济途径。第四章指派,明确法律援助机构的指派时限、指派原则和特殊案件指派要求,要求接受指派的法律援助人员所属单位及时与受援人签订协议。第五章承办,明确案件办理中应当会见、约见受援人,提倡通过非诉讼方式解决纠纷,规定法律援助人员无法

承办案件的处理方式和结案归档程序。新修订的《程序规定》，是贯彻落实习近平法治思想、完善法律援助制度的重要举措，是保障人民群众平等享有法律援助服务的现实需要，对于维护人民群众合法权益、保障刑事法律正确实施、维护社会公平正义具有重要意义。

（二）司法解释与其他规范性文件

2023 年我国出台的刑事诉讼法相关司法解释、规范性文件以及其他司法性质文件共计 19 部，其中司法解释 9 部，规范性文件 7 部，其他司法文件 3 部。具体情况如表 1 所示。①

表 1　2023 年刑事诉讼法相关司法文件

文件类别	发布时间	施行时间	发布机关	文件名称
司法解释	2023-4-19	2023-6-1	最高人民法院	《关于司法赔偿案件案由的规定》
	2023-4-25	2023-4-25	最高人民检察院	《人民检察院办理知识产权案件工作指引》
	2023-5-23	2023-6-1	最高人民法院	《关于审理司法赔偿案件适用请求时效制度若干问题的解释》
	2023-7-14	2023-7-14	最高人民检察院	《关于推进行刑双向衔接和行政违法行为监督 构建检察监督与行政执法衔接制度的意见》
	2023-7-27	2023-8-1	最高人民法院	《关于具有专门知识的人民陪审员参加环境资源案件审理的若干规定》
	2023-7-28	2023-8-1	最高人民法院	《关于加强和规范案件提级管辖和再审提审工作的指导意见》

---

① 本资料为"北大法宝"提供，在此特表谢意。

文件类别	发布时间	施行时间	发布机关	文件名称
司法解释	2023-8-8	2023-8-15	最高人民法院、最高人民检察院	《关于办理环境污染刑事案件适用法律若干问题的解释》
	2023-8-13	2023-8-15	最高人民法院	《关于审理破坏森林资源刑事案件适用法律若干问题的解释》
	2023-9-15	2023-9-15	最高人民法院、最高人民检察院	《关于上级人民检察院统一调用辖区的检察人员办理案件有关问题的通知》
规范性文件	2023-3-1	2023-3-1	最高人民检察院、司法部、中华全国律师协会	《关于依法保障律师执业权利的十条意见》
	2023-5-24	2023-6-1	最高人民法院、最高人民检察院、公安部、司法部	《关于办理性侵害未成年人刑事案件的意见》
	2023-6-6	2023-6-6	最高人民法院、最高人民检察院、中国海警局	《依法打击涉海砂违法犯罪座谈会纪要》
	2023-8-31	2023-9-1	最高人民法院、最高人民检察院、公安部、司法部	《关于开展促进提高刑事案件二审开庭率专项工作的通知》
	2023-9-20	2023-9-20	最高人民法院、最高人民检察院、公安部	《关于依法惩治网络暴力违法犯罪的指导意见》
	2023-11-30	2023-11-30	最高人民检察院、公安部	《人民检察院、公安机关羁押必要性审查、评估工作规定》
	2023-12-13	2023-12-28	最高人民法院、最高人民检察院、公安部、司法部	《关于办理醉酒危险驾驶刑事案件的意见》

续表

文件类别	发布时间	施行时间	发布机关	文件名称
其他司法文件	2023-1-10	2023-2-1	国家药品监督管理局、国家市场监督管理总局、公安部、最高人民法院、最高人民检察院	《药品行政执法与刑事司法衔接工作办法》
	2023-5-28	2023-7-1	最高人民法院、最高人民检察院、公安部、国家安全部、司法部、国家卫健委	《关于进一步规范暂予监外执行工作的意见》
	2023-10-23	2023-10-23	最高人民检察院办公厅、公安部办公厅、中国海警局执法部	《办理海上涉砂刑事案件证据指引》

(三)指导性案例与典型案例

2023 年发布的刑事方面的指导性案例有:①2023 年 2 月 24 日,最高人民检察院发布的以"未成年人综合司法保护"为主题的第 43 批指导性案例;②2023 年 5 月 11 日,最高人民检察院发布的以"金融犯罪"为主题的第 44 批指导性案例;③2023 年 6 月 25 日,最高人民检察院发布的以"刑事抗诉"为主题的第 45 批指导性案例;④2023 年 7 月 31 日,最高人民检察院发布的以"金融领域新型职务犯罪"为主题的第 47 批指导性案例中的"桑某受贿、国有公司人员滥用职权、利用未公开信息交易案";⑤2023 年 10 月 16 日,最高人民检察院发布的以"假释监督"为主题的第 49 批指导性案例中的"罪犯杨某某假释监督案""罪犯唐某假释监督案";⑥2023 年 10 月 29 日,最高人民法院发布的第 38 批指导性案例中的"黄某辉、陈某等 8 人非法捕捞水产品刑事附带民事公益诉讼案""刘某桂非法采矿刑事附带民事公益诉讼案"。表 2、表 3 是对刑事诉讼法的实施具有重要指导意义的几组指导性案例。

表 2　2023 年最高人民检察院发布的刑事诉讼法相关指导性案例

批次、发布时间	案件名称	指导意义
第 43 批、2023-2-24	防止未成年人滥用药物综合司法保护案（检例第 171 号）	附条件不起诉考验期监督管理规定的设定，应当以最有利于教育挽救未成年人为原则，体现帮教考察的个性化、精准性和有效性。检察机关对未成年人作出附条件不起诉决定时，应当考虑涉罪未成年人发案原因和个性需求，细化矫治教育措施。对共同犯罪的未成年人，既要考虑其共性问题，又要考虑每名涉罪未成年人的实际情况和个体特点，设置既有共性又有个性的监督管理规定和帮教措施，并督促落实。对存在滥用药物情形的涉罪未成年人，检察机关应当会同未成年人父母或其他监护人，要求其督促未成年人接受心理疏导和戒断治疗，并将相关情况纳入监督考察范围，提升精准帮教效果，落实附条件不起诉制度的教育矫治功能，帮助涉罪未成年人顺利回归社会
	阻断性侵犯罪未成年被害人感染艾滋病风险综合司法保护案（检例第 172 号）	对于性侵害未成年人犯罪案件，检察机关受邀介入侦查时应当同步开展未成年被害人保护救助工作。性侵害未成年人案件存在发现难、取证难、危害大的特点，检察机关在受邀介入侦查时，应当建议侦查机关围绕犯罪嫌疑人主观恶性、作案手段、被害人遭受侵害后身心状况等进行全面取证。同时，建议或协同公安机关第一时间核查犯罪嫌疑人是否系艾滋病病人或感染者。确定犯罪嫌疑人系艾滋病病人或感染者的，应当立即协同公安机关和卫生健康部门开展艾滋病暴露后预防，切实保护未成年被害人健康权益。检察机关应当发挥未成年人检察社会支持体系作用，从介入侦查阶段就及时启动心理干预、司法救助、家庭教育指导等保护救助措施，尽可能将犯罪的伤害降至最低

续表

批次、发布时间	案件名称	指导意义
第43批、2023-2-24	惩治组织未成年人进行违反治安管理活动犯罪综合司法保护案（检例第173号）	聚焦案件背后的问题，统筹使用督促监护令、检察建议等方式，以检察司法保护促进家庭、社会、政府等保护责任落实。在办理涉未成年人案件过程中，检察机关应当注重分析案件暴露出的家庭、社会等方面的问题，结合办案对未成年人的生活环境、家庭教育、监护人监护履责状况等进行调查评估，制定个性化督促监护方案，并跟踪落实，指导、帮助和监督监护人履行监护职责。检察机关应当依法能动履行法律监督职能，督促相关职能部门加强管理、落实责任。检察机关还可以加强与相关部门的协作联动，形成整体合力，积极促进区域未成年人保护制度完善和社会综合治理，更好保护未成年人合法权益和公共利益
第44批、2023-5-11	张业强等人非法集资案（检例第175号）	检察机关指控证明犯罪时，不能局限于备案材料、正式合同等表面合乎规定的材料，必须穿透表象查清涉案私募基金实际运作全过程，提出引导取证意见，构建指控证明体系
	郭四记、徐维伦等人伪造货币案（检例第176号）	注重依法能动履职，对伪造货币犯罪全链条追诉。对于通过网络联络、分工负责、共同实施伪造货币犯罪案件，检察机关在审查逮捕、审查起诉时要注重审查伪造货币全链条行为人的犯罪事实是否全部查清，是否遗漏共同犯罪事实。办理利用网络共同伪造货币案件，要注重引导公安机关及时查封、扣押犯罪嫌疑人的计算机、手机、U盘等电子设备，全面提取社交通信工具中留存的通信记录、交易信息、制造假币应用程序等相关电子数据，以此为基础查清共同犯罪事实

批次、发布时间	案件名称	指导意义
第44批、2023-5-11	孙旭东非法经营案（检例第177号）	对二次退回公安机关补充侦查，仍未达到起诉条件的，检察机关应当结合在案证据和案件情况充分研判自行侦查的必要性和可行性。经二次退回补充侦查的案件，虽然证明犯罪事实的证据仍有缺失，但根据已查清的事实认为犯罪嫌疑人仍然有遗漏犯罪重大嫌疑的，具有自行侦查的必要性。检察机关应当结合相关类型金融业务的特点、在案证据、需要补充的证据和可能的侦查方向进行分析研判，明确自行侦查是否具有可行性，决定自行侦查的具体措施，依照法定程序进行自行侦查。 检察机关办理信用卡诈骗案件时发现涉及非法从事金融活动等犯罪线索的，应当依法追诉遗漏犯罪嫌疑人和遗漏犯罪事实。信用卡诈骗案件中，恶意透支与非法套现相互勾结的问题较为突出。检察机关办理此类案件时发现涉及POS机套现等非法经营金融业务犯罪线索的，应当对相关线索进行核查，积极运用立案监督、引导取证、退回补充侦查、自行侦查等措施，对犯罪进行全链条惩治
第45批、2023-6-25	王某等人故意伤害等犯罪二审抗诉案（检例第178号）	检察机关要对"赔偿谅解协议"作实质性审查，准确提出量刑建议。（审查谅解主体是否适格、谅解意愿是否自愿真实、谅解内容是否合法、是否附有不合理条件等，综合案件全部量刑情节，准确提出量刑建议。）赔偿谅解是刑事案件常见的酌定从轻处罚情节，是评价被告人认罪悔罪态度和人身危险性的因素之一。审查时应主要考虑：一是赔偿谅解是"可以"从轻处罚，不是"必须"从轻处罚，且适用的前提是被告人认罪、悔罪；二是赔偿谅解要考察被犯罪行为破坏的社会关系是否得到一定程度的修复，在被害人死亡或者无法独立表达意志的情况下，对被害人亲属出具的赔偿谅解协议更要严格审查和全面准确把握；三是对于严重危害社会治安和影响人民群众安全感的犯罪，必须结合犯罪事实、性质及其他情节进行综合衡量，予以适当、准确的评价

续表

批次、发布时间	案件名称	指导意义
第45批、2023-6-25	刘某某贩卖毒品二审抗诉案（检例第179号）	正确适用排除合理怀疑的证据规则。办理刑事案件要综合审查全案证据，考虑各方面因素，对所认定事实排除合理怀疑并得出唯一性结论。对于不当适用"合理怀疑"作出无罪判决的，人民检察院要根据案件证据情况，认真审查法院判决无罪的理由。对于查清事实后足以定罪量刑的抗诉案件，如未超出起诉指控范围的，人民检察院可以建议人民法院依法直接改判。司法实践中，对于人民检察院提出抗诉后补充的证据，如果该证据属于补强证据，认定的案件事实没有超出起诉指控的范围，且案件已经多次开庭审理，应当综合考虑诉讼经济原则和人权保障的关系，建议人民法院在查明案件事实后依法改判
	李某抢劫、强奸、强制猥亵二审抗诉案（检例第180号）	注重收集电子数据在内的客观性证据，充分运用间接证据，综合其他在案证据形成完整证据链证明案件事实。在二审抗诉案件办理过程中，如发现新的犯罪事实的，人民检察院应当移送公安机关侦查，查证属实的，建议人民法院发回重审，由人民检察院补充起诉。人民检察院应当通过办理抗诉案件，加强反向审视，及时分析和研究这些问题产生的原因，加以改进、规范和提高，提升办案能力，确保办案质量
	孟某某等人组织、领导、参加黑社会性质组织、寻衅滋事等犯罪再审抗诉案（检例第181号）	法院裁定准许撤回上诉后，生效的第一审裁判确有错误应当提出抗诉的，作出裁定的人民法院的同级人民检察院有权依照审判监督程序提出抗诉。检察机关要强化监督意识，充分发挥监督职能，加强自行侦查，积极引导侦查取证。对同案不同判、漏罪漏犯的审判监督线索，人民检察院应当以必要性、适度性、有效性为原则，开展自行侦查。强化检警协作和监检衔接，通报研判案情，准确列明补充侦查提纲，与侦查、调查人员充分沟通查证要点，深挖彻查漏罪漏犯，全面、准确打击犯罪

续表

批次、发布时间	案件名称	指导意义
第 45 批、2023-6-25	宋某某危险驾驶二审、再审抗诉案（检例第 182 号）	人民检察院应当依法规范行使不起诉权，通过备案审查等方式加强对不起诉决定的内部监督制约，着力提高审查起诉工作水平和办案质量。 人民检察院在办理抗诉案件过程中，要充分履行法律监督职能，坚持接续抗诉、持续监督，确保案件裁判结果公正，以"小案"的客观公正办理体现检察担当。检察机关应当充分履行法律监督职能，上级检察院要加强对下级检察院抗诉工作的指导，紧扣抗诉重点，严把抗诉标准，形成监督合力。对下级检察院正确的抗诉意见，法院不予采纳的，上级检察院应当提供有力支持，与下级检察院接续监督，一抗到底，通过上下级检察院持续监督，确保错误裁判被监督纠正。 强化对司法鉴定意见的实质性审查，确保审查结论的客观性、科学性。人民检察院如果发现案件就同一专门性问题有两份或者两份以上的鉴定意见，且结论不一致的，确有必要时，可以依法决定补充鉴定或者重新鉴定
第 47 批、2023-7-31	桑某受贿、国有公司人员滥用职权、利用未公开信息交易案（检例第 188 号）	办理证券期货类犯罪案件，对于内幕信息、未公开信息的范围、趋同性交易盈利数额等关键要件的认定，一般应调取证券监督管理部门、证券交易所等专业机构的认定意见，并依法进行审查判断
第 49 批、2023-7-31	罪犯杨某某假释监督案（检例第 196 号）	对有未成年子女确需本人抚养等特殊情形的罪犯，符合法定假释条件的，要充分考虑案件办理的社会效果，提出依法从宽适用假释的建议。人民检察院对假释案件开展监督时，既要严格按照法律规定的条件、程序规范办理，又要贯彻落实宽严相济刑事政策，对符合假释条件，因配偶正在服刑有未成年子女确需本人抚养，或者父母等因患病、残疾、长期生活不能自理确需本人照顾等特殊情形的罪犯，可以提出依法从宽适用假释的建议

续表

批次、发布时间	案件名称	指导意义
第 49 批、2023-7-31	罪犯唐某假释监督案（检例第 199 号）	人民检察院在办理假释监督案件过程中，发现违纪违法等问题线索的，应依法移送相关机关办理，延伸监督效果。要注重发现假释案件办理中不当履职背后的深层次问题，强化对出具虚假证明材料、社区矫正调查评估弄虚作假等问题的调查核实力度，发现违纪违法或犯罪线索，属于检察机关管辖，构成徇私舞弊假释罪等犯罪的要坚决立案查处；对不属于检察机关管辖的，应依法移送相关机关处理。要与纪检监察机关、公安机关等形成工作合力，延伸法律监督的效果

表 3　最高人民法院第 38 批指导性案例中涉刑事诉讼相关案例

案件名称	裁判要点
刘某桂非法采矿刑事附带民事公益诉讼案（指导性案例 212 号）	1. 跨行政区划的非法采砂刑事案件，可以由非法开采行为实施地、矿产品运输始发地、途经地、目的地等与犯罪行为相关的人民法院管辖。 2. 对于采售一体的非法采砂共同犯罪，应当按照有利于查明犯罪事实、便于生态环境修复的原则，确定管辖法院。该共同犯罪中一人犯罪或一环节犯罪属于管辖法院审理的，则该采售一体非法采砂刑事案件均可由该法院审理。 3. 非法采砂造成流域生态环境损害，检察机关在刑事案件中提起附带民事公益诉讼，请求被告人承担生态环境修复责任、赔偿损失和有关费用的，人民法院依法予以支持
黄某辉、陈某等 8 人非法捕捞水产品刑事附带民事公益诉讼案（指导性案例 213 号）	1. 破坏环境资源刑事案件中，附带民事公益诉讼被告人具有认罪认罚、主动修复受损生态环境等情节的，可以依法从轻处罚。 2. 人民法院判决生态环境侵权人采取增殖放流方式恢复水生生物资源、修复水域生态环境的，应当遵循自然规律，遵守水生生物增殖放流管理规定，根据专业修复意见合理确定放流水域、物种、规格、种群结构、时间、方式等，并可以由渔业行政主管部门协助监督执行

（四）公安机关、人民检察院实施刑事诉讼法情况

公安机关和检察机关承担着追诉犯罪、诉讼监督等重要职能，关系着国家安全、社会稳定和人民安居乐业。2023 年，全国公安、检察机关坚持从政治上着眼，从法治上着力，把"高质效办好每一个案件"作为新时代新征程履职办案的基本价值追求，在实体上确保实现公平正义，在程序上让公平正义更好更快实现，在效果上让人民群众可感受、能感受、感受到公平正义。公安、检察机关全面准确落实宽严相济刑事政策，更好落实少捕慎诉慎押刑事司法政策；专项整治特定领域严重犯罪行为，坚决维护国家安全、社会安定和人民安宁；出台助力优化民营经济发展环境文件，充分运用法治力量服务经济社会高质量发展；强化刑事立案、侦查、审判监督，维护司法公正；刑事诉讼法的实施开始从注重犯罪惩治效果向兼顾犯罪治理效果转轨，旨在从根本上减少矛盾纠纷，厚植党的执政根基。

1. 全面准确规范推进少捕慎诉慎押刑事司法政策落实，更好地保障人权、促进社会治理

检察机关全面准确贯彻宽严相济刑事政策，依法把握不批捕、不起诉的标准和条件，办案质效进一步提升。最高人民检察院于 2024 年 3 月发布的《刑事检察白皮书》中的相关数据表明，① 2023 年，在不捕率、不诉率总体上升的同时，依法坚决严惩严重犯罪，对危害国家安全、严重危害公共安全的案件批捕率、起诉率稳定保持在 95% 以上。对黑恶犯罪保持高压态势，起诉涉黑涉恶犯罪 14902 人，同比上升 5.2%。对轻微犯罪依法从宽处理，以无逮捕必要不捕 26.6 万人，同比上升 22.5%，以犯罪情节轻微不诉 49.8 万人，同比上升 12.6%。在依法严格把握逮捕条件基础上，开展羁押必要性审查 178827 人次，提出变更建议或者直接变更 29755 人次，诉前羁押率 26.8%，同比增加 0.2 个百分点。"严而不厉"是刑事立法、司法追求的目标之一，少捕慎诉慎押的司法政策与该目标具有内在的契合性，因此，该项司法政策在司法实践中得到了进一步落实并发挥了重要作用。

2. 坚决维护国家安全、社会安定和人民安宁

2023 年，公安机关全国查处治安案件数与 2022 年基本持平，刑事案件立案数比 2022 年下降 4.8%，全国社会治安形势持续保持稳定；全国公安机关依法打击查处网络谣言等各类涉网违法犯罪活动，侦办相关案件 19.2 万

---

① 参见《刑事检察白皮书（2023）》，中华人民共和国最高人民检察院网，https://www.spp.gov.cn/xwfbh/wsfbh/202403/t20240309_648173.shtml，2024 年 4 月 12 日访问。

起；打掉涉黑恶犯罪组织 1900 余个，破获各类刑事案件 2.9 万起；组织开展缉捕遣返境外跨境赌博犯罪嫌疑人"金雕行动"，全力打击突出跨国犯罪；持续开展"昆仑 2023"专项行动，破获食品药品安全犯罪案件 1.9 万起，抓获犯罪嫌疑人 2.8 万名；深入开展禁毒"清源断流"行动，侦破毒品案件 3.9 万起，抓获犯罪嫌疑人 6.6 万名，缴获各类毒品 243 吨；严打遏制严重暴力犯罪，现行命案破案率保持在 99.9%。

2023 年，最高人民检察院发布了 8 批指导性案例和 65 批典型案例。这些案例涉及刑事诉讼乃至社会生活的方方面面，或聚焦金融犯罪、毒品犯罪、行贿犯罪等，或聚焦生态环境保护、国有财产保护、未成年人综合司法保护等，充分反映出检察机关在维护国家安全、社会安定、人民安宁中作出的积极努力。

2023 年，全国检察机关批准逮捕各类犯罪嫌疑人 72.6 万人，提起公诉168.8 万人，同比分别上升 47.1% 和 17.3%。对严重犯罪保持"严"的震慑。依法严厉打击敌对势力渗透、破坏、颠覆、分裂活动。把开展反恐怖反分裂斗争与推动维稳工作法治化常态化结合起来，促进新疆等地长治久安。依法严惩涉枪爆等危害公共安全犯罪，始终保持打击整治涉枪涉爆犯罪高压态势，部署全国检察机关推进新一轮为期三年的打击整治枪爆违法犯罪专项行动，严厉惩处境内制贩、网上贩卖枪支弹药等犯罪活动，依法起诉涉枪爆犯罪 9171 人，同比下降 11.09%。依法坚决惩治危害安全生产犯罪，起诉4750 人。深入推进常态化扫黑除恶斗争，全国检察机关共起诉涉黑涉恶案件2355 件 14902 人。依法从严惩治故意杀人、抢劫、绑架等严重暴力犯罪，起诉 6.1 万人。突出惩治群众反映强烈的盗窃、诈骗、毒品犯罪，起诉 35 万人。配合公安机关开展命案积案攻坚，最高人民检察院对蒋四兴、薛三元锤杀船员等 137 起发案 20 年以上的命案依法核准追诉，让正义虽久必至、虽远必达。

3. 充分运用法治力量服务经济社会高质量发展

2023 年，不仅是全面贯彻党的二十大精神的开局之年，也是三年新冠疫情防控转段后经济恢复发展的一年。公安、检察机关完整、准确、全面贯彻新发展理念，紧紧围绕高质量发展这个新时代的硬道理，强化能动履职，坚持以高质量司法推动高质量发展。

2023 年，全国公安机关依法严厉打击、密切防范各类经济犯罪活动，共破获经济犯罪案件 8.4 万起，挽回经济损失 248 亿元。深入推进"国门利剑"联合行动，侦办各类走私犯罪案件 4950 余起，案值 886.1 亿元。聚焦美丽中国建设，侦办破坏生态环境资源犯罪案件 5.6 万起，其中非法占用农用地案件 5400 余起。

最高人民检察院出台《关于依法惩治和预防民营企业内部人员侵害民营企业合法权益犯罪、为民营经济发展营造良好法治环境的意见》，制定 12 条检察措施，明确检察机关在依法惩治犯罪的同时，要更好帮助企业去疴除弊、完善内部治理；出台《关于全面履行检察职能推动民营经济发展壮大的意见》，制定 23 条落实举措，指导各地检察机关严格依法办案，对各类经营主体依法平等保护；出台《人民检察院办理知识产权案件工作指引》，制定 45 条检察举措，进一步优化知识产权检察履职程序，统筹推进知识产权检察工作；巩固深化涉民企刑事"挂案"专项清理，共清理 2100 余件，健全预防"挂案"长效机制。全国检察机关依法惩处各类经济犯罪。起诉破坏市场经济秩序犯罪 12.1 万人，同比上升 20.4%。

4.强化刑事立案、侦查、审判监督，维护司法公正

全国检察机关立足法律监督主责主业，不断完善制度机制，注重数字检察赋能，依法对立案、侦查、审判、执行等各环节开展监督，切实维护司法公正。

立案监督案件逐年上升，成效明显：全国检察机关共监督立案 96756 件，同比上升 1.6 倍。监督立案后起诉 29974 人，同比上升 89.7%。监督撤案 42724 件，监督撤案率 100%，同比增加 0.1 个百分点，呈逐年上升趋势。侦查活动监督质效持续提升：对侦查活动违法提出书面纠正意见 519721 件次，同期公安机关纠正 525857 件次，采纳率 99.9%（含积存）。刑事审判监督工作稳中有进：全国检察机关共提出抗诉 7876 件，法院审结后改变率 79.9%。对刑事审判活动违法情形，全国检察机关共提出纠正意见 19718 件，法院采纳 19951 件，采纳率 99.96%（含积存），监督意见质量较高。刑事执行监督力度加大：最高人民检察院推动制发"两高两部"《关于依法推进假释制度适用的指导意见》和"两高三部一委"《关于进一步规范暂予监外执行工作的意见》并积极落实，全国检察机关共受理审查"减假暂"案件 304522 人，同比上升 25.2%。刑事申诉案件总体平稳：全国检察机关共受理首次刑事申诉案件 19596 件，同比上升 8%。2023 年 3 月，最高人民检察院部署开展重复信访积案实质性化解攻坚工作，梳理交办 1062 件重复信访积案，截至 2023 年 12 月，办结 1024 件，办结率 96.4%；依法化解 1002 件，占办结数的 97.8%。

（五）审判机关、刑罚执行机关实施刑事诉讼法情况

公正司法是全面依法治国的重要保障，也是维护社会公平正义的最后一

道防线。"努力让人民群众在每一个司法案件中感受到公平正义"是全国各级法院的工作目标。2023年，人民法院刑事审判工作坚持以习近平新时代中国特色社会主义思想为指导，全面贯彻党的二十大精神，充分发挥刑事审判职能，依法惩罚犯罪、保护人民，坚决维护国家安全和社会稳定，为推进中国式现代化提供有力司法服务。

1. 全面贯彻总体国家安全观，服务建设更高水平的平安中国

人民法院聚焦高质量发展首要任务，落实统筹发展和安全要求，找准司法服务党和国家工作大局的结合点、着力点。贯彻总体国家安全观，严厉打击敌对势力渗透、破坏、颠覆、分裂活动。常态化开展扫黑除恶斗争，审结涉黑恶犯罪案件1855件11191人，同比增长5.1%。依法严惩重大恶性犯罪，切实增强人民群众安全感。审结故意杀人等严重暴力犯罪案件5.2万件6.2万人，同比增长17.2%。审结涉毒品犯罪案件3.3万件5万人，同比下降10.4%。严厉惩治境内外电信网络诈骗犯罪，审结电信网络诈骗案件3.1万件6.4万人，同比增长48.4%。对受蛊惑出售出租"两卡"帮助信息网络犯罪活动、沦为电诈"工具人"的在校及刚毕业学生等依法从宽处理，加强教育警示。审结涉枪爆犯罪案件7998件10090人，同比持平。始终坚持对腐败犯罪依法严惩，审结贪污贿赂等职务犯罪案件2.4万件2.7万人，同比增长19.9%；审结犯罪嫌疑人、被告人逃匿、死亡没收违法所得特别程序案38件，追缴违法所得4.5亿元及价值数亿元房产等，坚决打破腐败分子"一人逃亡、全家得利"的迷梦。

2. 做实为人民司法，以能动履职保障和增进民生福祉

人民法院坚持以人民为中心，以"如我在诉"意识办好每一起民生案，让人民群众切实感受到公平正义就在身边。针对网络暴力"按键伤人""按键杀人"，严重扰乱社会秩序的现象，最高人民法院会同最高人民检察院、公安部出台《关于依法惩治网络暴力违法犯罪的指导意见》，严惩网暴恶意发起者、组织者及屡教不改者，明确网络侮辱诽谤，造成被害人或其近亲属身心严重损害后果，或者随意以普通公众为侵害对象等，以公诉案件追究刑事责任。审结网络诽谤公诉案件32件，判决有罪人数85人，同比分别增长10.3%、102.4%。对侵害未成年人犯罪零容忍，审结案件4.1万件6.1万人，同比增长28.5%，联合最高人民检察院出台《关于办理强奸、猥亵未成年人刑事案件适用法律若干问题的解释》，该解释明确强奸、猥亵未成年人的成年被告人认罪认罚的，是否从宽处罚及从宽幅度应当从严把握，对强奸未成年人的成年被告人判处刑罚时，一般不适用缓刑。深入贯彻习近平生态文明思想和

习近平法治思想，出台《关于办理环境污染刑事案件适用法律若干问题的解释》，从司法环节发力，依法惩治环境污染犯罪，为全面推进美丽中国建设提供有力司法保障。

3. 依法促进民营经济发展壮大，发挥法治对优化营商环境固根本、稳预期、利长远的保障作用

在优化营商环境方面，最高人民法院指出，要切实落实"两个毫不动摇"，健全以公平为原则的产权保护制度，弘扬契约精神和企业家精神，依法保护民营企业产权和企业家权益。制定《关于优化法治环境，促进民营经济发展壮大的指导意见》，充分发挥法治稳预期、利长远、固根本的保障作用，为民营经济发展壮大创造更加公正的法治环境、提供更加有力的司法服务和保障。依法保护民营企业产权和企业家合法权益，当好民营企业"老娘舅"，重在真厚爱真严管。依法再审纠正涉产权刑事冤错案件 42 件 86 人。将社会危害性作为判断罪与非罪的根本标准，坚决纠正把经济纠纷当犯罪处理，一、二审对 16 家企业、34 名企业主和管理人员依法宣告无罪。有力支持民营企业反腐败、"打内鬼"，审结非国家工作人员受贿、职务侵占案件 6779 件 8124 人，同比增长 26.6%。对 658 家涉案民营企业适用刑事合规程序，依法从宽处罚的同时，充分运用第三方监管机制，促其合规经营。涉案企业合规改革从刑事领域拓展至民事、行政、执行领域，相关案件已达 1711 件。

4. 牢固树立正确刑事司法理念，以严格公正司法捍卫社会公平正义

人民法院强化人权和诉讼权利保障，做实人权司法保障，坚持罪刑法定、证据裁判、疑罪从无，对 465 名公诉案件被告人和 339 名自诉案件被告人依法宣告无罪，同比分别增长 31.4%、22.4%。实事求是、依法纠正冤错案件，再审改判无罪 87 件 122 人，同比增加 21 件 42 人。

二、2023 年刑事诉讼法实施的重点亮点

2023 年刑事诉讼法的实施，紧紧围绕推进中国式现代化这个最大任务展开，主要包括以下几个方面。

（一）落实繁简分流改革措施，积极提高审判质效

人民法院贯彻繁简分流改革措施，根据案件的难易程度选择适用不同的审判程序：对于事实清楚、犯罪情节轻微的案件，或选择适用简易程序或选择适用速裁程序简化案件办理流程，在确保公正的基础上提升诉讼效率。对于案情复杂或者犯罪情节严重的案件，依法规范适用普通程序，通过完整的刑事诉讼过程保障当事人的合法权益。繁简分流举措的有效实施，优化了司

法资源配置，缓解了"案多人少"的矛盾。2023年，人民法院继续秉持繁案精审、简案快办的办案理念，根据不同案件情况选择适用不同的审判程序，不断提升审判质效。人民法院选择适用刑事审判程序的具体情况详见表4。

表4　2023年全国人民法院选择适用刑事审判程序的具体情况

审判程序		审结的刑事案件数/件	案件数去年同比/%
一审程序	简易程序	543554	16.61
	速裁程序	274495	39.19
	普通程序	425161	13.33
	认罪认罚程序	511654	44.84
二审程序（开庭审理或听证情形）		43089	62.85
再审程序	依申诉再审	31942	17.06
	其他再审	4154	15.94

　　由于2023年刑事案件数总量上涨，各类审判程序所审结的刑事案件数整体上也呈上升趋势。其中速裁程序的增幅达到了39.19%，这既与刑事案件总数上升相关，也与当前轻罪犯罪数量占比升高相关，还与当前积极推进包括认罪认罚从宽程序在内的繁简分流改革措施相关。适用简易程序与速裁程序审结的刑事案件数占比较高，与当前我国以轻罪为主的犯罪结构相适应。随着轻罪案件数占比的加重，对轻罪案件处理的科学性程度将在整体上决定我国对刑事案件处理的科学性程度。显然，轻罪的治理、追诉、审判等问题将继续作为我国刑事诉讼法实施关注的重点，继续优化、细化轻罪案件的快捷、高效、简易的处理方式，仍是刑事司法改革的方向。

　　1.打造轻罪治理体系，一体推进治罪与治理

　　近年来，我国刑事案件总量虽然长期高位运行，但总体呈现"多而不重"态势，全国检察机关起诉严重暴力犯罪从1999年的16.2万人下降至2023年的6.1万人，占比从25.1%下降至3.6%。与此同时，判处3年有期徒刑以下刑罚的轻罪案件人数占比从1999年的54.4%上升至2023年的82.3%。其中，审查逮捕案件中盗窃罪，诈骗罪，帮助信息网络犯罪活动罪（以下简称帮信罪），掩饰、隐瞒犯罪所得、犯罪所得收益罪（以下简称掩隐罪），开设赌场罪合计占48.4%。审查起诉案件中危险驾驶罪、盗窃罪、帮信

罪、掩隐罪、诈骗罪合计占 53.7%。当前犯罪结构呈现重罪的犯罪率降低、轻罪的犯罪率上升的现象，虽然这并不意味危害公共安全、暴力恐怖犯罪等严重犯罪不再成为关注重点，但如何应对轻罪的大幅度扩张，已经成为司法实践中亟待解决的问题。党的二十大报告强调，"推进多层次多领域依法治理，提升社会治理法治化水平"。为贯彻落实党中央部署，适应刑事犯罪结构变化，司法机关已经开始了对轻罪治理体系的实践探索。最高人民检察院在其印发的《2023—2027 年检察改革工作规划》中，明确提出构建治罪与治理并重的轻罪治理体系。推进轻罪治理现代化，以最大限度减少社会对立面，节约司法资源和社会治理成本。

打造轻罪治理体系的一个切入点就是正确看待和处理醉驾问题。近年来，危险驾驶罪逐步成为我国刑法体系中发案数第一的罪名，2023 年，危险驾驶罪上升 15.25%。对于每年近 30 万人因醉驾而入罪并承担犯罪附带后果（如开除公职、吊销执业资格、解除劳动合同、子女就业受限等）等问题，社会上出现的争议和非议越来越多。① 在此背景下，2023 年 12 月"两高两部"出台了办理醉酒危险驾驶刑事案件意见，构建了全方位、立体化、多层次的醉驾治理体系，进一步统一执法司法标准，实现刑事惩罚与行政处罚有效衔接，一定程度上解决了醉驾案件处理中的问题，受到社会各界高度评价。目前，公安机关、司法机关正在探索借鉴醉驾治理经验，加强对帮助信息网络犯罪活动，掩饰、隐瞒犯罪所得、犯罪所得收益，非法捕捞水产品，非法狩猎等轻微犯罪治理的研究，探索梯次治理模式，增进社会和谐稳定因素。

2. 持续推进认罪认罚从宽制度，有效提升社会治理效能

经过多年实践，认罪认罚从宽制度契合我国当前刑事犯罪结构变化，符合刑事司法发展规律，是中国特色社会主义刑事司法制度的重大创新。全国检察机关依法深化适用认罪认罚从宽制度，注重提升适用质效，适用认罪认罚从宽制度审结案件 2000048 人，认罪认罚适用率 90.3%。共提出量刑建议 1464736 人，其中，确定刑量刑建议 1423431 人，幅度刑量刑建议 41305 人，分别占 97.2%、2.8%。法院采纳确定刑量刑建议 1390219 人，采纳率 94.9%。在法院适用认罪认罚从宽制度审理的案件中，适用简易程序 434474 件，占 38.8%；适用速裁程序 378497 件，占 33.8%。认罪认罚从宽制度发挥的繁简分流作用非常明显。通过适用速裁程序和简易程序审理，简

---

① 周光权：《论刑事一体化视角的危险驾驶罪》，载《政治与法律》2022 年第 1 期；李翔：《论微罪体系的构建——以醉酒驾驶型危险驾驶罪研究为切入点》，载《政治与法律》2022 年第 1 期。

化或者省略了法庭调查、法庭辩论等环节，实现了简案快审，有效缓解了办案压力，缩短了审理周期，显著提升了刑事诉讼效率。在认罪认罚从宽制度的持续推进过程中，全国公安机关大力推进看守所值班律师进驻工作，目前全国 2300 多个在用看守所已基本完成法律援助值班律师工作站建设，值班律师法律帮助实现全覆盖；全国检察机关严格落实法律规定，努力为值班律师履职提供良好的条件和环境，深化刑事案件律师辩护全覆盖试点，听取辩护人、值班律师的意见 216 万余人次，全面推动认罪认罚案件听取意见同步录音录像"应录尽录"，确保认罪认罚自愿、真实、合法。适用认罪认罚从宽制度案件中，一审服判率 96.8%，被告人认罪服法成为常态。认罪认罚从宽制度主动适应了我国刑事犯罪轻刑化的结构变化，有效提升了社会治理效能，充分彰显了在推进国家治理中的制度优势。对自愿如实认罪、真诚悔罪认罚的轻微犯罪被追诉人，依法从宽处理，确保轻罪轻刑、罚当其罪，从而更好落实宽严相济刑事政策，有助于更好地发挥刑罚教育矫治功能，让轻刑罪犯更好改造、回归社会，最大限度地减少社会对立面，促进社会和谐稳定和国家长治久安。①

3. 推进涉案企业合规高质效运行，推动民营企业合规守法经营

涉案企业合规改革，是检察机关推动企业合法合规经营，更好服务经济高质量发展，促进诉源治理的务实举措。2022 年 4 月，经过试点，这项改革在全国检察机关全面推开。截至 2023 年 12 月，全国检察机关已累计办理涉案企业合规案件 9016 件。总的来看，当前涉案企业合规改革所涉罪名基本上涵盖了与企业生产经营相关的绝大多数罪名。主要包括：虚开增值税专用发票罪、虚开发票罪、污染环境罪、重大责任事故罪、串通投标罪、假冒注册商标罪、走私普通货物罪等罪名。对于实践中案件较少的违规不披露重要信息罪、内幕交易罪、非法获取计算机信息系统数据罪等罪名，司法机关也有适用。

2023 年，检察机关进一步深化涉案企业合规改革，对企业及其负责人涉经营类犯罪的，督促作出合规承诺、切实整改。办理相关案件 3866 件，对整改合格的 1875 家企业、2181 名责任人依法决定不起诉，对 415 名责任人起诉时提出依法从轻判处的建议；42 家企业整改不实，对企业或责任人依法提起公诉。

---

① 最高人民法院咨询委员会第八调研组：《完善认罪认罚从宽制度研究的调研报告》，载《中国应用法学》2024 年第 2 期。

过去，涉案企业合规主要由人民检察院主导。2023 年，人民法院参与涉案企业合规成了热门词汇。人民法院开展涉案企业合规改革以来，在帮助、监督、引导和促使企业规范经营，防控合规风险方面取得明显成效，真正做到了促进"严管"制度化，有效防范了"厚爱"被滥用。2023 年，人民法院对 658 家涉案民营企业适用刑事合规程序，依法从宽处罚的同时，充分运用第三方监管机制，促其合规经营。涉案企业合规改革从刑事领域拓展至民事、行政、执行领域，相关案件已达 1711 件。涉案企业合规向审判环节延伸，能够助推审判阶段涉案企业合规的制度改革，有利于保护涉案企业、涉案企业家的权益。

(二)回应社会关切，严惩重点领域犯罪，增强人民群众的安全感

民有所呼，我有所应。2023 年，司法机关始终把民生放在心上、把平安践于行动，严惩严重侵害人民群众切身利益的犯罪行为，全力保障人民群众生命财产安全。

1. 依法严惩侵害妇女儿童权益犯罪

近年来，侵害未成年人犯罪总体呈上升态势，为进一步加强惩治与预防性侵害犯罪工作，2023 年，最高人民法院、最高人民检察院联合制发《关于办理强奸、猥亵未成年人刑事案件适用法律若干问题的解释》《关于办理性侵害未成年人刑事案件的意见》，发布依法严惩组织未成年人有偿陪侍指导性案例。2023 年检察机关在办理涉未成年人性侵犯罪案件中，追诉漏犯 1200 余人，提起抗诉近 500 件。各级公安机关、司法机关严厉打击利用网络"隔空猥亵"、诱骗未成年人帮助网络信息犯罪、侵犯未成年人个人信息等涉网新型犯罪活动。

依法维护妇女合法权益，全面加强妇女权益司法保护。依法严惩侵犯妇女生命健康、人格尊严等犯罪，2023 年，检察机关起诉 4.6 万人，同比上升 10.7%。起诉家庭暴力犯罪 563 人。与全国妇联开展专项工作，对遭受犯罪侵害或民事侵权，无法通过诉讼获得有效赔偿、生活面临急迫困难的 2.3 万名妇女予以司法救助。深化妇女权益保障公益诉讼，重点监督就业歧视、贬损妇女人格等违法行为，办理相关公益诉讼 1490 件。

2. 严厉惩治网络暴力犯罪

近年来，网络暴力问题引发社会广泛关注。网络暴力对受害者产生身体乃至心理的创伤、扰乱网络空间秩序、污染社会风气，成为互联网场域的一颗毒瘤。为进一步加大对网络暴力的惩治力度，营造清朗网络空间，2023 年，最高人民法院、最高人民检察院、公安部联合发布《关于依法惩治网络暴

力违法犯罪的指导意见》(以下简称《意见》)暨典型案例。《意见》共 20 条,包括明确网络暴力的罪名适用规则,明确网络暴力违法行为的处理规则,明确惩治网络暴力违法犯罪的政策原则等,对网络暴力违法犯罪案件的法律适用和政策把握问题作了全面、系统的规定。司法机关对网络暴力重拳出击,人民法院审结网络诽谤公诉案件 32 件,判决有罪人数 85 人,同比分别增长 10.3%、102.4%。

3. 严厉打击跨境电信网络诈骗犯罪

"自由,我所欲也;安全,亦我所欲也。"这是网友对网络安全的一则期待之语。目前,网络安全的突出问题就是电信网络诈骗犯罪。随着国内打击电信网络诈骗力度的加大,犯罪分子纷纷转移至东南亚等国。跨境电信网络诈骗犯罪持续多发高发,严重影响人民群众的获得感、幸福感、安全感。2023 年,司法机关纵深推进打击电信网络诈骗违法犯罪工作,打击跨境电信网络诈骗犯罪取得显著战果。2023 年,全国公安机关共破获电信网络诈骗案件 43.7 万起,抓获一大批违法犯罪嫌疑人,自 2023 年 8 月以来电信网络诈骗发案数连续下降,打击治理工作取得显著成效。2023 年 7 月以来,最高人民检察院会同公安部开展打击治理涉缅北电诈专项行动,目前已从缅北集中遣返约 4.5 万名涉诈人员,打击工作取得显著战果。为依法高质效办好涉缅北电诈系列案件,最高人民检察院与公安部建立会商协作机制,研究解决侦办思路、证据完善、指挥统筹等问题,推进公安部建设全国证据交换平台,联合公安部赴 28 省份开展现场督导,推进串并案件、深挖彻查,形成打击合力。先后向 28 个省份交办督办 4.5 万名人员案件,召开现场推进会、视频督办会,强化督办指导,确保案件质量。针对司法办案中的突出问题,最高人民检察院会同最高人民法院、公安部研究制定办理跨境电信网络诈骗等犯罪有关指导意见,对案件办理中的事实认定、证据审查、法律适用、政策把握等予以明确,强化规范保障。各地检察机关加强与公安机关协作配合,提前介入加强会商、引导取证完善证据,严格依法办案,深挖彻查重大犯罪集团及其组织者、指挥者、幕后金主、骨干分子。①

三、2023 年刑事诉讼法理论研究进展

2023 年,刑事诉讼法学理论研究聚焦刑事诉讼法学理论与实践中的重大

---

① 南方都市报:《专访最高检第四检察厅厅长张晓津:电诈犯罪跨境化,重点打击犯罪集团及幕后金主》,最高人民检察院官网,https://www.spp.gov.cn/zdgz/202403/t20240304_647113.shtml,2024 年 4 月 18 日访问。

问题，扎根中国实践、创新中国理论，以构建中国自主刑事诉讼法学理论体系为目标，着力打造中国特色刑事诉讼法学学科体系、学术体系和话语体系，以中国特色刑事诉讼法学研究推动中国式刑事诉讼法治现代化。

（一）多维度深入开展刑事诉讼法治现代化专题研究

2023年，中国刑事诉讼法学研究会部署开展刑事诉讼法治现代化、政法工作现代化系列专题研究，组成专门团队分八个专题开展研究，各专业委员会、专业论坛及专题学术团队按照研究会要求，广泛开展调研、组织研讨座谈，形成了一批研究成果。中国刑事诉讼法学研究会2023年学术年会以"中国式刑事诉讼法治现代化及其体系化构建"为总议题，围绕刑事司法理念的更新与拓展、刑事诉讼制度的改革与完善展开阐述与讨论。取得的成果和共识有：刑事诉讼领域的"中国特色"与"现代法治"有机融合，催生出中国式刑事诉讼法治现代化，对于法治中国建设具有促进与保障作用。中国式刑事诉讼法治现代化，在诉讼形态上形成错落有致的刑事案件处理机制，在诉讼过程中彰显人权保障的现代刑事诉讼理念，在末端治理上回应犯罪人、被害人和社会公众的多元化需求。[1] 对于刑事诉讼法治现代化的期待，有学者归纳了崇尚刑事程序法治，弘扬程序正义价值；更新刑事诉讼观念，强化人权保障意识；优化刑事职权配置，强化权力制约监督；坚持以审判为中心，落实庭审实质化；完善认罪认罚从宽制度，优化程序分流机制；响应轻罪治理要求，探索程序出罪机制；谦抑行使刑罚权，禁止重复追究行为；迎接新兴技术挑战，强化数字权利保障等八个方面。[2]

另有学者对"刑事诉讼现代化"展开论述。中国式刑事诉讼现代化是中国式现代化与中国式法治现代化的子系统。刑事诉讼现代化可以分为两种基本类型：前一种类型是旧式刑事诉讼现代化，而后一种类型是中国共产党领导的新式刑事诉讼现代化，即中国式刑事诉讼现代化。旧式刑事诉讼现代化强调对外来文化的借鉴，而中国式刑事诉讼现代化注重本土文化、本土资源的利用和中国自身主体性的构建。旧式刑事诉讼现代化是一种源自域外且以域外标准为中心的现代化，而中国式刑事诉讼现代化是一种以社会主义法治建设为中心、适当融合域外因素的现代化。中国式刑事诉讼现代化的特征与要求，第一是公平正义；第二是求真务实；第三是理性高效；第四是主

---

[1] 中国刑事诉讼法学研究会：《刑事诉讼法学：聚焦时代课题，深化理论研究》，载《检察日报》2024年1月14日第3版。

[2] 卞建林：《刑事诉讼现代化的期待》，载《人民检察》2023年第22期。

体的现代化。"中国式刑事诉讼现代化"理论将会是一套充分展现中国刑事司法文明特质、符合中国刑事体制运行规律、有效指导中国刑事诉讼现代化成功发展的现代化理论。①

（二）积极开展刑事诉讼法治促进社会治理研究

2023 年，刑事诉讼法学界围绕司法改革，在以刑事诉讼法治现代化服务保障社会治理现代化过程中重点关注以下四个领域：②

1. 认罪认罚从宽制度研究

与 2022 年相比，2023 年认罪认罚从宽制度相关研究更为深入。对认罪认罚从宽制度设计进行反思这一传统讨论持续进行。有学者通过实证研究认为，我国确实存在认罪认罚自愿性困境，进而可能导致认罪认罚冤假错案的产生，提出在认罪认罚从宽制度适用率逐年上升的背景下，非自愿认罪认罚导致的冤假错案问题应当受到重视与防范。③ 有学者质疑认罪认罚从宽制度下量刑建议的所谓"刚性效力"，对量刑协商的正当性进行了讨论。④ 还有学者对认罪认罚从宽制度与"以审判为中心"可能的冲突进行了研究。⑤ 值得注意的是，对认罪认罚从宽制度中较具操作性的内容的研究有所深化。例如，有学者针对在认罪认罚案件中检察机关在一审法院根据量刑建议作出判决后又以量刑错误为由提出二审抗诉这一"肥尾风险"，提出化解该类风险的关键在于确认认罪认罚案件的量刑建议对量刑类二审抗诉具有约束力，同时明确例外情形。⑥ 针对认罪认罚从宽制度导致传统以审判为中心的程序保障尤其是程序公开原则是否延伸至审前认罪协商阶段问题，有学者建议，认罪协商程序公开路径之优化，宜以司法参与模式下的程序公开为参照，适当引入法官提前介入机制，强化专门机关的信息披露与告知义务，健全协商过程正式性与透明性的制度保障，使之符合正当法律程序之最低要求。⑦ 针对当事人认罪认罚而律师能否做无罪辩护问题，有学者对认罪认罚从宽案件的庭

---

① 左卫民：《刑事诉讼现代化：历史与未来》，载《华东政法大学学报》2023 年第 6 期。

② 《CLSCI 年度报告（15）｜2023 年度 CLSCI 来源期刊事诉讼法学发布情况与统计分析》，中国法学创新网，http://www.fxcxw.org.cn/dyna/content.php? id=26841，2024 年 4 月 18 日访问。

③ 王迎龙：《认罪认罚自愿性困境实证研究》，载《环球法律评论》2023 年第 6 期。

④ 郭烁：《量刑协商正当性的补强与量刑建议刚性神话的祛魅》，载《法制与社会发展》2023 年第 3 期。

⑤ 汪海燕：《认罪认罚从宽制度视野下的"以审判为中心"》，载《中国法学》2023 年第 6 期。

⑥ 吴光升：《认罪认罚案件量刑建议对量刑类二审抗诉的约束力》，载《法学》2023 年第 5 期。

⑦ 张青：《认罪协商程序公开及其路径选择》，载《环球法律评论》2023 年第 4 期。

审中，被追诉人坚持认罪认罚，但又默许辩护人进行无罪辩护这一矛盾辩护策略进行了分析，主张赋予被告人在矛盾辩护中的择一选择权。①

2. 监察法与刑事诉讼法的衔接研究

监察法与刑事诉讼法的衔接研究是刑事诉讼法学界对监察体制改革的积极回应，这一回应主要围绕三个方面的衔接展开：对于监察证据与刑事诉讼证据的衔接问题，有学者提出制定科学体系化的监察证据标准，重点解决抽象标准与具体标准、统一标准与差异标准、强制标准与指引标准之间的关系问题；②另有学者研究了监察证据在刑事诉讼中排除的难题与破解，指出我国刑事证据理论支持上存在不足，并提出了客观性排除制度和主观性排除制度。③ 对于监察监督与检察监督的衔接问题，有学者认为，刑事法律监督和监察监督在立案管辖范围、监督方式以及监督阶段等事项上具有差异性、趋同性和互补性，应当将两大监督置于国家权力体系之中予以审视，以国家权力监督原理为指导来进一步理顺刑事检察监督与监察监督之间的关系。④ 对于监察留置与羁押措施的衔接问题，有学者从司法实践选取 2018 年至 2021 年四年间的 1100 份职务犯罪案件作为样本进行分析，指出监察留置期限表现出显著的羁押性，捕诉率居高不下，留置衔接以逮捕为主，表现出"留置中心主义"。针对这一现象，衔接程序应以程序规制为核心抓手，限制监察留置的准入程序，落实羁押必要性审查制度。⑤

3. 涉案企业合规研究

2023 年企业合规研究主要集中于企业合规的中国式本土化道路研究上。关于企业合规制度的本土化构建路径问题，有学者从刑事一体化视野出发，紧扣该理论"犯罪治理是社会治理"的基本主张，探讨了企业合规的制度定位和路径选择问题。⑥ 法院如何参与涉案企业合规改革已经成为学界的热门话题，有学者提出法院参与企业合规改革的基本路径包括量刑程序、撤回起诉

---

① 程龙：《论认罪认罚从宽制度中的矛盾辩护》，载《中国刑事法杂志》2023 年第 2 期。
② 张红哲：《监察证据标准的理论阐释与优化路径》，载《中外法学》2023 年第 3 期。
③ 林志毅：《监察证据在刑事诉讼中排除的难题与破解——以"刑事证据的两面"理论为视角》，载《政法论坛》2023 年第 5 期。
④ 樊崇义：《国家权力监督原理下监察监督与刑事检察监督的关系研究》，载《法学家》2023 年第 3 期。
⑤ 自正法：《监察留置衔接为羁押措施的法理反思与程序规制》，载《政治与法律》2023 年第 3 期。
⑥ 叶良芳：《刑事一体化视野下企业合规制度的本土化构建》，载《政法论丛》2023 年第 2 期。

程序以及未来可能构建的企业缓刑制度；①也有学者认为法院的审前参与实无必要，法院应主导审判阶段合规程序的启动，可以从合规的自愿性、有效性和公共利益等方面展开实质审查，对合规情况进行监督核实，并在认罪认罚从宽制度的基础上构建相对独立的合规从宽规则；②还有学者针对企业合规中的"法检协作"问题，提出应根据企业犯罪的轻重分别采取附条件不起诉制度和暂缓起诉制度，前者适用于检察机关起诉裁量权范围内涉嫌轻罪的企业，其是否不起诉由检察机关独立决定，后者适用于涉嫌重罪的企业，其是否不起诉需要通过法院司法审查决定，以建构企业合规不起诉法院司法审查的制度。③

4. 轻罪治理体系研究

随着我国犯罪治理迈入"轻罪时代"，如何用中国式现代化的理念和标准来治理轻罪，成为学术热议话题。有学者对轻罪治理进行了理论反思，指出制定单独的轻罪法不可行，轻罪入刑的同时应当畅通出罪机制、完善前科制度、规范附随后果。④ 也有学者对轻罪治理的理论与实践进行了总结，指出应当做好中国式轻罪治理现代化的制度保障，包括坚持党的领导保障轻罪治理的正确方向、以人民为中心奠基轻罪治理的价值原点、树立科学的轻罪治理理念、全面把握实体与程序的协同关系、善于用好宽严相济刑事政策。现阶段，应优化中国式轻罪治理现代化的程序供给路径，包括关于轻罪的划分标准、推动建构和完善刑事协商制度及程序、完善程序出罪机制、加快构建具有中国特色的犯罪记录消除制度、轻罪案件的证明标准等。⑤

（二）刑事诉讼法再修改问题研究

公平正义理念是中国刑事司法现代化改革最核心的目标和指引，刑事诉讼法理论研究要聚焦刑事司法改革和刑事诉讼法修改。《刑事诉讼法》修改已被列入十四届全国人大常委会立法规划，即将迎来自颁行以来的第四次修改。学界一致认为，《刑事诉讼法》再修改要认识和尊重《刑事诉讼法》的个性与刑事司法规律，关注刑事诉讼法的国际法属性，确立程序法定、无罪推

---

① 褚福民：《法院参与企业合规改革的基本路径》，载《法学杂志》2023 年第 2 期。
② 周新：《人民法院参与涉案企业合规改革问题研究》，载《法商研究》2023 年第 6 期。
③ 孙国祥：《企业合规不起诉法院司法审查的理据、模式和路径》，载《法学论坛》2023 年第 5 期。
④ 陈兴良：《轻罪治理的理论思考》，载《中国刑事法杂志》2023 年第 3 期。
⑤ 樊崇义：《中国式刑事司法现代化下轻罪治理的理论与实践》，载《中国法律评论》2023 年第 4 期。

定原则和沉默权制度；①坚持将公正作为刑事诉讼的核心价值观，将强化人权司法保障作为修法的重要任务，在总结司法改革经验成果的基础上，对刑事诉讼与监察制度的衔接、法律援助制度、证据种类和证明标准制度、认罪认罚从宽制度、上诉不加刑原则、死刑复核程序、审判监督程序、涉案企业合规制度、程序性法律后果等若干具体内容加以优化和完善。② 还有学者建议增加"涉外犯罪案件诉讼程序"和"涉老案件诉讼程序"。此次改革不应采取"修正案"模式，而应采用法典化模式，且此次修法应当大幅度增加相关条文，有人主张至少增加至500条。③

（三）中国刑事诉讼法学自主知识体系研究

建构自主的知识体系是我国哲学社会科学特别是法学发展必由之路。就刑事诉讼法学而言，这种自主的知识体系在立场上要求立足、认清我国的制度与实践，在话语上要求反映、使用本土概念和原则，在效果上要求有效说明并指导我国刑事诉讼实践的发展，进而形成并提高我国法学法律知识的世界影响力。④ 在中国刑事诉讼法学研究会2023年学术年会上，学者们就中国刑事诉讼法学自主知识体系达成了以下共识：刑事诉讼法学自主知识体系的建构本质上就是建构一套与我国当前现代化建设相契合的刑事诉讼理论体系，完善刑事诉讼理论体系是构建刑事诉讼法学自主知识体系的重要路径。构建中国自主刑事诉讼法学知识体系应坚持鲜明的政治立场，坚持法学研究的主体性和民族性，坚持以自主性、原创性和创新性作为着力点；体系建构的逻辑结构应当以马克思主义哲学中的辩证唯物主义和历史唯物主义为基本立场。⑤ 多数观点认为，中国刑事诉讼法学自主知识体系的建构需要从刑事诉讼理念和刑事诉讼理论体系两个层面加以推进：刑事诉讼理念是建构刑事诉讼法学自主知识体系的重要基础，刑事诉讼理念的现代化是推动中国刑事诉讼法学自主知识体系建构的重要动力。⑥

---

① 谢佑平：《法治现代化视野下〈刑事诉讼法〉再修改》，载《政法论坛》2024年第1期。

② 陈光中：《〈刑事诉讼法〉再修改的若干重要问题探讨》，载《政法论坛》2024年第1期。

③ 韩旭：《刑事诉讼法典化的实现路径》，载《法治研究》2023年第6期。

④ 左卫民：《何处寻觅刑事诉讼的中国知识：打造自主知识体系的若干思考》，载《清华法学》2023年第3期。

⑤ 张宁：《以中国特色刑事诉讼法学研究推动中国式刑事诉讼法治现代化》，载《检察日报》2023年11月21日第3版。

⑥ 中国刑事诉讼法学研究会：《刑事诉讼法学：聚焦时代课题，深化理论研究》，载《检察日报》2024年1月14日第3版。

四、刑事诉讼法实施中的问题及其完善建议

以刑事诉讼法治现代化服务中国式现代化是当前和今后一个时期刑事诉讼法学法律工作者的时代重任。中国刑事诉讼法治建设应当继续坚持以人民为中心，顺应刑事犯罪结构变化和司法规律发展，不断改革创新，加强刑事诉讼法学自主知识体系建设，推动刑事诉讼法典实质落地，打造更高水平的刑事诉讼法治文明，在服务社会治理现代化建设征程中贡献司法智慧和力量。

（一）以完善认罪认罚从宽制度为契机，促进刑事诉讼法治完善，强化人权司法保障

2023 年，超过 90% 的犯罪嫌疑人在检察环节认罪认罚，一审服判率 96.8%，高出未适用该制度案件 36 个百分点。认罪认罚从宽问题成为刑事诉讼法治完善的核心问题可谓是当之无愧。司法实践证明，认罪认罚从宽制度契合我国当前刑事犯罪结构变化，符合刑事司法发展规律，是中国特色社会主义刑事司法制度的重大创新。但调研[①]也发现，当前该制度在司法适用中仍存在着重刑案件[②]量刑建议采纳率不高，犯罪嫌疑人、被告人辩护权和自愿性保障机制不到位等方面的突出问题，导致宽严相济刑事政策释放得不完全不充分。

1. 提高重刑案件量刑建议的质量及多样性

从数据上看，2023 年，全国法院适用认罪认罚从宽制度审结的一审刑事案件，分别占同期审结刑事案件总数、人数的 88.2% 和 86.2%。但是，调研中参与访谈的法官、检察官均反映，有相当一部分认罪认罚案件，法院的宣告刑比检察机关的量刑建议更重，而且除走私案件外，重刑案件量刑建议采纳率不高。这一方面是因为有的法官认为量刑建议特别是确定刑量刑建议对审判机关的量刑裁决权产生了实质影响，从而对确定刑量刑建议产生抵触情绪，[③]导致在量刑建议的采纳方面与检察机关存在"较劲"现象；另一方面是由于重罪案件量刑建议质量不高。例如，在从宽幅度及同向量刑情节的运

---

① 此调研为最高人民法院咨询委员会第八调研组的调研，调研报告详见《中国应用法学》2024 年第 2 期。

② 指被告人被判处 3 年以上有期徒刑的案件。

③ 也有极少数法官因顾虑须对案件质量终身负责，在审查量刑建议时存在偏重倾向，以此规避可能存在的责任风险。

用方面。《关于适用认罪认罚从宽制度的指导意见》对于从宽幅度的规定过于原则，仍需进一步细化。对于其他应当考虑的影响从宽幅度的因素，如犯罪事实、性质、情节，认罪认罚对案件侦破价值等是否从宽以及具体从宽幅度未加以规定，法检两家在这些问题上的认识常常不一致。此外，认罪认罚与自首、坦白等同向量刑情节的关系以及如何计算等问题也容易在实践中产生分歧。

为切实克服重刑案件量刑建议采纳率不高的问题，需要从两个方面入手：一是应当在认罪认罚案件中加入更多的"协商"因素。法检两家应当就认罪认罚从宽制度形成定期协商沟通机制，实现个案办理和类型化案件常态化协商。二是实现量刑建议的多样化，改变精准量刑建议一种主导的现象。由于认罪认罚从宽制度实施的诸多关键环节都是在审查起诉阶段完成的，[①]因此，检察机关在提出量刑建议时，应当根据案件复杂程度和检察官的能力水平，提出多种形式的量刑建议，而非仅提精准量刑建议，以避免在审判程序中因量刑标准过于明确而导致法官对量刑建议变更、不予采纳问题。建议最高人民法院联合最高人民检察院，在《关于适用认罪认罚从宽制度的指导意见》文件的基础上，以省（市）为单位，就认罪认罚常见罪名制定符合本地区实际的量刑实施细则，细化常见罪名量刑标准以及附加刑和刑罚执行方式，明确从宽的具体幅度和明显不当的标准，统一量刑方法与裁量幅度，形成法检两家共同遵循的量刑规则。

2. 依法保障犯罪嫌疑人、被告人认罪认罚的自愿性和获得有效辩护的权利

检察机关充分听取辩方意见，落实控辩双方充分协商，是正确适用认罪认罚从宽制度的基础。但是在实践中，由于控辩双方在协商过程中地位不等、力量不均，往往难以做到平等协商。检察官往往是流水线式办案，不愿意耐心将案件情况告知犯罪嫌疑人，犯罪嫌疑人其实没有足够的能力去判断量刑建议的合理性。有的犯罪嫌疑人和被告人，在羁押状态下认罪认罚容易产生违心认罪；有的是被告人认罪后，检察机关才变更强制措施；有的检察官在讯问犯罪嫌疑人、做完笔录后，就一并开展认罪认罚具结书的签署，犯罪嫌疑人没有慎重抉择的时间和机会。这些都很难保障犯罪嫌疑人认罪认罚的自愿性。《法律援助值班律师工作办法》规定了值班律师对犯罪嫌疑人认罪认罚的自愿性的见证职能，明确了值班律师参与量刑协商过程的要求，

---

① 例如听取犯罪嫌疑人、辩护人或者值班律师的意见，在辩护人或者值班律师在场的情况下签署认罪认罚具结书，就主刑、附加刑、是否适用缓刑提出量刑建议等。

但是，值班律师在我国刑事诉讼中究竟是何种性质一直以来都不够明确，是否具有辩护律师的地位，是否有能力发挥辩护律师的作用，都是不确定的，因此，其功能很容易被异化为认罪认罚的"见证人"而不是辩护人。即使值班律师的主要作为是"见证人"，其所承担的职能也不单单是程序性见证，还要证明犯罪嫌疑人签署具结书的自愿性。但是现实中值班律师更多只是程序见证，自愿性证明作用未能得到充分发挥，遑论起到实质帮助作用。

为解决保障平等协商的诉讼效果上存在欠缺的问题，有必要在认罪认罚案件中进一步完善值班律师的辩护职能，不能仅仅将值班律师认定为司法机关的合作者或者类似"急诊医生"的角色，就算不能将其认定为辩护律师，也应当将其视为为认罪认罚的犯罪嫌疑人、被告人争取有利量刑而与司法机关相互协商的"准辩护人"。在值班律师的"法律帮助者"定位没有改变前，可以考虑改变现有律师独立值班办案的法律帮助形式，实现值班律师公设化，即通过在司法行政机关内建立值班律师办公室，以团队形式为被追诉人提供法律服务，实质性提升法律帮助效果。[1] 未来，在承认值班律师的辩护人性质的基础上，值班律师"实质性参与"应当是目前完善我国值班律师制度的基本方向；[2]只要犯罪嫌疑人、被告人没有委托辩护人，就应"强制指派"值班律师介入案件；值班律师阅卷权应当从"查阅"扩展到"摘抄""复制"；在值班律师对量刑建议有异议时，应赋予其拒绝签字的权利；以此实现保障犯罪嫌疑人、被告人认罪认罚的自愿性和获得有效辩护的权利的制度目标。

（二）以深化涉案企业合规改革和探索构建轻罪治理体系为抓手，拓展刑事诉讼法治的治理功能，形成多元治理格局

刑事诉讼法治是法治建设的重要组成部分，是国家和社会治理的重要内容，在深化犯罪治理和推动矛盾纠纷化解等方面有着不可替代的作用。有必要深刻认识刑事诉讼法治的治理作用，立足治理抓治罪，结合治罪抓治理，推进刑事综合治理，形成多元治理格局。

1. 深化涉案企业合规改革，更好发挥企业治理效能

我国刑法对单位犯罪实行"双罚制"。在"双罚制"单位犯罪处理模式下，企业一旦被判有罪，往往严重影响企业正常经营，使企业丧失发展机遇，甚至关门倒闭，由此对经济发展、职工就业等带来巨大的负面影响。涉案企业

---

[1] 程衍：《论值班律师公设化》，载《中国刑事法杂志》2023年第3期。
[2] 贾志强：《回归法律规范：刑事值班律师制度适用问题再反思》，载《法学研究》2022年第1期。

合规改革可以帮助一批社会危害性不大、有整改意愿和条件的企业摆脱犯罪困扰，从而实现我国单位犯罪治理模式由"治罪"向"治理"的转型。在当前大部分民营企业尚未建立合规体系的情况下，这一治理效果尤为明显。

我国涉案企业合规改革虽然取得显著成效，但在具体实施中还存在一些问题，甚至是涉及刑法、刑事诉讼法的根本原则和制度的问题，急需理论和实践予以回应：

首先，涉案企业合规面临"于法无据"的窘境。习近平总书记强调："凡属重大改革都要于法有据。"目前刑法、刑事诉讼法都没有明确规定涉案企业合规，现有的合规实践都在挖掘现有制度的潜力，例如刑法关于自首、立功、缓刑、认罪认罚从宽等规定，刑事诉讼法关于羁押必要性审查、速裁程序、中止审理等的规定等，都不是长久之计。虽然"两高"发布了指导性案例、典型案例和一些指导意见，但是效力有限。如何加强对相关立法工作的协调，确保在法治轨道上推进改革，还需要进一步规划协调。

其次，涉案企业合规的适用范围存疑。传统观点基于"放过企业，严惩责任人"的立场，认为涉案企业合规整改的对象是企业，自然人犯罪并不适用企业合规。问题在于，在我国的语境下，企业尤其是民营企业的发展，离不开民营企业家的担当作为、砥砺前行，很多民营企业都深深地烙上了创始人与当家人的个人印记。① 在这种情况下强调"放过企业，严惩责任人"，恐怕实际上收到的是"谁也没放过"的效果。另外，《刑事诉讼法》中能够对企业合规适用的只有"酌定不起诉"一种方式，"酌定不起诉"的适用条件是"犯罪情节轻微，依照刑法规定不需要判处刑罚或者免除刑罚"，显然，涉案企业合规对重罪案件并不适用。但是司法实践中甚至最高人民检察院公布的涉案企业合规案例中不乏应当判处 3 年以上有期徒刑的案件，由此带来涉案企业合规在适用案件上的争议。

最后，法院参与涉案企业合规的问题。从 2023 年开始，法院开始积极推进涉案企业合规。② 法院当然可以参与涉案企业合规改革，但对于法院参与涉案企业合规改革的理论依据、参与改革的目的与条件、参与的启动模式、与检察院的分工协作关系等问题，均缺乏统一认识和法律规定。

---

① 党中央的相关文件多次强调"民营企业和民营企业家"，说明这两者并不是截然分开的。

② 最高人民法院院长张军指出，"刑事涉企合规改革，不只是检察机关的事，法院也要参与发挥作用""可以研究同检察机关共同做好涉案企业合规改革，依法判处缓刑、免予刑事处罚的，充分利用当地已经构建的第三方合规监管机制，引导民营企业诚信守法经营，对违规违法行为坚决规制、纠正"。

　　针对上述涉案企业合规改革中存在的问题，应当从以下方面进行完善：

　　第一，修改相关立法，确保涉案企业合规改革在法治轨道上进行。通过修改刑事诉讼法吸收企业合规改革的成熟经验，将其最终转化为国家法律规范，使其具有普遍的法律效力，这一点没有异议，有异议的是立法模式的选择。对于涉案企业合规的立法模式，目前有三种不同的建议方案：第一种是大方案，即在《刑事诉讼法》第五编"特别程序"中增设一章"单位刑事案件诉讼程序"，对单位犯罪案件追诉中的普遍性问题作出全面规定，并引入关于企业合规的程序启动、监督考察、法律后果等规定；第二种是中方案，即在《刑事诉讼法》第五编中增设一章"单位合规特别诉讼程序"，以突出规定企业合规的个性化问题；第三种是小方案，即在《刑事诉讼法》第二编第三章"提起公诉"中增设合规附条件不起诉制度。由于涉案企业合规还属于新事物，相关的理论研究不够，司法实践中对一些共识性问题还没有达成一致意见，①可供参考的案例也不充足，当前不宜采取一步到位的立法策略。可以考虑先从小方案做起，待到将来理论研究充分，司法实践已经达成基本共识，司法案例能够提供清晰的裁判规则时，再向中方案乃至大方案迈进。

　　第二，扩大涉案企业合规在刑事诉讼中的适用范围。从实际情况看，重罪案件涉案企业为中大型公司的比例更大，如果定罪处罚，无疑会波及更多无辜者的利益。因此，重罪案件适用合规不起诉是涉案企业合规改革推进必须迈过的门槛。需要对《刑事诉讼法》进行修改，增设针对重罪的合规不起诉条款。此外，还需要将合规从检察环节扩充到侦查环节和审判环节，增加侦查环节的合规不羁押、合规撤销案件，审判环节的合规中止审理、合规不判处实刑等，实现企业合规的刑事诉讼全流程适用。

　　第三，明确法院参与涉案企业合规改革的路径。目前，检察机关主导的涉案企业合规改革主要通过对涉案企业作出不起诉决定来实现。但在司法实践中，对该类不起诉决定缺乏监督，容易导致制度异化和司法腐败。因此将其纳入审判环节具有必要性。但是，现在法院参与涉案企业合规改革面临制度缺位、理论准备不足、动力不足、审限不足、审判力量不足、纸面合规等困难，检察院在办理涉案企业合规方面已有经验，因此目前法院参与涉案企业合规主要还是以配合检察院为主，做好相应的工作衔接、程序衔接和机制衔接工作。法院在与检察院携手做好刑事合规工作之余，还应当积极将企业合规的边界延展到民商事、行政、执行等领域，同时积极通过制发司法建议

---

　　① 典型表现就是"两高"至今未就涉案企业合规出台司法解释。

等方式，推动企业合规实现从个案合规到行业合规。

2. 着力完善中国特色的轻罪治理体系，推动刑事诉讼模式向更有利于国家治理现代化的方向转型

2023 年刑事诉讼法领域的一个高频词是"轻罪治理"，这与我国犯罪结构新变化与犯罪治理新形势相关。判处 3 年有期徒刑以上刑罚比例从 1999 年的 45.4% 降至 2023 年 1 月至 9 月的 17.2%，犯罪结构呈现明显的轻罪化，社会治理进入新阶段。法令者，治之具，而非清之源。过去的重刑主义和奉"严打"斗争为灵丹妙药的倾向已经彻底行不通了。在轻罪时代，套用司马迁的话就是："治理轻罪者，轻刑薄惩可也，焉用重刑严惩哉？"因此，应准确把握宽与严的辩证关系，科学确定出入罪标准，充分考虑具体案件的危害程度和犯罪情节，就显得特别重要。《2023—2027 年检察改革工作规划》明确要求研究轻微刑事案件出罪入罪标准，促进构建治罪与治理并重的轻罪治理体系。但是，目前的轻罪治理体系还处于"雷声大雨点小"阶段，虽然在刑事诉讼法领域成为高频词，但在司法实践中最值得一提的样本，除去过去的"少捕慎诉慎押"，无非就是"两高两部"联合发布的《关于办理醉酒危险驾驶刑事案件的意见》，以及对于实施帮助信息网络犯罪活动的未成年人、在校学生、刚毕业大学生等从宽处理，最高人民检察院与公安部联合印发的《人民检察院、公安机关羁押必要性审查、评估工作规定》三件而已。当前司法实践开展的探索多侧重于"点"的层面，至于诉讼环节、阶段的优化，尚未基于"轻罪治理"这一命题形成完善体系。轻罪治理面临犯罪附随后果制度不尽完善、起诉裁量权行使存在无监督、轻罪案件诉讼程序亟须规范化等现实困境。

从结构性构建轻罪治理体系考虑，改革需要在"面"的层面实现刑事诉讼流程前后、内外的一体化推进。"面"的层面主要分平面和立体两个方面。平面是指将现有的成功经验平行扩展到其他方面去，这一方面的举措主要是建立梯次过滤机制，是指对符合一定条件的轻罪案件，在侦查或审查起诉阶段终止诉讼处理，并替代以非刑罚方式处理，这是轻罪治理的一个重要面向。[1] 对此，要借鉴醉驾治理经验，将有益的治理经验逐次扩展到帮助信息网络犯罪活动，掩饰、隐瞒犯罪所得、犯罪所得收益，非法捕捞水产品，非法狩猎等轻微犯罪治理中。梯次过滤机制的潜在含义在于，即便以刑罚方式处

---

[1]　朱铁军、张楚昊：《更新理念完善机制赋能轻罪治理》，载《检察日报》2023 年 1 月 20 日第 3 版。

理了犯罪人，将来也要考虑其复归社会的需要。因此，要探索犯罪附随后果制度配套改革。面对大量的轻罪案件，我国严苛的前科处罚（前科报告、职业限制、政审等），使得很多轻罪案件展示出"轻罪不轻"、刑罚惩罚与附随后果"倒挂"的现象，这容易把轻罪之人推向社会的对立面，使其成为社会的不稳定因素。① 可以借鉴现有的针对未成年犯罪人设置的犯罪记录封存制度，建立针对成年犯罪人的轻罪记录封存制度，并探索建立轻罪前科消灭制度，等等。所谓立体，是指实现轻罪处理不同层面之间的协调：一是要实现实体与程序的一体协调。轻罪区分标准存在实体和程序上的疑难，应基于刑事一体化的考虑，在效果上实现实体和程序适用标准上的统一。二是要实现刑事诉讼全流程的一体协调。公检法司的职能定位不同，在推动轻罪治理体系构建的认识上可能存在不同倾向，应协同推进轻罪区分标准在诉讼中的协调适用，避免出现不同环节的标准矛盾。三是要实现治罪与治理的一体协调。将轻罪区分标准从刑事司法实务向社会治理传导，从而实现治罪与治理并重。② 在这个过程中，司法机关必须牢记，轻罪治理的目的，不仅在于惩罚犯罪，而且在于化解矛盾纠纷。因此，坚持和发展新时代"枫桥经验"，同样是轻罪治理的题中应有之义。

（三）推动《刑事诉讼法》第四次修改，实现刑事诉讼法"实质法典化"

理论上通常认为，刑事诉讼法的法典化有形式化和实质化之分。所谓形式法典化，是指名义上有一部以刑事诉讼法命名的法典；所谓实质法典化，是指法典本身的科学性、体系性、完备性达到非常高的水平。③ 刑事诉讼法学界一致认为，颁行于 1979 年的《刑事诉讼法》，在经过 1996 年、2012 年和 2018 年三次规模不等的修改之后，其"形式法典化"已经基本实现，目前学界主要讨论的是刑事诉讼法的"实质法典化"。

1. 刑事诉讼法"实质法典化"属于内生型立法，仍应以总结司法实践经验为主

我国刑事诉讼法需要修改，这是普遍共识。但问题在于，许多学者对本次刑事诉讼法修法提出了很多不切实际的期待。有学者认为我国现行刑事诉讼法只有 300 余条，要扩充到 500~600 条，但是并没有为具体如何"扩容"

---

① 成功、刘树德：《轻罪时代的犯罪治理及其制度供给》，载《人民法院报》2023 年 8 月 25 日第 5 版。

② 陈苹：《刑事一体化下的轻罪治理路径选择》，载《检察日报》2024 年 3 月 12 日第 3 版。

③ 李奋飞：《刑事诉讼法"实质法典化"的五大期待》，载《法治研究》2023 年第 6 期。

提供详细论证；还有学者对标国际公约和外国刑事诉讼法，提出了一系列修改清单，要求"应改尽改"，却从来没有考虑这些修改是否符合中国的司法实际。在这个问题上我们是吃过亏的。① 因此，许多修法建议更多地体现为一种"情绪性立法"，恐怕会对刑事诉讼法造成不能承受之重。法律不接地气，就会被束之高阁。

回顾我国刑事诉讼法的修改历史，从动力机制而言，1979 年与 1996 年的刑事诉讼法表现出很强的"外源型"特征。由于理论与实践经验的缺乏，1979 年的刑事诉讼法在很大程度上借鉴了苏联的刑事诉讼法，而 1996 年的刑事诉讼法则引进了诸多英美刑事诉讼的理念与制度。以域外作为改革参照和制度设计模板，虽然使中国的刑事诉讼法取得了长足的进步，在概念术语、程序架构与制度设置上迅速与法治发达国家接轨，但是导致了制度设计与实践运行脱节的现象。② 2012 年与 2018 年的刑事诉讼法则转向"内生型"，这鲜明地体现为本土固有的制度要素得到立法者更多的确认，先前的改革实践所形成的制度经验大多被上升为正式的法律。③ 因此，企图一蹴而就，通过对标国际公约和所谓国外"先进"立法的规定，来给我国的刑事诉讼法修改规定标准，甚至要求在条款数上都要"看齐"的"情绪性立法"并不可取。刑事诉讼法的修改完善是一个循序渐进的过程。从 2012 年刑事诉讼法修改开始，我国立法者主要是通过反思司法实践中社会各界广泛关注，实务部门强烈反映的问题，总结各方面的经验教训，从中获得构建或者完善刑事诉讼法的经验性依据。事实证明，这种经验主义的做法是成功的。《刑事诉讼法》的第四次修改仍然应当遵循经验主义的立法思维模式，把司法实践经验中行之有效的做法上升为法律规范。

2. 建构以审判为中心的诉讼制度体系

《刑事诉讼法》的第四次修改应当全流程检视刑事诉讼程序的具体实务问题，进一步完善相关制度设计和运行措施，将新时代以来没有推进到位的司法改革推进到位，将新时代以来成熟的改革经验上升为法律，为推进刑事

---

① 这方面的典型就是案卷移送制度。受国外"起诉书一本主义"的影响，1996 年的刑事诉讼法制定了复印件移送制度，并将原有的全案移送改为证据目录、证人名单及主要证据的复印件或照片的移送。但是由于"水土不服"，2012 年的刑事诉讼法恢复了全案移送制度。

② 达玛什卡就注意到了这个问题：除非本国制度背景中存在外国规则发挥作用的先决条件，否则刑事诉讼制度移植总是难以成功的。参见米尔伊安·R. 达玛什卡：《司法和国家权力的多种面孔——比较法视野中的法律程序》，郑戈译，中国政法大学出版社 2004 年版，引言。

③ 例如，认罪认罚从宽制度、速裁程序就是把试点工作经验中行之有效的做法上升为法律规范的。

程序法治现代化奠定坚实的立法基础。为此，除了前文提到过的企业合规制度、轻罪治理体系与值班律师辩护权的修改之外，还必须大力推进以审判为中心的刑事诉讼制度改革。

相较于域外刑事诉讼，我国刑事诉讼中法院的程序权是最弱的，地位也是最低的，这种局面已经严重制约法院审判职能的发挥，无法履行法院公平正义最后一道防线的职责。故在 10 年前，党的十八届四中全会通过的《中共中央关于全面推进依法治国若干重大问题的决定》破天荒地提出了推进以审判为中心的刑事诉讼制度改革的要求，这是我国司法体制改革措施中的一项重大改革举措，也是一个重大的理念创新。遗憾的是，法学理论界与司法实务界对这项改革重大意义的认识还不到位，国家对这项重大改革的推进力度还存在严重不足。因此，在《刑事诉讼法》的第四次修改中，应当将"以审判为中心"的诉讼制度改革要求与相关成果确立为法律规范。具体而言，应推动侦查、审查起诉、审判阶段观念转变，对于所有的刑事诉讼制度、程序进行统筹考虑，树立为庭审实质化服务的理念。① 体现在刑事诉讼法的具体修改上，一是要进一步理顺刑事诉讼各机关之间的关系，将刑事诉讼各机关分工负责、互相配合、相互制约的关系，建立在"坚持以审判为中心"的基础之上；二是确立证据标准以审判为中心的原则，将证据裁判的要求落实到位，确保刑事证据收集提取和审查判断围绕以审判为中心开展。可在《刑事诉讼法》中增加类似规定，强调公安机关、人民检察院在收集、固定、审查、运用证据时，应当与刑事审判关于证据的要求和标准相一致，经过法庭审查采信才可认定。

3. 扩大刑事援助辩护范围

根据现行《刑事诉讼法》的规定，我国刑事法律援助包括因经济困难或其他原因而申请指派律师援助，以及是盲、聋、哑人或者尚未完全丧失辨认或控制能力的精神病人、未成年人，可能被判处无期徒刑或死刑等法定指派律师援助情形。2021 年颁布的《法律援助法》扩大了刑事法律援助的范围，在应当指派律师援助的适用人员中增加了死刑复核程序的被告人，还将适用普通程序审理的刑事案件和强制医疗案件纳入法律援助的范围。基于《刑事诉讼法》与《法律援助法》互相衔接的需要，此次《刑事诉讼法》修改有必要加入相应内容。另外，刑事法律援助的覆盖范围仍需要进一步扩大。例如，《法律援助法》第 25 条将死刑复核案件提供法律援助的范围限缩为提出法律援

---

① 陈光中：《〈刑事诉讼法〉再修改的若干重要问题探讨》，载《政法论坛》2024 年第 1 期。

助申请的被告人,与加强死刑案件被告人权利保障的法治发展方向背道而驰,不利于对死刑复核案件被告人权益的保障,有必要在《刑事诉讼法》修改中予以修正。①

4.改进证据种类和证据标准

就证据种类而言,目前我国《刑事诉讼法》对证据规定的条文比较少、证据部分规定得比较简单,导致过于简单的规定无法适应实际情况的快速发展,司法实务不得已通过司法解释予以扩张证据种类。② 为了从根本上解决上述证据的合法性问题,《刑事诉讼法》在修改时必须吸收相关司法解释的规定,做出必要的回应,有学者提出就证据设置兜底条款,例如在《刑事诉讼法》第 50 条第 2 款增加兜底规定"其他可以用于证明案件事实的材料"③。这样一来,恐怕有严重冲击法定证据制度,混淆严格证明与自由证明之虞,因此殊不足采。

5.进一步强化涉案财物处置

长期以来,"重定罪量刑、轻财产处置"的观念客观存在。我国刑事诉讼法长期关注的是"对人之诉",对于"对物之诉"缺乏足够的认识,④这就导致涉案财产处置在我国目前的刑事诉讼程序中存在着规定不具体、执行方式不统一等问题,实践中出现了很多财产不当处置的情况,损害了刑事诉讼当事人的合法权益。本次《刑事诉讼法》修改需要明确规定涉案财产处置的一般性要求,并在该原则的指导下设立一系列具体的程序性规则,来保障刑事诉讼当事人的财产性权利不被侵损。可以考虑建构相对独立的涉案财物处置程序,促进涉案财物处置的公开化、透明化,限制法官的自由裁量权,最大限度实现公正与效率的统一。⑤ 同时,应当配套设置涉案财物归属中央财政,不得进入地方财政的制度。

6.增设程序性制裁后果

有学者认为,此次《刑事诉讼法》修改还应当对程序性法律后果的问题加

---

① 潘金贵:《刑事法律援助制度的发展与完善——兼评〈法律援助法〉相关条文》,载《法学杂志》2022 年第 2 期。

② 例如,2021 年《最高人民法院关于适用〈中华人民共和国刑事诉讼法〉的解释》确认了专门性问题报告和事故调查报告的证据地位,由此我国解决专门性问题的基本格局将逐渐演变为以鉴定意见为主、多元化证据形式并存。

③ 陈卫东:《〈刑事诉讼法〉第四次修改前瞻》,载《政法论坛》2024 年第 1 期。

④ 以现行《刑事诉讼法》为例,实际只有第 245 条对涉案财物的保管移送和处理作了单条规定。

⑤ 闵春雷、张伟:《论相对独立的刑事涉案财物处置程序之建构》,载《厦门大学学报(哲学社会科学版)》2022 年第 4 期。

以关注。现行《刑事诉讼法》对违反程序的法律后果的制裁手段和力度不足，①在长期的司法实践中，程序违法现象屡见不鲜，却较少得到制裁。"让人民群众在每一个司法案件中感受到公平正义"，其中的公平正义既包括实质正义，也包括程序正义。从已经平反的冤错案件和引发舆论广泛关注的案件来看，很多都是程序方面的问题导致的。②《刑事诉讼法》修改，可以考虑建立我国的刑事诉讼无效诉讼行为制度，作为对程序违法的制裁手段。例如，违反管辖的规定，案件审理归于无效，必须重新审理；司法机关存在剥夺犯罪嫌疑人、被告人辩护权的情形时，必须撤销原判发回重审；等等。③

撰稿专家

胡云腾，法学博士、教授、博士生导师、最高人民法院大法官。现任最高人民法院咨询委员会委员，中国法学会案例法学研究会会长。研究领域为刑事法律和司法制度，发表多篇学术论文、外文译作和案例作品，出版多部法学专著、高校教材，曾作为首席专家主持修订马工程教材《思想道德修养与法律基础》和《宪法学》，曾任安徽大学法学院教师，中国社会科学院法学研究所研究员、副所长，中国青年政治学院法学院院长，最高人民法院研究室主任、审判委员会委员、第二巡回法庭庭长等。

---

① 现行《刑事诉讼法》虽然在第 209 条、第 238 条、第 253 条等条文中对程序性制裁后果作了部分规定，但这些规定集中在非法证据排除规则和对于一审违反法律程序实施的审判活动作出撤销原判、发回重审的裁决，在全面性和明确性上还都有所欠缺。

② 例如念斌案，一个重要的转机就是辩方聘请的专家辅助人对控方有关中毒过程相关证据的鉴定提出重要质疑，严重动摇了控方的证据基础，并最终导致了念斌案的无罪判决。

③ 陈卫东：《〈刑事诉讼法〉第四次修改前瞻》，载《政法论坛》2024 年第 1 期。

2023 年民事诉讼法实施报告[*]

景汉朝

报告要旨

　　2023 年，民事诉讼法全面实施，成效突出。《民事诉讼法》修改，积极回应社会关切，修订面广，主题明确。人民法院推进审判现代化，树立能动司法理念，主动融入国家治理、社会治理；全国法院办案质量、效率、效果持续稳中有升，司法审判工作稳中有进，为推进中国式现代化提供了强劲的司法保障；涉外民事诉讼规范回应新时代要求，涉外法治体系和能力建设取得重要进展，司法服务高水平对外开放成效显著。检察机关积极履行宪法和法律职责，法律监督的主动性、精准度和实效性明显提高，公益诉讼的精准性、规范性获得社会认可。司法行政工作服务保障到位，法律服务水平加快提升。执法与司法同频共振，检察和审判协力同行，为生态环境保护提供越来越多的司法保障。

核心建议

　　1. 服务网络强国战略和国家大数据战略，加强互联网司法、智慧司法建设。

　　2. 贯彻落实粤港澳大湾区战略，积极推进大湾区民事诉讼机制构建及法律衔接。

　　3. 构建系统完备、规范高效的执法司法制约监督体系。

---

　　* 本报告在撰写过程中，最高人民法院民一庭审判长冯文生、江苏省无锡市中级人民法院的法官助理曹士成同志对本报告资料的整理、初稿的撰写及文章的校对作了大量工作。特此感谢！

4. 坚持和发展新时代"枫桥经验"，创新拓展多元调解方式，加强诉源治理，推动民事涉诉信访工作法治化。

5. 推动审执分离体制改革，构建相对独立的执行实施系统，着力推进民事强制执行立法进程。

6. 坚持以人为本、独立自主、系统整体、实质公平原则，聚焦解决突出问题，推进检察公益诉讼（公益诉讼法）立法进程。

7. 不断丰富和发展全过程人民民主，深化民事审判方式改革，破解"案多人少""案结事难了"司法难题，切实让人民群众在每一个司法案件中感受到公平正义。

2023年是全面贯彻党的二十大精神的开局之年，是实施"十四五"规划承前启后的关键一年，是学习贯彻习近平新时代中国特色社会主义思想、全面建设社会主义现代化国家的重要一年。

党的十八大以来，以习近平同志为核心的党中央创造性提出了关于全面依法治国的一系列新理念新思想新战略，形成了习近平法治思想，为包括《民事诉讼法》在内的中国特色社会主义法治体系的实施、完善、发展提供了根本遵循。

习近平总书记指出："民事案件同人民群众权益联系最直接最密切。各级司法机关要秉持公正司法，提高民事案件审判水平和效率。要加强民事司法工作，提高办案质量和司法公信力。"

一年来，民事诉讼法全面实施，成效突出。《民事诉讼法》修改，积极回应社会关切，修订面广，主题明确。坚持和发展新时代"枫桥经验"，创新拓展多元调解方式。加强诉源治理，推动民事涉诉信访工作高质量发展。人民法院推进审判现代化，树立能动司法，主动融入国家治理、社会治理；全国法院办案质量、效率、效果持续稳中有升，司法审判工作稳中有进，为推进中国式现代化提供了强劲的司法保障。涉外民事诉讼回应新时代要求，涉外法治体系和能力建设取得重要进展，司法服务高水平对外开放成效明显。检察机关积极履行宪法和法律职责，法律监督的主动性、精准度和实效性显著提高，公益诉讼的精准性、规范性获得社会认可。司法行政工作服务保障到位，法律服务水平加快提升。规范与诉讼同频共振，执法和司法协力同行，为生态环境保护提供越来越多的司法保障。

一、2023 年民事诉讼法实施的总体状况

(一)2023 年民事诉讼法实施概述

1.《民事诉讼法》修改与时俱进,积极回应社会关切,涵盖面广,主题集中

2023 年 9 月 1 日,第十四届全国人民代表大会常务委员会第五次会议审议通过了《全国人民代表大会常务委员会关于修改〈中华人民共和国民事诉讼法〉的决定》,本决定自 2024 年 1 月 1 日起施行。法与时转则治,治与世宜则有功。回顾我国《民事诉讼法》40 余年来的发展历程,可谓是从无到有、从粗疏到精密的过程,也是程序法治观念不断进步的历史。近些年来,《民事诉讼法》修改、完善的频次加快,本次修改坚持小步慢走,稳中求进,既保持了立法的审慎性,又积极回应社会关切,赢得了社会各界广泛认可。

本次《民事诉讼法》修改着重完善了涉外民事诉讼程序制度,有利于进一步提升涉外民事案件审判质效,更好维护我国主权、安全和发展利益,具有鲜明的新时代特征。我国现行《民事诉讼法》是 1991 年通过的,先后经历了 2007 年、2012 年、2017 年、2021 年四次修正,但历次修正均未对涉外民事诉讼程序相关内容作出实质性修改。随着经济社会的不断发展与高水平对外开放的不断推进,近年来人民法院审理的涉外民事纠纷数量快速攀升,已覆盖全球 100 多个国家和地区,境外当事人主动选择我国法院管辖的案件日益增多,我国法院作出的民商事判决得到越来越多国家的承认和执行,中国司法的国际公信力和影响力持续提升。党的十八大以来,以习近平同志为核心的党中央高度重视涉外法治工作,明确提出统筹推进国内法治和涉外法治。党的二十大报告强调"坚持高水平对外开放,加快构建以国内大循环为主体、国内国际双循环相互促进的新发展格局",这对加强涉外法治工作提出了新的更高要求。为深入贯彻党中央决策部署,本次《民事诉讼法》修改在全面总结涉外民商事审判实践经验基础上,重点对"涉外民事诉讼程序的特别规定"一编的内容进行了完善,亮点频出。其一,扩大我国法院对涉外民商事案件的管辖权,维护国家主权、安全、发展利益,更好地保护中外当事人的合法民事权益。本次修法适应国际法治潮流,仅把身份关系诉讼排除在"涉外民事纠纷"之外,并把与我国"存在其他适当联系"作为涉外民商事纠纷管辖连接的兜底条款,辅之以涉外专属管辖、当事人明示协议管辖和默示同意管辖,大大扩展了我国法院对涉外民事纠纷的管辖范围和管辖连接点,为中国企业提供了更加充分的保护性管辖。同时,本次修法首次明确了我国法院处理平行诉讼的一般原则、不方便法院原则以妥善解决国际民事诉讼管辖竞

合、冲突等问题。此外，本次修法还完善了涉外送达的相关规定，着力解决涉外案件"送达难"问题，有利于切实维护涉外案件当事人的合法权益。其二，在外国仲裁的司法监督方面，完善了仲裁裁决籍属认定方式，增加了中国法院受理申请承认与执行仲裁裁决的连结点。将原《民事诉讼法》第290条"国外仲裁机构的裁决"调整为"在中华人民共和国领域外作出的……仲裁裁决"，从仲裁机构所在地标准调整为仲裁地标准，更好地与国际司法实践接轨，有利于仲裁裁决作出地国家对仲裁的司法审查，也有利于避免因坚持不同的判断标准所导致的外国仲裁机构在本国作出的仲裁裁决，被本国认为是外国仲裁裁决而又不被该外国认为是其本国裁决的后果产生。同时，本次修法新增规定，当事人可以向申请人住所地或者与裁决的纠纷有适当联系的地点的中级人民法院申请执行外国仲裁裁决，为我国境内的申请人提供了较大的便利。①

此外，针对社会普遍关注、司法实践反映集中、各方能够形成高度共识的《民事诉讼法》其他各编内容，也作了相应修改。其一，为与《民法典》规定的遗产管理人制度保持衔接，细化遗产管理人制度的程序法规则，在第十五章"特别程序"中新增一节"指定遗产管理人案件"，对申请指定遗产管理人的管辖法院、人民法院判决指定遗产管理人的原则、遗产管理人存在特殊情形下的处理等作出规定，从而为此类案件的审理提供明确的程序指引，增强了规则的可操作性，有利于遗产管理人制度功能的充分发挥。其二，加大惩治虚假诉讼扰乱司法秩序的行为，维护司法公信力和司法权威。从司法实践的情况看，除当事人之间恶意串通形成的虚假诉讼外，还存在当事人单方捏造民事案件基本事实，向人民法院提起诉讼，企图侵害国家利益、社会公共利益或者他人合法权益的情形，本次《民事诉讼法》修改对此加以规制，实现民事诉讼领域对于虚假诉讼更为全面的规范。②

2. 坚持和发展新时代"枫桥经验"，提升社会矛盾纠纷预防化解法治化水平

2023年3月，中共中央、国务院印发《党和国家机构改革方案》，提出组建中央社会工作部。中央社会工作部是党中央职能部门，它的成立将社会工

---

① 廖永安：《贯彻落实修改后的民事诉讼法 统筹推进国内法治和涉外法治》，载《民主与法制》2024年第4期。

② 王俏：《我国民事诉讼法完成修改，将更好保障当事人的诉讼权利和合法权益——解读新修改的民诉法》，载人民法院报官网，http://rmfyb.chinacourt.org/paper/html/2023－09/02/content_231991.htm，2024年2月20日访问。其中全国人大常委会法工委民法室负责人黄薇回答了记者提问。

作与党的工作联系起来，提升了社会工作参与基层社会治理和国家治理的合法性，提高了专业化和职业化发展水平，优化了社会工作的整体发展环境。它的职能将集中在党建社会工作、公益慈善社会工作和信访社会工作等三类重点领域。根据《党和国家机构改革方案》，将国家信访局从国务院办公厅管理的国家局调整为国务院直属机构，贯彻落实新时代党的群众路线，加强和改进人民信访工作，更好维护人民根本利益。

2023 年 11 月 6 日，纪念毛泽东同志批示学习推广"枫桥经验"60 周年暨习近平总书记指示坚持发展"枫桥经验"20 周年大会在北京召开。会议的主要任务是坚持以习近平新时代中国特色社会主义思想为指导，全面贯彻习近平法治思想，坚持和发展新时代"枫桥经验"，提升矛盾纠纷预防化解法治化水平，为强国建设、民族复兴伟业创造更加安全稳定的社会环境。会议指出，要深刻认识坚持和发展新时代"枫桥经验"的重大意义，牢牢把握新时代"枫桥经验"的实践要求，加强对坚持和发展新时代"枫桥经验"的组织领导，推动新时代"枫桥经验"在实践中取得新的更大成效。会议要求：①坚持立足预防。深入研究诱发各类矛盾纠纷的深层次原因，加强源头治理和关口把控，要统筹发展和安全，坚持依法办事，深入了解民意、民情、民忧，深入排查社会矛盾问题，预防在前，努力将矛盾消解于未然，将风险化解于无形，最大限度避免和减少矛盾纠纷发生。②坚持立足调解。调解作为我国独创的化解矛盾、消除纷争的非诉讼纠纷解决方式，具有非对抗性、经济性、及时性等优势，在维护社会稳定中具有独特作用。坚持和发展新时代"枫桥经验"，把调解贯穿矛盾纠纷化解工作始终，做到应调尽调、能调尽调。要做好人民调解，做实行政调解，做强司法调解，做优行业性专业性调解，加强各类调解协调联动。③坚持立足法治。新时代"枫桥经验"的最大创新发展，就是把各种矛盾纠纷化解方式纳入法治轨道，立足于依法调解，调解不成的，依法受理判决，让群众在法律框架下分清是非、在权利义务统一中判断对错，从根本上实现定分止争。要运用法治思维和法治方式预防化解矛盾纠纷，明确职责、规范运行、优化流程、加强衔接，完善立法、于法有据，加强普法、推动守法，抓紧推进信访工作法治化，把《信访工作条例》和有关法律法规的要求真正落实，实现权责明、底数清、依法办、秩序好、群众满意的目标。④坚持立足基层。只有把基层的事解决好，把群众身边问题解决好，人民才能安居乐业、社会才能安定有序、国家才能长治久安。要从建强基层战斗堡垒、充实基层政法力量、动员基层广泛参与等三个方面分别提出明确要求。坚持和发展新时代"枫桥经验"，推进矛盾纠纷预防化解法治化，是一项系统工程。必须从健全制度、落实责任、搭建平台、科技支撑等四个方面，加强组织领导，发挥党的领导政治优势。会议强调，要更加紧密地团结在以习近平同志为核心的党中央周围，坚持好、发展好新时代"枫桥经验"，做到"预防在前、调解优先、运用法治、就地解决"，实现"小事不出村、大事不出镇、矛盾不上交"，为推进强国建设、民族复兴伟业作出新的更大贡献。

3. 全国法院办案质量、效率、效果持续稳中有升，司法审判工作稳中有进，为推进中国式现代化提供有力支撑

2023 年，在以习近平同志为核心的党中央坚强领导下，人民法院坚持稳中求进、守正创新，聚焦"公正与效率"工作主题，坚持能动司法，加强审判管理，促推诉源治理，做深做实为大局服务、为人民司法，全国法院审判执行质量、效率、效果稳中有进，努力以审判工作现代化支撑和服务中国式现代化。

司法审判工作总体情况。2023 年，全国法院收案 4557.37 万件，增长 15.62%（如无特别说明，文中增长、减少、上升、下降均指同比 2022 年情况）；结案 4526.8 万件，增长 13.42%。其中，诉前调解成功案件 1199.81 万件，增长 31.97%。各类审判执行案件收案 3357.6 万件，增长 10.72%；结案 3327 万件，增长 7.95%。审判执行案件中，民商事案件收案 2004.8 万件，增长 10.55%；结案 1997.7 万件，增长 8.39%。执行案件收案 999.45 万件，增长 11.32%；结案 976 万件，增长 6.37%。从近五年收案态势看，一审收案数量因疫情等原因经历了 2020 年、2022 年的两次下降后，在 2023 年恢复上升趋势。其中，一审民商事案件及衍生的二审案件、执行案件是审判执行案件增长的主体。2023 年，全国法院法官人均结案 356.51 件，增长 13.42%。江苏、重庆等法院人均结案数超过 500 件，整体办案压力较大，反映出案多人少的矛盾日益突出。对此，全国法院坚持以理念上的"能动司法"和工作上的"提质增效"双管齐下、一体抓实，全面提升审判执行工作质效，努力跟上、适应新时代新征程要求。黑龙江、陕西、广东、浙江、江西和云南等地民商事一审案件收案数量出现下降，诉源治理工作成效明显。2023 年，全国法院审判质量管理指标体系 26 项指标中，有 21 项指标趋优。在设有总体合理区间的 19 项指标中，有 18 项指标处于合理区间，达标率为 94.74%。其中，"案-件比"逐月改善，二审开庭率增长 10.55 个百分点，再审审查询问（听证）率增长 3.04 个百分点，执行完毕率增长 2.85 个百分点，平均结案时间下降 6.82%，上诉案件移送时间下降 5.48%，诉前调解成功分流率增长 4.1 个百分点，调解率增长 2.21 个百分点，执行到位率增长 3.96 个百分点。

办理诉前调解案件情况。人民法院坚持和发展新时代"枫桥经验",在抓好案件办理的同时,主动向前延伸职能,以能动履职做实诉源治理,减少民事案件多发高发,努力把助推良法善治、长治久安落到实处。深入学习贯彻"枫桥经验"纪念大会精神,会同司法部召开全国调解工作会议,推进诉源治理,做实指导调解法定职责,持续扩大"总对总"多元解纷机制"朋友圈",强化"引进来"疏导止讼,狠抓"走出去"指导化讼,诉前调解数量、质量双提升。2023 年诉前调解收案 1745.98 万件,增长 34.66%,诉前调解成功案件 1199.81 万件,增长 31.97%,诉前调解成功分流率由 1 月的 29.23%上升至 12 月的 57.01%,诉前调解自动履行率达 95.36%,实质性解纷效能不断提升。

民商事案件审判情况。人民法院聚焦高质量发展这一首要任务,充分发挥法治固根本、稳预期、利长远的保障作用,以能动司法助推经济社会高质量发展。民商事一审收案 1753.05 万件,增长 10.76%;结案 1747.72 万件,增长 8.46%;上诉率 9.91%,下降 0.04 个百分点。其中,收案数量居前五的案由分别是借款合同纠纷 399.91 万件、离婚纠纷 171.32 万件、买卖合同纠纷 170.94 万件、物业服务合同纠纷 88.27 万件和机动车交通事故责任纠纷 79.39 万件。人民法院牢记"感受公平正义"的主体只能是人民群众,始终把人民群众满不满意作为评判审判质效、改革成效的标准,努力把暖民心的"小案"、顺民意的"实事"办好。坚持办案就是治理,通过制发司法解释、规范性文件和典型案例,解决好高额彩礼、"知假买假"、新业态劳动争议等人民群众的"难事",促推实现诉源治理。做实"法治是最好的营商环境",平等保护民营企业产权和企业家合法权益,将涉案企业合规改革由刑事拓展至民商事、行政、执行领域,办结相关案件 1711 件,努力实现"办理一起案件、扶助一批企业、规范一个行业"。健全涉外审判机制,提升涉外司法效能,公正高效审理案件,我国涉外司法公信力和国际影响力不断提升。其中,承认和执行外国法院民商事判决、裁定案件增势明显,收案增长 146.79%,承认与执行量增长 107.97%,彰显我国法治、文明大国形象。

知识产权案件审判情况。人民法院坚持严格保护、能动司法、统筹协调理念,健全知识产权审判体系和机制,推动知识产权审判工作创新发展,为深入实施创新驱动发展战略、加快建设知识产权强国提供有力司法服务保障。知识产权一审收案 49.01 万件,其中,民事收案 46.22 万件,增长 5.4%,结案 46.03 万件,增长 0.55%。与国家知识产权局合作发力,落实前端规范治理,促推商标行政案件收案数量首次下降。通过依法降低判赔金额等措施，治理、遏制滥用诉权"拆分案件"大量起诉小商户的"批量式维权"，切实维护良好诉讼秩序。加大对关键核心技术及新兴产业、重点领域等保护力度，用足用好惩罚性赔偿制度，加大侵权损害判赔力度，以严格公正司法激励创新创造、维护公平竞争、促进文化繁荣。2023年适用惩罚性赔偿案件319件，判赔金额11.6亿元，同比分别增长1.2倍、3.5倍。

环境资源案件审判情况。人民法院坚持用最严格制度最严密法治保护生态环境，树立践行能动司法、绿色发展、系统保护、最严法治、协同治理理念，努力为建设人与自然和谐共生的现代化提供司法服务和保障。环境资源一审收案23.16万件，其中民事收案15.41万件，下降6.62%，结案15.41万件，下降8.18%。推进公益诉讼案件、以生态系统和生态功能区为单位的案件集中管辖，做实生态环境一体保护、系统治理。发布生态环境侵权责任纠纷等3个司法解释，出台司法服务碳达峰碳中和等意见，制发5个长江保护指导性案例和88个环境资源领域典型案例，指导各级法院全面准确适用法律。联合国环境规划署数据库收录第4批15件中国环境资源审判典型案例和2部司法报告，为全球生态环境司法保护提供中国方案，赢得国际社会认可赞许。

办理执行案件情况。执行工作是兑现当事人胜诉权益的"最后一公里"，人民法院坚持依法能动执行，着力解决人民群众急难愁盼问题，朝着切实解决执行难目标不断迈出坚实步伐。执行收案999.45万件，增长11.32%；结案976万件，增长6.37%。其中，首次执行案件结案923.84万件，增长6.11%；执行完毕率增长2.85个百分点；执行到位率增长3.96个百分点。注重善意文明执行，突出执行方式的合理性、执行强度的适当性以及执行的司法温度，最大限度降低对当事人的不利影响。针对久执不结案件，力推异地法院交叉执行，排除权力、关系、人情等各种干扰。2023年10月以来，交叉执行案件1.08万件，取得实质进展4203件，执行到位206.7亿元。充分利用网络司法拍卖提升财产处置变现效果，成交数43.68万件，增长30.95%；成交率67.28%，增长5.55个百分点；成交额4115.1亿元，增长8.65%；为当事人节省佣金122.2亿元，最大程度兑现人民群众胜诉权益。①

---

① 最高人民法院新闻局：《最高法发布2023年人民法院审判执行工作主要数据》，载中国法院网，https://www.chinacourt.org/article/detail/2024/03/id/7838921.shtml，2024年3月14日访问。

4.检察机关积极履行宪法和法律职责,法律监督的主动性、精准度和实效性显著提高

2023 年,全国检察机关以"高质效办好每一个案件"作为履职办案的基本价值追求,以专业化建设为基础,以提升办案能力和水平为目标,认真贯彻实施《民法典》,扎实推进民事生效裁判监督、审判活动监督、执行活动监督、支持起诉、虚假诉讼监督等各项工作,取得新进展、新成效。其一,民事检察监督规模进一步扩大,全流程监督格局逐步完善,总体发展保持均衡态势。2023 年,全国检察机关共办结民事生效裁判监督案件 7.5 万件,提出监督意见 14332 件,其中向法院提出抗诉 3807 件,法院再审改变率 92.5%;向法院提出再审检察建议 10525 件,法院同期再审检察建议采纳率 92.4%。全国检察机关共对民事审判活动违法行为提出检察建议 6.5 万件,法院同期采纳率 99.4%。全国检察机关共对民事执行活动违法行为提出检察建议 6.5 万件,法院同期采纳率 99.8%。全国检察机关提出的民事诉讼监督意见中涉及虚假诉讼 9359 件。① 其二,检察机关不断健全工作机制,完善民事检察监督制度体系。2023 年 6 月,最高人民检察院与最高人民法院会签《关于调阅民事、行政诉讼和执行案件卷宗副卷有关问题的规定》,完善正、副卷一并调阅制度,进一步强化民事检察调查核实权的行使,提升监督的有效性。2023 年 11 月,最高人民检察院与最高人民法院联合印发《关于规范办理民事再审检察建议案件若干问题的意见》,进一步完善人民检察院法律监督与人民法院内部纠错衔接机制,最高人民检察院还同步发布"民事再审检察建议典型案例"。2023 年人民法院、人民检察院工作交流会商机制建立健全,依法落实检察长列席人民法院审委会会议制度,加强法检互相配合、互相制约,共同维护司法公正。

检察机关依法履行"公共利益代表"的神圣职责,得到各方面广泛认同和支持。其一,公益诉讼检察重在突出"精准性""规范性",抓好法定领域办案工作,同时依法拓展公益诉讼案件范围。四大传统法定领域"基本盘"稳健,生态环境和资源保护、食品药品安全、国有土地使用权出让、国有财产保护领域分别占公益诉讼总数的 44.2%、12.5%、0.8%、4.4%。近几年来,除上述 4 个领域外,公益诉讼检察法定办案领域扩展到"4+10",新增十个法定领域案件占公益诉讼总数的 26.7%,包括安全生产、未成年人保护、个人信息

① 最高人民检察院:《2023 年全国检察机关主要办案数据》,载最高人民检察院官网,https://www.spp.gov.cn/xwfbh/wsfbt/202403/t20240310_648482.shtml#1,2024 年 3 月 17 日访问。

保护、妇女权益保障、英烈保护、军人地位和权益保障等，在法治中国建设实践中焕发出蓬勃生机。其二，对于一些诉前检察建议解决不了问题、具有示范引领意义的案件，敢于以"诉"的确认体现司法价值引领，推动类案治理、诉源治理，促进社会进步。最高人民检察院发布的《公益诉讼检察工作白皮书（2023）》指出，2023年，全国检察机关共立案办理公益诉讼案件189885件，其中办理民事公益诉讼案件22109件，占立案总数的11.6%。2023年，全国检察机关共提起公益诉讼12579件，其中提起民事公益诉讼11303件（含刑事附带民事公益诉讼8654件），占起诉总量的89.9%。提起诉讼后法院支持率达到99.96%。通过"诉"的确认，检察机关有效推动了一批"硬骨头""老大难"公益损害问题整改。其三，及时总结提炼典型案例，推广更多更好公益诉讼检察实践样本和经验。2023年，最高人民检察院持续发布无障碍环境建设、文物和文化遗产保护、食品药品安全、个人信息保护、耕地保护等领域典型案例23批218件。其四，完善机制建设，为高质效办案提供规范保障。2023年最高人民检察院制定非法采矿、土壤污染等领域检察公益诉讼办案指引，有力促进了促进公益诉讼的规范化。[1]

民事检察其他重点工作不断加强。一是民事支持起诉数量上升较快。2023年，全国检察机关共受理民事支持起诉案件10.14万件，同比上升13.9%，审查后支持起诉7.73万件，其中支持农民工起诉5.08万件。二是调查核实职能强化，促成和解案件明显上升。办理民事检察监督案件中，共开展调查核实近16万件，同比上升21.5%。民事检察监督案件共促成和解5300余件，同比上升45.9%。三是知识产权民事诉讼监督办案效果持续凸显。2023年，全国检察机关共受理知识产权民事检察案件2293件。检察机关在依法保护知识产权权利人合法权益，促进公平竞争，优化科技创新法治环境和构建法治化营商环境等方面发挥了重要的作用。四是未成年人民事检察成效显著。2023年，检察机关共受理涉未成年人支持起诉案件7769件，审查后支持起诉6936件。检察机关结合办案，向涉案未成年人的监护人制发"督促监护令"5.7万份，针对性督促、引导监护人切实有效履行监护职责，筑牢家庭保护防线。五是民事申诉矛盾化解扎实有效。检察机关积极开展民事申诉信访矛盾化解工作，2023年，开展民事信访听证6340件次，对道路交通事故等民事侵权行为受害人开展司法救助2520人次，引导检察和解，促

---

[1]　最高人民检察院：《最高检发布〈公益诉讼检察工作白皮书（2023）〉》，载最高人民检察院官方微信公众号，https://mp.weixin.qq.com/s/HA_eNhfap2M6f0g-DeK5Ug，2024年3月17日访问。

进案结事了，推动诉源治理。①

5. 司法行政工作服务保障到位，法律服务水平不断提升

2023 年，我国法律服务水平加快提升，共办理法律援助 158.5 万件、公证业务 1325.5 万件、仲裁业务 51.5 万件、司法鉴定案件 342.5 万件。此外，2023 年，司法部不断完善现代公共法律服务体系，建立律师行业东中西部对口帮扶机制；规范 33 类 81 项公证事项、删减 116 项证明材料，有效解决循环证明、无谓证明；深入实施"八五"普法规划，部署首批"全国守法普法示范市（县、区）"创建，培育 397.2 万名法律明白人；国家统一法律职业资格考试报名近 86 万人，创历史新高；遴选 295 家公证机构开展海外远程视频公证，涉外法律服务能力持续提升。② 截至 2023 年 11 月 23 日，中国已与 86 个国家签署双边司法协助条约，年均办理国际刑事司法协助请求 300 多件、民商事请求 3000 多件。③ 过去一年，司法行政机关努力提供覆盖面更广、内容更丰富、质量更高、获得感更强的公共法律服务，并且有力推进了涉外法治体系和能力建设，成绩斐然。

（二）与民事诉讼法实施相关的规范性文件

1. 法律

2023 年，有如下与民事诉讼法实施相关的立法活动。

2023 年 9 月 1 日，第十四届全国人民代表大会常务委员会第五次会议通过了《全国人民代表大会常务委员会关于修改〈中华人民共和国民事诉讼法〉的决定》，自 2024 年 1 月 1 日起施行。具体内容如上文所述。

2023 年 9 月 1 日，第十四届全国人民代表大会常务委员会第五次会议通过了《关于延长授权国务院在粤港澳大湾区内地九市开展香港法律执业者和澳门执业律师取得内地执业资质和从事律师职业试点工作期限的决定》，决定授权国务院在粤港澳大湾区内地九市开展香港法律执业者和澳门执业律师取得内地执业资质和从事律师职业试点工作的期限延长三年至 2026 年 10 月 4 日。延长期满，国务院应当就试点工作情况向全国人民代表大会常务委员会作出报告。对实践证明可行的，修改完善有关法律。据悉，试点工作

---

① 最高人民检察院：《最高检发布〈民事检察工作白皮书（2023）〉》，载最高人民检察院官方微信公众号，https://mp.weixin.qq.com/s/L91_V1ie32TiN26oV1VLsg，2024 年 3 月 17 日访问。

② 齐琪、白阳：《2023 年全国共办理法律援助 158.5 万件》，载新华网，http://www.xinhuanet.com/legal/20240114/bbc4768f2f4f4f36b50cd01edad9e064/c.html，2024 年 2 月 6 日访问。

③ 司法部：《中新社 | 司法部部长：中国已与 86 个国家签署双边司法协助条约》，载司法部官方微信公众号，https://mp.weixin.qq.com/s/OQxXRoKP9HjwuLMIImKrbQ，2024 年 2 月 6 日访问。

开展以来，截至 2023 年 7 月 24 日，已顺利举办 3 次粤港澳大湾区律师执业考试，1500 多名港澳律师报名参加考试，其中 341 名领取了律师执业证书（粤港澳大湾区），粤港澳大湾区律师累计办理内地法律事务近 500 件。①

2. 最高人民法院相关规范性文件和政策

2023 年 1 月 19 日，最高人民法院印发《关于办理申请执行监督案件若干问题的意见》（法发〔2023〕4 号）。该意见对申请执行监督案件的立案受理、向执行法院及向上一级法院申请督促执行的适当途径、多次和重复申请执行监督问题、申请执行监督的期限等内容作出规范，同时参照人民法院四级法院职能定位的改革精神，进一步厘清了最高人民法院、高级人民法院受理和办理申请执行监督案件的范围，明确了向最高人民法院申请执行监督的条件。

2023 年 3 月 6 日，最高人民法院印发《关于为新时代东北全面振兴提供司法服务和保障的意见》（法发〔2023〕6 号）。有关民事诉讼内容：其一，推进诉讼诚信建设。精准识别虚假诉讼罪和虚假诉讼违法行为，依法惩治发生在民商事案件审判、执行程序中的虚假诉讼违法犯罪行为，完善跨部门协作和线索移送程序，构建防范打击长效机制。其二，加强环境资源保护。推进环境资源审判专门化改革，健全环境资源案件集中管辖制度，推进环境公益诉讼和生态环境损害赔偿诉讼有效衔接。积极适用"补种复绿""增殖放流""劳务代偿"等修复方式。其三，服务发展方式绿色转型。加大对节能环保、清洁生产、清洁能源等方面绿色创新知识产权司法保护力度。其四，提升诉讼服务质效。健全中国特色一站式多元纠纷解决和诉讼服务体系，主动融入党委领导的社会治理格局，坚持和发展新时代"枫桥经验"，深入推进人民法院调解平台进乡村、进社区、进网格工作，加强与基层治理单位、社会团体、调解组织、行业组织等社会力量对接，促进矛盾纠纷源头治理、多元化解。

2023 年 5 月 26 日，最高人民法院印发《关于法律适用问题请示答复的规定》（法〔2023〕88 号），对人民法院法律适用问题的请示答复办理的范围、具体流程等内容作出了相应规定，强化了对审判的监督和指导。其中，对高级人民法院可以向最高人民法院提出请示的情形作出规定，并明确不得就案件的事实认定问题提出请示。

---

① 司法部：《关于延长授权国务院在粤港澳大湾区内地九市开展港澳律师取得内地执业资质和从事律师职业试点工作期限的决定（草案）的说明》，载司法部官网，https://www.moj.gov.cn/pub/sfbgw/gwxw/xwyw/202309/t20230902_485574.html，2024 年 2 月 6 日访问。

2023 年 5 月 30 日，最高人民法院与全国妇联联合发布《关于开展家庭教育指导工作的意见》（法发〔2023〕7 号）。该意见主要内容有：其一，明确人民法院开展家庭教育指导工作的情形和范围；其二，明确人民法院开展家庭教育指导工作的要求和方式；其三，明确人民法院发出家庭教育指导令的条件和制发程序；其四，注重开展家庭教育宣传和法治宣传教育，加强诉源治理；其五，建立家庭教育指导工作联动机制，推动社会各方共同治理。据悉，2022 年 1 月 1 日《家庭教育促进法》实施后至 2022 年底，全国各级法院发出家庭教育指导令 10308 份，单独或联合有关部门建立家庭教育指导工作机构837 个，开展家庭教育指导 38080 次。[1]

2023 年 6 月 27 日，最高人民法院发布《关于贯彻实施〈中华人民共和国黄河保护法〉的意见》（法发〔2023〕8 号）。该意见关于民事诉讼的主要内容有：其一，不断完善环境资源审判体制机制。要求各级法院立足流域保护特点和治理需要，因地制宜推进以生态系统或生态功能区为单位的跨行政区划环境资源审判集中管辖机制，扎实推进环境资源刑事、民事、行政案件统一由专门审判机构审理。其二，完善环境资源案件提级管辖机制。

2023 年 7 月 26 日，最高人民法院印发《关于诉前调解中委托鉴定工作规程（试行）》（法办〔2023〕275 号）。该规程对诉前调解中委托鉴定工作作出规定，明确了诉前调解中委托鉴定的具体情形、具体流程，对诉前鉴定的适用条件、申请审查、委托办理、鉴定机构选定、鉴定费用预交、鉴定书的上传与送达、鉴定异议的提出与处理、诉前鉴定后诉前调解与诉讼程序的衔接以及重复鉴定的规制等内容作出规定。

2023 年 7 月 27 日，最高人民法院发布《关于具有专门知识的人民陪审员参加环境资源案件审理的若干规定》（法释〔2023〕4 号）。主要内容包括具有专门知识人民陪审员参审案件范围，具有专门知识人民陪审员的产生和具有专门知识人民陪审员参加案件审理的合议庭组成，集中管辖和专门法院具有专门知识人民陪审员的来源，具有专门知识人民陪审员的职责履行等。

2023 年 7 月 28 日，最高人民法院印发《关于加强和规范案件提级管辖和再审提审工作的指导意见》（法发〔2023〕13 号）。该指导意见细化明确了提级管辖、再审提审的具体情形、判断标准、操作程序、保障机制，重点解决哪

---

[1] 最高人民法院：《最高人民法院、全国妇联发布〈关于开展家庭教育指导工作的意见〉》，载最高人民法院官方微信公众号，https://mp.weixin.qq.com/s/VcOfhthIKGv510VN8BMqrw，2024 年2 月 6 日访问。

些案件"向上走"以及如何"向上走"的问题，推动较高层级法院通过提级审理典型案件，充分发挥统一法律适用、促进诉源治理、防止外部干预的功能作用。

2023年8月15日，最高人民法院发布《关于审理生态环境侵权责任纠纷案件适用法律若干问题的解释》（法释〔2023〕5号）和《关于生态环境侵权民事诉讼证据的若干规定》（法释〔2023〕6号）。该解释主要规定生态环境侵权案件范围、归责原则、数人侵权、责任主体、责任承担、诉讼时效等内容。上述规定主要包括适用范围、举证责任、证据的调查收集和保全、证据共通原则、专家证据、书证提出命令、损失费用的酌定等内容。

2023年9月12日，最高人民法院印发《关于四级法院审级职能定位改革试点结束后相关工作要求的通知》（法〔2023〕154号）。自2023年9月28日起，不再执行《关于完善四级法院审级职能定位改革试点的实施办法》（法〔2021〕242号）。该通知自2023年9月27日起生效。

2023年9月22日，最高人民法院发布《关于公司解散纠纷案件受理费收费标准的批复》（法释〔2023〕9号），指出："公司解散纠纷应当按照非财产案件确定受理费收费标准。公司强制清算案件的申请费以强制清算财产总额为基数，按照财产案件受理费标准。"

2023年9月25日，最高人民法院、最高人民检察院、公安部联合发布《关于依法惩治网络暴力违法犯罪的指导意见》（法发〔2023〕14号）。主要内容包括，依法支持针对网络暴力的民事维权，明确网络暴力案件的公益诉讼规则，能动履职促进网络暴力综合治理。

2023年10月10日，最高人民法院发布《关于优化法治环境促进民营经济发展壮大的指导意见》（法发〔2023〕15号），指出，其一，依法保护民营企业产权和企业家合法权益；其二，维护统一公平诚信的市场竞争环境；其三，运用法治方式促进民营企业发展和治理；其四，持续提升司法审判保障质效。

2023年10月21日，最高人民法院下发《关于贯彻执行修改后的〈最高人民法院关于知识产权法庭若干问题的规定〉的通知》（法〔2023〕183号）。该意见明确了《最高人民法院关于知识产权法庭若干问题的规定》第二条第一款第三项规定的"重大、复杂"的具体内涵，指出，2023年11月1日以后作出裁判的、不属于修改后的《最高人民法院关于知识产权法庭若干问题的规定》第二条第一款规定类型的案件，以一审人民法院的上一级人民法院为上诉法院。此外，该意见对行为保全裁定及复议申请等内容作出规定。

2023 年 10 月 21 日，最高人民法院发布《关于修改〈最高人民法院关于知识产权法庭若干问题的规定〉的决定》(法释〔2023〕10 号)。主要内容包括：其一，对第二条中最高人民法院知识产权法庭审理案件范围作出调整；其二，规定下级人民法院应当按照规定及时向知识产权法庭移送纸质、电子卷宗；其三，明确知识产权法庭可以要求当事人披露涉案知识产权相关权属、侵权、授权确权等关联案件情况。当事人拒不如实披露的，可以作为认定其是否遵循诚实信用原则和构成滥用权利等的考量因素。

2023 年 11 月 24 日，最高人民法院、最高人民检察院联合印发《关于规范办理民事再审检察建议案件若干问题的意见》(法发〔2023〕18 号)。该意见明确了办理民事再审检察建议案件的基本原则；规范了检察机关提出民事再审检察建议的范围、程序和相关材料；规范了人民法院办理民事再审检察建议案件的程序；明确提出了探索建立和完善人民法院和人民检察院常态化工作联系机制。

2023 年 12 月 1 日，最高人民法院发布《关于适用〈中华人民共和国涉外民事关系法律适用法〉若干问题的解释(二)》(法释〔2023〕12 号)。该解释主要包括外国法律的查明责任，外国法律的查明途径，查明外国法律的程序和提供形式，审查认定外国法律的程序、标准，港澳法律查明的参照适用规则，还规定裁判文书必须记载查明外国法律的过程，明确查明费用的处理原则。

2023 年 12 月 18 日，最高人民法院发布《关于修改〈最高人民法院关于设立国际商事法庭若干问题的规定〉的决定》(法释〔2023〕14 号)。此次修改，其一是扩大当事人协议选择国际商事法庭管辖的案件范围；其二是在原第八条中拓展外国法律的查明途径，并规定国际商事法庭审理案件应当适用域外法律时，与《最高人民法院关于适用〈中华人民共和国涉外民事关系法律适用法〉若干问题的解释(二)》第二条第一款规定的外国法律查明途径保持一致，体现司法解释之间的统一性和协调性。

2023 年 12 月 28 日，最高人民法院发布《关于审理涉外民商事案件适用国际条约和国际惯例若干问题的解释》(法释〔2023〕15 号)。该解释主要内容包括适用国际条约的裁判依据，涉及多项国际条约时的适用原则，国际条约适用与当事人意思自治之间的关系，当事人援引尚未对我国生效的国际条约可以作为确定合同权利义务的依据，国际惯例的明示选择适用和补缺适用问题，同时确立了维护国家主权、安全和社会公共利益的原则。

2023 年 12 月 29 日，最高人民法院发布《"一站式"国际商事纠纷多元化解决平台工作指引(试行)》(法〔2023〕247 号)，对优化诉讼与调解、仲裁有机衔接的国际商事纠纷多元化解决机制，更好地发挥"一站式"国际商事纠纷多元化解决平台的功能，解决国际商事纠纷多元化解决机制建设中的堵点难点问题，提供了具体的操作指南。"一站式"国际商事纠纷多元化解决平台将同步更新升级。

3. 最高人民检察院相关规范性文件和政策

2023 年 4 月 18 日，最高人民检察院印发《关于加强新时代检察机关网络法治工作的意见》。该意见围绕党的二十大关于健全网络综合治理体系的重要部署，结合检察履职实际，从网络立法、执法、司法、普法以及法治研究、队伍建设等方面，对加强新时代检察机关网络法治工作提出具体要求。关于民事诉讼的主要内容有，依法全面能动履行刑事、民事、行政、公益诉讼检察职能，提升法律监督质效；大力加强网络空间未成年人权益的综合司法保护；积极开展网络治理领域检察公益诉讼，精准开展网络治理领域民事行政检察监督，积极稳妥开展涉案互联网企业合规工作，建立上下一体、内部协同的监督办案模式，以大数据赋能推进法律监督提质增效。

2023 年 4 月 25 日，最高人民检察院印发《人民检察院办理知识产权案件工作指引》。主要规定了以下内容，一是总则明确了工作原则、履职方式、保密规定、类案检索等；二是刑事检察方面，明确了追诉追漏、宽严相济、刑民行关联案件情况、附带民事诉讼等特殊要求；三是民事、行政检察方面，明确了受理申请监督、跨级抗诉和复查、民事行政诉讼监督案件范围、各类案件的审查范围，确定不同案件监督工作的重点；四是公益诉讼检察方面，明确了知识产权领域公益诉讼案件办理的相关规定，推动知识产权领域公益诉讼积极稳妥发展。

2023 年 8 月，最高人民检察院印发《2023—2027 年检察改革工作规划》，对今后五年检察改革作出系统规划和部署。关于民事诉讼，该规划在基本原则中提出，遵循检察权运行规律，推动刑事、民事、行政和公益诉讼"四大检察"全面、协调、充分、融合发展，提升法律监督质效。此外，关于民事诉讼，该规划还要求建立与反垄断行政执法机构常态化协作机制，加大反垄断领域公益诉讼检察力度；建立健全保护知识产权刑事、民事、行政和公益诉讼检察综合履职机制；完善民事诉讼监督机制；完善检察公益诉讼制度；完善未成年人检察制度；健全保障法律统一适用工作机制。

2023 年 9 月 13 日，最高人民检察院、住房和城乡建设部联合印发了《关于在检察公益诉讼中加强协作配合依法做好城乡历史文化保护传承工作的意见》，指出，建立健全住房城乡建设（规划）部门行政执法与检察公益诉讼协作机制；充分发挥检察公益诉讼的监督、支持和协同作用，更好地做好城乡历史文化保护传承工作。

2023 年 10 月，最高人民检察院第八检察厅印发《非法采矿类检察公益诉讼办案指引（试行）》，要求检察机关积极发挥民事公益诉讼在矿产资源保护方面的损害赔偿和资源补偿作用，依法追究行为人的民事责任；着力发挥公益诉讼预防功能和治理效能，针对监管盲区和治理漏洞，提出检察建议，深化源头治理，促进完善矿产资源保护体系。

2023 年 12 月 15 日，最高人民检察院印发《关于充分发挥检察职能作用依法服务保障金融高质量发展的意见》，其中关于民事诉讼的内容有：其一，要准确把握检察工作服务保障金融高质量发展的目标任务；其二，高质效履行刑事、民事、行政、公益诉讼检察各项职责，为加快建设金融强国提供有力法治保障；其三，要精准开展金融领域民事检察监督。

4.其他机关发布的规范性文件和政策

2023 年 6 月 27 日，司法部公共法律服务管理局与中国公证协会联合下发《关于进一步做好公证证明材料清单管理工作的指导意见》（司公通〔2023〕6 号）。其指出，司法部公共法律服务管理局和中国公证协会在《高频公证事项证明材料清单》基础上，制定了《公证事项证明材料清单（2023 年版）》。

2023 年 7 月 11 日，司法部公布新修订的《办理法律援助案件程序规定》（司法部令第 148 号修订），主要修订内容包括明确承办人员范围、优化申请程序、完善审查程序、细化指派程序。

2023 年 9 月 25 日，国务院办公厅印发修订后的《香港法律执业者和澳门执业律师在粤港澳大湾区内地九市取得内地执业资质和从事律师职业试点办法》（国办发〔2023〕34 号），明确继续在广东省广州市、深圳市、珠海市、佛山市、惠州市、东莞市、中山市、江门市、肇庆市开展试点工作，延长试点期限为 2023 年 10 月 5 日至 2026 年 10 月 4 日。此外，该试点办法对粤港澳大湾区律师执业考试报名条件、执业考试命题、评卷等作出要求。

2023 年 9 月 26 日至 27 日，中国法学会在南宁召开全国首席法律咨询专家工作会议，印发《县（市、区）法学会首席法律咨询专家工作指引》，推动县级法学会首席法律咨询专家工作提速升级，助力尽快实现省、市、县三级法学会首席法律咨询专家工作全覆盖。据了解，目前，首席法律咨询专家工作已在 31 个省（区、市）和新疆生产建设兵团全面推行。全国 2679 个县级法学会开展了首席法律咨询专家工作，共有首席法律咨询专家 23000 余人，为

10000 多件案件提供法律咨询意见。①

2023 年 9 月 27 日，最高人民法院、司法部印发《关于充分发挥人民调解基础性作用 推进诉源治理的意见》（司发〔2023〕1 号），该意见对人民调解的指导思想、工作原则作出要求；明确夯实人民调解"第一道防线"，加强矛盾纠纷排查预防、基层矛盾纠纷化解、重点领域矛盾纠纷化解、重大疑难复杂矛盾纠纷化解；加强诉调对接工作，做到加强诉前引导、及时分流案件、依法受理调解；强化调解工作保障，加强人民调解员队伍建设，加强经费保障，强化信息化平台对接；强调加强组织领导，加强协作配合、工作指导、宣传表彰。

2023 年 11 月 23 日，国家发展和改革委员会联合国家邮政局、工业和信息化部、财政部、住房和城乡建设部、商务部、市场监督管理总局、最高人民检察院等部委印发《深入推进快递包装绿色转型行动方案》（发改环资〔2023〕1595 号），该行动方案提出工作目标，到 2025 年底全面建立快递绿色包装标准体系，并明确检察机关依法对快递包装领域违法违规行为履行公益诉讼法律监督职能。

(三) 指导性案例

1. 最高人民法院指导性案例

2023 年，最高人民法院继续通过发布指导性案例的方式指导司法实践。

指导性案例 204 号重庆市人民检察院第五分院诉重庆瑜煌电力设备制造有限公司等环境污染民事公益诉讼案明确：①受损生态环境无法修复或无修复必要，侵权人在已经履行生态环境保护法律法规规定的强制性义务基础上，通过资源节约集约循环利用等方式实施环保技术改造，经评估能够实现节能减排、减污降碳、降低风险效果的，人民法院可以根据侵权人的申请，结合环保技术改造的时间节点、生态环境保护守法情况等因素，将由此产生的环保技术改造费用适当抵扣其应承担的生态环境损害赔偿金。②为达到环境影响评价要求、排污许可证设定的污染物排放标准或者履行其他生态环境保护法律法规规定的强制性义务而实施环保技术改造发生的费用，侵权人申请抵扣其应承担的生态环境损害赔偿金的，人民法院不予支持。

指导性案例 205 号上海市人民检察院第三分院诉郎溪华远固体废物处置

---

① 王涵：《"2023 法治建设年度盘点"系列报道之三 ｜2023 年法治领域改革十大亮点》，载民主与法制社官方微信公众号，https://mp. weixin. qq. com/s/Io34bRj2cZTJ739thw1png，2024 年 2 月 6 日访问。

有限公司、宁波高新区米泰贸易有限公司、黄德庭、薛强环境污染民事公益诉讼案明确：①侵权人走私固体废物，造成生态环境损害或者具有污染环境、破坏生态重大风险，国家规定的机关或者法律规定的组织请求其依法承担生态环境侵权责任的，人民法院应予支持。在因同一行为引发的刑事案件中未被判处刑事责任的侵权人主张不承担生态环境侵权责任的，人民法院不予支持。②对非法入境后因客观原因无法退运的固体废物采取无害化处置是防止生态环境损害发生和扩大的必要措施，所支出的合理费用应由侵权人承担。侵权人以固体废物已被行政执法机关查扣没收，处置费用应纳入行政执法成本作为抗辩理由的，人民法院不予支持。

指导性案例206号北京市人民检察院第四分院诉朱清良、朱清涛环境污染民事公益诉讼案明确：①两个以上侵权人分别实施污染环境、破坏生态行为造成同一损害，每一个侵权人的污染环境、破坏生态行为都不足以造成全部损害，部分侵权人根据修复方案确定的整体修复要求履行全部修复义务后，请求以代其他侵权人支出的修复费用折抵其应当承担的生态环境服务功能损失赔偿金的，人民法院应予支持。②对于侵权人实施的生态环境修复工程，应当进行修复效果评估。经评估，受损生态环境服务功能已经恢复的，可以认定侵权人已经履行生态环境修复责任。

指导性案例207号江苏省南京市人民检察院诉王玉林生态破坏民事公益诉讼案明确：①人民法院审理环境民事公益诉讼案件，应当坚持山水林田湖草沙一体化保护和系统治理。对非法采矿造成的生态环境损害，不仅要对造成山体（矿产资源）的损失进行认定，还要对开采区域的林草、水土、生物资源及其栖息地等生态环境要素的受损情况进行整体认定。②人民法院审理环境民事公益诉讼案件，应当充分重视提高生态环境修复的针对性、有效性，可以在判决侵权人承担生态环境修复费用时，结合生态环境基础修复及生物多样性修复方案，确定修复费用的具体使用方向。

指导性案例208号江西省上饶市人民检察院诉张永明、张鹭、毛伟明生态破坏民事公益诉讼案明确：①破坏自然遗迹和风景名胜造成生态环境损害，国家规定的机关或者法律规定的组织请求侵权人依法承担修复和赔偿责任的，人民法院应予支持。②对于破坏自然遗迹和风景名胜造成的损失，在没有法定鉴定机构鉴定的情况下，人民法院可以参考专家采用条件价值法作出的评估意见，综合考虑评估方法的科学性及评估结果的不确定性，以及自然遗迹的珍稀性、损害的严重性等因素，合理确定生态环境损害赔偿金额。

指导性案例209号浙江省遂昌县人民检察院诉叶继成生态破坏民事公益

诉讼案明确：生态恢复性司法的核心理念为及时修复受损生态环境，恢复生态功能。生态环境修复具有时效性、季节性、紧迫性的，不立即修复将导致生态环境损害扩大的，属于《民事诉讼法》第 109 条第 3 项规定的"因情况紧急需要先予执行的"情形，人民法院可以依法裁定先予执行。

指导性案例 210 号九江市人民政府诉江西正鹏环保科技有限公司、杭州连新建材有限公司、李德等生态环境损害赔偿诉讼案明确：①生态环境损害赔偿案件中，国家规定的机关通过诉前磋商，与部分赔偿义务人达成生态环境损害赔偿协议的，可以依法向人民法院申请司法确认；对磋商不成的其他赔偿义务人，国家规定的机关可以依法提起生态环境损害赔偿诉讼。②侵权人虽因同一污染环境、破坏生态行为涉嫌刑事犯罪，但生态环境损害赔偿诉讼案件中认定侵权事实证据充分的，不以相关刑事案件审理结果为依据，人民法院应当继续审理，依法判决侵权人承担生态环境修复和赔偿责任。

指导性案例 214 号上海某某港实业有限公司破产清算转破产重整案明确：①人民法院审理涉流域港口码头经营企业破产重整案件，应当将环境污染治理作为实现重整价值的重要考量因素，及时消除影响码头经营许可资质存续的环境污染状态。②港口码头经营企业对相关基础设施建设、维护缺失造成环境污染，不及时治理将影响其破产重整价值的，应当由管理人依法进行治理。管理人请求将相关环境治理费用作为共益债务由债务人财产随时清偿的，人民法院依法应予支持。

指导性案例 217 号慈溪市博某塑料制品有限公司诉永康市联某工贸有限公司、浙江天某网络有限公司等侵害实用新型专利权纠纷案明确：①涉电子商务平台的知识产权侵权纠纷案件中，被诉侵权人向人民法院申请行为保全，请求责令电子商务平台经营者恢复链接或者服务的，人民法院应当予以审查。②被诉侵权人因涉嫌侵害专利权被采取断开链接或者暂停服务等措施后，涉案专利权被宣告无效但相关专利确权行政诉讼尚未终结期间，被诉侵权人申请采取行为保全措施以恢复链接或者服务，其初步证明或者合理说明，不予恢复将导致其遭受市场竞争优势、商业机会严重丧失等无法弥补的损害，采取恢复链接或者服务的行为保全措施对权利人可能造成的损害不会超过不采取行为保全措施对被诉侵权人造成的损害，且不损害社会公共利益的，人民法院可以裁定准许。③人民法院采取前述行为保全措施，可以责令被诉侵权人在本案判决生效前不得提取其通过电子商务平台销售被诉侵权产品的收款账户中一定数额款项作为担保。提供担保的数额应当综合考虑权利人的赔偿请求额、采取保全措施错误可能给权利人造成的损失、采取保全措施后被诉侵权人的可得利益等情况合理确定。担保金可以采取固定担保金加动态担保金的方式。

指导性案例 223 号张某龙诉北京某蝶文化传播有限公司、程某、马某侵害作品信息网络传播权纠纷案明确：侵害作品信息网络传播权的侵权结果发生地具有不确定性，不应作为确定管辖的依据。在确定侵害作品信息网络传播权民事纠纷案件的管辖时，应当适用《最高人民法院关于审理侵害信息网络传播权民事纠纷案件适用法律若干问题的规定》第 15 条的规定，即由侵权行为地或者被告住所地人民法院管辖。

2. 最高人民检察院指导性案例

最高人民检察院发布的未成年人网络民事权益综合司法保护案（检例第 174 号）明确：未成年人未经父母或者其他监护人同意，因网络高额消费行为引发纠纷提起民事诉讼并向检察机关申请支持起诉的，检察机关应当坚持未成年人特殊、优先保护要求，对确有必要的，可以依法支持起诉。检察机关应当结合办案，综合运用社会治理检察建议、行政公益诉讼诉前检察建议等监督方式，督促、推动网络服务提供者、相关行政主管部门细化落实未成年人网络保护责任。

最高人民检察院发布的周某某与项某某、李某某著作权权属、侵权纠纷等系列虚假诉讼监督案（检例第 192 号）明确：冒充作者身份，以他人创作的作品骗取著作权登记，并以此为主要证据提起诉讼谋取不正当利益，损害他人合法权益，妨害司法秩序的，构成虚假诉讼。检察机关应积极推进数字检察，以大数据赋能创新法律监督模式，破解虚假诉讼监督瓶颈。对于知识产权领域虚假诉讼案件，检察机关应依职权启动监督程序，通过监督民事生效裁判、移送刑事案件线索、提出社会治理意见建议等方式促进综合治理。

（四）公报案例

《最高人民法院公报》2023 年第 1 期发布的陈某与陕西博鑫体育文化传播有限公司等公司解散纠纷案明确：①根据《最高人民法院关于适用〈中华人民共和国公司法〉若干问题的规定（三）》第 16 条的规定，股东因未履行或者未全面履行出资义务而受限的股东权利，并不包括其提起解散公司之诉的权利。②《公司法》第 182 条规定的"严重困难"①包括对外的生产经营困难及对内的管理困难。

《最高人民法院公报》2023 年第 6 期发布的江苏省无锡市人民检察院诉

---

①　现为《公司法》（2023 修正）第 231 条。

上海市杨浦区绿化和市容管理局等环境民事公益诉讼案明确：检察机关作为公益诉讼起诉人提起的环境民事公益诉讼案件，撤诉的司法审查要件不同于普通民事案件。在明确环境民事公益诉讼案件双方当事人地位平等、重申污染者承担环境修复责任的基础上，对于是否准许撤诉的审查标准应当更加严格。实质审查方面，"所有诉讼请求已实现"的标准应当包括生态环境已经完全修复及不存在将来可能继续发生环境污染和生态破坏的风险；程序审查方面，地方各级检察机关撤回起诉应当履行相应审查批准程序，经最高人民检察院批准撤诉，并经人民法院实质审查符合撤诉标准的，应准予撤诉。

《最高人民法院公报》2023年第7期发布的国家开发银行河南省分行申请执行监督案明确：进入破产重整程序的被执行人未通知此前已经进入执行程序的债权人申报债权，导致其失去在破产重整程序中主张债权的机会；重整计划执行完毕后，该债权人有权依照《企业破产法》第92条规定，按照破产重整计划规定的同类债权的清偿条件行使权利，申请恢复执行。

《最高人民法院公报》2023年第8期发布的江苏东恒国际集团有限公司与江苏省国际高新技术展示交易中心有限公司破产清算转和解案明确：对于具备挽救希望和挽救价值的中小微企业，应积极引导企业通过破产和解程序解决债务危机。探索运用预表决规则，通过听证程序征询全体债权人意见，在转入和解程序后根据已通过的表决规则，及时裁定认可和解协议，高效推进和解程序，推动中小微企业快速重生，实现稳市场主体保民生就业。

《最高人民法院公报》2023年第12期发布的顾某甲、顾某乙、顾某丙申请指定遗产管理人案明确：继承开始后，没有继承人的，对被继承人没有法定扶养义务但事实上扶养较多的人，符合《民法典》第1131条规定"可以分给适当的遗产"的条件，遗产的妥善保管与其存在法律上的利害关系，其有权向人民法院申请指定遗产管理人。

（五）典型案例

2023年，最高人民法院和最高人民检察院继续充分发挥案例教育、评价、指引作用，发布典型案例，聚焦主题，针对性强，受到社会的广泛关注。

1. 最高人民法院典型案例

最高人民法院发布了第三批老年人权益保护典型案例，其中赵甲、赵乙、赵丙申请指定监护人纠纷案明确了，按照最有利于被监护人的原则，确定以监护人履职报告和定期公示为内容的创新模式，让失能老人监护归于"老人本位、家庭成员共同参与"，不仅有利于促进矛盾纾解和孝亲敬老家风建设，也对监护人监督模式进行了有益探索。

最高人民法院发布了人民法院高质量服务保障长三角一体化发展典型案例，其中江苏省消费者权益保护委员会与乐融致新电子科技(天津)有限公司消费民事公益诉讼案明确：智能电视机开启时开机广告自动播放的，如智能电视生产者同时也是开机广告的经营者，其有义务向消费者明确提示该产品含有开机广告功能，并告知能否即时一键关闭。智能电视生产者对其生产销售的智能电视未提供即时一键关闭功能的，消费者权益保护组织为维护不特定消费者合法权益，提起民事公益诉讼，要求智能电视生产者提供开机广告一键关闭功能，人民法院应予支持。

最高人民法院发布了人民法院抓实公正与效率践行社会主义核心价值观典型案例，其中，杭州市上城区人民检察院诉杭州某网络科技有限公司英雄烈士保护民事公益诉讼案明确：英雄的事迹和精神是中华民族共同的历史记忆和精神财富，雷锋同志的姓名作为一种重要的人格利益，应当受到保护。《英雄烈士保护法》第22条规定："任何组织和个人不得将英雄烈士的姓名、肖像用于或者变相用于商标、商业广告，损害英雄烈士的名誉、荣誉。"杭州某网络科技有限公司使用的"雷锋"文字具有特定意义，确系社会公众所广泛认知的英雄姓名。为了商业目的，在"雷锋哥"微信公众号中使用"雷锋社群"和"雷锋会员"，宣传"资源共享，互帮互助的雷锋精神"口号，明知英雄的姓名具有特定的意义，仍擅自将其用于商业组织和商业活动行为，侵犯了英雄的人格利益，实际曲解了社会公众所广泛认知的雷锋精神。

2. 最高人民检察院典型案例

最高人民检察院发布了生物多样性保护检察公益诉讼典型案例，其中江苏省南通市崇川区人民检察院保护长江口中华鲟等洄游物种民事公益诉讼案明确：针对非法捕捞江海洄游珍稀物种的行为，检察机关在刑事打击的同时，应当通过专业评估确定生态资源损失，依法提起民事公益诉讼，要求违法主体承担水生生物资源损失的赔偿责任，修补受损公益。因异地行政机关疏于监管，导致威胁洄游物种栖息地安全的，通过一体化办案在法律监督中促进法治协同，既"治已病"又"防未病"。

最高人民检察院发布了耕地保护检察公益诉讼典型案例，其中山东省菏泽市人民检察院诉王某等四人破坏耕地民事公益诉讼案明确：针对耕地上私挖乱采严重破坏土地资源的行为，检察机关借助一体化办案机制提起民事公益诉讼，以"检察官+司法警察+技术人员"融合履职的立体化办案模式提高调查取证的精准度，并要求行为人履行复垦义务，及时恢复受损公益。

最高人民检察院和国家文物局联合发布了长城保护检察公益诉讼典型

案例，其中河北省保定市人民检察院诉某石料加工有限公司侵害长城历史风貌及生态环境民事公益诉讼案明确："明长城-紫荆关段"系全国重点文物保护单位，属于具有文化景观典型特征的代表性长城段落。保护长城是全社会共同的责任。针对企业违法破坏长城资源的情形，检察机关依法提起民事公益诉讼，追究违法行为人对损害长城历史风貌、环境风貌以及周边生态环境的公益赔偿责任，并通过公开赔礼道歉，对全社会起到了良好的教育和警示作用，增强了社会公众对文物保护的法治意识。

二、2023 年度民事诉讼法实施的主要特点

（一）牢固树立新时代能动司法理念，将审判工作主动融入国家治理、社会治理

2023 年 4 月 10 日，最高人民法院党组书记、院长张军在国家法官学院 2023 年春季开学典礼上为 400 名新任法院院长讲授第一课时强调，要把能动司法贯穿新时代新发展阶段审判工作始终。张军院长指出，在民事审判中，要主动融入国家治理、社会治理，坚持把诉调对接的"调"向前延伸，促进实现"抓前端、治未病"。对符合审判工作规律的能动司法意识，必须坚定树立，毫不犹豫坚持。2023 年 5 月 19 日，最高人民法院举行新闻发布会发布能动司法（执行）典型案例。人民法院坚持服务大局，通过智慧执行、灵活执行、联动执行、创新执行，在能动执行中抓实"公正与效率"。

新时代能动司法理念是中国式现代化的司法理念，在司法办案中，坚持"从政治上看""从法治上办"，更加注重实质性化解纠纷，更加注重"双赢多赢共赢"，更加注重法律效果、政治效果和社会效果的有机统一。2023 年，最高人民法院在落实党的依法治国战略部署中，强调了能动司法的重要意义，并以此为契机，针对执法办案中的典型问题、疑难问题、老大难问题，总结难点痛点，延伸司法职能，主动融入国家治理、社会治理体系，既实现了诉源治理，又以审判工作服务和保障高质量发展。

2023 年，最高人民法院先后向有关主管职能部门和企业发出 1~5 号司法建议，与相关部门协同推进解决前端带有普遍性的社会治理问题，让矛盾纠纷止于未萌，取得良好成效。例如，2023 年 7 月，最高人民法院就加强商品房预售监督管理，协同推进房地产及建工领域矛盾纠纷源头治理工作，向住房和城乡建设部、自然资源部发出《最高人民法院关于加强商品房预售监管协同推进矛盾纠纷源头治理的司法建议书》（法建〔2023〕1 号）。为进一步

强化侵权源头综合治理，2023 年 8 月，最高人民法院向国家金融监督管理总局、中国人民银行发出《最高人民法院关于完善信用卡监管政策维护金融安全的司法建议书》(法建〔2023〕2 号)，从人民法院受理涉信用卡案件整体情况出发，调研、分析了信用卡纠纷数量大、增长快的主要原因，并提出相应建议。司法建议发出后，各相关职能部门和企事业单位主动回函答复，积极协同落实。其后最高人民法院召开相关被建议单位等参加的座谈会，共商建议落实问题。目前，一系列制度举措有力推进，成效初步显现，包括：网签备案和预告登记信息共享已实质启动、多部门拟就信用卡纠纷源头治理联合发文等。

针对商事审判中信用卡和保证保险纠纷占比较大且上升较快等情况，最高人民法院携同有关方面促进诉源治理，有效减少了上述两类纠纷，其中信用卡纠纷一审收案同比下降 1.53%，保证保险合同纠纷一审收案同比下降 21.05%。此外，随着非机动车保有量增加以及快递、外卖等网约配送活动的快速发展，非机动车交通事故责任纠纷大幅增加，2023 年 1—9 月，全国法院新收一审非机动车交通事故责任纠纷 4.1 万件，同比增长 35.15%。审结一审机动车交通事故责任纠纷 57.5 万件，同比增长 4.11%，其中 41.88% 以调解或者撤诉方式结案，调撤率比去年同期上升 1.76 个百分点，切实维护了道路交通秩序和人民群众生命财产安全，有效预防和减少矛盾升级。各级法院正在通过多部门联动、在线调解、专业化审判等方式不断加强机动车交通事故责任纠纷和非机动车交通事故责任纠纷诉源治理和纠纷化解。

2023 年，全国各级法院主动融入国家治理、社会治理进程中，以能动司法展现人民法院的担当作为。广东省三级法院贯彻落实党中央推进生态文明建设的重大决策部署，筑牢红树林安全红线，采取替代性修复及源头预防性治理等多种措施，护航"国宝"红树林的生态健康，为生态文明建设提供坚强有力的司法保障。江苏省无锡市中级人民法院指导江苏省无锡市滨湖区人民法院与江苏省无锡市滨湖区市场监督管理局、工商联、科研院所和法律服务机构等共 16 家单位共建湖湾知识产权院所保护联盟，签署《湖湾知识产权院所保护联盟共建协议》，通过定期研讨会商、建立专家咨询库、统一知识产权执法司法尺度等联动机制，形成知识产权应用、管理、保护合力，推动太湖湾科创带高质量发展。北京互联网法院召开能动司法与数字治理"京 e 研讨"，找准司法服务保障数字经济发展的结合点，通过专业化、高质量的司法裁判及积极能动延伸司法审判职能，切实提高数字领域司法服务水平。

（二）回应新时代要求，涉外法治体系和能力建设取得突出进展，司法服务成效显著

2023 年 11 月 27 日，二十届中央政治局就加强涉外法制建设进行第十次集体学习，习近平总书记主持学习并发表重要讲话，从更好统筹国内国际两个大局、更好统筹发展和安全的高度，深刻阐述做好涉外法治工作的重要性和紧迫性，系统部署加强涉外法治建设的重点任务，为加快推进我国涉外法治体系和能力建设指明了前进方向。

2023 年，《民事诉讼法》修改、完善了涉外民事诉讼规范，最高人民法院等有关国家机关还发布了司法文件，加强涉外法治建设，服务高水平对外开放。

其一，2023 年 4 月 1 日，最高人民法院与新加坡最高法院共同签署《通过诉中调解框架管理"一带一路"倡议背景下国际商事争议的合作谅解备忘录》，其中对诉中调解框架的制定和实施、与其他各方的合作、信息共享、诉中调解框架的特征、诉中调解示范条款、其他事项等六个方面内容进行了规定，自 2023 年 4 月 1 日起生效。在"一带一路"倡议背景下，国际贸易和商务相关争议的日趋复杂，中国和新加坡相互同意通过诉中调解框架加强"一带一路"国际商事争议管理方面的合作，将有利于促进中国与新加坡之间的友谊，推进"一带一路"倡议的实施。

其二，2023 年 3 月 8 日，中国驻荷兰大使代表中国政府在海牙和平宫向《取消外国公文书认证要求的公约》（Convention Abolishing the Requirement of Legalisation for Foreign Public Documents，以下简称《公约》）保管机关荷兰外交部递交加入书，意味着中国正式加入《公约》。2023 年 11 月 7 日，《公约》在中国生效实施。《公约》是海牙国际私法会议框架下适用范围最广、缔约方最多的国际条约，旨在简化公文书跨国流转程序。近年来，《公约》新缔约方快速增长，目前有 125 个缔约方，约占世界国家和地区总数的五分之三，包括欧盟各国、美国、日本、韩国、德国、澳大利亚、俄罗斯等我国主要贸易伙伴及大多数"一带一路"共建国家。《公约》的核心内容是缔约国之间相互取消使领馆领事认证环节，用附加证明书代替传统领事认证，对文书上印鉴、签名的真实性进行验证。这将大大简化公文书跨国流转程序，便利国际经贸和人员往来，亦将极大便利涉外案件当事人，对我国法院涉外审判和执行工作产生很大影响。为使全国法院全面了解《公约》规定，做好《公约》生效后人民法院在审判和执行中的衔接工作，2023 年 11 月 1 日，最高人民法院下发《关于人民法院做好〈取消外国公文书认证要求的公约〉对我国生效后

相关工作的通知》，并附上公约的内容、缔约国清单，随后还将提供外国附加证明书的核实途径，这样将极大促推中国建设国际化法治化便利化营商环境。①

其三，2023 年 12 月 1 日，最高人民法院发布《关于适用〈中华人民共和国涉外民事关系法律适用法〉若干问题的解释（二）》，进一步完善外国法律查明制度，规范外国法律查明司法实践，有利于提升涉外民商事审判质效，服务高水平对外开放，营造市场化法治化国际化一流营商环境。

其四，2023 年 12 月 18 日，最高人民法院发布《关于修改〈最高人民法院关于设立国际商事法庭若干问题的规定〉的决定》。最高人民法院国际商事法庭自 2018 年 6 月 29 日成立以来，创新程序机制，规范审判管理，审理了一批有规则意义和国际影响的国际商事案件，成效显著。随着共建"一带一路"高质量发展，国际商事法庭面临新的发展机遇和挑战。最高人民法院此番修改，有利于进一步发挥国际商事法庭职能作用。

其五，2023 年 12 月 28 日，最高人民法院发布《关于审理涉外民商事案件适用国际条约和国际惯例若干问题的解释》。解释的制定是中国坚定维护以国际法为基础的国际秩序，推动国际关系法治化的具体实践。同日，最高人民法院还发布了 12 个典型案例，涉及国际货物买卖合同、航空旅客运输合同、申请承认和执行外国法院民商事判决、申请承认和执行外国仲裁裁决等领域，分别适用了相关国际条约及国际惯例。据统计，我国涉外民商事案件适用国际条约和国际惯例的领域涵盖了国际贸易、海事海商、航空运输、知识产权、环境保护等多个方面。

其六，2023 年 12 月 29 日，最高人民法院发布《"一站式"国际商事纠纷多元化解决平台工作指引（试行）》。2018 年以来，最高人民法院切实贯彻中共中央办公厅、国务院办公厅《关于建立"一带一路"国际商事争端解决机制和机构的意见》重大部署，建立了诉讼与调解、仲裁有机衔接的"一站式"国际商事纠纷多元化解决机制，支持和便利当事人通过选择中立评估、调解、仲裁或者诉讼等多元化方式高效便捷地解决国际商事纠纷。最高人民法院制定了工作指引，解决了国际商事纠纷多元化解决机制建设中的堵点难点问题，实现了"一站式"信息化平台的迭代升级，有效保障了平台中最高人民法院国际商事法庭与仲裁机构、国际商事调解机构之间的衔接，使中立评估、

---

① 高民思：《〈取消外国公文书认证要求的公约〉11 月 7 日在中国生效实施》，载中国法院网，https://www.chinacourt.org/article/detail/2023/11/id/7623470.shtml，2024 年 2 月 6 日访问。

调解、仲裁、诉讼等相关纠纷化解服务均可通过平台开展。

（三）检察和审判协力同行，为生态环境保护提供越来越多的司法保障

2023 年 10 月 21 日，最高人民法院党组书记、院长张军向全国人大常委会作了关于人民法院环境资源审判工作情况的报告。报告指出，2018 年 1 月至 2023 年 9 月，各级人民法院共审结各类环境资源一审案件 147 万件，其中刑事案件 18.6 万件、民事案件 98.3 万件、行政案件 27.8 万件、不同主体提起的环境公益诉讼案件 2.3 万件。2018 年至 2022 年受理的环境资源一审案件数量较上一个 5 年增长 76.7%。2014 年 6 月，最高人民法院设立环境资源审判庭，截至目前，全国共有环境资源专门审判机构、组织 2813 个。最高人民法院及地方各级法院环境资源审判机构积极探索涉环境资源刑事、民事、行政审判职能"三合一"，促进刑事追诉与民事赔偿、行政履职依法协同。报告显示，2018 年以来，制定、修订环境资源司法解释 14 件，发布规范性文件14 件，发布专题指导性案例 40 件、典型案例 24 批 278 件。报告建议，规范和细化生态环境赔偿相关资金管理、使用、监督机制，保障资金有效利用和生态环境及时修复；推动优化完善环境司法鉴定工作，规范环境司法鉴定机制建设及鉴定评估行业收费管理；进一步完善相关法律制度建设，不断夯实环境资源保护法治基础。①

2023 年，为落实党的二十大报告中关于完善公益诉讼制度的要求，最高人民法院发布《关于具有专门知识的人民陪审员参加环境资源案件审理的若干规定》《关于生态环境侵权民事诉讼证据的若干规定》《关于审理生态环境侵权责任纠纷案件适用法律若干问题的解释》三个司法解释，持续完善环境资源案件裁判规则体系，统一法律适用。

2023 年 1 月 11 日，最高人民法院发布第 37 批指导性案例，该批案例的主题是环境公益诉讼，旨在通过案例的发布深入贯彻落实党的二十大精神，并纪念环境公益诉讼法律制度施行十周年。

在《青藏高原生态保护法》通过、颁布之际，2023 年 5 月 5 日，最高人民法院发布 10 件青藏高原生态保护典型案例，聚焦青藏高原生态保护的主要矛盾、特殊问题、突出特点，加强青藏高原生态保护法治宣传，展示人民法院司法守护雪域高原生态环境经验成效，为建设国家生态文明高地、促进经

---

① 最高人民法院：《最高人民法院关于人民法院环境资源审判工作情况的报告（全文）》，载最高人民法院官方微信公众号，https://mp.weixin.qq.com/s/kq4S86Fd9nwuxonG_Rojxw，2024 年 2 月6 日访问。

济社会可持续发展提供了法治支撑。

2023 年 5 月 31 日,最高人民法院发布 12 件湿地生态保护典型案例,此举有利于加强湿地保护法治宣传,凝聚全社会珍爱湿地、保护湿地的强大共识。

2023 年 12 月 29 日,最高人民法院、最高人民检察院联合发布海洋自然资源与生态环境检察公益诉讼典型案例,充分发挥检察、审判职能作用,加大海洋自然资源与生态环境司法保护力度,依法办理海洋自然资源与生态环境检察公益诉讼案件,为构建新时代生态文明制度体系、建设人与自然和谐共生的现代化提供法治保障.

首个全国生态日即 2023 年 8 月 15 日,最高人民法院、最高人民检察院联合发布了一批生态环境保护检察公益诉讼典型案例,推动精准规范办好生态环境保护公益诉讼案件,推进生态环境司法保护高质效发展。

(四)法律统一适用机制建设多领域同向推进

最高人民法院于 2020 年 7 月 31 日印发《关于深化司法责任制综合配套改革的实施意见》,规定"院庭长履行审判监督管理职责时,应当在卷宗或办案平台标注,全程留痕"。审判人员、庭长、审判委员会成员等审阅审查裁判文书,核对核实负责范围内的案件材料,全面准确落实司法责任制。

2023 年 1 月 10 日,全国法院金融审判工作会议召开,在充分肯定党的十八大以来金融刑事、民商事、行政审判工作所取得的成绩基础上,总结了十年来金融审判积累的六个方面经验。会议对金融审判理念、金融审判工作机制、金融民商事审判中的适用、传统金融纠纷案件的法律适用、融资担保纠纷案件的法律适用、治理"逃废债"的法律适用、金融民刑交叉案件审理等诸多方面进行了充分探讨,信息量巨大。未来,最高人民法院金融审判会议纪要将依惯例择机公布,诸多裁判规则将适应时代的发展,进一步服务金融强国建设。

2023 年 7 月 1 日,法答网正式上线。法答网是最高人民法院为全国法院干警提供法律政策运用、审判业务咨询答疑和学习交流服务的内网信息共享平台。2023 年 7 月 3 日是法答网正式运行的第一个工作日。最高人民法院在法答网工作部署会中提出,建设法答网是提升司法能力的必然要求,是促进法律统一正确适用的有效途径,是深入开展调查研究的重要举措。要加强调研分析,对于普遍反映的疑难问题,及时总结提炼,有针对性地开展对下指导,适时通过发布精品答疑、典型案例、司法解释或规范性文件等形式,推动法律统一正确适用。要对答疑意见开展动态清理,确保答疑始终具有权威性和指导性。

2023 年 7 月 28 日，最高人民法院印发《关于加强和规范案件提级管辖和再审提审工作的指导意见》，推动下级法院"解决不了，解决不好"的案件进入上级法院，充分发挥较高层级法院政治站位高、政策把握准、协调力度大、抗干预能力强、指导效力广的优势。通过提级审理特殊类型的案件，彰显示范引领效应，促进诉源治理，解决法律分歧，实现"提级一件，指导一片"，最大限度减少衍生案件和涉诉信访，并为研究制定新兴领域的司法解释、司法指导性文件夯实实践基础。最高人民法院于 2023 年 7 月 28 日印发上述指导意见，在实践中取得良好效果。例如，上海市第二中级人民法院提级管辖的一起关于业主大会表决票送达和计票规则的案件，涉及《民法典》第 278 条第 2 款关于业主"参与表决"规定的理解与适用，有利于指导解决上海 1.3 万个居民小区业委会可能出现的相关纠纷。重庆市第二中级人民法院、安徽省芜湖市中级人民法院提级管辖的几起教育培训合同纠纷案，均系国家"双减"政策背景下因终止合同产生的纠纷，案件提级审理后，明确了培训机构"机构停业、人员失联、一关了之"情况下教育合同的责任认定问题，有效维护了消费者合法权益，保障了"双减"政策平稳落地实施，也为同类纠纷通过调解等方式化解提供了规则参照。①

2023 年 5 月 26 日，最高人民法院印发《关于法律适用问题请示答复的规定》，第十八条明确规定："最高人民法院在办理请示答复过程中，认为请示的法律适用问题具有普遍性、代表性，影响特别重大的，可以通知下级人民法院依法将有关案件移送本院审判。"该规定体现了不同文件间的协调统一、衔接配合，共同推进法律统一工作稳步高效开展。

三、民事诉讼法实施的有关建议

（一）服务网络强国战略和国家大数据战略，加强互联网司法、智慧司法建设

随着社会数字化深入转型，推进数字法治化是加快建设网络强国、数字中国的题中应有之义。互联网司法，尤其是互联网法院是人类司法史上具有时代意义的创举，实现了案件管辖制度、法庭组织、审理模式、与新技术深度融合、实体裁判规则、社会共治方式等一系列适应互联网时代特点的重大

---

① 何帆、李承运、陈琨：《〈最高人民法院关于加强和规范案件提级管辖和再审提审工作的指导意见〉的理解与适用》，载中国法院网，https://www.chinacourt.org/article/detail/2023/08/id/7452943.shtml，2024 年 2 月 6 日访问。

创新，得到了国际业界的认可和高度评价。国际法院院长尤素福认为，中国的互联网法院为司法活动的未来样式奠定了基础。[①] 但是，互联网司法仍然面临诸多困境与争议，亟待理论研究予以解决。举例而言，传统民事诉讼的理论、原则、制度、规则等都是建立在工业文明基础之上的，是基于物理空间的纠纷与诉讼而产生的，例如地域管辖、直接审理、当庭举证、言词辩论、送达等，无一不与物理空间、地点场所、人与人直接相联系。而在线诉讼是在"虚拟"空间进行的，没有了传统的时间、物理空间、距离、直接"面对面"等元素，是对传统诉讼模式的革命性变革，有些方面甚至是颠覆性的，许多传统诉讼理论已不适应，在线诉讼的理论和制度供给明显不足。再如，目前北京、杭州、广州三个互联网法院的地位尚没有法律层面的依据，互联网法院的法律地位不甚明确。为此，有必要在互联网时代背景下，反思建立在工业文明经济基础之上的传统司法构造、秩序与理论，形成互联网法院体制和审判体系，推进司法治理体系和治理能力现代化。面对互联网时代新的司法实践，应当顺应时代发展潮流，公正、高效、便捷解决纠纷，维护当事人合法权益，在遵循司法活动基本规律的前提下，坚持问题导向，推进理论创新和实践创新。具体而言：一是梳理总结在线诉讼改革经验，研究和把握互联网司法的规律特点，分析近年来理论界关于在线诉讼研究"传统论""担忧论""补给论""重构论""调适论"等观点与建议，尽快形成适应互联网时代特点的诉讼理论，创新民事诉讼原则、制度、规则等。需要注意的是，目前绝大多数研究只停留在一般的"在线诉讼"层面，而未进行更深层次的分类。实际上，线上纠纷线上审的"双线诉讼"模式与纠纷或诉讼只有一端在线上，而另一端依然在线下即物理空间的"单线诉讼"模式，具有很大不同，其诉讼规律、管理模式、案件管辖、庭审方式等都有明显差异，应当有针对性地进行更深层次的研究。二是研究互联网法院在人类农业文明、工业文明、信息化文明司法史上的历史方位与价值，精准确定其法律地位，推动相关改革进程，确保改革于法有据，促进互联网法院长远发展。三是研究构建系统、科学的法院体系，改革"双线诉讼"案件管辖制度、审判体制，完善整体布局，实现互联网法院的高质量发展。四是研究适时制定互联网民事诉讼法的可行性，探索研究建立多元审级制度、设立上诉审互联网法院、完善互联网法庭全国布局的理论支撑和实践必要性、可行性，为世界未来司法提供中国方

---

① 赵岩、任惠颖：《开启互联网司法治理新征程》，载《人民法院报》2020年9月12日，第4版。

案和中国智慧。①

（二）贯彻落实粤港澳大湾区战略，积极推进大湾区民事诉讼机制构建及法律衔接

粤港澳大湾区在全国新发展格局中具有重要战略地位，是新时代推动形成全面开放新格局的新尝试，也是推动"一国两制"事业发展的新实践。在推进粤港澳法律规则衔接、深化粤港澳司法交流合作、完善跨境商事纠纷解决机制等方面取得重大进展的同时，粤港澳大湾区法治建设还有许多重大问题需要研究。一是立法协调存在难点。大湾区法治建设存在三个法域的差异以及立法权限的差异，加之中央立法对大湾区有关立法协调难以直接介入，相关立法协调事项和协调程度存在诸多障碍。② 二是粤港澳大湾区城市群有香港、澳门、广州、深圳四个中心城市，其产业、定位等各不相同，此种"多核心"的发展现状增加了法治合作和规则衔接的难度。③ 三是粤港澳大湾区因法域不同而在民事司法制度方面存在较大差异，由此造成当事人之间的民事纠纷在实体法适用和程序法适用等方面均存在诸多难点。鉴于此，应当遵循中共中央、国务院发布的《粤港澳大湾区发展规划纲要》，推动粤港澳三地法律和司法规则衔接、机制对接，充分发挥法治在粤港澳大湾区建设中的引领和保障作用。首先，全面准确贯彻"一国两制"方针是《粤港澳大湾区发展规划纲要》的指导思想，故粤港澳大湾区法律及诉讼规则的建构与衔接，必须在"一国两制"和基本法框架下进行设计。就大湾区法治建设所客观存在的法域差异而言，既不能完全消除差异，也不应因差异而形成制度壁垒，而是应当在充分尊重差异、保持各自特色和优势的基础之上，有效回应"一国两制"的时代诉求，实现有效衔接。④ 其次，要紧紧跟踪《关于延长授权国务院在粤港澳大湾区内地九市开展香港法律执业者和澳门执业律师取得内地执业资质和从事律师职业试点工作期限的决定》的试点工作进程，及时发现和研究试点中的新情况新问题，不断总结经验，为下一步港澳律师内地执业提出有价值的机制构建建议。再次，进一步完善粤港澳大湾区民商事纠纷解决机制，深化法院与商事仲裁机构、调解组织及其他法律服务机构对接机

---

① 景汉朝：《互联网法院的时代创新与中国贡献》，载《中国法学》2022年第4期。
② 王春业：《论粤港澳大湾区立法协调的示范法方法》，载《法学杂志》2022年第5期。
③ 邹平学：《粤港澳大湾区法治合作和规则衔接的路径探讨》，载《青年探索》2022年第4期。
④ 司艳丽：《粤港澳大湾区法律规则衔接疑难问题研究——以多元化纠纷解决机制为切入点》，载《中国法律评论》2022年第1期。

制，促进社会资源的合理配置和高效利用，积极回应粤港澳大湾区对外开放与国际化的发展需求。① 最后，对粤港澳大湾区所涉法律制度尤其是民事诉讼制度展开充分而深入的研究。例如，案件管辖、诉讼程序、庭审规则、审判组织构成乃至审判机构的设置等，均亟待研究，从而为粤港澳大湾区司法层面和将来粤港澳大湾区立法层面的协调提供决策参考。②

（三）构建系统完备、规范高效的执法司法制约监督体系

习近平总书记强调，确保执法司法各环节、全过程在有效制约监督下进行。③ 自改革开放以来，党的历次全会报告多次提出权力的制约与监督，尤其是党的十八大以来，以习近平同志为核心的党中央围绕加强对公权力的制约监督提出了一系列新思想、新理念，创造性地发展了权力制约监督理论。④ 中共中央于 2021 年 1 月印发的《法治中国建设规划（2020—2025 年）》第五部分关于建设严密的法治监督体系强调"建设法治中国，必须抓紧完善权力运行制约和监督机制"，"把法治监督作为党和国家监督体系的重要内容，保证行政权、监察权、审判权、检察权得到依法正确行使，保证公民、法人和其他组织合法权益得到切实保障"。

为加快构建系统完备、规范高效的执法司法制约监督体系，尚需在以下几个方面下功夫。第一，认真研究制约与监督的关系及其各自的优势。制约与监督的目的都是正确行使公权力，但其各有不同的功能价值。制约的功能主要在于防患于未然，使不良行为无法发生；而监督的作用则主要在于事中、事后发现，追究违法违纪等行为。从执法司法公正的社会视角着眼，防患于未然的制度成本应当低于事中、事后发现追究。但长期以来，无论是实践中还是理论上，都存在"一手硬、一手软"即重监督、轻制约的现象。党中央对此高度重视，近些年中央有关文件关于"监督""监督制约""制约监督"表述的变化，体现了对制约与监督关系的认识的不断深化。我们应当认真学习领会这一精神，在加强监督的同时进一步加强对制约的理论研究和制度构

---

① 江保国、赵蕾：《粤港澳大湾区纠纷解决机制的设计理念与实施策略论纲》，载《理论月刊》2019 年第 4 期。
② 景汉朝：《民事诉讼实践法学研究的创新方向与重点任务》，载《中国法律评论》2023 年第 6 期。
③ 习近平：《全面推进中国特色社会主义法治体系建设》，载《习近平谈治国理政》（第 4 卷），外文出版社 2022 年版，第 307 页。
④ 黄文艺：《权力监督哲学与执法司法制约监督体系建设》，载《法律科学（西北政法大学学报）》2021 年第 2 期。

建，做到"两手抓、两手都要硬"，互相配合，共同发力，大力推进执法司法公正建设，充分彰显执法司法的社会公信力和中国特色社会主义司法制度的优越性。第二，着力研究如何制约监督"人情""关系"对执法司法活动的影响。我国是典型的"熟人社会""人情关系社会"，其优势为有利于社会成员之间的互助、团结、和谐等，这也是我国历史上民间调解制度发达的基础。但是在现代社会特别是法治社会，其对执法司法活动的干扰十分明显，甚至已成为影响执法司法公正的主要因素之一。这个问题解决不好，执法司法的公信力和权威很难真正树立起来。在这种环境中如何制约监督社会关系对执法司法的不当干扰，是我们长期面临的一大难题，应当从理论上深入研究，提出对策方案。第三，执法司法机关之间的制约监督应当进一步深化理论研究、完善制度机制、强化程序规则、实化制约监督效果，形成相互配合、相互制约、公正高效权威的社会主义执法司法制度。近些年，随着执法司法体制改革的不断深入，相关民事诉讼理论研究取得了显著效果，但许多问题尚需进一步深化研究，一些改革成果也需不断完善。例如，《民事诉讼法》在抗诉的基础上增加了民事再审检察建议这一新的民事检察监督形式，其立法目的在于完善民事检察监督体系，提升民事检察监督效果。这是我国民事诉讼监督的重大制度创新，①主要特点是在监督与谦抑之间寻求了适度平衡，其理论意义、实践意义以及对世界民事诉讼制度的贡献不可低估。但是，无论是理论界还是实务界，对其价值尚缺乏充分认识。全国人大代表冯帆认为："人民检察院是国家的法律监督机关，开展法律监督的方式包括提出检察意见、检察建议等，但实践中存在检察意见和检察建议界限不清、检察建议刚性不足等问题，影响监督效果"，建议从立法层面对检察意见和检察建议作区分规定，明确其不同适用情形和效力。② 因此，再审检察建议制度的理论基础、功能定位、价值取向、实践效果，其与民事抗诉制度的关系，在实践中暴露出来的种种问题以及未来与民事抗诉制度"融合"或"吸纳"，构建"一元制"民事检察监督制度的可行性与优势等，均需要进一步研究完善，从而使其真正成为具有中国特色、符合司法规律、运行效果良好的民事检察监督制度，为世界民事诉讼理论和制度构建贡献中国智慧、中国方案。③ 第四，充分发挥合议庭成员之间的相互制约作用，健全人民法院内部制约机制。人民

---

① 张薰尹：《检察建议的谱系脉络及分类发展构想》，载《政治与法律》2024 年第 3 期。
② 冯帆：《在立法中区分检察意见和检察建议》，载《检察日报》2024 年 3 月 6 日第 2 版。
③ 范怡倩：《论民事再审检察建议制度三重困境与出路》，载《中国法律评论》2023 年第 6 期。

法院合议制度设计的初衷，是既要"合"又要"议"，合议庭各成员权利平等，共同对所办案件负责，共同开庭、阅卷、评议、裁判，评议时各自独立平等地发表意见。如果意见存在分歧，应当按照多数意见作出决定，但是少数意见必须如实记入笔录。这是司法规律的要求。合议制度的意义之一是使合议庭各成员之间形成制约机制，强化责任，确保办案质量、司法公正。实践中"重配合、轻制约"的现象弱化了合议制度的制约功能，影响了办案效果。在人情关系社会大背景以及"案多人少"的情况下，如何从制度机制上确保合议制全面落实落地，防止出现"随声附和""以同意代替合议""名为合议制实为独任制"甚至"合而不议"等不正常现象，是司法责任制改革面临的重大课题。对此，应当加强研究，丰富理论供给，建立健全制度机制，从而充分彰显合议制的制约功能，确保司法公正。①

（四）坚持和发展新时代"枫桥经验"，创新拓展多元调解方式，加强诉源治理，推动民事涉诉信访工作法治化

党的二十大报告指出，在社会基层坚持和发展新时代"枫桥经验"，完善正确处理新形势下人民内部矛盾机制，加强和改进人民信访工作，畅通和规范群众诉求表达、利益协调、权益保障通道，完善网格化管理、精细化服务、信息化支撑的基层治理平台，健全城乡社区治理体系，及时把矛盾纠纷化解在基层、化解在萌芽状态。这是推进国家治理尤其是基层治理体系和治理能力现代化的重要内容。然而，诉源治理尚存在统一立法不足、司法定位不明、目标不清晰、诉非衔接不规范等症结。信访治理长期存在法律依据欠缺、定位不清、渠道不畅、诉访交叉、秩序较乱、矛盾上移、源头治理效果不佳、工作人员素质不适应等痛点，特别是信访治理法治化的目标、原则、路径等，均有待理论研究者作出回应和贡献。

诉源治理研究应当充分关注我国"息诉""止讼"的文化传统以及"乡土性"文化特征，把握层次性纠纷解决理念，将非诉讼纠纷解决机制挺在前面。除了传统的比较成熟的人民调解、行政调解、司法调解以外，还应当大力研究创新拓展其他多元调解方式。比如继承和弘扬历史上的民间调解传统，明确其法律定位和调解协议的法律效力；进一步深化行业调解制度改革，拓展业务范围，充分发挥行业人员对行业规则、惯例形成共识的优势，使涉企业合同链条纠纷更多地通过行业调解予以解决，从而既节约司法资源，又有利

---

① 景汉朝：《民事诉讼实践法学研究的创新方向与重点任务》，载《中国法律评论》2023年第6期。

于企业等连锁交易主体长期合作，维护经济的稳定性和高质量发展；进一步推动律师制度改革，充分发挥律师队伍专业性强、在群众中认可度高等优势，运用市场经济尤其是收费杠杆，引导律师由诉讼代理向非诉直接调解转型；创建具有法律地位、时代特色的专家调解制度，改变专家单方接触当事人、仅凭一方提供的材料向司法机关出具法律意见的做法，发挥好法律、经济、社会等领域专家在化解社会矛盾中的独特作用。另外，由于大数据、人工智能等数字技术的司法运用能够促进诉源治理智能化发展，提升非诉解纷的能力，因此要进一步探究数字技术与诉源治理的深度融合。① 信访治理研究除了需要厘清信访的法律定位及内涵与外延、信访与审判程序的关系等问题外，还要研究制定信访治理法的时机和条件，为信访治理法治化改革提供理论支持和立法建议。特别需要注意的是，涉诉信访长期"高位运行"，这种现象对于判决既判力、司法终局性、司法权威、司法公信力冲击很大，长此以往会对法治建设造成许多负面影响。对于涉诉信访及其问题产生的根本原因、历史脉络、发展态势、规律性认识、应对策略、法治化改造、治理现代化方向，特别是在我国国情之下如何从根本上解决这一难题，亟须加强研究，予以理论回应。②

（五）推动审执分离体制改革，构建相对独立的执行实施系统，加快推进民事强制执行立法进程

"切实解决执行难"，"依法保障胜诉当事人及时实现权益"，推动实行审判权与执行权相分离的体制改革试点，是党的十八届四中全会通过的《中共中央关于全面推进依法治国若干重大问题的决定》作出的重大安排。然而，民事审执分离体制如何改革，民事审判权与执行权究竟如何分离，一直存在很大争议，在模式选择上目前形成了三种基本不同的观点：法院外分模式、深化法院内分模式和深化法院内分适当外分模式。实际上，该三种模式均不甚理想，应当建立相对独立的执行实施系统，执行裁判权仍留在法院。③

推动审执分离体制改革首先应当考量如下因素：一是遵循民事执行的基本规律。实行审判权与执行权相分离的体制改革，首先必须遵循民事执行的

---

① 曹建军：《诉源治理的本体探究与法治策略》，载《深圳大学学报（人文社会科学版）》2021 年第 5 期。

② 景汉朝：《民事诉讼实践法学研究的创新方向与重点任务》，载《中国法律评论》2023 年第 6 期。

③ 景汉朝、谭秋桂、孙超：《推动审执分离体制改革，构建相对独立的执行实施系统》，中国法学会 2023 年度重大课题。

基本规律。其中，就民事执行自身而言，效益最大化是其基本价值追求，在收益相对固定的情况下，降低民事执行的经济成本和错误成本，是审执分离体制改革的基础。就"审执关系"原理而言，一方面，审判强调法官"居中裁判"，以公正为首要目标，执行则系强制一方履行债务，以效率为首要目标，只有执行的归执行，审判的归审判，才能体现审判与执行的差异性；但另一方面，过分强调两者的差异性而进行彻底两分，会造成两者的割裂，损害保护当事人权利的共同目的，最终导致民事执行自身的目的也难以实现。二是正视现行民事执行体制机制存在的问题。宏观问题主要是：①社会信用机制不完善和司法权威不足，导致裁判自动履行率偏低；②民事执行权的运行受地方保护主义干扰比较严重；③民事执行权刚性不足，对失信被执行人的制裁手段有限；④解决执行争议、纠正违法执行的执行裁判权与采取查封、拍卖以及罚款、拘留等执行措施的执行实施权之间的相互制约功能尚未充分发挥；⑤包括检察监督等在内的民事执行外部监督机制尚未发挥其应有的功能。微观问题主要是：①上下级执行机构关系不协调，高级法院的统一管理职能和中级法院的协同管理职能未能得到充分发挥，难以形成执行合力；②执行员的资格缺乏法律规范，任免程序不明，职级等级不清；③执行案件管理机制不健全，案件办理模式没有理顺；④执行机构的人、财、物保障不足，执行信息化建设尚有一定提升空间；⑤审判、保全、破产与执行程序的外部衔接，执行内部立案、实施、裁判、监督的衔接都不顺畅。三是坚持"两个结合"，明确审执分离改革的基本目标。习近平总书记强调，在五千多年中华文明深厚基础上开辟和发展中国特色社会主义，把马克思主义基本原理同中国具体实际、同中华优秀传统文化相结合是必由之路。这是我们在探索中国特色社会主义道路中得出的规律性的认识。在中国进行法治建设，实行审判权与执行权相分离的体制改革，同样必须立足我国国情，坚持"两个结合"，以克服地方保护主义，切实解决执行难，维护当事人合法权益，维护司法权威为基本目标。

其次要比较分析不同分离模式的利弊。①法院外分模式，即将执行权交由地方行政部门行使。优势：符合文义上的"审执分离"；可以尝试新的体制与机制；可以强化分权制约。不足：无法克服甚至进一步加剧地方保护主义的干扰；成本过高，包括机构组建、执行人员的重新培养、工作管理体制的理顺等均需要较大成本；审判与执行的关系更难协调。②深化法院内分模式，即仍由人民法院行使执行权，但在法院内部设立独立机构行使执行裁判权，实现对执行实施权的制约监督；执行实施权仍由执行局行使，但实行分段集约执行模式；强化上下级法院执行机构统一管理、统一指挥、统一协调等。优势：有利于实现"审执兼顾"，避免因审执脱节造成的执行困难；有利于平衡执行效率和公正两种价值，改革成本较低。不足：难以实现实质上的"审执分离"；执行自由裁量权运行容易越轨和失范；与法院在双方当事人之间"居中裁判"的规律性要求不符，与执行实施权的基本属性不协调。③深化法院内分适当外分模式，即在深化内分基础上，将罚金、没收财产、追缴非法所得等刑事涉财产部分的执行与行政诉讼、非诉案件的执行分别交由对口行政机关负责。优势：有利于减轻法院的执行压力；部分执行事项外分给行政机关有利于提高执行效率；有利于保障民事执行的队伍稳定。不足：不利于克服地方保护主义；不利于统一工作标准、统筹执行力量，可能造成资源浪费；可能导致部分案件审执不协调。

再次设计好方案，构建相对独立的执行实施系统。执行体制改革应当遵循司法审判和民事执行的基本规律、适合我国国情以及实现执行效率和效果的最大化，重点解决执行不力、消极执行以及地方保护主义等问题，实现执行权的高效运行。①执行实施权不宜配置给地方法院。法院行使审判权的基本规律之一是必须在双方当事人之间保持中立，只有这样才能体现公正、公信，而执行实施行为是强制一方当事人向另一方当事人履行判决义务，难以中立。由地方法院行使此项权力，不但与执行实施权的行政权属性不符，而且还会影响法院的中立、公正形象，降低其司法公信力。②执行实施权不宜配置给地方政府部门。地方保护主义对执行特别是异地执行干扰较大，是执行难的重要原因，因此执行体制改革的目标之一就是破解地方保护主义困局。宪法明确规定人民法院依法独立行使审判权，不受行政机关、社会团体和个人的干涉，尚难以排除地方保护主义的干扰，而我国地方政府承担着发展地方经济、维护社会稳定、保护当地民生等重要职能，若将执行实施权能配置给地方政府部门，使其直接成为行使执行实施权的主体，不但难以摆脱地方利益的干扰，反而容易加剧地方保护主义，甚至可能形成"制度化的地方保护主义"。③设立相对独立的执行实施系统的基本构想。设立既脱离地方法院，又与地方政府分离的相对独立的执行实施系统，是审执分离体制改革相对合理的方案。其基本构想是：国家设立执行总局、执行局和执行分局，根据需要设立部分执行支局，并实行人员、财务、装备等垂直管理。国家执行总局由最高人民法院统辖，执行局、执行分局、执行支局与地方法院分离，且根据案件数量等跨行政区划设立。跨省级行政区划设立执行局，跨地市级行政区划设立执行分局，确有必要设立的执行支局亦跨县级行政区划设立。其中执行分局和执行支局一般管辖基层法院一审的生效裁判执行案件；执行局一般管辖中级以上法院一审的生效裁判执行案件；国家执行总局领导和指导全国执行工作，不赋予其承担执行具体案件的权能和职责。当事人不服执行行为而提出异议、申请复议，或者因执行行为引起执行异议之诉的，仍由法院负责审查、裁定或者判决。设立上述相对独立的执行实施系统，原则上将现有各级地方法院的执行机构独立出来即可，组成上下垂直管理的执行实施机构，不另行增加编制，也不宜作大的调整，以控制改革成本。当然，该改革措施在一定程度上可能增加执行裁判程序与执行实施程序的协调成本，但按照"两利相权取其重，两害相权取其轻"的原则，此方案应属相对合理。

另外，应正确处理民事执行立法与民事执行改革政策、民事执行实践经验、理论研究成果、域外民事执行体制经验的关系，在立法技术和思路层面建言献策。① 系统性推进我国民事执行体制的转型建构，使民事执行与我国民事法治建设相适应，建构具有中国特色、时代特色、实践特色的民事强制执行法律制度，②也是需要我们着力研究的重要问题。③

(六)坚持以人为本、独立自主、系统整体、实质公平原则，聚焦解决突出问题，加快推进检察公益诉讼(公益诉讼法)立法进程

在全面依法治国的时代背景下，公益诉讼制度是运用法治思维和法治方式解决侵害公共利益这一现实问题，推进国家治理体系和治理能力现代化的制度设计。中共中央于 2023 年印发的《全面深化法治领域改革纲要(2023—2027)》对深化法治领域改革作出了进一步具体安排，明确提出要完善公益诉讼制度，并提出积极稳妥拓展公益诉讼案件范围、推进公益诉讼立法等具体改革任务。第十四届全国人大常委会已将"检察公益诉讼法(公益诉讼法，一并考虑)"列入立法规划。2023 年 9 月 21 日，由中国法学会、全国人大监察和司法委员会、最高人民法院、最高人民检察院联合举办的检察公益诉讼立法专题研讨会在京召开。随着经济社会的不断发展，生态环境和资源保护、食品药品安全、个人信息保护等领域的公益保护需求不断增大，理论研究需要提供相应的建设思路与制度方案。公益诉讼研究应当聚焦于总结和提炼

---

① 谭秋桂：《论我国民事执行立法内容确定技术的四对关系》，载《财经法学》2023 年第 3 期。

② 张卫平：《论民事执行体制现代化转型》，载《中国政法大学学报》2023 年第 2 期。

③ 景汉朝：《民事诉讼实践法学研究的创新方向与重点任务》，载《中国法律评论》2023 年第 6 期。

各具体领域公益诉讼的理论共识，明确各具体领域公益诉讼的制度特性，形成一套系统性而非发散性的公益诉讼理论。尤其是针对个人信息保护、反垄断等新兴领域的公益诉讼问题，应当坚持问题导向，从司法实践中的现实问题出发，提供兼具实践性与理论性的解决路径。

检察公益诉讼立法应当坚持以人为本、独立自主、系统整体、实质公平原则，并重点解决好一些突出问题。一是检察公益诉讼保护对象的界定与类型化问题。"公共利益"是一个十分宽泛的概念，公益诉讼法所调整的"公共利益"如何界定，是立法首先要解决的基础性问题。目前根据公益诉讼司法实践可以将其区分为国家利益、不特定的社会公共利益以及特定的社会公共利益（特定群体的利益）三类。制度设计者应当根据不同类型的"公共利益"，配置诉讼实施权和设计具体的诉讼程序。例如，对于涉及重大国家利益的诉讼，应当以保护国家利益作为构建此类公益诉讼程序的理论基础，设置特有的程序制度；对于请求侵权人作为或者不作为的诉讼，则可根据其案件特点，明确检察机关、社会组织介入的时间点、顺序以及与行政程序的对接问题，进一步强化事前预防功能，以此取得更好的社会效果。二是检察机关与行政机关、社会组织的公益诉讼实施权配置问题。目前对该问题的法律规定比较分散，《未成年人保护法》《妇女权益保障法》《军人地位和权益保障法》等法律均规定了授权检察机关提起公益诉讼的条款，但内容都比较抽象，与其他相关行政机关、社会组织的职能划分不甚清晰。不同法律规范之间、立法与司法实践之间的内在关系，特别是检察机关与行政机关、社会组织的公益诉讼实施权如何合理配置，需要加强理论研究和论证，从而推动单独立法予以统筹，以使公益诉讼的效能实现最大化。三是公益诉讼中审判权定位与职能变革问题。按照传统法学理论，审判权的特征是消极和中立，《民事诉讼法》和《行政诉讼法》对检察机关提起民事、行政公益诉讼坚持的基本上也是传统的谦抑性原则。但随着工业社会、信息化社会带来的大规模环境污染、严重侵权等问题日益凸显，社会各方面出现风险的可能性不断增大，审判权越来越多地承担了风险防控和事前规制的职能，有些方面与行政权之间的权责界分日益模糊。公益诉讼在保护国家利益、社会公共利益中的作用特别是发挥预防风险的功能日益明显。因此，公益诉讼的立法原则和制度安排应当强调风险预防作用，而非单一的补偿或救济。检察公益诉讼在诉讼要件设置、前置程序、临时性救济程序以及强制执行等具体制度设计上，应当体现预防性司法的理念，以有利于保护国家和社会公共利益。因此，应当根据公益诉讼的特点，研究新的诉讼模式。四是检察公益诉讼与刑事责任的协调问题。公益诉讼可否适用惩罚性赔偿制度是处理好检察公益诉讼与刑事责任之间关系的突出问题之一，特别是在食品药品安全、刑事附带民事公益诉讼等领域能否引入惩罚性赔偿制度，其与刑法上的罚金在性质、功能以及管理使用制度上是否存在竞合之处，理论界和实务界争议较大，这是检察公益诉讼立法应予解决的问题，需要继续深入研究探讨，提出公认的理论与制度设计方案。①

（七）不断丰富和发展全过程人民民主，深化民事审判方式改革，破解"案多人少""案结事难了"司法难题，切实让人民群众在每一个司法案件中感受到公平正义

民事审判方式改革是司法改革的重要组成部分，是公正高效审理案件的工具抓手，也是公平正义的重要体现。民事审判方式的不足之处在于，其一，强职权主义理念根深蒂固，法院包揽词讼的陈旧观念仍然存在，忽视当事人及律师纠纷解决的主体地位，无视当事人处分权、辩论权现象时有发生，诉讼民主机制有待进一步强化。其二，一步到庭，缺乏有效的庭前实体准备，大量案件难以早期化解，庭审形式化、散漫化问题突出，加大了诉讼成本，浪费了司法资源，程序空转、次生案件突出，加剧了案多人少矛盾。全面落实辩论原则，改革"一步到庭"审判方式，完善庭前会议制度，引入争点审理程序，时所必需，势在必行。第一，庭前会议是开庭审理前的准备会议，是诉辩审三方在庭审准备阶段进行接触、沟通和协调的重要平台，通过这个机制，求同存异、聚同化异、凝聚共识、缩小分歧，聚焦争点，直至消除争点，促使当事人自行和解。若无争点又不能调撤，则无须开庭，可书面审理，径行裁决；若有争点且难以化解才可进入庭审。事实上，如果庭前会议开得到位，争点整理达不到可对决的"赛点"，绝大多数案件因有法可依、有法必依而提前化解，及早退出诉讼。即使案件进入庭审，由于争点少而精，庭审活动会简而短，争点审理能深而透，省时省事省力，庭审质效会显著提升，进而助力诉辩各方评估胜负，为庭后和解或服判息诉创造条件。庭前会议主持人协调多重关系，促使诉辩双方换位思考、升维思考和情境思考，变"对向争执"为"同向探究"，变消极对抗为积极协作，变隔膜戒备为团结互信，是其履行诉讼指挥（组织、引领、协调、管理）职责极为重要的任务。第二，庭前会议是诉辩审三方内部召开的案情分析协商会，以"闭门会议"方式

---

① 景汉朝：《加快推进检察公益诉讼立法进程　助力国家治理体系和治理能力现代化》，载《人民检察》2023 第 21 期。

为宜，为各方创造自由轻松的氛围，减轻因公开而给参与者带来的社会压力，弱化当事人对峙形成的心理阻力。如果诉辩双方律师具备相应代理权限，当事人可不必参加会议，以便诉辩律师在法律话语体系内独立、充分发表案件分析和处理意见，达成共识性的案件办理方案。可由法官助理主持召开。如果当事人没有律师代理，主持人要加大释法明理力度，引导当事人自行借助法律信息资源解疑释惑，促使当事人自觉将认知和行动统一到法律依据和事实证据上来，体现质证辩论"言之有据"的诉讼话语特征。庭前会议并非只适用于难案，在简易、速裁案件办理中仍大有用武之地。第三，庭前会议的基本运行机制是主持人履行释明职责，当事人行使辩论权和处分权。依靠当事方自身能力和权利提出诉辩主张，搜集和交换证据材料，促使其尽最大努力自行协商解决本案诉讼所涉问题。庭前会议中，主持人不行使判断权和裁量权，但独任法官亲自到场者除外。会议各项成果要以协议形式逐项加以固定留痕，防止轻率与反悔。第四，庭前会议的重点在于将当事人的争执化整为零、化难为易、化繁为简、化敌为友，集中力量，各个击破。主持人通过提出开放性问题（即以谁、什么、为什么、多少等疑问词提出的问题），把诉讼请求"大争执"经条分缕析转化为诉讼理据"小争执"，梳理成问题清单，帮助当事方厘定各个问题的法条依据及相互关系；在法条规定的要件指引下，进一步厘清本案事实及所需证据，再调动当事方的常识常理常情，引导诉辩双方自觉缩小分歧、扩大共识，并将这个成果以书面协议形式确定下来。如果当事方不能统一认识，那么，将争执的问题表述为以封闭性疑问词（是否）提问的语句，形成庭审争点。庭审争点不应由审判方归纳总结，而应由诉辩双方商定并报合议庭确认，以防范法官的恣意与任性。为防止诉讼突袭和裁判突袭，庭前会议应当要求诉辩双方充分开示每个争点的法律依据和事实证据，并协议"冻结"。没有争点无须开庭审理，如果争点达不到明确、具体、特定的封闭程度，也不具备开庭审理的条件。除非极个别难案，绝大多数案件可以通过庭前会议一次性完成庭审准备任务，甚至提前达成和解，终结诉讼。第五，优化律师代理民事诉讼机制，充分保障当事人及其代理律师的知情权、参与权、表达权和监督权，尊重律师纠纷解决主体地位，充分发挥律师在纠纷化解、法律适用和事实查明中的积极作用。①

---

① 冯文生：《如何开好庭前会议》，载《人民法院报》，2022年6月9日第8版；冯文生：《巧用庭前会议，办案多快好省》，载《浙江审判》2022年第4期。

撰稿专家

景汉朝，法学博士，2002 年被评为全国第三届杰出中青年法学家。现任全国人大常委、社会建设委员会副主任委员，中国法学会副会长、民事诉讼法学研究会会长。历任河北省高级人民法院常务副院长、最高人民法院副院长、中央政法委副秘书长、中央司法体制改革领导小组办公室副主任等职。著有《审判方式改革实论》《中国司法改革策论》《平衡：公正与效率——司法改革演讲录》《司法实践中的理论探索》《经济合同法审判实务》等多部专著，并在《中国法学》《法学研究》《现代法学》《清华法学》《政法论坛》《中国法律评论》《中国应用法学》《人民日报》《中国社会科学报》等期刊报刊发表论文几十篇。

2023年行政诉讼法实施报告[*]

黄先雄

报告要旨

2023年，是全面贯彻党的二十大精神的开局之年，是三年新冠疫情防控转段后经济恢复发展的一年，大数据、区块链、云计算、生成式人工智能等多种数字技术发展迅猛，治理数字化正在逐步推进。这一年，我国行政诉讼法实施过程中，行政案件收案和审结数总体上同比呈持平或下降趋势，行政案件协调撤诉率较高，行政机关负责人出庭应诉情况不断向好，司法与行政互动进一步深化，行政诉讼检察监督持续发力，检察行政公益诉讼领域逐步扩大。与此同时，为推动行政审判工作进一步发展，最高人民法院组织召开第六次全国行政审判工作会议；为强化审判监督管理，阅核制得以试行；鉴于四级法院审级职能定位改革试点工作的成效并不明显，四类"下沉"至基层人民法院的行政案件重归中级人民法院管辖，"下沉"至高级人民法院的再审案件重归最高人民法院管辖；为推动行政公益诉讼制度深入发展，"两高"首次向社会联合发布行政公益诉讼典型案例；人工智能辅助系统开始进入诉讼全过程，数字司法逐步展开。

核心建议

1. 不忘初心，牢固树立司法为民理念，将全过程人民民主落实

　＊　本报告写作过程中，中南大学法学院博士研究生何冰就报告资料的整理、初稿的草拟与校阅做了大量工作，中南大学法学院硕士研究生张典、杨琳娟、丁嘉仪参与了资料收集、校阅工作。特此致谢！

到行政诉讼中，在有限的制度空间内不懈努力，切实加强对行政机关的监督和对相对人合法权益的保障。

2.加强能动司法，明确法院释明义务和调查取证职责，着力促进行政争议实质性化解。

3.遵循法律保留原则，谨慎推进院庭长阅核制，防止因阅核制使司法重回行政化的老路。

4.严格依照《行政诉讼法》第 65 条关于生效裁判文书"供公众查阅"、向社会公开的要求，切实做好线上公开和线下公开的相关工作，确保公众知情权和监督权的实现。

2023 年，是全面贯彻党的二十大精神的开局之年，是三年新冠疫情防控转段后经济恢复发展的一年。《行政诉讼法》作为我国行政法治的主要机制之一，其实施和运行极具时代性和导向性，是贯彻习近平法治思想，全面依法治国，推动行政法治新发展的集中反映和展现。本报告着重回顾了 2023 年行政诉讼法实施的基本情况，总结了实施中的重大举措，同时结合实施中存在的问题与不足，在往年建议的基础上，对 2024 年行政诉讼法的实施提出了建议与展望。

本报告中出现的资料和数据基本来源于各级法院、检察院及政府的官方网站、官方报刊、中国裁判文书网、人民法院案例库等，以及相关公权力机关公众号刊载的工作报告、办案数据、新闻报道等。囿于篇幅以及资料、数据的可获取性，本报告所总结提炼的内容无法全景式地展现 2023 年行政诉讼法的实施情况，但从资料、数据的来源以及涵盖的法院、检察院层级上看，相关内容能够描述出 2023 年行政诉讼法实施的基本样态。

一、行政诉讼法实施概况

(一)行政案件收案和审结数总体上同比呈持平或下降趋势

由于暂时无法获得 2023 年全国法院受理和审结行政案件的官方统计数据，笔者只能根据部分省市县法院公布的数据来推测全国的情况。目前，除部分省市县法院公布了 2023 年关于本院受理和审结行政案件的数据外，大部分省市县法院只公布了全年审结行政案件数量。

　　从相关工作报告公布的数据来看，2023 年全国各地法院行政案件收案总量同比呈持平或下降趋势。① 其中，部分地区法院行政案件收案数量下降趋势明显，如，北京市各级法院全年新收行政案件 28008 件，②相较 2022 年的 31107 件③下降约 10%；相较 2021 年的 34827 件④下降约 19.58%；陕西省各级法院新收行政案件同比下降 10.48%；⑤广西壮族自治区各级法院行政一审新收案在 2022 年比上年下降 17.69% 基础上，2023 年同比再降 7.52%；⑥贵阳市南明区人民法院受理行政案件 461 件，⑦ 2022 年受理行政案件 544 件，⑧下降约 15.26%。同时，有部分地区法院行政案件收案总量略有增加。⑨ 例如：浙江省各级法院 2023 年行政案件收案数为 28000 件，⑩相比 2021 年的 27380 件⑪增加了 2.3%；云南省五华区法院受理行政案件

　　① 由于 2022 年各地法院工作报告中的数据是 2018—2022 年的近五年数据，故缺少 2022 年单独的各地法院受理、审结案件的数据。若无各地相关的统计年鉴数据做补充，笔者将 2023 年各地法院受理、审结案件数据与 2021 年做对比，得出行政案件受理、审结案数的趋势。

　　② 参见《北京市高级人民法院工作报告》，载"京法网事"微信公众号，http://mp.weixin.qq.com/s?__biz = MzA3MTk1OTI1NA = = &mid = 2247648455&idx = 1&sn = 7c18c701fcba9662f88d56b3bbe5859a&chksm = 9f29537ea85eda6885de259d9911b4748257adea60929ffa30c6c5a979e37ce940353afc7fbd#rd，2024 年 1 月 23 日访问。

　　③ 参见《23-7 法院行政案件收、结案情况（2022 年）》，载北京市统计局官网，https://nj.tjj.beijing.gov.cn/nj/main/2023-tjnj/zk/e/html/C23-07.jpg，2024 年 3 月 1 日访问。

　　④ 参见《23-6 法院行政案件收、结案情况（2021 年）》，载北京市统计局官网，https://nj.tjj.beijing.gov.cn/nj/main/2022-tjnj/zk/zk/html/C23-06.jpg，2024 年 3 月 1 日访问。

　　⑤ 参见《陕西省高级人民法院工作报告》，载"陕西高院"微信公众号，https://mp.weixin.qq.com/s/tKUzPG7UMbi0IAqtYxRFeQ，2024 年 3 月 3 日访问。

　　⑥ 参见《广西高院工作报告》，载"广西高院"微信公众号，https://mp.weixin.qq.com/s/FGmehl5L-gmDtPaewbszyA，2024 年 3 月 1 日访问。

　　⑦ 参见《2024 年南明区人民法院工作报告》，载贵阳市南明区人民法院官网，http://nanming.guizhoucourt.gov.cn/fyxx/275580.jhtml，2024 年 3 月 13 日访问。

　　⑧ 参见《2023 南明两会进行时》，载"双双贵阳 甲秀南明"微信公众号，https://mp.weixin.qq.com/s/ESnRYSumtd1QVqkcWd7-PA，2024 年 3 月 13 日访问。

　　⑨ 据了解，2023 年，江苏省各级法院行政一审新收案 16790 件，相比 2022 年的 16555 件，增加 1.4%；天津市各级法院行政一审新收案 3967 件，相比 2022 年的 3735 件，增加 6.2%；湖南省各级法院行政一审新收案 10280 件，相比 2022 年的 9175 件，增加 12%。

　　⑩ 参见《浙江高院 2023 工作报告》，载"浙江天平"微信公众号，https://mp.weixin.qq.com/s/YRCVMLOYRf0L7LR1ERduYw，2024 年 2 月 2 日访问。

　　⑪ 浙江省 2021 年全省法院收案总数为 136.9 万件，其中行政案件占比 2%，故得出浙江省 2021 年全省法院行政收案数为 27380 件。参见《浙江高院 2021 年工作报告》，载"浙江天平"微信公众号，https://mp.weixin.qq.com/s/wirAYwF8hkaF8llYv8Ue4A，2024 年 3 月 3 日访问。

243 件，① 2022 年受理行政案件 241 件，②增加了 2 件。综上，总体推断，2023 年全国各地法院行政案件收案总量同比呈持平或下降趋势。

2023 年，全国各地法院行政案件的审结数，除少部分地区同比持平或增加外，总体呈下降趋势。例如：浙江省各级法院审结一审行政案件 1.3 万件，③相比于 2021 年的审结一审行政案件 1.5 万件④下降约 13.33%；广东省各级法院审结行政一审案件 2.6 万件，⑤相比于 2022 年的 2.8 万件⑥下降约 7.14%；陕西省各级法院审结一审行政案件 7074 件，⑦相比于 2022 年的 8030 件⑧下降约 11.90%；广西壮族自治区各级法院审结行政案件 20633 件，⑨ 2021 年审结行政案件 23853 件，⑩下降约 13.5%；云南省各级法院审结行政案件 5802 件，⑪ 2021 年审结行政诉讼案件 6131 件，⑫下降约 5.36%；福

---

① 参见《一图读懂五华法院工作报告!》，载"昆明市五华区人民法院"微信公众号，https://mp. weixin. qq. com/s/ZClzxUXQ0CC3gY6SiXq48Q，2024 年 3 月 13 日访问。

② 参见《五华法院两会报告》，载"昆明市五华区人民法院"微信公众号，https://mp. weixin. qq. com/s/MzwtaekC0BkoOu5DczWUUA，2024 年 3 月 1 日访问。

③ 参见《浙江高院 2023 工作报告》，载"浙江天平"微信公众号，https://mp. weixin. qq. com/s/YRCVMLOYRf0L7LR1ERduYw，2024 年 2 月 2 日访问。

④ 参见《浙江高院 2021 年工作报告》，载"浙江天平"微信公众号，https://mp. weixin. qq. com/s/wirAYwF8hkaF8llYv8Ue4A，2024 年 3 月 3 日访问。

⑤ 参见《广东省高级人民法院工作报告》，载"广东省高级人民法院"微信公众号，https://mp. weixin. qq. com/s/MdmIEhwtXrqR-h_RBslVkw，2024 年 2 月 1 日访问。

⑥ 该数据根据广东省高院 2018—2022 年历年工作报告计算得出。五年的总数据参见《广东省高级人民法院工作报告》，载"广东省高级人民法院"微信公众号，https://mp. weixin. qq. com/s/ZeHkIsshRfgbv-p3XQfzuA，2024 年 3 月 3 日访问。

⑦ 参见《陕西省高级人民法院工作报告》，载"陕西高院"微信公众号，https://mp. weixin. qq. com/s/tKUzPG7UMbi0IAqtYxRFeQ，2024 年 3 月 3 日访问。

⑧ 该数据根据陕西省高院 2018—2022 年历年工作报告计算得出。参见江必新等《中国法治实施报告》(2023)，人民法院出版社，第 389-410 页。

⑨ 参见《广西高院工作报告》，载"广西高院"微信公众号，https://mp. weixin. qq. com/s/FGmehl5L-gmDtPaewbszyA，2024 年 3 月 1 日访问。

⑩ 参见《一图了解广西高院工作报告》，载"广西高院"微信公众号，https://mp. weixin. qq. com/s/GLSjs7D7kNFlN9fCL7EN1g，2024 年 3 月 1 日访问。

⑪ 参见《〈云南日报〉刊发云南省高级人民法院工作报告》，载"云南高院"微信公众号，https://mp. weixin. qq. com/s/Gq-VAC133mAeyRb8ntlxgw，2024 年 3 月 14 日访问。

⑫ 参见《云南省高级人民法院工作报告(全文)》，载"云南高院"微信公众号，https://mp. weixin. qq. com/s/Zcqm825h57UxtROhquKIEA，2024 年 3 月 3 日访问。

建省各级法院审结一审行政诉讼案件为 7499 件，①相比于 2021 年的 7714 件②下降约 2.7%；三亚市中级人民法院审理一审行政案件 602 件，同比下降 10.28%。③与此同时，重庆市各级法院 2023 年审结一审行政案件 8158 件，④2022 年审结一审行政案件 8152 件；⑤江苏省各级法院 2023 年一审审结行政案件 1.7073 万件，⑥2022 年审结 1.6888 万件。⑦两地数据同比基本持平。也有少数法院行政案件审结数较往年有较大增长，例如：上海市各级法院一审审结行政案件 6316 件，同比增长 57.8%；⑧西藏自治区各级法院审结行政案件 288 件，同比增长 41.18%；⑨辽宁省沈阳市中级法院 2023 年审结 4999 件行政案件，⑩相比 2022 年的 3538 件，⑪涨幅约 29.22%。

---

① 参见《两会特辑·数字之旅｜"数"说这一年》，载福建省高级人民法院官网，http://www.fjcourt. gov. cn/Page/Court/News/ArticleTradition. aspx? nrid = db060460 - b8d4 - 4779 - a435 - 84a8af2c0d84，2024 年 2 月 1 日访问。

② 福建省高级人民法院代院长金银墙：《福建高级人民法院工作报告（2022）》，载福建省高级人民法院官网，http://www. fjcourt. gov. cn/Page/Court/News/ArticleTradition. aspx? nrid = c1f39c6e - 3ef7-4020-bf64-71ae5f42ce02，2024 年 2 月 1 日访问。

③ 参见《两会看法院一图速看三亚市中级人民法院 2023 年工作报告》，载"三亚市中级人民法院"微信公众号，https://mp. weixin. qq. com/s/oB9DIP4oG2OJY4xO5p4vEg，2024 年 1 月 30 日访问。

④ 参见《重庆市高级人民法院工作报告》，载"重庆市高级人民法院"微信公众号，https://mp. weixin. qq. com/s/5MSxYKZn255oz0WVMwsIZQ，2024 年 2 月 2 日访问。

⑤ 参见《重庆市高级人民法院工作报告》，载"重庆市高级人民法院"微信公众号，https://mp. weixin. qq. com/s/6Ir7pPNJfe51euXiQ5d8Lw，2024 年 3 月 3 日访问。

⑥ 参见《速看！江苏省高级人民法院工作报告图文解读》，载"江苏高院"微信公众号，http://mp. weixin. qq. com/s? _ _ biz = MzA5NjcyNjgwMA = = &mid = 2650384725&idx = 1&sn = 43ce9031d8a88b1bfa7db5c9b79dc4c7&chksm = 88a6b32abfd13a3c693049a8ffa4f53aaf43807c5f60d4e8b5035b8de499512a30a2511c1028#rd，2024 年 3 月 1 日访问。

⑦ 参见《17-20 人民法院行政一审案件收结案情况（2021 年）》，载江苏省统计局官网，tj. jiangsu. gov. cn/2022/nj17/nj1720. htm，2024 年 3 月 1 日访问。

⑧ 参见《上海高院 2023 年工作》，载"上海高院"微信公众号，https://mp. weixin. qq. com/s/t2I450dJjgMwJuqjwyG-Pg，2024 年 3 月 3 日访问。

⑨ 参见《西藏自治区高级人民法院工作报告》，载"西藏法院"微信公众号，https://mp. weixin. qq. com/s/J3WV0wguB2HFPNJKsTJWQg，2024 年 3 月 3 日访问。

⑩ 参见《"数"说新发展 "图"解新气象——回眸沈阳法院 2023》，载辽宁省沈阳市中级人民法院官网，http://sy. lncourt. cn/article/detail/2024/01/id/7771060. shtml，2024 年 1 月 29 日访问。

⑪ 参见《2023 年沈阳市中级人民法院工作报告》，载辽宁省沈阳市中级人民法院官网，http://sy. lncourt. cn/article/detail/2023/06/id/7342352. shtml，2024 年 3 月 1 日访问。

（二）行政案件协调撤诉率仍然较高

我国行政诉讼中以协调撤诉方式结案的案件比例一直居高不下，该结案方式似乎已经成为行政诉讼案件的主要结案方式之一。2023 年，全国法院通过委托人民调解、行政调解、行业专业调解组织等成功调解纠纷 1199.8 万件，同比增长 32%，占同期诉至法院民事行政案件总量的 40.2%。① 浙江省全省行政争议协调撤诉率为 38.8%，②其中杭州市中级人民法院的行政争议协调化解率达 31.9%，温州市中级人民法院出台《特邀调解员调解操作指引》，促进诉调、复调有效衔接，一审行政案件调撤率提升至 45.1%；③吉林省各级法院一审行政案件撤诉率同比上升 4.23%，④诉前实质化解率达86.5%；⑤宁夏回族自治区各级法院调解撤诉率 20.3%；⑥上海市各级法院37.9%的行政争议经协调达成和解，⑦最终以撤诉方式结案；重庆市全市法院审结一审行政案件 8158 件，其中通过诉前程序，成功化解行政争议 1412 件，占比约 17.3%；⑧广东省全省法院审结行政一审案件 2.6 万件，以调解、撤诉

① 最高人民法院院长张军：《最高人民法院工作报告——2024 年 3 月 8 日在第十四届全国人民代表大会第二次会议上》，载最高人民法院网站，https://www. court. gov. cn/zixun/xiangqing/427412. html，2024 年 3 月 11 日访问。

② 参见《浙江高院 2023 工作报告》，载"浙江天平"微信公众号，https://mp. weixin. qq. com/s/YRCVMLOYRf0L7LR1ERduYw，2024 年 2 月 2 日访问。

③ 参见《杭州市中级人民法院工作报告》，载"杭州中院"微信公众号，https://mp. weixin. qq. com/s/bP7baYFQZVP8Hq_aLO41wA，2024 年 3 月 3 日访问。《温州中院 2023 工作报告》，载"温州市中级人民法院"微信公众号，https://mp. weixin. qq. com/s/jDiRF-vAp0Cj4vd5Ub8d_A，2024 年 3 月 3 日访问。

④ 参见《发挥司法效能 助推法治政府建设 吉林高院为全面依法治国履职尽责》，载吉林省高级人民法院官网，http://jlfy. e-court. gov. cn/article/detail/2024/01/id/7776969. shtml，2024 年 1 月 28 日访问。

⑤ 参见《吉林省高级人民法院工作报告》，载"吉林省高级人民法院"微信公众号，https://mp. weixin. qq. com/s/tIBjIFa7iPSdA8C5kVV6OA，2024 年 1 月 26 日访问。

⑥ 《宁夏高级人民法院工作报告》，载"宁夏高级人民法院"微信公众号，http://mp. weixin. qq. com/s?__biz = MzI3NjIyNTM4NQ = = &mid = 2247596287&idx = 2&sn = dc33c96f13ac3684a20773709a6da837&chksm = eb7bf4f9dc0c7def5b2caaffbb0f02679eab56f8cc808929ac59d6639e571c985f239f2ea355#rd，2024 年 1 月 25 日访问。

⑦ 参见《上海高院 2023 年工作》，载"上海高院"微信公众号，https://mp. weixin. qq. com/s/t2I450dJjgMwJuqjwyG-Pg，2024 年 3 月 3 日访问。

⑧ 参见《重庆市高级人民法院工作报告》，载"重庆市高级人民法院"微信公众号，https://mp. weixin. qq. com/s/5MSxYKZn255oz0WVMwsIZQ，2024 年 2 月 2 日访问。

方式结案 4069 件，占比 15.65%；①福建省、福州市两级法院审结一审行政案件 2991 件，通过诉前协调，实质性化解行政争议 270 件，占比约 9%；②山东省各级法院进一步加强行政争议审前和解工作，达成和解 6837 件；③济南市全市法院审结行政一审案件 3945 件，诉前化解 778 件行政争议案件，占比约 19.72%；④济南铁路运输两级法院行政一审新收案件 1749 件，调撤行政案件 350 件，调撤率超 20%；⑤江西省各级法院审结行政案件 13300 件，调处行政争议 3275 件，实质性化解行政争议 1629 件，调解率约为 24.62%，调撤率为 12.24%；⑥广西壮族自治区、桂林市两级法院行政一审新收案件 1693 件，为推动行政争议实质性化解，调撤行政案件 209 件，占比约 12.34%。⑦

（三）行政机关负责人出庭应诉情况不断向好

2023 年，行政机关负责人出庭应诉制度得到进一步贯彻落实，出庭应诉率持续增长。大多数地区出庭应诉率达到 90% 及以上，部分地区接近或达到

---

① 参见《广东省高级人民法院工作报告》，载"广东省高级人民法院"微信公众号，https://mp.weixin.qq.com/s/MdmIEhwtXrqR-h_RBslVkw，2024 年 2 月 1 日访问。

② 参见《一图读懂福州中院 2023 年工作报告》，载"福州市中级人民法院"微信公众号，https://mp.weixin.qq.com/s/Xy_XinqUtVsmcvAp_zAijg，2024 年 3 月 13 日访问。

③ 参见《山东省高级人民法院工作报告摘登》，载"山东高法"微信公众号，https://mp.weixin.qq.com/s?__biz = MzA5MDAxMjk5Ng = = &mid = 2652358719&idx = 1&sn = 506e8c49dc7a16b8bb08f2cb6c89fae6&chksm = 8bf14414bc86cd02ea875a53abbb46c6e7febf1ec0715ce5b6e31223c5f1eb971a259d6a69f7#rd，2024 年 1 月 24 日访问。

④ 参见《李向阳院长在济南市第十八届人民代表大会第三次会议上作〈济南市中级人民法院工作报告〉》，载"济南中院"微信公众号，http://mp.weixin.qq.com/s?__biz = MzA4MjkxMDMwNQ = = &mid = 2650078779&idx = 1&sn = f1f815007e56e38cc0faeb6827b0ac19&chksm = 87fed335b0895a237b42de3f77e23a35ce92e6bee8fac6d7b4eba43cb8631c176313cc62a9a1#rd，2024 年 1 月 11 日访问。

⑤ 《奋楫 2023·铁路法院这一年》，载"济南铁路运输中级法院"微信公众号，http://mp.weixin.qq.com/s?__biz = MzU3NDcyMDQ4OA = = &mid = 2247529835&idx = 1&sn = 1088af02e8eeffe7c7a1343985f0debc&chksm = fd2c25ecca5bacfa5a6a61f7673fba89718e0b6899d0e304820e1d03c5ff8557dfb9858615a9#rd，2024 年 1 月 22 日访问。

⑥ 《江西高级法院工作报告》，载"江西日报"微信公众号，http://mp.weixin.qq.com/s?__biz = MjM5Nzg4MzQ2Mg = = &mid = 2650522520&idx = 2&sn = e8deded87c466af09c1a039d46d3f92b&chksm = bedc58b189abd1a7d62edba2624a14354c8bc64da53acd3d8d67b24349370dd4ea3686be47b7 #rd，2024 年 1 月 25 日访问。

⑦ 参见《图文解读桂林市中级人民法院 2023 年工作报告》，载"桂林中院"微信公众号，https://mp.weixin.qq.com/s/WA7UWp7pqohdcoODKbfpgg，2024 年 3 月 13 日访问。

100%。① 重庆市，相比于 2022 年的全市行政机关负责人出庭应诉率83.2%，② 2023 年达到 90.5%；③广东省行政机关负责人出庭应诉率提高至97%；④西藏自治区行政机关负责人出庭应诉率达 90.3%，同比增长27.1%；⑤天津市 2022 年全市行政机关负责人出庭应诉率为 99.66%，⑥2023 年提高至 99.8%；⑦湖南省 2022 年行政机关负责人出庭应诉率为96.2%，⑧ 2023 年提高至98.4%；⑨上海市行政机关负责人出庭率提高8%；⑩陕西省行政机关负责人出庭应诉率达 94.81%，同比提高 15.74 个百分点；⑪广西壮族自治区行政机关负责人出庭应诉率达98.84%；⑫甘肃省行政机关负责人出庭应诉率达 100%；⑬福建省行政机关负责人出庭应诉率达98%；⑭安

---

① 近些年，行政机关负责人出庭应诉率持续上升至90%以上，可能与统计方式发生变化有关。据了解，这一比例的基数(分母)可能是经法院通知要求行政机关负责人出庭应诉的案件数。

② 参见重庆市高级人民法院：《践行新时代"枫桥经验" 创新"四抓四推"机制 不断提升行政争议实质性化解水平》，载《人民法院报》2023 年 2 月 17 日，第 3 版。

③ 参见《重庆市高级人民法院工作报告》，载"重庆市高级人民法院"微信公众号，https://mp. weixin. qq. com/s/5MSxYKZn255oz0WVMwsIZQ，2024 年 2 月 2 日访问。

④ 参见《广东省高级人民法院工作报告》，载"广东省高级人民法院"微信公众号，https://mp. weixin. qq. com/s/MdmIEhwtXrqR-h_RBslVkw，2024 年 2 月 1 日访问。

⑤ 参见《西藏自治区高级人民法院工作报告》，载"西藏法院"微信公众号，https://mp. weixin. qq. com/s/J3WV0wguB2HFPNJKsTJWQg，2024 年 3 月 3 日访问。

⑥ 参见《天津高院五年工作报告(2018—2022)》，载"天津高法"微信公众号，https://mp. weixin. qq. com/s/1XFAKgrfUKVKfdMZ2UfuZA，2024 年 3 月 3 日访问。

⑦ 参见《天津市高级人民法院工作报告》，载"天津高法"微信公众号，https://mp. weixin. qq. com/s/gQYJoSZlBX9WjLvI6dp7cw，2024 年 3 月 3 日访问。

⑧ 参见《湖南省高级人民法院工作报告(摘登)——2023 年 1 月 15 日在湖南省第十四届人民代表大会第一次会议上》，载湖南省人民政府官网，https://www. hunan. gov. cn/hnszf/hnyw/zwdt/202302/t20230201_29236855.html，2024 年 3 月 4 日访问。

⑨ 参见《湖南高院工作报告(超详细版)》，载"湖南高院"微信公众号，https://mp. weixin. qq. com/s/glUW0Y-8mVdhg0lNodJMfA，2024 年 3 月 3 日访问。

⑩ 参见《上海高院 2023 年工作》，载"上海高院"微信公众号，https://mp. weixin. qq. com/s/t2I450dJJjgMwJuqjwyG-Pg，2024 年 3 月 3 日访问。

⑪ 参见《陕西省高级人民法院工作报告》，载"陕西高院"微信公众号，https://mp. weixin. qq. com/s/tKUzPG7UMbi0IAqtYxRFeQ，2024 年 3 月 3 日访问。

⑫ 参见《广西高院工作报告》，载"广西高院"微信公众号，https://mp. weixin. qq. com/s/FGmehl5L-gmDtPaewbszyA，2024 年 2 月 1 日访问。

⑬ 参见《甘肃省高级人民法院工作报告》，载"甘肃法院网"，http://www. chinagscourt. gov. cn/Show/88114，2024 年 2 月 1 日访问。

⑭ 参见《甘肃省高级人民法院工作报告》，载"甘肃高院"微信公众号，https://mp. weixin. qq. com/s/XFj7s11m2IpBRxAZuQAlEw，2024 年 3 月 13 日访问。

徽省行政机关负责人出庭应诉率达 100%；①吉林省行政机关负责人出庭应诉率达 100%；②内蒙古自治区行政机关负责人平均出庭应诉率达到 99.7%，③其中呼和浩特中院和鄂尔多斯中院均达到 100% 负责人出庭应诉率；④宁夏回族自治区探索建立行政机关负责人应诉现场评价"一单三联"机制，行政机关负责人出庭应诉率超过 99%；⑤山东省行政机关负责人出庭应诉率达 99.7%；⑥湖北省高级法院联合省司法厅出台 12 条措施，推动行政机关负责人出庭应诉，行政机关负责人"出庭+出声"已成为该省行政审判常态。⑦

（四）司法与行政互动进一步深化

司法与行政互动，是我国法院延伸行政审判职能、促进依法行政、推动诉源治理的一种方式。同时，很多情况下，它似乎也是我国法院实质性解决行政争议的必由之路。2023 年，为贯彻新修订的行政复议法，最高人民法院

---

① 参见《安徽省高级人民法院工作报告》，载"安徽高院"微信公众号，https://www.chinacourt.org/article/detail/2024/01/id/7790696.shtml，2024 年 2 月 1 日访问。

② 参见《吉林省高级人民法院工作报告》，载"吉林省高级人民法院"微信公众号，https://mp.weixin.qq.com/s/tlBjIFa7iPSdA8C5kVV6OA，2024 年 1 月 26 日访问。

③ 参见《内蒙古自治区高级人民法院工作报告》，载"内蒙古高院"微信公众号，http://mp.weixin.qq.com/s?__biz=MzA3NzU2MDc2MA==&mid=2658236046&idx=1&sn=a9ab4a74e6bde85a46e3341b037b438a&chksm=84d5f859b3a2714f2c8e3e214c3a9a597ace563a7144a3efe9765a7f37eebae8f6287489c603#rd，2024 年 2 月 1 日访问。

④ 参见《呼和浩特市中院 2023 年工作回眸》，载"呼和浩特市中级人民法院"微信公众号，http://mp.weixin.qq.com/s?__biz=MzI1NjE5NDE5OQ==&mid=2653023680&idx=1&sn=e1b1157262ee49c4e6352d59c2a813c3&chksm=f1ff2e38c688a72e816448d93176a2c642b87b946d8a29532594782ab8239d5368423744ed53#rd，2024 年 1 月 20 日访问；参见《鄂尔多斯市中级人民法院工作报告，请您审阅!》，载"鄂尔多斯市中级人民法院"微信公众号，https://mp.weixin.qq.com/s/A1qaXMKlTXCsdsJriAh2_A，2024 年 3 月 3 日访问。

⑤ 《宁夏高级人民法院工作报告》，载"宁夏高级人民法院"微信公众号，http://mp.weixin.qq.com/s?__biz=MzI3NjIyNTM4NQ==&mid=2247596287&idx=2&sn=dc33c96f13ac3684a20773709a6da837&chksm=eb7bf4f9dc0c7def5b2caaffbb0f02679eab56f8cc808929ac59d6639e571c985f239f2ea355#rd，2024 年 1 月 25 日访问。

⑥ 《山东省高级人民法院工作报告》，载"山东高法"微信公众号，http://mp.weixin.qq.com/s?__biz=MzA5MDAxMjk5Ng==&mid=2652358641&idx=1&sn=5f667ebc96ba992cc8c952348d73d21c&chksm=8bf14bdabc86c2cc2d02a39b1eaa659e01fa4e4ec1cb2ae5976d404131132a7b2f7370e41f51#rd，2024 年 1 月 24 日访问。

⑦ 参见《"一把手"出庭出声 实质化解行政争议 ——湖北法院推动建立行政机关负责人出庭应诉长效机制》，载湖北省高级人民法院官网，http://hubeigy.hbfy.gov.cn/article/detail/2023/10/id/7578156.shtml，2024 年 2 月 1 日访问。

与司法部举办首届全国行政审判行政复议工作同堂培训，统一执法司法理念、标准，推动行政违法行为更多通过复议予以纠正，促进行政争议及时有效化解；会同人力资源社会保障部、自然资源部规范工伤认定、土地征收等行政执法标准和程序，合力加强重点领域纠纷源头治理。[1] 在高级法院层面：福建省高级法院会同市场监管等部门在全国率先规范"三小"食品安全违法行为行政处罚裁量问题，避免"小过重罚"；[2]吉林省高级法院依托府院联动机制，成功化解涉重点项目、重大工程建设引发的土地征收、房屋征拆等行政争议，府院联动工作获评吉林省首届"十大法治事件"；[3]宁夏回族自治区高级法院完善府院联席会议制度，形成工伤保险类案件会议纪要，成功化解行政赔偿案件 360 件；[4]西藏自治区高级法院联合区司法厅举办首届行政诉讼"府院同堂"专题培训班，向政府发送《2022 年全区行政案件司法审查年度报告》和《行政审判典型案例》1 批 8 件；[5]江苏省高级法院建立健全 10 项府院联动机制，与司法行政机关设立省行政争议调处中心和 45 个调处平台，协调化解行政争议 4827 件；青海省高级法院与当地党委、政府协同发力，成功化解了 5 件历时 12 年的土地征收补偿案件，且省法院就相关行政部门对通天河流域违法采砂行为未依法及时履行监督执法职责的问题发出司法建议督促履责，向省政府提出《进一步推进法治政府建设的建议》，助力全省各级

---

① 最高人民法院院长张军：《最高人民法院工作报告——2024 年 3 月 8 日在第十四届全国人民代表大会第二次会议上》，载最高人民法院官网 https://www.court.gov.cn/zixun/xiangqing/427412.html，2024 年 3 月 11 日访问。

② 参见《两会特辑·数字之旅丨"数"说这一年》，载福建省高级人民法院官网，http://www.fjcourt.gov.cn/Page/Court/News/ArticleTradition.aspx？nrid = db060460 - b8d4 - 4779 - a435 - 84a8af2c0d84，2024 年 2 月 1 日访问。

③ 参见《发挥司法效能 助推法治政府建设 吉林高院为全面依法治国履职尽责》，载吉林省高级人民法院官网，http://jlfy.e-court.gov.cn/article/detail/2024/01/id/7776969.shtml，2024 年 1 月 28 日访问。

④ 参见《踔厉奋发 勇毅前行 交出司法服务保障美丽新宁夏优异答卷——解读自治区高级人民法院工作报告》，载"宁夏高级人民法院"微信公众号，http://mp.weixin.qq.com/s？__biz = MzI3NjIyNTM4NQ = = &mid = 2247596309&idx = 2&sn = b21d56a3574b2627f4dd42782626f1ec&chksm = eb7bf513dc0c7c0577b6e2ca4a15ae550346e48f06bf0151fcb0b389691b9c118ab28ce346d2#rd，2024 年 1 月 26 日访问。

⑤ 参见《西藏自治区高级人民法院工作报告》，载"西藏法院"微信公众号，https://mp.weixin.qq.com/s/J3WV0wguB2HFPNJKsTJWQg，2024 年 3 月 3 日访问。

政府全面提升依法行政能力和治理水平。① 在中级法院层面：兰铁两级法院和辖区政府、行政机关共同召开府院联席会议，推动府院联动机制落地落实进行协商，进一步丰富发展府院联动的"甘肃经验"；②石家庄市中院开展与行政执法人员同堂培训 700 余人次；③三亚市中院发布行政审判白皮书，对政府及职能部门在执法应诉等方面提出 7 项综合建议，且以庭审观摩方式以案释法，组织 7 家行政机关的一线执法人员旁听庭审，与行政机关召开座谈会、同堂培训 70 余次；④济南铁路两级运输法院与济南、青岛各级行政机关进行座谈 80 余次，签署《关于加强府院联动实质性化解行政争议的实施意见》。⑤ 在基层法院层面：安徽省蒙城县人民法院积极与县直单位和乡镇党委政府建立府院联动工作机制，就征收拆迁、市场监管、社会保障等领域存在的问题，加强与被诉行政机关和属事属地党委政府协调联动，通过庭前沟通，及时纠正不当行政行为，促使原告主动撤诉，实现案结事了政通人和效果⑥等。

（五）行政诉讼检察监督持续发力

各级检察机关，一方面夯实行政诉讼监督基石，主动调取法院行政裁判卷宗进行审查，对行政裁判结果、行政审判程序以及行政非诉执行活动开展监督；另一方面，加强"穿透式"监督，积极稳妥探索行政违法行为监督，发现行政管理漏洞和违法隐患，依法督促行政机关"堵漏""消患"，全面深化行政诉讼检察监督。例如：重庆市检察院 2023 年办理行政诉讼监督案件 1328 件，提出抗诉、再审检察建议 10 件，纠正违法检察建议 502 件；⑦浙江省

---

① 参见《府院联动解心结 能动司法化纠纷》，载青海省高级人民法院官网，http://qhgy.qhfy. gov. cn/article/detail/2023/11/id/7634807. shtml，2024 年 1 月 31 日访问。

② 参见《兰铁两级法院与行政案件管辖区行政机关召开府院联席会议》，载"甘肃法院网"，http://www. chinagscourt. gov. cn/Show/85564，2024 年 2 月 1 日访问。

③ 参见《石家庄市中级人民法院工作报告》，载"石家庄法院网"，https://sjzzy. hebeicourt. gov. cn/article/detail/2024/01/id/7777118. shtml，2023 年 2 月 1 日访问。

④ 参见《三亚市中级人民法院 2023 年工作报告》，载"三亚市中级人民法院"微信公众号，https://mp. weixin. qq. com/s/oB9DIP4oG2OJY4xO5p4vEg，2024 年 1 月 30 日访问。

⑤ 参见《奋楫 2023·铁路法院这一年》，载"济南铁路运输中级法院"微信公众号，http://mp. weixin. qq. com/s? __biz=MzU3NDcyMDQ4OA==&mid=2247529835&idx=1&sn=1088af02e8eeffe7c7a1343985f0debc&chksm=fd2c25ecca5bacfa5a6a61f7673fba89718e0b6899d0e304820e1d03c5ff8557dfb9858615a9#rd，2024 年 1 月 22 日访问。

⑥ 参见《蒙城县法院提升行政审判质效助力法治蒙城建设》，载"安徽法院网"，http://ahfy. ahcourt. gov. cn/article/detail/2023/11/id/7613325. shtml，2024 年 1 月 30 日访问。

⑦ 参见《重庆市人民检察院工作报告》，载"重庆检事儿"微信公众号，https://mp. weixin. qq. com/s/_dmHCvonpYew7Ta_sEfc9Q，2024 年 3 月 3 日访问。

检察院依法提出抗诉、再审检察建议 15 件，向行政机关提出检察建议 492 件，开展行政检察护航民生民利专项监督，办理就业、住房等民生领域案件 1255 件，提出检察建议 753 件；①广东省检察院办理监督案件 5044 件，对行政审判和执行活动违法情形提出检察建议 2240 件、采纳率达 100%；②湖南省检察院对行政裁判、调解书提出抗诉和再审检察建议 39 件，法院已采纳 32 件；③上海市检察院办理监督案件 2377 件，提出监督意见 1226 件，同比增加 1 倍，向法院、行政机关制发检察建议 1172 件，已回复 1153 件，采纳率 100%。④

(六)检察行政公益诉讼领域逐步扩大

党的二十大报告专门强调，"完善公益诉讼制度"。为适应经济社会快速发展变化，顺应人民群众对公益保护的新需求，检察行政公益诉讼案件范围不断拓展，从"4+9"到"4+10"再到"4+10+N"。检察行政公益诉讼的法定办案领域从 2023 年初的"4+9"格局变为了"4+10"格局。"4"，即生态环境和资源保护、食品药品安全、国有财产保护、国有土地使用权出让 4 个诉讼法明确列举的领域。"10"，即 10 个通过单行法增设的领域，包括英雄烈士保护、未成年人保护、军人地位和权益保障、安全生产、个人信息保护、反垄断、反电信网络诈骗、农产品质量安全、妇女权益保障以及 2023 年《无障碍环境建设法》增设的无障碍环境建设。"N"，是除了"4+10"这 14 个法定领域之外，在最高人民检察院的指导下，各地检察机关积极、稳妥地探索在其他领域开展公益诉讼工作，如文物和文化遗产保护、网络暴力治理等。

二、行政诉讼法实施中的重大举措

(一)召开第六次全国行政审判工作会议，明确今后工作方向

在 2007 年 3 月第五次全国行政审判工作会议召开 16 年之后，2023 年 2 月 15 日，最高人民法院组织召开了第六次全国行政审判工作会议。此次会

---

① 参见《图解 2023 年浙江检察工作》，载"浙江检察"微信公众号，https://mp.weixin.qq.com/s/J5ccxjz0Wg50kN2YYCjZqw，2024 年 3 月 3 日访问。

② 参见《2024 年广东省人民检察院工作报告》，载"广东检察"微信公众号，https://mp.weixin.qq.com/s/ONxCE-MiEM43BnYNFek7rw，2024 年 2 月 4 日访问。

③ 参见《叶晓颖作湖南省人民检察院工作报告》，载"湖南检察"微信公众号，https://mp.weixin.qq.com/s/htbkr4oA1lHnSxHgaY12fA，2024 年 3 月 3 日访问。

④ 参见《一图"数"读！上海检察，向您报告》，载"上海检察"微信公众号，https://mp.weixin.qq.com/s/R6w-cEc_G-gZp5a2FjtQag，2024 年 2 月 4 日访问。

议上，12 家高级人民法院有关负责同志在会上作交流发言，分享了本省行政审判工作经验。概括这 12 家高级人民法院负责同志的发言，多年来行政审判工作的主要经验就是：紧紧围绕大局开展行政审判工作、加强司法与行政互动以强化诉源治理、对行政机关监督与支持并重、通过协调调解等力促行政争议实质化解等。① 最高人民法院对行政审判工作中的先进集体和先进个人进行了表彰，时任最高人民法院院长周强在会上强调：各级法院要全面贯彻落实党的二十大精神，切实加强行政审判工作，充分发挥行政审判在监督支持行政机关依法行政、维护人民群众合法权益、实质性化解行政争议等方面重要作用，积极服务法治国家、法治政府、法治社会一体建设。② 总之，此次会议确定了未来一段时间行政审判工作的基调和努力方向。

(二) 试行阅核制，强化审判监督管理

党的十八大以来，随着法官员额制的推行，"让审理者裁判、由裁判者负责"办案责任制逐步得到落实，但与此同时，出现了诸如同案不同判、法官任性行使裁判权、审判权监督制约机制不健全等新情况、新问题。为此，党的二十大报告提出，要全面准确落实司法责任制。在落实法官员额制的同时，强化对审判活动的监督制约，做到放权不放任、用权受监督，实现有序放权和有效监管的有机统一，确保严格公正司法。在国家法官学院 2023 年秋季开学典礼暨"人民法院大讲堂"上，最高人民法院院长张军提出要以"阅核制"为抓手，落实院庭长监督管理责任。截至目前，院庭长"阅核制"已在全国各级法院广泛推行，一些地方法院已制定专门推进阅核制度的文件下发执行；一些法院暂未公开文件，也宣布"积极探索阅核制度"；还有的法院通过召开工作推进会、年中工作会议、党组会议等形式进行部署。

全国层面，未见统一的阅核制规则，接受阅核的案件范围、院庭长的阅核权限、阅核程序、阅核效力等未见统一规定，各地做法不一。山西省大同市中级法院出台《关于落实"阅核"制度的试行意见》，详细列举了院庭长阅核的范围及阅核的方式，如规定院长、分管副院长要对分管领域范围内的"四类案件"全部"阅核"；庭长要对本庭室的案件全部阅核；阅核人要对裁判

① 参见《第六次全国行政审判工作会议发言摘登》，载最高人民法院官网 https://www.court. gov.cn/zixun/xiangqing/389271.html，2024 年 3 月 8 日访问。

② 参见《周强出席第六次全国行政审判工作会议讲话强调 推进新征程人民法院行政审判工作高质量发展》，载法治网 http://www.legaldaily.com.cn/xjpfzsx/content/content_8823436.html，2024 年 3 月 8 日访问。

不修改，确有必要才修改，保持法律稳定性"的理念。而随着为期两年的四级法院审级职能定位改革的结束，原试点"下沉"基层法院的四类案件，仍将由中级法院审理；当事人不服高级人民法院生效行政裁判的，依法向最高人民法院申请再审，不再向原审高级人民法院申请再审。①

（五）两高首次向社会联合发布行政公益诉讼典型案例

行政公益诉讼制度从2015年开始试点，并经由2017年6月修正的《行政诉讼法》正式确立。经过六年的司法实践，包括行政公益诉讼在内的公益诉讼制度取得了巨大进展。2017年7月至2023年6月，全国检察机关共立案公益诉讼案件87.5万余件，其中行政公益诉讼立案78.7万件，占比约90%；但是，真正进入法院公益诉讼程序的比较少，总共4000余件，占比约0.5%，绝大多数行政违法行为在检察监督诉前程序中得到纠正或处理。2023年12月13日，最高人民法院和最高人民检察院联合发布首批8个行政公益诉讼典型案例，这是对检察行政公益诉讼这一极具中国特色的年轻诉讼制度的总结与回顾，也是对社会各界关注此项制度的回应。本次发布的典型案例，主要涉及国有财产、食品安全、消防安全、耕地保护、英烈权益、文物保护以及农民工劳动报酬等多个方面；被诉行政机关涵盖了自然资源、市场监督、文化旅游、应急管理、人力资源和社会保障等职能部门和基层政府；案件类型既有诉请履责的行政不作为之诉，也有诉请撤销行政处罚决定的撤销之诉；在裁判方式上，有的判决履责，有的判决确认违法，有的因行政机关依法履职，以裁定准予撤诉方式结案。② 行政公益诉讼典型案例的发布，对于促进行政机关依法行政、保障人民群众合法权益、维护公共利益和公序良俗具有积极引导作用。

（六）人工智能辅助系统开始进入诉讼全过程，数字司法逐步展开

人工智能已经在司法审判工作中开始了初期应用。以上海为例，上海于2017年初启动了司法审判人工智能辅助系统的开发。上海市法院行政案件智能辅助办案系统前期以政府信息公开案件为基础案由，构建了智能阅卷、

---

① 参见《最高法研究室负责人就〈关于四级法院审级职能定位改革试点结束后相关工作要求的通知〉答记者问》，载最高人民法院官网，https://www.court.gov.cn/zixun/xiangqing/411832.html，2024年3月9日访问。

② 孙航：《"两高"首次联合发布行政公益诉讼典型案例》，载最高人民法院官网 https://www.court.gov.cn/zixun/xiangqing/420242.html，2024年3月8日访问。

智能归纳、智能辅助、庭审评议等模块组成的系统总体架构。① 同时，上海市法院依托司法大数据和智能系统平台，全面升级一站式线上诉讼服务功能，实现 50 余项诉讼事项在线办理，92.3%的案件网上立案，90%的诉讼文书线上送达，还能对全市 300 多万份裁判文书和电子卷宗进行数据化解构，唤醒海量"沉睡"数据。② 浙江省法院在线开庭 11.5 万次、在线交换证据 375.9 万次，全省法院电子诉讼应用率达 95.6%；综合"人、案、事、物"大数据，对全省 107 家法院、5700 名员额法官进行"数字画像"，自动生成质效报告、智能监控 81 个审判执行节点，"浙江全域数字法院"改革为全国法院"一张网"建设提供经验，浙江智慧法院建设综合评价连续四年全国第一。③

上海市金山区人民检察院经过"数据碰撞+调查核实"后，以个案办理为切口，借助监督模型在全区开展类案监督，以"个案发现—类案监督—社会共治"的办案形式，通过制发行政公益诉讼检察建议，协同行政机关、相关企业加强对洗车行业违规用水排水行为的监管，有效落实水环境防治和水资源保护。④

三、行政诉讼法实施的建议与展望

（一）不忘初心，进一步加强行政诉讼监督行政机关依法行政和保障相对人合法权益的功能

《行政诉讼法》的立法目的在于，解决行政争议，保护公民、法人和其他组织的合法权益，监督行政机关依法行使职权。⑤ 解决争议是各类诉讼的共同目的，"保护公民、法人和其他组织的合法权益"免受行政机关的侵害和"监督行政机关依法行使职权"是行政诉讼特有的、主要的目的，其中"监督行政机关依法行使职权"这一目的服务于前一目的，舍此，行政诉讼就没有

---

① 葛翔：《司法实践中人工智能运用的现实与前瞻——以上海法院行政案件智能辅助办案系统为参照》，载《华东政法大学学报》2018 年第 5 期。

② 参见《上海高院 2023 年工作》，载"上海高院"微信公众号，https://mp.weixin.qq.com/s/t2I450dJjgMwJuqjwyG-Pg，2024 年 3 月 3 日访问。

③ 参见《浙江高院 2023 工作报告》，载"浙江天平"微信公众号，https://mp.weixin.qq.com/s/YRCVMLOYRf0L7LR1ERduYw，2024 年 2 月 2 日访问。这些数据是针对法院各类诉讼案件而言的，并非仅针对行政诉讼。

④ 参见《"公益诉讼+数字检察"，大数据赋能检察监督推动洗车行业治理》，载"上海检察"微信公众号，https://mp.weixin.qq.com/s/3mYSai6G7m9-mruchQ9VIQ，2024 年 2 月 4 日访问。

⑤ 参见 2017 年修正后的《中华人民共和国行政诉讼法》第一条。

多少存在的价值。2014 年，全国人民代表大会常务委员会修改《行政诉讼法》时将原法第 1 条"维护和监督行政机关依法行政"修改为"监督行政机关依法行政"，就是为了凸显行政诉讼的监督功能。

近些年来，各级法院和检察院都非常强调通过府院互动推动诉源治理和实质性解决行政争议，但对行政诉讼保障相对人合法权益和监督行政机关依法行政的立法目的提及不多，或者在谈监督行政机关依法行政时都要加上"监督和支持"或者"支持和监督"。如，江苏省高级人民法院在第六次全国行政审判工作会议上所作报告中写道："支持监督并重，着力促进依法行政。"①陕西省高级人民法院的工作报告中也有类似表述。② 在 2023 年 2 月 17 日《人民法院报》刊登的 12 个高级人民法院在第六次全国行政审判工作会议上的发言中，仅两个高级人民法院在总结近年行政审判工作时，明确表述"全力维护行政相对人合法权益"(河南省高级人民法院)、"坚决保障老百姓的民生权益"(广东省高级人民法院)。

实践中，各级人民法院在试图通过行政诉讼监督行政机关依法行政和保障相对人合法权益时，普遍感觉行政机关非常强势，尤其是市级以上人民政府作被告时，判决难、执行难是很常见的现象，行政诉讼的监督功能很大程度上被削弱，实质性保障相对人合法权益的功能也被打了折扣。上述状况的成因很多，③如果未来行政诉讼法要得到很好的实施，除了期待行政审判的内外部环境不断被改善外，各级人民法院在工作中应当不忘初心，牢固树立司法为民理念，将全过程人民民主落实到行政诉讼中，在有限的制度空间内不懈努力，以加强对行政机关的监督和对相对人合法权益的保障。

(二) 明确法官释明义务和调查取证职责，加强能动司法

2018 年《最高人民法院关于适用〈中华人民共和国行政诉讼法〉的解释》第 68 条第 3 款规定了法院对原告诉讼请求进行释明的制度，但该款存在释明行使条件不明确、弱化法官释明义务、法律后果缺失等问题；司法实践中，法官不释明或者释明形式化的问题比较常见，原告的起诉常常因诉讼请求不

---

① 江苏省高级人民法院：《高质量强化司法行政互动 全方位助推法治政府建设》，载《人民法院报》2023 年 2 月 17 日，第 2 版。
② 参见陕西省高级人民法院：《牢记使命 尽职担当 努力推动行政审判工作高质量发展》，载《人民法院报》2023 年 2 月 17 日，第 3 版。
③ 参见黄先雄：《行政诉讼"程序空转"现象的多维审视》，载中国人民大学报刊资料中心《诉讼法学、司法制度》卷 2023 年第 5 期，原载《法治研究》2023 年第 1 期。

明确而法官又未释明被驳回起诉，进而原告在单纯的程序问题上诉、申请再审、再起诉等，在一定程度上造成了行政诉讼"程序空转"的后果。与此同时，我国行政诉讼法采用了辩论主义事实调查模式，没有明确规定法院庭外调查取证的责任；司法实践中，法官基于各种考虑，很少依职权或依申请进行庭外调查取证，这使得本可以通过法院调查取证、组织鉴定等方式及时查明事实并作出实体判决的案件，被以责令行政机关重作决定的方式踢回给"行政机关"，行政机关重新作出的决定往往又会引发新一轮的诉讼。上述两个方面严重影响了行政审判的质效。

上述两个方面的问题需要各级法院发挥能动司法的精神，在相关法律规定不够明确、法院有较大裁量权的空间中，本着司法为民的初心，积极主动履职，加强立案环节和审判环节对原告诉讼请求的法官释明力度，提高释明的正确度；在辩论主义主导下，法官根据必要性、补充性、诉讼经济性、期待可能性等原则，积极承担一定范围内庭外调查取证的责任，①以促进裁判时机成熟，尽可能作出实质性解决行政争议的实体判决。

（三）谨慎推进，防止因阅核制使司法重回行政化的老路

"让审理者裁判，由裁判者负责"，这是正当程序原则的基本要求，也是党的十八大以来司法改革确定的基本方向。由未亲历审判的院庭长对案件裁判结果进行阅核，阅核什么？阅核履职的标准和权力边界何在？如果按照前述山西省大同市中级人民法院《关于落实"阅核"制度的试行意见》，"阅核人要对裁判文书的事实认定、法律适用、裁判结果、文书质量全面阅核，并签批留痕终身负责"，这里"全面阅核""终身负责"，并没有讲清阅核标准与权力边界；而且，院庭长尤其是庭长有无精力、有无能力对其未亲历审判的所有案件进行全面阅核？更为重要的是，院庭长如果不同意合议庭或独任法官的裁判意见，可否直接否定？通过什么方式来否定？合议庭或独任法官坚持原裁判意见的话，是否需要提交审判委员会审判？合议庭或独任法官如果接受院庭长意见改变裁判的话，最终可能引发的裁判责任由谁承担？等等。这些问题如果处理不好，阅核制会使得法院判案重回司法行政化的老路。

更值得关注的是，阅核制应属于司法制度的范畴。根据《中华人民共和

---

① 《行政诉讼法》第四十条虽然没有将调查取证以尽可能查明事实规定为法院的义务，但至少赋权给了法院，法官完全可以发挥主观能动性，依法行使调查取证权以促成案件裁判时机的成熟。

国立法法》第 11、第 12 条的规定,司法制度的制定与修改属于全国人民代表大会及其常务委员会的绝对保留事项。未来如果要规定案件阅核制,必须通过法律来进行规定。即便由法律来规定,也不能背离司法裁判的基本规律。要准确界定阅核权的性质和边界,切实尊重合议庭、独任法官的裁判主体地位,防止把阅核变相异化为案件审批;院庭长阅核案件不能代行法官的审判权,不能自行改变独任法官、合议庭的意见;也不能违背司法裁判的亲历性要求,院庭长阅核案件主要是基于法官认定的事实,从法律适用、司法政策、综合效果等角度进行把关,即便对事实认定有意见或建议,也只能要求法官进一步查清,不能介入到事实调查、质证认证等要求裁判者亲历的领域。①

(四)如何继续深入推进行政裁判文书公开,值得关注

运行近十年的中国裁判文书网中关于行政裁判文书的公开数量自 2021 年始成断崖式下降,2021 年有 10.3105 万件,2022 年仅有 0.6808 万件,2023 年有 4.1274 万件,与 2020 年的 49.5645 万件形成鲜明对比。② 最高人民法院指出:"'公开'与'公布'不能划等号,司法公开并不意味着所有司法信息都要在互联网上发布。按照宪法和法律,庭审依法公开进行,裁判文书经宣判并向当事人送达,就是在践行审判依法公开原则。司法公开既包括在线公开,也包括线下公开;既包括向当事人的公开,也包括向社会公众的公开。对不同形式、不同对象的公开,法律有着不同要求。尤其是民法典、个人信息保护法、数据安全法出台后,对司法公开工作提出了新的更高要求。人民法院司法公开工作,需要与时俱进深化、优化,关键是要落实宪法、法律规定,秉持以人民为中心的发展思想,既充分满足当事人的参与权、知情权,方便人民群众和社会各界了解监督,又切实做好权利保障和风险防控工作,防止公民的正当权益、企业的生产经营以及公共利益因不当公开受到不利影响。"③

为此,最高人民法院拿出了替代的裁判文书公开方案,即"两库一网"方案:一是"中国裁判文书网"继续公开,但改变全部文书尽可能上网公开的要

---

① 参见傅信平:《关于院庭长阅核制的理论与实践思考》,载《人民法院报》2023 年 11 月 23 日,第 5 版。

② 笔者于 2024 年 3 月 9 日在中国裁判文书网上以"案件类型:行政案件"为关键词检索获得。

③ 《最高人民法院相关部门负责人就征集人民法院案例库参考案例有关问题答记者问》,载最高人民法院官网,https://www.court.gov.cn/zixun/xiangqing/421342.html,2024 年 3 月 9 日访问。

求，主要公开具有法治引领、教育、警示作用的文书和最高法、高级法院的文书，同时确保上网文书数量具有相当规模，并覆盖各审判领域、多种案件类型。二是增设"人民法院案例库"和"全国法院裁判文书库"。前者精选入库案例，严审把关，统一裁判标准，强化权威性，面向社会公众开放。截至目前，人民法院案例库收录的案例共 3711 件，其中行政案例 405 件。后者则是面向法院系统内部使用，作为司法者的裁判规范的参考功能，同时全体量文书入库，致力于司法大数据的分析应用，为制定司法政策、推进司法改革和提出司法建议等提供依据和参考。

《行政诉讼法》第 65 条规定，人民法院应当公开发生法律效力的判决书、裁定书，供公众查阅，但涉及国家秘密、商业秘密和个人隐私的内容除外。按照最高人民法院的安排，"两库一网"中，人民法院案例库数量极为有限，且都经过了后续"加工"；全国法院裁判文书库仅对法院系统内部公开，只有中国裁判文书网才可能承载《行政诉讼法》所规定的生效裁判文书"供公众查阅"、向社会公开的要求。但如前所述，近三年中国裁判文书网公开的行政裁判文书数量已经很少，难以达到立法的公开要求。今后，各级法院也许可以通过线下公众查阅的方式进行公开，但如何实现这一点，尚有诸多的不确定性和困难，值得关注。

结语

2023 年，我国行政案件收案和审结案件数量总体上同比呈持平或下降趋势，行政案件协调撤诉率较高，行政机关负责人出庭应诉情况不断向好，司法与行政互动进一步深化，行政诉讼检察监督持续发力，检察行政公益诉讼领域逐步扩大。与此同时，为强化审判监督管理，阅核制得以试行；鉴于四级法院审级职能定位改革试点工作的成效并不明显，"下沉"案件审级的做法不再试行；为推动行政公益诉讼制度深入发展，"两高"首次向社会联合发布行政公益诉讼典型案例；等等。过去一年，行政诉讼法的实施中，虽然取得了不少成绩，但也存在诸多不尽如人意的地方，这些都是发展过程中必然存在的暂时现象。随着我国民主、法治建设的不断推进，行政诉讼制度作为实现我国宪法"尊重和保障人权"的重要制度之一，必然会不断完善并得到更好实施。

撰稿专家

黄先雄，法学博士，中南大学法学院教授、博士生导师，中国行为法学会理事，湖南省法学会行政法学研究会副会长，湖南省诉讼法学研究会常务理事，湖南省宪法学研究会常务理事，湖南省人民政府立法专家、行政复议委员会委员，湖南天地人律师事务所执业律师。主要研究领域：行政诉讼法、行政法、政府合同、行政检察等。

第三编　法治实施专题报告

- 2023 年党内法规制度建设专题报告

- 2023 年反腐败法治专题报告

- 2023 年健康法治专题报告

- 2023 年教育法治专题报告

- 2023 年网络与数据法治专题报告

- 2023 年涉外商事海事法治专题报告

第八章　2023年党内法规制度建设专题报告

宋功德

报告要旨

2023年是贯彻落实党的二十大精神的开局之年。一年来，迈上新征程的党内法规制度建设进入高质量发展新阶段，依规治党面临巩固拓展提高新任务。这一年，在以习近平同志为核心的党中央集中统一领导下，党内法规制度建设紧紧围绕贯彻落实党的二十大决策部署，紧扣加强党的领导、强化高质量发展的政治保证，坚持高起点谋划、全方位拓展、向纵向推进，在思想引领、统筹谋划、建章立制、贯彻执行方面取得新进展，留下了依规治党走深走实的新足迹。概括起来，主要是"十个一"：一个重大论断——习近平总书记作出要"把依规治党作为管党治党基本方式"的重要指示；一个坐标定位——在健全全面从严治党体系的框架中完善党内法规体系；一项战略任务——完善党的自我革命制度规范体系；一个顶层设计——出台中央党内法规制定工作第三个五年规划纲要；一批新规出台——制定修订多部重要党内法规；一张学习清单——党中央列明领导干部应知应会党内法规和国家法律清单；一轮集中清理——党中央部署开展第三次党内法规和规范性文件集中清理工作；一次备案回眸——系统总结10多年来的党内法规和规范性文件备案审查工作；一场"解剖麻雀"——对地方和基层的党内法规贯彻执行情况开展调研评估；一次业务"充电"——举办全国党内法规业务培训班。

核心建议

2024 年，要进一步加强对习近平总书记依规治党重要论述的学理化阐释和体系化宣传，更好发挥思想引领和政治导向作用；要有序推进"三五"规划实施，制定修订《中国共产党党史学习教育工作条例》《中国共产党巡视工作条例》等一批党内法规；要在贯彻落实党的二十大提出的"增强党内法规权威性和执行力"上下更大功夫，研究制定专门文件作出全面部署；要实施"强链行动"，推动党内法规工作链条各环节环环相扣、同向发力、提质增效，高质量做好立项、配套核准、审议审核、解释、备案审查、清理、实施评估、学习宣传以及理论研究等各项工作。

一、一个重大论断——习近平总书记作出要"把依规治党作为管党治党基本方式"的重要指示

2022 年 10 月，《习近平关于依规治党论述摘编》公开出版，标志着我们党关于依规治党和党内法规制度建设的理论成果首次实现了系统集成，具有重大意义。一年来，习近平总书记在有关重要讲话、指示批示中，又提出许多新观点新论断，作出一系列新部署新要求，特别是首次提出要"把依规治党作为管党治党基本方式"这个重大论断，它与依法执政这一我们党执政基本方式、依法治国这一我们党治国基本方略相辅相成、相得益彰。这一重大论断的提出，对于深化全党对加强党内法规制度建设重要性的认识，对于坚定各级党委（党组）坚持依规治党的坚定性和自觉性具有意义，是党内法规制度建设征程上的一块里程碑。

"把依规治党作为管党治党基本方式"这一重大论断，深刻揭示了党章党规在管党治党中的基础性、关键性地位，彰显了党内法规制度建设是全面从严治党的根本之策、长远之策，表明了党内法规具有根本性、全局性、稳定性、长期性的保障作用。我认为，我们党之所以要把依规治党作为管党治党的基本方式，主要是因为党内法规具有突出的"六性"：

（一）党内法规具有突出的政治性，能够依靠依规治党保证党中央集中统一领导和党的团结统一

党组织是政治组织，党章党规作为党的意志的集中反映，无疑具有与生俱来的鲜明政治性。维护党中央权威和集中统一领导、实现党的团结统一，是管党治党的重要目标，也是党内法规制度建设的重要使命。我们党注重发挥党内法规的政治保证作用，以一系列重要制度性安排，保证全党自觉向党中央看齐，坚决做到"两个维护"，将民主集中制原则贯彻到党的领导和党的建设全过程各方面，不断增强党的政治领导力、思想引领力、群众组织力、社会号召力。坚持依规治党、把依规治党作为管党治党的基本方式，必须进一步突显党内法规的政治性，把牢政治方向、遵循政治逻辑、保证政治效果，深入贯彻民主集中制，进一步完善坚定维护党中央权威和集中统一领导的各项制度，健全党中央对重大工作的领导体制，进一步增强依规治党的政治优势、提升党规之治的政治效能，以统一的意志和行动维护党的团结统一，确保全党上下拧成一股绳，心往一处想、劲往一处使，自觉在思想上政治上行动上同以习近平同志为核心的党中央保持高度一致。

（二）党内法规具有突出的规范性，能够依靠依规治党保证党的领导和党的建设活动有力有序推进

规范性是党章党规的基础属性。作为一种制度规范，党章党规具有普遍适用、反复适用、长期适用等特点，对党的领导和党的建设活动具有规范、引领、保障作用，为全面从严治党铺设制度轨道，提供管党治党的遵循和依据。坚持依规治党、把依规治党作为管党治党的基本方式，必须更好发挥党内法规制度建设对于党和国家事业发展的引领和保障作用，不断健全党总揽全局、协调各方的领导制度体系，坚持在制度轨道上全面实施党的领导活动，进一步完善领导体制机制、创新领导方式方法，把党的领导贯彻落实到改革发展稳定、内政外交国防、治党治国治军各领域各方面各环节。

（三）党内法规具有突出的确定性，能够依靠依规治党保证党组织工作和党员行为事项明确可预期

习近平总书记深刻指出，党章是全党必须遵循的总章程，党规党纪是对党章的延伸和具体化，学好了党规党纪，就能弄清楚自己该做什么、不该做什么，能做什么、不能做什么。党章党规作为专门规章制度，有着严密的制定程序，体现假定、行为模式、后果制度逻辑，一经出台不轻易变动，具有较强的稳定性，在管党治党中发挥着固根本、稳预期、利长远作用。我们党倡

时俱进推进制度创新，做到党和国家中心工作推进到哪里，制度建设就跟进到哪里。要坚持立改废释并举，通过开展清理、加强备案审查、搞好实施评估等，及时发现和纠正党内法规制度中存在的同党的基本理论、基本路线、基本方略和新形势新任务不适应、不协调、不衔接、不一致等问题，以党的制度规范的内在一致协调，为自我革新提供制度动力。

（四）针对"自我提高"建章立制，坚持规范引领、永葆生机

习近平总书记指出："自我提高，就是要有新本领、有新境界，永不僵化、永不停滞。"自我提高，既体现为党的自身建设水平不断提升，又体现为党的执政能力和领导水平不断增强。只有坚持制度治党、依规治党，全面推进党的建设新的伟大工程，不断提升党的领导制度化、规范化、科学化水平，不断完善领导方式执政方式，不断增强党的政治领导力、思想引领力、群众组织力、社会号召力，顺应时代需要实现自我提高，我们党才能在世界形势深刻变化的历史进程中始终走在时代前列，在应对国内外各种风险和考验的历史进程中始终成为全国人民的主心骨，在坚持和发展中国特色社会主义的历史进程中始终成为坚强领导核心。新征程上，实现党的自我提高，必须进一步发挥制度强基固本作用，深化党的建设制度改革，完善坚持和加强党中央集中统一领导的各项制度，不断提高党科学执政、民主执政、依法执政水平。

四、一个顶层设计——出台中央党内法规制定工作第三个五年规划纲要

2023年4月2日，党中央印发实施《中央党内法规制定工作规划纲要（2023—2027年）》，这是党的历史上第三个中央党内法规制定工作五年规划。

党的十八大以来，以习近平同志为核心的党中央加强党内法规制度建设顶层设计，先后编制出台《中央党内法规制定工作五年规划纲要（2013—2017年）》《中央党内法规制定工作第二个五年规划（2018—2022年）》，纲举目张、蹄疾步稳推进建章立制，在建党100周年时如期形成了比较完善的党内法规体系。党的二十大对坚持制度治党、依规治党作出新的战略部署，强调要完善党内法规制度体系，增强党内法规权威性和执行力。为此，党中央制定《中央党内法规制定工作规划纲要（2023—2027年）》（以下简称《规划纲要》）。

《规划纲要》总体上按照党中央确定的党内法规体系"1+4"框架结构，即

在党章之下分为党的组织法规、党的领导法规、党的自身建设法规、党的监督保障法规四大板块，有针对性地提出今后5年中央党内法规制定工作的主要目标任务和重点项目安排。同时，将完善"两个维护"制度机制、强化"两个维护"制度保障单列一块、摆在首位，充分彰显这一建章立制首要任务的特殊重要性。据此，《规划纲要》由5部分构成，第一部分是坚持以完善"两个维护"制度保证全党团结统一、行动一致，第二部分是坚持以完善党的领导法规制度有力保证党总揽全局、协调各方，第三部分是坚持以完善党的组织法规制度全面贯彻新时代党的组织路线，第四部分是坚持以完善党的自身建设法规制度坚定推进党的自我革命，第五部分是坚持以完善党的监督保障法规制度持续激发党员干部秉公用权、干事创业。

党中央在印发《规划纲要》的通知中指出，《规划纲要》以习近平新时代中国特色社会主义思想为指导，全面贯彻党的二十大精神，对今后5年中央党内法规制定工作进行顶层设计，是新起点上引领党内法规制度建设的重要文件。《规划纲要》的制定实施，对于深入推进依规治党、推动党内法规制度建设高质量发展，确保全党在思想上政治上行动上同以习近平同志为核心的党中央保持高度一致，实现新时代新征程党的使命任务，具有重要意义。针对《规划纲要》的实施，党中央提出3项要求：一是各级党委（党组）要深入贯彻党中央关于党内法规制度建设的决策部署和习近平总书记关于依规治党的重要论述，进一步增强依规治党的自觉性坚定性，加强组织领导，落实工作责任，确保《规划纲要》落实落地。二是要聚焦提高制定质量这个核心，不断完善内容科学、程序严密、配套完备、运行有效的党内法规体系，确保制定出台的党内法规立得住、行得通、管得了。三是要扭住贯彻执行这个关键，把党章党规实施摆在更加突出位置，以钉钉子精神狠抓党内法规制度贯彻执行，推动广大党员干部自觉尊规、学规、守规、用规，确保铁规发力、禁令生威。四是要坚持系统观念，推动党内法规立项、起草、审核、审议批准、解释、备案审查、清理、督促落实、宣传教育、理论研究等各项工作得到全面加强改进。

五、一批新规出台——制定修订多部重要党内法规

2023年，共制定修订16部中央党内法规，同时，中央部委和省级党委制定修订了一批配套法规。在16部中央党内法规中，《中国共产党纪律处分条例》《干部教育培训工作条例》最为重要且属修订后公开发布。以下简要介绍这两部条例的修订情况。

六、一张学习清单——党中央列明领导干部应知应会党内法规和国家法律清单

2023年，中央办公厅、国务院办公厅印发《关于建立领导干部应知应会党内法规和国家法律清单制度的意见》（以下简称《意见》），首次对领导干部带头学规学法作出明确具体的制度安排，建立了领导干部应知应会党内法规和国家法律清单制度，为推动领导干部学规学法、遵规守法提出了明确要求。

党中央之所以专门给领导干部订下党规国法"学习清单"，是因为各级领导干部属于党的执政骨干，肩负着贯彻落实党的路线方针政策、领导经济社会发展的重任，职责特殊、岗位关键，其党规国法意识、尊规守法水平、执规执法能力高低，显然事关重大。实践中，推进全面从严治党要抓住领导干部这个"关键少数"，既用党内法规从严管好领导干部，又发挥领导干部在推进党内法规实施方面的示范带头作用；同时，各级领导干部在推进全面依法治国方面责任重大，党领导立法、保证执法、支持司法、带头守法，主要是通过各级领导干部的具体行动和工作来体现、来实现。这就意味着，只有各级领导干部牢固树立依法执政理念、强化依规治党意识，带头学习宣传党内法规和国家法律，带头遵守和执行党内法规和国家法律，敢于担当、勇于负责，以身作则、以上率下，才能带动全党全社会学规用规、学法用法，在新征程上推动全面从严治党、全面依法治国向纵深发展。

《意见》着眼把领导干部学规学法落实落细，提出了建立领导干部应知应会党内法规和国家法律清单制度的目标要求和重点任务。

（一）以提高领导干部法治思维能力为目标

尊规学规守规用规、尊法学法守法用法，尊是前提，学是基础，守和用是关键。建立领导干部应知应会党内法规和国家法律清单制度，不仅要推动领导干部学规学法以做到知规知法，更重要的是以学促用，通过学规学法让领导干部切实增强法治观念、提升法治思维能力、遵守党规国法，推动领导干部牢固树立党章意识，用党章党规党纪约束自己的一言一行，牢固树立宪法法律至上、法律面前人人平等、权由法定、权依法使等基本法治观念，做到在法治之下想问题、作决策、办事情。围绕这一目标，《意见》提出学习党章要"用党章规范自己的言行、按党章要求规规矩矩办事"，学习相关党内法规要"不断强化党的意识、纪律意识、规矩意识"，学习宪法要"强化宪法意识，弘扬宪法精神"，学习相关国家法律要"强化依法行政意识""善于运用

法治思维和法治方式谋划和推进工作"。

（二）以习近平法治思想为统领

习近平法治思想是马克思主义法治理论中国化时代化最新成果，是习近平新时代中国特色社会主义思想的重要组成部分，是新时代全面依法治国的根本遵循和行动指南。领导干部学规学法，首先要学深悟透习近平法治思想，以此深化对党内法规和国家法律具体规定的理解和把握。《意见》要求"把学习掌握习近平法治思想作为重要必修课程"，深入系统学习习近平总书记的《论坚持全面依法治国》《习近平关于全面依法治国论述摘编》《习近平关于依规治党论述摘编》，学习《习近平法治思想学习纲要》。各级领导干部要学懂弄通做实习近平法治思想，重点围绕"十一个坚持"，吃透基本精神、把握核心要义、明确工作要求，带头做习近平法治思想的坚定信仰者、积极传播者、模范实践者。

（三）以应知应会党内法规和国家法律为重点

目前，比较完善的党内法规体系已经形成，全党现行有效党内法规3800多部，其中中央党内法规230多部；以宪法为核心的中国特色社会主义法律体系不断发展完善，其中法律近300部。领导干部担任不同职务、处于不同岗位，学习侧重不尽相同，学习的深度要求也不尽相同，《意见》立足"应知应会"，聚焦"共性要求"，以"划重点"方式列明了领导干部应当掌握的最基本的党内法规和国家法律。一方面，就党内法规而言，包括党章和四大板块的35部党内法规。其中，党章是党的根本大法，学习党章是全体党员的必修课、基本功，《意见》将其放在应知应会党内法规的首位；党的组织法规9部，主要是党的中央委员会、地方委员会、纪律检查委员会、党组、工作机关、支部等工作条例；党的领导法规9部，主要调整党对农村、统一战线、政治协商、政法、机构编制、宣传、国家安全、信访等工作的领导；党的自身建设法规8部，主要规范党内政治生活、作风建设、廉洁自律、重大事项请示报告、党政机关厉行节约反对浪费、落实全面从严治党主体责任等内容；党的监督保障法规9部，主要规范党内监督、巡视、考核、问责、纪律处分、党员权利保障、组织处理等内容。《意见》列出的均为中央党内法规，其中准则、条例这两类基础主干党内法规占应知应会党内法规总数的74%。另一方面，就国家法律而言，包括7个方面的重要法律。其中，宪法是国家根本法，《意见》将学习宪法列在应知应会国家法律的首位，同时要求学习有关组织法、民族区域自治法、立法法等宪法相关法，总体国家安全观和国家安全法，收"大户"，没有"把屁股端端地坐在老百姓的这一面"；有的领导干部方法路子不对头，没有完整、准确、全面学习把握新发展理念，对一些新政策理解不深。

（二）宣传普及：形成抓执行促落实的共识自觉

增强法规文件基层实施效果，必须牢牢把握精准传导"政策好声音"这个起始环节。一是在范围上激发"蒲公英"效能。开展学习宣传，就是推动法规文件精神像"蒲公英"一样随风飘散、落地生根，从"纸面"落到"地面"。调研中了解到，各地区坚持抓基层导向，突出受众对象抓全员、突出内容供给抓全面、突出传播渠道抓全媒体，营造了推动法规文件落实的良好氛围。二是在导向上激发"风向标"效能。开展法规文件学习宣传，能够引导各级党组织和党员干部确立是非标准、明确行为界线。调研评估中了解到，通过开展学习宣传，党员干部的制度意识、政策观念不断增强。三是在功用上激发"连通器"效能。中央法规文件一头连着党中央，一头连着老百姓，开展学习宣传，既是传达党中央声音的过程，也是听取群众意见建议的过程，这不是简单地单向输入、你说我听，而是双向奔赴、互动交流。调研评估中发现，中央法规文件在面向基层开展宣传普及方面，还存在一些问题和不足：有的法规文件"藏在深闺人未识"，基层干部群众知之甚少；有的学习安排和宣传活动浮于表面，看上去耗时费力、轰轰烈烈，但往往实际收效不大。

（三）实施责任：紧紧扭住抓落实的"牛鼻子"

各地区各部门在明确责任、履行责任、追究责任各环节上下功夫，保障了中央法规文件落实落地。一是因事明责引领落实。据了解，各地区认真贯彻执行党中央出台的党内法规，注重细化配套，实行清单式管理，确保责任到人。二是履职尽责推动落实。实践中，各地区坚持守土有责、守土尽责，科学谋划落实路径，强化落实过程管控，推动中央法规文件落地生根。三是督责追责保障落实。各地区注重采取形式多样的督导问责，引导将中央法规文件落实"责任田"种成"高产田"。调研评估中发现，在落实中央法规文件实施责任方面，还存在一些差距和不足。有的干部谈道："市县的党委（党组）承担的主体责任多达几十项，就单项工作而言，责任制是好办法，但'虱子多了不怕咬'，多了就不灵了。"有的责任落实存在"时紧时松"等问题。

（四）关键少数：发挥领导干部引领示范作用

在中央法规文件贯彻落实过程中，领导干部作为"关键少数"，发挥着组织引领、示范带动等重要作用。一是做带头学习的"火车头"。总的来看，各地区都注重发挥"关键少数"在学习上的引领带动作用，坚持以讲带学、以考促学。多数市县党委建立了会前学规学法学文件制度，将最新出台的中央法规文件纳入党委常委会会议"第一议题"等，领导干部第一时间学习。二是做把准方向的"领头雁"。中央法规文件精神从中央"大脑中枢"传导到基层"神经末梢"，各级领导干部发挥着至关重要的作用。三是做实干落地的"主心骨"。调研评估中大家普遍谈到，中央八项规定之所以能够成为铁规矩，最重要的原因就是习近平总书记率领中央政治局同志率先垂范，同样道理，中央法规文件在一个地方、一个部门落实落地，也离不开领导干部身先士卒、带头带动。调研评估中发现，部分领导干部在发挥示范带头作用上还存在一些差距和不足：有的学习态度"功利化"，跟自己有关的就多学，跟自己无关的就放在一边；有的存在"等靠要"心理，"上级部门让干什么就干什么"。

（五）资源保障：强化法规文件执行支撑

法规文件的实施，离不开一定的资源投入。近年来，从中央到地方都坚持编随事走、钱随事走，各方面资源投入力度不断加大，为中央法规文件在基层落地提供了有力支撑。一是基层力量不断充实。中央法规文件的落实落地，人是最能动的因素，既包括各级领导干部这个"关键少数"，也包括基层党政机关工作人员这个"绝大多数"。调研评估发现，随着全面深化改革的推进，编制资源向基层下沉，基层"缺编少员"问题有了较大改观。二是资金保障力度持续加大。党的十八大以来，越来越多的财政资金投向基层，基层在促发展、保民生、抓党建、强服务等方面"有钱干"。三是技术手段更新迭代。近年来，随着科技进步，卫星遥感监测、视频监控等技术手段已广泛运用于耕地保护、违建整治、环保监测等工作，为法规文件执行插上科技"翅膀"。调研评估中发现，基层资源投入方面还存在一些与落实法规文件要求不适应的地方：基层干部队伍存在一些结构性矛盾，乡镇普遍存在混编混岗问题，不少干部身兼数职、分身乏术；有的资金使用不规范，有乡镇干部反映，不少村级集体经济组织扶持资金由于缺乏项目支撑被迫"趴"在账上，或者简单向县里企业投资入股获取分红。

（六）监督激励：发挥考核评价"指挥棒"作用

近年来，各地区通过客观公正的考核评价、正反结合的结果运用，激发党员干部干事创业的热情，推动了中央法规文件有效实施。一是监督考评"树导向"。多地将重要法规文件执行情况纳入全省年度督查检查计划，采取"四不两直""点对点"等方式到市县和有关部门进行实地督查。二是正面激励"添干劲"。着力健全容错纠错机制，最大限度保护和支持在贯彻落实中央精神、推动当地发展中作风正派、敢作敢为的干部。三是严肃处理"强震慑"。各级党委对落实中央法规文件不力等行为，普遍采取"零容忍"态度，综合运用党纪政务处分、问责、组织处理等方式严肃处理。调研评估中发现，督查检查考核在保障法规文件落实方面，还存在一些有待改进的地方：有的督查检查主要依靠面上掌握的情况或者相关单位提供的书面材料，缺少深入现场的调查研究；激励方式较为单一，以精神激励为主，"好像除了通报或者发个证书以外，其他就没有了"；容错纠错机制尚需进一步完善，担心"越俎代庖"不敢容、各方面有顾虑不想容、把握有难度不会容等现象较为常见。

（七）实践方法：出自基层的高招妙招

基层蕴含着无穷的智慧和创造，推动中央法规文件落实落地，应该关注基层党员干部群众在实践中探索的鲜活生动的"土经验""土做法"。比如，有的从做群众思想工作入手推动落实。党的政策与人民群众利益息息相关，落实好党的政策，必须坚持从群众中来、到群众中去。又如，基层干部注重以灵活多样的方式向老百姓宣传政策，从强化衔接联动破题形成合力，着眼推动中央法规文件在基层落地，地方在加强部门间协调配合上积极探索创新，产生了"1+1>2"的良好效果。再如，注重用活本地资源创造有利条件，中央法规文件往往是面向各地区各部门普发的，基层在贯彻落实中央法规文件时，需要找准中央法规文件与具体情况的结合点。调研评估中发现，有些地方在落实中央法规文件的方法手段上还存在一些问题和不足：有的地方在向基层宣传时，思想工作做得不扎实，群众对政策出台意图了解不深；有的地方在将中央法规文件的普遍性要求落实于具体工作时，对本地是否具备相关政策落地条件研判不够。

概而言之，中央法规文件实施是一项系统工程，从制定出台到落实落地涉及各环节、各要素，任何一个要素是否到位，都会对实施效果产生影响。只有在正确政绩观引领下，坚持系统思维、强化整体观念、运用科学方法，做到步调一致、同频共振，才能形成中央法规文件实施的强大合力。

十、一次业务"充电"——举办全国党内法规业务培训班

2023年5月底6月初，全国党内法规业务培训班在中国浦东干部学院成功举办。这次培训的主题是，深入学习贯彻党中央关于加强党内法规制度建设的新部署，深化学习贯彻习近平总书记关于依规治党的重要论述，培训法

规文件起草审核、备案审查、督促落实等制度规定和标准要求，交流工作经验，进一步提高做好党内法规工作的能力水平。参加培训的同志普遍反映，这次培训班对推动提升全国党内法规工作队伍政治能力和业务素养很有帮助。

（一）有助于进一步把稳思想之舵

新时代党内法规制度建设成就的取得，根本在于习近平总书记的有力擘画领导、在于总书记关于依规治党重要论述的科学指引。通过学习《习近平关于依规治党论述摘编》，进一步坚定了沿着总书记指引的方向推进党内法规工作的思想自觉、政治自觉、行动自觉。书写好贯彻落实党的二十大精神的"党内法规篇"，必须深刻领悟"两个确立"的决定性意义，自觉把做到"两个维护"要求体现到党内法规制度建设各方面。

（二）有助于进一步锚定工作重点

习近平总书记指示要充分发挥党内法规"两个重大作用"，深刻揭示了依规治党在党和国家事业发展中的重要地位。《中央党内法规制定工作规划纲要（2023—2027年）》是新起点上引领党内法规制度建设的重要文件，必须以钉钉子精神学习领会、贯彻落实好。党中央专门针对规范地方党委政策性文件制定工作制定出台一部党内法规，就文件精简数量、提高质量、改进文风作出刚性规定，这就为推动文件短实新、把握时度效提供了"尚方宝剑"。做好新征程上党内法规工作，必须始终围绕中心、服务大局，推动党内法规制度优势更好转化为治理效能。

（三）有助于进一步强化能力锻造

做好党内法规工作，需要紧扣"政治"主题写好"业务"文章，没有过硬的政治能力和业务素养是干不了干不好的。这次培训强化了大家提升专业素养的紧迫性，许多同志谈到，决不能认为党内法规工作就是核核文、发发文，培训后深感党内法规工作学问大门道深。就干好备案审查工作而言，决不是简单地揪出几个"问题文件"就行了，需要在备案的广度、审查的深度上下大功夫。鉴此，党内法规工作人员要进一步提升政治能力、改进知识结构、强化专业涵养，以过硬的政治能力和业务素养推动党内法规工作开新局、上台阶。

此外，2023年的党内法规理论研究和人才培养也取得新进展。基础研究与应用研究齐头并进，研究主题更加丰富、重大主题更加聚焦、研究平台支撑更加有力、研究队伍进一步壮大，党内法规制度建设的学理支撑更加有力。国家社会基金项目对"习近平总书记关于依规治党重要论述的原创性贡献研究"等 24 个党内法规研究方面课题予以立项，充分发挥了对党内法规理论研究的"风向标"作用。一批党内法规新作出版，《人民日报》《习近平法治思想研究与实践》《党建》《党内法规研究》等报刊上刊发了百余篇高质量理论文章。党内法规研究机构建设力度持续加大，目前全国共有党内法规研究机构和学术团体已超过 100 个。同时，中央有关部门贯彻落实党中央部署，积极推进将党内法规学纳入二级学科指导性目录，目前已有 20 余所高校设立党内法规二级学科或者研究方向，累计培养党内法规研究生 200 多人。一些地方还积极探索建立党内法规研究生到党内法规工作机构实习制度，着力推动学用贯通、知行合一。

撰稿专家

宋功德，1971 年生，中共中央办公厅法规局局长、机关党委书记，法学博士、教授、中国法学会常务理事，主持完成"马工程"课题"党内法规学"等国家级、省部级课题十余项，出版《党规之治》《行政法的均衡之约》等专著十多部，发表《坚持依规治党》《党内法规的百年演进与治理之道》《党规之治的自信与理性》等文章百余篇，获中国法学优秀成果奖论文类一等奖和著作类一等奖、全国十大杰出青年法学家提名奖等十余项。

第九章　2023 年反腐败法治专题报告

邓联荣　　李仕豪

报告要旨

　　2023 年反腐败斗争持续发力，呈现出多方面的新气象新特点。党中央作出重大决策部署，首次在全系统范围内开展纪检监察干部队伍教育整顿；党中央首次制定《中央反腐败协调小组工作规划（2023—2027 年）》，加强党中央对反腐败工作的集中统一领导；深化受贿行贿一起查取得新成效，全国纪检监察机关共立案行贿人员 1.7 万人，移送检察机关 3389 人；对金融、体育、烟草、医药等比较突出的行业性、系统性、地域性腐败问题进行专项整治，提升系统整治、全域治理水平；中央纪委提级查处、公开通报青海省 6 名正厅级领导干部在参加学习贯彻党的二十大精神培训班期间顶风违纪典型案例，锲而不舍落实中央八项规定精神。具体来说，在打"老虎"方面，中央纪委国家监委立案审查调查董云虎、孙志刚、韩勇等中管干部 87 人，全国纪检监察机关处分省部级干部 49 人。检察机关共对 25 名原省部级干部职务犯罪提起公诉。人民法院依法惩处沈德咏、盛光祖、李文喜等 30 名原中管干部，赃款赃物一律追缴。在拍"苍蝇"方面，全国纪检监察机关共查处民生领域腐败和作风问题 7.7 万起，给予党纪政务处分 7.5 万人。村级基层腐败问题查处力度不断加强，首次在中央纪委国家监委年度通报中公布现任或原任村党支部书记、村委会主任立案人数。中央纪委印发《关于开展乡村振兴领域不正之风和腐败问题专项整治的意见》，全面推开专项整治工作。在猎"狐狸"方面，首次制定《中央反腐败协调小组反腐败国际追逃追赃和跨境腐败治理 2023—2027 年目标任务》，

争攻坚战持久战的重要方法、重要抓手，也是新时代新征程反腐败工作的一大特点。

（二）新进展：深化受贿行贿一起查

2023 年，深化受贿行贿一起查取得新成效新进展，全国纪检监察机关共立案审查调查行贿人员 1.7 万人，向检察机关移送行贿人员 3389 人①，数据表明了严惩行贿的鲜明态度和坚定决心。2023 年 12 月 29 日，十四届全国人大常委会第七次会议审议通过刑法修正案（十二），此次修正案一共八条，其中四条涉及惩治贿赂犯罪，有三条主要关涉行贿犯罪，包括行贿罪的处罚规定、对单位行贿罪以及单位行贿罪，有针对性地对一些严重行贿情形加大刑事追责力度。

2023 年 3 月，中央纪委国家监委、最高检联合发布了 5 起行贿犯罪典型案例，这是自 2022 年以来发布的第二批行贿犯罪典型案例，发布的内容包括每个案例的关键词、要旨、基本案情、监察检察履职情况、典型意义以及相关规定。该批典型案例囊括了多次行贿、巨额行贿、向多人行贿等不同的犯罪情节，行贿目的多样，包括：通过行贿帮助黑社会性质组织形成"保护伞"；为获取国家矿产资源实施重大商业贿赂；通过行贿逃避法律追究；为获取资质证书向管理部门行贿；向司法工作人员行贿以减轻罪责②。这些案例体现了二十届中央纪委二次全会和《关于进一步推进受贿行贿一起查的意见》明确的查处行贿犯罪的工作重点。发布典型案例有利于充分发挥指导作用，提高受贿行贿一起查的综合治理效能，切实提升行贿犯罪案件办理质效，不断提升打击行贿的精准性、有效性。

行贿不查，受贿不止。加大对行贿行为惩治力度，把反腐败的利刃指向了腐败问题产生的土壤。行贿是当前腐败增量仍有发生的重要原因，就表现而言，行贿主观恶性大，往往不是单次的、偶然的现象，一些领域多次行贿、巨额行贿、向多人行贿等现象突出。就后果而言，行贿人千方百计的"围猎"是腐败滋生的重要因素，对政治生态、营商环境、社会公平正义都是损害。行贿和受贿是一体两面，如果没有行贿的"供给"，那么受贿的"需求"就无法满足。治理先治源，严惩行贿关系反腐败之根本，是斩断"围猎"与甘于被"围猎"利益链的有效途径。

---

① 孙梦远：《持续加大对行贿行为惩治力度》，载《中国纪检监察报》2024 年 3 月 4 日第 3 版。
② 《中央纪委国家监委、最高检联合发布 5 起行贿犯罪典型案例 坚持受贿行贿一起查 以零容忍态度惩治行贿犯罪》，载《中国纪检监察报》2023 年 3 月 29 日第 1 版。

(三)新热点：专项整治行业性、系统性、地域性腐败

"专项整治行业性、系统性、地域性腐败"是中央纪委国家监委网站发布的"2023 年度十大反腐热词"之一①。习近平总书记在二十届中央纪委二次全会上明确提出"要对比较突出的行业性、系统性、地域性腐败问题进行专项整治"。二十届中央纪委三次全会工作报告"2023 年工作回顾"中重点提到金融、国企、高校、体育、烟草、粮食购销、医药等领域腐败问题的集中整治②。反腐败斗争进入深水区，与办理单个案件相比，惩治行业性、系统性、地域性腐败更具根本性、威慑力。从个案清除、重点惩治向系统整治、全域治理提升转变，反映了反腐败理念和行动不断升级。

表 1　2023 年重点领域受执纪审查干部情况统计③

单位：人

涉及领域	中管干部	中央一级党和国家机关、国企和金融单位干部	省管干部
金融	8	71	17
高校	0	3	30
体育	1	1	2
烟草	2	11	0
粮食购销	1	1	3
医药	0	0	15

金融领域反腐向纵深推进。二十届中央纪委三次全会工作报告单独列出深化金融反腐，点名范一飞、刘连舸、李晓鹏、唐双宁等金融领域的腐败

---

① 《2023 年度十大反腐热词》，来源：中央纪委国家监委网站 https://www.ccdi.gov.cn/toutiaon/202312/t20231229_318269.html，2024 年 3 月 13 日访问。

② 李希：《深入学习贯彻习近平总书记关于党的自我革命的重要思想 纵深推进新征程纪检监察工作高质量发展——在中国共产党第二十届中央纪律检查委员会第三次全体会议上的工作报告（2024 年 1 月 8 日）》，载《人民日报》2024 年 2 月 26 日第 1 版。

③ 本表根据中央纪委国家监委网站"审查调查"栏目"中管干部""中央一级党和国家机关、国企和金融单位干部""省管干部"板块的"执纪审查"部分公布的情况进行整理。https://www.ccdi.gov.cn/scdcn/，2024 年 3 月 13 日访问。

分子①。2023年中央纪委国家监委网站公布的接受审查调查的涉及金融领域干部达到96人，有出自监管系统的干部，也涵盖银行、保险、证券等细分领域。中央纪委国家监委网站公布执纪审查中央一级党和国家机关、国企和金融单位干部人数172人，其中71人为中央一级金融单位干部，占比达到41%。在中央纪委国家监委统一部署下，中央纪委国家监委驻证监会纪检监察组开展证券发行审核领域腐败问题专项治理，深挖细查"靠金融吃金融"等问题并重点打击②。2023年中央金融工作会议指出"金融乱象和腐败问题屡禁不止"③，在全面加强金融监管、有效防范化解金融风险方面要"坚决惩治违法犯罪和腐败行为"④。可见金融领域的高压反腐态势已趋于常态化，必须以强有力的监督为金融高质量发展提供坚强保障。

体育领域反腐引发广泛关注。由中央纪委国家监委宣传部与中央广播电视总台联合摄制的反腐电视专题片《持续发力 纵深推进》最后一集揭露了足球领域系列腐败案件⑤。2022年末中国国家男子足球队原主教练李铁被监察机关立案调查⑥，拉开了足坛反腐序幕。2023年1月19日，中国足球协会第十一届执委会成员、原秘书长刘奕，中国足球协会常务副秘书长兼国家队管理部部长陈永亮，同日被官宣接受审查调查⑦。随后，中国足协多名原高、中层官员和足球从业者在反腐风暴中被查。纪检监察机关还会同公安机关，调查数十名涉案人员，涵盖教练、球员、裁判、俱乐部高管、经纪人等方方面面。除足球外，篮球、冬季运动、田径、赛艇项目等均有高层被查⑧。

---

① 李希：《深入学习贯彻习近平总书记关于党的自我革命的重要思想 纵深推进新征程纪检监察工作高质量发展——在中国共产党第二十届中央纪律检查委员会第三次全体会议上的工作报告（2024年1月8日）》，载《人民日报》2024年2月26日第1版。

② 陈昊：《提高监督穿透力 重点打击新型腐败隐性腐败 净化证券发审领域政治生态》，载《中国纪检监察报》2023年12月3日第1版。

③ 《中央金融工作会议在北京举行 习近平李强作重要讲话 赵乐际王沪宁蔡奇丁薛祥李希出席》，载《人民日报》2023年11月1日第1版。

④ 《中央金融工作会议在北京举行 习近平李强作重要讲话 赵乐际王沪宁蔡奇丁薛祥李希出席》，载《人民日报》2023年11月1日第1版。

⑤ 《持续发力 纵深推进》，来源：中央电视台网站 https://tv.cctv.com/2024/01/02/VIDAJiFeC0IW1MVyTQ5TYBT3240102.shtml，2024年3月13日访问。

⑥ 《中国国家男子足球队原主教练李铁接受监察调查》，来源：湖北省纪委监委网 https://www.hbjwjc.gov.cn/scdc/zjsc/140528.htm，2024年3月13日访问。

⑦ 柴雅欣：《电视专题片〈持续发力 纵深推进〉第四集聚焦一体推进"三不腐"坚决打赢反腐败斗争攻坚战持久战》，载《中国纪检监察报》2024年1月10日第4版。

⑧ 左翰嫡：《惩治"靠体吃体"修复政治生态 国家体育总局2023年党风廉政建设和反腐败工作会议侧记》，载《中国纪检监察报》2023年4月8日第3版。

医药领域反腐高压不减。2023 年 7 月，国家卫健委会同教育部、公安部、审计署、国务院国资委、市场监管总局、国家医保局、国家中医药局、国家疾控局、国家药监局等 9 部门共同启动了为期 1 年的全国医药领域腐败问题集中整治工作①。7 月 12 日，国家卫健委等 10 部门召开了全国医药领域腐败问题集中整治工作视频会议，聚焦重点环节和"关键少数"，对集中整治工作进行了重点部署，各地各部门 4000 余人参加了会议②。此次集中整治规模之大，规格之高，涉及部门之多，甚为罕见。7 月 28 日，中央纪委国家监委召开动员会，部署纪检监察机关配合开展全国医药领域腐败问题集中整治③。在半个月内，有关单位接连三次对医药反腐进行部署，关注度推至鼎盛。此次整治涵盖了医药领域行政管理部门、行业学（协）会、医疗卫生机构、医药生产经营企业、医保基金等全领域，涉及医药行业生产、流通、销售、使用、报销的全链条，实现医药领域全覆盖。2023 年 12 月 18 日，国家卫健委印发《大型医院巡查工作方案（2023—2026 年度）》，指导各地持续做好大型医院巡查工作，推动医院党风廉政建设、加强廉洁风险防控。

（四）新通报：中央纪委公开通报青海省 6 名正厅级领导干部顶风违纪聚餐饮酒案

历年中纪委全会工作报告中都会有对全年落实中央八项规定精神情况的工作回顾，二十届中央纪委三次全会工作报告直接点名了一个具体案例，"提级查处、公开通报青海省 6 名正厅级领导干部在参加学习贯彻党的二十大精神培训班期间顶风违纪典型案例"④。一方面说明这个事件性质十分严重，影响极其恶劣，另一方面由中纪委提级查处、公开通报，并写入工作报告，以正视听、以儆效尤，震慑效果更为明显，能让更多人引以为戒。

纵观这个事件发展的时间线，更能直观感受关注度之高。2023 年 4 月 27 日，中央纪委国家监委公开通报事件详情，"2022 年 12 月 11 日 20 时至

---

① 《全国医药领域腐败问题集中整治工作视频会议在京召开》，来源：国家卫健委网站 http://www.nhc.gov.cn/ylyjs/pqt/202307/7baafcfccc244af69a962f0006cb4e9c.shtml，2024 年 3 月 13 日访问。
② 《权威部门就全国医药领域腐败问题集中整治工作答记者问》，来源：新华网 http://www.news.cn/2023-08/15/c_1129803867.htm，2024 年 3 月 13 日访问。
③ 《中央纪委国家监委召开动员会 部署纪检监察机关配合开展 全国医药领域腐败问题集中整治 喻红秋出席并讲话》，载《中国纪检监察报》2023 年 7 月 29 日第 3 版。
④ 李希：《深入学习贯彻习近平总书记关于党的自我革命的重要思想 纵深推进新征程纪检监察工作高质量发展——在中国共产党第二十届中央纪律检查委员会第三次全体会议上的工作报告（2024 年 1 月 8 日）》，载《人民日报》2024 年 2 月 26 日第 1 版。

23 时许，在青海省举办党政主要领导干部学习贯彻党的二十大精神培训班期间，时任青海省委委员、省政府党组成员、秘书长师存武，组织时任省委委员、省农业农村厅党组书记、厅长李青川，省委委员、省文化和旅游厅党组书记、厅长王学文，省委委员、海北藏族自治州委书记多杰，省国有资产监督管理委员会党委书记、主任洪涛，省交通控股集团有限公司党委书记、董事长陶永利，在省委党校学员宿舍聚餐饮酒，师存武利用职权要求省政府机关食堂为其提供并安排公务车辆运送菜肴，李青川提供 8 瓶白酒，当晚 6 人共饮用 7 瓶白酒。次日，师存武因醉酒缺席省有关会议，一名干部在学员宿舍被发现死亡。"①通报公布了对 6 人的处理结果，分别给予了从留党察看、政务撤职到开除党籍、开除公职不同等级的处分②；点明了事件性质，"上述在学习贯彻党的二十大精神培训班期间违规吃喝问题严重违反中央八项规定精神，是顶风违纪的典型案件"③。此后，在 5 月 4 日青海省委召开 6 名领导干部严重违反中央八项规定精神问题以案促改专项教育整治动员部署会和 9 月 20 日青海省管领导干部警示教育大会上，青海省委书记两次点名这一事件④。中央电视台反腐电视专题片《持续发力 纵深推进》第三集《强化正风肃纪》进一步披露了这 6 名干部在党校聚餐喝酒致 1 人死亡的内幕细节⑤。中央纪委国家监委机关工作人员在专题片中说："中央纪委国家监委始终把落实中央八项规定精神作为监督执纪的底线性任务，决不允许以高原地区'喝酒驱寒'为违规吃喝找借口，决不允许以'乡党文化'根深蒂固为喝酒聚餐找理由。"⑥对这一典型案例反复的揭露批判，越发突显事件本

---

① 《中央纪委国家监委公开通报青海省 6 名党员领导干部严重违反中央八项规定精神问题》，来源：中央纪委国家监委网站 https://www.ccdi.gov.cn/toutiaon/202304/t20230427_261287.html，2024 年 3 月 5 日访问。

② 《中央纪委国家监委公开通报青海省 6 名党员领导干部严重违反中央八项规定精神问题》，来源：中央纪委国家监委网站 https://www.ccdi.gov.cn/toutiaon/202304/t20230427_261287.html，2024 年 3 月 5 日访问。

③ 《中央纪委国家监委公开通报青海省 6 名党员领导干部严重违反中央八项规定精神问题》，来源：中央纪委国家监委网站 https://www.ccdi.gov.cn/toutiaon/202304/t20230427_261287.html，2024 年 3 月 5 日访问。

④ 陆丽环，王卓：《聚焦"吃公函""吃食堂""吃老板""吃下级"等违规吃喝问题 专项整治狠刹吃喝歪风》，载《中国纪检监察报》2024 年 2 月 29 日第 4 版。

⑤ 《电视专题片〈持续发力 纵深推进〉第三集聚焦强化正风肃纪 久久为功抓作风》，载《中国纪检监察报》2024 年 1 月 9 日第 4 版。

⑥ 《持续发力 纵深推进》，来源：中央电视台网站 https://tv.cctv.com/2024/01/02/VIDAJiFeC0IW1MVyTQ5TYBT3240102.shtml，2024 年 3 月 13 日访问。

质，党中央多年来持续抓八项规定精神落实，6 名"一把手"干部，罔顾中央三令五申顶风违纪，不仅是一个作风问题，还是一个违反政治纪律、政治规矩的问题。中央纪委国家监委对这一起典型案例提级查处、公开通报，既让铁规长牙、发威，又让干部重视、警醒、知止。

党的十八大以来，作风建设之所以能取得历史性、开创性成就，关键在于紧扣一个"严"字。2023 年，全国共查处违反中央八项规定精神问题107547 起，批评教育和处理 153662 人，其中党纪政务处分 108695 人。全国共查处省部级领导干部违反中央八项规定精神问题 10 起、地厅级领导干部问题 649 起、县处级领导干部问题 7899 起、乡科级及以下干部问题98989 起①（表 2）。对典型案例的严肃处理和对日常监督的常抓不懈，都再次宣示了党中央全面从严、一严到底纠治不正之风的鲜明立场，体现了新时代加强作风建设一以贯之的坚决态度。

表2　2023 年全国查处违反中央八项规定精神问题情况②

单位：起

项目	省部级	地厅级	县处级	乡科级及以下	合计
查处问题数	10	649	7899	98989	107547
批评教育和处理人数	10	761	9401	143490	153662
党纪政务处分人数	8	551	6440	101696	108695

（五）新锻造：首次开展全国纪检监察干部队伍教育整顿

二十届中央纪委二次全会工作报告中"2023 年主要工作"明确提出，"要结合主题教育扎实开展全国纪检监察系统干部队伍教育整顿"③。2 月 24 日，全国纪检监察干部队伍教育整顿动员部署会议在北京召开④。在全系统范围

---

① 《2023 年全国查处违反中央八项规定精神问题 107547 起》，载《中国纪检监察报》2024 年1 月 28 日第 1 版。

② 数据来源：《2023 年全国查处违反中央八项规定精神问题 107547 起》，载《中国纪检监察报》2024 年 1 月 28 日第 1 版。

③ 李希：《深入学习贯彻党的二十大精神 在新征程上坚定不移推进全面从严治党——在中国共产党第二十届中央纪律检查委员会第二次全体会议上的工作报告（2023 年 1 月 9 日）》，载《人民日报》2023 年 2 月 24 日第 3 版。

④ 《李希在全国纪检监察干部队伍教育整顿动员部署会议上强调 以彻底自我革命精神开展教育整顿 打造忠诚干净担当、敢于善于斗争的纪检监察铁军》，载《中国纪检监察报》2023 年 2 月 25 日第 1 版。

内开展纪检监察干部队伍教育整顿，尚属首次。

全国纪检监察干部队伍教育整顿是"党中央和习近平总书记作出的重大决策部署，是纪检监察系统必须抓好的重要政治任务"①。党的十八大以来，习近平总书记每年出席中央纪委全会，都会对纪检监察干部队伍建设提出要求，强调纪检监察机关是党和国家监督专责机关，要对纪检监察干部从严管理，对系统内的腐败分子从严惩治，坚决防治"灯下黑"。从政治站位来看，开展全国纪检监察干部队伍教育整顿就是要把习近平总书记关于纪检监察干部队伍建设的重要论述落到实处，让纪检监察干部时刻牢记纪检监察机关是党的"纪律部队"。从现实需要来看，开展全国纪检监察干部队伍教育整顿就是要引导广大纪检监察干部适应新形势新任务新要求、坚定扛起党和人民赋予的职责使命。从具体目标来看，开展全国纪检监察干部队伍教育整顿就是要以自我革命精神从严整肃队伍、坚决清除害群之马，着力打造忠诚干净担当、敢于善于斗争的纪检监察铁军。全国纪检监察机关在执行这项政治任务中，严肃查处对党不忠诚不老实的两面派、两面人，处分违反政治纪律人员8890人，其中中管干部34人②。

全国纪检监察干部队伍教育整顿成效明显。中央纪委国家监委多次召开教育整顿有关会议，充分肯定教育整顿成效。整顿成效体现在"问题清单"转化为"成果清单"。中央纪委国家监委通报了2023年对纪检监察干部监督检查审查调查情况，全国纪检监察系统共接收涉及纪检监察干部问题线索或反映4.65万余件次，处置涉及纪检监察干部问题线索4.37万余件，谈话函询纪检监察干部1.46万余人次，立案纪检监察干部8977人，处分7817人，移送司法机关474人，其中，处分厅局级干部207人、县处级1382人。各级纪检监察机关运用"四种形态"批评教育和处理纪检监察干部3.72万余人次。其中，运用第一种形态批评教育和处理2.87万余人次，运用第二种形态处理7031人次，运用第三种形态处理884人次，运用第四种形态处理562人次③。

---

① 《李希在福建调研时强调 深入开展主题教育和教育整顿 为纪检监察工作高质量发展注入强大动力》，载《人民日报》2023年5月20日第4版。

② 李希：《深入学习贯彻习近平总书记关于党的自我革命的重要思想 纵深推进新征程纪检监察工作高质量发展——在中国共产党第二十届中央纪律检查委员会第三次全体会议上的工作报告（2024年1月8日）》，载《人民日报》2024年2月26日第1版。

③ 《中央纪委国家监委通报2023年对纪检监察干部监督检查审查调查情况》，载《光明日报》2024年1月26日第3版。

二、2023 年打"老虎"

(一)受执纪审查的"老虎"

2023 年,中央纪委国家监委立案审查调查中管干部 87 人[①]。中央纪委国家监委网站总计公布执纪审查中管干部 45 人(表 3),"打虎"数量破新高,是党的十八大以来通报人数最多的一年。

表 3　2023 年"中管干部"受到执纪审查情况[②]

序号	姓名	公布时身份	公布日期
1	王雪峰	河北省人大常委会原副主任	2023-1-6
2	何泽华	国家烟草专卖局原党组成员、副局长	2023-1-6
3	汲斌昌	山东省青岛市政协主席	2023-1-6
4	焦小平	新疆生产建设兵团党委常委、副司令员	2023-2-5
5	易鹏飞	湖南省政协党组成员、原副主席	2023-2-5
6	郝宏军	辽宁省大连市政协主席、党组书记	2023-2-5
7	李东	国家能源投资集团有限责任公司原党组成员、副总经理	2023-2-8
8	郑洪	重庆市人大常委会原副主任、党组原副书记	2023-3-16
9	姜志刚	宁夏回族自治区党委原副书记、银川市委原书记	2023-3-17
10	崔茂虎	中央统战部原副部长、国家宗教事务局原局长	2023-3-18
11	李再勇	贵州省政协党组成员、原副主席	2023-3-27
12	孙述涛	山东省政协党组成员、副主席	2023-3-28
13	殷美根	江西省人大常委会党组副书记、副主任	2023-3-29
14	刘连舸	中国银行原党委书记、董事长	2023-3-31
15	杜兆才	国家体育总局党组成员、副局长	2023-4-1

[①] 李希:《深入学习贯彻习近平总书记关于党的自我革命的重要思想 纵深推进新征程纪检监察工作高质量发展——在中国共产党第二十届中央纪律检查委员会第三次全体会议上的工作报告(2024 年 1 月 8 日)》,载《人民日报》2024 年 2 月 26 日第 1 版。

[②] 中央纪委监察部网站"审查调查"栏目的第一部分为"中管干部",该部分又细分为"执纪审查"与"党纪政务处分"两大块。表 3 根据"执纪审查"版块整理,表 4 根据"党纪政务处分"版块整理。来源:https://www.ccdi.gov.cn/scdcn/,2024 年 3 月 13 日访问。

续表

序号	姓名	公布时身份	公布日期
16	李晓鹏	中国光大集团股份公司原党委书记、董事长	2023-4-5
17	刘捍东	江苏省人大常委会原党组成员、副主任	2023-4-16
18	朱从玖	浙江省政协党组成员、副主席	2023-5-4
19	熊雪	重庆市政府党组成员、原副市长	2023-5-11
20	骆玉林	国务院国资委原副部长级干部	2023-5-17
21	周清玉	国家开发银行原党委委员、副行长	2023-5-19
22	李金柱	陕西省人大常委会原副主任	2023-5-29
23	曲敏	黑龙江省政协副主席	2023-6-14
24	徐文荣	中国石油天然气集团有限公司原党组副书记、副总经理	2023-6-25
25	姜杰	西藏自治区政协党组成员、副主席	2023-7-3
26	陈继兴	广东省人大常委会原党组成员、副主任	2023-7-9
27	董云虎	上海市人大常委会党组书记、主任	2023-7-12
28	唐双宁	中国光大集团股份公司原党委书记、董事长	2023-7-15
29	肖星	中国太平保险集团有限责任公司党委委员、副总经理	2023-7-18
30	王用生	国家开发银行原党委委员、副行长	2023-7-20
31	张广	北京航空航天大学党委常委、副校长	2023-8-6
32	张志刚	贵州省委原书记	2023-8-28
33	商黎光	山西省委副书记	2023-9-5
34	郑学林	最高人民法院审判委员会原委员、民事审判第一庭原庭长	2023-9-7
35	刘立宪	中国工商银行原党委委员、纪委书记	2023-9-15
36	李海涛	黑龙江省政协党组成员、副主席	2023-9-16
37	韩勇	陕西省政协原党组书记、主席	2023-10-19
38	张秀隆	广西壮族自治区人大常委会原党组副书记、副主任	2023-10-21
39	凌成兴	国家烟草专卖局原党组书记、局长	2023-10-23
40	张红力	中国工商银行原党委委员、副行长	2023-11-4
41	周政	中粮集团有限公司原党组成员、副总经理	2023-11-8

序号	姓名	公布时身份	公布日期
42	杨克宁	四川省政协原党组成员、副主席	2023-11-16
43	王一新	黑龙江省委常委、副省长	2023-12-8
44	陈玉祥	河北省纪委副书记、省监委副主任	2023-12-9
45	李鹏新	新疆维吾尔自治区党委原副书记	2023-12-11

　　纵观全年数据，2023 年中央纪委国家监委网站公布的中管干部执纪审查信息呈现以下特点：

　　其一，"打虎"力度不松劲，节奏不松弛。开年第六天，中央纪委国家监委网站 10 分钟内密集发布三个"老虎"的落马信息，吹响了 2023 年反腐冲锋号。此后，每月均有"老虎"落马。3 月公布 7 人被查，7 月公布 6 人被查，节奏快，密度紧。"尾虎"是 12 月 11 日公布被查的新疆维吾尔自治区党委原副书记李鹏新，也是 2023 年新疆第二个被查的中管干部。被公布执纪审查的 45 人中，有 3 人是正部级干部。7 月 12 日，上海市人大常委会原党组书记、主任董云虎被查，是党的二十大后首个正部级落马干部。8 月 28 日，贵州省委原书记孙志刚被查，是党的二十大后首个被查的省委原书记。10 月 19 日，陕西省政协原党组书记、主席韩勇被查。整整一年，持续释放强烈信号。

　　其二，"打虎"覆盖范围广泛，重点领域突出。被公布执纪审查的 45 人中，国家部委 6 人，地方 27 人，国企央企 7 人，银行系统 5 人，高校 1 人。出自国家部委的"老虎"中，国家体育总局党组成员、副局长杜兆才的落马受到极大关注。一方面，他是中央纪委国家监委网站公布的少有的体育领域的中管干部，另一方面，他兼任中国足协党委书记、副主席，是足坛反腐风暴中落马级别最高的官员。就在杜兆才被公布落马的 4 天前，二十届中央首轮巡视明确将对国家体育总局开展机动巡视，在巡视动员部署会上明确要求"深入查找、推动解决体育领域特别是足球领域腐败问题和深层次体制机制问题"①。出自地方的"老虎"中，黑龙江有 3"虎"，人数最多，分别是黑龙江省政协副主席曲敏；黑龙江省政协党组成员、副主席李海涛；黑龙江省委常

---

　　① 《李希在全国巡视工作会议暨二十届中央第一轮巡视动员部署会上强调 全面贯彻落实党的二十大精神 更好发挥政治巡视利剑作用》，载《中国纪检监察》2023 年第 7 期。

委、副省长王一新。贵州、河北、山东、陕西、新疆、重庆各有2"虎",广东、广西、宁夏、辽宁、江西、江苏、湖南、浙江、西藏、四川、上海、山西各有1虎。对国企央企反腐信息的多批次集中发布,是今年"打虎"的一个显著亮点,其中,金融领域是"老虎"频生的高发区。4月中央第六巡视组对中国光大集团股份公司党委开展巡视"回头看"工作动员会,巡视组组长王荣军提出,开展"回头看"要聚焦"一把手"和领导班子,聚焦权力和责任①。此后光大集团两任原党委书记、董事长李晓鹏、唐双宁分别于4月、7月落马。

其三,坚持刀刃向内,勇于刮骨疗毒。2023年纪检系统内部"打虎"成为一大亮点。9月15日,中国工商银行原党委委员、纪委书记刘立宪被通报接受执纪审查;9月22日,中央纪委国家监委第十三审查调查室二级巡视员汪幼勇被通报接受执纪审查;12月9日,河北省纪委副书记、省监委副主任陈玉祥被通报接受执纪审查。罕见的是,陈玉祥是由中央纪委国家监委公布执纪审查的省级纪委副书记,在此之前同级别的仅有2018年9月吉林省纪委副书记、省监委副主任邱大明由中央纪委国家监委通报。中央纪委国家监委网站发布多名纪检监察干部接受审查调查信息,释放出刀刃向内、一严到底的强烈信号。

(二)受党纪政务处分的"老虎"

2023年,全国纪检监察机关处分省部级干部49人,中央纪委国家监委网站发布了30名中管干部受处分消息。详细处分信息如表4所示。

表4 2023年"中管干部"受到党纪政纪处分情况

序号	姓名	公布时身份	公布日期	处分
1	纪国刚	西藏自治区人大常委会原副主任	2023-5-16	开除党籍和公职
2	周建琨	贵州省政协原党组副书记、副主席	2023-6-9	开除党籍和公职
3	范一飞	中国人民银行原党委委员、副行长	2023-6-9	开除党籍和公职
4	张晓霈	吉林省政协原党组成员、副主席	2023-6-28	开除党籍
5	张福生	原应急管理部消防救援局党委委员、副局长	2023-6-28	开除党籍和公职

① 《中央第六巡视组对中国光大集团股份公司党委开展巡视"回头看"工作动员会召开》,来源:中央纪委国家监委网站 https://www.ccdi.gov.cn/specialn/zyxsgz20/20jzyxstpxw/202304/t20230409_257677.html,2024年3月13日访问。

续表

序号	姓名	公布时身份	公布日期	处分
6	付忠伟	辽宁省沈阳市人大常委会原党组书记、主任	2023-6-28	开除党籍和公职
7	李春生	广东省人大常委会原党组副书记、副主任	2023-6-28	开除党籍和公职
8	王雪峰	河北省人大常委会原党组成员、副主任	2023-7-6	开除党籍
9	何泽华	国家烟草专卖局原党组成员、副局长	2023-7-6	开除党籍
10	汲斌昌	山东省青岛市政协原党组书记、主席	2023-7-27	开除党籍和公职
11	郝宏军	辽宁省大连市政协原党组书记、主席	2023-7-27	开除党籍和公职
12	焦小平	新疆生产建设兵团原党委常委、副司令员	2023-7-27	开除党籍和公职
13	易鹏飞	湖南省政协原党组成员、副主席	2023-7-27	开除党籍和公职
14	李东	国家能源投资集团有限责任公司原党组成员、副总经理	2023-8-2	开除党籍
15	郑洪	重庆市人大常委会原党组副书记、副主任，市总工会原主席	2023-8-30	开除党籍
16	姜志刚	宁夏回族自治区党委原副书记、银川市委原书记	2023-8-30	开除党籍和公职
17	崔茂虎	中央统战部原副部长、国家宗教事务局原局长	2023-8-30	开除党籍和公职
18	刘连舸	中国银行原党委书记、董事长	2023-10-7	辞职、开除党籍
19	殷美根	江西省人大常委会原党组副书记、副主任	2023-10-7	开除党籍和公职
20	杜兆才	国家体育总局原党组成员、副局长	2023-10-7	开除党籍和公职
21	李晓鹏	中国光大集团原党委书记、董事长	2023-10-9	开除党籍和公职
22	孙述涛	山东省政协原党组成员、副主席	2023-10-9	开除党籍和公职
23	李再勇	贵州省政协原党组成员、副主席	2023-11-7	开除党籍和公职
24	朱从玖	浙江省政协原党组成员、副主席	2023-11-7	开除党籍和公职
25	熊雪	重庆市政府原党组成员、副市长	2023-11-13	开除党籍

续表

序号	姓名	公布时身份	公布日期	处分
26	周清玉	国家开发银行原党委委员、副行长	2023-11-16	开除党籍
27	骆玉林	国务院国资委原副部长级干部	2023-11-16	开除党籍
28	李金柱	陕西省人大常委会原党组成员、副主任	2023-12-7	开除党籍
29	曲敏	黑龙江省政协原党组成员、副主席	2023-12-7	开除党籍和公职
30	董云虎	上海市人大常委会原党组书记、主任	2023-12-12	开除党籍和公职

在这 30 人中，有 30 人被开除党籍，同时被开除公职的有 20 人。30 人均被指在党的十八大后"不收敛、不收手，性质严重，影响恶劣"。可见腐败的顽固性和反复性，也反映了反腐败斗争具有长期性、复杂性和艰巨性。面对依然严峻复杂的形势，反腐败绝对不能回头、不能松懈、不能慈悲，必须永远吹冲锋号。付忠伟、何泽华、汲斌昌、李晓鹏、孙述涛、熊雪、周清玉、董云虎等 8 人在通报中被指"对党不忠诚不老实"，王雪峰在通报中被指出"对党极不忠诚、极不老实"。习近平总书记指出："老实做人、做老实人，是共产党员先进性的内在要求，是领导干部'官德'的外在表现。"①《中国共产党纪律处分条例》对于"对党不忠诚不老实"的违纪处分有明确规定。对党忠诚是党员的首要政治品格，这些"老虎"既缺德，又违纪，理应严惩。

2023 年被通报的受到党纪政务处分的 30 名中管干部中，被指严重违反党的政治纪律的有 27 人、违反组织纪律的有 30 人、违反廉洁纪律的有 30 人、违反工作纪律的有 18 人、违反生活纪律的有 20 人、违反群众纪律的有 1 人。其中，贵州省政协原党组成员、副主席李再勇党的六大纪律项项皆违反，政治问题与经济问题相互交织。李再勇被指"漠视群众利益，干涉群众生产经营自主权"，他也是 30 个"老虎"中，唯一被通报违反群众纪律的。反腐专题片《持续发力 纵深推进》揭露了李再勇主政六盘水期间力推的农业产业项目，强制种植百万亩刺梨，脱离群众、脱离实际，给当地农民造成巨大的经济损失②。漠视群众利益的不作为、假作为、慢作为和侵害群众利益

---

① 习近平：《领导干部要认认真真学习 老老实实做人 干干净净干事》，载《学习时报》2008 年 5 月 13 日第 1 版。

② 《持续发力 纵深推进》，来源：中央电视台网站 https://tv.cctv.com/2024/01/02/VIDAJiFeC0IW1MVyTQ5TYBT3240102.shtml，2024 年 3 月 13 日访问。

的乱作为是违反群众纪律的两种突出表现。《党章》总纲里面明确规定"不允许任何党员脱离群众，凌驾于群众之上"。不管是什么级别的"老虎"，破坏了党群、干群关系，损害党同人民群众的血肉联系的，都要一打到底。

2023 年对"老虎"的通报中"七个有之"出现的频率比往年更高。重庆市政府原党组成员、副市长熊雪，贵州省政协原党组副书记、副主席周建琨，陕西省人大常委会原党组成员、副主任李金柱都被指搞"七个有之"，而 2022 年处分的"老虎"，仅有龚建华一人。习近平总书记指出，"七个有之"概括起来是两个方面，一个是政治问题和经济问题交织形成利益集团，妄图攫取党和国家权力；一个是山头主义和宗派主义作祟，大搞非组织活动，破坏党的集中统一①。从通报中看，熊雪"在重大原则问题上不同党中央保持一致"，周建琨"贯彻落实党中央脱贫攻坚的重大决策部署不力"，李金柱"与党中央重大决策部署背道而驰"。

（三）受法院审理、判决的"老虎"

2023 年司法惩腐震慑有力，检察机关共对 25 名原省部级干部职务犯罪提起公诉②。人民法院依法惩处沈德咏、盛光祖、李文喜等 30 名原中管干部，赃款赃物一律追缴③。最高人民法院官网全年公布了 34 名原中管干部受到审理、审判的信息（表 5），比 2022 年多 10 人，彰显了反腐败"从严"态度与"依法"路径的高度统一。

表 5　2023 年发布的中管干部案件清单④

序号	姓名	身份	审理日期	宣判日期	罪名
1	李文喜	辽宁省政协原党组成员、副主席	2022-7-7	2023-1-6	受贿罪
2	刘彦平	国家安全部原党委委员、中央纪委国家监委驻国家安全部纪检监察组原组长	2022-11-17	2023-1-10	受贿罪

① 《重整行装再出发，以永远在路上的执着把全面从严治党引向深入》（2018 年 1 月 11 日），《习近平谈治国理政》第三卷，外文出版社 2020 年版，第 506—507 页。

② 《最高人民检察院工作报告（摘要）》，载《人民日报》2024 年 3 月 9 日第 4 版。

③ 《最高人民法院工作报告（摘要）》，载《人民日报》2024 年 3 月 9 日第 4 版。

④ 本表根据最高人民法院官网"重大案件"栏目整理，http://www.court.gov.cn/fabu-gengduo-15.html，2024 年 3 月 13 日访问。

续表

序号	姓名	身份	审理日期	宣判日期	罪名
3	张新起	山东省人大常委会原副主任	2022-7-14	2023-2-20	受贿罪
4	杨福林	新疆生产建设兵团原副司令员，党委原常委、政法委原书记	2022-9-8	2023-4-18	受贿罪
5	郝春荣	辽宁省原副省长	2023-3-23	2023-5-30	受贿罪
6	徐鸣	原国家粮食局党组成员、副局长	2023-1-5	2023-6-20	受贿罪、利用影响力受贿罪
7	黄毅	云南省政协原副主席	2023-4-13	2023-7-4	受贿罪
8	孙国相	辽宁省人大常委会原副主任	2023-4-20	2023-7-18	受贿罪
9	周江勇	浙江省委原常委、杭州市委原书记	2023-4-27	2023-7-25	受贿罪
10	沈德咏	十三届全国政协原常委、社会和法制委员会原主任	2023-5-11	2023-8-4	受贿罪
11	肖毅	江西省政协原党组成员、副主席	2022-12-29	2023-8-22	受贿罪、滥用职权罪
12	王滨	中国人寿保险（集团）公司原党委书记、董事长	2023-1-19	2023-9-12	受贿罪、隐瞒境外存款罪
13	龚建华	江西省人大常委会原副主任	2023-6-15	2023-9-19	受贿罪
14	于鲁明	北京市政协原副主席	2023-3-30	2023-9-26	受贿罪
15	宋希斌	黑龙江省人大常委会原副主任	2023-6-21	2023-10-17	受贿罪、挪用公款罪
16	孙德顺	中信银行原行长	2022-2-22	2023-11-10	受贿罪
17	张敬华	江苏省委原副书记	2023-7-27	2023-11-21	受贿罪
18	张务锋	国家粮食和物资储备局原党组书记、局长	2023-9-21	2023-12-5	受贿罪
19	盛光祖	原中国铁路总公司党组书记、总经理	2023-8-3	2023-12-12	受贿罪、利用影响力受贿罪

序号	姓名	身份	审理日期	宣判日期	罪名
20	薛恒	辽宁省政协原副主席	2022-8-18	2023-12-13	受贿罪、利用影响力受贿罪
21	刘宏武	广西壮族自治区原副主席	2023-5-31	2023-12-22	受贿罪
22	胡问鸣	原中国船舶重工集团有限公司党组书记、董事长	未披露	2023-12-26	受贿罪、国有公司人员滥用职权罪
23	甘荣坤	河南省委原常委、政法委原书记	2022-12-12	2023-12-27	受贿罪
24	蔡鄂生	原银监会党委委员、副主席	2023-7-13	2023-12-29	受贿罪、利用影响力受贿罪、滥用职权罪
25	谢计来	河北省人大常委会原副主任	2023-7-6		受贿罪
26	王铭晖	四川省人大常委会原党组副书记、副主任	2023-10-12		受贿、滥用职权
27	王大伟	辽宁省人民政府原副省长、省公安厅原厅长	2023-10-19		受贿罪
28	曹广晶	湖北省原副省长	2023-10-26		受贿罪、泄露内幕信息罪
29	田惠宇	招商银行股份有限公司原党委书记、行长	2023-11-9		受贿罪，国有公司人员滥用职权罪，利用未公开信息交易罪，内幕交易、泄露内幕信息罪

续表

序号	姓名	身份	审理日期	宣判日期	罪名
30	李春生	广东省人大常委会原副主任	2023-11-23		受贿罪
31	孙远良	辽宁省政协原副主席	2023-11-30		受贿罪、利用影响力受贿罪
32	李杰翔	青海省委原常委、省人大常委会原党组书记、副主任	2023-12-7		受贿罪
33	易鹏飞	湖南省政协原党组成员、副主席	2023-12-21		受贿罪、滥用职权罪
34	陈如桂	广东省人大常委会原党组成员、副主任	2023-12-28		受贿罪

从审理时间看，34只"老虎"中一审时间在2022年的有8人，案件已全部宣判；一审时间在2023年的有25人，且有15人是在2023年内宣判的。审理周期最短的是国家安全部原党委委员、中央纪委国家监委驻国家安全部纪检监察组原组长刘彦平，从开庭到宣判仅用了54天。刘彦平既是纪检监察系统"内鬼"，又在通报中被点出"参加孙力军政治团伙"①。此前，孙力军政治团伙已有6名成员受到法律制裁。辽宁省原副省长郝春荣，辽宁省人大常委会原副主任孙国相，浙江省委原常委、杭州市委原书记周江勇，十三届全国政协原常委、社会和法制委员会原主任沈德咏4人的审理周期都在3个月以内。刘彦平、郝春荣、周江勇、沈德咏判决书中都指其主动交代办案机关尚未掌握的部分犯罪事实。

从指控罪名来看，发案领域较广，涉及多个罪名案件增多。34人全部被控受贿罪，21个人仅被控受贿罪，充分说明受贿是"老虎"犯罪的主要形式。被控2项罪名的有11人，被控3项罪名的有1人，特别突出的是，获罪最多的"老虎"是招商银行股份有限公司原党委书记、行长田惠宇，被控4项罪名，包括受贿罪，国有公司人员滥用职权罪，利用未公开信息交易罪，内幕交易、泄露内幕信息罪。这是最高人民法院官网发布的中管干部案件中首次

---

① 《中央纪委国家监委驻国家安全部纪检监察组原组长、国家安全部原党委委员刘彦平 严重违纪违法被开除党籍和公职》，来源：中央纪委国家监委网站 https://www.ccdi.gov.cn/yaowenn/202209/t20220901_215122.html，2024年3月13日访问。

出现"利用未公开信息交易罪"，田惠宇被指控"利用因职务便利获取的内幕信息以外的其他未公开信息，违反规定，从事与上述信息相关的证券交易活动，情节特别严重"①。根据《最高人民法院、最高人民检察院关于办理利用未公开信息交易刑事案件适用法律若干问题的解释》，"内幕信息以外的其他未公开的信息"包括证券、期货的投资决策、交易执行信息，证券持仓数量及变化、资金数量及变化、交易动向信息，以及其他可能影响证券、期货交易活动的信息②。对田惠宇的指控罪名于法有据，一方面反映出司法惩腐的精准性、有效性不断提升，另一方面表现出反腐高压态势下，腐败分子手段比以往更加多样化，反侦查意识更强。必须持续推进反腐败国家立法，在法治轨道上将反腐败斗争引向深入。

从获刑来看，已经宣判的 25 人中，16 人被判 10~17 年不等的有期徒刑。张新起、孙国相、肖毅、甘荣坤 4 人被判无期徒刑。李文喜、刘彦平、周江勇、蔡鄂生、王滨、孙德顺 6 人被判处死刑，缓期二年执行。除周江勇外，其余 5 人在其死刑缓期执行二年期满依法减为无期徒刑后，终身监禁，不得减刑、假释。

三、2023 年拍"苍蝇"

(一)坚决惩治群众身边的"蝇贪蚁腐"

党的二十大以来，整治群众身边不正之风和腐败问题的工作要求进一步深化。党的二十大报告强调，坚决惩治群众身边的"蝇贪"③。二十届中央纪委二次全会对"坚决整治各种损害群众利益的腐败问题"作出具体部署④。《中央反腐败协调小组工作规划(2023—2027 年)》明确要求推动反腐败向基

---

① 《招商银行股份有限公司原党委书记、行长田惠宇受贿、国有公司人员滥用职权、利用未公开信息交易、内幕交易、泄露内幕信息案一审开庭》，来源：最高人民法院网站 https://www.court.gov.cn/fabu/xiangqing/417452.html，2024 年 3 月 13 日访问。

② 《最高人民法院 最高人民检察院关于办理利用未公开信息交易刑事案件适用法律若干问题的解释》，来源：最高人民检察院网站 https://www.spp.gov.cn/spp/xwfbh/wsfbh/201906/t20190628_423377.shtml，2024 年 3 月 13 日访问。

③ 习近平：《高举中国特色社会主义伟大旗帜为全面建设社会主义现代化国家而团结奋斗——在中国共产党第二十次全国代表大会上的报告(2022 年 10 月 16 日)》，载《人民日报》2022 年 10 月 26 日第 5 版。

④ 李希：《深入学习贯彻党的二十大精神 在新征程上坚定不移推进全面从严治党——在中国共产党第二十届中央纪律检查委员会第二次全体会议上的工作报告(2023 年 1 月 9 日)》，载《人民日报》2023 年 2 月 24 日第 3 版。

层延伸①。

2023 年，全国纪检监察机关共立案 62.6 万件，其中立案中管干部 87 人、厅局级干部 3456 人、县处级干部 2.7 万人、乡科级干部 8.9 万人；立案现任或原任村党支部书记、村委会主任 6.1 万人。这是首次在中央纪委国家监委年度通报中公布现任或原任村党支部书记、村委会主任立案人数，彰显基层反腐败不留任何死角和空白的态度。处分 61 万人，其中党纪处分 49.8 万人、政务处分 16.2 万人；处分省部级干部 49 人，厅局级干部 3144 人，县处级干部 2.4 万人，乡科级干部 8.2 万人，一般干部 8.5 万人，农村、企业等其他人员 41.7 万人。除省部级干部人数以外，其他各层级处分人员数量都比 2022 年有所增长，传递出稳中求进、坚定不移推动全面从严治党向基层延伸的明确信号（表 6）。特别是处分农村、企业等其他人员数量又创新高，加大村级基层腐败问题查处力度，折射出深入整治群众身边不正之风和腐败问题的坚定决心。

表 6 十九大以来全国纪检监察机关处分人数②

处分时间/年	省部级及以上/人	厅局级/人	县处级/万人	乡科级/万人	一般干部/万人	农村、企业等其他人员/万人
2018	51	3500 余	2.6	9.1	11.1	39
2019	41	4000	2.4	8.5	9.8	37.7
2020	27	2859	2.2	8.3	9.9	39.8
2021	36	3024	2.5	8.8	9.7	41.4
2022	53	2450	2.1 万	7.4 万	8.3 万	41.3 万
2023	49	3144	2.4 万	8.2 万	8.5 万	41.7 万

---

① 李鹏：《推动反腐败向基层延伸》，载《中国纪检监察报》2023 年 10 月 11 日第 2 版。

② 数据来源：《中央纪委通报 2017 年全国纪检监察机关纪律审查情况》，载《中国纪检监察报》2018 年 1 月 11 日第 1 版；《中央纪委国家监委网站发布数据》，载《人民日报》2019 年 1 月 10 日第 4 版；《中央纪委国家监委通报 2019 年全国纪检监察机关监督检查、审查调查情况》，载《中国纪检监察报》2020 年 1 月 17 日第 1 版；《2020 年全国纪检监察机关处分 60.4 万人包括 27 名省部级干部》，载《人民日报》2021 年 1 月 27 日第 4 版；《中央纪委国家监委通报 2021 年全国纪检监察机关监督检查审查调查情况》，载《中国纪检监察报》2022 年 2 月 23 日第 1 版。《2022 年全国纪检监察机关处分 59.2 万人》，载《光明日报》2023 年 1 月 14 日第 4 版。《2023 年全国纪检监察机关处分 61 万人》，载《光明日报》2024 年 1 月 26 日第 4 版。

（二）开展乡村振兴领域不正之风和腐败问题专项整治

2023 年，中央纪委国家监委把巩固拓展脱贫攻坚成果、全面推进乡村振兴摆在突出位置。中央纪委国家监委在中央一号文件发布后随即印发《关于开展乡村振兴领域不正之风和腐败问题专项整治的意见》，明确五项重点整治任务，组织开展重点课题调研，跟进制定"持续督办一批突出问题"等"九个一"具体措施，选取 100 个重点关注县跟踪指导，全面推开专项整治工作。

2023 年 1 月至 11 月，全国各级纪检监察机关共查处乡村振兴领域不正之风和腐败问题 5.2 万个，批评教育和处理 7.6 万人①。聚焦惠农补贴、集体"三资"、产业发展重点项目资金加强监督检查，以"零容忍"态度严肃查处涉农腐败案件。2023 年，中央纪委督促深挖彻查 106 件审计发现乡村振兴领域有关问题线索，处理处分 470 人，依法追缴资金 34.2 亿元。推动各级纪检监察机关对乡村振兴领域问题线索"大起底"，从各地纪委监委在办线索、媒体反映热点中筛选 110 件跟踪督办，处理处分 760 人，涉案金额达 24.3 亿元。紧盯惠农资金，严查"跑冒滴漏"、骗取套取、贪污侵占等问题，涉及补贴资金 440 亿余元，挽回经济损失 8.2 亿余元②。

（三）加大对"村霸""街霸""矿霸"等的整治力度

二十届中央纪委二次全会工作报告明确指出 2023 年要推动加大对"村霸""街霸""矿霸"的整治力度，决不允许其横行乡里、欺压百姓③。《中央反腐败协调小组工作规划（2023—2027 年）》进一步要求加大对腐败案件中发现的"村霸""街霸""矿霸"等的整治力度④。反腐败斗争进入深水区，要求也不断深化，推动反腐败向基层延伸是打赢反腐败斗争攻坚战持久战的应有之义。群众对发生在身边的腐败问题感受尤为直观深切，惩治群众深恶痛绝的"村霸""街霸""矿霸"等，事关人民群众的获得感、幸福感、安全感。2023 年，全国纪检监察机关在推动"打伞破网"常态化机制化上持续发力。一方面，大力惩治，严肃查处安徽省霍邱县临淮岗镇顾台村党支部原书记顾胜宝长期把持基层政权、殴打群众，四川省南充市高坪区青居镇先进村原党

---

①　李晓阳：《公报看点之四　坚决惩治群众身边腐败》，载《中国纪检监察》2024 年第 2 期。

②　徐梦龙：《严肃查处群众身边的"蝇贪蚁腐"》，载《中国纪检监察报》2024 年 1 月 2 日第 1 版。

③　李希：《深入学习贯彻党的二十大精神　在新征程上坚定不移推进全面从严治党——在中国共产党第二十届中央纪律检查委员会第二次全体会议上的工作报告（2023 年 1 月 9 日）》，载《人民日报》2023 年 2 月 24 日第 3 版。

④　李鹃：《推动反腐败向基层延伸》，载《中国纪检监察报》2023 年 10 月 11 日第 2 版。

支部书记、村委会主任黄小刚为恶势力犯罪团伙非法采砂提供帮助等一批涉黑涉恶腐败和"保护伞"问题①。另一方面，提级监督，中央纪委国家监委持续推动创新基层监督方式，推动全国 1757 个县对 6.5 万个村（社区）提级到县（区）纪委监委监督②。检察机关起诉农村宗族黑恶势力犯罪 604 人，着力维护农村社会和谐稳定③。一边狠打，一边紧盯，进一步压缩"村霸""街霸""矿霸"等横行霸道的空间。

四、2023 年猎"狐狸"

（一）追逃防逃追赃取得新成效

二十届中央纪委二次全会指出"反腐败斗争必须统筹国际国内两个战场"④。2023 年首次制定的《中央反腐败协调小组反腐败国际追逃追赃和跨境腐败治理 2023—2027 年目标任务》，为追逃追赃工作指明了方向。全年继续保持追逃追赃高压态势，追赃挽损 102 亿元，"天网 2023"行动追回外逃人员 1624 人⑤，不断刷新猎"狐狸"成绩单。

"猎狐"更加高效。2023 年 3 月 31 日，在中央反腐败协调小组国际追逃追赃工作办公室统筹协调下，经陕西省、云南省两地纪检监察机关、公安机关通力合作，外逃人员陕西省西安市粮食局原局长李西安被缉捕归案⑥。李西安出逃不到两个月即被缉捕归案，高效追逃反映的是防逃安全坝越筑越牢，追逃协作网越织越密。

追逃震慑更加明显。2023 年 6 月 10 日，在中央反腐败协调小组国际追逃追赃工作办公室统筹协调下，经广东省纪委监委不懈努力，"百名红通人员"郭洁芳回国投案。这是党的二十大以来首名归案的"百名红通人员"，也

---

① 徐梦龙：《严肃查处群众身边的"蝇贪蚁腐"》，载《中国纪检监察报》2024 年 1 月 2 日第 1 版。
② 王丹妮、董菲晨：《以最彻底的自我革命精神打赢反腐败斗争攻坚战持久战》，载《中国纪检监察》2024 年第 1 期。
③ 《最高人民检察院工作报告（摘要）》，载《人民日报》2024 年 3 月 9 日第 4 版。
④ 李希：《深入学习贯彻党的二十大精神 在新征程上坚定不移推进全面从严治党——在中国共产党第二十届中央纪律检查委员会第二次全体会议上的工作报告（2023 年 1 月 9 日）》，载《人民日报》2023 年 2 月 24 日第 3 版。
⑤ 李希：《深入学习贯彻习近平总书记关于党的自我革命的重要思想 纵深推进新征程纪检监察工作高质量发展——在中国共产党第二十届中央纪律检查委员会第三次全体会议上的工作报告（2024 年 1 月 8 日）》，载《人民日报》2024 年 2 月 26 日第 1 版。
⑥ 王卓：《西安市粮食局原局长李西安被缉捕归案》，载《中国纪检监察报》2023 年 4 月 6 日第 1 版。

是开展"天网行动"以来第 62 名归案的"百名红通人员"①。郭洁芳于 2000 年
3 月外逃，历时 23 年，最终回国投案，彰显出党中央"有逃必追、一追到底"
的坚定决心。2023 年还有山东省烟台市公路局原局长王东生、国投电力公司
原党委书记郭启刚、原山西省质监局局长常高才等一批重要外逃腐败分子相
继回国投案。② 这些大案要案的突破进一步给海外腐败分子以巨大威慑力，
充分说明不管腐败分子逃到哪里、逃得多久多远，都必然被绳之以法，只有
回国投案才是唯一出路。

追赃力度更加强劲。二十届中央纪委二次全会强调，强化对涉腐洗钱行
为的打击惩处，对境外赃款应追尽追。检察机关协同追逃追赃，对 14 名逃
匿、死亡贪污贿赂犯罪嫌疑人向法院提出没收违法所得申请③。2 月 24 日，
上海市第二中级人民法院适用违法所得没收程序，裁定没收"红通人员"冯卫
华使用贪污、受贿、挪用公款违法所得购买的土地使用权、建造的地上厂房
及收取的租金等，总价值近 4 亿元④。各级追逃追赃部门持续加大赃款追缴
力度，强化对涉腐洗钱行为的打击惩处，斩断非法资金外流渠道，着力破解
资产查找、冻结、没收、返还等难题。

（二）坚持运用法治思维和法治方式猎"狐狸"

一方面，充分运用国际规则和国内法律，深入开展反腐败国际司法执法
合作。如，2023 年 9 月 7 日，在中央反腐败协调小组国际追逃追赃工作办公
室统筹协调下，在公安部等部门指导协助下，经湖南省纪检监察机关、公安
机关与有关国家执法机关密切合作，外逃职务犯罪和经济犯罪嫌疑人凌燕舞
在境外落网并被遣返回国。另一方面，我国开展反腐败国际合作和追逃追赃
的法规日益完善。2023 年 7 月 1 日起施行的《中华人民共和国对外关系法》
对"深化拓展对外执法合作工作机制，完善司法协助体制机制""加强打击跨
国犯罪、反腐败等国际合作"等作出明确规定⑤。习近平总书记强调坚持统
筹推进国内法治和涉外法治。加强涉外领域立法，为我国开展反腐败国际合

---

① 彭静、王潇潇：《"百名红通人员"郭洁芳回国投案》，载《中国纪检监察报》2023 年 6 月 12 日
第 1 版。

② 曹雅丽：《新时代反腐败国际合作跃上新高度》，载《中国纪检监察报》2024 年 1 月 1 日第 1 版。

③ 《最高人民检察院工作报告（摘要）》，载《人民日报》2024 年 3 月 9 日第 4 版。

④ 兰琳宗：《追逃追赃半年报释放信号 尚有一人在逃 追逃绝不停止》载《中国纪检监察报》
2023 年 7 月 26 日第 2 版。

⑤ 《全国人大常委会法工委负责人就对外关系法答记者问》，载《人民日报》2023 年 6 月 30 日
第 6 版。

作和追逃追赃提供了坚强的法律保障。

(三)共建廉洁之路,加强全球反腐败合作

2023 年是"一带一路"倡议提出十周年,也是中国签署《联合国反腐败公约》二十周年。上下同欲者胜,同舟共济者赢。腐败是世界各国共同的敌人,要在全球范围内根除腐败滋生的土壤必须依靠各国努力、普遍参与、多方合作、共建共享。

2023 年 10 月 18 日,国家主席习近平出席第三届"一带一路"国际合作高峰论坛开幕式并发表题为《建设开放包容、互联互通、共同发展的世界》的主旨演讲,建设廉洁之路被列为《共建"一带一路"八项行动》之一①,是"一带一路"走深走实、行稳致远的重要保障。从腐败的危害来看,腐败的危害没有国界,腐败是人类共同的敌人。从反腐败的效用来看,建设廉洁之路是"一带一路"沿线国家和地区的共同认识和价值追求,廉洁是共建"一带一路"的突出特征。中国既在共建廉洁之路中深化反腐败斗争,又以自身反腐败成果推动建设廉洁之路。《"一带一路"廉洁建设成效与展望》、《"一带一路"廉洁建设高级原则》、建立"一带一路"企业廉洁合规评价体系等一系列举措标志着"廉洁之路"由理念转化为行动、由愿景转化为现实。

2023 年 12 月 11 日,《联合国反腐败公约》第十届缔约国会议在美国亚特兰大开幕。驻美国大使谢锋率中国代表团出席会议并发言阐述中方立场,针对部分国家政治意愿缺失、合作效率低下、反腐败能力不足的问题,为加强全球反腐合作提出三点建议:一要尊重主权,加强合作;二要善意履约,付诸行动;三要形成合力,推动发展②。一方面,这表明我国希望继续加强反腐合作,共同以零容忍态度打击腐败。另一方面,这也是对二十届中央纪委二次全会"反腐败斗争必须统筹国际国内两个战场"要求的具体贯彻。

五、2023 年巡视巡察

(一)中央办公厅印发《中央巡视工作规划(2023—2027 年)》

《中央巡视工作规划(2023—2027 年)》(以下简称《规划》)紧扣党的二十

---

① 《习近平出席第三届"一带一路"国际合作高峰论坛开幕式并发表主旨演讲》,载《人民日报》2023 年 10 月 19 日第 1 版。

② 《携手构建更加公正合理的反腐败全球治理体系——中国代表团团长谢锋在《联合国反腐败公约》第十届缔约国会议上的一般性发言》,来源:中华人民共和国外交部网站 https://www.mfa.gov.cn/wjdt_674879/sjxw_674887/202312/t20231212_11200715.shtml,2024 年 3 月 13 日访问。

大确立的中心任务和重大战略部署，紧扣习近平总书记关于巡视工作的重要指示要求，紧扣全面从严治党形势任务，坚持守正创新，突出政治性、实践性、指导性①，明确了今后 5 年巡视工作的指导思想、基本原则、目标任务、工作重点，对推进新时代新征程巡视工作高质量发展具有重要意义。《规划》不仅根据新的实践形成了许多具有时代性的新内容，而且还对新时代新征程巡视工作高质量发展提出了诸多新的要求②。首先，在高质量推进巡视全覆盖方面，《规划》从"加强统筹谋划""强化组织实施""改进方式方法"和"增强监督实效"四个方面作出部署，为落实巡视全覆盖这一党章规定的政治任务提供了指引。其次，在深化巡视巡察上下联动和贯通协调方面，《规划》明确从体制机制、省市区巡视工作、中央单位内部巡视工作、市县巡察工作以及巡视监督等方面提出了推进的具体要求。再次，加强市县巡察方面，《规划》就如何推动全面从严治党向基层延伸作出了多方部署，特别是加强对村（社区）党组织巡察③。最后，在推动巡视工作规范化方面，《规划》提出加强巡视队伍建设、巡视工作制度建设、巡视工作信息化建设、巡视作风纪律建设四个方面的要求。

（二）二十届中央巡视全覆盖扎实起步，完成了对中管企业的全覆盖

2023 年总计开展两轮中央巡视，其中二十届中央第一轮巡视以 30 家中管企业、5 家中管金融企业和国家体育总局为巡视对象④。二十届中央第二轮巡视的 15 个工作组对 26 家中管企业和 5 个职能部门进行了常规巡视，对国家铁路局党组、中国国家铁路集团有限公司党组开展了巡视"回头看"。⑤ 全年共巡视 57 家中管企业、5 家中管金融企业、7 家中央国家机关单位，完成了对中管企业的全覆盖，持续传导严的基调。

2023 年巡视工作对流程和方式方法进行了进一步优化，不断提高巡视质

---

① 《推进新时代新征程巡视工作高质量发展 中央巡视工作领导小组办公室主要负责人就〈中央巡视工作规划（2023—2027 年）〉答记者问》，载《中国纪检监察》2023 年第 10 期。

② 《推进新时代新征程巡视工作高质量发展 中央巡视工作领导小组办公室主要负责人就〈中央巡视工作规划（2023—2027 年）〉答记者问》，载《中国纪检监察》2023 年第 10 期。

③ 《全覆盖、向下延伸 今后 5 年中央巡视工作要点解析》，来源：央视网 https://news.cctv.com/2023/05/13/ARTIHFsFhYYdO58a1mKUx3PA230513.shtml，2024 年 2 月 19 日访问。

④ 吕佳蓉：《二十届中央第一轮巡视完成反馈》，载《中国纪检监察报》2023 年 9 月 27 日第 1 版。

⑤ 吕佳蓉：《二十届中央第二轮巡视完成进驻》，载《中国纪检监察报》2023 年 10 月 22 日第 1 版。

量,并探索运用信息化手段和统计、测评等方式拓展发现问题渠道①,强化对反映领导干部问题线索的深入了解,增强了巡视监督的针对性和实效性。二十届中央巡视把加强对"一把手"监督作为深化政治巡视的重要着力点。首次对中管企业"一把手"的情况形成专题材料②,对破解"一把手"监督难题进行了有益探索。

(三)首次实现在一轮中央巡视中同时安排常规巡视、机动巡视和"回头看"三种组织方式

2023年3月27日,二十届中央第一轮巡视对象名单经由中央纪委国家监委网站向社会公布。在第一轮巡视中,既有对中管企业党组开展的常规巡视,也有对中管金融企业党委开展的巡视"回头看",还有针对国家体育总局党组进行的机动巡视,首次实现了常规巡视、机动巡视和"回头看"三种组织方式的统筹安排。③ 常规巡视着眼全面,通过板块轮动查找行业性、领域性问题。对中管企业开展的常规巡视,主要聚焦企业党组坚持党对国有企业全面领导、履行全面从严治党主体责任等情况④,深入发现履职担当中的政治偏差,着力查找影响制约高质量发展的主要矛盾、突出问题。机动巡视突出问题,回应群众关切,具备灵活性、精准性、深入性的优势。对国家体育总局党组开展的机动巡视,着眼履行党的领导职能责任、贯彻落实体育强国建设重大决策部署情况⑤,深入查找、推动解决体育领域腐败问题和深层次体制机制问题。巡视"回头看"则既查老问题,也注重发现新问题,延伸扩大巡视震慑效果。在对中管金融企业开展的"回头看"中,各巡视组着重了解落实上一轮巡视整改要求的实际行动和成效,检查党委落实巡视整改主体责任、纪检监察机关(机构)和组织部门加强整改监督等情况⑥,推动解决金融领域存在的突出问题。这种组织方式的安排,充分汲取了过往的工作经验和制度优势,通过灵活多样、出其不意的方式实现"三箭齐发"、同向发力,打出一套巡视组合拳。在各组织方式的时间安排上,二十届中央第一轮巡视将常规

---

① 马直辰:《有力发挥政治巡视利剑作用》,载《中国纪检监察》2024年第1期。

② 孙灿:《把巡视利剑磨得更光更亮》,载《中国纪检监察报》2024年1月5日第1版。

③ 赵振宇:《把巡视利剑磨得更光更亮——二十届中央第一轮巡视看点梳理》,载《中国纪检监察》2023年第8期。

④ 吕佳蓉:《二十届中央第一轮巡视完成进驻》,载《中国纪检监察报》2323年4月10日第1版。

⑤ 吕佳蓉:《二十届中央第一轮巡视完成进驻》,载《中国纪检监察报》2323年4月10日第1版。

⑥ 吕佳蓉:《二十届中央第一轮巡视完成进驻》,载《中国纪检监察报》2323年4月10日第1版。

巡视和"回头看"工作时间规定为两个半月左右，机动巡视则是一个半月左右①。这种设计体现了二十届中央纪委二次全会提出的"坚持务实简约管用"要求，增强了巡视监督的精准性和有效性。这种巡视工作组织方式的深入创新，既坚持了板块轮动的一般方式，能够发现和解决行业性、系统性问题，又具有灵活机动的特点，使得巡视威慑力、穿透力进一步增强。

(四)强化巡视整改和成果运用

习近平总书记指出，巡视发现问题的目的是解决问题，发现问题不解决，比不巡视的效果还坏，做好巡视"后半篇文章"关键要在整改上发力。② 加强巡视整改和成果运用是党的二十大部署的重要任务，也是二十届中央巡视深化发展的重要着力点，中共中央政治局 2023 年 9 月 27 日召开会议，审议《关于二十届中央第一轮巡视情况的综合报告》，会议强调要以巡视整改为契机，进一步加强党的全面领导③。2023 年，中央巡视连续两轮开展"回头看"，对 62 家单位开展整改测评④，加强对整改落实情况的监督检查，严肃指出整改不到位的问题。此外，从二十届中央第一轮巡视开始，集中整改时间得到延长，由原来的 3 个月变为 6 个月⑤。以上举措都充分传递出巡视整改持续从严的鲜明信号，表明真改实改、深入整改的氛围愈发浓厚。此外，强化立行立改、边巡边查，在巡视期间及时推动解决群众反映强烈的突出问题、处置反映集中的问题线索。二十届中央第一轮巡视共移交立行立改事项 67 个、问题线索 82 件，推动立案审查调查 35 人⑥，将巡视、整改、处置有机结合起来，进一步增强了巡视整改的时效性，让巡视中发现的问题能够得到及时有效的解决，不断满足人民日益增长的美好生活需要。

六、对反腐败的几点建议

(一)完善反腐败、全面从严治党"两个责任"落实的顶层设计

无论反腐败还是全面从严治党，都是党委负主体责任、纪委负监督责

① 赵振宇：《把巡视利剑磨得更光更亮——二十届中央第一轮巡视看点梳理》，载《中国纪检监察》2023 年第 8 期。

② 孟祥夫：《从严从实抓好巡视整改(金台潮声)》，载《人民日报》2023 年 10 月 24 日第 19 版。

③ 《中共中央政治局召开会议 审议〈关于二十届中央第一轮巡视情况的综合报告〉中共中央总书记习近平主持会议》，载《人民日报》2023 年 9 月 28 日第 1 版。

④ 孙灿：《把巡视利剑磨得更光更亮》，载《中国纪检监察报》2024 年 1 月 5 日第 1 版。

⑤ 马直辰：《有力发挥政治巡视利剑作用》，载《中国纪检监察》2024 年第 1 期。

⑥ 马直辰：《有力发挥政治巡视利剑作用》，载《中国纪检监察》2024 年第 1 期。

任。这"两个责任"是新时代管党治党的重大创新，特别是党委主体责任，是全面从严治党的牛鼻子，必须牢牢抓紧。目前，宣传工作会议、组织工作会议、纪委全会、专项整治动员部署会等，都涉及全面从严治党，但暂未见中央全面从严治党工作会议，也难以找到省级党委全面从严治党工作会议的消息。建议参照中央全面依法治国工作会议做法，适时召开中央全面从严治党工作会议。探索将各级纪委全会调整为全面从严治党工作会议暨纪委全会，公布总书记、各级党委书记在纪委全会上的讲话。召开全面从严治党工作会议暨纪委全会，先由党委书记作全面从严治党报告，再由纪委书记作报告，有利于更好地落实"两个责任"特别是党委主体责任，有利于更好地在机制上贯通"两个责任"。公布党委书记在纪委全会上的讲话，有利于干部群众更加全面、准确地了解党委的态度、决策部署。建议完善全面从严治党议事协调机构机制。借鉴中央全面依法治国委员会、中央全面深化改革委员会的设置与运行经验，中央党建工作领导小组加挂中央全面从严治党领导小组或中央全面从严治党委员会牌子，该议事协调机构每年印发工作要点，研究全面从严治党重大问题，加强对全面从严治党工作的统筹协调。

（二）进一步以实际行动回应干部群众关于严惩腐败的心声

一体推进"三不腐"，排在第一位的是不敢腐。标本兼治，排在前面的是治标。这种顺序，既是字面上的，也是规范意义上的，应该体现在实践中，否则，不能腐、不想腐与治本就难有说服力。法治既治本，也治标，绝不能把法治片面化，局限于反腐败的治本层面。新时代反腐败斗争取得了压倒性胜利并全面巩固，这是极其难能可贵。同时应该看到，反腐败形势依然严峻复杂，压倒性胜利只是阶段性胜利，而不是最终胜利。压倒性胜利是一个形象的说法，顾名思义是指反腐败作为正方压倒了作为反方的腐败，也就是正压住了邪。进一步说，压倒性胜利主要是从"治标"意义上讲的，主要是指通过高压反腐、铁腕惩腐，形成了空前强烈的震慑，压住了腐败蔓延势头，压住腐败分子的嚣张气焰，腐败分子几乎不敢再明目张胆、肆无忌惮搞腐败，相反，很多腐败分子坐立不安、投案自首。但是，压住了腐败不等于消灭了腐败，相反，腐败滋生的条件与土壤仍然存在，腐败仍然易发高发，严重影响法治权威，伤害党的形象与群众基础。因此，反腐败绝对不能回头、不能松懈、不能慈悲，必须发扬"钉钉子"精神，坚持有腐必反、有贪必肃，保持高压态势，锲而不舍、久久为功。一些腐败分子贪腐数额惊人，被定罪判刑，但很多群众与干部认为惩罚力度还不够。要进一步回应干部群众的这种心声，加大对腐败分子与涉腐人员的惩罚，坚决追究腐败所得，让贪腐不仅一无所得，而且血本无归、加倍倒赔，给心存侥幸者及其配偶、子女以更大的警示与震慑。

(三)有力有效惩治新型腐败和隐性腐败

在反腐败高压态势之下，依然有腐败分子顶风作案，并且规避打击的动机更强，腐败的表现形式更加多样化，由此产生新型腐败和隐形腐败。如，"影子股东"、期权型腐败、"逃逸式"辞职、政商"旋转门"、虚拟货币腐败等。新型腐败之"新"与"隐"是一体两面，正是腐败手段的隐形变异、翻新升级使得腐败行为呈现出更多的伪装性、隐蔽性。腐败和反腐败斗争长期存在，必须对新情况新动向有清醒认识，适应新形势新任务，研究新问题新情况，与时俱进破解新型腐败和隐性腐败治理的实践难题。一方面，要健全完善惩治新型腐败和隐性腐败的法律法规体系。随着互联网金融、区块链、元宇宙等新兴领域的快速发展，有针对性地增设或修订法律条款以应对新的腐败形式成为迫切需要。另一方面，强化技术手段在打击新型腐败和隐形腐败中的应用。部分腐败分子利用掌握的专业技术知识，人为制造信息壁垒和识别障碍。有关部门要不断提升"数智化"监督能力，利用大数据和人工智能技术提高腐败识别的效率和精度。例如，完善数字化集采平台，通过跨部门、跨领域的数据共享，实现对腐败行为的动态监测和预警。

撰稿专家

邓联荣，曾名邓联繁，博士，二级教授，中共湖南省委党校(湖南行政学院)副校(院)长，国家高层次人才特殊支持计划哲学社会科学领军人才、中宣部文化名家暨"四个一批"人才、享受国务院政府特殊津贴专家。主要研究宪法与反腐倡廉党规国法。兼任中国廉政法制研究会副会长。党的十八大以来，主持以反腐败为主题的国家社科基金项目4项，其中国家社科基金重大项目1项，出版《给制度做做"廉洁体检"》《巡视制度原理与巡视条例完善研究》《建设廉洁中国》3部独著。

李仕豪，湖南工商大学马克思主义学院教师。主要从事反腐倡廉研究、社会学研究。

第十章　2023年健康法治专题报告[*]

陈云良

报告要旨

2023年度健康法的实施破解现实难题。立法立规促改革，健康领域法制日臻完善；反腐"风暴"下医药领域监管呈高压态势；乡村医改助力构建优质高效的基层医疗卫生体系；医药健康政策推陈出新，健康法治实施取得新成效。探索构建中国健康法学自主知识体系；法制法规建设紧扣时代命题；保障公民健康权，满足群众高质量健康需求；加强多部门联合监管，注重执法与司法间的衔接；重视典型案例的生成和指导、示范、引领作用。但也应当指出，2023年政策带动立法凸显"碎片化"，地方立法数量多且质量参差不齐、存在滞后现象，科学有效的健康法治实施机制尚未形成，"大健康"理念尚显淡薄，健康法治思维尚未形成，全球公共卫生治理集体行动力不足。

核心建议

1. 以健康权为基石，系统建构逻辑自洽的健康法学自主知识体系，强化健康立法的科学性与系统性，加强地方性法规的立改废释，消解法律法规的繁复和冗杂。

2. 重拳出击形成威慑态势，依法打击医疗行业的腐败。推动医药合规立法、合规指引及合规司法，引领医药合规法治建设。

---

[*] 本报告写作过程中，广东外语外贸大学法学院博士研究生李慧腾就报告资料的整理、初稿的草拟与校阅做了大量工作，特此致谢！

> 3. 构建高效能的健康法治实施机制。持续推动健康立法、执法、司法间的融贯性,适时调适健康领域司法解释、指导案例与典型案例。

健康是人类赖以生存的基本条件,故而最大限度地保障公民的健康权是健康法实施的根本目的。健康法的实施是一个系统工程,蕴含着立法、执法、司法、守法和法律监督。研究健康法,必须立足于其内部规范群的基础逻辑与体系架构,以整体视阈观测法律运行规律,对全部要素和层次及其相互联系进行整体化研究与全方位把握。

一、2023 年度健康法实施状况全景描述

(一)健康法制进展

1. 时隔 16 年,《人体器官捐献和移植条例》发布

我国器官捐献数量快速增长,2015 至 2021 年,中国公民逝世后器官捐献累计完成 34606 例,捐献、移植数量位居全球第二位。① 为积极构建"器官捐献体系",建立符合国情的人体器官捐献制度,2023 年 12 月 4 日,国务院公布了《人体器官捐献和移植条例》,以健全人体器官捐献与移植的法治建设。与此同时,2007 年我国首部器官移植相关法规《人体器官移植条例》被废止。时隔 16 年,新修订的条例将名称变更为《人体器官捐献和移植条例》,进一步凸显器官捐献的重要性。该条例明确了人体器官捐献应遵循的"自愿、无偿"原则,并依据《民法典》完善器官捐献的条件和程序,建立器官获取和分配制度,确立全流程追溯和监管机制。此外,新条例还在原条例基础上优化了器官捐献和移植的法律责任,加大处罚力度,严厉打击器官捐献和移植领域的违法行为。

2. 传染病防治法修订草案提请审议,面向社会征求意见

现行《传染病防治法》于 1989 年公布,分别经 2004 年、2013 年两次修订。为预防、控制传染病的发生与流行,防范化解公共卫生风险,2023 年 10 月 20 日,传染病防治法修订草案提请十四届全国人大常委会第六次会议初审。该修订草案共 10 章 115 条,涵盖了传染病预防,报告、通报和公布,

---

① 《中国器官移植发展报告(2021)》,社会科学文献出版社,2022 年版。

疫情控制，医疗救治等内容，将疫情防控中科学有效的经验上升为法律，进一步强化了公共卫生法治保障。

内容上，分为以下四方面：一是完善传染病防治体制机制。该草案明确了党领导传染病防治的指导原则，确立了联防联控、医防协同等机制，完善了传染病病种分类制度和名录。二是改进传染病预防监测预警报告制度。草案坚持预防为主，加强传染病监测体系建设，细化传染病预警、报告和信息公布制度。三是完善应急处置制度。草案规定遵循属地管理原则，程序上将事前报批制转向事后报告制，采取紧急措施不当的由上级政府调整或撤销。四是健全疫情救治体系。草案坚持常态与应急相结合，加强救治服务体系，根据患者疾病分型和病情进展情况分类救治，加强救治费用和疫情防控物资保障，并建立药品紧急使用制度。

3. 医疗保障相关的法律法规进一步完善

2023 年 8 月 16 日，国务院颁布《社会保险经办条例》，将《社会保险法》第九章"社会保险经办"的条款予以细化。就医保经办而言，该条例在现行法制基础上，细化了医保部门同人力资源社会保障行政部门的职权划分、分级审核、医保经办的监督管理与法律责任等内容，进而明确了社会保险关系转接程序，完善了异地就医医疗费用结算制度，提高了医保服务的规范性、标准性和便利性。

2021 年国务院公布了《"十四五"全民医疗保障规划》，明确提出"到 2025 年建设法治医保"的重要目标，"法治医保"首次获得了独立的目标定位。国家医保局成立以来，持续加强医疗保障立法工作。2021 年 6 月，研究草拟的医疗保障法（征求意见稿）面向社会征求意见。2023 年 5 月 31 日，在《国务院 2023 年度立法工作计划的通知》中，医疗保障法草案被列入提请全国人大常委会审议的项目之中。与此同时，2023 年 9 月 7 日，《十四届全国人大常委会立法规划》将医疗保障法列为第二类项目，即"需要抓紧工作、条件成熟时提请审议的法律草案"。在法治轨道上制定一部符合国情的整合式医疗保障法，有助于深入贯彻中国特色医疗保障制度，加快形成与改革相衔接、益于制度定型完善的法制体系。

4. 国境卫生检疫法修订草案首次提请全国人大常委会会议审议

我国现行《国境卫生检疫法》于 1987 年施行，并分别于 2007 年、2009 年和 2018 年进行 3 次部分修改。为贯彻落实习近平总书记重要指示批示精神，2020 年 3 月，全国人大常委会将国境卫生检疫法的修订先后列入全国人大常委会 2020 年至 2023 年立法工作计划和十四届全国人大常委会立法规划之中。2023年12月25日，国境卫生检疫法修订草案首次提请全国人大常委会审议。通过修法不断提高国境卫生检疫的法治保障水平，有利于构筑起防范化解重大国际公共卫生风险的法治屏障。

此草案共8章57条，主要包括：一是坚持党对国境卫生检疫工作的领导；二是完善国境卫生检疫常态化制度，压实各方责任，强化协同联动；三是完善重大传染病疫情口岸应急处置措施，明确传染病暴发、流行时需要在口岸采取的应急处置措施；四是强化国境卫生检疫保障措施；五是完善并细化相关法律责任，丰富处罚手段，加大处罚力度。

5.《药品标准管理办法》颁布

药品标准作为保证药品质量的法定技术依据和药品监管的重要政策工具，对药品安全、有效和质量可控至关重要。为此，2023年7月4日，国家药监局发布了我国第一部药品标准管理的专门法规文件《药品标准管理办法》，并依据《药品管理法》，明确了从事药品研制、生产、经营、使用活动需遵守的规范。

该管理办法设"国家药品标准""药品注册标准""省级中药标准"三个章节，分别明确了各标准的制定和修订程序。办法的出台有助于规范和加强药品标准管理工作，全面加强药品监管能力建设并落实主体责任。

6.加强伦理审查，完善人类遗传资源监管体系

随着新兴技术不断涌入传统医学领域，基因编辑、脑机接口、器官移植等前沿科技探索不断突破传统医学伦理的规制边界。为有效防控科技伦理风险，推动科技向善、造福人类，完善生命科学领域的法律法规、伦理审查规则，势在必行。

2023年2月18日，国家卫健委等部门发布《涉及人的生命科学和医学研究伦理审查办法》。该办法进一步优化了生命科学和医学研究领域的伦理审查规范，与2016年原国家卫生和计生委发布的《涉及人的生物医学研究伦理审查办法》并行适用。

人类遗传资源是国家发展生物产业的重要战略资源，2023年5月26日，科技部发布了《人类遗传资源管理条例实施细则》，进一步探索了我国人类遗传监管权限的委托和下放，厘清了人类遗传资源材料和信息的范围、外方单位定义，并依照不同风险等级建立监管体系。随后，科技部在7月14日发布了《关于更新人类遗传资源行政许可事项服务指南、备案以及事先报告范围和程序的通知》，并于9月12日更新了《人类遗传资源管理常见问题解答》，细化了人类遗传资源申报程序等问题。至此，2019年发布的《人类遗传资源

管理条例》、2020 年出台的《生物安全法》与近年来科技部出台的一系列人类遗传资源服务指南、常见问题解答通知等法规文件，共同构建起我国人类遗传资源的整体监管框架。

我国高度重视科技伦理治理，2023 年 9 月 7 日，科技部等十部门联合制定《科技伦理审查办法（试行）》，其适用范围既包括以人为研究参与者的科技活动，又涵盖涉及实验动物的科技活动，以及可能在生命健康等领域带来伦理风险挑战的科技活动，以客观评估、审慎对待不确定性和技术应用风险。

7. 健康领域地方立法活跃

2023 年，各地紧跟国家立法动态，在地方立法权扩容的大背景下，紧扣区域性特点和现实需求，以问题为导向，探索开展"小切口"立法，推动地方健康法制的完善。

(1)江苏省颁布《江苏省医疗保障条例》《江苏省基层卫生条例》

1 月 19 日，江苏省人大代表审议通过了《江苏省医疗保障条例》。该条例坚持基本医保应保尽保的全面性，强化医疗救助的兜底性，注重基本医保基金运行的可持续性，提升医疗保障公共服务的便捷性，增强医疗保障监督管理的刚性，增进医保、医疗、医药发展的协同性，在还没有专门上位法的情况下，构建起符合其实际、具有地方特色的医疗保障法规制度。

5 月 31 日，江苏省通过的《江苏省基层卫生条例》是全国首部出台基层卫生条例，该条例整合了原《江苏省农村初级卫生保健条例》《江苏省城市社区卫生服务条例》的内容，进一步落实《基本医疗卫生与健康促进法》涉及强基层的规定，以健全基层卫生工作法治化。

(2)上海市《上海市爱国卫生与健康促进条例》正式实施

为完善"大卫生、大健康"格局，实现爱国卫生从环境卫生治理向全面社会健康管理转型，上海颁布了《上海市爱国卫生与健康促进条例》。这是我国首部融合爱国卫生与健康促进的条例，强调社会健康共治、推进城市健康共建、倡导全民健康共享。总体上看，该条例以倡导性条文为主，部分涉及惩罚性条文，更加符合健康促进在政府引导下，通过社会公益组织、家庭社区、个人力量多方参与的演变历程，以期使"个人是自身健康第一责任人"深入人心。

(3)河南省《河南省基本医疗卫生与健康促进条例》正式实施

为完善河南省基本医疗卫生与健康促进服务体系，全方位全周期保障人民健康，贯彻《基本医疗卫生与健康促进法》，河南省在全国率先制定了

《河南省基本医疗卫生与健康促进条例》。该条例共9章73条，以保障基本、强化基层、立足基础为基本思路，坚持医疗卫生事业公益性，优化医疗卫生资源配置，提升基层医疗卫生服务能力，强化基本医疗服务、公共卫生服务能力，进一步提升药品供应保障、促进全民健康，并鼓励科技创新。

（二）2023年健康法执法情况

1. 在法治轨道上统筹推进疫情防控执法

2023年1月8日起，我国对新型冠状病毒感染正式实施"乙类乙管"，强调更加科学、精准、高效的疫情防控，统筹好疫情防控与经济社会发展。随后，国务院联防联控机制继续优化完善防疫策略，发布了第十版防控方案①和第十版诊疗方案②，同时印发《新型冠状病毒感染疫情防控操作指南》《新型冠状病毒感染重症诊疗方案（试行第四版）》等技术性文件，切实提高规范化、同质化诊疗水平，守护人民群众生命安全。1月19日，国家疾控局发布《疾病预防控制标准管理办法》，要求将疾病预防控制标准作为指导、评审、监管等工作的重要技术依据。

根据疫情形势的演变，我国从"二十条"到"新十条"再到"乙类乙管"，不断优化调整防控政策，提升防控和应急处置能力，体现了我国科学防控、依法防控的原则，也是我国取得疫情防控重大决定性胜利的重要保障。

2. 多部门参与全国医药领域腐败问题集中整治

2023年5月10日，国家卫健委等14部门联合发布《2023年纠正医药购销领域和医疗服务中不正之风工作要点》（以下简称《2023年不正之风》），部署医药领域突出腐败问题的整治要点。随后，7月21日，在国家卫健委牵头下，十部委联合部署开展为期一年的全国医药领域腐败问题集中整治工作，加强全领域、全链条、全覆盖的系统治理。7月28日，中央纪委国家监委召开动员会，聚焦医药领域"关键少数"，加强监督执纪执法，部署纪检监察机关配合开展整治工作。各省份积极响应，陆续制定地方版医药反腐整治方案，督促开展自查自纠，并公布多起案例的处置情况。

此次集中整治要点如下：一是医药领域行政管理部门以权寻租的。二

---

① 2023年1月7日，国务院联防联控机制综合组发布的《关于印发新型冠状病毒感染防控方案（第十版）的通知》（联防联控机制综发〔2023〕5号）。

② 2023年1月5日，国家卫健委办公厅、国家中医药局综合司发布的《关于印发新型冠状病毒感染诊疗方案（试行第十版）的通知》（国卫办医急函〔2023〕4号）。

是医疗卫生机构内"关键少数"和关键岗位，以及药品、器械、耗材等"带金销售"的。三是接受医药领域行政部门管理指导的社会组织利用工作便利牟取利益的。四是涉及医保基金非法使用的。五是医药生产经营企业在购销领域的不法行为。六是医务人员违反《医疗机构工作人员廉洁从业九项准则》。

本轮医药反腐行动执法呈如下鲜明特点：其一，本轮行动延伸至医药行业生产、流通、销售、使用、报销等全链条，覆盖了监管部门、行业学（协）会、医疗卫生机构、医药企业、医保基金等全领域。其二，反腐行动重点关注"关键少数"、关键岗位人员，调查对象还包括医药生产经营企业、行业组织等，囊括了医药领域的所有核心主体。其三，加强医药行业的合规要求。如《2023 年不正之风》明确要求，对各类行业协会或学会违法开展的利益输送活动予以重点监管。其四，执法上，多部门联动、多举措并举。上至中央，下至地方，各部门注重发挥本部门职能优势，包括：纪委监委针对医疗机构及医务人员开展的纪检监察工作；审计部门针对医疗机构、行业组织、医药生产经营企业的审计工作；市场监管部门、税务部门依法查处涉医药生产经营企业的反腐败、税务违法行为；公安等刑事执法部门依各类违法线索开展的刑事案件调查工作等。

3. 加强疾控体系现代化

2023 年 12 月 26 日，国务院出台了《关于推动疾病预防控制事业高质量发展的指导意见》，是新时代推动疾控体系现代化建设的纲领性文件。

为应对我国疾控事业发展的不平衡、不充分，本意见聚焦目标导向和问题导向，提出 5 方面共 22 条措施，主要包括：①明确提出"到 2030 年，完善多部门、跨地区、军地联防联控机制，建成以疾控机构和各类专科疾病防治机构为骨干、医疗机构为依托、基层医疗卫生机构为网底，军民融合、防治结合、全社会协同的疾控体系"。②系统重塑疾控体系。强化国家、省、市、县四级疾控机构核心职能，创新医防协同、医防融合机制。③全面提升疾控专业能力，加强监测预警、应急处置、传染病救治和公共卫生干预能力。④重视人才培养，加强人才队伍建设，优化人员配备，完善人才使用与评价体系，健全人员激励机制。⑤推进法治建设，建立稳定投入机制，加强信息化支撑保障和科研攻关，加强国际交流与合作。下一步，各地各级疾控局将加快实体化运行，尽快建立完善省、市、县三级上下配套的疾控体系，建章立制，推动疾控事业高质量发展。

4. 医保飞行检查制度化

医保基金监管行政执法是医保部门的法定职责，也是应对欺诈骗保、过度诊疗、基金滥用等难题、促进医保基金稳健运行的有效之举。2018年至2022年，医保部门查处违法违规违约定点医药机构数154.3万家次，追回医保资金771.3亿元，曝光典型案例24.5万件。[①] 2022年，全国共破获诈骗医保基金案件2682起，抓获犯罪嫌疑人7261人，打掉犯罪团伙541个，累计追缴医保基金10.7亿余元，联合惩处医药机构299个。[②] 我国已初步构建起打击欺诈骗保的高压态势。

为促进法治医保建设的全面铺开，2023年医保基金监管持续纵深推进。从飞行检查、专项整治、日常监督、智能监控、社会监督五个维度出发，点、线、面相结合，推进基金监管常态化。2023年，国家发布一系列医保基金监管、打击欺诈骗保的相关政策，具体内容详见表1。

2023年，国家医保局分四期曝光了共40起违法违规使用医保基金的典型案例，通报对象包括参保人、医院、医院工作人员、定点零售药店、医药企业等，其中涉及伪造住院、病历、票据，虚开诊疗项目、用药医嘱，虚假入库，冒名使用医保卡等，以及非医保定点零售药店进行医保费用结算、将医保目录外药品及保健品串换成医保目录内药品进行结算、开具虚假购药单据为参保人员刷卡返现、药品进销存数据不符等违法违规行为。

表1 2023年医保监管主要政策梳理

序号	名称	发布日期	发布部门	主要内容
1	《医疗保障基金飞行检查管理暂行办法》	2023-3-13	国家医保局	为进一步规范飞行检查提供重要制度保障
2	《关于开展医保领域打击欺诈骗保专项整治工作的通知》	2023-4-28	国家医保局、最高人民检察院、公安部、财政部、国家卫健委5部门	全国各级医保部门对重点领域、聚焦重点行为开展打击欺诈骗保专项整治

① 刘昶荣：《国家医保局五年 追回医保资金771.3亿》，载《中国青年报》，2023年3月9日，第10版。

② 《国新办举行加强医疗保障基金使用常态化监管国务院政策例行吹风会》，载国家医保局官网，http://www.nhsa.gov.cn/art/2023/6/9/art_14_10782.html，2024年2月28日访问。

续表

序号	名称	发布日期	发布部门	主要内容
3	《关于加强医疗保障基金使用常态化监管的实施意见》	2023-5-26	国务院办公厅	全面压实各方责任,做实常态化监管,健全完善制度机制,强化保障措施
4	《关于开展2023年医疗保障基金飞行检查工作的通知》	2023-7-14	国家医保局、财政部、国家卫健委、国家中医药局4部门	明确2023年医保基金飞行检查工作聚焦医学影像检查、临床检验、康复三大领域,首次将定点零售药店纳入检查对象
5	《关于进一步深入推进医疗保障基金智能审核和监控工作的通知》	2023-9-8	国家医保局	加快推进医疗保障基金智能审核和监控,以及大数据实时动态智能监控,构建事前、事中、事后全环节监管的基金安全防控机制
6	《关于加强定点医药机构相关人员医保支付资格管理的指导意见(征求意见稿)》	2023-10-8	国家医保局	加强对纳入医保支付范围的医疗服务行为和医疗费用的监管
7	《关于加强和改进医药价格和招采信用评价工作的通知》	2023-11-17	国家医保局办公室	招采信用评价要加强向生产企业穿透,加强信息披露力度,拓展评定结果应用

5.医药健康政策新举措

(1)提升基层医疗服务能力

党的二十大报告明确要求,"提高基层防病治病和健康管理能力""发展壮大医疗卫生队伍,把工作重点放在农村和社区"。2023年是推进"千县工程"的第三年,也是提升基层医疗服务能力的关键期。这一年,国家印发了多部推进紧密型县域医疗卫生共同体(简称医共体)、深化乡村医改等文件,旨在提升基层医疗卫生服务能力。

2月13日，中共中央、国务院出台了《关于做好2023年全面推进乡村振兴重点工作的意见》，这是21世纪以来第20个指导"三农"工作的中央一号文件，为乡村医疗卫生体系建设提供政策依据。该意见涉基层医疗内容如下：①统筹解决乡村医生薪酬分配和待遇保障，推进乡村医生队伍专业化规范化。②实施乡村振兴人才支持计划，把卫生人才引到基层一线。③提升基本公共卫生服务能力，加速县域统筹。④做好农村疫情防控，压实责任。⑤切实减轻基层迎评送检、填表报数、过度留痕等负担。

2月23日，《关于进一步深化改革促进乡村医疗卫生体系健康发展的意见》明确，把乡村医疗卫生工作摆在乡村振兴的重要位置，健全适应乡村特点、优质高效的乡村医疗卫生体系。该意见提出：到2025年，乡村医疗卫生体系改革成效显著，乡村医疗卫生机构功能布局更加均衡合理，基础设施明显改善，智能化、数字化应用逐步普及，基层首诊、双向转诊、急慢分治、上下联动的分级诊疗格局初步形成等。

随后3月13日，国家中医药管理局发布《社区卫生服务中心 乡镇卫生院中医馆服务能力提升建设标准(试行)》《社区卫生服务站 村卫生室中医阁建设标准(试行)》，为基层医疗卫生机构中医馆和中医阁建设确立了国家标准。

同年12月30日，国家卫健委等10部门联合印发《关于全面推进紧密型县域医疗卫生共同体建设的指导意见》，标志着紧密型县域医共体建设由试点阶段进入全面推进阶段。该意见围绕县域医共体的外部管理、内部运行管理、整体服务能力、支持政策等方面，推进建设紧密型县域医共体，提出到2027年年底，紧密型县域医共体基本实现全覆盖。

(2)严格落实患者安全，改善就医体验

医患关系一直作为焦点议题备受关注。改善医疗服务、提升就医体验是评价医疗服务水平、推动医疗服务高质量发展的关键要素。

2023年5月26日，国家卫健委会同中医药管理局印发《改善就医感受提升患者体验主题活动方案(2023—2025年)》，提出"简化流程、创新模式，提升患者门诊体验""服务连续、医防协同，提升患者诊后体验"等任务，力争3年内将"以病人为中心"贯穿于医疗服务各环节，整体提升医疗服务的舒适化、智慧化、数字化水平，推动更科学、模式更连续、服务更高效、环境更舒适、态度更体贴的中国式现代化医疗服务模式。

8月28日，《改善就医感受提升患者体验评估操作手册(2023版)》的发布旨在全流程改善患者就医体验，确定了诊前、门诊、急诊急救、住院、诊后和全程 6 个维度 27 项指标。

随后 10 月 9 日，《患者安全专项行动方案（2023—2025 年）》进一步明确患者安全行动的目标、范围和内容等。该方案要求至 2025 年末，全国二级以上医疗机构每百出院人次主动报告不良事件年均大于 2.5 例次，低风险病种住院患者死亡率进一步降低。行动内容包括：确保医疗服务要素安全；保障医疗服务过程安全；优化患者安全管理机制。

（3）全面提升医疗服务质量

医疗服务质量关系着医疗服务提供是否实现健康目标，是医疗卫生管理的核心。我国医疗服务质量评价起步较晚，医疗服务质量观动态演进，先后经历了以医疗技术为判断标准、考虑患者需求和成本效益、重视患者体验到追求高质量发展阶段。① 2023 年关于提升医疗服务质量的两个文件，推进我国质量评估体系的构建和完善。

2023 年 2 月 24 日，国家卫健委发布《2023 年国家医疗质量安全改进目标》，连续两年引导行业以目标为导向，推动医疗质量安全改进，其中新增了"降低住院患者围手术期死亡率""提高四级手术术前多学科讨论完成率"2 项国家医疗质量安全改进目标，以指导行业针对性开展改进工作。

5 月 26 日，国家卫健委、国家中医药管理局立足新发展阶段，紧扣公立医院高质量发展新形势、新任务，印发了《全面提升医疗质量行动计划（2023—2025 年）》，要求利用 3 年时间，在全行业树立质量安全意识，完善质量安全管理体系与管理机制，健全政府监管、机构自治、行业参与、社会监督的医疗质量安全管理多元共治机制，巩固基础医疗质量安全管理，提升医疗质量安全管理精细化、科学化、规范化水平，优化医疗资源配置和服务均衡性，提升重大疾病诊疗能力和医疗质量安全水平，持续改善人民群众对医疗服务的满意度。

（4）加强"一老一小"健康服务供给

随着人口老龄化加深和生育率降低，老龄化、少子化成为我国经济社会可持续发展的主要挑战。为应对这一趋势，2023 年国家对"一老一小"群体相继出台多项福利政策。

一方面，完善儿科健康服务体系。《中国儿童发展纲要（2021—2030）》

---

① 参见曹珍、管仲军：《我国医疗服务的质量观及医保支付方式改革背景下的质量评价探讨》，载《中国卫生经济》2024 年第 1 期。

指出，完善儿童健康服务体系，编制各级儿童医疗保健服务网络，全面统筹规划和配置儿童医疗服务资源。在高质量发展契机下，如何构建儿科高质量发展体系？民政部、国家卫健委等 5 部门联合公布了《关于加强困境儿童心理健康关爱服务工作的指导意见》，提出加快形成党委领导、政府负责、部门协作、家庭尽责、社会参与、服务主体多元、服务方式多样、转介衔接顺畅的困境儿童心理健康关爱服务工作格局。该意见指出，需要研究困境儿童面临的特殊困难和心理问题，加强心理健康教育和关心关爱，引导有需要的困境儿童主动接受心理健康测评，畅通转介诊疗通道并强化跟进服务帮扶。此外，国家卫健委等十部门 2023 年研究制定、2024 年初颁布了《关于推进儿童医疗卫生服务高质量发展的意见》，要求加快儿科优质医疗资源扩容和区域均衡布局，助力人口高质量发展和健康中国建设。意见围绕构建高质量儿童医疗卫生服务体系、提升儿童重大疾病诊疗和急危重症救治能力，以及提供高质量儿童疾病预防和健康管理服务等角度推动儿童医疗服务高质量发展。

另一方面，为积极应对人口老龄化，国家在满足老年人高品质健康养老需求方面持续发力，医疗卫生与养老服务融合发展，不断构建多层次、普惠性的养老服务体系。2023 年 3 月，财政部发布了《关于做好 2023 年政府购买服务改革重点工作的通知》，明确支持对符合条件的特殊困难群体开展养老、精神障碍社区康复等领域政府购买服务，健全基本养老和康复关爱服务体系，推进老年等群体关爱保护和社会融入，通过政府购买为社会救助家庭等提供访视照料、康复护理、送医陪护等服务。随后国家卫健委 4 月发布《关于开展第三批安宁疗护试点工作的通知》，公布第三批安宁疗护试点已覆盖的 185 个市（区）。11 月初，国家卫健委等部门联合印发《居家和社区医养结合服务指南（试行）》，明确指出提供居家和社区医养结合服务的医疗卫生机构，其科室设置、设施设备配备应符合医疗卫生机构国家和行业现行标准，确保服务质量和安全，为老年人提供优质、专业的服务。

（5）全方位政策持续鼓励中医药发展

2023 年 1 月 3 日，国家药监局发布《关于进一步加强中药科学监管促进中药传承创新发展的若干措施》，提出了"加强中药材质量管理""强化中药饮片、中药配方颗粒监管""优化医疗机构中药制剂管理""完善中药审评审批机制""重视中药上市后管理""提升中药标准管理水平""加大中药安全监管力度""推进中药监管全球化合作""保障措施"等 9 方面共 35 条政策措施。

注册审批方面，国家药监局于同年 2 月 10 日发布《中药注册管理专门规定》，与新修订《药品管理法》《药品注册管理办法》有机衔接，在药品注册管理通用性规定基础上，加快推进完善"三结合"的中药审评证据体系，辩证处理中药传承与创新，系统阐释中药注册分类研制原则要求，并明确中药疗效评价指标的多元性。此外，2月28日，国务院印发《中医药振兴发展重大工程实施方案的通知》，进一步加大"十四五"期间对中医药发展的支持力度，着力推动中医药振兴发展。4月19日，国家卫健委发布《"十四五"中医药文化弘扬工程实施方案》，明确提出加大中医药文化活动和产品供给，推动中医药文化创造性转化与创新性发展，并鼓励支持中医药健康服务高质量发展与振兴。

(6)鼓励国企创新办医

2023年2月3日，《支持国有企业办医疗机构高质量发展工作方案》对外公布，该文件由国务院国资委等十三部门联合印发，明确发展壮大以医疗健康为主业的国有企业办医疗机构，形成与政府办医相互促进、共同发展的健康保障格局。方案中涉及的"国有企业办医疗机构"是指国有独资、全资或国有控股企业实际控制的非营利性医疗机构。同时，该方案指出将国有企业办医疗机构纳入区域卫生规划和医疗机构设置规划，以及分级诊疗和医疗急救体系，坚持国有企业办医的公益性，充分发挥其在基本医疗服务提供、急危重症和疑难病症诊疗等方面的作用。此外，按照自愿申请、多方评估、协商签约的原则，将符合条件的国有企业办医疗机构纳入医保定点范围。

(三)2023年健康法司法情况

1.最高人民法院起草《关于审理食品药品惩罚性赔偿纠纷案件适用法律若干问题的解释(征求意见稿)》

食品药品安全攸关人民群众的生命健康利益。近年来，发生在食品药品领域的大规模侵权事件屡见不鲜，严重侵害了消费者生命健康及财产权益。为正确审理食品药品惩罚性赔偿纠纷案件，2023年11月30日，最高人民法院就《关于审理食品药品惩罚性赔偿纠纷案件适用法律若干问题的解释(征求意见稿)》面向社会公开征求意见。

征求意见稿共16条，重点规范知假买假、连续购买索赔、反复索赔、假药劣药认定的特殊情形、食品标签说明书瑕疵的认定、惩罚性赔偿责任的竞合等内容。申言之，征求意见稿肯定了知假买假行为，主张在合理生活消费需求范围内依法支持知假买假者诉讼请求，但明确若购买者通过私藏食品、私放过期食品、伪造标签等方式恶意制造虚假事实，起诉请求生产者或者经营者承担赔偿责任的，法院应当驳回诉讼请求。

2. 最高人民检察院发布6件检察机关依法惩治医疗美容领域违法犯罪典型案例

2022年9月起，全国检察机关聚焦医疗美容领域突出问题，会同市场监管等部门积极推进专项整治，依法严厉打击该领域虚假广告、非法行医、制假售假等违法犯罪活动。活动开展后至2023年4月6日期间，全国检察机关共批准逮捕涉医疗美容犯罪案件89件306人，提起公诉129件381人，立案办理该领域公益诉讼案件838件，向行政机关发出行政公益诉讼诉前检察建议465件。[①]

2023年4月6日，最高人民检察院发布6件检察机关依法惩治医疗美容领域违法犯罪典型案例，包括5件刑事案件和1件公益诉讼案件，集中披露了医疗美容领域的主要犯罪方式，揭示了消费者选择医疗美容的常见风险隐患，警示消费者理性选择医疗美容服务。

3. 最高人民法院发布非法行医类犯罪典型案例

非法行医活动扰乱着正常医疗秩序，严重损害人民群众生命身体安全。近年来，非法行医类犯罪数量、人数逐年下降。2018年至2022年，全国法院一审审结非法行医类刑事案件3800余件，判决人数5700余人，其中2022年一审审结的案件数量较2018年下降约50%，审结的人数较2018年下降约46%。[②]

2023年12月27日，最高人民法院公布了6件典型案例，依法严惩非法行医类犯罪。其中包括：利用封建迷信开具含有毒物成分的药方致人死亡一案，无证非法进行节育手术致人死亡一案，无证从事医疗美容行为致人轻度残疾一案，非法实施应用人类辅助生殖技术行为致人轻伤一案，长期无证从事口腔诊疗行为一案，医院法定代表人明知他人没有行医资质仍将医院诊室对外承包致人死亡一案。所选案例囊括了妇产、医疗美容、辅助生殖、口腔等不同领域，具有较强代表性。

4. 检察助力打击欺诈骗保专项整治工作

2023年4月28日，《2023年医保领域打击欺诈骗保专项整治工作方案》公布，进一步加强医保基金监管，在全国范围开展医保领域打击欺诈骗保专项整治。值得注意的是，检察机关首次加入这一整治工作，负责依法审查逮

---

① 张昊：《惩治医美领域违法犯罪 让群众"美得放心"最高检发布依法惩治医疗美容领域违法犯罪典型案例》，载《法治日报》，2023年4月7日综合版。

② 《2018年至2022年全国法院一审审结非法行医类刑事案件3800余件》载新华网，http://www.news.cn/legal/20231227/31b3c054e6ae44e5a5bd4608d7429a9b/c.html，2024年2月28日访问。

捕、审查起诉各类欺诈骗保犯罪案件，并对相关案件办理实施法律监督。结合专项整治需要，在必要时推动出台医疗保障领域相关司法解释或指导意见，进一步解决欺诈骗保司法实践过程中突出的法律适用问题，并探索形成指导性案例或典型性案例。①

数字化背景下，检察院探索借助数字化手段监督整治医保诈骗。一方面，通过数据建模、融合审查、类案监督的方式从个案办理中发现类案监督线索，从而精准打击医保诈骗犯罪。另一方面，强化行刑衔接，利用数据分析、技术协作，结合医保诈骗模型，定期为医保局提供数据分析支持，帮助医保局智能核查异常数据，并与医保局建立健全案件线索的移送制度，完善案件处理信息通报机制，形成行刑整体共治，提升医保基金监管质效。

二、2023 年健康法实施的主要特点

（一）法制、政策建设以问题为导向

法律的生命力在于实施，法律的权威也在于实施。健康法的实施以及在实施过程中面临的问题，进一步反馈带动修法乃至立法，回应并解决健康领域热点问题。

如为应对制售假药、劣药等药品领域违法违规活动，以法制保障药品安全，2023 年围绕药品研发与注册、上市许可持有人管理、生产、经营与流通，不断加强药品质量监管。首先，药品研发与注册方面，2023 年国家药监局先后发布了《药物非临床研究质量管理规范认证管理办法》《中药注册管理专门规定》《药物临床试验机构监督检查办法（试行）》等文件，促进药品研发与注册机制有序、健全。自 2023 年 3 月 1 日起实施的《药品上市许可持有人落实药品质量安全主体责任监督管理规定》，明确建立药品追溯与召回制度、药物警戒制度、停产报告制度、年度报告制度等，并进一步细化药品上市许可持有人制度。其次，药品生产领域，国家药监局 2023 年 10 月发布了《关于加强药品上市许可持有人委托生产监督管理工作的公告》《药品上市许可持有人委托生产现场检查指南》，进一步细化药品委托生产的监督监管措施。最后，药品经营与流通领域中，国家药监局分别发布了《关于规范处方药网络销售信息展示的通知》《药品经营和使用质量监督管理办法》《药品经营质量管理规范附录 6：药品零售配送质量管理》《药品现代物流规范化建设的指导

---

① 《〈2023 年医保领域打击欺诈骗保专项整治工作方案〉政策解读》，载国家医保局官网，http://www.nhsa.gov.cn/art/2023/4/28/art_105_10549.html，2024 年 2 月 28 日访问。

意见(征求意见稿)》等文件,规范药品经营质量。

再如,为有效满足老年人多层次、多样化养老服务需求,聚焦老年群体急难愁盼问题。截至2023年三季度,全国各类养老机构和设施总数达40万个、床位820.6万张,居家和社区基本养老服务累计建成家庭养老床位23.5万张、为41.8万老年人提供居家养老上门服务,累计完成困难老年人家庭适老化改造148.28万户。[①] 2023年5月21日《关于推进基本养老服务体系建设的意见》的发布,首次确定了推进基本养老服务体系的内涵和主要任务,为多维度满足老年人养老的需求、更加立体地提供养老服务提供了政策依据。2023年6月通过的《无障碍环境建设法》,填补了无障碍环境建设的立法空白,其中第44条第1款明确提出"医疗卫生机构应当结合所提供的服务内容,为残疾人、老年人就医提供便利",体现出以人为本、尊重和保障人权的原则,是对包括老年人等在内的环境福祉增进。2023年11月1日,国家卫健委等部门制定了《关于印发居家和社区医养结合服务指南(试行)的通知》,强调有条件的医疗卫生机构可为老年人提供环境适应、情绪疏导、心理支持、危机干预和情志调节等心理服务。《居家养老上门服务基本规范》国家标准(GB/T 43153—2023)于2023年10月20日公布,这是我国针对居家养老上门服务发布的首个国家标准,将为合理界定居家养老上门服务范围、规范供给主体资质条件及供给流程内容要求等提供基本依据,推动居家养老服务的标准化、规范化和专业化。

(二)保障公民健康权,满足群众高质量健康需求

随着新时代社会主要矛盾转化为人民日益增长的美好生活需要和不平衡不充分的发展之间的矛盾,群众对于健康也有了更高需求,不仅要看得上病、看得好病,还要看病更舒心、服务更体贴,改善医疗服务迈入新的发展阶段。2023年,我国颁布施行的系列文件,彰显出二十大报告"推进健康中国建设,把保障人民健康放在优先发展的战略位置"之要旨。

积极推动优质医疗资源下沉。2023年《关于进一步完善医疗卫生服务体系的意见》《关于进一步深化改革促进乡村医疗卫生体系健康发展的意见》《关于全面推进紧密型县域医疗卫生共同体建设的指导意见》《关于印发紧密型城市医疗集团试点城市名单的通知》等系列文件出台,旨在促进优质医疗资源扩容和区域均衡布局,建设中国特色优质高效的医疗卫生服务体系。

提升医疗质量,改善患者就医感受。2023年印发的《改善就医感受提升

---

① 《全国各类养老机构和设施总数达40万个》,载《人民日报》,2024年1月15日,第04版。

患者体验评估操作手册（2023 版）》，确定了诊前、门诊、急诊急救、住院、诊后和全程 6 个维度 27 项指标。此外，为维护患者权益、保障患者安全，国家卫健委出台了《全面提升医疗质量行动计划（2023—2025 年）》，明确提升医疗质量行动的五个专项子行动，分别为：手术质量安全提升行动、"破壁"行动、病历内涵质量提升行动、患者安全专项行动，以及"织网"行动。按照该行动计划的总体要求，发布了《患者安全专项行动方案（2023—2025 年）》《手术质量安全提升行动方案（2023—2025 年）》，旨在进一步优化患者安全管理机制，保障医疗服务过程安全。

（三）多部门联合监管，注重执法和司法间的衔接

2022 年，为完善药品行政执法与刑事司法衔接工作机制，严厉打击危害药品安全违法犯罪行为，国家药监局等 4 部门将出台的《药品行政执法与刑事司法衔接工作办法》纳入落实药品安全专项整治工作的重点任务清单。经反复研究论证，2023 年 1 月 10 日该办法得以公布，圆满完成了上述专项整治任务。该办法在五个方面完善行刑衔接：①明确药品监管部门、公安机关、人民检察院、人民法院等部门的职责边界。②完善案件移送的条件、时限和移送监督，明确公安机关、检察机关反向移送要求，细化衔接工作流程、程序和时间等内容，可操作性较强。③就涉案物品检验、认定、移送、保管和处置程序作出规范。④强化协作配合与督办。⑤加强信息共享和通报。

鉴于医保环节多、利益链条长、牵涉利益主体复杂，我国近年来一直强调加强行刑衔接工作机制，完善跨部门监管协作。2021 年 11 月 26 日，国家医保局、公安部发布《关于加强查处骗取医保基金案件行刑衔接工作的通知》，要求健全查处骗取医保基金案件的移送范围、移送程序和协作机制。以此为基础，2023 年 5 月 26 日发布的《关于加强医疗保障基金使用常态化监管的实施意见》提出，加强部门间数据共享和监测分析，强化案件线索通报，健全重大案件同步上案和挂牌督办制度，推进信息互通共享，实现部门间线索互移、标准互认、结果互通。

（四）重视典型案例的指导作用

2023 年，国家药监局分批披露了 8 起药品违法典型案例、12 起药品网络销售典型案例，以及 24 起医疗器械网络销售违法违规典型案例。

其一，12 月 13 日公布了 8 起药品违法典型案例，进一步严厉打击药品领域违法犯罪行为。从处罚结果来看，主要包括没收涉案药品、没收违法所

得、罚款、撤销执业证、警告、责令停业整顿等行政处罚。从涉案理由看，囊括了违反药品经营质量管理规范，对药品的非法收购、违法购进(使用)，未经许可销售药品，生产销售劣药，未经批准采购销售医疗机构制剂、未取得药品批准证明文件进口药品等多种违法事由。

其二，为推进药品安全专项整治行动，国家药监局一年内发布了 3 批共 12 起药品网络销售典型案例。从违法事由来看，其中有 8 起均因违反《药品管理法》第 51 条，即未取得《药品经营许可证》在互联网平台销售药品而被处罚；有 2 起因违反《药品网络销售监督管理办法》第 8 条第 2 款，即在网络上销售国家实行特殊管理的药品而被处罚；剩余 2 起则因违反《药品流通监督管理办法》第 18 条第 1 款，即未凭处方销售处方药而被处罚。从处罚结果来看，主要涉及警告、没收违法所得、罚款等行政处罚。在 12 起案件中，平均罚款金额为 13.05 万元，最高罚款金额为 50 万元。

其三，国家药监局分 4 批发布 24 起医疗器械网络销售违法违规案件。从违法事由来看，"未展示医疗器械经营备案凭证/注册证"最为高发，共有 12 起，占比 50%；"未取得《医疗器械经营许可证》"有 7 起，占比 29.2%；"销售未依法注册的医疗器械"有 4 起，占比 16.7%；而"擅自变更经营方式"有 2 起，占比 8.3%；"销售已取消备案的医疗器械"有 1 起，占比 4.2%。[①]

(五)健康法学将成为二级学科

理论与实践存在着高度的耦合，高效的健康法治实施体系伴随着健康法学理论的修缮而逐步完善，倘若学科理论建设滞后于实践，则健康法在解答现实问题、回应社会期待时便无法提供有效的支撑，从而难以满足高水平法治中国建设的需要。

2022 年 4 月 25 日，习近平总书记在中国人民大学考察调研时指出，"加快构建中国特色哲学社会科学，归根结底是建构中国自主的知识体系"。在构建中国法学自主知识体系的时代背景下，健康法学如何构建科学的自主知识体系、形成自洽的理论体系、有效指导健康法治实践、培养高水平健康法治人才，成为健康法研究者乃至整个法学界热切关注的重大基础问题。[②]

---

① 傅长煜、左玉茹：《大健康行业 2023 年度法律观察：执法篇》，载微信公众号中伦视届，https://mp.weixin.qq.com/s/4Xryfl_FpJbaO7cDefVbWQ，2024 年 2 月 1 日，2024 年 2 月 28 日访问。

② 陈云良：《构建中国健康法学自主知识体系》，载中国社科科学网，https://www.cssn.cn/skgz/bwyc/202309/t20230914_5685487.shtml，2024 年 2 月 28 日访问。

中国学位与研究生教育学会官网编修发布了《研究生教育学科专业简介及其学位基本要求(试行版)》,在"法学"一级学科之下首次将"卫生健康法学"纳入其中。文件规定,卫生健康法学是以卫生健康法及其规律为研究对象的法学学科。其研究范围包括:公共卫生服务的法律规范,医疗服务主体及医疗行为法律规范,药品与医疗用品生产、运输、使用等法律规范,医疗社会保险,健康保险,社会救助,互助保险法律规范以及其他卫生健康法律事务。卫生健康法学的研究方向涵盖公共卫生法学、医事法学、药事法学等。

长期以来,关于健康法学的学科属性争议始终不断,我国素来有以部门法理来划分法律体系的传统,这一惯例使卫生健康法学曾长时间或作为行政部门法学的分支,或纳入民商事部门法之分支中。随着领域法的兴起,以此视阈研究健康法学、将卫生健康法学作为医学与法学融合的新型交叉学科,为卫生健康法成为独立的二级学科提供了更多的研究空间。此次将卫生健康法学列为独立二级学科,是服务全面依法治国的战略需要,体现出将生动的法治实践贯穿到法学教学与研究之中,有利于推动卫生健康领域的法学与医学知识、研究方法和理论的创新。随着健康法知识体系的确立,将推动卫生法领域的法制建设深度化和精细化。

三、2023年健康法实施过程中存在的问题

(一)政策性色彩突出,地方性立法有待加强

随着《基本医疗卫生与健康促进法》等法律颁布,卫生健康法律制度体系进一步健全,形成了包括15部法律、35部行政法规和80余部部门规章组成的卫生健康法律制度体系,健康法治体系基本建立。总体而言,从中央到地方,从立法机关、执法机关,再到司法机关,2023年一系列法律、法规、规章、政策、举措的颁布推动健康法制的进展。但从立法角度观察,长期以来我国健康立法呈现出一种"头痛医头、脚痛医脚"的立法模式。

一方面,健康法领域充斥着大量的法令、条例、办法、标准、规定、规范和章程等健康法规与政策,且政策带动立法仍然是我国立法的主要模式。如为积极应对人口加速老龄化、保障失能弱势群体健康权,自2016年启动长期护理保险试点,2022年党的二十大报告明确"建立长期护理保险制度",近两年相关立法呼声日高,但试点政策的"碎片化"较为严重,且单项政策法规虽数量多但未形成完整闭合的制度链条,对个体权利的差异化保障和救济较有限,使长期护理保险仍停留在粗犷式的政策主导层面。如药品领域,大量的

政策文件搭建起基本药物制度的框架结构，然而政策文件的法律位阶较低，尤其是无法规定行政处罚等法律责任，导致违规成本较低，尚未构建起系统完备的药品供应保障体系。

另一方面，地方性立法数量多且质量参差不齐，存在滞后现象。许多地方虽已被授予立法权多年，但在卫生健康领域仍未开展相关立法。据统计，2015 年前授予立法权的市中仍有 5 个市未开展任何健康立法，2015 年后授予立法权的市中只有 27 个市开展了健康立法，占比较低，健康地方立法存有较大空间。①

（二）医药领域腐败事件频发

2023 年医药反腐风暴揭露出权力寻租、收受回扣、欺诈骗保、利益输送等严重的医药腐败现象，损害了医疗行业的公正性和透明度。医药行业的专业性强、知识壁垒高、信息不对称性，使医药行业的腐败行为呈现出较强的隐蔽性、复杂性和多样性，医疗腐败问题长期困扰社会。

一方面，医师集诊疗权与处方权于一体，具备对患者治疗决策、医保资金使用以及药械购销交易产生影响力的天然优势，但现实压力下多数医生薪酬水平较低，使其在面对利益输送时很难克制诱惑。另一方面，为获得市场交易中的优势地位，部分药品医疗器械频繁借助商业贿赂才得以取得入院资格，药企逐渐很难在公平的市场条件下仅通过产品性能入院。在"以药养医"尚未完全被驱逐的情况下，不合规企业逐渐将合规企业排挤出市场，而这种"劣币驱逐良币"机制助长了医药腐败问题，屡禁不止。

自 2023 年 7 月 21 日部署开展的为期一年医药领域腐败问题集中整治后，至落笔时已行至半程，但医药领域的反腐仍面临非常严峻的挑战。

（三）科学有效的健康法治实施机制尚未形成

法治实施体系是法治的核心，其意旨为贯彻和实现法律规范的体系，即法律执行和法律适用的体系。现阶段，健康法尚未得到全面有效的实施、健康执法不力、法治水平不高，建立科学有效的健康法治实施机制任重而道远。

一是法治实施是从理论到制度再到实践的系统性工程，健康法中充斥大量的健康法规政策，弱化了公民所享受的权利而难以真正得到法律保障，导向的模糊性使得政策的有效性相应减弱，法治实施效果大打折扣。二是多元

---

① 龚向光：《卫生健康领域地方立法的进展和特点》，载《中国卫生法制》2024 年第 1 期。

合作的法治格局尚未形成，健康领域的立法、执法与司法出现断层，实施程序前后不衔接。三是健康法治实施缺乏科学有效的评估机制，各项法律实施情况是否符合国家战略的基本要求，是否能够实现法律目标，尚不明了。反言之，缺乏一套有效的法治评估机制，更是加剧了依靠政策支撑的随意性与无序态。

（四）"大健康"理念薄弱，健康法治思维尚未形成

自2015年党的十八届五中全会提出"健康中国"建设以来，大健康理念兴起，保障人民健康被置于优先发展的战略位置，充分彰显出习近平在2016年全国卫生与健康大会上强调的"以治病为中心"转变为"以人民健康为中心"。但实践层面，仍缺乏健康法治意识和法治思维，导致各类制度法规虚置，未得到充分执行运用。

一方面，如基层干部作为基层公共卫生治理的重要主体，但其本身缺乏法律高于权力这一思想观念，受制于法律知识有限和依法办事意识淡薄，导致疫情期间个别地方在防控中存在擅自设卡、断路、阻断交通等"一刀切"的过度执法、不规范执法问题。另一方面，如很多公民受多年来传统文化和自身文化素养的影响，对法律的认知较少，尚不清楚自己切身的健康权益及其与健康相关的义务与责任，缺乏法律信仰精神，当健康权利遭遇侵犯时往往更倾向选择非法治方式维护合法利益，法治的应然作用被架空。

（五）全球公共卫生治理集体行动力不足

新冠肺炎疫情等大规模传染病暴发时，危机冲击下，许多国家出现了抢夺物资、关闭边界、排斥移民等做法，或否认对世界卫生组织的支持，或试图将公共卫生危机嫁祸于别国，国际社会围绕着公共卫生治理的多边合作迅速退化。但新冠肺炎决然不是人类遇到的最后一种传染病，从中世纪的天花、鼠疫、疟疾等到如今的肺结核、艾滋病等，人类的历史并未随科技的进步而彻底消灭传染病，反而同大规模传染病不断斗争与适应。

大规模传染病是人类社会共同面临的重大公共卫生问题，由于突发公共事件的开放性、专业性、难控性、爆发性、动态性与不确定性等形态，传染病防控国际合作机制存在滞后性，且不同国家间的实际利益并不均等，部分国家在治理措施和策略上各行其是，导致应对大规模疫情时的集体新动力不足。因安全话语泛化、政治权力嵌入、治理合作弱化等原因而被"过度安全化"，最终导致全球公共卫生治理步入碎片化的困境。

四、未来健康法实施的展望与建议

(一)以健康权为基石,修正健康法制体系

一是调整现有健康法律体系中不衔接、不协调的规定,强化科学性与系统性。以问题为导向,围绕"三医"协调发展、健康中国行动、公立医院高质量发展、药品耗材集中采购、分级诊疗等医疗卫生体制改革中的重点和关键环节,加强科学立法立规,使法律法规政策不断满足健康发展的新形势新变化。

二是完善健康领域的地方性法规。2015 年《立法法》拓展了设区的市立法事项范围,延展了健康领域地方性立法的范畴。健康立法领域中,地方立法应紧扣社会普遍问题,对于上位法规定较为宏观的事项予以细化并增强可操作性,同时加强立改废释,消解法律法规的繁复和冗杂。

(二)建立反腐长效机制,完善医药合规

2023 年医药行业全领域、全链条、全覆盖的系统治理略有成效,如何将现有整治成果逐步固化,推动医药领域标本兼治,避免反腐"一阵风",成为此轮医药反腐亟待破解的命题。

外部监管上,应重拳出击形成威慑态势,依法打击医疗行业的腐败。遵循公正、公平和透明的原则,构建长效监管机制,实现医药腐败的系统化、规范化、常态化治理,营造"不能腐、不想腐"的良性局面。医药领域腐败既有体制因素,反过来也会凸显医疗体系弊病、反噬体制本身,反腐同时应关注反腐对医疗体制的影响,积极探索医疗体制的改革和发展,提高医疗领域的透明度和公开度,加强对医疗资源的管理和监督,确保资源的公平分配和合理使用。

内部监管上,增强内部合规和行业自律。为此,加强医药领域的反腐研究,以医药合规立法、合规指引与合规司法为抓手引领医药合规法治建设。目前看,医院因其典型的公益事业属性,难以纳入涉案企业合规办案的适用范围,且缺失医药腐败预防性立法、精细化的合规指引与刑法激励,揭示出我国合规治理在医药领域出现了"真空"地带。[①] 鉴于医药行业合规建设薄弱,医药企业更应完善行之有效的企业刑事合规体系,建立法律风险识别和

---

① 参见赵赤:《医药合规法治模式的全球发展及我国构建》,载《中国政法大学学报》2024 年第 1 期。

评估机制，在此基础上重点开展商业贿赂等专项合规，从决策、管理和执行三层面，科学地将合规理念渗入企业管理之中。

（三）构建高效能的健康法治实施机制

持续推动健康立法、执法、司法之间的融贯性。健康立法上，需要观照执法、司法，提高可操作性，回应健康领域新问题、新挑战，提高健康法的适应性。健康执法上，应加强执法行为程序的标准化和规范化，发挥程序机制的规范作用，力求做到步骤有序、方式合理、时空正确。健康司法上，完善健康权的救济体系是高质量健康法治实施机制的应有之义，进一步平衡健康法相关主体利益，权衡好个人权利与公共利益。

此外，"两高"发布的健康领域司法解释、指导案例、典型案例日渐增多，如何在建构更为精准的裁判规则的同时又防止其相互掣肘，并缩小裁判尺度上的偏差，就成了维护司法权威、指导司法实践的重要问题。若过往发布的弥补法律漏洞式指导案例与现行新法矛盾冲突，则有调适乃至清理之必要。对健康领域的司法解释、指导案例、典型案例适时整合梳理，强化裁判援引功能，确立指导效力，对于发挥解释、案例的生成和指导、示范、引领之功效大有裨益。

（四）增强法治思维下的健康法治构造

以法治思维的形式要件逐步改观人们健康思维和行为方式。增强法治实施过程中的合法意识、合理意识、公开意识、程序意识，在意识形态层面达致健康法治之共识。多措并举提升优质医疗资源的可及性，在医保覆盖和医疗费用方面持续深化改革，不断回应人民群众对美好生活的新期待、新需求。

以法治思维的科学和理性消弭健康法治过程中的消极性。秉承"健康入万策"的理念，积极开展爱国卫生运动，营造良好的生活和工作环境，倡导公民养成益于身心健康的良好习惯。推动卫生健康发展的思维方式从以医疗为中心转向以人民健康为中心，加强健康普法教育，树立公民公正且平等地享有健康权的理念。

以法治思维的前瞻性弱化公共健康危机给公民带来的冲击。发挥法律的引领和推动作用，加强医疗新兴科技、生命伦理、医药合规、传染病防治等领域预防性立法，树立法律规制与伦理约束并重的理念。

（五）构建人类卫生健康共同体

树立共同体理念，加快建设人类卫生健康共同体。2020年3月21日，习近平主席向法国总统马克龙致电时首次提出构建人类卫生健康共同体的倡议。人类卫生健康共同体是基于全人类共同的生命健康利益的考量，以共商共建共享的全球治理观推动全球卫生治理体系变革。2023 年是中国援外医疗队派遣 60 周年，我国在"人类卫生健康共同体"理念的指引下，切实履行国际义务，提供国际援助，推动全球公共卫生安全治理进程。在参与国际卫生合作的过程中，各国应当以尊重主权、谈判协商为前提，坚持人民生命健康至上，积极倡导合作的民主化、法治化。

深入参与全球卫生议程。中国须积极履行国际条例、公约、议定书等各项承诺，包括《经济、社会及文化权利国际公约》《国际卫生条例》《烟草控制框架公约》《2030 可持续发展中的健康促进上海宣言》《新冠疫苗合作国际论坛联合声明》《阿斯塔纳宣言》《全球患者安全行动》等，主动参与全球卫生与健康领域《大流行协议》等国际协议、指南的研究、谈判、制定、执行，为全球健康治理贡献中国力量。

撰稿专家

陈云良，中国卫生法学会副会长，广东外语外贸大学法学院院长、教授、博士生导师，《法治社会》总编辑，联合国教科文组织生命伦理推进会中国机构副理事长。

第十一章　2023年教育法治专题报告[*]

湛中乐

报告要旨

2023年，一批标志性、引领性的改革举措取得明显成效，教育公共服务水平和教育治理能力不断提升，中国特色社会主义教育制度体系进一步完善。主要表现在：一是教育立法的进一步推进。《爱国主义教育法》通过并实施，为我国爱国主义教育奠定了规范基础，《学前教育法（草案）》和《学位法（草案）》的初次审议，使我国教育领域的全面规范化和现代化迈出了重要一步。此外，教育领域的行政立法和地方立法依然活跃。二是教育行政执法得到加强。"双减"政策的实施进一步规范化，相关配套措施陆续出台。教育领域"放管服"改革有序推进。教育行政执法得到进一步强化，重点改变"双减"政策执法中存在的不能执法、不敢执法的问题。《校外培训行政处罚暂行办法》的实施，有助于校外培训行政处罚的规范化。《关于进一步规范义务教育课后服务有关工作的通知》《校外培训机构财务管理暂行办法》等一系列完善"双减"政策的措施得到落实。三是在教育司法领域，保护受教育权的司法实践有进一步发展，有关案例入选最高人民法院主办的"新时代推动法治进程2023年度十大案件"。四是教育公平的不断取得新成绩。国家优秀中小学教师培养计划启动实施、有序扩大优质普通高中招生规模等举措，进一步提升了教育公平和教育质量。但与此同时，教育法治实施也面临一些制度挑战：一是"双减"政策的执法措施有待进一步完善；

---

［*］ 本报告得到北京大学法学院梁芷澄博士的大力协助，特致感谢。

二是教育法规范体系有待进一步完善，教育法典的编撰工作势在必行；三是教育公平有待进一步提升。在教育法治体系日趋成熟的背景下，需要夯实基础补齐短板，持续完善教育法治体系，为新时代高质量教育的发展和实现奠定坚实基础。

核心建议

1. 进一步完善"双减"政策的执法依据。

2. 加快推进各领域教育立法的研究起草工作，为教育法典编撰奠定基础。

3. 进一步推动教育公平，提升教育质量。

一、教育立法进展情况

(一)教育法律制定和修改情况

2023 年全国人大常委会为贯彻落实党中央优先发展教育事业、加快推进教育现代化、建设教育强国、办好人民满意的教育的战略部署和全国教育大会精神，推进一系列教育立法，更好发挥法治固根本、稳预期、利长远的作用，把立德树人融入各环节各领域，在法治轨道上推进教育治理体系和治理能力现代化。教育立法使教育活动法治化、规范化，教育行政执法和司法活动都必须在法律的范围内活动。2023 年，教育领域立法逐步完善，国家立法顺应时代发展和教育综合改革发展实际，回应人民群众关心的一系列教育焦点、难点问题，成为推进教育治理体系和治理能力现代化的重要抓手、构筑护佑教育领域综合改革的制度基石。

1.《爱国主义教育法》通过

2023 年 10 月 24 日，十四届全国人大常委会第六次会议表决通过《中华人民共和国爱国主义教育法》，自 2024 年 1 月 1 日起施行。将爱国主义教育写入法律、形成制度，这将促进爱国主义精神的传承和弘扬。爱国主义教育法规定了爱国主义教育的主要内容，涵盖思想政治、历史文化、国家象征标志、祖国壮美河山和历史文化遗产、宪法和法律、国家统一和民族团结、国家安全和国防、英烈和模范人物事迹等方面。该部法律在明确面向全体公民开展爱国主义教育的同时，突出强调学校和家庭对青少年和儿童的教育，并对针对不同群体的爱国主义教育，如公职人员、企业事业单位职工、村居民、港澳台同胞和海外侨胞等，分别作出相应规定。具体体现在以下几个方面：

一是将爱国主义教育融入教学全过程。《爱国主义教育法》规定，各级各类学校应当将爱国主义教育贯穿学校教育全过程，办好、讲好思想政治理论课，并将爱国主义教育内容融入各类学科和教材中。要办好思想政治理论课这个爱国主义教育的主阵地，按照国家规定建立爱国主义教育相关课程联动机制，充分挖掘各门课程所蕴含的爱国主义教育元素和所承载的爱国主义教育功能，构建爱国主义教育与知识体系教育相统一的育人机制。

二是坚持课堂教学和实践活动相结合。开展爱国主义教育既要深化理论诠释，讲清楚是什么、为什么，推动爱国主义教育进教材、进课堂、进头脑，全过程、全方位开展爱国主义教育；又要强调实践育人，将课堂教学与课外实践和体验相结合，把爱国主义教育内容融入学校各类主题活动，通过组织学生参观爱国主义教育基地、参加校外实践活动等方式，增强情感认同，实现同频共振，发挥好实践育人功能。

三是爱国主义教育需要结合中国的历史文化。要通过思想政治理论课的专门讲授，让学生理解和掌握历史文化、国家象征和标志、宪法和法律、国家统一和民族团结、国家安全和国防、英烈和模范人物事迹及其体现的民族精神和时代精神等。着力营造浓厚的爱国主义教育校园氛围，挖掘校园文化中蕴含的爱国主义教育元素和承载的丰厚道德资源，为培育青少年学生的爱国主义情感创造良好的文化环境。

四是坚持情感培育和规范行为相结合。要培育和增进广大青少年学生对中华民族和伟大祖国的情感，让他们立志成长为在社会主义现代化建设中可堪大用、能担重任的栋梁之材。同时，也要教育引导广大青少年学生牢牢守住底线和红线，自觉抵制爱国主义教育法所禁止的行为。对损害党的领导、国家利益和社会主义制度的言行，要及时依法予以制止和惩戒，营造良好的爱国主义教育氛围。

2.《学前教育法（草案）》初次审议

学前教育是终身学习的开端，高质量的学前教育对人的终身发展具有重要的奠基作用。2023年8月28日，《学前教育法（草案）》提请十四届全国人大常委会第五次会议初次审议。草案聚焦学前教育领域热点难点问题，着力解决突出问题，增强制度针对性，从规划与举办、保育和教育、教师和其他工作人员、投入与保障、管理与监督、法律责任等方面作出规定，拟通过专门立法促进学前教育普及普惠安全优质发展。8月31日，十四届全国人大常委会第五次会议对《学前教育法(草案)》进行分组审议。围绕学前教育定位、经费保障、教职工队伍建设、监督管理等方面内容,全国人大常委会组成人员提出了审议意见和建议。审议主要聚焦以下问题:

一是明确学前教育的定位。草案将学前教育界定为幼儿园等学前教育机构对三周岁到入小学前的儿童实施的保育和教育;强调学前教育是国民教育体系的组成部分,是重要的社会公益事业;强调学前教育坚持党的领导,坚持社会主义办学方向,贯彻党和国家的教育方针,为培养德智体美劳全面发展的社会主义建设者和接班人奠定基础。但是,在审议过程中,有的委员提出学前教育范围的界定应是 6 周岁以下,包括 0 至 3 岁,将 0 至 3 岁也同步纳入保育和教育范围。

二是强化政府办园责任。草案强调,发展学前教育坚持政府主导,以政府举办为主,大力发展普惠性学前教育资源,引导和规范社会力量参与。草案还提出,国家推进普及学前教育,构建覆盖城乡、布局合理、公益普惠的学前教育公共服务体系。

三是加强教职工队伍建设。幼儿园师资质量一直是群众关切的重点。草案专章对教师和其他工作人员作出规定。草案提出,幼儿园聘任(用)园长、教师、保育员、卫生保健人员、安全保卫人员和其他工作人员,应当在其入职前以及每年定期进行背景查询和健康检查;同时明确了不得聘任(用)的 7 类情形。

四是防止保教活动小学化。学前儿童需要得到科学的保育和教育。草案提出,幼儿园对学前儿童在园期间的人身安全负有保护责任,应当把保护学前儿童安全放在首位。

学前教育是基础教育的起点,作为国民教育体系的重要组成部分,对人类终生学习和发展具有重要意义。作为学前教育领域专属法律,《学前教育法(草案)》的推出恰逢其时,对国家发展和民族未来具有重大而深远的意义。

3.《学位法(草案)》初次审议

学位制度是我国的一项基本教育制度,事关学位体系、学科发展、人才评价标准等,是高等教育高质量发展的基石。2023 年 8 月 28 日,《学位法(草案)》提请十四届全国人大常委会第五次会议初次审议。草案适应高等教育改革发展方向和实践要求,围绕完善学位管理体制、细化和明确学位授予条件和程序等方面作出规定。现行的学位条例制定于 1980 年,随着我国经济社会发展和高等教育事业改革创新,需要在现行学位条例基础上制定学位法，为规范学位授予活动提供有力法治保障。

首先，草案明确学位管理主体职责，规定国务院学位委员会负责领导全国学位工作，在国务院教育行政部门设立日常办事机构，实施国家的学位制度，负责学位管理工作。省级学位委员会在国务院学位委员会的指导下，负责领导本地区学位工作。学位授予单位设立学位评定委员会，负责本单位学位授予工作，履行审议学位授予点增撤事项、作出学位授予决定等职责。

其次，在规范学位授予权审批行为方面，草案提出，设立学位授予单位或者增设学位授予点，应当符合国家和地方经济社会发展需要，符合高等教育发展规划和国家有关规定。设立学士学位授予单位或者增设学士学位授予点，由省级学位委员会组织审批，报国务院学位委员会备案；设立硕士、博士学位授予单位或者增设硕士、博士学位授予点，由国务院学位委员会审批。

再次，扩大学位授予单位自主权，草案明确，符合条件的学位授予单位，经国务院学位委员会批准，可以自主开展增设硕士、博士学位授予点审核。学位授予单位可以根据本单位学科、专业需要，申请撤销相应学位授予点。

最后，草案还健全学位授予争议的解决途径。同时，为加大对学位管理工作中不正之风和违法行为的查处力度，并做好与刑法修正案（十一）、教育法等法律的衔接，草案对学位获得者盗用、冒用他人身份顶替他人取得的入学资格，利用人工智能代写学位论文，以及学位授予单位非法授予学位等行为，规定了相应的法律责任。

（二）教育行政法规、部门规章立改废情况

近年来，义务教育阶段学生作业负担和校外培训负担过重的问题引起了社会公众的普遍关注。面向中小学生的校外培训机构开展非学历教育培训是学校教育的补充，对于满足中小学生选择性学习需求、培育发展兴趣特长、拓展综合素质具有积极作用。但一些校外培训机构违背教育规律和儿童青少年成长发展规律，开展以"应试"为导向的培训，造成中小学生课外负担过重，增加了家庭经济负担，破坏了良好的教育生态，社会反映强烈。《校外培训行政处罚暂行办法》对校外培训行政处罚立规定则，旨在加强校外培训监管，使校外培训成为学校教育的有益补充。办法自2023年10月15日起施行。

办法坚持以习近平新时代中国特色社会主义思想为指导，深入贯彻习近平法治思想，贯彻落实习近平总书记关于教育的重要论述和校外培训治理的重要指示精神，依法管理校外培训机构。办法明确了校外培训行政处罚的适用范围、实施行政处罚的原则和基本要求，确定了校外培训行政处罚的种类以及具体适用的情形。

第一，办法明确了校外培训行政处罚的适用范围。办法第 2 条规定，自然人、法人或者其他组织面向社会招收 3 周岁以上学龄前儿童、中小学生，违法开展校外培训，应当给予行政处罚的，适用本办法。校外培训是主体多元、内容广泛、形式多样、活动持续的行业。首先，需要明确的是，具备相应资质条件、完成相应审批和备案的校外培训机构，在审批的培训范围之内、审批的地址依法开展校外培训活动是受法律保护的。其次，办法适用于自然人、法人或者其他组织面向社会招收 3 周岁以上学龄前儿童、中小学生违法开展校外培训的情况。"校外培训"这个词大家已经非常熟悉，《关于进一步减轻义务教育阶段学生作业负担和校外培训负担的意见》(简称《"双减"意见》)中提到了"学科类培训"和"非学科类培训"。办法中并未明确使用"学科类培训"和"非学科类培训"的用语，社会上有观点认为，办法中的"校外培训"其实指的只是"学科类培训"。这种看法是有失偏颇的，办法中的"校外培训"应当既包括"学科类培训"也包括"非学科类培训"。比如，此前印发的《中小学生校外培训材料管理办法》《校外培训机构从业人员管理办法》等，均既适用学科类培训管理，又适用非学科类培训管理。

第二，校外培训行政处罚应当遵循的原则。实施校外培训行政处罚应当遵循公正、公开的原则，坚持处罚与教育相结合、宽严相济，做到事实清楚、证据确凿、依据正确、程序合法、处罚适当。这一规定包含了三层含义：一是实施校外培训行政处罚应当遵循公正、公开的原则。所谓公正，是指公平正义、不偏不私，平等对待各方当事人。二是实施校外培训行政处罚应当坚持处罚与教育相结合、宽严相济。办法明确规定校外培训主管部门在作出行政处罚决定前，必须将责令当事人限期改正作为必要流程，当事人及时改正并积极消除危害后果的，可以依法从轻、减轻或者免予处罚，体现了坚持处罚与教育相结合、宽严相济的立法思路与基本原则。三是实施校外培训行政处罚应当做到事实清楚、证据确凿、依据正确、程序合法、处罚适当。这主要是对校外培训主管部门实施行政处罚提出明确要求。同时，校外培训主管部门实施行政处罚应当遵守法定程序，既包括《行政处罚法》规定的程序，也包括办法规定的程序。此外，行政处罚应当适当，应当符合比例原则，应当与违法行为的事实、性质、情节以及社会危害程度相当，避免处罚不相当。

第三，办法明确规定了校外培训违法行为及其法律责任。办法聚焦执法实践中存在的问题，明确了校外培训违法行为及其相应的法律责任，主要包括以下几个方面。一是擅自举办校外培训机构是指自然人、法人或者其他组织未经审批开展校外培训，应当责令停止举办、退还所收费用，并对举办者处违法所得1倍以上5倍以下罚款。二是对于变相开展学科类校外培训，并不构成擅自举办校外培训机构这种违法行为，应当责令改正，退还所收费用，予以警告或通报批评；情节严重的，处5万元以下罚款；情节特别严重的，处5万元以上10万元以下罚款。三是自然人、法人或者其他组织违反规定，擅自举办校外培训机构或者变相开展学科类培训等违法行为，势必需要一定的场所。四是校外培训机构必须有规范的章程和相应的管理制度，明确培训宗旨、业务范围、议事决策机制、资金管理、保障条件和服务承诺等。经过审批登记的校外培训机构应当在其业务范围内开展培训活动，对于超出办学许可范围的，情节严重的责令停止招收学员、吊销许可证件。五是学生在参加校外培训过程中的身心健康问题是人民群众关心的首要问题。此前，教育部已出台《中小学生校外培训材料管理办法》，对校外培训材料提出了明确要求。六是校外培训机构的管理水平直接影响培训的质量。办法专门对校外培训机构管理混乱的情形作出较为明确、详细的规定。七是校外培训机构擅自组织或者参与组织面向3周岁以上学龄前儿童、中小学生的社会性竞赛活动，由县级以上人民政府教育行政部门会同其他有关部门予以行政处罚。

第四，明确了行政处罚程序的规范。严格规范公正文明执法是校外培训执法的生命线，直接影响校外培训执法的公信力。但实践中存在校外培训行政处罚立案标准不明、行政执法人员调查取证程序不清等问题。办法设专章规定了校外培训行政处罚的程序和执行，提供了明确的法律依据。

(三)教育地方性法规、地方政府规章立改废情况

1.《黑龙江省教育督导条例》出台

2023年11月2日，黑龙江省十四届人大常委会第八次会议通过了新制定的《黑龙江省教育督导条例》，自2024年1月1日起施行。条例的颁布实施将进一步健全黑龙江省教育法规体系，填补黑龙江省教育督导地方立法空白，为加强和规范教育督导工作，保证教育法律、法规和国家教育方针、政策的贯彻执行，保障教育优先发展和高质量发展提供法治保障，对于推进黑龙江省教育治理体系和治理能力现代化具有重要意义。黑龙江省高度重视教育督导工作，积极发挥督政、督学、评估监测"三位一体"的教育督导职能，加大督导问责力度，推动党中央、国务院和省委、省政府教育决策部署落实落地，在全面贯彻党的教育方针、落实立德树人根本任务、保障教育优

先发展等方面发挥了重要作用。

为以法治手段固化黑龙江省教育督导已有的成功经验,破解制约黑龙江省教育督导体制机制改革的难题,持续提升教育督导水平,黑龙江省积极推进教育督导地方立法工作。在立法过程中,紧扣党中央、国务院关于深化新时代教育督导体制机制改革部署要求;坚持问题导向,围绕教育督导工作中遇到的难点痛点堵点问题,有针对性地开展制度设计;立足黑龙江实际,将教育督导实践中积累的成熟经验上升为法律规范,制定了一系列具有黑龙江省特色、操作性强的法规条文;坚持系统思维,做到既全面覆盖,又突出重点环节,切实提高法规的时效性、针对性和可操作性。条例的正式施行,必将成为完善教育督导体系的有力抓手,必将成为解决教育督导难题的有效手段,必将成为强化教育督导权威的有力保障,为黑龙江省教育高质量发展保驾护航。

2.《江西省义务教育学校课后服务管理实施办法(试行)》出台

2023 年 1 月 9 日,江西省教育厅、江西省发展和改革委员会、江西省财政厅、江西省人力资源和社会保障厅联合印发了《江西省义务教育学校课后服务管理实施办法(试行)》,针对服务定位、对象和时间、服务内容、资源支撑、组织实施、工作保障等方面提出了具体的实施要求。首先,实施办法对课后服务进行了定义。课后服务是指学校完成国家课程规定的教育教学任务之外,为满足学生多样化需求,由学校为主承担、基于学生自愿、面向有需求的学生、具有公益属性、非基本公共服务范畴的课后育人服务。主要包括:课后服务(暨放学后托管服务和双休日、寒暑假等假期兴趣活动类托管服务)、初中晚自习服务、免费线上学习服务、为在校学生配套提供的午餐和午休服务等。

其次,实施办法对课后服务时间做出了安排。课后服务主要在教学日放学后进行,也就是周一至周五下午正常上课结束后,一般每天不少于 2 小时,结束时间要与当地正常下班时间相衔接,具体时间由各地和学校根据实际情况确定,可根据需求提供不同时长的课后服务供学生和家长选择。初中学校工作日晚上可开设晚自习服务。同时,支持各地各校从实际出发,创造条件在双休日、寒暑假等假期为有需求的学生提供托管服务。

第三,实施办法明确要求,课后服务必须坚持学生和家长自愿原则,严禁以任何方式强制或变相强制学生参加或不参加,严禁借课后服务名义讲授新课、违规集体补课。课后服务时间,学校可根据实际安排学生开展丰富多彩的科普、文体、艺术、劳动、阅读、兴趣小组及社团活动,供学生自主选择参加，尽可能满足学生的不同需求。同时，还可以进行"培优补差"，一方面，可指导学生认真完成作业，对学习有困难的学生进行补习辅导与答疑；另一方面，可为学有余力的学生拓展学习空间。

课后服务要坚持立德树人鲜明导向，大力发展素质教育，积极开展各种课后育人活动，提高课后服务的吸引力。学校要将课后服务活动（课程）研究开发作为教研活动的重要内容，与校本特色课程开发紧密结合，充分挖掘利用校内外资源，丰富课后服务活动内容形式。要结合学生成长需求、学校办学特色，充分调动教师积极性创造性，开发丰富多样的课程；要根据学生年龄特点、学段要求和学校实际等情况，分年级、分层次、系统性、个性化统筹开设课后服务课程，在校内满足学生多样化学习需求，让学生学习更好回归校园。

二、教育行政执法进展状况

（一）"双减"政策具体配套措施陆续出台

1.《校外培训行政处罚暂行办法》实施

党中央、国务院高度重视"双减"工作。"规范校外培训机构"写进了党的百年历史决议。习近平总书记指出，良心的行业不能变成逐利的产业，要完善相关法律，依法管理校外培训机构。《法治政府建设实施纲要（2021—2025年）》提出，要加大"教育培训"等关系群众切身利益的重点领域执法力度。《"双减"意见》多处强调要加强校外培训执法，加大执法检查力度，依法依规严惩重罚校外培训违法行为，形成警示震慑。"双减"改革实施两年以来，校外培训治理取得了阶段性成效，但擅自举办校外培训机构、隐形变异开展校外培训等问题仍然不同程度地存在，个别机构"卷款跑路"问题仍零星发生，人民群众合法权益仍不时受到损害，迫切需要健全校外培训法律制度，明确执法责任、执法权限、执法依据等，提升校外培训执法规范化、法治化水平，让违法者付出代价，让合规者受到保护，保障"双减"改革不断取得实效。同时，社会各界普遍呼吁尽快出台校外培训领域行政处罚办法，加强和规范校外培训行政处罚工作，通过法治方式深化校外培训治理。2023年，教育部印发了《校外培训行政处罚暂行办法》（教育部令第53号），规范校外培训行政处罚。办法坚持以习近平新时代中国特色社会主义思想为指导，深入贯彻习近平法治思想，贯彻落实习近平总书记关于教育的重要论述和校外培训治理的重要指示精神，依法管理校外培训机构，久久为功落实中央"双减"决策部署。在立法目的上，办法重在使校外培训在法治轨道上运行，对校外培训行政处罚立规定则，对违法行为依法查处，对合法权益给予保护，使校外培训成为学校教育的有益补充，促进学生全面发展和健康成长。在立法原则上，办法坚持处罚与教育相结合，宽严相济，要求实施校外培训行政处罚应当事实清楚、证据确凿、依据正确、程序合法、处罚适当。在立法模式上，办法立足校外培训执法实际，采取"实体法＋程序法"的立法模式，既确立处罚规则，又规范处罚程序，一揽子解决基层实际问题，提升立法质量和效能。

2.《关于在深化非学科类校外培训治理中加强艺考培训规范管理的通知》出台

在艺考培训领域加强管理。根据中央有关要求，教育部会同相关部门将艺考培训纳入校外培训监管范畴，2022 年联合开展了艺考培训专项治理行动。为巩固治理成果，需要健全长效机制，提升规范管理水平。为规范艺考培训个性问题，教育部等十三部门印发《关于规范面向中小学生的非学科类校外培训的意见》，明确了艺术类校外培训的共性政策，但艺考培训针对特定群体、开展集中住宿培训等问题具有一定的特殊性，需要针对这些个性问题提出专门要求，作出详细规定。2023 年教育部办公厅联合国家发展改革委、公安部、市场监管总局办公厅印发了《关于在深化非学科类校外培训治理中加强艺考培训规范管理的通知》，尝试解决部分无证机构违规办学、培训收费居高不下、培训质量良莠不齐、校内艺术资源不足等突出问题，并且有针对性地完善政策举措，满足艺考学生需求，维护学生及家长权益。

3.《关于进一步规范义务教育课后服务有关工作的通知》出台

"双减"实施两年多来，课后服务工作取得积极进展，受到群众普遍欢迎。但在实施过程中，有的地方和学校也出现了一些不规范的行为，个别地方和学校随意扩大课后服务范围，以课后服务名义乱收费，增加了家庭教育负担；有的学校强制要求学生参加课后服务，在课后服务活动中组织刷题备考、讲授新课、集体补课，增加了学生课业负担。"双减"政策实施目的是切实减轻义务教育阶段学生过重作业负担、促进学生全面发展健康成长，开展课后服务是为学生提供更多可选择的德育、体育、美育、劳动等活动，也是彰显学校办学特色、强化学校育人主阵地作用的重要途径，是解决家长急难愁盼问题的一项重要民生工程。上述不规范行为违背了"双减"政策及开展课后服务工作初衷，需要进一步规范提升。2023 年，教育部办公厅等四部门联合印发了《关于进一步规范义务教育课后服务有关工作的通知》。在规范课后服务工作的同时，锚定"双减"目标，不断完善课后服务体系，强化课后服务育人功能，提高课后服务质量，满足学生多样化学习需求。

4.《校外培训机构财务管理暂行办法》出台

"双减"前，一些校外培训机构缺乏经济活动风险意识，盲目追求规模扩张，将收取的学生培训费大量投向销售与广告、用于恶性竞争，造成机构资金链断裂，甚至破产倒闭，发生"卷钱跑路"等损害群众利益问题。《"双减"意见》印发后，各地加强校外培训机构监管，积极探索财务管理方法举措，使培训机构风险防控能力明显提升，损害群众利益问题大量减少。2023年出台的《校外培训机构财务管理暂行办法》总结了各地实践经验，尝试构建校外培训财务管理长效机制。

(二)教育领域"放管服"改革有序推进

2020年，中共中央、国务院印发的《海南自由贸易港建设总体方案》提出，允许境外理工农医类高水平大学、职业院校在海南自由贸易港独立办学。2021年6月全国人大公布施行的《海南自由贸易港法》规定，境外高水平大学、职业院校可以在海南自由贸易港设立理工农医类学校。为深入学习贯彻落实党的二十大精神，服务海南自由贸易港建设，推动更大范围、更宽领域、更深层次、更为主动灵活的教育对外开放，支持促进和规范管理境外高等教育机构在海南自由贸易港办学，教育部联合海南省人民政府对标对表中央决策部署和法律规定，就有关问题进行深入研究论证，结合改革实践需要，研究制定了《境外高等教育机构在海南自由贸易港办学暂行规定》，以教育部、海南省人民政府联合规范性文件形式发布。规定适用于境外高等教育机构在海南自由贸易港设立实施理工农医类学科专业教育的学校或者具有独立法人资格的校区(以下称办学机构)的办学活动，具体可以从三个方面理解。从举办主体看，办学机构的举办者限于境外高等教育机构，包括国外以及港澳台地区独立设置的高水平大学、职业院校；从机构形式看，应具有独立法人资格；从办学学科类别看，限于理学、工学、农学、医学四个学科中一个或多个学科。

(三)加强中小学课程建设与管理

1.《关于加强新时代中小学科学教育工作的意见》

《关于加强新时代中小学科学教育工作的意见》是由教育部牵头，中央宣传部等十八个部门联合发布实施的，充分体现了各方面对科学教育的高度重视。科学教育涉及校内校外、课内课外，不仅内容广泛，而且科学教育场馆(所)、实践基地、数字平台、人才项目等相关资源也分散在各个部门、领域、行业，需要各方面齐抓共管，凝聚合力，形成声势。十八个部门当中，有负责牵总头、抓协调的，有负责宣传发动、营造氛围的，有负责组织动员、提供保障的，有提供资源、具体实施的，有提供智力支持、人员支持的，等等。大家各司其职、各负其责，通过建立教育部门牵头、有关部门齐抓共管的科学教育工作机制，形成"大科学教育"格局，全面系统推动科学教育落地见效。意见按照中央"双减"工作部署，聚焦立德树人根本任务，着力实现几方面的目标。一是加强实践，激发学生科学兴趣；二是集成现有部门力量，盘活各方科学教育资源；三是推动校内校外融合，既"请进来"，又"走出去"；四是重在全纳，帮扶指导薄弱地区、薄弱学校及特殊儿童群体；五是重在协同，系统设计，形成全社会重视、关心、支持科学教育的机制。最终是要对标中央部署要求和教育发展需求，立足实际情况，全面提高学生科学素质，努力在孩子心中种下科学的种子，引导孩子编织当科学家的梦想，推动科学教育在促进学生健康成长、全面发展和推进社会主义现代化教育强国建设中发挥重大作用。

2.《关于加强中小学地方课程和校本课程建设与管理的意见》

1999 年《中共中央　国务院关于深化教育改革　全面推进素质教育的决定》提出试行"国家课程、地方课程和学校课程"（以下简称"三类课程"）。二十多年来各地和学校积极探索，开发并实施地方课程、校本课程，积累了课程育人的经验，但还存在定位不准确、建设质量参差不齐、管理不到位等问题，必须有针对性地予以指导和规范。为落实中央"全员全程全方位育人"的要求，2023 年教育部出台《关于加强中小学地方课程和校本课程建设与管理的意见》。主要考虑三个方面。一是整体规划。在国家课程方案总体框架中考虑地方课程和校本课程的建设与管理问题，坚持三类课程一体化设计、协同育人，特别是确保三类课程育人功能、培养目标贯通一致。二是建管并重。三类课程因建设主体不同而有所差异。注重加强地方课程和校本课程建设的指导；同时规范建设过程，强化关键环节管理，强调以管促建，有针对性地回应当前地方课程和校本课程存在的问题。三是总分结合。采取"总—分—总"的逻辑结构，既把握地方课程、校本课程建设与管理共性问题，研究提出总体要求，又针对各自特点，分别提出要求。意见第一至第三部分为总体要求；第四、五部分分别对地方课程和校本课程提出要求；第六、七部分再次从总体上对地方课程和校本课程管理提出要求。

(四)职业学校教师制度改革

随着我国经济社会的蓬勃发展，职业教育在技术技能人才培养中的重要地位和作用日益凸显，职业学校也迫切需要更多的来自企业一线的工程技术人员、高技能人才、管理人员、能工巧匠等共同参与人才培养，加强职业学校高素质"双师型"教师队伍建设。特别是近年来，《中共中央 国务院关于全面深化新时代教师队伍建设改革的意见》《国务院关于印发国家职业教育改革实施方案的通知》《关于推动现代职业教育高质量发展的意见》《关于深化现代职业教育体系建设改革的意见》等文件印发，《职业教育法》修订实施，对职业学校兼职教师队伍建设提出了新的更高要求。为贯彻落实党中央、国务院决策部署，适应新时代对职业教育提出的新要求，教育部会同财政部、人力资源社会保障部、国务院国资委，研究修订并印发了新的《职业学校兼职教师管理办法》。

管理办法在原文件 6 章 23 条的基础上扩展为 9 章 34 条，主要有以下修改。①在管理办法适用范围方面。按照现行职业教育法的相关内容，管理办法所指职业学校包括了中等职业学校（含技工学校）、高等职业学校（含专科、本科层次的职业学校），职业教育本科被纳入职业学校。②在兼职教师选聘条件方面。一是将企事业单位经营管理者纳入选聘范围。二是取消了对聘请退休人员任教的离岗时间和年龄限制，将能够胜任教育教学工作作为选聘条件，鼓励聘请退休工程师、医师、教师。③新增选聘方式一章。一是明确了可以采取个体聘请、团体聘请或个体与团体相结合的方式聘请兼职教师。二是新增通过特聘教授、客座教授、产业导师、专业带头人（领军人）、技能大师工作室负责人等多种方式聘请兼职教师。三是鼓励职业学校与企事业单位互聘兼职。④在组织管理方面。一是明确了兼职教师岗前培训的组织部门、培训方式、内容及考核结果的认定方式。二是根据《工伤保险条例》对兼职教师工伤保险的缴纳方式及相关责任进行了规范。三是明确企事业单位应将在职业学校兼职人员的任教情况作为其考核评价、评优评先、职称职务晋升的重要参考。四是新增兼职教师退出机制内容，明确兼职教师存在师德师风、教育教学等方面问题，职业学校应解除工作协议。⑤新增工作职责一章。一是将落实立德树人根本任务、德育与思想政治教育纳入兼职教师教育教学职责。二是明确兼职教师要将新技术、新工艺、新规范、典型生产案例等纳入教学内容，积极参与教学标准修（制）订等工作。三是明确兼职教师要主动参与职业学校教师队伍建设，协助加强职业学校专任教师"双师"素质培养，协助聘请企业技术技能人才到学校参与教学科研任务。⑥在经费保障方面。一是明确地方可结合实际，优化教育支出结构，支持专业师资紧缺、特殊行业急需的职业学校聘请兼职教师。二是鼓励职业学校多渠道依法筹集资金，用于支付兼职教师工作报酬。三是职业学校可采取灵活多样的分配方式，合理确定工作报酬水平，充分体现兼职教师的价值贡献。⑦新增支持体系一章。通过多种措施提高企事业单位选派兼职教师的积极性。一是将选派兼职教师的数量和水平作为认定、评价产教融合型企业等的重要指标依据。二是将兼职教师的聘请与任教情况纳入学校教师队伍建设和办学质量考核的重要内容，明确在计算职业学校生师比时，可参照相关标准将兼职教师数折算成专任教师数。三是地方教育部门将兼职教师纳入年度教育领域评优评先的范畴。

三、教育领域司法活动的进展情况

2023 年，"孙某某与长沙市某学校取消入学资格案"入围最高人民法院主办的"新时代推动法治进程 2023 年度十大案件"。孙某某系 2021 级应届初中毕业生。经长沙市教育局中招办审核同意，孙某某被录取为长沙市某学校计算机平面设计专业学生。2021 年 9 月 7 日，学校发现孙某某手臂上有一处文身，遂通知其父亲孙某辉赶到学校，告知孙某某身上有文身，校方要将其开除学籍。另查明，2021 年 5 月 24 日，长沙市某学校在其官方网站发布并印制《长沙市某学校招生简章》载明："凡报考我校的学生，要求具有初中毕业证，思想品德好，身心健康，无传染性疾病，无文身（开学发现学生有文身，将取消入学资格）"。法院审理认为：长沙市某学校具有行政诉讼的被告主体资格，本案属于行政诉讼的受案范围。长沙市某学校取消孙某某入学资格的行为不符合合法行政行为、比例原则，且程序明显不当，故长沙铁路运输法院于 2022 年 8 月 18 日确认被告长沙市某学校决定取消原告孙某某入学资格的行为违法。孙某某不服行政判决的赔偿部分，向长沙中院提起上诉。长沙中院于 2022 年 12 月 1 日作出行政赔偿调解书，双方当事人就相关赔偿问题自愿达成协议。

在经济高速发展的当今社会中，未成年人往往热衷于追逐时尚与潮流，纹文身在未成年人群体中时有发生。文身在满足未成年人对新鲜事物好奇心的同时，也容易对未成年人的身心健康造成影响。诸多学校出于管理的需要，对于学生的衣着、妆发等仪容仪表问题，都有相关的要求，故大多数学校明令禁止学生纹文身，一旦发现就给予处分。学校对学生，尤其是未成年人学生纹文身行为的处分是否适度，折射出学校自主管理权与未成年人受教育权的两种权利的交错与冲突。受教育权是未成年人的一项基本而神圣的权利，是未成年人成长和发展的基础，故我国重视对未成年人受教育权的保护。本案围绕未成年人受教育权的保护和学校自主管理权的限度问题，对学校行使行政职权"取消入学资格"的行为进行合法性审查。由于现行法律对中等职业教育学校"取消入学资格"的情形及程序无明确规定，故本案是充分适用法律原则进行裁判的经典案例，提供了涉受教育权行政案件司法审查要点及进一步的裁判考量，对今后此类案件司法审查有较好的参考价值。

四、保障教育公平的进展情况

党的二十大报告要求"促进教育公平，加快义务教育优质均衡发展和城乡一体化，优化区域教育资源配置"。《"十四五"规划纲要》提出了更为具体的目标："推动义务教育优质均衡发展和城乡一体化……高中阶段教育毛入学率提高到92%以上……学前教育毛入园率提高到90%以上。"教育公平的实现首先需要解决教育资源配置不均的问题。这不仅要求国家加大在教育领域的投入，还要求国家给民办教育留出空间，公办教育和民办教育协同发展，共同优化教育资源的配置。教育法的实施不能只强调政府的单方管理，而应注重从国家治理的角度保证社会对教育事业的积极参与。此外，党的二十大报告提出"完善覆盖全学段学生资助体系"，以保证每一位学生都有公平接受教育的机会。2023年教育公平的发展主要体现在以下几个方面：

(一)国家优秀中小学教师培养计划启动实施

为贯彻落实党的二十大精神和习近平总书记关于教育的重要论述特别是关于教师队伍建设的重要指示批示精神，按照《中共中央 国务院关于全面深化新时代教师队伍建设改革的意见》要求，对标2035年建成教育强国目标，加强高素质中小学教师培养，深入实施科教兴国战略，夯实创新人才培养基础，教育部印发《关于实施国家优秀中小学教师培养计划的意见》。

意见提出：从2023年起，国家支持"双一流"建设高校为代表的高水平高校选拔专业成绩优秀且乐教适教的学生作为"国家优秀中小学教师培养计划"（简称"国优计划"）研究生，在强化学科专业课程学习的同时，系统学习教师教育模块课程（含参加教育实践），为中小学输送一批教育情怀深厚、专业素养卓越、教学基本功扎实的优秀教师。首批试点支持30所"双一流"建设高校承担培养任务，每年每校通过推免遴选不少于30名优秀理工科应届本科毕业生攻读理学、工学门类研究生或教育硕士，同时面向在读理学、工学门类的研究生进行二次遴选，重点为中小学培养一批研究生层次高素质科学类课程教师。"国优计划"包括推免选拔、在读研究生二次遴选两种选拔方式，包括试点高校自主培养或者与师范院校联合培养两种培养方式。支持培养高校为推免录取的"国优计划"研究生设计教师教育先修课程。鼓励高水平高校面向全体在读学生普遍开设教师教育选修课程。"国优计划"研究生在本科阶段选修教师教育课程所获的学分可计入"国优计划"研究生培养相关模块课程学分。攻读非教育类研究生学位且修完教育模块课程的"国优计划"研究生，通过教育硕士专业学位论文答辩，毕业时同时获得教育硕士学位证书。

(二)有序扩大优质普通高中招生规模

2023 年 7 月 26 日，教育部、国家发改委、财政部联合发布《关于实施新时代基础教育扩优提质行动计划的意见》，提出 8 项具体行动措施，分别为：学前教育普惠保障行动、义务教育强校提质行动、普通高中内涵建设行动、特殊教育学生关爱行动、素质教育提升行动、高素质教师队伍建设行动、数字化战略行动、综合改革攻坚行动。

普通高中内涵建设行动主要包括：扩大优质高中教育资源。深入挖掘优质普通高中校舍资源潜力，增加学位供给，并结合实际优化招生计划安排，有序扩大优质普通高中招生规模。通过区域内集团化办学、城乡结对帮扶、教育人才"组团式"帮扶国家乡村振兴重点帮扶县、部属高校和省属高校托管帮扶县中等方式，持续扩大优质普通高中教育资源总量。适应因地制宜推进职普协调发展要求和人民群众愿望，新建和改扩建一批优质普通高中。推动普通高中多样化发展。建设一批具有科技、人文、外语、体育、艺术等方面特色的普通高中，积极发展综合高中。支持一批基础较好的地区和学校率先开展特色办学试点，在保证开齐开好必修课程的基础上，适应学生特长优势和发展需要，提供分层分类、丰富多样的选修课程，形成体现学校办学特色的课程系列，发挥示范引领作用。加强县中标准化建设。完善普通高中学校建设标准，各省(区、市)深入推进本地县中标准化建设工作，加快改善县中办学条件。国家继续支持县中改善办学条件和提升办学质量。

五、年度教育法实施的问题与对策

(一)2023 年度教育法实施的特征与趋势

总体而言，2023 年教育领域法律的出台，从中央到地方，从立法机关到执法机关、司法机关，一系列推动教育高质量发展的法规、规章、政策、举措不断推出，精准施策、深化改革、补齐短板、优化生态，教育高质量发展正在全方面、全速推进；从学校教育到学前教育，从社会教育到司法教育等，教育法治实施持续推进。多部法律的修改从教育方针、教育基本任务等多个方面突出了社会主义教育事业的本质，推动了我国教育法治体系的完善，加快我国高质量教育体系的发展。与往年相比，本年度教育法治实施呈现出如下特征和趋势：

一是"双减"政策实施进一步规范化。在中央全面深化改革委员会第十九次会议上，《关于进一步减轻义务教育阶段学生作业负担和校外培训负担的意见》审议通过。2023年，教育行政执法的重点仍然聚焦于"双减"领域。不同的是，"双减"政策的教育行政执法开始逐步走向规范化。教育部先后颁布多部规范性文件，提出教育行政执法规范化的要求。针对校外培训行政处罚，《校外培训行政处罚暂行办法》正式出台，有助于"双减"政策行政执法的规范化。此外，2023年教育部办公厅联合国家发展改革委、公安部、市场监管总局办公厅印发了《关于在深化非学科类校外培训治理中加强艺考培训规范管理的通知》，尝试解决部分无证机构违规办学、培训收费居高不下、培训质量良莠不齐、校内艺术资源不足等突出问题，并且有针对性地完善政策举措，满足艺考学生需求，维护学生及家长权益。在课后服务领域，教育部办公厅等四部门联合印发了《关于进一步规范义务教育课后服务有关工作的通知》。在规范课后服务工作的同时，锚定"双减"目标，不断完善课后服务体系，强化课后服务育人功能，提高课后服务质量，满足学生多样化学习需求。

二是教育立法活动仍然活跃，有助于促使教育活动法治化。《爱国主义教育法》的出台、《学前教育法（草案）》和《学位法（草案）》的初次审议，为我国建立全领域、全覆盖的教育法治体系奠定了坚实基础。与此同时，地方立法同样活跃，为了落实上位法的要求，以及为中央立法提供改革经验，地方颁布多项立法，无疑丰富了教育法治实践。例如，《黑龙江省教育督导条例》的出台，有助于以法治手段固化黑龙江省教育督导已有的成功经验，破解制约黑龙江省教育督导体制机制改革的难题，持续提升教育督导水平。《江西省义务教育学校课后服务管理实施办法（试行）》针对服务定位、对象和时间、服务内容、资源支撑、组织实施、工作保障等方面提出了具体的实施要求。

三是教育质量得到提高。《关于加强新时代中小学科学教育工作的意见》《关于加强中小学地方课程和校本课程建设与管理的意见》等规范性文件，从中小学的学科设置等方面，加强了学科建设和教学质量，系统部署在教育"双减"中做好科学教育加法，支撑服务一体化，推进教育、科技、人才高质量发展。此外，在高等教育领域，教育部会同国家发展改革委、工业和信息化部、财政部、人力资源社会保障部，印发《普通高等教育学科专业设置调整优化改革方案》，就调整优化高等教育学科专业设置工作做出部署安排。

教育法治实践的推进，离不开教育法研究的逐步深入。教育部十多个教育立法研究基地，充分发挥理论优势，积极回应实践争议。例如，教育立法研究基地通过召开专题会议的方式，提出《爱国主义教育法（专家意见稿）》《学前教育法（草案）》等，为教育部相关法规的起草提供支持。此外，在理论层面，教育立法研究基地还对教育法领域涉及的重大理论问题展开研讨，如教育领域中的受委托立法、国家教育权和教育法律关系等问题展开学术探讨，积极推动了我国教育法治实践和理论的发展。

（二）年度教育法实施存在的主要问题与对策

相较于以往年份，2023年教育法治实施中存在的问题值得持续关注。具体表现为：

一是"双减"政策的执法有待进一步完善。2023年通过的《校外培训行政处罚暂行办法》对校外培训行政处罚具有重要意义。行政执法依据的完善，意味着行政执行和落实暂行办法的有关规定将成为未来一段时期的法治难题。这意味着，"双减"政策的规范化实施主要表现在教育行政执法层面，其主要围绕教育行政执法中存在的重点和难点问题。除此之外，"双减"政策的落实还需要关注校外培训不规范现象的成因，需要从社会整体因素上对校外培训活动予以关注。在此基础上通过立法的方式，有效解决"双减"政策所聚焦的根本问题。"双减"政策的实施主要是零散的规范性文件，其仍缺乏一部完整的立法，尚不能满足实践需要，导致"双减"政策落实存在一定的制度障碍。立法应当及时跟进"双减"政策的最新发展，鉴于规范对象的复杂性，应当从以下三个方面推进：①继续推进《校外培训行政处罚暂行办法》的实施；②通过行政法规、规章对具体配套制度进行规范，并鼓励地方立法进行先行先试；③统筹推进"双减"政策涉及的多环节执法活动规范化，通过更高一级行政法规的方式对其进行有效规制。

二是教育法规范体系有待进一步完善，教育法典的编撰工作势在必行。2023年多部教育立法的出台，使教育立法更加全面，这为教育法典的编撰工作奠定了良好的规范基础。例如，《学前教育法》肩负着从规范上解决我国学前教育较为薄弱问题的重任，该法的初次审议为未来完善学前教育制度奠定了坚实基础。此外，教育法典的编撰工作同样值得关注。党的二十大报告指出："增强立法系统性、整体性、协同性、时效性。"教育法典的制定有助于加强教育法规范体系的内部协调。教育立法要全面贯彻党的教育方针，落实立德树人的根本任务,坚持以人民为中心发展教育。借助制定教育法典的契机,从法规范层面全面梳理教育领域的相关立法,以保证教育立法更为科学、全面,实现教育行政有法可依。

三是进一步实现教育公平。虽然教育部已采取提升教师质量、扩大招生规模等措施来促进教育公平的实现,但是,我国不同地区之间的教育水平仍存在巨大差异。教育公平不再仅仅体现在公民接受教育的机会平等,更重要的是接受教育的质量逐步实现公平。党的二十大报告要求"促进教育公平,加快义务教育优质均衡发展和城乡一体化,优化区域教育资源配置"。国家在教育公平领域扮演着重要角色,应当积极采取措施保障公民受教育权的平等实现。

撰稿专家

湛中乐,法学博士,北京大学法学院教授、博士生导师,北京大学宪法与行政法研究中心研究员,副主任。中国行政法学研究会副会长,中国立法学研究会副会长,中国人权研究会常务理事,全国人大常委会法制工作委员会行政立法研究组成员,国家行政学院行政法研究中心研究员。专著有《现代行政过程论》《权利保障与权力制约》等。曾在《中国法学》《法学研究》等刊物发表学术论文百余篇。

第十二章　2023年网络与数据法治专题报告

王春晖

报告要旨

2023年是全面落实党的二十大精神开局之年，也是全面建设社会主义现代化国家新征程起步之年。习近平总书记在2024年新年贺词中指出："2023年，我们接续奋斗、砥砺前行，经历了风雨洗礼，看到了美丽风景，取得了沉甸甸的收获。大家记住了一年的不易，也对未来充满信心。"2023年，我国网络与数据法治领域接续奋斗、砥砺前行，交出了满意的答卷。

2023年，中共中央、国务院印发《数字中国建设整体布局规划》，按照"2252"的框架对数字中国建设进行了整体战略布局；全国网络安全和信息化工作会议召开，习近平总书记作出重要指示，鲜明提出网信工作的使命任务和"十个坚持"的重要原则；2023年10月16日，国务院总理李强签署国务院令，正式公布《未成年人网络保护条例》，明确了有关政府部门和企业、学校、家庭、行业组织、新闻媒体等在未成年人网络保护工作中的职责；国务院新闻办公室发布《新时代的中国网络法治建设》白皮书，全面介绍了中国网络法治建设情况；依法严惩网络暴力违法犯罪，切实矫正"法不责众"的错误倾向。2023年，我国公安机关纵深推进打击跨国电信网络诈骗违法犯罪，特别是打击缅北涉我电信网络诈骗犯罪取得显著战果，针对短视频乱象，集中整治短视频领域价值导向失范和不良内容多发等违规违法行为。

2023年，中共中央、国务院印发《党和国家机构改革方案》，部署组建国家数据局，国家数据局正式揭牌运行；围绕数据入表，财政部制定印发《企业数据资源相关会计处理暂行规定》，推动和规范数据相关企业执行会计准则。这一年，各地积极贯彻落实"数据二十条"的战略部署，探索和制定与数据相关的制度，积极推动公共数据资源开发利用，加快数据要素市场化配置改革，统筹优化数据交易，开展数据要素试点示范，探索数据资产化和要素化路径，取得初步成效。

2023年，以大语言模型为代表的人工智能技术加速发展。2023年10月18日，中央网信办发布《全球人工智能治理倡议》，围绕人工智能发展、安全、治理三方面系统阐述人工智能治理的中国方案；2023年8月15日，我国首部《生成式人工智能服务管理暂行办法》正式实施，我国将采取有效措施鼓励生成式人工智能创新发展，并对生成式人工智能服务实行包容审慎和分类分级监管。

核心建议

1. 贯彻落实中共中央、国务院《数字中国建设整体布局规划》，更好发挥法治固根本、稳预期、利长远的保障作用，依法保障数字中国建设"2252"整体布局有序推进。

2. 稳步扎实构建以中共中央、国务院《关于构建数据基础制度更好发挥数据要素作用的意见》（"数据二十条"）为纲领的"1+N"数据基础制度体系建设，重点激活数据要素潜能，发挥数据要素的乘数效应。

3. 依法严厉惩治侮辱谩骂、造谣诽谤、侵犯隐私等网络暴力违法犯罪活动，依法维护公民权益，净化网络生态。

4. 继续严厉打击电信网络诈骗违法犯罪行为，围绕重点地区、重大集团、重要案件，深挖彻查案件线索，严厉打击境外诈骗集团的组织者、领导者、幕后"金主"、骨干分子，坚决遏制电信网络诈骗违法犯罪多发高发态势。

5. 加强对直播平台的监管和审核力度，建立健全的法律法规和管理制度，对违法违规行为进行严厉打击和处罚，确保直播平台的正常秩序和观众的合法权益。

6. 加强网络侵权信息举报工作, 推动建立良好网络生态, 切实维护好广大网民网络合法权益;

7. 研究制定专门的人工智能法, 重点围绕人工智能发展、安全、治理三方面, 规范和调整人工智能技术的创新发展与安全治理, 适应新一代人工智能发展与安全的新态势。

8. 对标 CPTPP 和 DEPA 等国际高标准经贸规则, 全面评估和梳理影响数据出境的法律法规和规章, 促进数据高效安全便利地跨境流动。

一、2023 年网络与数据法治实施的总体状况

2023 年是全面落实党的二十大精神开局之年, 是全面建设社会主义现代化国家新征程起步之年。继中国共产党 2022 年完成换届之后, 2023 年全国两会期间选举产生了新一届国家机构领导人。两会期间, 中共中央、国务院印发《党和国家机构改革方案》, 部署组建国家数据局, 明确了国家数据局的使命。这一年, 习近平总书记对网络安全和信息化工作作出重要指示, 鲜明提出网信工作"举旗帜聚民心、防风险保安全、强治理惠民生、增动能促发展、谋合作图共赢"的使命任务, 明确"十个坚持"重要原则。中共中央、国务院印发《数字中国建设整体布局规划》, 对数字中国建设进行了整体布局。

这一年, 备受关注的《未成年人网络保护条例》公布, 标志着我国未成年人网络保护法治建设进入新阶段; 国务院新闻办公室发布《新时代的中国网络法治建设》白皮书, 全面介绍了中国网络法治建设情况; 我国公安机关纵深推进打击跨国电信网络诈骗违法犯罪成绩斐然; 依法严惩网络暴力违法犯罪, 全面整治短视频信息内容乱象取得初步成效。

2023 年, 以大语言模型为代表的人工智能技术在释放巨大应用价值和商业价值的同时, 也带来了难以预知的风险和挑战。为了促进生成式人工智能健康发展和规范应用, 维护国家安全和社会公共利益, 保护公民、法人和其他组织的合法权益, 我国实施首部《生成式人工智能服务管理暂行办法》, 并发布《全球人工智能治理倡议》, 围绕人工智能发展、安全、治理三方面系统阐述人工智能治理的中国方案。

（一）中共中央、国务院印发《数字中国建设整体布局规划》

2023年2月，中共中央、国务院印发了《数字中国建设整体布局规划》，并发出通知，要求各地区各部门结合实际认真贯彻落实。规划指出，建设数字中国是数字时代推进中国式现代化的重要引擎，是构筑国家竞争新优势的有力支撑。加快数字中国建设，对全面建设社会主义现代化国家、全面推进中华民族伟大复兴具有重要意义和深远影响。

整体上看，规划具有四大特征，具体表现为"两高"和"两实"，即规格高、目标高、内容实、责任实。一是规格高，规划由中共中央和国务院发布，这是我国数字中国建设规格最高的战略规划。二是目标高，到2035年，数字化发展水平进入世界前列，数字中国建设取得重大成就。数字中国建设体系化布局更加科学完备，经济、政治、文化、社会、生态文明建设各领域数字化发展更加协调充分，有力支撑全面建设社会主义现代化国家。三是责任实，在党中央集中统一领导下，中央网络安全和信息化委员会加强对数字中国建设的统筹协调、整体推进、督促落实，充分发挥地方党委网络安全和信息化委员会作用，健全议事协调机制，将数字化发展摆在本地区工作重要位置，切实落实责任。四是内容实，规划提出，将按照"2252"整体框架布局数字中国的建设，即夯实数字基础设施和数据资源体系"两大基础"，推进数字技术与经济、政治、文化、社会、生态文明建设"五位一体"深度融合，强化数字技术创新体系和数字安全屏障"两大能力"，优化数字化发展国内国际"两个环境"。

规划强调，要从两个方面夯实数字中国建设基础，一是打通数字基础设施大动脉。加快5G网络与千兆光网协同建设，深入推进IPv6规模部署和应用，推进移动物联网全面发展，大力推进北斗规模应用。系统优化算力基础设施布局，促进东西部算力高效互补和协同联动，引导通用数据中心、超算中心、智能计算中心、边缘数据中心等合理梯次布局。整体提升应用基础设施水平，加强传统基础设施数字化、智能化改造。二是畅通数据资源大循环。构建国家数据管理体制机制，健全各级数据统筹管理机构。推动公共数据汇聚利用，建设公共卫生、科技、教育等重要领域国家数据资源库。释放商业数据价值潜能，加快建立数据产权制度，开展数据资产计价研究，建立数据要素按价值贡献参与分配机制。

（二）中共中央、国务院印发《党和国家机构改革方案》部署组建国家数据局

2023年3月，中共中央、国务院印发《党和国家机构改革方案》，部署组

建国家数据局，明确了国家数据局的使命：负责协调推进数据基础制度建设，统筹数据资源整合共享和开发利用，统筹推进数字中国、数字经济、数字社会规划和建设等。2023 年 10 月 25 日，国家数据局正式揭牌。

数据资源已经成为数字经济时代的基础性资源、重要生产力和关键生产要素，正在引发新型社会经济形态的变革，带动"数据生产力"的快速发展。根据《党和国家机构改革方案》，国家数据局主要负责协调推进数据基础制度建设，统筹数据资源整合共享和开发利用，统筹推进数字中国、数字经济、数字社会规划和建设等，由国家发展和改革委员会管理。依据《党和国家机构改革方案》，将中央网络安全和信息化委员会办公室承担的研究拟订数字中国建设方案、协调推动公共服务和社会治理信息化、协调促进智慧城市建设、协调国家重要信息资源开发利用与共享、推动信息资源跨行业跨部门互联互通等职责，国家发展和改革委员会承担的统筹推进数字经济发展、组织实施国家大数据战略、推进数据要素基础制度建设、推进数字基础设施布局建设等职责划入国家数据局。

从以上方案可以看出，国家数据局的主要任务有三大类，一是负责协调推进数据基础制度建设；二是统筹数据资源整合共享和开发利用；三是统筹推进数字中国、数字经济、数字社会规划和建设等。国家数据局的首要任务是负责协调推进数据基础制度建设，加强统筹推进，强化任务落实，创新政策支持，稳步构建以"数据二十条"为纲领的"1+N"制度体系，在构建完备数据基础制度体系的基础上，重点激活数据要素潜能，发挥数据要素的乘数效应，尤其是赋能实体经济高质量发展，构筑国家数据竞争新优势。

在"数据二十条"发布一周年之际，国家数据局等 17 部门公布了《"数据要素×"三年行动计划(2024—2026 年)》，明确提出，充分发挥数据要素的放大、叠加、倍增作用，构建以数据为关键要素的数字经济，是推动高质量发展的必然要求。2023 年 12 月，国家发展改革委和国家数据局联合发布《数字经济促进共同富裕实施方案》，提出加强公共数据资源开发利用，促进数据高效合规利用，培育数据要素企业，繁荣数据要素市场，进一步激活数据要素红利。

数据基础制度的建设，涉及经济转型、社会稳定、国家安全等方方面面，与各类企业和广大人民群众切身利益息息相关，在具体制定和实施过程中将会面临更多的挑战和不确定性。因此，应当立足更好发挥数据要素作用，积极探索和研究基于数据要素与实体经济社会深度融合的数据产权、交易流通、收益分配、安全治理的基本规律，统筹数据要素市场的发展和安全，敬畏和尊重数据要素市场的发展规律，在实践中完善，在探索中发展。

（三）国务院公布《未成年人网络保护条例》

党中央、国务院高度重视未成年人网络保护工作。2023年10月16日，国务院总理李强签署国务院令，正式公布《未成年人网络保护条例》，自2024年1月1日起施行。从条例（草案）于2016年9月首次面向公众征求意见，到条例正式通过，时隔七年。这七年期间，我国已初步形成未成年网络空间监管的法律框架，特别是2020年新修订的《未成年人保护法》新增"网络保护"专章（第五章），为条例的适时出台构筑了坚实的上位法基础。

从条例的立法目的看，主要涉及两大内容：一是营造有利于未成年人身心健康的网络环境；二是保障未成年人合法权益。条例在全方位、多层次的治理机制基础之上，突出治理工作的重点，对手机等智能终端产品制造者及销售者，网络游戏、社交、直播、音视频等网络产品和服务提供者，未成年人用户数量巨大或对未成年人群体具有显著影响的网络平台提供者以及涉及处理未成年人个人信息的个人信息处理者等四类主体进行重点监管，为未成年人网络保护提供了有力的法治保障。条例重点规定了以下内容：

一是健全未成年人网络保护体制机制。明确国家网信部门负责统筹协调未成年人网络保护工作，并依据职责做好未成年人网络保护工作。明确国家新闻出版、电影部门和国务院教育、电信、公安、民政、文化和旅游、卫生健康、市场监督管理、广播电视等有关部门依据各自职责做好未成年人网络保护工作。明确县级以上地方人民政府及其有关部门依据各自职责做好未成年人网络保护工作。

二是促进未成年人网络素养。明确将网络素养教育纳入学校素质教育内容。要求改善未成年人上网条件，提供优质的网络素养教育课程。强化学校、监护人网络素养教育责任，建立健全学生在校期间上网管理制度。明确未成年人网络保护软件、专门供未成年人使用的智能终端产品的功能要求。规定未成年人用户数量巨大或者对未成年人群体具有显著影响的网络平台服务提供者应当履行的未成年人网络保护义务。

三是加强网络信息内容建设。规定国家鼓励和支持制作、复制、发布、传播有利于未成年人健康成长的网络信息。明确网络产品和服务提供者发现危害或者可能影响未成年人身心健康信息的处置措施和报告义务。禁止任何组织和个人对未成年人实施网络欺凌行为。要求网络产品和服务提供者建立健全网络欺凌行为的预警预防、识别监测和处置机制。

四是保护未成年人个人信息。规定监护人应当教育引导未成年人增强个人信息保护意识和能力、指导未成年人行使相关权利。明确发生或者可能发生未成年人个人信息泄露、篡改、丢失时，个人信息处理者的安全事件应急处置要求。规定个人信息处理者应当严格设定未成年人个人信息访问权限、开展个人信息合规审计。明确加强未成年人私密信息保护。

五是防治未成年人沉迷网络。要求提高教师对未成年学生沉迷网络的早期识别和干预能力，加强监护人对未成年人安全合理使用网络的指导。规定网络服务提供者应当合理限制不同年龄阶段未成年人在使用其服务中的消费数额，防范和抵制流量至上等不良价值倾向。要求网络游戏服务提供者建立、完善预防未成年人沉迷网络的游戏规则，对游戏产品进行分类并予以适龄提示。

（四）国务院新闻办发布《新时代的中国网络法治建设》白皮书

2023年3月，国务院新闻办公室发布《新时代的中国网络法治建设》白皮书，全面介绍了中国网络法治建设情况，分享了中国网络法治建设的经验做法。白皮书除前言、结束语外共分为六个部分，分别是坚定不移走依法治网之路、夯实网络空间法制基础、保障网络空间规范有序、捍卫网络空间公平正义、提升全社会网络法治意识和素养、加强网络法治国际交流合作。白皮书指出，新时代的中国网络法治建设，立足自身发展实际，借鉴国外先进经验，勇于探索、守正创新，走出一条具有自身特色的管网治网之路，取得了一系列显著成就，为网络强国建设、全面依法治国、党在信息化条件下治国理政作出了重要贡献。

一是为网络大国向网络强国迈进提供了有力保障。中国网络强国建设向着网络基础设施基本普及、自主创新能力显著增强、数字经济全面发展、网络安全保障有力、网络攻防实力均衡的方向不断前进，取得重大成就。网民规模全球第一，移动物联网发展实现"物超人"，建成全球规模最大、技术领先的光纤宽带和移动通信网络，5G实现技术、产业、应用全面领先。

二是推动全面依法治国在网络空间深入实施。中国坚持依法治国原则适用于网络空间，深入实施法治中国建设规划，不断推进网络法治建设，坚持科学立法、严格执法、公正司法、全民守法，深化中国特色社会主义法治在网络空间的实践。网络立法的"四梁八柱"基本构建，丰富和完善了中国特色社会主义法律体系。网络执法不断加强，严厉打击网络违法行为，网络生态和网络秩序持续向好，推动整个社会秩序更加平安和谐。网络司法裁判规则逐步完善，网络案件办理力度不断加大，公平正义在网络空间有力彰显。网络普法深入推进，尊法学法守法用法逐步成为网络空间的共同追求和自觉行动，广大人民群众的法治意识和法治素养全面提升。

三是为全球互联网治理贡献中国经验、中国智慧和中国方案。网络空间是人类共同的活动空间，需要世界各国共同建设、共同治理。中国不断探索依法治网的科学途径和方案，在立法、执法、司法、普法一体推进中形成了中国特色治网之道，为全球互联网治理提供了中国经验。中国积极参与全球互联网治理，推动发起《二十国集团数字经济发展与合作倡议》《全球数据安全倡议》等多个倡议、宣言，创造性提出网络主权原则，倡导《联合国宪章》确立的主权平等原则适用于网络空间，贡献了中国智慧和中国方案。

目前，中国制定出台网络领域立法140余部，基本形成了以宪法为根本，以法律、行政法规、部门规章和地方性法规、地方政府规章为依托，以传统立法为基础，以网络内容建设与管理、网络安全和信息化等网络专门立法为主干的网络法律体系，为网络强国建设提供了坚实的制度保障。

(五)纵深推进打击跨国电信网络诈骗违法犯罪

面对发案极多、人民群众深恶痛绝的电诈网络犯罪，2023年各地区各部门坚持依法治理、多方联动、综合施策，全链条重拳打击涉诈犯罪生态系统，强力挤压涉诈犯罪生存空间，特别是打击缅北涉我电信网络诈骗(简称电诈)犯罪取得显著战果。

当前，以“工业园区”“科技园区”为幌子的超大犯罪集团盘踞境外，形成规模庞大的诈骗犯罪网络，成为打击治理电诈违法犯罪必须铲除的“毒瘤”。2023年9月以来，在公安部和云南省公安厅指挥部署下，西双版纳、普洱、临沧等地公安机关与缅甸相关地方执法部门开展边境警务执法合作，开展了一系列打击行动。缅北果敢自治区电诈犯罪集团重要头目明国平、明菊兰、明珍珍被成功抓获并移交我公安机关，明学昌畏罪自杀身亡，一大批境外诈骗窝点被成功铲除，狠狠打击了境外诈骗集团的嚣张气焰。2023年，在缅甸各方的大力配合下，共有4.1万名电诈犯罪嫌疑人移交我方。其中幕后“金主”、组织头目和骨干63名。随着打击治理特别是境外抓捕力度加大，2023年1月至10月，全国检察机关共起诉电诈犯罪嫌疑人3.4万余人，同比上升约52%。

2023年11月，公安部会同有关主管部门起草完成《电信网络诈骗及其关联违法犯罪联合惩戒办法(征求意见稿)》，并向社会公开征求意见。征求意见稿规定了金融惩戒、电信网络惩戒、信用惩戒以及纳入金融信用信息基础数据库等惩戒措施，对于因实施电诈及其关联犯罪被追究刑事责任的人，惩戒期限为3年；经设区的市级以上公安机关认定的惩戒对象，惩戒期限为

2 年。征求意见稿列出针对哪些人实施惩戒、针对哪些行为实施惩戒，主要目的是让公众清楚认知实施电诈及其关联违法犯罪行为将承担的法律责任，从而实现警示教育、预防犯罪的效果。

在《中华人民共和国反电信网络诈骗法》实施一周年之际，2023 年 11 月 30 日，最高人民检察院公布《检察机关打击治理电信网络诈骗及其关联犯罪工作情况（2023）》，明确指出，检察机关将进一步加强国（区）际执法司法合作，围绕重点地区、重大集团、重要案件，深挖彻查案件线索，严厉打击境外诈骗集团的组织者、领导者、幕后"金主"、骨干分子，以及为其提供人员偷渡、跑分洗钱、技术服务、犯罪场所和管理服务等帮助的黑产集团组织者、领导者，持续释放从严惩治强烈信号。

（六）依法惩治网络暴力违法犯罪行为

近年来，网络技术的迅速发展在给生活带来便利的同时，也被违法犯罪分子利用，特别是网络暴力违法犯罪活动频频发生，不仅严重侵害当事人的人格权、人格尊严，致使部分当事人"社会性死亡"甚至精神失常、自杀，也严重污染网络生态、严重扰乱网络秩序、破坏网络生态，造成恶劣社会影响，人民群众反映强烈，社会各界高度关注。目前，网络暴力主要有编造传播谣言诽谤他人，网络语言攻击辱骂他人，通过人肉搜索、网络"开盒"等方式公开曝光他人隐私信息等表现形式。这些行为与做法，不但严重地影响了事件当事人的精神状态，更破坏了当事人的工作、学习和生活秩序，甚至造成严重的后果。

2023 年 7 月，国家互联网信息办公室公布《网络暴力信息治理规定（征求意见稿）》，"征求意见稿"定义了"网络暴力信息"，即指通过网络对个人集中发布的，侮辱谩骂、造谣诽谤、侵犯隐私，以及严重影响身心健康的道德绑架、贬低歧视、恶意揣测等违法和不良信息。"征求意见稿"要求"网络信息服务提供者"履行四大义务：一是履行信息内容管理主体责任，建立完善网络暴力信息治理机制，健全账号管理、信息发布审核、监测预警、举报救助、网络暴力信息处置等制度；二是强化网络用户账号信息管理，防止假冒、仿冒、恶意关联网络暴力事件当事人进行违规注册或发布信息，协助当事人进行个人账号认证；三是制定和公开管理规则、平台公约，在用户协议中明确用户制作、复制、发布和传播网络暴力信息应承担的责任，并依法依约履行相应管理职责；四是定期发布网络暴力信息治理公告，并在网络信息内容生态治理工作年度报告中，报告相关工作情况。如发现存在网络暴力风险时，网络信息服务提供者应当及时公布治理工作情况，回应社会关切，引导网民理性发声，防范抵制网络暴力行为。

针对网暴事件数量急速上升的态势，2023年9月，最高人民法院、最高人民检察院、公安部联合印发《关于依法惩治网络暴力违法犯罪的指导意见》（以下简称《指导意见》）。《指导意见》共20条，主要包括十个方面的内容：一是明确网络暴力的罪名适用规则；二是明确网络暴力违法行为的处理规则；三是明确惩治网络暴力违法犯罪的政策原则；四是明确网络暴力违法犯罪与合法行为的界限；五是明确公安机关协助取证的工作要求；六是明确网络侮辱、诽谤刑事案件的公诉标准；七是明确网络侮辱、诽谤刑事案件自诉转公诉的衔接程序；八是依法支持针对网络暴力的民事维权；九是明确网络暴力案件的公益诉讼规则；十是能动履职促进网络暴力综合治理。

（七）全面整治网络直播和短视频领域乱象

据中国互联网络信息中心发布的第52次《中国互联网络发展状况统计报告》，截至2023年6月，我国短视频用户规模达10.26亿人。近年来，网络短视频已经成为大众消遣娱乐的方式，行业的迅速发展带动了电商直播、游戏直播、健身直播等新业态，同时也滋生了各种乱象。由于短视频的低门槛和随意性，一些主播为了博取关注、吸粉引流，甚至不惜弄虚作假、捏造事实博取关注，衍生了黄、丑、怪、假、俗、赌等违规违法的短视频素材内容，造成了很大的社会不良影响，甚至还触犯了法律红线。

2023年3月，中央网信办在全国范围内开展为期两个月的"清朗·从严整治'自媒体'乱象"专项行动，聚焦短视频平台，打击造谣传谣、假冒仿冒、违规营利等突出问题。2023年7月，中央网信办发布了《关于加强"自媒体"管理的通知》（简称：《通知》），提出了13条具体治理措施。在"规范信息来源标注"方面，《通知》要求网站平台应当要求"自媒体"在发布涉及国内外时事、公共政策、社会事件等相关信息时，准确标注信息来源，且在发布时在显著位置展示。使用自行拍摄的图片、视频的，需逐一标注拍摄时间、地点等相关信息；使用技术生成的图片、视频的，需明确标注系技术生成；引用旧闻旧事的，必须明确说明当时事件发生的时间、地点。《通知》强调，"自媒体"发布信息的不得无中生有，不得断章取义、歪曲事实，不得以拼凑剪辑、合成伪造等方式，影响信息真实性等。

按照2023年"清朗"系列专项行动安排，中央网信办自2023年12月12日起，开展为期一个月的"清朗·整治短视频信息内容导向不良问题"专项行动，集中整治短视频领域价值导向失范和不良内容多发等乱象，督促短视频平台强化内容审核制度，全面规范短视频功能运行，促进行业健康有序发展。

专项行动启动后，针对等部分知名直播平台花椒直播、天天吉历 App、超级手电筒 App、大姨妈 App 破坏网络生态问题，国家网信办指导北京市、上海市网信办，依据《网络安全法》《网络信息内容生态治理规定》等有关规定，依法约谈上述网站平台负责人，责令限期整改、从严处理责任人，整改期间采取自行暂停新用户注册、暂停问题版块信息更新等处置措施。

经查，花椒直播"跳舞"版块多名主播在直播中存在衣着暴露、行为挑逗等问题，平台未有效履行主体责任，未采取防范和抵制措施，在重点环节呈现上述不良信息；超级手电筒 App 在首页首屏"娱乐头条"版块推荐大量娱乐明星隐私八卦等不良信息，炒作绯闻、丑闻、劣迹，平台未有效履行主体责任，未采取防范和抵制措施，在重点环节呈现上述不良信息；大姨妈 App 首屏"她说"版块多名用户发布色情网站链接等违法违规信息和低俗不良信息，平台未有效履行主体责任，对用户发布的违法违规信息未停止传输、采取消除等处置措施；天天吉历 App"运势测算"等多个版块提供有偿算命、占卜服务，宣扬封建迷信，平台未有效履行主体责任，对上述违法违规信息未采取停止传输、消除等处置措施。

（八）强化网络侵权信息举报工作，切实维护广大网民网络合法权益

为加强网络侵权信息举报工作，推动建立良好网络生态，切实维护好广大网民网络合法权益，国家网信办于 2023 年 9 月发布《关于进一步加强网络侵权信息举报工作的指导意见》（以下简称《指导意见》），《指导意见》提出，从五个方面夯实网络侵权信息举报工作基础：

一是建立多元化举报平台，实现线上线下全覆盖，满足广大网民多层次多样化举报需求。强化举报平台服务功能，提供集"举报投诉""举报指南""典型案例""法律法规"等多功能于一体的举报服务产品。加强举报渠道建设，依法依规制定举报指引，明确举报要件，方便网民有效准确举报。

二是建立全链条闭环举报处置机制，积极受理处理本部门职责范围内的举报，视情会商研判、移送转交职责范围外的举报；加强跟踪督办，确保"事事有着落、件件有回音"。丰富举报处置手段，建立分级分类处置措施。加大惩戒力度，严惩恶意侵权、重复侵权、群体侵权。强化震慑遏制效果，严厉处置并及时公布群众反映强烈、社会舆论关注度高的典型案例。

三是健全受理处置规范，明确受理对象、受理范围、受理方式、处置举措。完善流程规范，细化集体研议、层级把关、审处分离等工作程序。建立举报人信息保护制度，严禁泄露、篡改、毁损、出售或者非法向他人提供举

报人个人信息及举报材料。完善信息登记、工作台账、档案管理等制度，改进工作作风，提升服务质量。

四是充分发挥标准化建设在网络侵权信息举报工作中的基础性和引领性作用，研究制定依法有据、科学适用的网络侵权信息举报受理审核、研判处置标准。鼓励行业组织、网站平台积极参与标准制定。推动标准化实施应用，突出网站平台主体应用地位，努力实现从"有好标准"到"用好标准"的实践转化，逐步实现同一举报事项、同一受理条件、同一举证要求、同一办理结果。

五是加强技术系统建设，提升举报受理处置便捷化、智能化水平；拓展动态监测、统计分析、趋势研判、效果评估等功能，充分发挥数据基础资源作用，提高预测预防预警能力。加快推进网信部门网络举报技术管理系统有效衔接、互联互通，统筹推进技术融合、数据融合、业务融合，提升跨层级、跨地区网络侵权信息举报协同处置能力，为建立"一体受理、一体处置"的全国"一盘棋"工作格局提供支撑。

（九）对标高标准国际规则构建数据跨境流通便利机制

跨境数据在支撑国际贸易活动、促进跨国科技合作、推动数据资源共享方面的作用越来越凸显，促进跨境数据流动已经成为提升数字经济发展质量，确保全球互联互通的重要途径。与此同时，数据跨境流动也成为各国抢占全球数字经济发展格局中优势的关键。据麦肯锡预测，数据流动量每增加10%，将带动 GDP 增长 0.2%。到 2025 年，全球数据流动对经济增长的贡献预计将达到 11 万亿美元。根据经济合作与发展组织（OECD）测算，数据流动对各行业利润增长的平均促进率为 10%，在数字平台、金融业等行业中可达到 32%。

2023 年 12 月召开的中央经济工作会议将"扩大高水平对外开放"列为2024 年需要重点做好的九大工作之一，并提出"对标国际高标准经贸规则，认真解决数据跨境流动"。2021 年 9 月和 11 月，我国分别申请加入《全面与进步跨太平洋伙伴关系协定》（CPTPP）和《数字经济伙伴关系协定》（DEPA），并积极推进相关进程。当前，CPTPP 和 DEPA 这两个协定代表了经贸规则领域的国际最高标准，根据 CPTPP 第 14.11 条第 2 款的规定：每一个缔约方都应当允许数据跨境流动，包括个人信息，如果这一活动用于涵盖的人开展业务。这是 CPTPP 数据跨境流动规则的核心条款，也是为缔约方设置的强制性义务。我国已对 CPTPP 全部条款进行了深入全面的分析、研究和评估，梳理了可能需要采取的改革举措和修改的法律法规，并在有条件的自贸试验区和海南自贸港主动对照先行先试。

2023 年 9 月，国家网信办在对标国际高标准经贸规则的基础上，公布了《规范和促进数据跨境流动规定（征求意见稿）》（以下简称"新规"），对 2022 年 9 月 1 日实施的《数据出境安全评估办法》作出了调整，以促进数据高效安全的跨境流动。"新规"有三大突破：首先，国际贸易、学术合作、跨国生产制造和市场营销，不再需要进行安全评估，但前提是"不包含个人信息或者重要数据"，这几个领域几乎涉及了数据出境的所有场景；第二，在个人信息方面，预计一年内向境外提供 1 万人以上、不满 100 万人个人信息的，可通过标准合同方式出境，无须评估；第三，对"重要数据"认定作出新规定，鉴于"重要数据"必须实施强制性安全评估，且《数据出境安全评估办法》关于"重要数据"的概念侧重于危害结果，范围模糊且宽泛，在安全评估时很难判断。对此，"新规"提出：未被相关部门、地区告知或者公开发布为重要数据的，数据处理者不需要将其作为重要数据申报数据出境安全评估。

2023 年 11 月，国务院发布的《全面对接国际高标准经贸规则推进中国（上海）自由贸易试验区高水平制度型开放总体方案》明确提出，要率先实施高标准数字贸易规则，从以下四个方面解决数据跨境流动问题：一是企业和个人因业务需要确需向境外提供数据，且符合国家数据跨境传输安全管理要求的，可以向境外提供。二是按照数据分类分级保护制度，支持上海自贸试验区率先制定重要数据目录。指导数据处理者开展数据出境风险自评估，探索建立合法安全便利的数据跨境流动机制，提升数据跨境流动便利性。三是在遵守网络管理制度前提下，消费者可使用不对网络造成损害的终端设备接入互联网和使用网上可获得的服务与应用。四是实施数据安全管理认证制度，引导企业通过认证提升数据安全管理能力和水平，形成符合个人信息保护要求的标准或最佳实践。

（十）积极应对新一代人工智能的发展与安全

2023 年，以大语言模型为代表的人工智能技术在释放巨大应用价值和商业价值的同时，也带来了难以预知的风险和挑战。在人工智能处于飞跃发展的紧要关头，加强人工智能治理成为国际社会必须携手面对的紧迫命题。2023 年 11 月 1 日，人工智能安全峰会在英国布莱切利园召开，全球科技公司的高管和政府官员等近百名代表出席。在开幕式上，包括中国、美国和欧盟等国家和地区的代表团就人工智能带来的机遇和风险，以及各国政府携手应对挑战的必要性达成共识，并签署《布莱奇利宣言》（以下简称《宣言》）。《宣言》认为，前沿人工智能技术有意识滥用或者无意识控制方面的问题，可能会引发巨大风险，尤其是在网络安全、生物技术和加剧传播虚假信息等方面。这是首次通过国际共识方式承认并正视人工智能的副作用以及"快速发展的相关技术所带来的最紧迫风险"，承认"需要采取国际行动"以设定共同的监管方法。与会期间，中国代表团参与人工智能安全等问题讨论，并积极宣介中方提出的《全球人工智能治理倡议》。

在 2023 年第三届"一带一路"国际合作高峰论坛上，中国发布《全球人工智能治理倡议》(以下简称《倡议》)，赢得国际社会的广泛赞誉。《倡议》提出，发展人工智能应坚持相互尊重、平等互利的原则，各国无论大小、强弱，无论社会制度如何，都有平等发展和利用人工智能的权利。《倡议》围绕人工智能发展、安全、治理三个方面系统阐述人工智能治理的中国方案，坚持发展与安全并重的系统思维，倡导以人为本、智能向善的普遍共识，弘扬平等互利、尊重人类权益的价值理念，为各方普遍关切的人工智能发展与治理问题提供了建设性解决思路，为相关国际讨论和规则制定提供了蓝本。中国还将积极同各方就全球人工智能治理开展沟通交流、务实合作。《倡议》的提出有利于为全球范围内人工智能技术的创新和应用打造更加开放、共享、透明和可持续的环境，有利于促进全球经济社会的发展，推动人工智能技术造福全人类。

随着国内生成式人工智能的快速发展，相关监管政策也逐步落实。2023 年 7 月 13 日，国家网信办联合国家发展和改革委员会、教育部、科技部、工业和信息化部、公安部、广电总局联合公布《生成式人工智能服务管理暂行办法》(以下简称《办法》)。《办法》在监管方式上，提出对生成式人工智能服务实行包容审慎和分类分级监管，要求国家有关主管部门针对生成式人工智能技术特点及其在有关行业和领域的服务应用，完善与创新发展相适应的科学监管方式，制定相应的分类分级监管规则或者指引。

《办法》在促进发展上有以下具体措施：一是明确鼓励生成式人工智能技术在各行业、各领域的创新应用，生成积极健康、向上向善的优质内容，探索优化应用场景，构建应用生态体系。二是支持行业组织、企业、教育和科研机构、公共文化机构、有关专业机构等在生成式人工智能技术创新、数据资源建设、转化应用、风险防范等方面开展协作。三是鼓励生成式人工智能算法、框架、芯片及配套软件平台等基础技术的自主创新，平等互利开展国际交流与合作，参与生成式人工智能相关国际规则制定。四是提出推动生成式人工智能基础设施和公共训练数据资源平台建设。促进算力资源协同共享，提升算力资源利用效能。推动公共数据分类分级有序开放，扩展高质量的公共训练数据资源。

《办法》明确生成式人工智能服务提供者应当依法开展预训练、优化训练等训练数据处理活动，使用具有合法来源的数据和基础模型；涉及知识产权的，不得侵害他人依法享有的知识产权；涉及个人信息的，应当取得个人同意或者符合法律、行政法规规定的其他情形；采取有效措施提高训练数据质量，增强训练数据的真实性、准确性、客观性、多样性。此外，还明确了数据标注的相关要求。

(十一) 我国首例涉及虚拟数字人侵权案引发业界关注

2023年4月，杭州互联网法院审结了一起我国首例涉及虚拟数字人侵权的案件，引发了业界的极大关注。目前，大量"数字人"主播出现在各大电商平台的直播间，他们超写真的形象能让观众有代入感，而且这些主播还能24小时直播带货、帮助客户解答疑问等。据统计，目前我国各大网络平台上有超过5000万个虚拟数字人的主播账号，相关的市场规模已经达到一百余亿元，周边市场更是超过了千亿元的量级，随着市场规模的不断发展扩大，相关法律纠纷也随之而来。

2019年10月，上海魔珐公司通过公开活动发布了数字人"Ada"，并于同年10月、11月通过某网络平台发布了两段视频，一段用于介绍Ada的场景应用，另一段则用于记录真人演员与Ada的动作捕捉画面。2022年7月，杭州某网络公司未经授权发布了两段含有Ada的视频画面。上海魔珐公司认为，杭州某网络公司在未经授权的情况下传播使用该虚拟数字人，侵害了他们的美术作品、视听作品的信息网络传播权，以及侵害了录像制作者及录像制品中表演者的信息网络传播权，同时还构成了虚假宣传的不正当竞争行为，因此将杭州某网络公司起诉至杭州互联网法院，要求其消除影响并赔偿经济损失50万元。

在法庭辩论中，上海魔珐公司认为，超写实虚拟数字人Ada的制作需要应用人工智能表演动画技术、超写实角色智能建模与绑定技术等，是他们投入大量时间和精力产出的作品，理应受到法律保护。杭州某网络公司则认为，虚拟数字人形象不属于美术作品，原告不享有相关作品著作权，而且真人演员并非表演者，不构成职务表演，原告也不享有表演者权，被告的行为不构成侵权，也未因发布这些视频而实际获利。

杭州互联网法院认为，该案的主要争议包含虚拟数字人著作权及邻接权的认定、数字人形象及相关视频是否属于著作权法保护的客体等问题。虚拟数字人虽然并非法律意义上的表演者，不享有表演者权，也不享有视听作品的著作权或录像制作者的邻接权，但是，上海魔珐公司作为该虚拟数字人的制作方以及真人演员所属公司，依法或依约拥有该虚拟数字人相关的权利。

法院经审理认为，被告杭州某网络公司未经许可使用并传播了相关视频，这种行为侵犯了原告上海魔珐公司的美术作品、视听作品、录像制品以及表演者的信息网络传播权，另外，杭州某网络公司利用这些视频进行引流营销，并在展示过程中加注了商标标识，可能对消费者的决策产生了一定误导，构成了虚假宣传的不正当竞争。经过审理，杭州互联网法院一审判决杭州某网络公司构成著作权侵权及不正当竞争，被告在其抖音账号上为原告消除影响并赔偿经济损失（含维权费用）12万元。二审维持原判。

（十二）国家网信办对知网（CNKI）违法处理个人信息行为作出行政处罚

根据网络安全审查结论及发现的问题和移送的线索，国家互联网信息办公室依法对知网（CNKI）涉嫌违法处理个人信息行为进行立案调查。经查实，知网（CNKI）主要运营主体为同方知网（北京）技术有限公司、同方知网数字出版技术股份有限公司、《中国学术期刊（光盘版）》电子杂志社有限公司三家公司，其运营的手机知网、知网阅读等14款App存在违反必要原则收集个人信息、未经同意收集个人信息、未公开或未明示收集使用规则、未提供账号注销功能、在用户注销账号后未及时删除用户个人信息等违法行为。

2023年9月1日，国家互联网信息办公室依据《网络安全法》《个人信息保护法》《行政处罚法》等法律法规，综合考虑知网（CNKI）违法处理个人信息行为的性质、后果、持续时间，特别是网络安全审查情况等因素，对知网（CNKI）依法作出网络安全审查相关行政处罚的决定，责令停止违法处理个人信息行为，并处人民币5000万元罚款。

国家市场监管总局曾于2022年12月26日依法对知网作出行政处罚决定，责令知网停止独家合作行为，不得限制学术期刊出版单位、高校等与其他竞争性平台开展学术资源合作；不得以不公平的高价销售数据库服务，应以公平、合理、无歧视的价格销售数据库服务，并处以其2021年中国境内销售额17.52亿元5%的罚款，计8760万元。

二、2023年网络与数据法治实施的主要特点

2023年，习近平总书记对网络安全和信息化工作作出重要指示，鲜明提出网信工作的使命任务，明确"十个坚持"重要原则，具有很强的政治性、战略性、指导性，为做好新时代新征程网信工作指明了方向；中共中央、国务院整体布局数字中国建设，打通数字基础设施大动脉，畅通数据资源大循

环；国家数据局正式揭牌运行，提出"数据要素×"三年行动计划；《未成年人网络保护条例》正式实施，标志着我国未成年人网络保护法治建设进入新阶段；中央网信办集中整治网上涉未成年人突出问题；加强人工智能治理成为国际社会必须携手面对的紧迫命题；依法严惩网络暴力违法犯罪，切实矫正"法不责众"的错误倾向；依法重拳打击造谣传谣违法犯罪活动，并同步开展网站平台综合治理和普法宣传教育；国家网信办开展"清朗·优化营商网络环境，保护企业合法权益"专项行动；纵深推进打击跨国电信网络诈骗违法犯罪，重点打击缅北涉我电信网络诈骗犯罪；集中整治短视频领域价值导向失范和不良内容等违规违法行为；全国公安机关网安部门聚焦人民群众反映强烈的各类侵犯公民个人信息违法犯罪活动。

（一）习近平对网络安全和信息化工作作出重要指示

2023年7月，习近平总书记对网络安全和信息化工作作出重要指示，鲜明提出网信工作的使命任务，明确提出"十个坚持"重要原则，即坚持党管互联网，坚持网信为民，坚持走中国特色治网之道，坚持统筹发展和安全，坚持正能量是总要求、管得住是硬道理、用得好是真本事，坚持筑牢国家网络安全屏障，坚持发挥信息化驱动引领作用，坚持依法管网、依法办网、依法上网，坚持推动构建网络空间命运共同体，坚持建设忠诚干净担当的网信工作队伍，大力推动网信事业高质量发展，以网络强国建设新成效为全面建设社会主义现代化国家、全面推进中华民族伟大复兴作出新贡献。这"十个坚持"重要原则不仅具有很强的政治性、战略性、指导性，也为做好新时代新征程网信工作指明了方向。

（二）"数据要素×"三年行动计划聚焦"激活数据要素潜能"

国家数据局等17个部门联合印发《"数据要素×"三年行动计划（2024—2026年）》（以下简称《行动计划》）。这是国家数据局于2023年10月挂牌成立后，主导发布的首个文件。《行动计划》以推动数据要素高水平应用为主线，聚焦12个行业和领域，明确发挥数据要素价值的典型场景，推动激活数据要素潜能。

《行动计划》选取工业制造、现代农业、商贸流通、交通运输、金融服务、科技创新、文化旅游、医疗健康、应急管理、气象服务、城市治理、绿色低碳12个行业和领域，推动发挥数据要素乘数效应，释放数据要素价值潜能。

《行动计划》聚焦"激活数据要素潜能"，明确指出：实施"数据要素×"行动，就是要发挥我国超大规模市场、海量数据资源、丰富应用场景等多重优势，推动数据要素与劳动力、资本等要素协同，以数据流引领技术流、资金流、人才流、物资流，突破传统资源要素约束，提高全要素生产率；促进数据多场景应用、多主体复用，培育基于数据要素的新产品和新服务，实现知识扩散、价值倍增，开辟经济增长新空间。

(三)集中整治网上涉未成年人突出问题

2023年6月，中央网信办开展了为期2个月的"清朗·2023年暑期未成年人网络环境整治"专项行动，重点整治7个方面网上涉未成年人突出问题。这7个方面问题包括：有害内容隐形变异问题、网络欺凌问题、隔空猥亵问题、网络诈骗问题、不良内容问题、网络沉迷问题、新技术新应用风险问题。

特别是网络欺凌方面，重点整治使用网络烂梗对未成年人进行侮辱谩骂；对未成年人进行"人肉搜索"，恶意传播泄露未成年人隐私的欺凌视频等。针对新技术新应用风险问题，重点整治利用所谓"阅后即焚"的密聊软件诱骗未成年人提供个人信息，诱导实施违法行为；利用生成式人工智能技术制作发布涉未成年人有害信息等。

通过开展专项行动，集中整治网上涉未成年人突出问题，全面压缩有害信息隐形变异的生存空间，坚决遏制侵害未成年人权益的违法行为，进一步提升学习类App、儿童智能设备等专属产品服务信息内容安全标准，有效解决网络沉迷问题，营造有利于未成年人健康安全成长的网络环境。

2023年8月，国家网信办发布《移动互联网未成年人模式建设指南(征求意见稿)》(以下简称《指南》)公开征求意见，将未成年人网络保护的覆盖范围由App扩大到移动智能终端、应用程序、分发平台，把"青少年模式"升级为"未成年人模式"。《指南》最大的亮点就是将全面升级"青少年模式"为"未成年人模式"。所谓"青少年模式"指的是2019年3月，由国家互联网信息办公室牵头，主要短视频平台和直播平台试点上线的"青少年防沉迷系统"，该系统会在使用时段、时长、功能和浏览内容等方面对未成年人的上网行为进行规范。

(四)依法严惩网络暴力违法犯罪

网络暴力违法犯罪近年频发，致使部分当事人"社会性死亡"甚至精神失常、自杀，严重扰乱网络秩序、破坏网络生态，造成恶劣社会影响。2023年，公安机关网安部门依法侦办查处了一大批在信息网络上肆意侮辱谩骂、造谣诽谤、侵犯隐私等网络暴力违法犯罪案件。2023年11月，公安部公布依法惩治网络暴力违法犯罪10起典型案例。

这 10 起典型案例分别是：江苏公安机关侦破章某雇佣"网络水军"网暴他人案、四川公安机关侦破陈某某犯罪团伙侮辱他人案、浙江公安机关侦破张某等人诽谤案、江苏公安机关侦破季某某通过网暴手段吸粉引流案、广西公安机关侦破王某某犯罪团伙寻衅滋事案、江西公安机关侦破胡某甲寻衅滋事案、山东公安机关侦破宋某某犯罪团伙非法利用信息网络案、山西公安机关侦破郭某某寻衅滋事案、广东公安机关查处雷某某侮辱他人案、湖南公安机关查处李某某侮辱他人案。

2023 年，最高人民法院、最高人民检察院、公安部联合发布了《关于依法惩治网络暴力违法犯罪的指导意见》（以下简称《指导意见》），《指导意见》依照刑法、刑事诉讼法及有关法律、司法解释的规定，结合执法、司法实践，对网络暴力违法犯罪案件的法律适用和政策把握问题作了全面的规定，涵括罪名适用规则、处罚界限、追诉程序、民事维权、诉源治理等内容，特别是对网络侮辱、诽谤的公诉标准、自诉转公诉程序等作了细化明确。我国依法惩治网络暴力违法犯罪具有三大特征：一是加强部门协作，二是强化综合治理，三是聚焦源头治理，最大力度铲除网暴滋生土壤，努力营造清朗的网络空间。

（五）依法打击造谣传谣违法犯罪活动

2023 年，全国公安机关依托"净网 2023"专项行动，将网络谣言作为重点打击整治的"网络乱象"之一，及时发现查处借热点舆情事件进行造谣传谣线索，坚决整治自媒体运营人员炮制谣言进行吸粉引流、非法牟利等行为，重拳打击编造虚假警情、疫情、险情、灾情等违法犯罪活动。2023 年，全国公安机关已侦办网络谣言类案件 4800 余起，依法查处造谣传谣人员 6300 余名，依法关停违法违规账号 3.4 万余个。

网络虚假信息泛滥的根本诱因是"唯流量论"提成潜规则。一些自媒体从业人员和"网络水军"团伙为吸粉引流、非法牟利，肆意编造谣言信息和负面信息，形成热点后又引发大量自媒体账号迅速模仿跟拍，刺激了网络谣言的大范围传播扩散。比如在 2023 年湖南公安机关侦办的一起案件中，相关自媒体运营人员摆拍"女骑手深夜送餐外卖车被盗，当街哭泣""大雨天母亲当街脚踢女儿""女儿执意送母亲坐牢"等多条虚假视频，引发网民大量传播，造成了恶劣的社会影响。

（六）坚决遏制电信网络诈骗犯罪高发态势

2023 年，全国公安机关持续向电信网络诈骗犯罪发起凌厉攻势，共破获电信网络诈骗案件 43.7 万起，公安部持续部署开展"长城""断卡""断流""拔钉"等专项行动，组织区域会战和集群战役，依法严厉打击为境外诈骗集团提供推广引流、转账洗钱、技术开发、组织偷渡等非法服务的涉诈黑灰产犯罪团伙，抓获犯罪嫌疑人 7.9 万名，其中包括诈骗集团幕后"金主"、头目和骨干 263 名。同时，派出工作组赴泰国、菲律宾、柬埔寨、老挝、越南、印度尼西亚等多个国家开展国际执法合作，捣毁一大批境外诈骗窝点，抓获犯罪嫌疑人 3000 余名。针对涉诈黑灰产链条，公安机关组织发起打击涉诈固话语音专线、简易组网 GOIP、跑分洗钱等各类集群战役 277 起。

针对缅北涉我电信网络诈骗犯罪严峻形势，公安部部署云南等地公安机关深入推进边境警务执法合作，持续开展多轮打击行动，坚决铲除诈骗窝点，依法缉捕涉诈人员。在缅甸各方的大力配合下，2023 年共有 4.1 万名电信网络诈骗犯罪嫌疑人移交我方，一大批境外诈骗窝点被成功铲除。2023 年，工业和信息化部扎实推进电信和互联网业务治理，落实企业反诈责任，先后组织开展 5 批次执法检查，涵盖全国 22 家电信、互联网企业。中国人民银行常态化推进"资金链"治理，形成部门联动、行业联防、系统联网治理体系，强化行业监管，对相关机构进行专项执法检查，压实机构主体责任。

（七）整治短视频领域价值导向失范和不良内容等违规违法行为

针对为了流量和利益不惜编造传播虚假信息的行为，中央网信办、公安部集中开展专项行动，整治短视频领域乱象。2023 年，全国公安机关已侦办网络谣言类案件 4800 余起，依法查处造谣传谣人员 6300 余名，依法关停违法违规账号 3.4 万个。

2023 年 7 月，中央网信办发布了《关于加强"自媒体"管理的通知》，提出了 13 条具体治理措施，其中要求网站平台应当要求"自媒体"在发布涉及国内外时事、公共政策、社会事件等相关信息时，准确标注信息来源，发布时在显著位置展示。网站平台应当要求"自媒体"在发布含有虚构情节、剧情演绎的内容时，以显著方式标记虚构或演绎标签。

2023 年 12 月，中央网信办印发通知，开展为期一个月的"清朗·整治短视频信息内容导向不良问题"专项行动，集中整治短视频领域价值导向失范和不良内容多发等乱象，督促短视频平台强化内容审核制度，全面规范短视频功能运行。该次"专项行动"重点围绕短视频领域多发频发的乱象，集中整治以下三类短视频信息内容导向不良问题：一是短视频传播虚假信息问题，包括摆拍制作虚假短视频、技术生成虚假短视频、罔顾事实篡改造假；二是短视频展示不当行为问题，包括"色情擦边"行为、打造低俗人设、网红恶意营销、展示高危行为;三是短视频传播错误观念问题,包括挑战公众认知底线和传播错误价值导向。

(八)优化营商网络环境,保护企业合法权益

2023 年 7 月,中共中央、国务院公布的《关于促进民营经济发展壮大的意见》(以下简称《意见》)明确要求,依法严厉打击以负面舆情为要挟进行勒索等行为。为全面落实《意见》提出的要求,国家发展和改革委员会等部门发布《关于实施促进民营经济发展近期若干举措的通知》(以下简称《通知》),《通知》要求依法打击蓄意炒作、造谣抹黑民营企业和民营企业家的"网络黑嘴"和黑色产业链。这充分释放出国家严厉整治涉企违法信息,为企业营造良好营商网络环境的鲜明信号。

2023 年,国家网信办根据常态化开展优化营商网络环境工作安排,持续强化网上涉企信息内容管理,严肃查处一批侵犯企业、企业家合法权益的违法违规行为。"消费金融频道""英伦投资客""蔡老板"等账号,因为谋取非法利益、发布涉企虚假不实信息而遭到关闭,并将账号主体纳入平台黑名单管理。国家网信办保持高压态势,持续整治各类涉企违法违规信息和行为,曝光典型案例,为企业健康发展提供了良好的营商网络环境。

(九)积极参与全球人工智能治理

2023 年中央经济工作会议提出,要大力推进新型工业化,发展数字经济,加快推动人工智能发展。2023 年被称为"生成式人工智能的突破之年",以大语言模型为代表的人工智能技术加速发展,应用场景不断拓宽,对经济社会发展产生重要影响,为人类未来打开了新的想象空间。英国《自然》杂志评选 2023 年度科技人物时,将人工智能大模型纳入其中,以反映人工智能给科学研究带来的重大改变。

人工智能应用在加速发展的同时,带来的风险与挑战也逐渐显露。韦氏词典编辑出版商美国韦氏出版公司宣布将"真实的"一词定为 2023 专题词,原因是人工智能技术异军突起导致人们对"真实"的需求大大上升。如何防止人工智能传播虚假信息、侵害个人权益、制造安全风险、加大技术鸿沟等,在全球范围引起空前关注。

人工智能究竟会对人类社会发展产生何种作用,取决于国际社会能否趋利避害,开展有效的治理。2023 年,我国提出《全球人工智能治理倡议》,围绕人工智能发展、安全、治理三个方面系统阐述人工智能治理的中国方案,坚持发展与安全并重的系统思维,倡导以人为本、智能向善的普遍共识,弘

扬平等互利、尊重人类权益的价值理念，为各方普遍关切的人工智能发展与治理问题提供了建设性解决思路，为相关国际讨论和规则制定提供了蓝本。

2023 年 11 月，首届人工智能安全全球峰会在英国布莱切利园开幕，中国与美国、英国等 28 个与会国共同签署了《布莱切利宣言》。我国提出的《全球人工智能治理倡议》中有多条内容被纳入《布莱切利宣言》，比如《全球人工智能治理倡议》第一条指出，发展人工智能应坚持"以人为本"理念，以增进人类共同福祉为目标，确保人工智能始终朝着有利于人类文明进步的方向发展；《布莱切利宣言》第一段则申明，为了所有人的利益，AI 应该以安全、以人为本、可信赖和负责任的方式设计、开发、部署和使用。

三、2023 年网络与数据法治实施中存在的主要问题与建议

2023 年，我国网络与数据法治领域接续奋斗、砥砺前行，取得了显著成效，但是仍然存在不少问题需要研究和系统解决，如侵犯公民个人信息案件日益突出，电信网络诈骗违法犯罪模式呈新态势，直播带货乱象亟须治理，网络暴力依然严峻，人工智能大模型快速发展背后隐藏巨大风险，数据要素市场规则亟须规范统一等。

（一）网络与数据法治实施中存在的主要问题

1.侵犯公民个人信息案件日益突出

个人信息泄露问题日益突出，垃圾短信、骚扰电话层出不穷，个人信息安全与保护引发全社会高度关注。根据北京市高级人民法院于 2023 年 11 月发布的《侵犯公民个人信息犯罪审判白皮书（2018 年—2023 年）》，涉案公民个人信息的规模日渐庞大。近年来，批量甚至海量侵犯公民个人信息已成为该类案件的常态，且案件比例整体呈上升趋势。统计发现，在已结的侵犯公民个人信息罪案件中，除少部分案件依据犯罪所得定案外，九成案件以信息条数作为定罪量刑的主要依据。其中有半数的案件信息数量超过 5 万条，约 1/4 的案件信息数量超过 50 万条，部分案件查获的信息多达数百万条、数千万条。

2.电信网络诈骗违法犯罪模式呈新态势

当前，电信网络诈骗呈集团化、跨境化、链条化、产业化态势，境外出现以"工业园""科技园"为幌子的超大犯罪集团，从单独实施诈骗犯罪到衍生出故意伤害、非法拘禁等严重暴力犯罪，严重损害人民群众安全感。除了上述态势外，当前为境外电信网络诈骗犯罪集团提供帮助的境内外相关黑产链条更为完整，人员、信息、技术、资金等黑产模块更为稳定，技术门槛进一步

降低，资金渠道交织隐蔽，社会危害性极大。

从检察机关办案情况看，刷单返利、虚假投资理财、虚假购物、冒充客服、虚假征信等是较为常见的诈骗手段，其中刷单返利、虚假投资理财类诈骗占到一半以上。犯罪分子将不同诈骗模式相互融合，还衍生出"杀猪盘+虚假投资""赌诈结合"等复合手段，更具有欺骗性和迷惑性。

3. 直播带货乱象亟须治理

根据中国消费者协会发布的《2023年"双11"消费维权舆情分析报告》，监测期间，有关"直播带货"负面信息高达1,565,203条，其中价格垄断、低俗带货、虚假宣传等问题较为突出。2023年以来，公安机关网安部门已侦办"网络水军"相关案件800余起，关停涉案网站平台1200余个，涉案金额总计80余亿元。伴随着直播带货的兴起，一些不法分子乘机混迹其中，通过虚假宣传欺骗消费者，部分主播雇佣水军制造爆款、抢单假象，诱导消费者购买，涉案金额巨大，严重扰乱正常经营秩序。

4. 网络暴力依然严峻

网络暴力，是网络生态的一种"畸变"，不仅给人们的工作与生活带来无谓的压力和干扰，引起恐慌与焦虑，还扰乱原本和谐的社会秩序，有的还造成无法挽回的悲剧，对社会的影响和危害极大。目前，网络暴力正呈现出组织化、产业化、规模化的特点。很多网络暴力背后都有黑公关的身影，甚至形成了专门的黑色产业链。

网络暴力容易在不同平台相互跳转，特别是微信、微博等社交平台，互动性和话题性较强，最容易引发不同观点的争论并形成冲突。一些平台为了追求热度，故意制造网民对立，为了流量对一些出格行为熟视无睹、不加限制，甚至故意"拉仇恨"，造成公众认知混乱和价值观错位。从某种意义上讲，正是因为平台的纵容和不作为，给了网络暴力作妖的空间，以至于网络暴力屡禁不止，成为网络顽疾。

5. 人工智能大模型快速发展背后隐藏巨大风险

根据世界经济论坛发布的《2024年全球风险报告》，人工智能风险并不是新问题。近年来，在社交网络平台上广泛存在的社交机器人已引起社会关注。社交机器人指的是由人设置、可凭借算法程序自主运行的智能社交账号，它们能与社交平台上的其他用户进行信息交互。

当前，人工智能大模型正在快速发展，全球很多大模型已经开源。人们可以利用这些大模型，自动批量生产和扩散高度复杂的言论信息，更高效地生成以假乱真的合成音视频，这使得公众区分真实和虚假信息的难度越来大。鉴于人工智能大模型的输出内容主要依赖于其训练数据，如果这些数据中包含有害、偏激或错误的信息，模型可能会学习并再现这些行为，加之人工智能大模型依托其技术的叠加性、实时交互性、时空无界性等优势，能直接或间接对国家、社会、私权利造成严重损害。在国家层面，人工智能大模型可能诱发暴力冲突；在社会层面，人工智能大模型可能形成数据垄断和基于数据的垄断，并通过算法垄断不断扩大垄断风险，最终形成基于大模型的数据垄断。这无疑加速了意识形态重塑的步伐，加大了网络意识形态竞争的多变性、复杂性和不确定性。

6. 数据要素市场规则亟须规范

2023 年，各地积极贯彻落实中共中央、国务院"数据二十条"的战略部署，探索和制定与公共数据相关的制度，浙江、广东、深圳、上海、江苏、山东、河北、重庆、黑龙江、四川、北京等地出台地方立法，对公共数据产权、收集与归集、流通交易、监管治理、数据安全等方面进行了积极的探索和实践。然而，我们必须清醒地认识到，我国数据要素市场建设尚处于起步阶段，面向公共数据要素市场发展与治理的基础性规则和制度尚未建立，数据要素、数据资源、数据资产、数据产品等基本概念使用较为混乱，各地公共数据资产管理制度、公共数据授权运营主体、对外授权有偿使用数据资产，存在不规范、不统一问题。一些地区公开拍卖公共数据资源特许经营权，引发了社会的广泛质疑。

（二）网络与数据法治实施的若干建议

1. 加大治理和打击利用 AI"换脸"等新型违法犯罪行为

随着短视频行业的迅猛发展，"AI 换脸"技术得到广泛应用。由于技术获取门槛逐步降低，技术滥用现象也层出不穷，加上合成的视频、图像外观上具有高度真实性，普通人难以准确辨认。一些不法分子开始利用"AI 换脸"等技术实施盗窃、诈骗等犯罪，对个人信息安全和社会和谐稳定会造成严重危害。近年来，相关 App、公众号、小程序等各种互联网应用平台层出不穷，用户在登录的时候往往会被要求上传个人信息。犯罪分子主要利用照片，特别是身份证照片实施 AI 换脸，同时结合人员姓名、身份证号来突破人脸识别验证系统。

治理利用 AI"换脸"违法犯罪行为的重点是加强平台监管及公民个人信息安全的保护。公安机关应全面强化重点互联网平台网络与数据安全监管工作，压实网络运营主体的数据安全责任。对于未履行网络安全保护义务、未落实数据安全防护措施的互联网平台运营主体，依法予以行政处罚，督促其整改到位。

加大传统媒体宣传力度的基础上，利用各类新媒体账号开展宣传，向群众普及个人信息保护知识，披露 AI"换脸"等新型犯罪手法。同时，个人应当加强防范意识，保护好个人信息，不轻易在公开的网络平台上透露自己的正面照片、指纹等个人生物信息；在网络上浏览一些视频、动图时注意分辨信息真假；一旦发现自己的肖像被人冒用、盗用，应当及时保存侵权图片、视频，向侵权者主张维权并要求网络平台运营商予以下架，造成严重侵权后果的可依法要求赔偿。

2. 强化国际执法合作打击跨境电信诈骗

当前，一些不法分子为逃避国内打击、牟取非法利益，纷纷将诈骗窝点转移至境外，相当一部分人员偷越国境后盘踞在缅甸北部等地成立犯罪集团或组成犯罪团伙，对境内居民实施电信网络诈骗犯罪。此类犯罪集团、团伙往往组织严密、层级分明，成员之间分工明确，从人员招募、接送到"话术"、业务培训，再到资金管理、转移等均有专人负责，各环节分工配合完成犯罪，严重危害人民群众利益。

跨境电信网络诈骗的犯罪链条比较长，涉及多个国家和不同的法律制度，应该持续深化国际警务执法合作，创新与相关国家的合作方式、合作内容，持续缉捕境外电信网络诈骗犯罪集团重要头目，不断纵深推进打击跨境电信网络诈骗犯罪的专项行动，特别要依法重点打击境内从事"跑分"洗钱、架设 GOIP、收集贩卖公民个人信息、组织运送偷越国（边）境的黑产团伙。

当前，境内电信网络诈骗犯罪形势依然严峻复杂，境内境外、网上网下、诈骗赌博等犯罪相互交织，诈骗手段迭代翻新，迷惑性、隐蔽性、针对性更强。针对上述新情况、新特点，相关部门应当积极开展案例警示教育和识诈防诈知识普及，切实提高广大人民群众的识诈防诈意识。同时，每个公民不仅要做好自身防范，还要加强对家庭成员、亲朋好友的教育提醒，共同营造"全民防诈、全民反诈"的社会环境。

3. 全面整治直播带货乱象

伴随着直播带货的兴起，一些不法分子也乘机混迹其中，通过虚假宣传欺骗消费者。部分主播雇佣水军制造爆款、抢单假象，诱导消费者购买，涉案金额巨大，扰乱正常经营秩序。对直播带货这一新兴销售模式，既要"放活"，更要"管好"。

要加强对主播的教育和培训，提高其诚信意识和责任感，强化宣传信息的真实性和确凿性，不得捏造虚假信息。提高平台对主播的审核和管理标准，对存在虚假宣传和欺诈行为的主播进行严惩，维护品牌形象和消费者的信任。直播平台应当引入第三方认证机制，对主播和产品的真实信息以及可靠的购物信息和消费保障进行第三方审核认证，避免受到虚假宣传的误导，以减少虚假带货情况的发生。

制定或修订完善相关法律法规，加大对直播带货虚假宣传和欺诈行为的惩罚力度，在虚假宣传、虚构销售数据等方面设定明确的违法和违规标准，加大对违法行为的处罚力度，维护市场秩序和公平竞争环境。明确平台依法完善自身监管措施和处罚方式，加强从招募入驻、商品抽检、营销推广、商品评价、违规管理、售后保障、纠纷判责等直播带货交易全流程的生态治理。

4. 依法严惩网络暴力违法犯罪活动

网络暴力主要针对个人集中发布侮辱谩骂、造谣诽谤、侵犯隐私等违法信息及其他不友善信息，严重侵害他人合法权益，扰乱正常网络秩序。各级人民法院、人民检察院、公安机关应充分认识网络暴力的社会危害，认真贯彻执行"两高一部"发布的《关于依法惩治网络暴力违法犯罪的指导意见》，坚持严惩立场，依法能动履职，畅通诉讼程序，及时为受害人提供有效的法律救济，维护公民的合法权益，维护公众的安全感，维护网络秩序。

针对相关网络暴力信息传播范围广、社会危害大、影响消除难的现实情况，要依法及时向社会发布案件进展信息，澄清事实真相，有效消除不良影响。要认真贯彻"谁执法谁普法"普法责任制，充分发挥执法办案的规则引领、价值导向和行为规范作用。发布涉网络暴力典型案例，明确传导"网络空间不是法外之地"，教育引导广大网民自觉守法，引领社会文明风尚。

公检法在依法办理涉网络暴力相关案件的基础上，做实诉源治理，深入分析滋生助推网络暴力发生的根源，通过提出司法建议、检察建议、公安提示函等方式，促进对网络暴力的多元共治，夯实网络信息服务提供者的主体责任，不断健全长效治理机制，从根本上减少网络暴力的发生，营造清朗网络空间。

5. 制定专门的人工智能法，应对新一代人工智能发展与安全新趋势

生成式人工智能技术迅速发展，在全球范围内引起极大关注。2023年，多个国家和地区出台了管理规定，规范生成式人工智能技术的发展。2023年8月15日，我国正式实施《生成式人工智能服务管理暂行办法》（以下简称《办法》）。《办法》在监管方式上，提出对生成式人工智能服务实行包容审慎和分类分级监管，要求国家有关主管部门针对生成式人工智能技术特点及其在有关行业和领域的服务应用，完善与创新发展相适应的科学监管方式，制

定相应的分类分级监管规则或者指引。

为了应对新一代人工智能发展与安全新态势，建议研究制定高阶位的人工智能立法，重点围绕人工智能发展、安全、治理三个方面，规范和调整人工智能技术的创新发展与安全治理，适应新一代人工智能发展与安全的新态势。

在创新发展方面，要系统研究全球人工智能创新发展新趋势，开展大模型创新算法及关键技术研究，加强大模型训练数据采集及治理工具研发，构建多模态多维度的基础模型评测基准及评测方法，支持研发大模型分布式训练系统，实现训练任务高效自动并行；鼓励高校、研究机构和企业发展面向通用人工智能的基础理论体系，加强人工智能数学机理、自主协同与决策等基础理论研究，探索通用智能体、具身智能和类脑智能等通用人工智能新路径，推动通用人工智能技术在各领域的创新应用。

在监管治理方面，探索营造稳定包容的监管环境，鼓励创新主体采用安全可信的软件、工具、计算和数据资源，开展人工智能算法、框架等基础技术的自主创新、推广应用、国际合作。对高风险的人工智能产品和服务实行清单式管理，遵循必要、正当、可控等原则进行合规审查；对中低风险的人工智能产品和服务采用事前披露和事后控制的治理模式，促进先行先试。

制定基于伦理价值取向的人工智能监管模式，包括对人工智能系统的安全性、透明度、可追溯性、公平性和道德标准的评估和管理，以及对人工智能系统的监管、执法和司法审查等方面的规定。可以参照欧盟《人工智能法案》将人工智能系统分成四个风险级别，即不可接受的风险、高风险、有限风险和极低风险，每个风险类别应规定相应的应用场景和监管措施。

人工智能的发展需要海量高质量的数据喂养和训练，应依法提高人工智能训练数据资源的真实性、准确性、多样性，最大限度地避免人工智能系统的算法歧视和偏差。人工智能训练的数据来源应依法尊重知识产权、商业道德和保护个人信息，不得侵害他人著作权、肖像权、名誉权、荣誉权、隐私权和个人信息权益。

6.规范公共数据资源的利用

目前，浙江省、广东省、深圳市、上海市、江苏省、山东省、河北省、重庆市、黑龙江省、四川省、北京市多地出台相关数据条例及数据管理办法，对公共数据内涵进行了定义，并就公共数据资源的开发利用进行了规定。最有代表性的是《上海市数据条例》《四川省数据条例》和《浙江省公共数据条例》，其中《浙江省公共数据条例》是全国首部公共数据领域的地方性法规。

总体来说，地方数据立法中就公共数据的利用虽然各自有别，但公共数据的内涵比较一致，即国家机关、法律法规规章授权的具有管理公共事务职能的组织以及供水、供电、供气、公共交通等公共管理和服务机构，在依法履行职责或者提供公共服务过程中收集、产生的数据。"数据二十条"没有对"公共数据"进行定义，但是扩大了持有公共数据主体的范围，包括了"各级党政机关、企事业单位，以及依法履职或提供公共服务的组织"等。

目前，亟须在国家层面制定统一的公共数据开发利用指导规范：①各省、自治区和直辖市应当打破"数据孤岛"，统筹公共数据的汇聚，规划和建设以数据基础设施、数据资源、应用支撑、授权运营体系的一体化智能化公共数据平台；②坚持公共数据的公共属性与平等利用公共数据的原则，加强公共数据分类分级管理，建立健全全国统一的公共数据资产分类分级授权使用规范，建设公共卫生、科技、教育等重要领域国家数据资源库；③强化按用途增加公共数据资产供给，率先推动用于公共治理、公益事业的公共数据资产有条件无偿使用，平等保护各类数据资产权利主体合法权益；④探索公共数据的有条件有偿使用，切忌一哄而上，要从严控制不依法、依规开放的原始公共数据直接流入市场；⑤释放商业数据价值潜能，加快建立数据产权制度，开展数据资产计价研究，建立数据要素按价值贡献参与分配机制；⑥公共数据的授权运营应重点聚焦实体经济领域和民生服务领域，如生产制造、科技研发、金融服务、商贸流通、航运物流、现代农业，以及公共卫生、医疗卫生、文化旅游、交通物流、健康养老等。

7. 对标高标准国际经贸规则评估和梳理影响数据出境的法律法规和规章

"数据二十条"要求，"参与数据跨境流动国际规则制定，探索加入区域性国际数据跨境流动制度安排。推动数据跨境流动双边多边协商，推进建立互利互惠的规则等制度安排。鼓励探索数据跨境流动与合作的新途径新模式"。2023年的中央经济工作会议将"扩大高水平对外开放"列为2024年需要重点做好的九大工作之一，并提出"对标国际高标准经贸规则，认真解决数据跨境流动"。

目前，高标准国际经贸规则主要指《全面与进步跨太平洋伙伴关系协定》（CPTPP）和《数字经济伙伴关系协定》（DEPA）。2021年9月和11月，我国分别申请加入CPTPP和DEPA，并积极推进相关进程。根据CPTPP第14.11条第2款的规定：每一个缔约方都应当允许数据跨境流动，包括个人信息，如果这一活动用于涵盖的人开展业务。这是CPTPP数据跨境流动规则的核心条款，也是为缔约方设置的强制性义务。

2023 年 9 月 28 日，国家网信办公布了《规范和促进数据跨境流动规定（征求意见稿）》，对 2022 年 9 月 1 日实施的《数据出境安全评估办法》作出了调整，以促进数据高效安全地跨境流动。应当对标 CPTPP 和 DEPA 等高标准国际经贸规则，全面评估和梳理影响数据出境的法律法规和规章，按照数据分类分级保护制度，关键是制定重要数据目录，建立合法安全便利的数据跨境流动机制，促进数据高效安全便利地跨境流动，提升数据跨境流动便利性，尽快出台符合高标准国际经贸规则的数据跨境流动新规定。

撰稿专家

王春晖，山东栖霞人，博士，教授、博士生导师、高级翻译，我国知名网络与数据战略、经济、技术与法律融合型专家，南京邮电大学信息产业发展战略研究院首席教授，浙江大学网络空间安全学院双聘教授，中国科学技术协会决策咨询首席专家，中国行为法学会学术委员会副主任兼网络与数据法学研究部主任。兼任工业和信息化部信息通信经济专家委员会委员，网络空间治理与数字经济法治（长三角）研究基地主任兼首席专家，中国法学会网络与信息法学研究会常务理事，联合国国际电联《国际电信规则》中国工作专家，《中华人民共和国电信法》起草专家组成员，联合国世界丝路论坛数字经济研究院院长，联合国国际贸易法委员会（第四工作组）中国观察员专家团成员，中美数字经济二轨（智库）对话工作组专家，中国行为法学会学术委员会副主任、中国互联网协会应用创新工作委员会副主任，中国通信学会网络空间安全战略与法律委员会副主任，中国通信企业协会法治工作委员会副主任，上海市法学会互联网司法研究会副会长，江苏省法学会数字法治研究会副会长，宁波市法学会首席法律咨询专家，中国健康大数据产业创新联盟副理事长，北京市、浙江省、山东省、海南省、山西省通信管理局首席法律顾问，全球数字经济大会-中国数据要素 50 人论坛主席。

第十三章　2023 年涉外商事海事法治专题报告

张　建

报告要旨

　　2023 年是全面贯彻党的二十大精神的开局之年，是习近平总书记提出共建"一带一路"倡议十周年。面对异常复杂的国际环境和艰巨繁重的改革发展稳定任务，以习近平同志为核心的党中央团结带领全国各族人民，顶住外部压力、克服内部困难，付出艰辛努力，新冠疫情防控实现平稳转段、取得重大决定性胜利，高质量发展扎实推进，社会大局保持稳定，全面建设社会主义现代化国家迈出坚实步伐。2023 年 11 月 27 日，习近平总书记主持中央政治局会议，审议《中国共产党领导外事工作条例》，把党长期以来领导外事工作的思路理念、体制机制和成功实践转化为制度成果。当日，习近平总书记主持中央政治局第十次集体学习时强调，加强涉外法治建设既是以中国式现代化全面推进强国建设、民族复兴伟业的长远所需，也是推进高水平对外开放、应对外部风险挑战的当务之急，这是新中国成立以来，中央领导集体首次专门就涉外法制建设进行专题学习讨论、谋篇布局和顶层设计，对于一体推进形成涉外法治工作大协同格局，具有重要的指导意义。在党中央的坚强领导下，过去的 2023 年涉外立法、执法、司法、守法、法律服务、涉外法治人才培养取得新突破。一是推动形成系统完备的涉外法律法规体系。制定《中华人民共和国对外关系法》（以下简称《对外关系法》）、《中华人民共和国外国国家豁免法》（以下简称《外国国家豁免法》）、《中华人民共和国领事保护与协助条例》（以下简称《领事保护与协助条例》）等一系列涉外法律法规，修订《中华人民共和国民事诉讼法》

(以下简称《民事诉讼法》)中的涉外程序编。二是推进建设协同高效的涉外法治实施体系。强化反制裁、出口管制、贸易救济、外商投资等领域的涉外执法,持续营造市场化法治化国际化一流营商环境。全国各级人民法院妥善审理涉外海事案件,深化涉外司法审判体制机制改革,提升涉外执法司法效能,提高涉外司法公信力。最高人民法院制定和修订了一系列涉外司法解释,扩大国际商事法庭的管辖权、拓展外国法查明的渠道、明确国际条约及国际惯例的适用标准。发布第四批涉"一带一路"建设典型案例、2022 年全国海事审判典型案例。海南省与上海市分别发布《海南自由贸易港国际商事仲裁中心建设方案》《上海市推进国际商事仲裁中心建设条例》,打造国际商事仲裁优选地,为推进国际商事仲裁中心建设提供优质高效的法治保障。三是开创参与和引领国际规则新局面。成功推动《北京船舶司法出售公约》在北京开放签署,成为首个以中国城市命名的联合国国际海事公约。举办中国-上合组织国家地方法院大法官论坛(2023)、海上丝绸之路(泉州)司法合作国际论坛、中新法律和司法圆桌会议等国际司法会议,推动形成多份成果性文件,广泛凝聚法治共识。积极参与海牙国际私法会议判决项目、管辖权项目,联合国国际贸易法委员会可转让多式联运单证等国际规则的磋商。我国加入《取消外国公文书认证要求的公约》(以下简称《海牙认证公约》),大幅降低文书跨国流转难度、便利国际经贸人员往来。

核心建议

1.锚定推进中国式现代化这个最大的政治,聚焦经济建设这一中心工作和高质量发展这一首要任务,统筹推进国内法治和涉外法治,坚持高质量发展和高水平安全良性互动,围绕建设同高质量发展、高水平开放要求相适应的涉外法治体系和能力的总体要求,为中国式现代化行稳致远营造有利法治条件和外部环境。

2.持续推动形成系统完备的涉外法律法规体系,深化涉外立法执法司法联动,促进涉外法律服务健康发展,不断健全涉外法治工作大协同格局。其中,着力构建涉外法律服务合作的长效机制,为涉外法治人才开展涉外法律服务搭建成长成才平台。加快引进一流国际仲裁机构、国际调解机构依法在自贸试验区（港）设立代表机构，健全有效监督管理机制。

3. 在法治轨道上稳步扩大制度型开放，总结推广法治服务保障自由贸易试验区和海南自由贸易港的创新案例和经验，打造开放层次更高、营商环境更优、辐射作用更强的对外开放新高地。

4. 强化合规意识，建立健全我国公民和企业"走出去"投资风险研判机制，推动健全海外利益司法保护法律制度，建强保护我国海外利益的法治安全链。

5. 采用公正的法治手段，以平等互利的法治观念助推全球治理体系变革，以和谐稳妥地处理好中国与世界的双向关系作为落脚点，积极推动和平、发展、公平、正义等全人类共同价值融入涉外法治当中。

6. 全面认识涉外法治人才需求特点，更加重视涉外法治人才自主培养，坚持长远规划与近期目标相结合，加快形成涉外法治人才资源竞争优势。

一、2023 年涉外商事海事法治实施的总体状况

（一）外事工作制度化、规范化、科学化进入新阶段

外交大权在党中央。2023 年 11 月 27 日，中共中央政治局召开会议，审议《中国共产党领导外事工作条例》。该条例对党领导外事工作作出规定，把党长期以来领导外事工作的思路理念、体制机制和成功实践转化为制度成果，对于确保党中央对外大政方针和战略部署得到有力贯彻执行具有重要意义。会议强调，要加快形成系统完备的涉外法律法规体系，不断提升外事工作的制度化、规范化、科学化水平。要深刻认识新征程上党的外事工作使命任务，把习近平外交思想贯彻落实到外事工作全过程各方面，为维护世界和平与发展、推动构建人类命运共同体作出更大贡献。[①] 12 月 27 日至 28 日，

---

① 新华社："中共中央政治局召开会议 审议《关于进一步推动长江经济带高质量发展若干政策措施的意见》《中国共产党领导外事工作条例》中共中央总书记习近平主持会议"，载中国政府网：https://www.gov.cn/yaowen/liebiao/202311/content_6917336.htm? selected = 2，2024 年 2 月 25 日访问。

中央外事工作会议在北京举行，从十个方面对十八大以来的外事工作进行了系统总结，对党的十八大以来的外事工作给予肯定，包括："创立和发展了习近平外交思想""坚持元首外交战略引领，在国际事务中日益发挥重要和建设性作用""形成了范围广、质量高的全球伙伴关系网络""搭建了世界上范围最广、规模最大的国际合作平台""有效维护国家主权、安全、发展利益""引领国际体系和秩序变革方向"等。①

(二)提出形成涉外法治工作大协同格局

当前，全球治理体系正处于调整变革的关键时期，中国走向世界、以负责任大国参与国际事务，必须善于运用法治思维，积极参与国际规则制定，做全球治理变革进程的参与者、推动者、引领者。加强涉外商事海事法治建设，既是以中国式现代化全面推进强国建设、民族复兴伟业的长远所需，也是推进高水平对外开放、应对外部风险挑战的当务之急。2023年11月27日，中共中央政治局就加强涉外法制建设进行第十次集体学习，习近平总书记在主持学习时强调，涉外法治工作是一项涉及面广、联动性强的系统工程，必须统筹国内和国际，统筹发展和安全，坚持前瞻性思考、全局性谋划、战略性布局、整体性推进，加强顶层设计，一体推进涉外立法、执法、司法、守法和法律服务，形成涉外法治工作大协同格局，为中国式现代化行稳致远营造有利法治条件和外部环境。②

为了形成涉外法治工作大协同格局，最高人民法院、司法部探索建立工作交流会商机制，聚焦涉外法治重点难点问题，有效凝聚工作合力，更好地发挥涉外司法审判与涉外司法行政的职能作用。2023年8月，最高人民法院与司法部召开工作交流会商会首次会议，会商内容涵盖了仲裁、调解、港澳与内地司法法律服务等重点领域，取得了显著成效。③

(三)北京、上海高水平扩大对外开放迈出新步伐

党的二十大报告提出，加快建设海南自由贸易港，实施自由贸易试验区提升战略，扩大面向全球的高标准自由贸易区网络。实施自由贸易试验区提

---

① 人民日报评论员：《深刻认识新时代中国特色大国外交的历史性成就和宝贵经验——一论贯彻落实中央外事工作会议精神》，载《人民日报》2023年12月30日，第2版。

② 新华社："习近平在中共中央政治局第十次集体学习时强调：加强涉外法制建设 营造有利法治条件和外部环境"，载中国政府网：https://www.gov.cn/govweb/yaowen/liebiao/202311/content_6917473.htm，2023年12月31日访问。

③ 白龙飞："最高人民法院 司法部 举行首次工作交流会商会"，载最高人民法院网：https://www.court.gov.cn/zixun/xiangqing/409572.html，2024年3月8日访问。

升战略。习近平总书记强调，要更加主动对接高标准国际经贸规则，稳步扩大规则、规制、管理、标准等制度型开放，加快打造对外开放新高地。[①] 2023 年 11 月 23 日，国务院发布《关于〈支持北京深化国家服务业扩大开放综合示范区建设工作方案〉的批复》（国函〔2023〕130 号），被称为北京"示范区深化 2.0 方案"。[②] 该方案围绕推进服务业重点领域深化改革扩大开放、探索新兴业态规则规范等六个方面，提出 170 多项任务举措。对接国际高标准经贸规则是示范区深化 2.0 方案的一项重点任务，方案中对接了《全面与进步跨太平洋伙伴关系协定》（CPTPP）和《数字经济伙伴关系协定》（DEPA）二十多个专章的条款。在优化贸易投资制度安排方面，对照 CPTPP 提出推动贸易单证电子化传输、便利部分再制造产品进口等举措。在优化金融服务体系方面，对照 CPTPP 提出探索优化资本项目下负面清单管理模式、便利企业资金跨境流动、促进金融服务绿色低碳循环经济等措施。在建设数字经济制度体系方面，对照 DEPA 提出建立健全数据交易、数据权属登记、数据资产评估、数据开发利用等相关制度和机制，对部分业务场景开展全链条监管。在公共管理服务方面，对照 CPTPP 提出便利引进人才签证办理、建设外籍人才办事"单一窗口"，以及加强知识产权数据共享、业务协同与国际交流等举措。

2023 年 11 月 26 日，国务院印发《全面对接国际高标准经贸规则推进中国（上海）自由贸易试验区高水平制度型开放总体方案》（国发〔2023〕23 号）。[③] 该方案从加快服务贸易扩大开放、提升货物贸易自由化便利化水平、率先实施高标准数字贸易规则、加强知识产权保护、推进政府采购领域改革、推动相关"边境后"管理制度改革、加强风险防控体系建设等层面对上海市打造国家制度型开放示范区提出具体要求。

（四）以涉外法治人才培养助力涉外法治实施

培养高素质的涉外法治人才是促进涉外商事海事法治实施的内在要求，

---

① 新华社："习近平在中共中央政治局第八次集体学习时强调：积极参与世界贸易组织改革 提高驾驭高水平对外开放能力"，载中国政府网：https://www.gov.cn/yaowen/liebiao/202309/content_6906628.htm，2024 年 3 月 4 日访问。

② "国务院关于《支持北京深化国家服务业扩大开放综合示范区建设工作方案》的批复"，载中国政府网，https://www.gov.cn/zhengce/zhengceku/202311/content_6916721.htm，2024 年 1 月 15 日访问。

③ "国务院关于印发《全面对接国际高标准经贸规则推进中国（上海）自由贸易试验区高水平制度型开放总体方案》的通知"，载中国政府网，https://www.gov.cn/zhengce/zhengceku/202312/content_6918914.htm，2024 年 2 月 1 日访问。

在涉外法治体系和能力建设中具有基础性地位。习近平总书记高度重视涉外法治人才培养，对我国涉外法律服务业的发展现状、涉外法治人才培养的重要意义以及涉外法治人才所应具备的素质和能力要求等方面，作出了一系列重要论述。在中共中央政治局就加强涉外法制建设进行第十次集体学习时，习近平总书记发表重要讲话指出："坚持立德树人、德法兼修，加强学科建设，办好法学教育，完善以实践为导向的培养机制，早日培养出一批政治立场坚定、专业素质过硬、通晓国际规则、精通涉外法律实务的涉外法治人才。"①2023 年 3 月，为贯彻落实党中央、国务院关于加快推进涉外法治人才培养工作的决策部署，根据《教育部关于加快高校涉外法治人才培养的实施意见》要求，教育部经商中央依法治国办，开展了涉外法治人才协同培养创新基地建设工作，目的是为聚焦国家涉外法治战略需求，在国际组织法律人才、涉外立法执法司法人才、涉外法律服务人才等重点领域，培育建设一批高水平涉外法治人才协同培养创新基地，深化涉外法治人才培养模式改革，着力造就涉外法治拔尖创新人才。12 月 21 日，教育部办公厅、中央依法治国办秘书局下发《关于公布涉外法治人才协同培养创新基地（培育）名单的通知》，全国共有 11 家政法类院校、40 家非政法类院校入选。3 月，华东政法大学分别成立了涉外法治研究院和涉外法治学院，后者是全国首家独立建制的涉外法治学院。6 月，北京市司法局印发《北京市百名高端涉外法治人才培养方案》，提出从 2023 年到 2025 年，实施为期 3 年的北京市百名高端涉外法治人才培养项目。8 月，国家级涉外法治研究培育基地——西安交通大学"'一带一路'与国际法治研究院"揭牌。② 特别值得关注的是，2023 年武汉大学新增的三个本科专业中就包括了国际法，是加强我国涉外法治人才培养战略选择、创新涉外法治人才培养机制的关键举措。

二、加快形成系统完备、衔接配套的涉外法律规范体系

（一）加强涉外立法，充实防范风险、应对挑战的法律工具箱

1. 出台《对外关系法》：我国对外关系法治化的里程碑

2023 年 6 月 28 日，第十四届全国人民代表大会常务委员会第三次会议

---

① 曹建："习近平在中共中央政治局第十次集体学习时强调 加强涉外法制建设 营造有利法治条件和外部环境"，载中华人民共和国教育部官网，http://www.moe.gov.cn/jyb_xwfb/s6052/moe_838/202311/t20231128_1092386.html，2024 年 3 月 5 日访问。

② 刘瑜："2023 年法学教育十件大事"，载民主与法制网，http://www.mzyfz.com/html/1996/2024-01-15/content-1611642.html，2024 年 3 月 5 日访问。

表决通过《中华人民共和国对外关系法》（以下简称《对外关系法》），自2023年7月1日起施行。《对外关系法》是新中国成立以来首部集中阐述我国对外工作大政方针、原则立场和制度体系，对我国发展对外关系作出总体规定的基础性涉外法律，该法的颁布是我国涉外法治体系建设的重要里程碑。①

在规范内容上，《对外关系法》既从宏观层面进行顶层设计，夯实涉外法律法规体系基本格局，又从微观层面构筑起各领域、各方面的法律支撑；既体现坚持中国特色社会主义制度和道路的守正固本，又彰显以法治思维和法治方式维护国家利益、有效应对风险挑战的与时俱进。

第一，明确发展对外关系的指导思想。坚持以习近平新时代中国特色社会主义思想为指导，深入贯彻习近平外交思想和习近平法治思想；坚持统筹国内国际两个大局、发展安全两件大事，恪守维护世界和平、促进共同发展的外交政策宗旨，推动构建人类命运共同体；坚持完善涉外法治体系，为全面建成社会主义现代化强国、实现第二个百年奋斗目标，以中国式现代化全面推进中华民族伟大复兴营造良好外部环境，提供坚强法律保障。

第二，确定立法遵循的总体原则。一是坚持党的领导。发挥党总揽全局、协调各方的领导核心作用，贯彻落实党中央决策部署，使党在对外工作领域制定的方针政策通过法定程序转化为国家意志。二是坚持把准定位。《对外关系法》作为涉外领域基础性、综合性法律，重在确立我国对外工作中具有普遍指导意义的方针、原则，为其他涉外法律提供授权和指引，留足必要接口。三是坚持问题导向。对涉外立法中一些根本原则和亟待解决的问题作出规定，统筹把握各项规定之间的关系，坚持鼓励、支持、保护性规定同抵制、反制性规定并重。四是坚持立足当前，着眼长远。既要高质量高水平回应和解决当下涉外立法诉求，又要兼顾稳定性前瞻性，充分考虑所涉条款的可持续，实现固根本、稳预期、利长远。五是坚持系统观念。坚持原则性与灵活性相统一，妥善把握国内与国际、政治与法治、外交与法律等的辩证统一。

第三，载明发展对外关系的目标任务，包括坚持维护中国特色社会主义制度，维护国家主权、统一和领土完整，服务国家经济社会发展。明确我国对外工作布局，包括推进大国协调与合作，发展同周边国家、发展中国家关系，维护和践行多边主义。明确我国的全球治理观，包括维护以联合国为核

---

① 王毅："贯彻对外关系法，为新时代中国特色大国外交提供坚强法治保障"，载中国人大网：http://www.npc.gov.cn/npc/c2/c30834/202306/t20230629_430360.html，2023年12月31日访问。

心的国际体系，维护以国际法为基础的国际秩序，维护以联合国宪章宗旨和原则为基础的国际关系基本准则，推动践行全球发展倡议、全球安全倡议、全球文明倡议，尊重和保障人权，弘扬全人类共同价值等。明确我国积极开展各领域对外交流合作，包括参与全球环境气候治理，推进高水平对外开放，推动共建"一带一路"高质量发展，开展对外援助及各领域交流合作等。

第四，确立发展对外关系的制度。明确国家依照宪法和法律缔结或者参加条约和协定，善意履行有关条约和协定规定的义务。明确国家缔结或者参加的条约和协定不得同宪法相抵触。首次以法律形式规范了条约和协定同我国宪法的关系，维护了宪法最高的法律地位、法律权威、法律效力，同时符合我国坚持条约应当信守的主张。明确国家在遵守国际法基本原则和国际关系基本准则的基础上，加强涉外领域法律法规的实施和适用，并依法采取执法、司法等措施，维护国家主权、安全、发展利益，保护中国公民、组织合法权益。明确对于违反国际法和国际关系基本准则，危害我国主权、安全、发展利益的行为，中华人民共和国有权采取相应反制和限制措施。同时，法律还对保护中国公民和组织在海外的安全和正当权益，保护国家的海外利益，保护在中国境内的外国人和外国组织的合法权利和利益，开展执法、司法领域国际合作等作了规定。

第五，强化发展对外关系的能力建设和保障。发展对外关系、开展对外工作需要综合保障体系建设。法律就对外工作经费保障、人才队伍建设、社会公众宣传、国际传播能力建设等作出规定。

2. 出台《外国国家豁免法》：明确我国的外国国家豁免政策由绝对豁免转向限制豁免

2023年9月1日，十四届全国人大常委会第五次会议表决通过《中华人民共和国外国国家豁免法》（以下简称《外国国家豁免法》），该法自2024年1月1日起施行。《外国国家豁免法》立足我国国情和现实需要，并参考国际条约、其他国家豁免立法和实践，明确外国国家在我国法院享有管辖豁免、其财产享有司法强制措施豁免和执行豁免的原则，同时也规定了外国国家及其财产不享有豁免的例外情形，授权我国法院在特定情形下管辖以外国国家为被告的民事案件，是我国统筹推进国内法治和涉外法治的又一里程碑。① 该法共23条，重点规定以下内容：

---

① 马新民：《我国出台外国国家豁免法——涉外法治建设的里程碑》，载《人民日报》2023年9月4日，第15版。

第一，确立外国国家管辖豁免的原则与例外。该法在规定维护国家主权平等的基础上，明确外国国家原则上在我国法院享有管辖豁免，但在以下例外情形下不享有管辖豁免，包括外国明示和默示接受管辖，以及商业活动争议、劳动和劳务相关合同争议、相关人身和财产损害争议、财产性争议、知识产权争议、仲裁争议等外国国家非主权行为引发的诉讼，我国法院可以行使管辖权。

第二，确立外国国家财产免于司法强制措施的原则和例外。该法规定外国国家财产原则上免于司法强制措施，但是以下三类情形除外：一是外国国家明示放弃豁免，二是外国国家指定财产用于执行，三是为执行我国法院的生效裁判，且外国国家的财产位于中国领域内、用于商业活动并与诉讼有联系的情形。以下六类外国国家财产不应视为商业活动财产：外交财产、军事财产、央行财产、文化遗产或档案、科学文化或历史价值物品、非用于商业活动的其他财产。此外，即使外国国家接受我国法院的管辖，也不能视为放弃司法强制措施豁免。

第三，确立外国国家豁免法的适用范围。一方面，该法对外国国家进行了界定，包括外国国家本身、外国国家的国家机关和组成部分、代表外国国家行使主权权力的组织和个人。另一方面，该法规定了国际法上的其他几类豁免制度不适用该法，包括高级官员的个人豁免、外交人员豁免、领事人员豁免、特别使团人员豁免、驻国际组织代表团豁免、国际会议代表团豁免等，上述豁免由我国其他法律及国际条约和习惯国际法予以保障。

第四，确立适用于外国国家豁免案件的特殊诉讼程序。该法规定，法院审理涉及外国国家的案件原则上适用我国民事诉讼法及相关法律。同时，鉴于外国国家作为案件当事方的特殊性，该法对国家豁免案件中的送达、缺席判决等特殊程序作了专门规定。

第五，明确外交部在处理外国国家豁免案件中的作用。该法规定，外交部就案件中相关国家是否构成外国主权国家、外交照会是否送达及何时送达等有关国家行为的事实问题向法院出具的证明文件，法院应当采信。该法并规定，外交部可就涉及外交事务等重大国家利益的问题向法院出具意见。

第六，确立对等原则。国际法是国家间的相互关系法，对等互惠是国际法的本质。在立法中规定对等原则符合国际惯例，英国、澳大利亚、新加坡、俄罗斯等国豁免立法均有类似规定。这也符合我国立法实践，我国民事诉讼法、外交特权与豁免条例、领事特权与豁免条例等也有相关规定。该法结合我国相关立法和各国立法，规定外国给予我国国家及财产的豁免待遇低于该法规定的，我国实行对等原则。

3.修订《民事诉讼法》涉外程序编：充实防范风险、应对挑战的法律工具箱

2023年9月1日，十四届全国人大常委会第五次会议通过《全国人民代表大会常务委员会关于修改〈中华人民共和国民事诉讼法〉的决定》，新《民事诉讼法》重点对第四编"涉外民事诉讼程序的特别规定"进行完善。这是我国涉外领域立法的又一里程碑事件，对于进一步提升涉外民商事案件审判质效，平等保护中外当事人合法权益，营造市场化、法治化、国际化的一流营商环境，更好维护国家主权、安全、发展利益，具有重要意义。① 总体来讲，新《民事诉讼法》在以下方面对现行涉外民事诉讼程序进行了修订：一是完善涉外民事案件管辖规则，适当扩大我国法院对涉外民事案件的管辖权。二是针对管辖权冲突，增加平行诉讼相关规定、不方便法院原则等相关条款。三是总结涉外案件送达审判实践经验，修改涉外送达的相关规定，着力解决涉外案件"送达难"问题。四是完善涉外民事案件司法协助制度，增设域外调查取证相关规定。五是完善承认与执行外国法院生效判决、裁定的基本规则。

4.出台《领事保护与协助条例》：建强保护我国海外利益的法治安全链

党中央、国务院高度重视维护我国海外利益，保障在国外的中国公民、法人、非法人组织正当权益。领事保护与协助是在国外的中国公民、法人、非法人组织正当权益被侵犯或者需要帮助时，我国驻外外交机构代表国家依法维护其正当权益及提供协助的行为，是政府提供的一项重要公共服务，是贯彻总体国家安全观、维护人民安全的重要举措，在构建我国海外安全保护体系中发挥了重要作用。当前，随着我国对外交往日益扩大，共建"一带一路"走深走实，越来越多的中国公民、法人、非法人组织"走出去"，人民群众对政府提供优质公共服务的需求快速增长。同时，国际安全环境发生复杂深刻变化，各种传统安全和非传统安全问题叠加，加强领事保护与协助工作更加重要和迫切。为适应新形势新变化，提高领事保护与协助工作的法治化、制度化、规范化水平，2023年7月9日，国务院总理李强签署第763号国务院令，公布《领事保护与协助条例》，自2023年9月1日起施行。

《领事保护与协助条例》明确了外交部、驻外外交机构、国务院有关部门、地方人民政府、有外派人员的国内单位在领事保护与协助中的职责：一

---

① 沈红雨、郭载宇：《〈民事诉讼法〉涉外编修改条款之述评与解读》，载《中国法律评论》2023年第6期，第70页。

是外交部负责统筹开展领事保护与协助工作，进行国外安全的宣传及提醒，指导驻外外交机构开展领事保护与协助，协调有关部门和地方人民政府参与领事保护与协助相关工作，开展有关国际交流与合作。二是驻外外交机构依法履行领事保护与协助职责，开展相关安全宣传、预防活动，与国内有关部门和地方人民政府加强沟通协调。三是国务院有关部门和地方人民政府建立相关工作机制，根据各自职责参与领事保护与协助相关工作，为在国外的中国公民、法人、非法人组织提供必要协助。四是有外派人员的国内单位应当做好国外安全的宣传、教育培训和有关处置工作。同时，《条例》规定在国外的中国公民、法人、非法人组织应当遵守中国及所在国法律，尊重所在国宗教信仰和风俗习惯，做好自我安全防范。①

依据《领事保护与协助条例》，在国外的中国公民、法人、非法人组织在正当权益被侵犯、涉嫌违法犯罪、无人监护、基本生活保障出现困难、下落不明、意外受伤死亡、因重大突发事件人身财产受到威胁等，可以向驻外外交机构寻求咨询和求助。根据不同情形，驻外外交机构可以分别向驻在国有关部门核实情况、敦促依法公正妥善处理、协调国内外有关方面提供协助、提供相关信息和建议等。在加强风险防范方面，《领事保护与协助条例》对信息登记、安全预警、风险评估、安全宣传和指导培训等预防性领事保护与协助进行了规范。《领事保护与协助条例》的实施，将对领事保护与协助工作提供多方面的支持和保障：一是规定国家为领事保护与协助工作提供人员、资金等保障；地方人民政府参与领事保护与协助相关工作的经费纳入预算管理；有外派人员的国内企业用于国外安全保障的投入纳入企业成本费用。二是规定国家鼓励有关组织和个人为领事保护与协助工作提供志愿服务，鼓励和支持保险公司、紧急救援机构、律师事务所等社会力量参与领事保护与协助工作。三是规定对在领事保护与协助工作中作出突出贡献的组织和个人给予表彰、奖励。

（二）《北京船舶司法出售公约》在北京开放签署：开创参与和引领国际规则新局面

2023 年 9 月 5 日，《北京船舶司法出售公约》在北京开放签署，并将自三个国家批准之日起 180 天后生效，该公约的首批签约国已达 15 个。该公约

---

① "司法部、外交部负责人就《中华人民共和国领事保护与协助条例》答记者问"，载外交部官网，http://new.fmprc.gov.cn/web/wjb_673085/zzjg_673183/lss_674689/xgxw_674691/202307/t20230714_11113402.shtml，2024 年 2 月 20 日访问。

共有 23 个条文,在两方面对现有规则进行了创新:一方面,明确了在一个缔约国内完成的赋予购买人清洁物权的船舶司法出售在其他缔约国均具有效力;另一方面,还明确了船舶司法出售应当满足的基本条件。该公约在确保船舶司法出售买受人的合法权益的同时,充分保障了船东及其债权人,包括船舶担保权人、船舶融资人等各利益相关方的合法权益,这对促进国际航运及国际贸易健康稳步的发展将会起到积极的推动作用。

船舶司法出售的国际效力问题,最早由中国海商法协会副会长李海博士在 2007 年国际海事委员会执行委员会工作会议上提出,进而成为国际海事委员会的研究课题;国际海事委员会随后成立首次由中国专家担任主席的国际文书制定工作组,负责起草公约草案;2012 年 10 月,经国际海事委员会首次在中国内地(北京)举办的第 40 届国际会议讨论,形成公约草案,并经国际海事委员会 2014 年汉堡第 41 届国际会议讨论定稿;草案公约化工作 2018 年底被列入联合国贸法会工作议程,最终于 2022 年 12 月 7 日获联合国大会正式通过。在此期间,协会召开了十余次专家讨论会,广泛邀请实务界、法律界、学术界专家深入研讨、建言献策,为公约的完善形成提供了强有力的智库支持。① 《北京船舶司法出售公约》是第一个以中国内地城市命名的国际海事公约,更是以我为主参与国际规则制定的成功典范。该公约的正式签署,有效回应了长期困扰国际航运业的跨国船舶司法出售难题,填补了这一领域的国际规则空白。

(三)加入《海牙认证公约》:便利国际经贸和人员往来

《取消外国公文书认证要求的公约》(以下简称《海牙认证公约》)是海牙国际私法会议框架下适用范围最广、缔约成员最多的国际条约,该公约旨在取消对于法院或其他行政程序中所需的外国公文书的外交认证或领事认证要求,从而简化公文书跨国流转的程序。2023 年 3 月 8 日,我国正式向《海牙认证公约》的保管机关荷兰外交部递交加入书,标志着中国正式加入该公约。11 月 7 日,《海牙认证公约》正式在我国生效实施。这意味着,中国送往其他缔约国使用的公文书,仅需办理该公约规定的附加证明书(Apostille),即可送其他缔约国使用,无须办理中国和缔约国驻华使领馆的领事认证。其他缔约国公文书送中国内地使用,只需办理该国附加证明书,无须办理该国和中国驻当地使领馆的领事认证,大大节省了中外公民和企业的办证时间和

① 新华社:"《北京船舶司法出售公约》在京签署",载中国政府网:https://www.gov.cn/yaowen/liebiao/202309/content_6902305.htm,2024 年 3 月 8 日访问。

经济成本。①

为全面准确适用《海牙认证公约》，更好地规范涉外审判流程，降低文书跨国流转耗时及费用，方便中外当事人进行诉讼，北京国际商事法庭研究制定了《〈取消外国公文书认证要求的公约〉理解适用诉讼指引》（以下简称《指引》），为中外当事人提供高效便捷服务。该《指引》具有以下特色：一是细化《海牙认证公约》规范公文书类型，明确公文书的定义；二是提升对《海牙认证公约》规定附加证明书的理解，明确认证类型；三是完善《海牙认证公约》生效后的衔接适用，明确不同阶段证明的效力；四是明确各类诉讼公文书的审查规则，对授权委托书、证据等审查进行释明；五是进行便捷办理手续提示，对缔约国办理流程、线上视频见证程序等予以提示。北京国际商事法庭将始终坚持创新发展、主动服务大局，不断加强涉外司法专业化建设，着力完善涉外司法服务举措，进一步优化法治化营商环境，以更加积极的司法作为和司法质效服务保障更高水平对外开放。

三、不断优化涉外执法体制，提升涉外执法效能

（一）加强出口管制及反制裁领域的域外执法管辖

习近平总书记强调，要"综合利用立法、执法、司法等手段开展斗争，坚决维护国家主权、尊严和核心利益"。② 如前所述，当前我国的涉外立法正在加速推进，通过执法手段和执法程序将涉外法律法规落到实处，是运用法治方式维护国家主权、安全、发展利益的重点环节。总体来看，涉外执法涉及面广、环节众多、难度更大。在过去的2023年，我国始终致力于优化涉外执法体制机制、提升涉外执法能力建设。

涉外执法以国内执法机关的域外管辖为前提。域外管辖是将位于我国领域之外的人、物、事"纳入"管辖范围，其基础是管辖权。当前，个别国家在出口管制、经济制裁等领域的行政执法中频繁对其他国家的相关主体进行"长臂管辖"，受到各国反制，其原因就在于这种所谓"管辖"缺乏管辖权基础，是不正当的。为了进一步提升涉外执法能力，我国正不断完善域外管辖制度。

---

① 罗苑宁：《中国加入〈取消外国公文书认证要求的公约〉涉外公证书流转步入"快车道"》，载《中国公证》2023年第11期，第8页。

② 郝萍、闫妍："习近平在中央全面依法治国工作会议上强调 坚定不移走中国特色社会主义法治道路 为全面建设社会主义现代化国家提供有力法治保障"，载人民网：http://cpc.people.com.cn/gb/n1/2020/1118/c64094-31934590.html，2024年3月1日访问。

2023 年，国务院及各部委加快推进出口管制和制裁执法工作，更新管制物项清单、两用物项和技术进出口许可证管理目录、禁止出口限制出口技术目录，加强全国出口管制工作部署，积极开展国际交流与合作，加大对出口管制违法行为的调查处罚，多次采取反制及惩戒措施，首次启用不可靠实体清单工作机制，并积极执行安理会制裁决议。

具体而言，2023 年 5 月 24 日，国务院发布修订后的《商用密码管理条例》，自 2023 年 7 月 1 日起施行。本次修订是该条例自 1999 年颁布实施以来的首次修订，与《中华人民共和国密码法》和《出口管制法》的相关规定衔接，进一步完善了商用密码出口管制要求。2023 年，核与军品出口管制清单均未发生修订，但两用物项出口管制清单有三项新增。第一，自 2023 年 8 月 1 日起，将特定镓、锗相关物项纳入两用物项出口管制清单。第二，自 2023 年 9 月 1 日起，将部分无人机专用发动机、重要载荷、无线电通信设备和民用反无人机系统等无人机相关物项纳入两用物项出口管制清单。第三，自 2023 年 12 月 1 日起，将此前实施临时管制的高纯度、高强度、高密度的人造石墨材料及其制品，以及天然鳞片石墨及其制品等石墨相关物项纳入两用物项出口管制清单。

2023 年 2 月 12 日，商务部安全与管制局发布《关于进一步做好两用物项出口管制工作的通知》。这是自《出口管制法》2020 年 12 月生效以来商务部第一次全面部署全国两用物项出口管制工作，彰显了商务部及全国商务系统自 2023 年起将更加全面深入地实施《出口管制法》（包括开展执法活动）。2023 年 8 月 20 日，商务部安全与管制局发布《关于在部分自由贸易试验区开展两用物项出口管制相关试点工作的通知》，自 2023 年 9 月 1 日起施行。2023 年 12 月 29 日，中国商务部和海关总署发布《两用物项和技术进出口许可证管理目录》。2023 年 12 月 21 日，商务部会同科技部修订发布《中国禁止出口限制出口技术目录》。行政执法方面，2023 年，商务部未公布出口管制行政执法或处罚案例，出口管制相关的行政处罚决定均由海关作出。经在海关总署、部分直属海关网站（北京、天津、上海、广州、深圳、南京等海关网站）以及威科先行等数据库进行不完全检索，2023 年 1 月至 12 月至少新增了 32 起出口管制相关行政处罚案件，其中 21 起涉及两用物项和技术的出口，11 起涉及军品出口。①

① 任清、霍凝馨等：“2023 年中国出口管制和制裁年度回顾和展望”，载中国贸促会网：https://www.ctils.com/articles/12886，2024 年 3 月 2 日访问。

（二）构建涉外执法程序并推动涉外执法合作

涉外执法需要构建合理的过程规范，即涉外执法程序。行政执法的程序法规则在涉外执法之中同样适用。在缺乏专门涉外行政程序规则的现状下，既有行政程序规则原则上应当同等适用于涉外执法。在此基础上，应逐步构建符合涉外执法特征的涉外执法专门程序。具体而言，在调查取证方面，根据国家主权原则将调查行为严格控制在我国境内；域外证据应当经过所在国公证机关证明，外文书证或者外国语视听资料应当附有由具有翻译资质的机构翻译的中文译本；域外信息、数据调取不能侵犯其他国家的数据主权，以信息、数据所在国法律未明确禁止或者有其他要求为前提。在送达方面，原则上不能以直接送达和留置送达的方式进行域外送达，可参考民事诉讼法及其司法解释将部分域外送达转换为域内送达，电子送达以相对人同意为前提，邮寄送达以受送达国家不禁止为前提，公告送达应确保相对人的可知晓性。行政强制措施方面，根据领事公约或协定应当将长时间限制人身自由的行政强制措施明确纳入通知外国人本国使领馆的事项范围。与此同时，涉外执法应当遵守正当程序原则，相对人为外国人时，应确保以其通晓的语言文字进行沟通交流，必要时为外国人提供翻译；相对人位于域外时，应通过各种途径与相对人取得联系，确保其参与性。①

涉外行政执法合作是不同国家行政主体之间就特定行政事务开展合作，包括提供协助、请求协助、联合行动等具体类型，合作内容包括文书送达、调查取证、监督检查、强制执行等。涉外行政执法合作发挥着优化管辖权配置的功能，进而缓和冲突，提升治理质效。我国目前已经在税收征管、金融监管、环境保护等领域签署了众多涉外行政合作方面的条约、协定。在过去的2023年，我国一方面不断拓宽已有合作的深度和广度，在传统涉外执法合作领域，完善和深化双边或多边合作机制，另一方面开拓创新、在新的涉外法治实践领域建立合作机制，积极参与或主导建立多边合作机制，为国际新规范的制定或新纠纷的解决提供中国方案。在提升涉外执法力度上，适时在国内层面对涉外行政执法合作进行细化，统一裁量标准，细化工作流程，确保执法的公平正义。

---

① 邱奕夫：《提升涉外执法能力的着力点》，载《学习时报》2023年3月22日，第3版。

四、践行新时代能动司法理念，狠抓涉外司法提质增效

(一)统一外国法查明与适用

外国法查明是长期制约涉外商事海事审判质效的疑难问题，也是正确审理涉外民商事纠纷的重要环节。随着国际民商事交往的增加，以合理的方式查明并适用外国法，将对我国高水平对外开放的持续推进起到促进和保障作用。在我国现行涉外立法中，仅有《中华人民共和国涉外民事关系法律适用法》(以下简称《法律适用法》)第十条对外国法律查明作了原则性规定，外国法律查明的规则不完善、程序不清晰、可操作性不强，致使涉外审判实践中外国法的查明责任不清、查明途径单一、查明程序不规范、认定标准不统一。2023 年 12 月 1 日，最高人民法院发布《最高人民法院关于适用〈中华人民共和国涉外民事关系法律适用法〉若干问题的解释(二)》(法释〔2023〕12 号，以下简称《解释(二)》)。《解释(二)》为进一步完善外国法律查明制度，规范外国法律查明司法实践提供了具体依据，对于提升涉外民商事审判质效，服务高水平对外开放，保障高质量共建"一带一路"，营造市场化法治化国际化一流营商环境，具有积极意义。[①]

《解释(二)》主要从以下方面对涉外民商事审判中的外国法查明进行规范：

第一，明晰外国法的查明责任。在涉外审判中，部分法院混淆了外国法的查明责任和查明途径。对此，《解释(二)》明确人民法院有查明外国法律的责任，当事人选择适用外国法律时负有提供外国法律的义务。当事人未选择适用外国法律时，亦不排除人民法院仍然可以要求当事人协助提供外国法律。在法院要求当事人协助提供外国法时，不得仅以当事人未予协助提供为由认定外国法不能查明。由此，确立了以法院查明为主、当事人提供为辅的外国法查明规则。

第二，拓展外国法的查明途径。《法律适用法》对外国法的查明途径缺乏具体规定。《解释(二)》明确了人民法院查明外国法的七种途径：一是由当事人提供；二是通过司法协助渠道由对方的中央机关或者主管机关提供；三是通过最高人民法院请求我国驻该国使领馆或者该国驻我国使领馆提供；四

[①] 罗一坤："最高人民法院民四庭负责人就涉外民事关系法律适用法司法解释(二)答记者问"，载中国法院网，https://www.chinacourt.org/article/detail/2023/12/id/7683000.shtml，2024 年 2 月 20 日访问。

是由最高人民法院建立或者参与的法律查明合作机制参与方提供；五是由最高人民法院国际商事专家委员会专家提供；六是由法律查明服务机构或者中外法律专家提供；七是其他适当途径。①

第三，明确查明外国法的程序和提供形式。《解释（二）》对当事人提供外国法律的范围作了规定，包括具体规定、获得途径、效力情况、与案件争议的关联性等内容，如果外国法律为判例法时，还应当提供判例全文。为减少无效劳动，提高查明效率，《解释（二）》规定，在查明外国法之前，人民法院可以召集庭前会议或者以其他适当方式，确定需要查明的外国法的范围。对提交内容的要求，并不限制当事人继续提交有关外国法的学术著作、学理阐述等参考辅助资料。由法律查明服务机构、法律专家出具外国法律意见的，除了提供法律意见的同时，还应当提交资质证明、身份证明和与案件无利害关系的书面声明，以强化中立性和专业性。

第四，明确审查认定外国法的程序。外国法是决定当事人权利义务的准据法，人民法院应当充分保障当事人发表意见的权利。《解释（二）》规定查明外国法的相关材料均应在法庭上出示，由当事人对外国法的内容及理解与适用进行充分辩论。人民法院认为有必要时，可以通知法律查明服务机构或法律专家出庭接受询问。

第五，明确审查认定外国法律的标准。对于在法庭上出示的外国法律，如何确认其真实性并予以准确理解和适用，是涉外民商事审判的难题。《解释（二）》第八条分三种情形作出规定：当事人对外国法律的内容及其理解与适用均无异议的，人民法院可以予以确认；当事人有异议时，为防止当事人以对外国法律有异议为由拖延诉讼，当事人提出异议需要说明理由；理由成立的，人民法院可以通过补充查明或补充提供材料的方式解决异议；基于诉讼经济原则和方便当事人诉讼原则，对于生效裁判已经查明认定的外国法律，人民法院应当予以确认，但有相反证据足以推翻的除外。此外，人民法院作出的涉外裁判文书中应当载明外国法律的查明过程及外国法律的内容，如果认定无法查明的，应当载明不能查明的理由。

第六，明确查明费用的处理原则。我国法律和《诉讼费用交纳办法》均未规定查明外国法律的费用问题。鉴于此，《解释（二）》就当事人将查明费用作为诉讼请求提出时如何处理进行了规定。当事人约定法律查明费用负担

---

① 王海峰、李训民：《〈关于适用涉外民事关系法律适用法若干问题的解释（二）〉的理解与适用》，载《人民司法》2024年第1期。

的,应充分尊重当事人的意思自治,按照其约定处理;没有约定的,人民法院需要根据当事人主张,结合外国法律查明情况和案件具体情况酌情支持合理的查明费用。

(二) 明确国际条约及国际惯例的适用

国际条约和国际惯例是涉外民商事案件裁判的重要法律依据,我国人民法院在涉外民商事审判实践中依据国际条约和国际惯例审理了一批具有规则意义、国际影响重大、推动法治进程的典型案例。原《中华人民共和国民法通则》(以下简称民法通则)第一百四十二条规定了国际条约和国际惯例的适用问题,但随着《中华人民共和国民法典》(以下简称民法典)的出台,民法通则已经废止,而《民法典》并未对国际条约和国际惯例的适用问题做具体规定,由此出现了立法空缺。2023 年 12 月 28 日,最高人民法院发布《关于审理涉外民商事案件适用国际条约和国际惯例若干问题的解释》(法释〔2023〕15 号,以下简称《解释》)以及涉外民商事案件适用国际条约和国际惯例典型案例。《解释》的出台,是推进涉外法治建设、服务和保障高水平对外开放的重大举措,体现了我国坚定维护以国际法为基础的国际秩序、推动国际关系法治化,对提升我国涉外民商事审判质效、扩大我国司法的国际公信力和影响力、营造市场化法治化国际化的一流营商环境具有重要意义。①

《解释》共九条,从以下方面对涉外商事审判提供了重要指引:

一是明确适用国际条约的裁判依据。《对外关系法》第三十条明确规定:"国家依照宪法和法律缔结或者参加条约和协定,善意履行有关条约和协定规定的义务"。在涉外民商事领域,国际条约主要调整平等主体之间的人身关系和财产关系,结合《对外关系法》确立的善意履行条约义务原则,《解释》明确了海商法、票据法、民用航空法、海上交通安全法等单行法调整范围以外的涉外民商事案件以"参照单行法规定"的方式适用国际条约,有效破解了涉外民商事领域适用国际条约裁判依据不足的问题,同时承继原民法通则精神,明确我国缔结或参加的国际条约与我国国内法有不同规定的,适用国际条约的规定,但我国声明保留的条款除外。

二是明确涉多项国际条约时的适用原则。针对司法实践中存在的同一争议涉及两个或者两个以上国际条约的情况,《解释》第二条规定,人民法院应当根据国际条约中的适用关系条款确定应当适用的国际条约。

---

① 张婧:"最高法发布涉外民商事案件适用国际条约和国际惯例典型案例",载中国法院网,https://www.chinacourt.org/article/detail/2023/12/id/7733713.shtml,2024 年 2 月 20 日访问。

三是明确国际条约适用与当事人意思自治之间的关系。在涉外民商事关系应予适用的国际条约中，有部分国际条约允许当事人通过约定排除公约的适用或者改变公约条款的适用效果，但也有部分国际条约具有适用上的强制性，不允许当事人通过约定排除适用。《解释》第三条明确，只有在国际条约允许的范围内，当事人才可以通过约定排除或部分排除国际条约的适用。

四是明确当事人援引尚未对我国生效的国际条约的，可以作为确定合同权利义务的依据。尚未对我国生效的国际条约不能作为人民法院的裁判依据。但是，如果当事人在合同中一致援引民商事国际条约确定的相关权利义务条款，此时国际条约的相关条款内容即成为当事人约定的合同条款，《解释》第四条明确人民法院可以此作为确定当事人权利义务的合同依据，前提是不违反我国法律、行政法规的强制性规定，不损害我国主权、安全和社会公共利益。

五是明确国际惯例的明示选择适用和补缺适用问题。《解释》第五条和第六条规定了国际惯例的两种适用情形。一方面，在当事人明确选择适用国际惯例的情况下，可以根据国际惯例直接确定合同当事人之间的权利义务。另一方面，在当事人没有明确作出选择，且我国法律和我国缔结或者参加的国际条约均没有相应规定的情况下，人民法院可以适用国际惯例。

六是坚持维护国家主权、安全和社会公共利益的原则。《解释》第七条贯彻《对外关系法》第三十一条关于条约和协定的实施和适用不得损害国家主权、安全和社会公共利益的规定，充分彰显人民法院坚定维护国家主权、安全和社会公共利益的鲜明司法立场。

(三) 高标准建设国际商事法庭

最高人民法院国际商事法庭自 2018 年 6 月 29 日成立以来，创新程序机制、规范审判管理，审理了一批具国际影响力的涉外商事案件。随着共建"一带一路"高质量发展，国际商事法庭面临新的发展机遇和挑战。为进一步发挥国际商事法庭的职能作用，以《民事诉讼法》涉外编的修订为契机，最高人民法院于 2023 年 12 月 18 日发布《关于修改〈最高人民法院关于设立国际商事法庭若干问题的规定〉的决定》(法释〔2023〕14 号，以下简称《决定》)，旨在为持续提升我国司法的国际公信力和影响力、更好服务保障共建"一带一路"和推进高水平对外开放提供依据，以涉外审判工作现代化服务保障中国式现代化。①

《决定》共两条。一是扩大当事人协议选择国际商事法庭管辖的案件范围。将《规定》第二条第一项修改为："（一）当事人依照民事诉讼法第二百七十七条的规定协议选择最高人民法院管辖且标的额为人民币 3 亿元以上的第一审国际商事案件"。《民事诉讼法》第二百七十七条构建了符合我国国情、顺应国际趋势的涉外协议管辖制度，明确涉外民事纠纷的当事人书面协议选择人民法院管辖的，可以由人民法院管辖，不要求争议必须与我国有实际联系，以鼓励外国当事人选择中国法院管辖，充分体现我国尊重当事人意思自治、平等保护、包容开放的司法态度。据此，《规定》第二条第一项作适应性修改，明确国际商事法庭受案范围包括当事人依照民事诉讼法第二百七十七条规定协议选择最高人民法院管辖且标的额为人民币 3 亿元以上的第一审国际商事案件，不再要求当事人协议管辖必须选择与争议有实际联系的地点的人民法院。

二是拓展外国法律的查明途径。将《规定》第八条第一款修改为："国际商事法庭审理案件应当适用域外法律时，可以通过下列途径查明：（一）由当事人提供；（二）通过司法协助渠道由对方的中央机关或者主管机关提供；（三）通过最高人民法院请求我国驻该国使领馆或者该国驻我国使领馆提供；（四）由最高人民法院建立或者参与的法律查明合作机制参与方提供；（五）由最高人民法院国际商事专家委员会专家提供；（六）由法律查明服务机构或者中外法律专家提供；（七）其他适当途径"。该条文的修改拓展了国际商事法庭查明外国法律的途径，与《解释（二）》第二条第一款规定的外国法查明途径保持一致，体现司法解释之间的统一性和协调性。

（四）持续发布涉外商事海事审判典型案例

1. 最高人民法院发布全国海事审判典型案例

2023 年 7 月 1 日是《中华人民共和国海商法》施行三十周年。为充分发挥典型案例示范效应，彰显海事司法在加强海洋生态保护、促进海洋经济发展、维护海洋权益方面发挥的重要作用，最高人民法院发布 2022 年全国海事审判典型案例，这些案例具有以下特点：一是着力打造涉外海事纠纷解决优选地，服务保障高水平对外开放。主动施惠承认外国法院海事判决，增进我

---

① 魏悦："最高人民法院民四庭负责人就修改最高人民法院国际商事法庭司法解释的决定答记者问"，载中华人民共和国最高人民法院官网，https://www.court.gov.cn/zixun/xiangqing/421002.html，2024 年 1 月 30 日访问。

国同世界各国间的司法协作互信；充分尊重当事人仲裁意愿，依法采取仲裁保全措施，营造支持仲裁的司法环境。二是充分发挥海事司法职能作用，促进国际航运复苏和海洋经济发展。加强海事纠纷诉源治理，按照"妥处一案，解决一片"的原则化解群发性纠纷，维护国际贸易和航运秩序。三是加大海洋环境司法保护力度，保障海洋生态文明建设。支持检察机关依法提起海洋环境公益诉讼，坚决维护国家海洋权益，保障海洋生态环境安全，以司法审判护航海洋生态文明建设。①

表1　2022年全国海事审判典型案例表

案例名称	案号	典型意义
SPAR航运有限公司申请承认英国法院判决案	（2018）沪72协外认1号	本案系我国对英国法院判决予以承认的首例案件，也是中国法院适用法律互惠原则的有益探索，营造了健康向好的判决跨境执行环境，进一步增进我国同世界各国间的司法协作互信基础，充分展现了我国在国际商事纠纷解决领域开放包容的大国司法形象。
东莞市蓝海食品国际贸易有限公司与香港长宁航贸有限公司航次租船合同纠纷管辖异议案	（2019）粤民辖终327号	本案涉及航次租船合同仲裁条款效力的认定问题。案涉仲裁条款系海事纠纷中常见的表述方式，法院适用仲裁地法对仲裁条款效力作从宽解释，展现了仲裁司法审查案件司法实践的不断完善与成熟，表明我国海事司法将以更加开放的态度支持仲裁，持续发力为我国高水平对外开放。
丰联克斯海运有限公司申请海事请求保全案	（2022）鄂72财保45号	本案系香港仲裁当事人于仲裁裁决作出前向海事法院申请对账户进行保全的案件。海事法院在审查过程中，对同类案件审理作出典型示范，全面落实内地与港澳特区仲裁保全安排，努力营造仲裁友好型司法环境，有利于为建设亚太区国际法律及争议解决中心提供支持。

---

① 乔文心：《最高法发布二〇二二年全国海事审判典型案例》，载《人民法院报》2023年6月30日，第1版。

案例名称	案号	典型意义
海南省海口市人民检察院与梁某等海洋环境民事公益诉讼案	（2022）琼72民初37号	海事法院在本案中坚持最严格保护和全面、立体追责的生态环境保护理念，依法支持检察机关提起海洋自然资源与生态环境民事公益诉讼，依法追究非法盗采海砂主要参与者的民事侵权法律责任，促进海洋生态环境修复与保护，充分体现出海事法院在深入贯彻习近平生态文明思想和习近平法治思想中的坚定立场与积极作为。
福建省宁德市人民检察院与林某某等海洋自然资源与生态环境民事公益诉讼案	（2022）闽72民初40号	海事法院秉持生态恢复性司法理念，在综合考量生态环境损害、修复成本和被告经济状况、修复能力的情况下，将损害赔偿机制与海洋碳汇开发有机结合，主持双方当事人达成调解协议。本案探索并丰富了海洋环境侵权的损害赔偿机制，是司法服务碳达峰、碳中和的积极实践。
中国人寿财产保险股份有限公司湖南省分公司与沃巴海运有限公司海上货物运输合同纠纷案	（2020）粤72民初675号	海事法院根据海事诉讼特别程序法关于海事强制令的规定，责令当事人撤回在外国法院的禁诉令申请，有效保护了当事人的合法权益，维护了中国司法的权威与尊严，对涉外海运纠纷存在平行诉讼情况下如何解决禁诉令问题提供了新路径。
STO租船韩国股份有限公司与丰益贸易（亚洲）有限公司等海上货物运输合同纠纷案	（2022）苏72民初1300号	本案当事人均来自《区域全面经济伙伴关系协定》（RCEP）成员国，韩国船东主动选择我国海事法院提起诉讼，其他当事人也未就仲裁条款效力问题提出管辖异议拖延诉讼，新加坡当事人积极参与海事法院主持的线上听证及调解，表明我国海事司法得到越来越多外国当事人的信赖和认可，充分彰显了我国海事司法的国际公信力和影响力。海事法院积极回应司法需求，充分利用智慧法院成果，仅用43天妥善化解纠纷，让滞港近两个月的"海上油仓"安全卸载并重新起航，是我国推进国际海事司法中心建设、打造国际海事纠纷解决优选地的生动例证。

续表

案例名称	案号	典型意义
宁波港船多多国际船舶代理有限公司与深圳市鑫中孚供应链有限公司集装箱租赁合同纠纷案	（2021）浙72民初2288号	本案是疫情背景下因国外港口拥堵、集装箱回流困难、国内集装箱价格暴涨且一箱难求引发连环追偿的集装箱租赁纠纷案件。海事法院依托智慧海事审判建设和浙江全域数字化改革成果，组织当事人就近通过移动办案平台和"海上共享法庭"远程对接调解，一揽子解决多起关联纠纷，极大节约了当事人的诉讼成本，确保案件纠纷的彻底化解和各方权益的合法保护。
马西马斯国际集团有限公司与海城镁肥实业有限公司等航次租船合同纠纷案	（2021）辽民终955号	本案系中国企业在向"一带一路"共建国家提供基础建设物资过程中发生的航次租船合同纠纷。中国法院尊重国际商事规则，根据当事人采用的金康航次租船合同范本，准确认定罢工条款下双方当事人的权利义务，并适用国际惯例处理当事人有关装卸时间的争议，为助力国际航运市场健康发展提供有力服务与保障。
中民国际融资租赁股份有限公司与睿通（广州）海运有限公司等船舶融资租赁合同纠纷案	（2022）津民终778号	法院依法认定融资租赁合同的违约责任、所有权保留的责任承担、未登记船舶抵押权的追及力等问题，是倡导诚实守信原则、促进公平交易的有力践行。本案对规范航运金融市场秩序，推动船舶产业转型升级，拓展航运服务产业链具有积极意义。

2. 最高人民法院发布第四批涉"一带一路"建设典型案例

深入贯彻党的二十大精神，以习近平新时代中国特色社会主义思想为指导，健全"一带一路"国际商事争端解决机制，依法妥善化解涉"一带一路"建设争议，是高质量共建"一带一路"的重要保障，是统筹推进国内法治和涉外法治的重要内容，是巩固我国在"一带一路"建设和全球治理中的大国地位、彰显我国负责任大国形象、推动构建人类命运共同体的重要路径。2023年9月27日，最高人民法院发布第四批涉"一带一路"建设典型案例，这些典型案例具有以下特点：一是营造优质法治营商环境，平等保护中外投资者合法权益。二是维护公平竞争的市场秩序，统一裁判尺度，对于切实保护中外投资者市场预期、营造市场化法治化国际化营商环境具有重要意义。三是完善涉外商事法律适用规则体系，准确适用《联合国国际货物销售合同公约》中的宣告合同无效条款，准确解释《蒙特利尔公约》规定的诉讼时效条款，充分反映出人民法院恪守国际条约、尊重国际惯例的司法立场。四是加强国际、区际司法协助与合作，促进民商事判决和仲裁裁决的跨境跨区承认、认可和执行。① 第四批涉"一带一路"建设典型案例的发布，既是人民法院服务保障高质量共建"一带一路"成果的集中展示，也是深入实施涉外审判精品战略的重要举措，通过从典型案例中提炼裁判规则，可对同类案件的办理起到指导示范效应，从而提升涉外民商事审判质效，提高国际公信力和影响力。

表 2　最高人民法院第四批涉"一带一路"建设典型案例表

案例名称	案号	典型意义
西班牙 EC 公司与南通麦奈特医疗用品有限公司国际货物买卖合同纠纷案	（2019）苏 06 民初 429 号	本案在审理中国企业与"一带一路"共建国家的企业之间发生的国际货物买卖合同纠纷案中，准确理解和适用《联合国国际货物销售合同公约》宣告合同无效制度，展现了人民法院依法维护国际货物买卖秩序、平等保护中外当事人合法权益的职能作用。
日本财产保险（中国）有限公司上海分公司等与罗宾逊全球物流（大连）有限公司深圳分公司等保险人代位求偿权纠纷案	（2021）粤 03 民终 30373 号	本案法院根据《维也纳条约法公约》的规定解释《蒙特利尔公约》条文，根据《蒙特利尔公约》第三十五条上下文并参照该公约之目的及宗旨，认定该条规定的两年期间为诉讼时效，应适用法院地法有关诉讼时效中断的规定，体现出我国法院恪守条约义务。
江苏普华有限公司与东亚银行（中国）有限公司上海分行等信用证欺诈纠纷案	（2020）最高法民申 2937 号	本案通过明晰议付行的议付行为是否善意，进一步明确了《最高人民法院关于审理信用证纠纷案件若干问题的规定》第十条第一款规定的信用证欺诈止付的例外情形之具体适用，对于促进信用证制度健康发展从而助力"一带一路"建设具有典型意义。

---

① 乔文心：《为高质量共建"一带一路"提供有力司法服务和保障——最高人民法院民四庭负责人就发布第四批涉"一带一路"建设典型案例相关问题答记者问》，载《人民法院报》2023 年 9 月 28 日，第 4 版。

续表

案例名称	案号	典型意义
中国电建集团山东电力建设有限公司与印度卡玛朗加能源公司等涉外保函欺诈纠纷案	（2019）最高法民终513号	本案重申了独立保函"见索即付"的制度价值，人民法院对基础交易的审查坚持有限原则和必要原则。本案裁判体现了对中外当事人的平等保护原则，对推动中国企业在"走出去"过程中加强法律意识，提升风险管控能力具有积极意义。
阿拉伯及法兰西联合银行（香港）有限公司与中国银行股份有限公司河南省分行独立保函付款纠纷案	（2018）最高法民终880号	本案澄清了涉外独立保函纠纷中，相符索赔、欺诈、善意付款的认定等存在争议的问题。正确认定《最高人民法院关于审理独立保函纠纷案件若干问题的规定》第十二条和第十四条第三款之间的关系，对人民法院审理独立保函纠纷案件具有示范作用。
富昇（天津）融资租赁有限公司与德国致同会计师事务所股份有限公司侵权责任纠纷案	（2021）最高法民终575号	本案一方面阐明了涉外审计侵权赔偿责任纠纷的法律适用，明确可适用侵权结果发生地法，为中国法的域外适用明晰了法理基础；另一方面，通过阐明会计师事务所审计侵权赔偿责任以及注意义务的理论基础，较好地平衡了专业侵权责任的救济功能与公共政策之间的关系。
伯利兹籍居民张某某与谢某某、深圳澳鑫隆投资有限公司等合同纠纷案	（2020）最高法商初5号	本案是最高人民法院国际商事法庭审理的国际商事案件，涉及多份商事合同，相关交易安排参与主体众多，交易背景和交易设计复杂，争议所涉公司股权价值巨大，本案的裁判说理就识别股权让与担保和有回购条款的股权转让提供了清晰的指引。
天威新能源控股有限公司与达维律师事务所法律服务合同纠纷案	（2019）最高法民终318号	本案的审理秉持平等保护中外当事人合法权益的原则，准确界定了法律服务合同的范围与商业风险的界限，彰显了我国良好的法治环境。

案例名称	案号	典型意义
渣打银行（中国）有限公司与张家口联合石油化工有限公司金融衍生品种交易纠纷案	（2020）沪 74 民终 533 号	本案裁判充分遵循金融衍生品交易的自身特性和国际惯例，确认了提前终止净额结算条款的性质和效力，有助于促进金融衍生品交易市场特别是掉期交易市场的发展，推动国际金融机构在境内开展金融衍生品交易，在高质量共建"一带一路"中推进上海国际金融中心建设和我国金融业对外开放。
中国中小企业投资有限公司与俄罗斯萨哈林海产品无限股份公司、东方国际经济技术合作公司案外人执行异议之诉	（2019）最高法民终 1429 号	本案法院依法执行外国仲裁裁决，不仅驳回执行异议申请，并在其后的执行异议之诉中认定受让行为并非善意，及时对生效的另案确权判决予以再审，体现了我国法院为保障仲裁裁决跨境执行而采取的各项有效举措，有力维护了"一带一路"共建国家民事主体的合法权益。
来宝资源国际私人有限公司申请认可和执行香港国际仲裁中心仲裁裁决案	（2019）津 03 认港 1 号	本案涉及"多份合同、单个仲裁"，人民法院依据香港国际仲裁中心仲裁规则审查认定仲裁程序的合法性，有效维护了仲裁当事人的正当程序权利。本案根据内地与香港相互执行仲裁裁决的安排，依法认可和执行案涉裁决，为当事人在港解决"一带一路"纠纷提供了强有力的司法保障。
双林建筑有限公司申请承认与执行新加坡国家法院民事判决案	（2022）浙 03 协外认 4 号	在我国与新加坡并未缔结关于相互承认和执行生效民商事裁判文书的双边司法协助协定，亦未共同参加相关国际条约的情况下，本案通过厘清互惠原则的适用标准，积极促进我国和新加坡之间相互承认和执行民商事判决，较好践行了《中华人民共和国最高人民法院和新加坡共和国最高人民法院关于承认与执行商事案件金钱判决的指导备忘录》的精神。

(五)人民法院持续健全涉外仲裁司法审查机制

1. 北京市四中院发布商事仲裁司法审查年度报告及典型案例

仲裁是我国多元化纠纷解决机制和社会治理体系的重要组成部分。自集中受理北京地区仲裁司法审查案件以来，北京四中院一直致力于发挥仲裁司法审查对仲裁高质量发展的规范引导和价值引领作用，为仲裁事业蓬勃发展提供良好司法保障。2023 年 7 月 25 日，北京四中院发布了该院《2022 年国内仲裁司法审查案件报告》，并通报了十大典型案例。2022 年该院受理国内仲裁司法审查案件 938 件，其中申请撤销仲裁裁决案件 549 件，占比 58.5%，申请确认仲裁协议效力案件 389 件，占比 41.5%，总体受案数量继续保持高位，呈现持续增长趋势。

人民法院在办案中始终坚持依法审查和司法对仲裁有限监督的原则，实现监督就是支持。在申请撤销仲裁裁决案件中，部分当事人会超越《仲裁法》第五十八条关于"可撤销裁决范围"的规定，向法院申请对仲裁案件进行实体审查。法院充分尊重仲裁庭在涉案事实查明、说理论证方面的法定权利，对不属于法律规定的撤裁事由明确不予支持，以保护各方当事人利益。涉网络教育服务合同纠纷是该院申请确认仲裁协议无效案件的主要类型之一。此类案件申请人多为购买线上教育服务的学员，被申请人为提供在线培训服务的经营者。部分经营者未以足够引起对方注意的文字、符号、字体等特别方式提醒学员注意电子合同中的仲裁条款，导致学员因合同产生纠纷后只能申请仲裁，限制了学员解决纠纷的途径。对于这种情况，四中院一般依法认定仲裁协议不成立，通过统一此类合同仲裁条款效力认定的裁判规则，促成近千件纠纷以非诉方式化解，起到了良好的诉源治理效果。

2. 北京金融法院发布《北京金融法院涉金融仲裁司法审查白皮书》

2023 年 10 月 25 日，北京金融法院发布《北京金融法院涉金融仲裁司法审查白皮书》。该白皮书显示，自 2021 年 3 月至 2023 年 9 月，北京金融法院共审结仲裁司法审查案件 1895 件。其中，仲裁保全案件 457 件，申请确认仲裁协议效力案件 73 件，申请撤销仲裁裁决案件 246 件，申请不予执行仲裁 22 件，仲裁执行实施 1094 件，申请承认和执行外国仲裁裁决案件 3 件。上述案件中，有 1 件案件确认仲裁协议无效、4 件案件裁定重新仲裁、1 件案件裁定撤销仲裁裁决。[①]

北京金融法院建院以来聚焦金融纠纷多元化解机制建设，依法履行支持和监督仲裁的司法职能，不断规范金融仲裁司法审查程序，统一仲裁司法审查标准，通过公正高效开展仲裁司法审查，助力仲裁制度完善和仲裁公信力

---

① 张琳琳、房稀杰："北京金融法院发布《涉金融仲裁司法审查白皮书》"，载北京法院网：https://bjgy.bjcourt.gov.cn/article/detail/2023/11/id/7622911.shtml，2024 年 2 月 6 日访问。

提升，为优化金融法治营商环境、服务北京"两区"建设做出积极贡献。北京金融法院制定了《金融仲裁司法审查案件审理流程规范》《金融仲裁司法审查案件审理指引》，夯实金融民商事纠纷仲裁司法审查的规范基础。公正高效推进仲裁案件的审理与执行，联动创新工作机制支持仲裁定分止争，创新建立查扣冻证券电子平台，实现对全国股票在京网络查询、冻结和过户。设立优化营商环境工作室，营造公平透明、可预期的法治化营商环境，极大提高了金融仲裁司法审查案件的审执质效。

北京金融法院高度重视涉外金融仲裁司法审查，与协同单位共同创立"域外金融法查明中心"，提升域外法的适用能力。该院以办理相关案件为抓手，依法支持仲裁事业发展，构建"全类型高效率保全"工作机制，搭建"保、多、立、审、执"全流程一体化工作格局，赋予仲裁强制执行力，助力多元化纠纷解决机制建设。

五、不断优化涉外法律服务，跨境纠纷公正、高效、便捷化解

(一)"一站式"国际商事争端解决机制持续优化

涉外法律服务涉及诉讼、公证、仲裁、调解、司法鉴定、法律查明、法律援助等多个领域，与对外交往主体密切相关，是当事人参与度最高的涉外法律活动。[①]

2018 年以来，最高人民法院切实贯彻中共中央办公厅、国务院办公厅《关于建立"一带一路"国际商事争端解决机制和机构的意见》重大部署，建立了诉讼与调解、仲裁有机衔接的"一站式"国际商事纠纷多元化解决机制（以下简称"一站式"机制）。最高人民法院先后分两批将十家仲裁机构以及两家调解机构纳入"一站式"机制。为更好发挥"一站式"平台的解纷指南、评估引导、程序衔接、辅助保障的功能，2023 年 12 月 29 日，最高人民法院发布《"一站式"国际商事纠纷多元化解决平台工作指引（试行）》（以下简称《工作指引》）。[②]《工作指引》紧密围绕"一站式"机制设定的目标和调研中发现的实际需求，发挥智慧法院建设成果，突出四方面创新亮点：

---

① 余东明：《上海打造开放包容涉外法律服务"生态港"》，载《法治日报》2023 年 8 月 28 日，第 1 版。

② 张婧："最高人民法院民四庭负责人就《'一站式'国际商事纠纷多元化解决平台工作指引（试行）》答记者问"，载最高人民法院官网，https://www.court.gov.cn/zixun/xiangqing/422112.html，2024 年 3 月 5 日访问。

第一，多跨协同，实现全流程在线纠纷化解服务。"一站式"平台通过单点登录、统一身份认证等，全线贯通最高人民法院诉讼服务网、人民法院网上保全系统、人民法院调解平台、相关仲裁机构系统、相关调解机构系统等。根据《工作指引》，当事人可以在线申请中立评估、调解、仲裁、仲裁保全、诉讼等事项，人民法院、仲裁机构、调解机构相关工作以及程序办理进度与结果的通知、送达等均可全部实现在线闭环完成，提供公正、高效、便利、快捷的多元化纠纷解决服务。

第二，集约高效，聚合多地多机构的多元解纷合力。"一站式"平台有效保障最高人民法院国际商事法庭与 10 家仲裁机构以及 2 家国际商事调解机构之间的衔接，使中立评估、调解、仲裁、诉讼等相关纠纷化解服务均可通过平台开展。对于符合《工作指引》规定的国际商事纠纷，当事人可通过"一站式"平台一键触达不同纠纷解决途径，通过集约各类纠纷化解服务资源，不仅有助于提高纠纷化解的效率，而且降低了纠纷化解的成本。

第三，创新机制，明确中立评估相关程序。中立评估制度是加强诉源治理、提高纠纷源头化解的一项多元解纷机制创新举措。但在以往的司法实践中，缺乏操作层面的具体指引。《工作指引》首次给予明确指引，即当事人在提交调解、仲裁或者诉讼前选择中立评估的，应当首先在"一站式"平台的"辅助服务"栏选择中立评估功能，填写中立评估申请书，载明意向选择的专家委员，并提交身份证明材料和有关证据材料。国际商事法庭在收到当事人的中立评估申请材料后，应当向被申请方征求是否同意。其次，规定专家委员被选定为中立评估员后，可以组织召开评估会议，听取当事人陈述，就评估相关问题向当事人提问，并根据当事人的陈述、当事人提供的有关证据，对证据效力、事实认定、法律适用等进行分析评估，出具中立评估意见。最后，规定当事人可以根据中立评估意见自行和解，也可以申请参与评估的专家委员主持调解。该制度是为了充分发挥专家委员的职能作用和领域专长，使当事人获得足够信息判断可能出现的诉讼结果，引导和促进当事人优先选择调解，为帮助当事人厘清纠纷本质、促进和解、节约成本提供一种制度化的路径。

第四，加强保障，支持仲裁事业健康发展。最高人民法院一直全力支持和促进仲裁事业健康有序发展，对于符合《工作指引》的国际商事纠纷，当事人可以通过"一站式"平台向国际商事仲裁机构申请仲裁，并可以通过平台向国际商事法庭申请仲裁保全、申请撤销内地仲裁裁决或者申请认可和执行境外仲裁裁决，上述举措有力支持当事人选择仲裁，健全完善仲裁与司法之间的交流沟通机制，体现了人民法院支持和保障仲裁事业健康发展的司法立场。

(二)国际商事仲裁中心建设加快推进

打造面向全球的国际商事仲裁中心是服务国家涉外法治工作和推进高水平对外开放的重要环节。2023年1月，海南省委、省政府办公厅印发《海南自由贸易港国际商事仲裁中心建设方案》(以下简称《方案》)，提出要推进仲裁业务开放，允许境外知名仲裁及争议解决机构在海南设立业务机构、开展涉外仲裁业务。《方案》设定了建设国际商事仲裁中心的具体目标：到2025年底，服务海南自由贸易港建设、面向太平洋和印度洋的国际商事仲裁中心建设试点工作任务基本完成；到2035年底，海南自由贸易港国际商事仲裁中心全面建成，国际商事仲裁的影响力公信力跻身国际一流行列。《方案》贯彻中央部署，对中央文件明确的目标任务，提出制定海南自由贸易港商事仲裁条例；大力支持知识产权、种业等领域仲裁专业化发展，探索开展国际投资仲裁、体育仲裁等业务；按照法治化市场化方向推进仲裁机构内部治理改革，撤销执行机构法人主体登记和退出行政事业编制，建立决策权、执行权、监督权相互分离、有效制衡、权责对等的现代法人治理结构，切实保障仲裁机构自主权。《方案》的最大亮点是注重推动高水平对外开放。依据《方案》，海南省司法厅印发了《境外仲裁机构在海南自由贸易港设立业务机构管理办法》(以下简称《办法》)，规范境外仲裁机构在海南自由贸易港设立业务机构及开展业务活动。根据《办法》，自2023年4月1日起，境外仲裁机构经海南省司法厅登记并报司法部备案后，可在海南自由贸易港设立业务机构，就国际商事、海事、知识产权、投资等领域发生的民商事争议开展涉外仲裁业务。《办法》还明确了境外仲裁机构设立业务机构的条件和程序以及相关管理要求等，将进一步推动我省仲裁行业国际化发展，为建设海南自由贸易港国际商事仲裁中心奠定法制基础。

除了海南省外，上海市也在积极推进国际商事仲裁中心建设，以高质量的法律服务来促进和保障高水平对外开放。2023年11月22日，上海市第十六届人民代表大会常务委员会第八次会议审议通过了《上海市推进国际商事仲裁中心建设条例》(以下简称《条例》)，该条例自2023年12月1日起施行。为优化仲裁发展环境，推动仲裁业务对外开放，《条例》进一步完善了对仲裁发展的支持政策，这突出体现在四个方面：一是优化完善财政资金投入机制，发挥激励和引导作用。二是鼓励"走出去"和"引进来"，支持本市仲裁机构拓展国际仲裁业务，在境外设立分支机构或者办事机构，同时对境外知名仲裁及争议解决机构在本市设立业务机构作出规定。三是探索建立调解、仲裁、诉讼相衔接的涉外商事争议解决机制，并鼓励本市仲裁机构和境外仲裁业务机构入驻本市建立的国际商事争议解决平台。四是加大对仲裁紧缺人才、涉外复合型人才、青年后备人才的培养力度，鼓励本市仲裁机构建立涉外仲裁法治人才培养基地，组织优秀仲裁人才赴境外进行交流、实习、培训和任职。

(三)"一带一路"共建国家间仲裁合作机制不断健全

2023 年是共建"一带一路"倡议提出十周年，十年来，我国仲裁机构受理的涉共建"一带一路"国家和地区案件越来越多，在相关争议解决中发挥着日益重要的作用。同时，共建"一带一路"国家和地区仲裁机构的互动频频，在提升风险防范和解决争议能力、加强人才培养等多个方面的合作日趋紧密。[①]

2023 年 9 月，中国国际经济贸易仲裁委员会联合国内外多家仲裁机构，发布《"一带一路"仲裁机构法律查明合作机制备忘录》(以下简称《备忘录》)，建立共建"一带一路"法律查明合作机制。《备忘录》旨在实现两个主要目标：一为各成员方在国际商事案件中查明其他成员方所在国家或地区法律提供便利，增强域外法查明的准确性和权威性；二为促进共建"一带一路"国家和地区在争议解决领域的广泛合作与交流，共同推进"一带一路"建设与发展，努力为共建"一带一路"营造稳定、公平、透明、可预期的法治化营商环境。截至目前，《备忘录》共有 39 家合作方，包括来自亚洲、欧洲、北美洲、南美洲、非洲等近 20 个国家和地区的 24 家国际仲裁机构和有关争议解决组织。在加强国际合作的同时，中国仲裁机构也有志于提升自身的竞争力，在加强仲裁员及职业仲裁秘书队伍建设的同时，不断提升信息化、数字化管理水平和办案能力，提高仲裁服务的国际化、便利化和现代化，打造国际仲裁中心。

2023 年 11 月 13 日至 15 日，由北京仲裁委员会(以下称"北仲")主办的 2023 年亚太区域仲裁组织(英文简称"APRAG")大会在北京召开。本届大会主题为"变革时代中的国际仲裁：直面挑战、增进共识"。APRAG 大会作为亚太地区仲裁界最高级别会议之一，具有重要的国际影响力。本届大会共有来自 20 多个国家和地区的 60 多家中外知名仲裁机构负责人，仲裁员、律师合伙人、企业界代表等 420 余人参加会议，对进一步提升中国仲裁的国际化

---

① 张维、李兆娣：《"一带一路"仲裁法治朋友圈不断扩大——55 家国际仲裁机构加入"一带一路"仲裁机构合作机制》，载《法治日报》2023 年 9 月 27 日，第 8 版。

具有重要意义。①

未来已来，经济新模式、新业态层出不穷，仲裁应更进一步主动拥抱新科技，加强科技赋能，积极适应新经济需求，守正创新，变革发展，打造具有国际影响力的仲裁品牌，不断提升中国仲裁的国际竞争力，满足中外当事人纠纷解决多元化、智能化、数字化的需求，以智慧仲裁、能动仲裁、绿色仲裁，护航数字经济、智能经济、绿色经济高质量发展。

高质量建设涉外商事仲裁法律服务，加强沟通合作，提供优质高效涉外法律服务，对于维护涉外企业合法权益、促进对外贸易交流和投资自由化便利化、推动全球经济治理体系变革具有重要意义。未来，中国仲裁界要继续提升专业法律服务保障水平、深化法治研究、完善国际合作机制，更好服务中国企业在"一带一路"共建国家和地区开展务实合作、实现互利共赢。

六、深化国际法治合作交流，传播中国法治声音

（一）中国-上合组织国家地方法院大法官论坛（2023）

2023年9月，中国—上合组织国家地方法院大法官论坛（2023）在山东青岛举行。这次论坛旨在深化司法协作，凝聚团结共识。来自伊朗伊斯兰共和国、哈萨克斯坦共和国、吉尔吉斯共和国、巴基斯坦伊斯兰共和国、俄罗斯联邦、乌兹别克斯坦共和国等国家的地方法院大法官与中国地方法院法官共同聚焦深化上合组织国家司法领域交流合作。论坛围绕"深化上合组织框架内地方法院司法合作"展开了深入研讨，并举办了以"聚焦'公正与效率'提升司法公信力""商事合同案件审理机制和诉讼规则""打击跨境网络犯罪的国际司法合作""少年司法经验交流"等为主题的分论坛，共同探索司法交流合作新路径。②

（二）海上丝绸之路（泉州）司法合作国际论坛（2023）

2023年10月，海上丝绸之路（泉州）司法合作国际论坛（2023）在福建泉州举行，论坛主题为"共建海上丝绸之路 推动高质量司法合作"。本次论坛围绕着外国民商事判决的承认与执行及域外法查明的司法合作、海洋自然资源与生态环境保护法律问题、船舶司法出售的国际承认问题、新冠疫情下船

---

① 杨旗：《2023亚太区域仲裁组织大会在京开幕 贺荣殷勇出席并致辞》，载《北京日报》2023年11月15日，第1版。
② 乔文心：《为构建更加紧密的上合组织命运共同体贡献司法力量——中国—上合组织国家地方法院大法官论坛（2023）侧记》，载《人民法院报》2023年9月22日，第1版。

员权益的保护问题、国际商事纠纷多元化解决机制的创新与完善等展开了深入的交流。在论坛开幕式上，最高人民法院院长张军在致辞中提出三点建议：一是共同维护和平稳定的发展环境，充分发挥司法在解决国际争端和纠纷中的作用；二是共同推动司法文明的交流互鉴，深入分享彼此司法经验，共同为世界法治文明发展进步注入新的活力；三是共同拓展互利共赢的合作成果，践行共商共建共享原则，持续扩大合作成果，共同维护地区和平稳定、促进经济社会发展、增进各国民生福祉。[①]

（三）第七届中新法律和司法圆桌会议

2023年11月，第七届中新法律和司法圆桌会议在北京召开。法律和司法合作是"一带一路"合作的重要组成部分。[②] 2017年以来，中新两国最高法院依托中新法律和司法圆桌会议机制，围绕共建"一带一路"法律基础设施主题，在国际商事、知识产权、统一法律适用等领域开展一系列合作，为推动高质量共建"一带一路"注入了司法动能。站在新的历史起点上，围绕中新关系"全方位""高质量"和"前瞻性"三个关键词，以司法之力服务保障高质量共建"一带一路"，最高人民法院院长张军提出三点建议：一是进一步拓展合作领域。以中新关系新定位为指引，深入探讨、互学互鉴，为双方未来合作开拓更多领域，不断向"全方位"合作迈进。二是进一步提升合作效能。巩固创新合作机制，推进既有成果落到实处，就司法领域务实合作、互促共进，推出新举措，不断向"高质量"合作迈进。三是进一步服务发展战略。根据两国发展战略和双方合作需求，及时更新调整司法合作战略路线图，积极探索在人工智能、数字经济、环境资源、科技创新等新兴领域的合作，不断向"前瞻性"合作迈进。

（四）海牙国际私法会议亚太周

2023年9月，海牙国际私法会议亚太周暨成立130周年国际研讨会在我国香港召开，本次研讨会以"司法公正与可持续发展之路：海牙会议在互联互通世界中的影响力"为主题。海牙国际私法会议是国际私法领域最具影响力的国际组织，为扩大各国民商事交往发挥积极作用。2023年是共建"一带一路"倡议提出十周年，促进互联互通是"一带一路"与海牙国际私法会议的

---

① 张婧："最高法：'东方经验'漂洋过海，彰显中国法治智慧"，载中国法院网，https://www.chinacourt.org/article/detail/2024/03/id/7837589.shtml，2024年3月8日访问。

② 王娜："共同推动圆桌会议机制实现新发展 书写中新两国司法交流合作新篇章"，载最高人民法院网：https://www.court.gov.cn/zixun/xiangqing/418772.html，2024年3月8日访问。

共同目标，两者携手将促进国际民商事法律合作和国际法治。外交部部长助理华春莹在致辞中提出三点建议：一是因应世界大势，完善国际规则。在国际公约制定中，应积极践行多边主义，要照顾各国关切，特别是广大发展中国家的利益诉求，在不同法律制度和利益诉求中寻求共识，反对以少数国家的"家法帮规"代替国际规则。二是坚持遵信守诺，提升履约效果。要强化海牙会议关于送达司法文书、承认与执行民商事判决等公约的履约，推动国际司法合作，维护健康稳定的民商事法律秩序，为各国经贸往来提供坚实法律保障。三是加强交流合作，促进包容互鉴。未来将积极落实习近平主席提出的全球文明倡议，加强法治文明对话，以法律互鉴消弭法律冲突，以法律交流消除法律隔阂，弘扬全人类共同价值，推动构建人类命运共同体。①

七、涉外商事海事法治实施的展望与建议

坚持以习近平新时代中国特色社会主义思想为指导，深入学习贯彻习近平外交思想、习近平法治思想，落细落实习近平总书记2023年11月27日关于加强涉外法制建设的重要讲话精神，把党的二十大和二十届二中全会战略部署落到实处，加快推进我国涉外法治体系和能力建设，以更高水平的涉外商事海事法治支撑中国式现代化行稳致远。为推进高水平对外开放，更加有力有效维护国家主权、安全、发展利益，推动构建人类命运共同体，建议当前和今后一段时期从以下方面继续加强涉外商事海事法治：

第一，坚持正确政治方向，牢牢坚持党对涉外商事海事法治工作的绝对领导，始终自觉在政治立场、政治方向、政治原则、政治道路上同以习近平同志为核心的党中央保持高度一致，始终坚持涉外商事海事法治的方向由党指引、工作原则由党确定、工作决策由党统领，坚决贯彻落实党的路线、方针、政策，捍卫、保障、促进党的绝对领导在对外工作各方面落到实处，厚植党的执政根基。

第二，继续加快涉外领域立法步伐，修订《仲裁法》《海商法》《海事诉讼特别程序法》等涉外领域立法，为建设同高质量发展、高水平开放要求相适应的涉外法治体系和能力奠定坚实的法律制度基础。

第三，深化涉外立法执法司法联动，加快形成涉外法治工作大协同格

---

① "外交部部长助理华春莹出席'海牙国际私法会议亚太周暨成立130周年国际研讨会'开幕式"，载外交部官网：https://www.fmprc.gov.cn/wjb_673085/zzjg_673183/tyfls_674667/xwlb_674669/202309/t20230912_11141685.shtml，2024年3月8日访问。

局，一体推进涉外立法、执法、司法、守法和法律服务。加强涉外执法司法领域的国际合作、构建涉外执法的协调工作机制，提高执法司法效能。立足于涉法事务的国际合作，通过《联合国反腐败公约》等国际条约和双边协定，不断扩大国际执法合作范围，依托国际司法协助条约、双边司法协助协定完善我国司法协助规则，提高国际司法协助水平。

第四，加强涉外法治人才培养和储备，努力培养一大批政治立场坚定、专业素质过硬、通晓国际规则、精通涉外法律实务的涉外法治人才，将涉外商事海事法治人才培养作为全面推进依法治国的重要方面予以重视。

第五，加强涉外法治理论和实践前沿课题研究，构建具有中国特色、扎根中国文化、融通中外的涉外法治理论体系。积极阐释中国特色涉外法治理念、主张和成功实践，讲好中国法治故事、传播中国法治声音。

撰稿专家

张建，法学博士，首都经济贸易大学法学院副教授，硕士生导师，国际商事争议解决研究中心主任，最高人民法院研修学者，中国国际私法学会理事，北京市法学会国际经济法学研究会理事。主要从事国际私法、仲裁法的教学与研究工作。曾在《武大国际法评论》《中国国际法年刊》《中国海商法研究》等核心刊物发表论文，其中多篇被人大复印资料转载。出版《国际投资仲裁管辖权研究》《中国仲裁法治现代化研究》等学术著作5部，主持北京市社科基金项目、最高人民法院司法案例项目等5项课题。

第四编　2023 年度中国法治实施十大事件评析

- 《中共中央 国务院关于促进民营经济发展壮大的意见》发布

- 重拳打击电信网络诈骗

- 《行政复议法》首次"大修"

- "两高两部"发布醉驾案件办理新规

- 系统治理网络暴力

- 《关于加强新时代法学教育和法学理论研究的意见》印发

- 全面实行股票发行注册制改革

- 食品安全惩罚性赔偿典型案例发布

- 全国污染环境"最严罚单"全额履行

- 首例 AI 生成图片著作权侵权案

NO. 1 《中共中央 国务院关于促进民营经济发展壮大的意见》发布

事件简介

2023 年 7 月,《中共中央 国务院关于促进民营经济发展壮大的意见》发布,对民营经济的定位作出了重要表述,从总体要求、持续优化民营经济发展环境、加大对民营经济政策支持力度、强化民营经济发展法治保障、着力推动民营经济实现高质量发展、促进民营经济人士健康成长、持续营造关心促进民营经济发展壮大社会氛围、加强组织实施 8 个方面提出了 31 条针对性强的举措。

名家评析

宪法的充分实施是营商环境的最重要法治保障

秦前红

武汉大学法学院教授

中国法学会法学期刊研究会副会长

习近平总书记指出:"法治是最好的营商环境。"民营经济在我国经济中的比重持续提升,是推进中国式现代化的生力军,是高质量发展的重要基础,是推动我国全面建成社会主义现代化强国、实现第二个百年奋斗目标的重要力量。近年来,民营经济发展环境发生了一些变化,民营企业尤其是中小企业面临着一些问题和困难,迫切需要针对新情况,明确民营经济新定位,部署民营经济新举措，落实民营经济新机制，稳定民营企业的信心和预期。《中共中央 国务院关于促进民营经济发展壮大的意见》(以下简称《意见》)的出台十分及时并具有重大指导意义。从2005年"非公经济36条"，2010年"民间投资新36条"到2023年"民营经济31条"，国家支持民营经济发展的态度一以贯之，对民营经济的重视程度不断提高。《意见》明确民营企业的新定位，给出了优化营商环境的全景式政策部署，从顶层设计维度提振民营企业和民营企业家的发展信心，充分体现了以习近平同志为核心的党中央对民营经济的高度重视。

《意见》专门强调要强化民营经济发展的法治保障，营造法治化的营商环境。优化营商环境是一项包括立法、执法、司法、守法和法治保障的系统工程。民营经济的发展涉及政府与市场、中央与地方、不同区域、经营主体与消费者之间的多对复杂关系，需要始终在法治轨道上优化营商环境。其中，宪法作为党和人民意志的集中体现，具有最高的法律地位，为法治化营商环境提供了最重要的底层逻辑和根本依循。譬如，现行《宪法》奠定民营经济人士社会主义事业建设者的角色，规定国家实行社会主义市场经济，体现对不同所有制经济依法平等保护的原则，明确公民的合法的私有财产不受侵犯，宪法的充分实施是营商环境的最重要法治保障。《意见》在政策举措上有许多重大突破和新的发展，从本质上讲是对宪法相关规定、原则和精神的落实和实施。《意见》将推动各地各部门出台各项具体配套措施，对《意见》和配套措施的理解需要坚持宪法思维，促进政策与法律的互联互动，真正保障民营经济的长远、稳定、健康发展。

一、民营经济人士是社会主义事业的建设者

对民营经济人士的身份认同是发展民营经济的重要前提。2004年修宪时，延续江泽民在庆祝中国共产党成立80周年讲话中的精神，于宪法序言写入"社会主义事业的建设者"，民营企业家们迎来了身份认同的里程碑时刻。2018年11月1日，习近平总书记在民营企业座谈会上指出："民营企业和民营企业家是我们自己人。"2023年3月6日，习近平总书记看望参加全国政协十四届一次会议的民建、工商联界委员，并参加联组会，再次强调"我们始终把民营企业和民营企业家当作自己人"。《意见》落实宪法精神，专门强调要促进民营经济人士健康成长、持续营造关心促进民营经济发展壮大的社会氛围，首次提出多项针对民营企业痛点难点的新政策与新举措。《意见》一方面明确依法保护民营企业产权和企业家权益，如将完善融资放于支持政策首

位，写入完善市场化重整机制、完善支持政策直达快享机制、强化政策沟通和预期引导等新制度，提出了全面构建亲清政商关系，引导全社会客观正确全面认识民营经济和民营经济人士，防止和纠正利用行政或刑事手段干预经济纠纷，以及执法司法中的地方保护主义，构建民营企业源头防范和治理腐败的体制机制等具体要求，为民营经济的发展壮大注入制度活力，极大稳定市场预期，培育良好舆论环境；另一方面，《意见》推动高素质民营经济人士队伍建设，落实民营经济高质量发展的人才储备。如《意见》提出，要健全民营经济人士思想政治建设机制，加强民营经济代表人士队伍建设，完善民营经济人士教育培训体系，引导民营经济人士弘扬企业家精神等。

二、保障非公有制经济的平等市场主体地位

当下，民营经济发展面临的最根本的问题之一在于缺乏法律上的平等保护。对此，宪法从国家根本法的高度明确了民营经济的宪法地位以及平等保护民营经济的基本立场，全面实施宪法能够真正解决民营经济发展遇到的深层次矛盾。现行《宪法》在序言中规定"发展社会主义市场经济"，于第15条规定"国家实行社会主义市场经济"，并于第11条规定"在法律规定范围内的个体经济、私营经济等非公有制经济，是社会主义市场经济的重要组成部分"。一方面，实施市场经济本身就意味着要将各类市场主体置于平等地位，享有平等的权利、机会和规则，承担同等的责任。另一方面，非公有制经济上升为"社会主义市场经济的重要组成部分"，意味着在宪法上各种所有制经济市场地位平等。《意见》再度落实了国家对民营经济的平等保护精神，强调"各种所有制经济依法平等使用生产要素、公平参与市场竞争、同等受到法律保护"，并规定了一系列公平竞争政策制度。对《意见》的落实需要真正贯彻宪法的规定、原则和精神，探索对民营企业平等保护的有效途径，确保政策的合法性、连续性和稳定性，保障民营经济持续健康发展。

三、公民的合法的私有财产不受侵犯

习近平总书记指出："社会主义市场经济本质上是法治经济。"产权制度是社会主义市场经济实现有效运转的制度基石。产权是所有制的核心，激发民营经济的活力和创造力，首先需要健全归属清晰、权责明确、保护严格、流转顺畅的现代产权制度。只有对产权予以严格保护，才能稳定各类投资者的投资预期，规范并保障市场主体的生产经营行为。《宪法》写入私有财产权保护，是我国现代产权制度的总依据、总源头。全面实施宪法要求政府对各

类主体的合法财产实行平等、全面的保护，提供稳定的市场预期和经营信心。为此，2016年，《中共中央 国务院关于完善产权保护制度依法保护产权的意见》对完善产权保护制度进行了全面部署。2023年"民营经济31条"在此基础上明确强调，要正确看待民营经济人士通过合法合规经营获得的财富，依法保护民营企业产权，要求进一步规范涉产权强制性措施，持续完善知识产权保护体系，明晰企业产权结构，重点推动产权保护政策落实落细。产权制度效能的充分发挥取决于法治对产权的有力保障，依宪、依法保护产权，健全以公平为核心原则的产权保护制度，加强对民营经济主体的物权、债权、股权、知识产权等合法财产权益的保护，是激发民营经济活力的重要前提。

四、社会主义市场经济需要有效市场和有为政府的充分结合

优化营商环境本质上是处理好政府与市场的关系，政务环境是营商环境的重要组成部分。现行《宪法》第15条规定"国家实行社会主义市场经济"，习近平总书记指出："在社会主义条件下发展市场经济，是我们党的一个伟大创举。我国经济发展获得巨大成功的一个关键因素，就是我们既发挥了市场经济的长处，又发挥了社会主义制度的优越性。"宪法的全面实施要求政府是坚持经济民主和平等立场的政府，是贯彻保护产权理念的政府，是充分发挥市场在资源配置中决定性作用的有限政府，是维护市场经济良性运转的有为政府，是政策制定和执行一致的诚信政府。为此，《意见》强调完善政府诚信履约机制，完善监管执法体系，部署了"定期推出市场干预行为负面清单""稳步开展市场准入效能评估，建立市场准入壁垒投诉和处理回应机制""建立健全政务失信记录和惩戒制度，将机关、事业单位的违约毁约、拖欠账款、拒不履行司法裁判等失信信息纳入全国信用信息共享平台"等一系列优化政务环境的新举措。在此基础上，还要处理好政策与法律的关系，发挥政策与法律的各自优势。我国《宪法》明确规定"国家加强经济立法，完善宏观调控"，要充分发挥法治对经济高质量发展的引领、规范、保障作用，坚持法治国家、法治政府、法治社会一体建设，做到依法设定权力、规范权力、制约权力、监督权力，用法治来规范政府和市场的边界，尊重市场经济规律，通过市场化手段，在法治框架内调整各类经营主体的利益关系。

NO.2　重拳打击电信网络诈骗

事件简介

2023 年，国家依法强化打击电信网络诈骗，特别是加强国际合作打击跨境电信网络诈骗。最高人民法院、最高人民检察院在 2023 年的工作报告中部署了打击电信网络诈骗的具体措施，最高检发布了《检察机关打击治理电信网络诈骗及其关联犯罪工作情况(2023 年)》及相关典型案例。公安部开展"夏季行动"严打电信网络诈骗。

名家评析

打击"电诈"初见成效 长效防范有赖综合治理

张新宝

中国人民大学法学院教授

中国法学会网络与信息法学研究会副会长

一、依法严厉打击电信网络诈骗犯罪取得初步成效

电信网络诈骗是近年来严重侵害人民群众财产权益、破坏社会经济秩序的多发性犯罪活动。为了严厉打击此等犯罪，保护人民群众的财产权益，全国人大常委会制定《中华人民共和国反电信网络诈骗法》(以下简称《反电信网络诈骗法》)为相关执法和司法活动提供了更具体明确

的法律依据。2023 年是《反电信网络诈骗法》实施一周年。经过国家公安部门、检察机关和审判机关等国家机关的依法严厉打击，长期困扰社会的电信网络诈骗犯罪得到有效遏制，取得初步成效。2023 年，发案率、受害人数、涉案资金等方面的数据都呈显著下降趋势。1 月至 9 月公安部门侦办电信网络诈骗犯罪案件 68.9 万起，依法对 21.05 万人次进行行政处罚；缅北向我国移交 3.1 万名电诈犯罪嫌疑人；有关部门见面劝阻 1389 万人次，紧急拦截涉案资金 3288 亿元；公安部门通缉一批境外电信网络诈骗团伙头目，大多数被抓获。国家机关的积极履职，有效保护了人民群众的财产权益。

二、打击电信网络诈骗是一项长期而艰巨的任务

信息通信技术的快速发展以及快捷的金融支付，为社会经济包括人民群众的生产生活带来了前所未有的方便，人民群众享受到了信息社会和数字经济的全方位红利。但是，电信网络诈骗犯罪活动也随着信息通信技术和金融支付技术的进步而滋生与蔓延，成为全球范围内发展最快的侵害财产权益的犯罪之一。电信网络诈骗犯罪是与技术进步相关联的全球性问题。电信网络诈骗犯罪往往具有团伙性与隐蔽性相结合、区域性与跨境性相结合、长链条与多行业多领域相勾连等特征，犯罪嫌疑人及受害人人数众多、涉及金额巨大，治理难度大。在我国，涉嫌犯罪的嫌疑人往往来自较特定的省区，受害人往往是年龄较大的公民，犯罪地点往往在东南亚国家和非洲国家，诈骗往往需要经过电信、互联网、银行业金融机构或非银行支付机构的跨界运作方能实现。

电信网络诈骗犯罪的科技关联性、全球普遍性以及作为犯罪行为的特殊性质，决定了治理的难度和长期性。我们既要看到一年来取得的初步成果，又要总结经验教训探讨更有效的治理手段和方法，做好与电信网络诈骗犯罪进行长期斗争的准备。

三、强化主体责任，落实综合治理措施

反电信网络诈骗是一项综合治理工程，需要进一步加强反电信网络诈骗的国际合作，需要进一步对电信网络诈骗犯罪采取高压打击态势，需要严格收缴涉案资金并及时清退发还给受害人，需要强化各方主体责任、落实反电信网络诈骗的综合治理措施。

《反电信网络诈骗法》分别规定了电信业务经营者、网络业务经营者以及银行业金融机构和非银行业金融机构在反电信网络诈骗国家治理体系中的

义务与责任。电信实名制、网络实名制、资金流向监管与异常账户风控等制度，是治理电信网络诈骗的基础性制度。只有建设好、落实好这些制度，才能更大程度上阻遏和打击电信网络诈骗犯罪。我们注意到，实名制的落实尚有死角。仅 2023 年 9 月，昆明海关就查获未申报手机 SIM 卡 1.15 万张。这些移动通信 SIM 卡流出境外势必成为电信网络诈骗的工具。有金融机构对于客户尽职调查、支付账户的开户数量限制、企业账户异常情形风控、涉诈特征的异常账户检测模型的建设与运行等方面的义务落实不到位。治理电信网络诈骗需要严厉打击犯罪行为人，更需要从渠道上切断信息流、资金流，使得犯罪行为难以实施，犯罪结果难以发生。这就要求监管部门对电信业务经营者、网络业务经营者以及银行业金融机构和非银行业金融机构进行严格的执法监督，严厉处罚违法的单位和个人。

《反电信网络诈骗法》第五章规定了各种综合治理措施，重在落实。特别需要强调的是，部分被诈骗的受害人往往是受到一些不正当利益的诱惑误以为能够得到某种小便宜，作出转账支付等损害自己利益的行为。反电信网络诈骗，尤需广大人民群众切实提升法律意识，提高预防和抵制电信网络诈骗犯罪的能力和自觉性。

NO.3 《行政复议法》首次"大修"

事件简介

2023 年 9 月 1 日，十四届全国人大常委会第五次会议通过了新修订的《行政复议法》，这是该法自 1999 年制定和实施以来的首次"大修"，极大解决了影响和妨碍该法发挥其解纷、救济、监督三大功能的诸多问题。

名家评析

充分发挥行政复议解纷、救济、监督的功能和作用

姜明安

北京大学法学院教授

中国法学会行政法学研究会学术委员会主任

行政复议制度是一项兼具解纷、救济和监督功能的法律制度，但由于原《行政复议法》存在某些缺陷和不足，使行政复议制度的上述功能未能充分和有效发挥。十四届全国人大常委会第五次会议通过了新修订的《行政复议法》。新《行政复议法》主要从四个方面对原《行政复议法》进行了"大修"。

一、修改行政复议管辖体制，改政府部门管辖为主的分散管辖体制为政府集中统一管辖为主的体制

原《行政复议法》规定，对县级以上地方各级人民政府工作部门的具体行政行为不服的，由申请人选择，可以向该部门的本级人民政府申请行政复

议，也可以向上一级主管部门申请行政复议。对海关、金融、国税外汇管理等实行垂直领导的行政机关和国家安全机关的具体行政行为不服的，向上一级主管部门申请行政复议。

行政复议多年的实践证明，行政复议由上一级主管部门管辖有诸多弊端：一是不便民，政府部门繁多、分散，申请人找行政复议机关难；加上上级政府部门所在地相较本级政府所在地远，更增加了申请人申请复议的困难；二是各政府部门复议审理标准不统一，影响对复议案件的公正审理和裁决；三是各政府部门复议案件量很不平衡，有的部门一年复议案件成百上千，有的部门一年可能只有几件或几十件复议案件，各部门的复议机构和复议人员工作忙闲不均，复议案件量过少部门的复议机构和复议人员不便于积累复议经验和提高复议质量。

针对上述弊端，新修订的《行政复议法》除保留海关、金融、外汇管理等实行垂直领导的行政机关、税务和国家安全机关的行政复议由上一级政府主管部门管辖外，取消了地方人民政府所有其他工作部门对行政复议的管辖，确定由县级以上地方人民政府对行政复议统一管辖的体制，并相应调整了国务院部门的复议管辖权限。

新修订的《行政复议法》规定县级以上地方各级人民政府统一管辖下列行政复议案件：（一）对本级人民政府工作部门作出的行政行为不服的；（二）对下一级人民政府作出的行政行为不服的；（三）对本级人民政府依法设立的派出机关作出的行政行为不服的；（四）对本级人民政府或者其工作部门管理的法律、法规、规章授权的组织作出的行政行为不服的。除此以外，省、自治区人民政府同时管辖对本机关作出的行政行为不服的行政复议案件。省、自治区人民政府依法设立的派出机关参照设区的市级人民政府的职责权限，管辖相关行政复议案件。对县级以上地方各级人民政府依法设立的派出机构依照法律、法规、规章规定，以派出机构的名义作出的行政行为不服的行政复议案件。由本级人民政府管辖；其中，对直辖市人民政府、设区的市人民政府工作部门按照行政区划设立的派出机构作出的行政行为不服的，也可以由其所在地的人民政府管辖。

根据新修订的《行政复议法》，国务院部门不再一般地管辖复议申请人不服地方政府工作部门行政行为的行政复议案件，而是只管辖下列三类行政复议案件：一是对本部门作出的行政行为不服的；二是对本部门依法设立的派出机构依照法律、行政法规、部门规章规定，以派出机构的名义作出的行政行为不服的；三是对本部门管理的法律、行政法规、部门规章授权的组织作出的行政行为不服的。

行政复议申请人对省、自治区、直辖市人民政府就本级政府作出的行政行为和国务院部门就本部门作出的行政行为依《行政复议法》作出的复议决定不服的，既可以直接向人民法院提起行政诉讼；也可以向国务院申请裁决，国务院依法作出的裁决为最终裁决。

二、扩大行政复议的受案范围和行政复议作为行政诉讼前置程序的范围，保障行政复议发挥化解行政争议"主渠道"的作用

2023 年《行政复议法》"大修"的重要目标之一是推进行政复议制度作为化解行政争议主渠道功能和作用的有效发挥。原《行政复议法》在这方面存在欠缺和不足，新修订的《行政复议法》针对相应欠缺和不足，对原《行政复议法》主要进行了下述两个方面的修改：

其一，扩大了行政复议受案范围，将现行《行政复议法》未列入复议受案范围的涉及申请人对行政协议、政府信息公开、行政征收征用决定、行政赔偿决定等行政行为不服的案件增列为可申请行政复议的范围。随着市场经济的深入发展和公共治理机制的深入，行政协议的各种形式（如 PPP 的各种不同形式：BOT、BTO、BOOT、BOO、PFI 等）在行政管理中，特别是在政府举办的各种重大工程建设和自来水、电、燃气、城市道路等公用事业建设中越来越被广泛地运用，从而这方面的行政争议的发生率越来越高。同样，涉及政府信息公开的行政争议，随着《政府信息公开条例》的实施和公民权利意识的日益增强，这方面的行政争议案件也是越来越多。至于行政征收征用决定、行政赔偿决定等行政行为引发的行政争议，更是多发频发。这些争议如果不纳入行政复议途径解决，就会严重影响社会经济的发展和社会秩序的稳定。因此，新修订的《行政复议法》将这几类争议案件纳入行政复议范围具有重大的意义。

其二，扩大了行政复议前置范围，新修订的《行政复议法》规定行政相对人对行政机关作出的具有下列情形的行政行为不服的，应当先申请行政复议，对复议决定不服，方可再向人民法院提起行政诉讼：一是对当场作出的行政处罚决定不服的；二是对行政机关作出的侵犯其已经依法取得的自然资源的所有权或者使用权的决定不服的；三是对行政不作为（即行政机关存在《行政复议法》第11条规定的未履行法定职责情形）不服的；四是申请政府信息公开，行政机关不予公开的；五是法律、行政法规规定行政复议前置的其他情形。行政复议前置，有利于促使行政相对人对相应行政行为不服首先选

择行政复议途径解决争议，从而进一步保障行政复议作为化解行政争议主渠道功能的实现。

三、修改行政复议案件受理和处理规则，保障行政争议当事人复议申请权的有效实现和行政争议的实质性化解

新修订的《行政复议法》在这方面的修改主要表现为增设和确立下述两项制度：

其一，增设行政复议的受理条件和对行政复议机关不作为行为的监督机制，保障行政争议当事人依法申请行政复议能顺利得到受理，防止被行政复议机关违法拒之门外。新修订的《行政复议法》明确规定，行政复议机关收到行政复议申请后，应当在5日内进行审查，对符合《行政复议法》规定的复议案件，行政复议机关应当予以受理；对不符合规定条件的行政复议申请，行政复议机关应当在审查期限内决定不予受理并说明理由；对不符合管辖范围的复议申请，还应当在不予受理决定中告知申请人有管辖权的行政复议机关。行政复议申请的审查期限届满，行政复议机关未作出不予受理决定的，审查期限届满之日起即为受理。公民、法人或者其他组织依法提出行政复议申请，行政复议机关无正当理由不予受理、驳回申请或者受理后超过行政复议期限不作答复的，申请人有权向上级行政机关反映，上级行政机关应当责令其纠正；必要时，上级行政复议机关可以直接受理。这些规定无疑增加了对行政复议制度顺利运行的保障。

其二，完善行政复议的调解机制，为行政争议的实质性化解提供了重要途径。原《行政复议法》没有规定行政复议的调解机制。之后的《行政复议法实施条例》虽然规定了行政复议调解，但只限于下述两类情形：一是公民、法人或者其他组织对行政机关行使法律、法规规定的自由裁量权作出的具体行政行为不服申请行政复议的；二是当事人之间的争议属于行政赔偿或者行政补偿纠纷的。新修订的《行政复议法》废除了这种限制，规定"行政复议机关办理行政复议案件，可以进行调解。调解应当遵循合法、自愿的原则，不得损害国家利益、社会公共利益和他人合法权益，不得违反法律、法规的强制性规定"。行政复议作为化解行政争议的主渠道，运用调解方式处理争议当事人之间的纠纷自然应是其重要途径。

四、修改行政复议程序规则，保障行政复议切实为复议申请人提供公正有效的救济

新修订的《行政复议法》在这方面的修改主要表现为增设和确立下述三项制度规则：

其一，将行政复议一般程序的办案原则由书面审查修改为通过各种方式听取当事人意见，对重大、疑难、复杂案件建立听证和行政复议委员会制度。这是一项非常重要的修改，长期以来，行政复议公信力不强，许多行政相对人对行政行为不服，不愿选择行政复议作为救济途径，而首选行政诉讼或者信访，一个重要的原因就是因为他们认为复议程序不能保障为他们提供公正、有效的救济。原《行政复议法》规定，行政复议原则上采取书面审查的办法。即使申请人提出要求或者行政复议机构认为必要，也只是在审理过程中向有关组织和人员调查情况，听取申请人、被申请人和第三人的意见。新修订的《行政复议法》对行政复议审理程序规则进行了重要修改和补充，增设专章（第四章）规定行政复议审理程序和证据规则，特别是关于一般程序的下述三项规则具有重要意义：一是行政复议机构适用普通程序审理行政复议案件，应当当面或者通过互联网、电话等方式听取当事人的意见，并将听取的意见记录在案。一是审理重大、疑难、复杂的行政复议案件，行政复议机构应当组织听证。行政复议机构认为有必要听证的，或者申请人请求听证的，行政复议机构可以组织听证。三是县级以上各级人民政府应当建立相关政府部门、专家、学者等参与的行政复议委员会，为办理行政复议案件提供咨询意见，并就行政复议工作中的重大事项和共性问题提出意见。很显然，这些程序规则无疑有利于提高行政复议的公正性和公信力。

其二，增设行政复议审理的简易程序，实行复议案件繁简分流原则，保障行政复议快捷、便民优势得到更好的发挥。原《行政复议法》没有规定复议审理简易程序，对简单和复杂的案件适用同样的程序审理，这显然不利于提高复议效率。为弥补这一缺陷，新修订的《行政复议法》以专节（第四章第四节）增设复议审理的简易程序：行政复议机关审理下列四类行政复议案件，认为事实清楚、权利义务关系明确、争议不大的，可以适用简易程序：一是被申请行政复议的行政行为是当场作出的；二是被申请行政复议的行政行为是警告或者通报批评；三是案件涉及款额在三千元以下；四是政府信息公开案件。除上述行政复议案件外，当事人各方同意适用简易程序审理的行政复议案件，也可以适用简易程序。适用简易程序审理的案件，行政复议机构应

当自受理行政复议申请之日起 3 日内，将行政复议申请书副本或者行政复议申请笔录复印件发送被申请人。被申请人应当自收到申请书副本或者申请笔录复印件之日起 5 日内，提出书面答复，并提交作出行政行为的证据、依据和其他有关材料。适用简易程序审理的案件，可以书面审理，应当在 30 日内审结。

其三，完善行政复议附带审查规范性文件的程序和处理方式。原《行政复议法》规定了行政复议附带审查规范性文件的制度，但对附带审查规范性文件的程序和处理方式规定得很不完善，影响了行政复议的效率和质量。新修订的《行政复议法》以专节（第四章第五节）对这一缺陷进行了弥补，在原《行政复议法》第 26 条和第 27 条规定的基础上作出了下述补充规定：行政复议机关依法有权处理有关规范性文件或者依据的，行政复议机构应当自行政复议中止之日起 3 日内，书面通知规范性文件或者依据的制定机关就相关条款的合法性提出书面答复。制定机关应当自收到书面通知之日起 10 日内提交书面答复及相关证据材料。行政复议机构认为必要时，可以要求规范性文件或者依据的制定机关当面说明理由。行政复议机关认为有关规范性文件或者依据的相关条款合法的，在行政复议决定书中一并告知；认为相关条款超越权限或者违反上位法的，决定停止该条款的执行，并责令制定机关予以纠正。行政复议机关依法无权处理有关规范性文件或者依据的，应当在 7 日内转送有权处理的行政机关、国家机关依法处理。接受转送的行政机关、国家机关应当自收到转送之日起 60 日内，将处理结论回复转送的行政复议机关。

新修订的《行政复议法》关于复议程序的上述规定，对于有效"发挥行政复议公正高效、便民为民的制度优势和化解行政争议的主渠道作用"无疑具有重要意义。

NO.4 "两高两部"发布醉驾案件办理新规

事件简介

2023 年 12 月 13 日，最高人民法院、最高人民检察院、公安部、司法部发布《关于办理醉酒危险驾驶刑事案件的意见》，对 2013 年《关于办理醉酒驾驶机动车刑事案件适用法律若干问题的意见》作出了全面完善。

名家评析

统一"醉驾"案件办理规程
推进轻罪治理体系现代化

姚 莉

中南财经政法大学法学院教授
中国刑事诉讼法学研究会副会长

2023 年 12 月 13 日，最高人民法院、最高人民检察院、公安部、司法部联合发布《关于办理醉酒危险驾驶刑事案件的意见》（以下简称《意见》），《意见》于 2023 年 12 月 28 日起施行。《意见》的颁布是适应新形势新变化，总结多年司法实践经验，统一执法司法标准，规范办案程序的有力举措，是全面准确贯彻宽严相济刑事政策、促进办案流程提质增效和推进轻罪治理体系与治理能力现代化的充分体现。

醉酒驾驶行为给人民生命财产造成的严重损

害。为回应社会大众对道路交通安全的迫切诉求，2011年5月1日实施的《中华人民共和国刑法修正案(八)》规定："在道路上醉酒驾驶机动车的，处拘役，并处罚金。"根据相关规定，车辆驾驶人员血液中的酒精含量大于或者等于20 mg/100 ml且小于80 mg/100 ml的驾驶行为系饮酒驾车；车辆驾驶人员血液中的酒精含量大于或者等于80 mg/100 ml的驾驶行为为醉酒驾车。由此，醉驾行为开始被纳入《刑法》中危险驾驶罪的治罪范畴。

自2011年醉驾入刑以来，我国的酒驾醉驾治理工作取得了明显成效，有力维护了人民群众的生命财产安全和道路交通安全。2021年，公安部交管局相关负责人曾表示，"酒后拒驾"日益成为群众的自觉行为，成为社会普遍认同和支持的文明准则和法治规则。数据显示，2020年每排查百辆车的醉驾比例比"醉驾入刑"前减少70%以上。在机动车、驾驶人数量保持年均1800万辆、2600万人的高速增长情况下，十年来全国交通安全形势总体稳定，减少了两万余起酒驾醉驾肇事导致的伤亡事故，挽救了上万家庭免于破碎、返贫。

但在司法实践中，醉驾入刑导致的挤占司法资源等现象也不容忽视。首先，危险驾驶罪案件数量常年高位运行，占用了基层公安司法机关的大量办案资源。据最高人民法院公布的数据，2020年全国法院审结醉驾等危险驾驶罪案件28.9万件，2021年全国法院审结醉驾等危险驾驶罪案件34.8万件。以醉驾为主体的危险驾驶犯罪的案件数量已跃升为当前刑事案件第一位。如何使有限的司法资源得到更合理的分配，是司法实践中亟待解决的问题。其次，不同地区的执法司法标准有所差异，导致"同案不同判"的现象有所显现。在各地的司法实践中，有些地方已经对醉驾入刑"松绑"，做出了一些出罪方面的规定。例如，浙江省有关部门于2017年印发的《关于办理醉驾犯罪案件若干问题的会议纪要》规定，醉酒驾驶汽车，酒精含量在170 mg/100 ml以下，认罪悔罪，且无从重情节，犯罪情节轻微的，可以不起诉或者免于刑事处罚；酒精含量在100 mg/100 ml以下，且无从重情节，危害不大的，可以认为是情节显著轻微，不移送审查起诉。湖南省有关部门于2022年发布《关于办理醉酒驾驶机动车刑事案件若干问题的会议纪要》，规定醉酒驾驶机动车的，无从重情节，且认罪悔罪，符合缓刑适用条件的，可以依法适用缓刑，酒精含量在160 mg/100 ml以下的，可以不起诉或者免予刑事处罚。各地关于办理醉驾犯罪案件的类似规定不在少数，但执法司法标准不统一，不利于严格规范办理醉驾犯罪案件。最后，在处置醉驾行为时，如果仅以"血液酒精含量"作为涉案人入罪的唯一标准，可能导致机械执法的问题。如在

2018年发生的"丈夫醉驾送病重妻子就医案"中，丈夫因妻子昏倒且救护车无法及时赶到而开车送妻子就医，被警方当场查获。检察机关认为其行为已经构成危险驾驶罪，诉请法院对被告人予以处罚。人民法院认为丈夫的行为构成紧急避险，不负刑事责任，检察机关最终决定撤回起诉。由此可见，日常生活的复杂状况可能会超出执法司法机关的预想，在具体办案过程中仍需累积总结经验，以更加谨慎的态度对待不同性质的醉驾行为。

时至今日，醉驾入刑已经走入了第十二个年头，《意见》的出台为全国执法司法机关进一步严格规范、依法办理醉驾案件，有效应对上述实践问题提供了权威依据和路径，在轻罪治理的背景下具有十分重要的意义。

一、《意见》是全面准确贯彻宽严相济刑事政策的充分体现

宽严相济是我国的基本刑事政策，《意见》汲取各地实践经验，对醉驾型危险驾驶罪的犯罪构成要件及从宽、从严的处理情形作出了准确且详细的界定。首先，《意见》第十条规定了醉驾行为的十五种从重处理情形，第十四条规定了一般不适用缓刑的十种情形；第十一条和第十二条则规定了"醉驾行为"的四条从宽处理情形以及情节显著轻微、危害不大，不认为是犯罪，符合不追究刑事责任、撤销案件、不起诉条件的六种情形，体现了"该宽则宽，当严则严，罚当其罪"的公正司法要求。其次，《意见》明确规定，血液酒精含量不满150毫克/100毫升的可以认定为情节显著轻微、危害不大；血液酒精含量超过180毫克/100毫升的，一般不适用缓刑，为统一各地执法司法标准，克服"同案不同判"现象划定了权威依据。最后，《意见》明确了醉驾案件中关于"道路""机动车"的认定，要求以道路的"公共性"和是否"允许社会机动车"通行作为对"道路"的判断标准；明确在居民小区、停车场等场所因挪车、停车和接替驾驶等短距离驾驶机动车的醉驾行为，一般可以认定为情节显著轻微、危害不大，充分兼顾事理、法理与情理，有助于消除部分案件中办案机关机械执法的现象。

二、《意见》是促进办案流程提质增效的有力举措

首先，强调坚持准确适用法律，坚持证据裁判原则。《意见》第七条至第九条规范了办理醉驾案件的证据收集范围与收集程序，特别指出血液样本的提取、鉴定和取证行为不能补正或者作出合理解释的，应当予以排除，保障了醉驾案件在认定案件事实时的实体公正和程序公正。其次，针对醉驾案件的特殊性，适用快速办理机制。《意见》优化了取保候审、调查评估和文书制

作的办案流程，缩短办案期限，从而实现了醉驾案件的程序简化与分流，有效应对醉驾案件挤占公安司法机关办案资源的问题。最后，注重酒驾醉驾案件的行刑衔接机制。《意见》规定，对犯罪嫌疑人、被告人决定不起诉或者免予刑事处罚的，不能"一放了之"，而是可以根据案件的不同情况，予以训诫或者责令具结悔过、赔礼道歉、赔偿损失，需要给予行政处罚、处分的，应当提出检察意见或者司法建议、移送公安机关或有关主管机关处理。公安机关应当将处理情况通报人民法院、人民检察院。简言之，《意见》从证据裁判、程序优化及行刑衔接的不同层次促进办案流程提质增效。

三、《意见》是实现惩治与预防相结合、治罪与治理并重刑事司法理念的长效方案

在新时代新形势下，应当以实现轻罪治理体系与治理能力现代化的思维来应对醉酒危险驾驶刑事案件等轻微刑事案件。针对酒驾醉驾的违法犯罪行为，不能仅从法律层面加以惩罚，还应关注到其背后的社会经济文化等因素的影响，从综合治理层面多管齐下方能实现有效治理。《意见》提出公安司法机关应当坚持惩治与预防相结合，采取多种方式强化综合治理、诉源治理，从源头上预防和减少酒后驾驶行为发生，体现了治罪与治理并重的刑事司法理念。《意见》第二十七条和二十八条提出，公安司法机关要引导公众培养规则意识，养成守法习惯，充分运用司法建议、检察建议等手段加强对驾驶员的安全教育，加强餐饮娱乐场所的管理，规范代驾行业发展，这是从源头上减少和预防酒驾醉驾违法犯罪行为的科学路径，有利于实现政治效果、法律效果和社会效果的有机统一。

从整体而言，《意见》的颁布坚持以习近平法治思想为根本遵循和行动指南，体现了以人民为中心的根本立场。可以看出，《意见》是"两高两部"系统总结醉驾入刑以来的执法司法经验，经过深入调查研究后，根据新时代新形势制定的科学、合理而严密的规范，相信《意见》的实施将会更为有效地惩治和预防酒驾醉驾违法犯罪行为，加快推进轻罪治理体系与治理能力现代化的进程。

NO.5 系统治理网络暴力

事件简介

2023年，多部门开展行动，多举措系统治理网络暴力。4月，最高人民检察院印发《关于加强新时代检察机关网络法治工作的意见》，明确要求依法严惩网络暴力。7月，国家互联网信息办公室发布《网络暴力信息治理规定（征求意见稿）》。9月，最高人民法院、最高人民检察院、公安部印发《关于依法惩治网络暴力违法犯罪的指导意见》。9月，最高人民法院发布依法惩治网络暴力违法犯罪7起典型案例。11月，公安部公布依法惩治网络暴力违法犯罪10起典型案例。

名家评析

激活法律实施机制 增强网络暴力的治理成效

姜 伟
中国法学会副会长

有一种伤害，叫网络暴力，不仅破坏网络生态，甚至可能"夺人害命"。网络暴力危害严重，人民群众深恶痛绝。治理网络暴力，极为必要，非常紧要。让网暴者受到法律制裁，是实现公平正义的必然要求，也是人民群众的社会共识。习近平总书记要求，"要坚持依法治网、依法办网、依法上网，让互联网在法治轨道上健康运行"。我国目前有《中华人民共和国网络安全法》《中华人民共和国数据安全法》《中华人民共和国个人信息保护法》《中华人民共和国反电信网络诈骗法》等规制网络空间的专门立法，有《中华人民共和国刑法》、《全国人民代表大会常务委员会关于维护互联网安全的决定》等刑事法律，有《中华人民共和国民法典》《中华人民共和国治安管理处罚法》等涉及互联网的相关法律。近年来，网络暴力案件快速增长，但是，行为人实际受到法律制裁的则比较少。究其原因可能是复杂的，但因法律规定的适用条件不具体而导致法律实施不到位，无疑是一个重要因素。

2023年，相关部门协同共治，出台若干规范性文件，发布一批典型性案例，激活了治理网络暴力的法律实施机制，充分发挥法律实施的规则引领、价值导向和行为规范作用，不仅能够保证国家法律的统一正确实施，而且可以强化法治宣传教育，既震慑违法犯罪，又引导广大网民自觉守法，认清网络暴力的社会危害和法律后果，有利于切实增强网络暴力的治理成效，为有效维护人民群众的人格尊严和合法权益提供了法治保障。特别是"指导意见"和典型案例，与时俱进地更新司法观念，着眼网络暴力的特点，为破解网络暴力的被害人维权难、取证难、立案难、认定难等现实问题，依据现有法律规定，细化了适用法律的具体情形，于法有据又务实管用，为司法机关办理案件提供了便于操作的具体指引，一些亮点可圈可点可赞！

一、明确法律适用标准

释明了依法惩治网络暴力违法犯罪的适用条件和政策取向，对于网络暴力违法犯罪，要依法严肃追究，重点打击恶意发起者、组织者、恶意推波助澜者以及屡教不改者。厘清了违法行为与正当行为、刑事责任与行政处罚、自诉案件与公诉案件的认定标准。通过信息网络检举、揭发他人犯罪或者违法违纪行为，只要不是故意捏造事实或者明知是捏造的事实而故意散布的，不应当认定为诽谤违法犯罪。针对他人言行发表评论、提出批评，即使观点有所偏颇、言论有些偏激，只要不是肆意谩骂、恶意诋毁的，不应当认定为侮辱违法犯罪。

二、健全被害人救济机制

让网暴者受到制裁，为被害人讨回公道、伸张正义，是司法机关的法定职责。治理网络暴力，既要加大网络暴力行为打击力度，严惩不法分子，也应采取积极措施关怀帮助受害者，为被害人及时提供法律救济，让受害者的合法权益得到有效保护。对于被害人就网络侮辱、诽谤提起自诉的案件，人民法院经审查认为被害人提供证据确有困难的，可以要求公安机关提供协助，及时查明网络侮辱、诽谤的行为主体，收集相关信息传播扩散情况以及造成的影响等证据材料。网络服务提供者应当依法为公安机关取证提供必要的技术支持和协助。根据刑法规定，实施侮辱、诽谤犯罪，严重危害社会秩序和国家利益的，应当依法提起公诉。"指导意见"进一步明确了侮辱罪、诽谤罪适用公诉程序的具体情形，如造成被害人精神失常、自杀等恶劣社会影响的案件，解决了网络侮辱、诽谤刑事案件自诉转公诉的衔接程序问题。对于网络侮辱、诽谤行为，被害人提起自诉，人民法院经审查认为有关行为严重危害社会秩序的，应当将案件移送公安机关。在民事诉讼过程中，权利人有证据证明行为人正在实施或者即将实施侵害其人格权的网络暴力违法行为，不及时制止将使其合法权益受到难以弥补的损害的，人民法院可以根据权利人申请，依法作出人格权侵害禁令。检察机关对损害社会公共利益的网络暴力行为，以及网络服务提供者不依法履行信息网络安全管理义务，损害公共利益的，检察机关可以提起公益诉讼。

三、构建多元治理格局

刑事制裁是治理网络暴力的必要手段，但不是主要手段，更不是唯一手段。网络暴力行为类型复杂多样，危害程度差异较大。对网络暴力行为，应当坚持多元共治，既要发挥刑法的惩戒、预防功能，也要发挥行政处罚的制裁、引导功能，还要发挥民事侵权损害的赔偿、教育功能，完善民事诉讼、行政执法和刑事司法衔接机制，根据行为性质及情节轻重，分类处理网络暴力案件，依法采用刑事处罚、行政处罚、民事处罚等法律制裁措施。"指导意见"提出，实施网络侮辱、诽谤等网络暴力行为，尚不构成犯罪，符合治安管理处罚法等规定的，依法予以行政处罚。依法支持针对网络暴力的民事维权，针对他人实施网络暴力行为，侵犯他人名誉权、隐私权等人格权，受害人请求行为人承担民事责任的，人民法院依法予以支持。

对网络暴力应该坚决反对、主动抵制、依法惩治。习近平总书记多次阐释，"法律的生命力在于实施"。法律实施是彰显法律效力、维护法律权威的有效手段。只有激活法律实施机制，把"纸面上的法"真正落实为"实践中的法"，才能使法律产生实际效力，形成现实的法律秩序。司法解释、规范性文件、典型案例、司法裁判、行政处罚等，都是激活法律的媒介。治理网络暴力，需要综合治理、多策并举，特别需要发挥法治的引领、规范、保障作用。只有采用法治思维和法治方式，明确网上言论的"权利义务边界"，依法惩治违法犯罪行为，切实维护公民的合法权益，让"按键伤人者"受到惩罚，才能对网络暴力形成震慑，使被害人得到慰藉，让网络生态日渐清朗，让广大网民在网络空间享有更多获得感、幸福感、安全感。

NO. 6 《关于加强新时代法学教育和 法学理论研究的意见》印发

事件简介

2023 年 2 月，中共中央办公厅、国务院办公厅印发《关于加强新时代法学教育和法学理论研究的意见》，并发出通知，要求各地区各部门结合实际认真贯彻落实。意见明确了新时代法学教育和法学理论研究的指导思想、工作原则、主要目标、正确方向，确立了符合中国国情、展现大国气派、具有显著优势的法学教育和法学理论研究管理体制，系统提出了完善法学院校体系、法学教育体系、法学理论研究体系的新任务新举措。

名家评析

深入贯彻落实两办《意见》 为法治中国建设提供有力人才保障和理论支撑

黄文艺

中国人民大学法学院院长、教授
中国法学会法理学研究会副会长

中共中央办公厅、国务院办公厅印发的《关于加强新时代法学教育和法学理论研究的意见》，是中华人民共和国历史上第一个专门以法学教育和研究为主题的中央文件，第一次明确了习近平法治思想在法学教育和研究上的指导地位，第一次提出了法学院校体系、法学教育体系、法学理论研究体系"新三大体系"，第一次擘画了新时代中国

法学教育和法学理论研究发展的战略蓝图，是为新时代中国法学教育和法学理论研究明方向、定体制、立体系、划重点、强保障的战略性纲领性文件。

《意见》明确了新时代中国法学教育和法学理论研究的正确方向。这包括，坚持和加强党的全面领导，引导广大法学院校师生和法学理论工作者自觉强化党的领导意识，健全党领导法学教育和法学理论研究的体制机制，将党的领导贯彻到法学教育和法学理论研究全过程各方面。坚持以习近平法治思想为根本遵循，用习近平法治思想全方位占领法学教育和法学理论研究阵地，教育引导广大法学院校师生和法学理论工作者做习近平法治思想的坚定信仰者、积极传播者、模范实践者。加强思想政治建设，把讲政治作为根本要求，教育引导广大法学教师和理论工作者提高政治敏锐性和政治鉴别力，把政治标准和政治要求贯穿法学教育和法学理论研究工作始终。

《意见》明确提出了改革完善法学院校体系的重点任务。这包括，调整优化法学院校区域布局，统筹全国法学学科专业设置和学位授权点设置，推进法学教育区域均衡发展。完善法学教育管理体制，加强中央依法治国办对法学教育工作的宏观指导，加强国务院教育主管部门和司法行政部门对高等学校法学教育工作的指导，发挥好高等学校法学类专业教学指导委员会、国务院学位委员会法学学科评议组、全国法律专业学位研究生教育指导委员会、全国司法职业教育教学指导委员会等专家委员会作用，加强法治工作部门对法学院校支持力度，发挥好重点政法院校在法学教育和法学理论研究中的骨干示范作用。

《意见》明确提出了加快完善法学教育体系的重要任务。法学教育体系包括法学学科体系、法学教学体系、法学课程体系、法学教材体系和法学教师队伍建设。一是优化法学学科体系。法学学科体系是法学教育体系的骨骼系统，在法学教育中起着基础性、支撑性作用。加快推进法学基础学科、新兴学科、交叉学科、涉外学科建设，构建中国自主、世界一流的法学学科体系。二是健全法学教学体系。法学教学体系是法学教育的分类施教体系。夯实法学本科教育，提升法学研究生教育，完善法学一级学科博士、硕士学位基本要求。完善法律专业学位基本要求，建立法律专业学位研究生教育和法律职业资格衔接机制，研究探索法律专业学位研究生入学考试改革，开展法律专业学位研究生培养单位培养质量认证试点工作，提高培养质量。扶持发展法律职业教育，更新职业教育法律相关专业教学标准。三是完善法学课程体系。法学课程体系的设置，直接决定法学教学的内容，深刻影响法科学生的知识体系和能力结构。除开设好"习近平法治思想概论"等法学专业核心必修课之外，应鼓励有条件的院校开设习近平法治思想相关必修课、选修课，与法治工作部门联合开设习近平法治思想的实践教学课程。适应加强法学实践教学的需要，扩大法学实践教学课程门数，构建法学实践教学课程体系，切实提高法学实践教学效果。四是深化法学教材体系建设。法学教材是法学教学的最权威文本，直接决定法学教学的专业规格和知识图谱。抓好法学类马工程重点教材建设，扩大法学类马工程重点教材覆盖面，巩固和提升马工程重点教材在法学教材体系中的核心地位。编好主干教材，分批次、分系列、分领域编写出一批凝聚中国法治智慧、传播中国法治思想、反映全面依法治国发展成就的自主性、原创性、标志性的经典法学教材。开发新形态教材，推出法学专业课程的原理教材、案例教材、实务教材、文献选编、练习题集等教材和教辅资料，大力推进数字教材、视频教材、电子课件等新形态教材建设工作。五是加强法学教师队伍建设。法学教师队伍是法学教育事业发展的主力军，直接影响法学教育和法学理论研究的质量和水平。坚持教育者先受教育，把师德师风作为评价教师队伍素质的第一标准，建立完善以教学科研工作业绩为主要导向的法学教师考核制度，推动法学院校、科研院所与法治工作部门人员双向交流，打造一支政治立场坚定、法学根底深厚、熟悉中国国情、通晓国际规则的高水平专兼职教师队伍。

《意见》明确提出了创新发展法学理论研究体系的重要任务。《意见》列出了法学基础理论研究的重点领域，包括马克思主义法学基本原理的研究、习近平法治思想研究阐释、构建中国自主法学知识体系、党内法规研究、中国新民主主义革命法治史特别是革命根据地法治史研究，中华传统法律文化的研究、外国法和比较法的研究。《意见》列明了全面依法治国实践的重点研究领域，包括法治建设重大规划、重点改革、重要举措等方面的法律政策研究，立法、执法、司法、守法等法治领域人民群众法院强烈突出问题的对策建议研究，基层立法联系点的研究，国家重大发展战略法治保障研究，国家安全、科技创新、公共卫生、生物安全、生态文明、防范风险、大国外交等重点领域的法治实践研究，新技术、新业态、新应用领域法律制度的供给研究。《意见》提出了完善科研考核评价制度的一系列重要举措，包括构建符合法学学科特点的学术评价体系，建立健全教育、激励、规范、监督、奖惩一体化的科研诚信治理体系，落实学术不端与师德失范处理处罚联动机制，推行科研成果代表作制度，把参与法治实践、咨政建言等纳入科研考核评价体系，完善法学研究成果评价评奖机制，推动法学学术期刊多样化、差异化、高质量发展。从法治实施角度看，《意见》明确提出了新时代中国法治实施领域的重点研究任务，确立了新时代中国法治实施理论研究的任务书、路线图、施工图。

NO.7　全面实行股票发行注册制改革

事件简介

2023 年 2 月 17 日，中国证监会发布实施全面实行股票发行注册制的相关制度规则，证券交易所、全国股转公司、中国结算、中证金融、证券业协会配套制度规则同步发布实施。2023 年 4 月 10 日，首批 10 家主板注册制企业在沪深上市，标志着股票发行注册制改革全面落地。

名家评析

全面注册制的推出将成为我国资本市场发展的又一里程碑

朱慈蕴

清华大学法学院教授、深圳大学特聘教授
中国法学会商法学研究会常务副会长

中国的资本市场与中国的实体经济关系密不可分，它们之间的联动发展才能形成良性循环。如同血肉和肌理，资本市场为实体经济提供活水，实体经济反哺资本市场更加繁荣。正如习近平总书记指出的那样，"经济是肌体，金融是血脉，两者共生共荣"。而在 2023 年 2 月 17 日中国证监会发布将推出全面注册制的公告，无疑是资本市场重大的制度变革，它将会更好地服务我国的实体经济。

其实，全面注册制于 2023 年推出，是水到渠成之举。自 2013 年党的十八届三中全会决议中提出推进注册制改革以来，股票发行注册制的研究历经多年的理论探讨，又先后经过 2018 年科创板试水，主要服务于高科技创新性企业；2020 年创业板跟进，重点服务于城镇型的双创企业；2021 年新设北交所自始推出，全面服务于中小型创新企业；直至 2023 年 4 月 10 日，首批 10 家主板注册制企业在沪深两地上市，标志着我国资本市场全面注册制真正落地。至此，股票发行注册制覆盖沪深主板、科创板、创业板和北交所等全国性证券交易场所各市场板块，多层次资本市场体系架构更加清晰。可以预期，我国将有更多高水平的国有或民营的龙头企业与高科技创新企业、"专精特新"微小企业，有机会以市场化的方式获得资本市场上融资的发展机遇。

全面注册制的推出，是中国资本市场里程碑式的进步，意义十分重大。因为它回归了资本市场的基本逻辑，即股票发行注册制意味着把选择好公司的权利交给市场，让资本市场通过统筹推进审核与上市交易机会的公开化、透明化和制度化，使得所有参与其中的各方主体同向而行，交易由所有的投资者与市场参与者共同做决定，并承担所做决定的相应后果。只要我们坚持市场化、法制化的道路，我们就能够使资本市场真正为那些高科技、创新型的好企业助力，真正为科技、资本和实体经济的高水平循环注入源头活水。

当我们在 2023 年末之时回首一年来全面注册制的实践，前行之路并不一帆风顺，还有很多不尽如人意的地方。诸如监管的重点与路径还不够清晰、上市公司治理环节的薄弱以及退市规则的缺漏等，表现在资本市场上出现违规上市公司及其实控人等被调查或者查处的数量大增，引发股价跌落，对投资者信心打击很大。这可能就是资本市场在引入注册制后的阵痛。对此，我们首先要坚定信心，要推动注册制走深走实，而不是要后退。正如证监会主席在今年的金融工作会议上指出，"注册制改革绝不是放松监管，而是实现有效市场和有为政府更好地结合"。他还指出，"注册制改革落地后监管更严格了，这种严格来自覆盖了事前、事中、事后的全链条监管，来自资本市场基础制度的全面加强，特别是法治水平的进一步提升"。具体而言，我们还需要从以下三方面助力全面注册制走深走实：

第一，打造好信息披露这一监管重器是注册制下监管者的重要抓手。资本市场上的监管者，发挥着守夜人的角色，应当通过强化信息披露质量，来确保信息的准确性、时效性和完整性，增加拟上市公司"透明度"，防止一些拟上市公司出于不良的获利动机而蓄意修改自己的基本信息以掩盖于己不利之处，减少投资者与拟上市公司的之间的信息不对称，促使市场化的判断寻找出好企业。

第二，完善的上市公司治理才能使注册制下选择的好企业走强、走远。资本市场的监管者已经注意到提高上市公司质量与完善的公司治理密不可分，因此，努力实施信息披露监管和公司治理监管的"双轮驱动"。如突出中国资本市场最具本土特色的公司治理重点，紧盯关键少数；强化治理底线，重点整治双控人违规担保、资金占用、关联交易等侵占公司利益的行为；通过强化小股东知情权、异议股东回购请求权，来解决大股东欺压小股东的顽疾。由此来恢复公众投资人对资本市场的信赖。

第三，注册制与退市制度相结合才能使资本市场行稳致远。退市制度的本质是提高市场效率和资源配置效率，注册制给了优质企业市场化上市的机会，同样也要及时清理严重违法违规的企业或者长期亏损的"僵尸"企业，避免良莠不齐的企业搅和在一起，不仅可能出现劣币驱逐良币，还影响好公司的估值。伴随着退市制度，特别是退市过程中投资者的知情权和退市后的交易权、损害赔偿机制的完善，2022—2023年两年强制退市的上市公司家数超过了之前退市家数的总和。随着中国经济总量跃居世界第二，中国资本市场也应成为全球最重要的资本市场之一。全面注册制的推出带来中国资本市场发展的机遇，我们要认真总结注册制实施以来的经验教训，探究中国式现代资本市场健康发展的路径。

NO.8 食品安全惩罚性赔偿典型案例发布

事件简介

2023 年 11 月，最高人民法院发布食品安全惩罚性赔偿典型案例。典型案例主要明确和统一两方面的裁判规则：一是支持消费者维权行为，二是在生活消费范围内支持惩罚性赔偿请求。

名家评析

惩罚性赔偿的标杆案例
有助于优化消费者友好型的法治化营商环境

刘俊海

中国人民大学法学院教授

中国法学会消费者权益保护法研究会副会长兼秘书长

最高人民法院在 2023 年 11 月下旬发布的四个食品安全惩罚性赔偿典型案例是全面建设消费者友好型社会的标杆案例。其中，有的判例重申，消费者有权请求销售假冒注册商标食品的经营者支付价款十倍惩罚性赔偿金；有的判例指出，消费者有权请求销售未标明生产日期等基本信息的预包装食品的经营者支付价款十倍惩罚性赔偿金；有的判例认为，消费者购买食品发现不符合食品安全标准后再多次追加购买的，人民法院以未超出购买者合理生活消费需要部分为基数计算十倍惩罚性赔偿金；有的判例强调，消费者在购

买食品时故意分多次小额支付并主张每次结算赔偿一千元的，应以合理生活消费需要为限在付款总额内确定计算惩罚性赔偿金的基数。以上典型判例对于统一裁判思维、保护消费者权益、规范企业经营行为、增强司法公信具有重大的现实意义与深远的历史意义。

一、惩罚性赔偿的标杆案例有助于维护公众舌尖上的安全

民惟邦本，本固邦宁。民以食为天，食以安为先，安以法为基。14亿人民舌尖上的安全状况直接关系到人民群众的幸福感、获得感与安全感，关系到食品企业的生死存亡，关系到食品产业和农业的可持续发展。

为激浊扬清，《食品安全法》第148条规定："消费者因不符合食品安全标准的食品受到损害的，可以向经营者要求赔偿损失，也可以向生产者要求赔偿损失。接到消费者赔偿要求的生产经营者，应当实行首负责任制，先行赔付，不得推诿；属于生产者责任的，经营者赔偿后有权向生产者追偿；属于经营者责任的，生产者赔偿后有权向经营者追偿。生产不符合食品安全标准的食品或者经营明知是不符合食品安全标准的食品，消费者除要求赔偿损失外，还可以向生产者或者经营者要求支付价款十倍或者损失三倍的赔偿金；增加赔偿的金额不足一千元的，为一千元。但是，食品的标签、说明书存在不影响食品安全且不会对消费者造成误导的瑕疵的除外。"

为落实食品安全领域的惩罚性赔偿制度，2013年最高人民法院发布了《关于审理食品安全民事纠纷案件适用法律若干问题的解释（一）》（以下简称"司法解释"）系统梳理了我国食品安全领域的民事责任制度与诉讼程序规则，体现了消费者友好型的裁判理念，弘扬了公平与效率并重、法治与发展并举、诚信与创新兼顾的法治理念，统一了食品安全纠纷案件的裁判尺度与裁判理念，有助于消除同案不同判现象，提高了食品安全法律体系的可诉性、可裁性与可执行性。

但是，徒法不足以自行。为维护公众舌尖上的安全，必须以最严举措保护食品安全，以最严手段斩断"黑作坊"生产经营链条，以最严赔偿责任遏制食品制假售假。禁绝有毒有害食品，必须基于重典治乱、猛药除病的理念，规范与加强食品领域的民事裁判、行政执法与刑事司法将成为法治新常态。因此，最高人民法院在2023年11月下旬发布四个食品安全惩罚性赔偿典型案例有助于增强公众投资者的幸福感、获得感与安全感，筑牢保障公众身体健康和生命安全的司法救济防线，提升人民法院服务于国家食品安全战略的公信力，推动我国食品安全治理现代化。

二、惩罚性赔偿的标杆案例有助于优化诚实守信的法治化营商环境

长期严重制约我国消费者权益保护事业以及经济转型升级的深层次瓶颈问题在于"三高三低"的老大难问题。一是企业失信收益高，失信成本低，失信收益高于失信成本。在有些行业包括食品领域，失信者收益巨大甚至无限，而失信成本可忽略不计。既然违法成本低、违法收益高，唯利是图的企业与商人必然你追我赶、乐此不疲地从事失信欺诈行为。由于我国的惩罚性赔偿制度适用范围窄、惩罚性额度不高，失信者承担的民事赔偿责任依然隔靴搔痒。二是消费者维权成本高，维权收益低，维权成本高于维权收益。三是诚信的企业守信收益低，守信成本高，守信收益低于守信成本。

市场有眼睛，法律有牙齿。要有效遏制企业的失信违约行为，必须按照"重典治乱、猛药去疴"的法治理念，全面推开"三升三降"的治理措施。首先，要大幅提升经营者失信成本，大幅降低失信收益，真正将失信收益归零甚至变为负数，确保失信成本高于失信收益。失信成本的核心是法律责任，包括传统的民事责任、行政责任与刑事责任，也包括现代的信用制裁。诚信创造价值，失信付出代价。因此，"诚信有价"与"诚信无价"不是反义词，而是近义词。其次，要慷慨提升消费者维权收益，有效降低维权成本，确保维权收益高于维权成本。没有救济，就没有权利。其三，要提高诚信企业的守信收益，降低守信成本，确保守信收益高于守信成本。

而惩罚性赔偿制度具有严厉制裁失信者、充分补偿受害者、慷慨奖励维权者、有效警示全行业、全面教育社会公众的五大功能，是惩恶扬善、鼓励诚信、制裁失信的好制度，也是落实"三升三降"治理措施的牛鼻子。既然失信不划算，企业就会重新校准自己的核心价值观，转变见利忘义的行为模式，自觉避免未来的失信行为，不断提升企业的核心竞争力，进而成为受人尊重的百年老店。

三、惩罚性赔偿的标杆案例有助于增强广大消费者的幸福感、获得感和安全感

法律是有温度的。与商家相比，消费者在信息占有和财力对比等方面处于相对弱势地位，属于典型弱势群体。法治社会就是民富国强的幸福社会，也是人人皆可放心消费的和谐盛世。鉴于我国新时代的社会主要矛盾已经转化为人民日益增长的美好生活需要和不平衡不充分的发展之间的矛盾，我

们必须充分保护百姓普遍广泛拥有的各类民事权利、经济权利和社会权利，不断增强人们追求美好幸福生活的信心与希望。

但在实践中，广大消费者普遍面临着"为了追回一只鸡，就要杀掉一头牛"的维权窘境。结果，企业失信无法得到有效遏制，诚信企业面临着劣币驱逐良币的尴尬。就失信企业的民事责任而言，"谁主张、谁举证"的传统证据规则往往让受害消费者望而却步。受害消费者与失信者存在严重的信息不对称现象，因而无法举证；即使能够获得胜诉判决，也会得不偿失。在大规模恶意侵权和欺诈的情况下，受害者人数众多且散居各地、信息互不畅通，绝大多数受害者依然会选择忍气吞声的理性冷漠。

不激浊，难以扬清；不惩恶，无法扬善。惩罚性赔偿制度可以公正及时地补偿受害者、慷慨奖励维权者、有效制裁违法者、精准警示市场主体、全面教育全社会、充分保护民事权利、告慰社会公众、引导个体行为、规范社会秩序和优化文明生态。惩罚性赔偿制度既有助于激励消费者个体直接维权，也有助于鼓励检察机关与消费者组织等"保民官"挺身而出、提起惩罚性赔偿的公益诉讼。

积万家之私，乃为天下之公。看得见、摸得着的惩罚性赔偿制度有助于及时预防和消除消费者的受挫感、失落感和焦虑感，不断增强人民的幸福感、获得感和安全感，提升广大消费者消费信心，切实保障人民安居乐业，鼓励草根阶层自由创业，鼓励万众无忧创新，厚植昂扬向上、奋发有为、百舸争流、诚实守信、携老扶幼、扶弱抑强的精神力量。

四、惩罚性赔偿的标杆案例有助于促进经济高质量发展

有人类，就有消费；有消费，就有商机。资本是财富之母、劳动是财富之父，消费是财富之源。消费是市场经济活动的起点与归宿，是国民经济可持续稳定增长的发动机，是高水平市场经济体制的压舱石。促进消费会刺激投资需求，鼓励投资兴业，扩大就业机会，增加劳动收入与财产性收入。而收入增加会持续释放消费潜能，形成新一波消费驱动投资、投资助推消费的强劲增长驱动力。因此，党的二十大报告强调，"着力扩大内需，增强消费对经济发展的基础性作用"。

市场失灵时，司法权不能失灵。消费维权一小步，经济增长一大步。鉴于欺诈失信行为直接蚕食消费信心、窒息消费活动、践踏公平交易秩序与自由竞争秩序，惩罚性赔偿制度的落地生根有助于保护消费者权益、落实新发展理念、助推经济高质量发展。惩罚性赔偿体现了消费者友好型理念，贯穿

着公平与效率并重、法治与发展并举、诚信与创新兼顾的主旋律，有助于提升司法公信，优化稳定、透明、公平与可预期的法治化营商环境，深化消费者友好型的供给侧结构性改革，助推新常态下经济转型升级，促进我国经济可持续健康协调发展。

总之，落实惩罚性赔偿制度是惠及百姓的民生工程、促进和谐的民心工程、立足长远的经济工程、激浊扬清的诚信工程、标本兼治的法治工程。为确保惩罚性赔偿制度落地生根，法院对各类消费案件都要开门立案、凡诉必理，做到快立案、快审理、快判决与快执行，真正实现对消费者权益的依法保护、平等保护、全面保护、精准保护与协同保护，确保裁判与执行的法律效果、政治效果、社会效果、道德效果与市场效果的有机统一。绳锯木断，水滴石穿！

NO.9　全国污染环境"最严罚单"全额履行

事件简介

南京胜科水务有限公司向长江排污,被人民法院依法以污染环境罪判处罚金0.5亿元,并将同时承担4.7亿元的生态环境损害赔偿。经评估,该公司净资产为负值。经人民法院多轮调解,最终该公司及其控股股东胜科(中国)投资有限公司与检察机关达成三方调解协议,由两公司共同承担4.7亿元修复费用。2023年,总额5.2亿元的全国污染环境"最严罚单"实现全额履行。

名家评析

治罪治理并重　践行恢复性司法

孙佑海

天津大学法学院院长、讲席教授

中国法学会环境资源法学研究会学术委员会主任

2023年岁末,多年前作出的全国污染环境"最严罚单"(总额5.2亿元)终于全额履行完毕。

南京胜科水务有限公司(以下简称胜科公司)于2003年5月成立,经营范围为向南京化学工业园排污企业提供污水处理服务,系危险废物国家重点监控企业。被告人 ZHENG QIAOGENG(郑巧庚),系胜科公司总经理。2014年10月至2017年4月期间,胜科公司多次采用修建暗管、篡改监测数据、无危险废物处理资质却接收其他单位化工染料类危险废物等方式，向长江排放高浓度废水共计 284583.04 立方，污泥约 4362.53 吨，危险废物 54.06 吨。经鉴定，胜科公司的前述排污行为造成生态环境损害数额合计约 4.7 亿元。江苏省南京市鼓楼区人民检察院于 2018 年 1 月提起公诉，指控被告单位胜科公司、被告人 ZHENG QIAOGENG（郑巧庚）等 12 人犯污染环境罪，并作为公益诉讼起诉人于 2018 年 9 月提起刑事附带民事公益诉讼，请求判令被告胜科公司承担生态环境修复费用。

　　江苏省南京市玄武区人民法院一审认为，被告单位胜科公司违反国家规定，排放、处置有毒物质和其他有害物质，严重污染环境，后果特别严重，其行为构成污染环境罪。被告人 ZHENG QIAOGENG（郑巧庚）系直接负责的主管人员，应以污染环境罪定罪处罚。最终，法院以污染环境罪判处被告单位胜科公司罚金 5000 万元；判处被告人 ZHENG QIAOGENG（郑巧庚）等人有期徒刑一年至六年不等，并处罚金 5 万元至 200 万元不等。江苏省南京市中级人民法院二审维持原判。附带民事公益诉讼案件中，第三人胜科（中国）投资有限公司（以下简称胜科投资公司，系胜科公司控股股东）基于股东社会责任等考虑，在法院协调下加入附带民事公益诉讼案件的调解中并承担环境修复费用。后经江苏省南京市玄武区人民法院调解，江苏省南京市鼓楼区人民检察院与胜科公司、胜科投资公司签署调解协议，确认胜科公司赔偿生态环境修复费用现金部分 2.37 亿元；胜科投资公司对前述款项承担连带责任，并完成替代性环境修复项目资金投入不少于 2.33 亿元。

　　本案系污染环境刑事附带民事公益诉讼案件，亦系最高人民检察院、公安部、原环境保护部联合督办案件。从案件的办理结果来看，法院依法严惩污染环境犯罪，不仅对被告单位，而且对被告单位的直接责任人员、分管负责人员以及篡改监测数据的共同犯罪人员，一并追究刑事责任。同时，案件办理过程中法院依法建议公益诉讼起诉人根据新的事实增加诉讼请求，多次组织专家学者、环保行政部门人员论证调解方案，有效实现了对生态环境公共利益的保护。

　　上述案件的办理严格贯彻了习近平总书记用最严格制度、最严密法治保护生态环境的理念，在加快制度创新的同时，强化制度执行，让制度成为刚性的约束和不可触碰的高压线，对我国环境资源审判工作具有重要指导意义。

　　一是，司法机关用"最严罚单"依法从严惩治向长江等重点流域区域违法排污犯罪的行为。在该案中，胜科公司并不是第一次因环保问题被处罚。该公司在违法排污方面可谓"屡教不改"，2013年11月，该公司因"违反水污染物排放环境管理规定"，被南京市原环境保护局责令立即改正环境违法行为，罚款22.35万元；2014年6月，又因"排放水污染物超过国家或者地方规定的水污染物排放标准"，被同一部门罚款22万元；2014年9月，其再因"不正常使用水污染处理设施"，被江苏省原环境保护厅罚款56万元；2017年11月，因"排放水污染物超过地方规定的排放标准，被责令改正后仍超标"，又被南京市江北新区管理委员会环境保护与水务局罚款193.8万元。2018年6月5日至7月5日，中央第四环境保护督察组对江苏省第一轮中央环境保护督察整改情况开展"回头看"。督察组发现，南京化工园区废水超标排放问题仍未消除，对长江水质安全构成威胁。督察组向南京市委、市政府提出3个整改目标，其中第1个就是要求胜科公司废水稳定达标排放。长江是我国第一大河，也是长三角地区可持续发展的生命线。人民法院严惩胜科公司"屡教不改"行为，加强长江流域生态环境司法保护，有效地震慑了潜在污染者。

二是，司法机关秉承恢复性司法理念，全面贯彻损害担责、全面赔偿的救济原则。在该案中，检察机关依法提起刑事附带民事公益诉讼，请求判令被告胜科公司承担生态环境修复责任。法院及时引导检察机关补充固定证据，建议公益诉讼起诉人根据新的事实增加诉讼请求。考虑到被告胜科公司净资产为负值，为实现生态环境公共利益的完整保护，法院积极引导控股股东胜科投资公司承担社会责任，推动检察院与两公司进行磋商，多次组织专家学者、环保行政部门人员论证调解方案，有效保障了判决的履行。该案的审理中，法院坚持恢复性司法理念，充分发挥司法智慧，积极履行环境资源审判职能，有效防止了"天价罚单"空转，实现了生态环境实质性保护和修复。

三是，司法机关治罪与治理并重，促进企业进行绿色升级改造，推动生态环境问题的源头治理。习近平总书记多次强调，法治建设既要抓末端、治已病，更要抓前端、治未病。在该案件审理过程中，法院秉承能动司法理念，通过调解方式积极引导相关股东积极履行生态环境保护社会责任，从源头上推动企业绿色化改造。调解协议五易其稿，最终于2020年2月6日成功签署。协议约定，两公司于2023年底前在长江江苏段完成投资额2.33亿元的替代性修复项目。目前，2.33亿元替代性修复项目资金已投入用于提标改造胜科公司污水处理技术等项目。

5.2亿元全额履行，标志着调解协议已经履行完毕，这起污染环境"史上最严罚单"案件终于画上了圆满的句号，但该案折射出的生态环境执法和司法问题仍值得我们深思。从该案的办理进程看，胜科公司 2013 年起就因环保问题被屡次处罚，但却"知错不改"，其违法排污行为竟持续长达数年。随着我国生态文明建设进程的推进，如何进一步用最严格制度、最严密法治保护生态环境，推动生态环境问题的源头治理和系统治理，值得各地司法机关和行政主管部门高度重视。

NO. 10　首例 AI 生成图片著作权侵权案

事件简介

　　李某某使用 AI(人工智能) 系统通过输入提示词生成涉案图片并经过后续修改、调整后发布于小红书平台。刘某某在百度百家号发布的文章《三月的爱情，在桃花里》中使用了前述李某某主张权利的图片。后李某某就此提起侵犯著作权之诉。2023 年 11 月 27 日，北京互联网法院作出一审判决，认为在创作中利用了人工智能技术的涉案图片具备独创性，可以被认定为作品，应受到著作权法保护。双方对该判决均未上诉。判决作出后，多国媒体纷纷跟进报道，判决要旨被译作多种文字。

名家评析

人工智能是为人服务的工具

郭　禾

中国人民大学法学院教授

中国法学会知识产权法学研究会副会长

　　在北京互联网法院就一起创作中利用了人工智能(以下简称 AI)技术手段的作品著作权纠纷作出判决之后，全球媒体无不予以特别关注，判决要旨亦被译作多种文字。一时间，国内学术界对于该案的判决亦众说纷纭。反对意见的主要观点是：利用 AI 技术的生成物不是人类的创造，不应当赋予其著作权，自然也不应当受到著作权法的保护。

持该观点的学者还引述有关国家，比如美国国会图书馆对于 AI 生成物不予登记等示例，以引证这一观点在全球范围的影响。

AI 技术的诞生和发展一直有赖于计算机技术和信息技术的进步。早期的计算机辅助设计（CAD）技术堪称 AI 技术的初级阶段。近年来，随着大数据、大模型等技术的普及和水平提升，一些过去认为的"不可能"逐渐变成了现实。从早些年国际象棋大师败给"深蓝"，到近年来围棋顶级高手们接连败给"α-Go"，再到 Chat GPT 的横空出世等诸多事实，无不说明今天的 AI 技术已经有了突飞猛进的发展，机器正在诸多领域逐渐取代人类的地位。通用 AI 技术的进步，无疑将在诸多方面直接替代人类完成相关工作。由此所引发的有关人类与 AI 在哲学、伦理层面的争议可谓由来已久。但对于"什么是人"的问题，法学或者法律本身是回答不了的。这个问题必须在哲学层面上找答案。换言之，技术界所论及的"硅基生命"能否在法律上具有主体地位显然不是单纯的法律问题。但基于当前 AI 技术发展水平，我们还不必立刻就此问题给出答案，我们还有些许时间去思考或者寻求问题的答案。然而，我们应当特别明确的是，人本主义或者"以人为中心"理念仍然是世界各国在理论和实践中必须坚持的原则。这也是我们处理当下有关 AI 技术引发问题的基本立场。

北京互联网法院审理的关于利用 AI 技术"以文生图"案件的判决，首先在理念上遵从了人本主义的基本观念。判决确立了在现阶段 AI 系统在法律上不具有主体地位。在作品创作过程中，AI 系统只是创作中的工具。由此推知，人依旧是法律的创作者。这一结论无论在法学理论上，还是哲学层面上都不会动摇现有的理论基础。从法理层面看，法律是人的行为规范，法律关系是人与人之间的关系。因此，法律关系的主体，即权利主体，只能是人，不能是人以外的其他。而确立人的主体地位正是人本主义哲学所坚持的立场。

在确立人的主体地位的基础上，利用 AI 系统从事"以文生图"的过程，自然是在人居于主导地位的情形下完成的。该案中，这个过程显然只是作品创作中的一个环节，还需加上作者利用 AI 系统对生成物所进行的反反复复地调试、修改，才是整个创作过程。从判决认定的事实可知，该过程中充满了人对于生成物每个细节在视觉呈现方面的选择。这些选择无疑取决于 AI 操控者的个人的审美标准或价值取向。从这种意义上看，该案所涉图片在风格上无疑反映了 AI 系统操控者的个性。根据著作权法的基本原理，AI 操控者的这种行为完全具备创作行为的全部要素。具体而言，从判决书所记载的利用 AI 系统的图片生成和调试过程，可以清楚地反映系统操控者的意志是如何通过图片得以全部体现的。在这里，将系统操控者作为作者完全符合著作权理论的要求；只是在这次创作过程中，作者更换了手中掌握的笔。从这种意义上看，AI 系统就是作者手中之"笔"。简言之，该案所涉的 Stable Diffusion 模型就是创作作品的一个工具。

需要进一步说明的是，如果作为工具的 AI 系统所生成的图片只是几种有限选择的简单组合，那么即使系统操控者按照其意志进行了选择，由于这种选择的有限性，依旧可以认定生成物没有独创性，进而不能作为作品受到著作权法保护。实践中，各国著作权法无一例外地要求受保护的作品具有独创性，尽管各国在司法实践中确实存在独创性标准上的差异，但独创性原则在各国的著作权法上都是得到认可的。

现今的 AI 系统在原理上无一例外地是以冯·诺依曼计算机构成的。冯·诺伊曼机在机理上就是执行人类事先设定的指令的一种机器。因此，现在的各个大模型所完成的工作无非按照人类事先输入的逻辑、算法对巨大数量的数据进行分解、分类，再重新组合。当然，逻辑的周延、细致、全面和算法的优劣程度是 AI 系统聪明有效与否的一个关键因素。另一方面，数据量的大小也直接关系到 AI 系统的整体水平。如果没有高质和大量的数据对系统进行训练，再聪明的系统也不可能输出有价值的生成物。这就好比天赋再好的孩子，如果没有读过大量书，也是难以在社会上取得成功的。

但人与 AI 系统毕竟不同。相对于人类而言，AI 系统的优势在于无论多大数量的数据，机器都能做到"过目不忘"；而人脑则不具备处理如此巨大数量数据的能力。通常情况下，在有数千种选择时，人脑已经无法记住全部选择。现实中，在判定作品独创性时，当选择的可能性多到一般人的大脑无法处理的数量时，就会得到肯定的答案。仔细思考历史上著作权法实施以来这种依靠人脑来判断独创性的标准，就会发现过去认可的诸多具有独创性的情形，在理论上其选择的可能性不是无限而是有限的，只是人脑处理不了如此大量的数据而已。但这对 AI 系统而言，再大数量的可能性也是可以逐一模拟、验证，并最后选择出最优的。比如，前面提及的战胜了诸多顶级围棋选手的 α-Go 系统所处理的每一次棋局，对人类而言似乎有无限种可能，但对机器而言则一定是有限的，尽管这个数量大到人类难以想象。事实上，围棋盘上 19×19 共计 361 个点位，这是有限的；每个点位上只可能摆放或黑或白两色棋子，或者就空着作为气眼，这也是有限的。这两类有限的组合，在数学上不可能是无限，但对人脑而言如此巨大的有限数，已与无限大一样无法处理了。因此下围棋，人敌不过机器是 AI 技术发展的必然。

同理，AI 系统"以文生图"的过程，无非就是机器根据系统设计师事先输入的逻辑、算法等对既有的大量数据进行分析、学习，再按照不同于既有数据且符合艺术逻辑等要求的重新组合成图的过程。如果事先输入的指令足够精细、缜密，使系统将既有数据分解为已不受著作权法约束的作品构成要素，重新组合的指令能够保障生成物不仅不侵犯既有作品的著作权，还满足相关艺术的标准，则该 AI 系统就是一个优秀的系统。当然，为了实现前述目标势必要求足够的算力。

基于上述分析，北京互联网法院判决中认定原告主张著作权的图片具有独创性且受著作权法保护的作品的结论，在法理论证层面上是周延的，因为从涉案图片在构成要素组合上所呈现的多样性早已超出人脑所能够处理的数量。从实践的角度看，如果简单地认为凡是有限选择均无独创性，则可能波及历史上各国著作权法实施以来的若干案例。同时，在没有充分的手段客观辨识 AI 系统在作品创作中贡献率之前，即使有强制性规范要求对 AI 系统生成物进行标识，在操作上恐怕也难有满意的实施效果，因为多数投资 AI 系统的人都希望借 AI 系统获得市场利益。市场规律最终会迫使人们接受现实。从这种意义上讲，北京互联网法院所做的探索是值得肯定的，其对于我国 AI 产业发展的激励作用和社会的整体效果也是积极的。

当然，该案并不涉及为训练系统而使用数据的问题。这方面的问题也需要法律作出回答。同时，前面提及国外的一些实践。如果仔细研究美国版权局拒绝给予登记的过程即会发现其直接理由是，无法区分 AI 与人的贡献或申请人拒绝就该图片产生过程中 AI 系统的作用做出说明，并非只要创作过程中存在 AI 因素即不给版权。

附 录

- 2023 年中国法治实施纪事

2023 年中国法治实施纪事

时间	事件
2023 年 1 月 2 日	《中共中央 国务院关于做好 2023 年全面推进乡村振兴重点工作的意见》发布
2023 年 1 月 3 日	工业和信息化部等十六部门发布《关于促进数据安全产业发展的指导意见》
2023 年 1 月 8 日	我国对新型冠状病毒感染正式实施"乙类乙管"
2023 年 1 月 10 日	国家网信办、工信部、公安部联合发布的《互联网信息服务深度合成管理规定》施行
2023 年 1 月 12 日	农业农村部印发《关于加强农业行政执法培训工作的指导意见》
2023 年 1 月 13 日	国务院办公厅印发《关于深入推进跨部门综合监管的指导意见》
2023 年 2 月 1 日	最高人民法院发布的《关于办理申请执行监督案件若干问题的意见》施行
2023 年 2 月 6 日	中共中央、国务院发布《质量强国建设纲要》
2023 年 2 月 10 日	国务院办公厅发布《中医药振兴发展重大工程实施方案的通知》
2023 年 2 月 16 日	中纪委印发《关于开展乡村振兴领域不正之风和腐败问题专项整治的意见》
2023 年 2 月 17 日	国家知识产权局发布实施《国家知识产权局行政裁决案件线上口头审理办法》

2023 年 2 月 23 日	中共中央办公厅、国务院办公厅印发《关于进一步深化改革促进乡村医疗卫生体系健康发展的意见》
2023 年 2 月 24 日	全国人大常委会发布《关于军队战时调整适用<中华人民共和国刑事诉讼法>部分规定的决定》
2023 年 2 月 26 日	中共中央办公厅 国务院办公厅印发《关于加强新时代法学教育和法学理论研究的意见》
2023 年 2 月 28 日	中共中央、国务院发布《数字中国建设整体布局规划》
2023 年 3 月 4 日	最高人民法院发布《关于为新时代东北全面振兴提供司法服务和保障的意见》
2023 年 3 月 8 日	人社部等六部门联合印发《工作场所女职工特殊劳动保护制度（参考文本）》和《消除工作场所性骚扰制度（参考文本）》
2023 年 3 月 10 日	全国人民代表大会审议批准《国务院机构改革方案》
2023 年 3 月 14 日	教育部办公厅等五部门发布《校外培训机构财务管理暂行办法》
2023 年 3 月 15 日	国家市场监管总局、中央网信办、工信部、公安部发布《关于开展网络安全服务认证工作的实施意见》
2023 年 3 月 15 日	修订后的《立法法》发布施行
2023 年 3 月 16 日	国务院新闻办公室发布《新时代的中国网络法治建设白皮书》
2023 年 2 月 28 日	国务院办公厅公布《法律、行政法规、国务院决定设定的行政许可事项清单（2023 年版）》
2023 年 3 月 20 日	人社部办公厅、工信部办公厅印发《关于颁布机器人、增材制造工程技术人员国家职业标准的通知》
2023 年 3 月 26 日	财政部发布《关于延续实施残疾人就业保障金优惠政策的公告》

2023 年 4 月 10 日	股票发行注册制改革全面展开
2023 年 4 月 14 日	公安部部署开展网络谣言打击整治专项行动
2023 年 4 月 7 日	国务院办公厅发布《关于上市公司独立董事制度改革的意见》
2023 年 4 月 15 日	《经营者集中审查规定》《禁止垄断协议规定》《禁止滥用市场支配地位行为规定》《制止滥用行政权力排除、限制竞争行为规定》等四部《反垄断法》配套规章施行
2023 年 7 月 1 日	国家互联网信息办公室等五部门发布《关于调整网络安全专用产品安全管理有关事项的公告》施行
2023 年 4 月 18 日	中共中央发布《中央党内法规制定工作规划纲要（2023—2027 年）》
2023 年 4 月 18 日	最高人民检察院发布《关于加强新时代检察机关网络法治工作的意见》
2023 年 4 月 21 日	国家医保局等 5 部门发布《关于开展医保领域打击欺诈骗保专项整治工作的通知》
2023 年 4 月 25 日	最高人民检察院发布《人民检察院办理知识产权案件工作指引》
2023 年 4 月 26 日	《青藏高原生态保护法》颁布，修订《反间谍法》《全国人大常委会组成人员守则》
2023 年 4 月 26 日	全国人大常委会发布《全国人大常委会组成人员守则（2023 修订）》
2023 年 5 月 1 日	《互联网广告管理办法》施行
2023 年 5 月 1 日	《证券期货业网络和信息安全管理办法》施行
2023 年 5 月 1 日	修订后的《征兵工作条例》施行
2023 年 5 月 8 日	国家卫健委等 14 部门联合发布《2023 年纠正医药购销领域和医疗服务中不正之风工作要点》

2023 年 5 月 9 日	教育部发布《教育部关于加强中小学地方课程和校本课程建设与管理的意见》
2023 年 5 月 17 日	教育部等十八部门发布《关于加强新时代中小学科学教育工作的意见》
2023 年 5 月 18 日	国家金融监督管理总局揭牌
2023 年 5 月 18 日	国务院发布《关于同意扩大内地居民婚姻登记"跨省通办"试点的批复》
2023 年 5 月 21 日	中共中央办公厅、国务院办公厅印发《关于推进基本养老服务体系建设的意见》
2023 年 5 月 23 日	国家互联网信息办公室发布《数字中国发展报告（2022 年）》
2023 年 5 月 26 日	国家卫健委会同中医药管理局发布《改善就医感受提升患者体验主题活动方案（2023—2025 年）》
2023 年 5 月 24 日	最高人民法院、最高人民检察院联合发布《关于办理强奸、猥亵未成年人刑事案件适用法律若干问题的解释》
2023 年 5 月 24 日	最高人民法院、最高人民检察院、公安部、司法部联合印发《关于办理性侵未成年人刑事案件的意见》
2023 年 5 月 30 日	国务院办公厅发布《关于加强医疗保障基金使用常态化监管的实施意见》
2023 年 5 月 26 日	国家卫健委、国家中医药管理局发布了《全面提升医疗质量行动计划（2023—2025 年）》
2023 年 5 月 26 日	卫健委办公厅发布《关于开展老年痴呆防治促进行动（2023—2025 年）的通知》
2023 年 6 月 1 日	国家网信办发布的《个人信息出境标准合同办法》施行
2023 年 6 月 1 日	工信部发布的《电信领域违法行为举报处理规定》施行

2023 年 6 月 1 日	原中国银行保险监督管理委员会发布《关于规范信托公司信托业务分类的通知》
2023 年 6 月 1 日	《关于司法赔偿案件案由的规定》施行
2023 年 6 月 1 日	《最高人民法院关于审理司法赔偿案件适用请求时效制度若干问题的解释》施行
2023 年 6 月 1 日	最高人民法院与全国妇联联合发布的《关于开展家庭教育指导工作的意见》施行
2023 年 6 月 1 日	国家网信办公布的《网信部门行政执法程序规定》施行
2023 年 6 月 1 日	最高人民法院、最高人民检察院、公安部、司法部印发的《关于办理性侵害未成年人刑事案件的意见》施行
2023 年 6 月 1 日	《最高人民法院、最高人民检察院关于办理强奸、猥亵未成年人刑事案件适用法律若干问题的解释》施行
2023 年 6 月 2 日	最高人民检察院、中国海警局联合印发《关于健全完善侦查监督与协作配合机制的指导意见》
2023 年 6 月 13 日	中共中央办公厅、国务院办公厅印发《关于构建优质均衡的基本公共教育服务体系的意见》
2023 年 6 月 20 日	民政部会同有关部门联合召开打击整治非法社会组织电视电话会议,全面动员部署开展为期半年的打击整治非法社会组织专项行动
2023 年 6 月 27 日	最高人民法院发布《关于贯彻实施〈中华人民共和国黄河保护法〉的意见》
2023 年 6 月 27 日	司法部公共法律服务管理局、中国公证协会公布了《关于进一步做好公证证明材料清单管理工作的指导意见》
2023 年 6 月 28 日	全国人大常委会发布《关于设立全国生态日的决定》
2023 年 7 月 1 日	《人类遗传资源管理条例实施细则》施行

2023 年 7 月 1 日	《关于进一步规范暂予监外执行工作的意见》施行
2023 年 7 月 1 日	《对外关系法》施行
2023 年 7 月 1 日	修订后的《反间谍法》施行
2023 年 7 月 1 日	修订后的《商用密码管理条例》施行
2023 年 7 月 4 日	国家药监局发布《药品标准管理办法》
2023 年 7 月 5 日	中央网信办秘书局发布《关于加强"自媒体"管理的通知》
2023 年 7 月 6 日	自然资源部、公安部联合印发《关于加强协作配合强化自然资源领域行刑衔接工作的意见》
2023 年 7 月 12 日	教育部办公厅等四部门发布《关于在深化非学科类校外培训治理中加强艺考培训规范管理的通知》
2023 年 7 月 12 日	国际劳工组织和其在中国的三方伙伴签订《体面劳动国别计划（2023—2025 年）》
2023 年 7 月 14 日	中共中央、国务院发布《关于促进民营经济发展壮大的意见》
2023 年 7 月 20 日	修订后的《发票管理办法》发布
2023 年 7 月 20 日	修订后的《证券公司风险处置条例》发布
2023 年 7 月 20 日	修订后的《国际海运条例》发布
2023 年 7 月 20 日	修订后的《母婴保健法实施办法》发布
2023 年 7 月 20 日	修订后的《长江河道采砂管理条例》发布
2023 年 7 月 20 日	修订后的《工业产品生产许可证管理条例》发布
2023 年 7 月 20 日	修订后的《废旧金属收购业治安管理办法》发布
2023 年 7 月 20 日	修订后的《国内水路运输管理条例》发布
2023 年 7 月 20 日	修订后的《烟草专卖法实施条例》发布
2023 年 7 月 20 日	修订后的《船员条例》发布

2023 年 7 月 20 日	修订后的《中国公民收养子女登记办法》发布
2023 年 7 月 20 日	修订后的《海洋观测预报管理条例》发布
2023 年 7 月 20 日	修订后的《认证认可条例》发布
2023 年 7 月 20 日	修订后的《道路运输条例》发布
2023 年 7 月 21 日	工业和信息化部发布《关于开展移动互联网应用程序备案工作的通知》
2023 年 7 月 25 日	教育部发布《教育部关于实施国家优秀中小学教师培养计划的意见》
2023 年 7 月 26 日	教育部等 3 部门发布《关于实施新时代基础教育扩优提质行动计划的意见》
2023 年 7 月 28 日	最高人民法院印发《关于加强和规范案件提级管辖和再审提审工作的指导意见》
2023 年 7 月 30 日	国家发改委等多部门联合发布《国家基本公共服务标准(2023 年版)》
2023 年 8 月 1 日	最高人民法院发布的《关于诉前调解中委托鉴定工作规程(试行)》施行
2023 年 8 月 1 日	《最高人民法院关于具有专门知识的人民陪审员参加环境资源案件审理的若干规定》施行
2023 年 8 月 1 日	《最高人民法院关于加强和规范案件提级管辖和再审提审工作的指导意见》施行
2023 年 8 月 1 日	财政部发布《企业数据资源相关会计处理暂行规定》
2023 年 8 月 1 日	《最高人民法院关于具有专门知识的人民陪审员参加环境资源案件审理的若干规定》施行
2023 年 8 月 2 日	中共中央办公厅 国务院办公厅发布《关于建立领导干部应知应会党内法规和国家法律清单制度的意见》
2023 年 8 月 7 日	最高人民检察院发布《2023—2027 年检察改革工作规划》

2023 年 8 月 8 日	最高人民法院、最高人民检察院联合发布《关于办理环境污染刑事案件适用法律若干问题的解释（2023）》
2023 年 8 月 13 日	最高人民法院发布《关于审理破坏森林资源刑事案件适用法律若干问题的解释》
2023 年 8 月 15 日	国家网信办等 7 部门发布的《生成式人工智能服务管理暂行办法》施行
2023 年 8 月 15 日	最高人民法院、最高人民检察院联合发布的《关于办理环境污染刑事案件适用法律若干问题的解释》施行
2023 年 8 月 15 日	《最高人民法院关于审理破坏森林资源刑事案件适用法律若干问题的解释》施行
2023 年 8 月 16 日	国务院颁布《社会保险经办条例》
2023 年 8 月 17 日	人社部等七部门发布《关于推进工伤康复事业高质量发展的指导意见》
2023 年 8 月 18 日	国务院办公厅印发《关于依托全国一体化政务服务平台建立政务服务效能提升常态化工作机制的意见》
2023 年 8 月 22 日	国务院办公厅印发《政务服务电子文件归档和电子档案管理办法》
2023 年 8 月 29 日	教育部等四部门公布实施《职业学校兼职教师管理办法》
2023 年 9 月 1 日	《无障碍环境建设法》实施
2023 年 9 月 1 日	《最高人民法院关于审理生态环境侵权责任纠纷案件适用法律若干问题的解释》施行
2023 年 9 月 1 日	《最高人民法院关于生态环境侵权民事诉讼证据的若干规定》施行
2023 年 9 月 1 日	《最高人民法院关于法律适用问题请示答复的规定》施行

2023 年 9 月 1 日	《工业和信息化行政处罚程序规定》施行
2023 年 9 月 1 日	《外国国家豁免法》颁布
2023 年 9 月 1 日	最高人民法院、最高人民检察院、公安部、司法部联合印发《关于开展促进提高刑事案件二审开庭率专项工作的通知》
2023 年 9 月 1 日	修订后的《办理法律援助案件程序规定》施行
2023 年 9 月 1 日	修改后的《行政复议法》发布
2023 年 9 月 1 日	中共中央修订《行政执法类公务员管理规定》
2023 年 9 月 1 日	《无障碍环境建设法》施行
2023 年 9 月 1 日	《青藏高原生态保护法》施行
2023 年 9 月 1 日	《领事保护与协助条例》施行
2023 年 9 月 1 日	《私募投资基金监督管理条例》施行
2023 年 9 月 4 日	中国证监会发布《上市公司独立董事管理办法》
2023 年 9 月 4 日	民政部印发《关于加强政府救助与慈善帮扶有效衔接的指导意见》
2023 年 9 月 5 日	国务院办公厅印发《提升行政执法质量三年行动计划（2023—2025 年）》
2023 年 9 月 8 日	国家医疗保障局发布《关于进一步深入推进医疗保障基金智能审核和监控工作的通知》
2023 年 9 月 11 日	国家知识产权局、司法部印发《关于加强新时代专利侵权纠纷行政裁决工作的意见》
2023 年 9 月 15 日	中央网信办发布《关于进一步加强网络侵权信息举报工作的指导意见》
2023 年 9 月 15 日	人社部办公厅与全国总工会、全国工商联、中国企联办公厅联合印发《关于开展基层劳动人事争议调解组织建设行动的通知》

2023 年 9 月 19 日	中共中央发布《干部教育培训工作条例》
2023 年 9 月 20 日	最高人民法院、最高人民检察院、公安部联合发布《关于依法惩治网络暴力违法犯罪的指导意见》
2023 年 9 月 20 日	国家金融监管总局发布《保险销售行为管理办法》
2023 年 9 月 25 日	《最高人民法院关于优化法治环境 促进民营经济发展壮大的指导意见》发布
2023 年 9 月 26 日	国家市场监督管理总局发布《市场监督管理投诉信息公示暂行规则》
2023 年 9 月 27 日	最高人民法院、司法部发布《关于充分发挥人民调解基础性作用 推进诉源治理的意见》
2023 年 9 月 27 日	国家卫生健康委办公厅发布《患者安全专项行动方案（2023—2025 年）》
2023 年 10 月 10 日	民政部、财政部联合印发《关于组织开展中央财政支持经济困难失能老年人集中照护服务工作的通知》
2023 年 10 月 15 日	教育部发布的《校外培训行政处罚暂行办法》施行
2023 年 10 月 16 日	国务院公布《未成年人网络保护条例》
2023 年 10 月 16 日	中共中央印发《全国干部教育培训规划（2023—2027 年）》
2023 年 10 月 18 日	中央网信办发布《全球人工智能治理倡议》
2023 年 10 月 19 日	民政部等十部门发布《关于加强低收入人口动态监测做好分层分类社会救助工作的意见》
2023 年 10 月 19 日	最高人民法院发布第三十八批指导性案例
2023 年 10 月 20 日	民政部等十一部门联合印发《积极发展老年助餐服务行动方案》
2023 年 10 月 23 日	最高人民检察院、公安部、中国海警局联合印发《办理海上涉砂刑事案件证据指引》

2023 年 10 月 24 日	修改后的《海洋环境保护法》发布
2023 年 10 月 24 日	《爱国主义教育法》颁布
2023 年 10 月 26 日	民政部等五部门联合印发《关于加强困境儿童心理健康关爱服务工作的指导意见》
2023 年 11 月 1 日	最高人民法院修改《关于知识产权法庭若干问题的规定》
2023 年 11 月 1 日	国家卫健委等 3 部门联合发布《居家和社区医养结合服务指南（试行）》
2023 年 11 月 7 日	国家金融监督管理总局发布《信托公司监管评级与分级分类监管暂行办法》
2023 年 11 月 8 日	人力资源和社会保障部印发《新就业形态劳动者休息和劳动报酬权益保障指引》《新就业形态劳动者劳动规则公示指引》和《新就业形态劳动者权益维护服务指南》
2023 年 11 月 10 日	中央网信办开展"清朗·网络戾气整治"专项行动
2023 年 11 月 17 日	国家医保局发布《关于加强和改进医药价格和招采信用评价工作的通知》
2023 年 11 月 22 日	民政部办公厅发布《民政法规制度建设规划（2023—2027 年）》
2023 年 11 月 23 日	国家发展改革委等 8 部委公布实施《深入推进快递包装绿色转型行动方案》
2023 年 11 月 24 日	最高人民法院、最高人民检察院联合发布《关于规范办理民事再审检察建议案件若干问题的意见》
2023 年 11 月 26 日	国务院发布《全面对接国际高标准经贸规则推进中国（上海）自由贸易试验区高水平制度型开放总体方案》
2023 年 11 月 30 日	最高人民检察院发布《检察机关打击治理电信网络诈骗及其关联犯罪工作情况（2023 年）》

2023 年 11 月 30 日	最高人民法院发布《最高人民法院关于适用〈中华人民共和国涉外民事关系法律适用法〉若干问题的解释（二）》
2023 年 11 月 30 日	最高人民检察院、公安部联合印发《人民检察院 公安机关羁押必要性审查、评估工作规定》
2023 年 12 月 1 日	国务院发布的《社会保险经办条例》施行
2023 年 12 月 1 日	科技部等十部门发布的《科技伦理审查办法（试行）》施行
2023 年 12 月 4 日	人力资源和社会保障部发布《关于进一步健全人力资源社会保障基本公共服务标准体系全面推行标准化的意见》
2023 年 12 月 4 日	全国妇联发布第五届"依法维护妇女儿童权益十大案例"
2023 年 12 月 5 日	中央网信办发布关于开展"清朗·整治短视频信息内容导向不良问题"专项行动的通知
2023 年 12 月 8 日	国家卫健委办公厅印发《大型医院巡查工作方案（2023—2026 年度）》
2023 年 12 月 9 日	国务院发布《非银行支付机构监督管理条例》
2023 年 12 月 11 日	国家安全机关会同有关部门开展地理信息数据安全风险专项排查治理
2023 年 12 月 15 日	《最高人民检察院关于充分发挥检察职能作用 依法服务保障金融高质量发展的意见》发布
2023 年 12 月 15 日	商务部等 12 部门联合发布《关于加快生活服务数字化赋能的指导意见》
2023 年 12 月 18 日	修改后的《最高人民法院关于设立国际商事法庭若干问题的规定》发布
2023 年 12 月 18 日	《教育部办公厅等四部门关于进一步规范义务教育课后服务有关工作的通知》发布

2023 年 12 月 19 日	修订后的《中国共产党纪律处分条例》发布
2023 年 12 月 19 日	工业和信息化部、国家标准化管理委员会印发《工业领域数据安全标准体系建设指南(2023 版)》
2023 年 12 月 22 日	最高人民法院发布《"一站式"国际商事纠纷多元化解决平台工作指引(试行)》
2023 年 12 月 26 日	人力资源和社会保障部印发《关于加强零工市场规范化建设的通知》
2023 年 12 月 28 日	《最高人民法院关于审理涉外民商事案件适用国际条约和国际惯例若干问题的解释》发布
2023 年 12 月 28 日	最高人民法院、最高人民检察院、公安部、司法部联合印发的《关于办理醉酒危险驾驶刑事案件的意见》施行
2023 年 12 月 29 日	修改后《公司法》发布
2023 年 12 月 29 日	修改后的《慈善法》发布
2023 年 12 月 29 日	《刑法修正案(十二)》发布
2023 年 12 月 29 日	《关于完善和加强备案审查制度的决定》发布

章 峥 整理